Hartmut von Hentig

Mein Leben
– bedacht und bejaht

Schule, Polis, Gartenhaus

Carl Hanser Verlag

Textnachweis S. 257–270:
Antoinette Becker, Hartmut von Hentig (Hrsg.): *Geschichten mit Kindern.*
Zum sechzigsten Geburtstag von Gerold Becker.
Erhard Friedrich Verlag GmbH, Seelze 1996

1 2 3 4 5 11 10 09 08 07

ISBN 978-3-446-20940-4

Satz: Greiner & Reichel, Köln
Druck und Bindung: Ebner & Spiegel, Ulm
Printed in Germany

Für alle, die einmal meine Schüler waren

Inhalt

13. Lehrjahre

Dieser zweite Teil meines Lebensberichts beginnt mit der Rückkehr im Jahr 1953 aus Amerika nach fünfjährigem Aufenthalt. Der erste Teil (*Mein Leben - bedacht und bejaht.* Kindheit und Jugend, Hanser 2007) begann mit der Überfahrt dorthin zu einem frühen, ebenfalls fünfjährigen Aufenthalt. Der Abschied von diesem Land, das mich geprägt und geprüft hat, war mir so schwer gefallen wie 1948 der von Deutschland. Erst auf der Heimreise hatte ich leise angefangen, mich auf Deutschland zu freuen. »Heureux, qui comme Ulysse a fait un beau voyage / Ou comme celui-là, qui conquit la toison / Et puis est retourné plein d'usage et raison ...«, so redet die Sehnsucht. Die Wirklichkeit hat sowohl für Odysseus und Jason als auch für mich anders geredet: »Das Heimische findest du schlimmer!« Ich brachte ja nicht nur Erfahrung und Weisheit mit zurück, sondern auch eine von mir in der Fremde sorgsam gepflegte Erinnerung: Deutschland sei zwar kaputt, aber es habe gelernt, sich zu bescheiden, sich zu prüfen, sich um »die wichtigen Dinge« zu kümmern, Schutt zu beseitigen, Verlust hinzunehmen, sich für Gerechtigkeit und Ausgleich anzustrengen. Mit dem Land, so hatte ich den *easy-going*, freundlichen und reichen Amerikanern fünf Jahre lang gesagt (den aufmerksamen, kritischen und nicht reichen musste man das nicht sagen), möge man Geduld haben, ihm eine Chance geben.

Nun war Deutschland aufgeräumt; man war bemüht, die Spuren der Schreckenszeit zum Verschwinden zu bringen; die Menschen hatten alle Dringendes zu tun, schafften an, bauten auf, wussten Bescheid, zweifelten wenig, zögerten noch weniger und »zündelten« gar nicht. Sie waren eifrig damit beschäftigt, die ihnen verlorengegangene Welt wiederherzustellen – ihre Städte, ihren Wohlstand, ihr gutes Gewissen. Ich fand sie wohlgenährt, braungebrannt, klepperbemantelt und haferlbeschuht und deutscher als je zuvor. »Bürger des Augenblicks« waren sie geworden, und das wollte *ich* nie wieder sein.

Ich vermute, dass das, was man bitte lieber meine »Mentalität« als meine »Ideologie« nenne, sich in dieser Wahrnehmung gebildet hat. Ich mied fortan unwillkürlich die Mehrheiten, den Biedersinn, der sich in Sätzen wie »Wir wissen doch alle ...« und »Die Geschichte hat uns gelehrt ...« und »Anders kommt man nicht voran ...« hüllte, die Gewissheiten, die sich auf Tradition oder auf den Fortschritt berufen. Ich bin kein »Linker«, kein »Weltverbesserer«, kein »Radikaler«, kein »Intellektueller«, kein »Internationalist«, kein »Individualist«, ich bin nicht einmal ein Aktivist. Zu alledem hat mich irgendwer irgendwann einmal stempeln wollen, und von alledem steckt auch etwas in mir, aber es erklärt mich nicht. Ich bin vielmehr einer, der Angst hat, er könne vereinnahmt werden und es nicht merken. Dem Heimkehrer aus Amerika schien seinen Landsleuten eben dies widerfahren zu sein. *Er* wollte sich weder auf das sogenannte Bewährte noch auf das vielversprechende Neue einlassen; *er* hatte seine Freiheit in der Keller-Klause des Simsonschen Hauses, in den leicht waschbaren Bluejeans, im Phrontisterion von Hutchins gefunden. *Sie* hatten begonnen, sich häuslich einzurichten – im Schutz des Eisernen Vorhangs, des Marshall-Plans, der D-Mark, des Lastenausgleichs, der Vertriebenenfolklore, der ersten Volkswagenexporte ... Mir bangte vor dem, wonach sie sich sehnten, *weil* sie sich danach sehnten: Normalität.

Mein Erschrecken hierüber habe ich damals die Leser meiner Amerika-Berichte in der deutschen Universitätszeitung wissen lassen (unter dem schon zitierten Titel »Bürger des Augenblicks«). Ob mir bewusst gewesen ist, dass damals die Weichen für mein weiteres politisches und pädagogisches Denken und Handeln gestellt wurden, bezweifle ich. Im Nachhinein wird das Muster deutlich, nach dem ich mich fortan verhielt: Ich, der ich in Amerika den *common sense* und bei Bertolt Brecht die Moral der kleinen Leute (»... ganz gewöhnlich, ganz gewöhnlich«) zu achten gelernt hatte, misstraute nun der »Gesundung«, als die sich die Durchschnittlichkeit präsentierte; ich, der ich Verantwortung, Verständigung und Fürsorge für die wichtigsten und schwierigsten Bürgertugenden hielt, erschrak über jeden leichtfüßigen Appell an den »Gemeinsinn«; ich, der ich für Pflichterfüllung und Überzeugungstreue eintrat, musste mich der Erwartung erwehren, ich solle oder wolle gar zu einer »Gesinnung« erziehen; ich, der ich meine Freunde um ihrer Empfindsamkeit willen liebte und nie verhohlen habe, dass ich ein »hoffnungsloser Romantiker« bin, traf überall auf »Gemütlichkeit« und verachtete sie. All diese mit Ge- beginnenden Zauberwörter markierten fortan ein Sperrgebiet, das ich nicht betreten wollte.

Nach Amerika aufzubrechen war richtig gewesen. Mich von Amerika wieder zu lösen war richtig gewesen. In Deutschland nicht wirklich anzukommen war ebenfalls richtig. Jetzt hatte ich zunächst zu beobachten, danach mochte ich urteilen.

Da war ja vor allem dieses unendlich schöne Land. Nun sah ich es neu, sah es, wie ich es seit jener Radfahrt im letzten Friedenssommer nicht gesehen hatte: Dörfer in Talmulden, Häuser mit hohen roten Ziegeldächern, eng um eine Kirche gedrängt, Wege, die zwischen den Feldern in sanfter Biegung hinauf zum Wald führten und den schon geernteten goldenen Haferschlag vom noch grünlichen Weizenschlag trennten, von Weiden umsäumte Bäche, die durch die Wiesen mäanderten, auf denen wiederum Wäsche trocknete, Flüsse, in denen Kinder badeten, hier und da ein Herrensitz, zu dem eine alte Allee führte. Ich verschlang diese lang entbehrten *eidyllia* – nein, nicht »entbehrten«, sondern über den so dramatisch anderen Bildern der Neuen Welt einfach »vergessenen«. Ich reiste mit dem Zug (der günstige Dollarkurs machte es möglich); der Zug bot mir ganz selbstverständlich einen Sitzplatz; er hatte wieder Fenster. Während des Krieges und vor allem in der Zeit danach war man ja nicht gereist, um in die Landschaft zu schauen, sondern um anzukommen.

Ich fuhr von Bremerhaven als Erstes zu meiner Schwester Heidi, die in Hechendorf am Pilsensee bei einer Geigenlehrerin wohnte und in München die Kunstakademie besuchte. In den allernächsten Tagen sollte sie nach Indonesien zu den Eltern reisen. Sie empfing mich in völliger Dunkelheit am Bahnhof. Aus dem kleinen Mädchen war eine junge Frau von einundzwanzig Jahren geworden. Sie beeindruckte mich durch ihr klares Urteil, die Entschiedenheit, mit der sie ihr Leben plante, und ihr absolutes Vertrauen in den älteren Bruder – eine stumme Wohltat für diesen.

Von dort ging es zuerst zu Hellmut Becker am Bodensee und mit diesem im Auto zu Georg Picht in Hinterzarten, wo die Schule erst in zwei Monaten beginnen sollte. Mit Becker galt es die Frage zu bereden und möglicherweise zu entscheiden: Birklehof oder, wie vom Vater gewünscht, erst einmal nach Djakarta. Die Eltern hatten alle ihre Kinder dorthin eingeladen. Hans Wolfram, aus dem Militärdienst entlassen und Forstwissenschaft in Freiburg studierend, war der Einladung schon gefolgt und trat praktischerweise dort gleich in den indonesischen Staatsforstdienst. Helga, die inzwischen am Deutschen Generalkonsulat in Chicago arbeitete, war jederzeit abkömmlich; Roland musste seine Reise als Forschungsauftrag deklarieren, um nicht eingezogen zu werden, und wurde auch, glaube ich, vom Field-Museum mit einem solchen betraut. Heidis Billets waren gekauft. Es zögerte nur der Hartmut, den die Eltern am längsten nicht gesehen hatten.

Becker hatte meinem Vater in einem langen Brief dargelegt, warum es für mich wichtig sei, jetzt mit meinem Beruf zu beginnen, und dass ich ohne deutsche Lehrerexamina nur an einer Privatschule unterrichten könne. Der Birklehof sei zudem nicht nur eine ungewöhnlich interessante Schule, sondern geradezu für mich geschneidert. Da hatte Becker eine Kenntnis meiner Person ins Spiel gebracht, die er, wie ich fand, doch gar nicht haben konnte. Später habe ich verstanden, dass Becker so mit allen Menschen verfuhr: Er fasste als Erstes ein Interesse für sie – oder eine Abneigung. Beides blieb und wurde unter Zuhilfenahme einzelner Beobachtungen in kurzer Zeit zu einem kompletten Psychogramm ausgestaltet. Intuition, Chiffren aus der Psychoanalyse und überraschende Suggestionen (»Du musst möglichst schnell deine Göttinger Prüfungstraumata loswerden!« »Picht wirst du nicht mögen, weil er dir zunächst imponieren will; aber sobald er anfängt, etwas von dir zu fordern, wirst du sein überzeugtester Bundesgenosse sein.« »Die wichtigste Person auf dem Birklehof ist Pichts Mutter Greda, Schwester von Ernst Robert Curtius, die ›Mammina‹; sie wird auf dich fliegen.«) wirkten hierbei zusammen. Becker brachte mich in seinem Auto nach Hinterzarten als den, den er sich wünschte.

Der Birklehof und Hinterzarten trafen mich mit einem *coup de foudre*: Der Schwarzwald, eine deutsche Legende, übertrifft diese bei weitem. Wie das Farbwort »schwarz« nur eine Annäherung an die archaische Dunkelheit der Tannen- und Fichtenwälder ist, so auch die übrige Beschreibung dieser eigentümlich geschlossenen Landschaft mit ihren einfachen und starken Kontrasten von leuchtend grünen Wiesen, mattgrünen Erlen und wilden Kirschbäumen, die im Herbst zu gelben und roten Fackeln werden, von tiefbraunen Schindeldächern über goldbraunen wuchtigen Holzhäusern und mächtigen Blöcken unbestimmbarer Düsternis. Dies alles in großen ruhigen Zügen, nicht dramatisch wie die Alpenlandschaft, nicht kleinteilig wie mein später so geliebtes Tübinger Schwaben, nicht lieblich wie Mainfranken, nicht verwunschen wie Nordhessen! Der (damals noch) so bescheidene Kuh- und Kurort liegt in einer Talebene locker um die malerische Zwiebelturmkirche gruppiert. Zwanzig Minuten Fußmarsch entfernt davon in einer eigenen Talmulde der von Birken umringte und wohl danach benannte Altbirkle, ein der Familie Picht gehörendes altes Schwarzwälder Bauernhaus. Von ihm aus blickt man über eine große Wiese hinauf zu dem anmutigen Schlösschen, das »Hampi« Wendelstadt für die angebetete Mammina hatte bauen lassen. Die Schule tat gut daran, den Umriss dieses Gebäudes mit seinem grazilen Mittelturm, geschwungenen Dach und breiter in die Landschaft abklingender Terrasse zu ihrem Emblem zu machen. Weitere Gebäude des (in den zwanziger Jahren von Salem aus gegründeten) Landerziehungsheims, wenig schön, aber auch wenig störend, weil mit inzwischen silbergrau schimmernden Holzschindeln in die Landschaft eingepasst, schließen sich an. Das Haupthaus, jenes Wendelstadt-Schlösschen, betritt man durch einen im Jugendstil angelegten Garten, den zwei niedrige Gebäudeflügel umfassen und so einen Hof bilden. Er empfing uns in völliger Stille, überwölbt von einem strahlend blauen Himmel, durchsonnt und zugleich höhenkühl – Hinterzarten liegt 900 Meter über dem Meeresspiegel –, und schien uns nicht wieder aus seiner Umarmung entlassen zu wollen: Ich war dem Ort verfallen. Als wir den Fußweg hinab zum Altbirkle stapften, in dem Georg Picht und seine Familie wohnten, war die Entscheidung für mein Bleiben schon getroffen. Auch wenn ich gewusst hätte, wie kurz der Sommer hier oben ist und wie selten solche Tage in ihm, ich hätte mich dem augenblicklichen Zauber nicht entziehen können.

Georg Picht tat das Seine. Hellmut Becker ließ uns im »Olymp« allein, wie Pichts dunkles, von Pfeifenrauch erfülltes Arbeitszimmer allgemein genannt wurde. Die Unterredung dauerte zwei Stunden, in denen Picht immer schon so tat, als hätte ich ihm eine Zusage gegeben. Er malte sich meine Rolle aus: Ich sei der richtige Mann für die Untertertia bis Untersekunda und die fünfzehn Jungen im »Saalbau«. Für den Unterricht in den genannten Schuljahren seien zwar mehr Griechischkenntnisse gefordert als vorher und nachher, aber wer so viel Thukydides gelesen habe wie ich, könne *das* bestimmt. Zu seinen eigenen wöchentlichen Platon-Abenden sei ich wie alle Lehrer herzlich eingeladen. Von den Kollegen dürfte ich heute wohl nur die Herren Fritzsche und Till und die »Burg«-Gräfinnen Eulenburg und Schulenburg antreffen; die anderen seien verreist.

Ich hatte nichts weiter zu sagen, nur zu fragen, wann er mich hier erwarte. Am 15. September beginne die Schule; es wäre gut, am 1. September hier zu sein. Dann werde die Aufgabenverteilung und der Stundenplan von Herrn Till »feststehen«; Herr Döhmer, der Wirtschaftsleiter, werde meine Unterkunft hergerichtet haben, ich könne mich auf meinen Unterricht vorbereiten.

Ahnungslos, wie ich war, glaubte ich, dass hierfür zwei Wochen genügten, und absolvierte in den nächsten vier Wochen erst einmal meine Rückkehr zu den Freunden, statt Cäsar zu lesen und den Kaegi zu repetieren!

Auch die nun von mir aufgesuchten Kollegen versäumten, mir diesen Rat zu geben. Hans Fritzsche, als Offizier im berühmten Infanterieregiment 9 in Potsdam (wo er mit Begeisterung Vaters Vorträge gehört hatte) und Adjutant von Eugen Gerstenmeier im Zweiten Weltkrieg (was ihn zum Widerstandskämpfer machte) gebildet genug, um Deutsch und Geschichte zu unterrichten, freute sich über jungen Beistand »gegen die Nazis, die es auch hier gibt«. Gespielt ungläubig ließ er sich bestätigen, dass ich zwei ganze Stunden mit Herrn Picht geredet habe, um schnarrend zu kommentieren: »Das ist mehr, als ich in fünf Jahren – alle Gespräche zusammengenommen – mit ihm geredet habe!« Er entließ mich mit dem beruhigend gemeinten Satz: »Wenn Sie Probleme haben, kommen Sie zu mir oder zu Hermann Klöter. *Wir* schmeißen hier den Laden!«

Professor Rudolf Till, ein zurückhaltender Gelehrter und Pichts Unterrichtsleiter, entschuldigte sich dafür, dass er mir keinen Oberstufenunterricht überlassen könne. Beim Abitur schaue die Schulbehörde immer sehr genau hin; die Primen blieben – sofern Herr Picht den Unterricht nicht selber übernahm – ihm und dem Kollegen Joseph Wiesner vorbehalten. Was es mit dessen und Tills eigener (Nazi-)Vergangenheit auf sich hatte – nach 1945 hatten beide ihre Lehrstühle verloren und waren deshalb am Birklehof gestrandet –, habe ich mir später genau erzählen lassen; heute weiß ich keine Einzelheiten mehr, nur, dass ich von da an die beiden mehr mit Neugier als mit Misstrauen betrachtete. Wiesner wusste alles über Reiten und Fahren in der Antike und Vorgeschichte; er hatte derbe Manieren, und seine Pranke rutschte ihm öfter aus, als irgendeine Pädagogik gutheißen konnte; er hatte etwas von einem Berserker in allem: vom Kaffeetrinken bis zum Erteilen von Fünfen und Sechsen – ein durch und durch harter Kerl. Da konnte die Affinität zu den Nazis liegen. Till war umgekehrt äußerst korrekt und sanft, einer, der den Wiesners nicht zu widerstreiten vermochte und wohl deshalb zum Mitläufer geworden war. Beide haben sich mir gegenüber stets aufrichtig und freundschaftlich verhalten.

Adelheid Gräfin Eulenburg (die »Eule«), Schwester von Carl Friedrich von Weizsäcker und Kriegerwitwe mit zwei Töchtern, unterrichtete Französisch und betreute die an einem vollhumanistischen Gymnasium raren Mädchen – es mögen zwanzig gewesen sein. Die wunderbare leise Frau empfing mich mit Tee und Kuchen und hatte gleich eine Rolle in der nächsten von ihr geplanten Theateraufführung für mich: »Le retour de l'enfant prodigue« von André Gide; da sollte ich die Rolle des Dichters spielen, der den Rahmentext spricht.

Charlotte Gräfin von der Schulenburg regierte in der »Wolfsburg« über die Kleinen – etwa zwanzig Zehn- und Elfjährige, die »Wölflinge«. Ihr Regiment hieß ordnende Liebe, ein beständiges fröhliches Ernstnehmen der Kinder, ein unmittelbares eigenes Vergnügen an deren Leben und Launen und eine diskrete Wahrnehmung von Kummer, der sehr häufig und heftig auftrat und in ihrem breiten Schoß gestillt wurde. In den Ferien zu verreisen war die Mutter von sechs Kindern, davon fünf Mädchen, zu arm. Eine Rente bekam die Witwe des Widerstandskämpfers Fritz von der Schulenburg, der nach dem gescheiterten Attentat auf Hitler hingerichtet worden war, erst nach langen juristischen Auseinandersetzungen im Jahre 1952. Sie war die Einzige, die mir gleich von ihren Birklehofer Schützlingen erzählte. Ich verließ sie mit dem Verdacht, dass ich selber gerne einer von diesen wäre.

Ich überließ mein kleines Umzugsgut der Wirtschaftsleitung und machte mich auf die Reise – über Freiburg (Wolfgang von Buch), Koblenz (Onkel Hans – inzwischen nach Deutschland heimgekehrt), Bonn (Christa von Tippelskirch, inzwischen mit Wolf-Ulrich von Hassell verheiratet, und Hans Lehndorff), Köln (Albrecht Dihle und Hannes Willisch, ebenfalls zurückgekehrt zu seinen Apfelbäumen), Gelsenkirchen (Richard von Weizsäcker, inzwischen als Syndikus in der Industrie tätig und im Begriff, »in diese zu heiraten«), Lage (Tone Schwerin-Krosigk, inzwischen verheiratet), Göttingen (Carl Friedrich von Weizsäcker, die Töpfermeisterin Eva Kumpmann, Heimpels), Bruchtorf (Annelise Stölting, bei der ich mit Roland verabredet war; er befand sich, nur mit Hemd, Hose und Unterwäsche ausgestattet, auf dem Weg nach Indonesien und erkältete sich in Deutschland erst einmal fürchterlich) bis nach Berlin (wo Tinchen Pflüger sich von ihren Kommunisten getrennt hatte und I. C. milde mit mir umging): eine Orgie des Wiedersehens und fast keine Entfremdung! Die Freunde sahen dem ungebetenen Kritiker mehr nach als er ihnen, der merkte es dann und lenkte ein. In der gesetzten Zeit von dreißig Tagen hatte ich meine Lektion »Deutschland« gelernt und meldete mich, wenigstens in dieser Hinsicht wohlgerüstet, am Birklehof zurück.

Den Kollegen, der mir später am nächsten stehen sollte, Hermann Klöter, lernte ich erst in den ersten Septembertagen kennen, einen liebenswerten Hypochonder, der mit einem Rauhaardackel allein durch die Landschaft wanderte – in Knickerbockern und mit einem Rucksack auf dem Rücken, in dem er seine eigenen Schriften und Gedichte umhertrug. Das Haus konnte ja inzwischen abbrennen! Er hatte zwei oder drei Artikel im MERKUR veröffentlicht, verehrte dessen Herausgeber Joachim Moras und hielt sich diese Edelzeitschrift seitdem, ja er las jedes Heft von der ersten bis zur letzten Seite, sobald es eintraf. Er wohnte wie Fritzsche im »Haupthaus«. Die beiden kamen abends zusammen, mal im Zimmer des einen, mal in dem des anderen, besprachen den Tag, tranken Kaiserstühler Wein und beschlossen, mich als Dritten in ihren Bund aufzunehmen.

Fritzsche und Klöter, die Eule und »Schuschu« waren die Kollegen, mit denen ich gern und viel verkehrte; die anderen traf ich allenfalls in der täglichen Konferenz. Für mehr hatte ich die Kraft nicht, auch nicht für den Internatsleiter und seine Frau, das Ehepaar Herchenröther, deren Erfahrung und Hilfe mir sicher gutgetan hätten. Sie blieben mir fremd. Ludwig Herchenröther (der »He«) war eine Mischung aus grimmigem Nussknacker und sorgendem Jugendherbergsvater; er spielte leidenschaftlich Theater und liebte Musik; gelegentlich lud er mich ein, um mir stolz eine neu angeschaffte LP vorzuführen; Ratschläge erteilte er mir nicht – zu groß und deutlich war der Unterschied unseres jeweiligen Umgangs mit den Jungen. Frau Herchenröther (»die Hesche«) war ihm an Alter und Weisheit überlegen; wenn wir zu dritt waren, schwieg sie; waren wir allein, sagte sie nur: »Sie werden Ihren Weg finden.« Oder: »Mein Mann schätzt Sie sehr.« Einmal, ganz am Anfang, machte sie mich auf einen Jungen aufmerksam: »... ein Halbwaise. Der Vater war der berühmte XY und hat die Mutter nie geheiratet. Der Junge ist eines unserer interessantesten, hübschesten und labilsten Kinder. Ihr Vorgänger ist ihm zum Opfer gefallen.« Wie und wodurch, mochte sie mir nicht erzählen.

Und Georg Picht? Er kam zu jeder zweiten Vormittagskonferenz von 11 bis 11.30 Uhr und stand dabei, wenn alle 200 Schüler und 25 Erwachsenen sich vor dem Mittagessen im Hof versammelten (nie und nirgend hat eine Schule dafür einen so schönen, so passenden Ort!). Hier wurden die für den Tag nötigen Ansagen gemacht, die Post verteilt, ein Geburtstagskind gefeiert, alles unter der Regie der »Helfer«, wie die Schülerselbstverwaltung hier hieß. Seine Anwesenheit hatte Picht sich wohl aus Prinzip verordnet; sie war rein symbolisch; eine Funktion übte er dabei nicht aus.

Nach dem Mittagessen herrschte an dieser weisen Schule eine ganze Stunde absolute Ruhe. Wer etwas vorhatte, das diese Ruhe zu stören drohte, musste dazu die Schule verlassen. Wozu gab es den Schwarzwald! Ohne diese Stunde und ohne den einen von Unterricht freigehaltenen Tag in der Woche hätte ich das Internatsleben nicht durchgehalten – nicht jedenfalls so, wie ich es lebte: Ich hatte zwanzig Wochenstunden Unterricht zu geben und merkte nun erst, wie viel Zuarbeit das erforderte; alle fünf bis sechs Wochen hatte ich »Sonntagsdienst«, das heißt, man war über das Wochenende für den geordneten Ablauf aller angemeldeten Aktivitäten im Haupthaus und im Saalbau (die Jahrgänge zwischen 14 und 20) verantwortlich und musste seinerseits ein anziehendes Ereignis vorbereiten: einen Sportwettkampf, eine

Wanderung, ein Geländespiel, ein Schachturnier, eine Skitour im Winter. Die häufigen Aufführungen von Theaterstücken oder Musik ergänzten die Pläne des Sonntagsdienstes und entlasteten ihn. Im Herbsttrimester 1953 habe ich in dem Stück der Gräfin Eulenburg mitgespielt, bei Graf Bassewitz die Messe »Regina Coeli« von Palestrina mitgesungen, als Nikolaus mehrere hundert selbst gedichtete Verse auf meine Schüler vorgetragen und die vorbereiteten Geschenke ausgeteilt, eine Arbeitsgemeinschaft über neuere und neueste amerikanische Literatur abgehalten (Hemingway, Faulkner, Carson McCullers, Mailer, Wilder – ergänzt durch Orwell und Robert Jungks »Die Zukunft hat schon begonnen«) und im Dezember bis zum »Licht-Aus« um 22 Uhr mit meinen Knaben eine neunzig Zentimeter hohe, sich im Kerzenlicht drehende sogenannte Weihnachtspyramide konstruiert – als Geschenk von uns an die Kleinen: »ein Wunder zu schauen!« Am Ende jedes Trimesters, also zu Weihnachten, waren »Berichte« zu schreiben – kurze zu den einzelnen Diensten, die die Jungen verrichteten, lange von wenigstens zwei Schreibmaschinenseiten über die sechs mir zugeteilten Mentoren-Söhne – und ich hatte doch dem »He« leichtfertig die »Chronik« des Herbsttertials für das Birklehof-Heft zu schreiben versprochen!

Nicht weniger absorbierend als die Pflichten war das bloße Mit-Leben – die Teilnahme an den Leistungen und Interessen, Freuden und Problemen der anderen. Allein in der Adventszeit war so viel los, dass ich mir heute schwer vorstellen kann, wie man das alles »bewältigt«. Um nicht nur aufzuzählen, zitiere ich einige Zeilen aus einem Brief an meine Eltern:

> Am ersten Advent weckte uns die »Kurrende« (eine auserwählte Sängerschar des Grafen Bassewitz) eine halbe Stunde vor der Zeit; man blieb im warmen Bett und lauschte, wie die Lieder von Haus zu Haus wanderten. Der Esssaal war über Nacht in einer Weise geschmückt worden, die mir einen Augenblick lang das Herz stillstehen ließ. Auf jedem Platz stand eine brennende Kerze – draußen dunkelte es ja noch! – auf einem von irgendwelchen Kindern in irgendeiner Stunde ausgesägten Sperrholzstern; in der Mitte der langgestreckten Tische waren Reihen von Tannenzweigen ausgelegt, von vergoldeten

Zapfen und Äpfeln unterbrochen; alle Teller waren mit buntem Weihnachtsgebäck überhäuft, nach dem das Haus freilich schon seit Tagen geduftet hatte.

Am Nachmittag: Marsch zur Oswald-Kapelle im Höllental, wo nach dem Adventssingen durch die Großen eine Andacht gehalten wird. Am 6. Dezember kommt Sankt Nikolaus, beschenkt die Kleinen, zaust die Mittleren (»*In corpore sano* nur steckt *mens sana* / hinaus mit dem *vir doctus* in die Luft *montana*!« / »Wenn man nichts in den Knochen hat / So wird aus Antike bloß Antiquariat.«), frotzelt mit einem Großen (»Sag, wie viel Bücher hast du gelesen? / Und wie viel davon sind Kataloge gewesen?«). Am Abend die Palestrina-Messe. Am dritten Advent wird das Oberuferer Weihnachtsspiel aufgeführt – alle drei Teile: das Paradeis-Spiel, das Christgeburt- und Hirten-Spiel, das Dreikönigs-Spiel –, die stilisierten Ereignisse in einer holzgeschnitzten Sprache, liturgische Umzüge, viel Gesang, a capella natürlich, ein Ereignis von großer Würde und Schönheit. (Was mich Birklehof-Neuling zu Tränen rührte – die Weisheit und der Humor des Stücks, der Spielmut und Spielwitz der Kinder, der unsentimentale schwierige Gesang, den Edith Pichts unermüdliches Üben so einfach erscheinen ließ –, fanden einige Erwachsene, wie sich herausstellte, »gänzlich unzeitgemäß« und viele Kinder schlicht »doof«. Und so forderte jedes Jahr eine offenbar starke Fraktion, man solle »endlich damit aufhören«. Nun, *das* kam für Edith Picht nicht in Frage. Es *anders* machen – warum nicht! Was sie ihren Kritikern nicht überlassen wollte, mir vertraute sie es an: Weihnachten 1954 sollte ich es mit einer neuen Inszenierung versuchen.) Zwei Tage vor der Abreise in die Weihnachtsferien findet dann das »Christbaumsuchen« statt. Eine Gruppe von fünf Jungen schmückt irgendwo weit im Wald – in einer Lichtung oder an einem Hang – einen Tannenbaum mit Kerzen. Um 17 Uhr zünden sie diese an; gleichzeitig macht sich die ganze Schule auf, den Baum zu suchen. Man schwärmt in alle Richtungen aus, meist in kleinen Gruppen. Diejenigen, die den Baum finden, beginnen nun Weihnachtslieder zu singen und locken so die anderen an, bis die ganze Schule zusammengekommen ist. Georg Picht liest die Weihnachtsgeschichte vor – dann kehren 200 große und kleine Menschen weitersingend mit den noch nicht abgebrannten Kerzen in der Hand hintereinander auf dem ausgetretenen Schneepfad über die Höhen zum Birklehof zurück. Der Himmel ist klar, die Nacht vom Schnee erhellt und kalt, im Herzen kann es wärmer nicht sein!

Am anderen Tag: packen, die Zimmer aufräumen, so dass während der Ferien gründlich gereinigt werden kann, und jäher Abschied, auf den man die scheue Übergabe eines seit langem vorbereiteten Geschenks verschoben hat. Dann nichts wie weg im Auto der Eltern oder mit Herrn Wursthorn zur Bahn. Die Erwachsenen bleiben zurück – erschöpft und die meisten glücklich mit ihrem Beruf.

Außer mir wussten alle, dass das Leben im Landerziehungsheim immer so dicht, eine ständige Überforderung ist, nicht nur in der Weihnachtszeit. Alle hatten gelernt, sich zurückzuziehen, sobald die Kinder fort waren; selbst das Festessen, das Frau von Döring liebevoll für die Lehrer und Erzieher bereitet hatte, war nun endgültig zu viel. In den nächsten drei Tagen vor der eigenen Abreise – ich sollte die Feiertage bei Weizsäckers in Göttingen verbringen – sah ich abends noch hier und da Licht bei einem Kollegen, aber ich ging nicht hin. Mit dem eigentlichen Abenteuer der letzten drei Monate musste ich erst einmal allein fertig werden. Es hatte fast nur mit den Schülern zu tun gehabt, einer mir neuen (oder fremd gewordenen?) Menschenart.

Picht hatte intuitiv richtig entschieden, als er mich mit den Vierzehnbis Sechzehnjährigen betraute. Ich hätte es mit den Kleinen zu leicht gehabt wie umgekehrt die Großen zu leicht mit mir. Ich hätte nicht gelernt, was »erziehen« im besten Sinne heißt, nämlich sich dem Jüngeren mit der ganzen Person stellen, nicht »verordnen, was richtig ist«. Man muss seine Wirkung auch dort tun, wo man nicht alles versteht und selber nicht in allem verstanden wird; man darf sich vor allem nicht einbilden, man könne mit Worten allein lenken. Der Vorwurf »Ich hab' dir doch gesagt ...« ist Ausweis pädagogischer Stümperei – und liegt uns doch allen auf der Zunge.

Bei den Kleinen – hier am Birklehof sind sie ja schon 10 und darüber! – hätte ich mit Wissen und Können imponiert, mit Geschichten gezaubert, mit Strenge erschreckt, mit »Ich will dich nicht mehr sehen« bestraft, kurz, ich hätte mit unseren gängigen Beschwörungsmitteln den jeweiligen Zweck erreicht und nicht wahrgenommen, wie viel Angst und Verführung dabei im Spiel waren; ich hätte die falschen (nämlich meine Überlegenheit ausnutzenden) Mittel nicht von den richtigen (nämlich Einsicht und Zuversicht weckenden, den eigenen Willen fördernden) unterschieden.

Bei den Großen wäre das Wort, die Überredung am Platz; »erziehen« wird mit »gemeinsam prüfen« und »verständige Lösungen und notwendige Unterscheidungen vereinbaren« identisch. Mit anderen Worten: Die Großen erzieht man nicht mehr, und eben das tut erziehliche Wirkung. Auf das Philosophieren verstand man sich in der Oberstufe des Birklehofs vortrefflich, und ich hatte eine unwiderstehliche Neigung dazu. Zu lernen hatte ich da nicht viel. Übrigens konnte man hier neben der vereinigenden Vernunft auch verbindende Empfindungen kultivieren: durch Musik. Ich komme auf sie noch zurück.

Bei meinen pubertierenden »Saalbauern« wurde ich mit dem eigentlichen pädagogischen Geschäft konfrontiert und vertraut gemacht: die Eigenart des anderen aushalten, um sie ihm selbst aushaltbar, annehmbar oder wandelbar zu machen, ja mehr noch als die Eigenart, nämlich die Wechselhaftigkeit, die Unsicherheit, den Verlust der Eigenart im Mutwillen, in der Verstiegenheit. Hier war vor allem eines gefordert, ein schwer beschreibbares Kunststück: Beistand und Widerstand in einem, glauben und fordern, zusammenleben und vorleben.

Ich habe sie vor Augen, denen ich dies zuteil werden lassen musste:

Eckart Butenandt, hochintelligent und gänzlich unklug, ein leicht reizbarer Mensch, der mit seinen Wutausbrüchen das herbeirief, was er mit ihnen abwehrte – ihn habe ich mit meinen zwei Bienenvölkern betraut, die ich mir im Frühjahr 1954 anschaffte, eine hochverantwortliche, ihn vor den anderen auszeichnende und zugleich von ihnen befreiende Aufgabe.

Matthias Brandi-Dohrn, ein selbstbewusster, unsportlicher, seinen literarischen Neigungen und Gedankenspielen hingegebener Junge – dem musste man viel hart zu kauende geistige Nahrung bieten, damit ihm der Birklehof nicht zum Zauberberg wurde.

Thomas Jersch, ein eifriger hübscher Hockeyspieler und ständig »gefährdeter Schüler«, weil unstet in der Arbeit, dafür von geradezu beängstigender Intensität der Gefühle, ein Wilderer in allen menschlichen Gehegen; er hatte sich vorgenommen, mich zu schützen, mir, dem Internatsneuling, eindrücklich klarzumachen, wie ich mich in diesem Mummenschanz verhalten solle – ihm schuldete ich vor allem Aufrichtigkeit des Gefühls und ein Beispiel dafür, wie man trotzdem die Ordnungen einhält.

Rainer Edinger, ein einfacher, auf treue Gefolgschaft angelegter Junge, der von den arroganten anderen abgestoßen wurde (»... kann ich nichts mit anfangen«), diesen Windbeuteln jedoch durch seine Gediegenheit überlegen war – den nahm ich auf meinen Morgenlauf von 6.00 bis 6.30 Uhr mit; die Stetigkeit ist zwar auch ein Gut an sich, vor allem aber erwächst aus ihr eine Erlebnisgemeinschaft. Ich konnte beim Frühstück erzählen: »Wir haben heute eine Wildsau mit drei Frischlingen gesehen.« »Wann? Und wer ist ›wir‹?« »Beim Morgenlauf – Rainer und ich.« »Kann ich das nächste Mal mitkommen?« »Ja, aber pünktlich da sein, durchhalten und nicht übermorgen schon die erste Ausnahme machen!« (Rainer und ich sind allein geblieben.)

Kurt Döderlein, genannt Klex, er war mir der Liebste, ein stämmiger Sportler ohne schulischen Ehrgeiz, eigenwillig, verschlossen bis zur Bockigkeit, eines Tages abgründig verliebt und unsäglich hilflos; er trug mir sein Unglück zu und schwieg sich vor mir aus. »Bitte bleiben Sie!«, schluchzte er, als ich ihn nach geraumer Weile sich selbst überlassen wollte – bei dem bin ich sitzen geblieben, bis er um 3 Uhr nachts endlich einschlief.

Und so war das mit den Henning Noltes und Christian Reimboldts und Uwe Nettelbecks und Konstantin Berrers ... ein permanenter Musil-Roman.

Außer den fünfzehn Saalbauern hatte ich sechs Mentorensöhne. Ihre Eltern hatten sie mir geliehen, und diesen schuldete ich Dank und Auskunft. Das geschah in langen periodischen Briefen und ausgiebigen Gesprächen, wenn sie ihre Kinder brachten oder holten. Die Briefe lasen nur die Eltern. Wie es die anderen Mentoren hielten, habe ich darum meinerseits nie erfahren. Georg Picht forderte meine Mentorenbriefe aus irgendeinem Grund an und soll sie hinterher sehr gerühmt haben. Schade, dass er es mir nicht selbst gesagt hat; ich wartete ständig auf eine Bestätigung meines Wirkens, aber die kam nicht. Mentorensöhne wurden einem nach einem einfachen Proporz-Gesetz zugeteilt; man kannte sie ja nicht, wenn sie eintrafen. Die Jungen selber durften nach einer bestimmten Zeit zu einem anderen Mentor wechseln, wenn sie dies wünschten; hatte der noch Kraft für einen weiteren Schützling, kam der Wechsel zustande. Es ist leicht einzusehen, dass aus dem Mentorenverhältnis bald eine besondere Beziehung zu den Eltern entsteht. In drei Fällen wurde für mich daraus eine lebenslange Freundschaft. Obwohl die Namen meinen Lesern gleichgültig sein dürften, nenne ich sie – aus drängender Dankbarkeit: Pietzckers in Tübingen, Schoellers in Osnabrück, Harders in Ergste.

Auch mir nicht unmittelbar anvertraute Schülerinnen und Schüler gingen bei mir aus und ein: um an meiner für die damaligen deutschen Verhältnisse großen Sammlung von Langspielplatten zu partizipieren, um für eine Vermittlung in der Konferenz zu bitten, um sich »auszusprechen« oder einfach, weil es in meinem Zimmer gemütlich war. Michael Klett holte mich zu Spaziergängen ab, suchte jemanden, dem er von zu Hause, von den Sammlungen seines bewunderten Vaters, von den eigenen botanischen Vorlieben erzählen konnte – und ich konnte dabei ausspannen. Michael Probst (»Ein Wald von Haaren, Haaren, Haar / Dazwischen ein erstauntes Augenpaar / Haare, Haare, Haare, Haar … / Was du auch tadelst oder lobst / Verschwindet unter Haar bei Michel Probst«) wartete am Ausgang des Vorhofs, wenn die Schule zum Sonnenwend-Hügel ging, der gefallenen Schüler zu gedenken und das schwierige Lied zu singen »Mitten wir im Leben sind / Von dem Tod umfangen«. Der Steppke von elf oder zwölf wollte dann mich an seiner Seite haben. »Große« wie Hinner Bauch oder Robert Picht kamen einfach, wenn sie sich langweilten. Was tut man dann? Man macht seine Arbeit, zum Beispiel den Seneca-Text für morgen, zum Gegenstand des Gesprächs. Mit vielen Birklehof-Schülern habe ich noch über ein Jahrzehnt hinweg korrespondiert, bis ich in Bielefeld einfach die Kraft dafür nicht mehr hatte.

Die Helfer – kluge junge Männer und eine noch klügere junge Frau – suchten mich auf, um meine Meinung zu irgendeinem »Vorfall« zu hören, der am Birkle zunächst immer erst in deren Zuständigkeit fiel: Da war einer beim Rauchen erwischt worden oder bei einer zwielichtigen Erpressung. Sollen *wir* strafen oder es euch Erwachsenen überlassen? Was werden, was können die Folgen sein? Oft kamen sie auch, mich zu mahnen: Sie sind zu streng mit … Oder: Sie dürfen sich das nicht bieten lassen. Und ganz oft kamen sie einfach, um gescheit über die Welt zu reden oder über den Kollegen X und die Kollegin Y herzuziehen. Es waren erstaunlich selbstbewusste Persönlichkeiten unter den Schülern. Jens Mommsen zum Beispiel. Während wir in Freiburg einem Konzert der Clara Haskil lauschten, sah er sich in der Stadt um, gelangte in ein Straßenbahndepot, bestieg einen Wagen, setzte diesen in Gang und fuhr durch die Stadt, bis die Polizei ihn anhielt. Auf einer Autofahrt (es gab am Birklehof Jünglinge, die ihren Porsche in der Nähe der Schule bei einem Bauern untergestellt hatten und sich seiner insgeheim bedienten) machte er vor einem Rasthaus Halt, benutzte die Toilette und wurde beim Wiedereinsteigen ins Auto vom Wirt eingeholt: »Mein Herr, wollen Sie nichts verzehren?« »Nein, das habe ich nicht vor.« »Dann muss ich Sie um fünfzig Pfennig für die Benutzung der Toilette bitten.« Jens, nach kurzem Überlegen: »Wissen Sie was – hier ist meine Karte, wenn Sie das Geld unbedingt brauchen, dann verklagen Sie mich.« – Und fuhr davon. Derselbe Jens führte eine brillante Auseinandersetzung mit Ernst Klett im Birklehofheft über Sinn und Grenzen von Disziplin.

Eine Zeitlang war ich Hausvater im »Hirschen«, einem Gebäude, in dem die Zwölf- und Dreizehnjährigen untergebracht waren. Mir war dazu ein eigener Helfer, Michael Wegner, zugeteilt. Er war nicht nur mein »Helfer«, er war mein Partner. Nie hat mir ein besserer Pädagoge zur Seite gestanden.

Besondere Beziehungen ergaben sich auf den Reisen, die am Birklehof üblich geworden waren und sich ständig steigerten – erst nach Basel oder Zürich oder Straßburg, dann nach Turin oder Ravenna (es war das bevorzugte Ziel des unternehmungsfreudigen evangelischen Pastors Fischer, der an der Schule Religionsunterricht gab) und schließlich in die Provence, nach Rom, sogar nach Spanien. Eine Reise in die Provence mit den beiden Primen unter Leitung von Rudolf Till (fürs Römische) und Adelheit Eulenburg (fürs Französische) habe ich zwar mit großem Gewinn mitgemacht – und sie als »Abschlussfahrt« von der Bielefelder Laborschule aus zwanzig Jahre später wiederholt. Aber mein eigenes Angebot lautete: eine Fußwanderung durch Franken. Auf diese Wanderung kamen die Schüler mit, die mit mir zusammen sein wollten (die Butenandts, Edingers, Berrers) oder solche, deren Eltern es, wie ich, missbilligten, dass man Reisen in ferne Lande macht, ohne das eigene Land zu kennen, von den endlosen im Bus verdösten Stunden ganz abgesehen. Die einen fühlten sich gestraft, die anderen von diesen gestört. Glücklich war keiner auf diesem von mir generalstabsmäßig ausgearbeiteten Pfad von Pommersfelden nach Dinkelsbühl. Erst als wir bei meinem Prinzen, nunmehr Fürsten Oettingen, in ein verlassenes Jagdschlösslein Hirschenbrunn einkehrten und er uns ein eben erlegtes Reh zum Braten überließ, versöhnten sich alle – auch mit mir.

Solche Reisen sind so gut wie ihre Vorbereitung. Aber auch sie und die Erlebnisse, die sie ermöglichen, vermögen nichts gegen den Makel der Unfreiwilligkeit. Für den, der die Reise leitet, sind sie ohnedies kein Honigschlecken – und für die Schüler sollten sie mindestens so sehr eine Bewährung im Umgang miteinander wie eine Belehrung durch das Gesehene sein.

Ziehe ich eine Summe meiner knapp zweijährigen Lehrzeit am Birklehof, dann mag sie so aussehen:[1]

Meine wohl wichtigste Wahrnehmung war: (1) In meinem neuen Beruf geht es um den Umgang von Menschen mit Menschen. Das ist sein Ziel und sein Verfahren. Ich illustriere dies durch zwei Erlebnisse von damals:

Ich hatte mein Zimmer im Saalbau schon bezogen, es mir mit meinen Büchern und LPs, meinem Indianerteppich und zwei schönen Stühlen von Graf Bassewitz gemütlich gemacht, als die ersten Schüler eintrafen. Ein Großer legte mir seine Pranke auf die Schulter und fragte nach meinem Namen. Ich sagte: »Ich heiße Hartmut von Hentig.« Er: »Und warum musst du hier sein?« (Was so viel meinte wie: Warum hat man dich in diese Strafanstalt geschickt?) Ich antwortete tapfer: »Ich soll hier Latein und Griechisch unterrichten.« Er mit Nachsicht: »Macht nichts!« Und fügte tröstend hinzu: »Ich werde in Zukunft Sie zu Ihnen sagen.« Umgang von Menschen mit Menschen – *inter pares*!

1 Die folgenden fünfzehn Seiten sind einem Vortrag entnommen, den ich im Mai 2004 in Hinterzarten auf einem Treffen von Altbirklehofern gehalten habe. Es ging um Picht, Pichts Pädagogik und seine Rolle im deutschen Geistesleben zwischen dem Ende des Zweiten Weltkriegs und 1982, dem Jahr seines Todes. Ich verletze damit mein Prinzip nicht, das ja lautete: »Erinnerungen – nicht Rekonstruktion der Vergangenheit«. Vielmehr habe ich den Vortrag in Hinterzarten nur übernommen, weil ich, an meinen Memoiren schreibend, wusste, es würde in ihnen ein Birklehof-Kapitel geben. Ich habe dieses damals einfach vorweggenommen. Der vollständige Text ist in der NEUEN SAMMLUNG Heft 4/2004 abgedruckt.

Am dritten Abend im Speisesaal, jeder steht hinter seinem Stuhl; es klingelt und die Tür wird geschlossen; Stille tritt ein; man erwartet das Gebet. Aber es kommt nicht. Herr Fritzsche, dessen Tisch ich zugeteilt bin, schaut über die Köpfe, nimmt wahr, dass Frau Herchenröther nicht da ist, die sonst das Gebet spricht, und spricht es beherzt selber. Nur eben ein bisschen anders. In der Stille hört man das in der Nase stecken gebliebene Lachen eines Kindskopfs, der dem Druck des turbulenten Tages nicht mehr standhält. Man setzt sich in Erwartung des Abklingelns. Nur Herr Fritzsche ist stehen geblieben; sein Gesicht läuft rot an. Er ruft, nein schreit in den Saal: »Wer hat da gelacht?« Dem, der sich am Birklehof zu einem Fehler bekannte, geschah in der Regel nichts, aber Fritzsches Ton war so bedrohlich, dass der kleine Kerl sich nicht melden kann. Herr Fritzsche schreit noch einmal: »Wer hat da gelacht?«, jetzt geradezu apokalyptisch – ein Eingeständnis wird vollends unmöglich. Herr Fritzsche fasst seinen Teller mit beiden Händen und setzt ihn im Zorn so fest auf den Tisch, dass er klirrend zerbricht: »Mit solchen Barbaren – und Feiglingen! – kann man nicht zusammen essen. Ich verzichte auf diese Mahlzeit!« und stürmt aus dem Saal. Drei Tage lang ist die Schule deutlich stiller – nicht eingeschüchtert, nicht benommen, vielmehr durch die Wahrnehmung von menschlichen Grenzen zivilisiert: Herr Fritzsche, ein geachteter und kriegsverletzter Mann, hatte die seinen gezeigt und würde – das war allen klar – es schwer haben, mit dem Bewusstsein der eigenen Unbeherrschtheit weiter der Lehrer zu sein, der er sein wollte. Menschen lernen im Umgang mit Menschen etwas, was ihnen kein Katechismus und kein Knigge beibringen kann.

Das Zweite, was ich erkannte, ist damit schon berührt, aber nicht darin eingeschlossen: (2) Die Vielfalt der Personen, mit denen man lebt und lernt, ist so wichtig wie die Vielfalt der Gegenstände. Das von Georg Picht zusammengestellte Kollegium war in dieser Hinsicht das erstaunlichste Menschen-Panoptikum, das ich erlebt habe. Auch die Bielefelder Laborschule und das Oberstufen-Kolleg haben bei allem Zulauf von *cranky people* nicht diese Buntheit erreicht. Picht waren amtlich bestätigte Qualifikationen gleichgültig; er setzte auf das, was er im Lebenslauf und im Gesicht der Person lesen konnte. Das Kollegium wurde in Auswahl an der Auswahl beteiligt; es durfte kurz an dem Neuling schnuppern; wer wollte, durfte auch in der Konferenz seine Meinung sagen; abgestimmt wurde nicht. Es fehlte dazu nicht nur eine Satzung, es fehlte die dafür nötige rationale Voraussetzung, die Möglichkeit eines gemeinsamen vernünftigen Willens. Jeder der Lehrer und Hauserwachsenen wollte inständig etwas anderes. Die Gegensätze waren geradezu bühnenreif: Eulenburg und Schulenburg, Klöter und Fritzsche, Kunert und Moritz, Schnaitenberger und Bassewitz, Till und Wiesner, Herchenröther – und Picht! Lauter Feudalherren und -herrinnen, was nichts mit dem Anteil der Adligen zu tun hatte, der nicht unbeträchtlich war. (Hierzu in Klammern: Bei Schuleröffnung 1953 saßen wir im Saalbau. Georg Picht hielt eine Rede und begrüßte darin die neuen Mitarbeiter: »Frau von Carlowitz übernimmt das Revier; Frau von Döring die Wirtschaft; Herr von Hentig den Saalbau ...« Hier schlug sich Herr Fritzsche vergnügt auf die Schenkel und sagte weithin vernehmlich: »Da wird sich doch wohl auch noch ein adliger Koch finden lassen!«) Die bauliche Anlage des Birklehofs begünstigt die Individualisierung der einzelnen Wohngemeinschaften. Überall bildeten sich damals Nester mit eigener, vom Hauserwachsenen geprägter Lebensform.

War das die Vielfalt, die zu rühmen ich begonnen habe? »It takes a village to raise a child«, sagen die Indianer. Das Dorf ist einerseits »mehr als Vater und Mutter«, andererseits bleibt es als Ganzes übersichtlich, was zwar in verschiedenen Lebensaltern Verschiedenes bedeutet, aber doch stets dies: die Möglichkeit, unterschiedliche Lebensmuster zu erkennen, unter diesen das einem selbst Bekömmliche zu wählen, Freundschaften zu schließen, Gruppen zu bilden und diesen wieder zu entrinnen, wenn es die falschen sind. Und das geht nur bei einer bestimmten Größenordnung. Die des Birklehofs ist mir immer ideal erschienen. Stets konnten die Kleinen bei geeigneten Gelegenheiten – Mahlzeiten, Andachten, Aufführungen, Festen, Versammlungen im Hof – »alle« sehen, stets konnten sie sich in ihre Reviere zurückziehen; stets war den Großen bewusst, dass sie von den Kleinen wahrgenommen wurden – es konnte ihnen jedenfalls bewusst sein; sie wurden oft genug dazu ermahnt. Es bildeten sich keine altersgleichen Kollektive – ein Hasswort für Georg Picht – wie in den auch örtlich getrennten Teilschulen von Kurt Hahn: Hohenfels, Hermannsberg, Salem, Spetzgart.

Die dritte Wahrnehmung ist eher eine Ahnung, aber darum nicht weniger stark. Im Laufe meines Lebens hat sie sich geradezu zu einem Dogma verdichtet: (3) Wer ein guter Lehrer sein will, muss erst ein guter Erzieher geworden sein. – Dies interessiert nur diejenigen unter meinen Lesern, die diesen Beruf haben, und diejenigen, die sich oder andere auf ihn vorbereiten. Ich mache es darum kurz und beginne wieder mit einer Begebenheit, die eine Geschichte genannt zu werden nicht verdient.

Ich hatte eine Untersekunda in Latein zu unterrichten – etwa fünfzehn Jungen und ein Mädchen. Uns war das »Durchgangszimmer« zugeteilt worden, was für verspäteten Anfang und rechtzeitiges Ende sorgte: Da gingen dann andere unbekümmert durch den Raum. Es war meine zweite Stunde; ich hatte die Namen meiner Schüler »gelernt«, ihre von meinem vorbildlichen Vorgänger hinterlassenen Dossiers gelesen, kannte die meisten schon, weil sie im Saalbau wohnten. Man hatte Cäsar gelesen – was man so »lesen« nennt: das qualvolle Herumstochern in unverstandenen Wörtern in unerkannter Funktion in einem nicht erkennbaren Zusammenhang. (Wo ist das Hauptverb? Wer oder was ist das Subjekt? Was hängt von dem Verb ab? Was sagt der Konjunktiv im Relativsatz? Was machen wir mit *coactis omnibus copiis*?) In einer Unterrichtsstunde schafft man so knapp zehn Zeilen eines der bedeutendsten politischen Propagandawerke der Weltgeschichte – und behält keine Minute Zeit, um darauf einzugehen! Kann man den Vorgang nicht zu aller Nutz und Frommen beschleunigen? Ich war also für sorgfältige Vorbereitung und gab als »Hausaufgabe« die nächsten fünfzehn Zeilen auf: »... bis Kapitel XX, Satz 25.« Vor mir sitzt Lutz von Wangenheim, die Beine weit vorgestreckt, so dass ich in der Enge zwischen Tafel und erster Bank ständig über sie stolpere. Er vergewissert sich: »Bitte, bis wohin?« Ich wiederhole: »Kapitel XX, Satz 25.« Lutz schaut ungläubig grinsend zu mir auf: »Feistes Gerücht, Herr von Hentig!«

Ich war ohne jegliche Lehrerfahrung, reproduzierte den Unterricht, den man mir als Schüler angetan hatte, und wäre zum Scheitern verurteilt gewesen, eine Lachnummer für meine Schüler, hätte ich nicht mit ihnen zusammengelebt. Meinen schlechten Unterricht haben sie mir verziehen, ja sie haben ihn zu retten versucht, weil sie mich als Person schätzten – einen Vierundzwanzigstunden-Ratgeber, -Unterhalter, -Tröster, -Zuhörer, einen Gelände-Spieler, Morgenläufer, Verteidiger gegen die Eltern, gegen die Peers, gegen die Schule, am Ende ihr Freund.

So etwas gelingt an einem Internat leichter als an einer Tagesschule, aber auch an der kann man die Rang- und Reihenfolge umdrehen: erst Lebenshelfer, dann Belehrer. Die tägliche halbstündige, etwas mehr als zwanzig Erwachsene umfassende Konferenz, in der sich alle über die wichtigeren Vorkommnisse, die schwierigen Fälle, die hoffnungsvollen Fortschritte unterrichteten, sind an allen Schulen möglich, auch an großen; man muss sie nur geschickt unterteilen. Und vor allem: Alle Lehrer sollten den Satz nicht nur kennen und nachplappern, dass Lebensprobleme vor Lernproblemen gehen, sie sollten auch *erfahren* haben, wie viel besser das Lernen vonstatten geht, wenn die Seelennot ausgetrieben oder doch wenigstens verstanden worden ist.

Meine vierte Wahrnehmung: (4) Es gab – vermutlich durch die Vielfalt erzwungen – einen großen Vertrauensvorschuss: vom Leiter für die Lehrer, von den Lehrern und Hauserwachsenen für die Schüler. Der den Helfern eingeräumten Befugnis, Ordnungswidrigkeiten ohne die Erwachsenen zu regeln, entsprach ein hohes Maß an Verantwortung, Umsicht, Überzeugungs- und Kontrollarbeit dieser Primaner. Das kam den Erwachsenen ebenso zugute wie den Schülern *at large*. Wenn Picht (oder war das schon vor ihm so?) die Amtsträger »Helfer« nannte, hatte das einen guten Sinn und war nicht nur eine äußerliche Abkehr von den »Wächtern« Kurt Hahns und seines Schulstaats. Wie das »honour system«, also die Erwartung, dass die Schüler auch ohne Aufsicht weder abschreiben noch sonst mogeln, diente diese Form der Selbstverwaltung nicht der Moralisierung der Pädagogik; beide Maßnahmen drückten auch keinen rousseauistischen Glauben an den von Natur guten Menschen aus; sie gehörten im Gegenteil zu dem viel berufenen »Geschehenlassen«, das dem Aufwachsen bekömmlich ist. (*Dafür* hätte man sich in der Tat auf Rousseau berufen dürfen!)

Als ich – etwa in der dritten Woche meiner Tätigkeit – erfuhr, Picht werde eine Besuchergruppe durch den Birklehof führen, schloss ich mich dieser an. Auch ich hatte ja noch viel über diese Einrichtung zu lernen. Als man vor dem Tagesplan stand, fragte jemand, was die Schüler denn hier – er zeigte auf eine leere Stelle – zwischen Mittagsruhe und 17 Uhr machten. Picht sagte, das wisse er nicht und wolle es auch nicht wissen; jeder Mensch habe nicht nur ein Recht auf ihm allein gehörende Zeit, sondern auch auf die Gewissheit, es schaue ihm da niemand zu.

Planung, Fürsorge, Aufsicht nähmen ihm die Entscheidung über sich selbst, verhinderten, dass er selbständig werde. Das ist sicher die bessere Auslegung des *laisser-aller* als die von Picht selber zitierte Herbartsche Maxime, dass Jungen gewagt werden müssten (Mädchen hingegen behütet). Wer freilich Erziehung mit Ausrichtung gleichsetzte und das Landerziehungsheim mit dem Reichsarbeitsdienst verwechselte, sah im Prinzip des »Geschehenlassens« ein Feigenblatt für Schlamperei. Man müsse doch hinsehen, und das Hinsehen müsse Konsequenzen haben! – Hinsehen ist richtig, es hat eine zivilisierende Wirkung, oft schon ohne dass man zu »Konsequenzen« schreitet. Ein wissendes, taktvolles, schonendes Wegsehen ist jedoch manchmal ebenso richtig. Vor allem aber: Zu welchen »Konsequenzen« soll man schreiten – wenn einer doch schwänzt, nicht um 22 Uhr im Bett liegt, sich gar nachts bei den »Finen«, dem weiblichen Hauspersonal, herumtreibt ...? Mechanisch einsetzende Konsequenzen werden konsequent umgangen.

In einer Nacht war ein Zehnjähriger nach Afrika aufgebrochen (mit Gummistiefeln gegen die Schlangen und einem Rucksack voll Rosinenbrötchen, die er sich listig beim Abendbrot zusammengesammelt hatte). Am Morgen fehlte er. Erst am Nachmittag kam ein Anruf von der Polizei, sie habe ihn in der Nähe von Karlsruhe aufgegriffen. Vor seiner am Abend erwarteten Auslieferung beriet die Konferenz zwei Stunden lang, wie zu verhindern sei, dass ihm die Mitschüler einen triumphalen Einzug bereiteten, aber zugleich auch, wie eine Demütigung des Buben vermieden werde. Man respektierte ihn. Der gleiche Respekt vor Kindern erlaubte Christian Heimpel, seinen Kolkraben mitzubringen und mit ihm zusammenzuwohnen. Man erlaubte ja auch Herrn Klöter, seinen Hund zu halten, und mir meine zwei Bienenvölker.

Sogar in den Streichen und in der Gelassenheit, mit der man sie ertrug, manifestierten sich Vertrauen und Achtung. Eines Abends empfingen Herr Fritzsche und Peter von Blomberg, der Erste Helfer, den von einem Wochenende aus Stuttgart heimkehrenden HvH schon am Bahnhof: Herr Picht habe am Samstag das Kollegium zusammengerufen und erklärt, er müsse sein Amt sofort niederlegen (ich habe vergessen, ob wegen einer Krankheit oder wegen einer ihm soeben übertragenen bedeutenden politischen Aufgabe) – und habe mich zum Nachfolger bestimmt. Ein verdammt übler Scherz, den im Netz seiner Eitelkeit und seiner Angst zappelnden Hentig einen ganzen Abend bedeutende Maßnahmen zur Überleitung der Gewalt treffen zu lassen! Aber auch ein großes Zutrauen: Das wird der überstehen! So wie ich selber sicher war, Frau Schulz werde es mit Humor nehmen, wenn die Kollegen Klöter, Fritzsche und Hentig für ihre Mentorensöhne die Aufsätze schrieben, die sie an einem Studientag hatten verfertigen sollen. Eine übertriebene Anforderung, hatten wir Mentoren gefunden – und das heikle Spiel gespielt. Übelnehmen, so hatten wir gedacht, kann man nur Bosheit, und die werde uns doch wohl nicht unterstellt! So wenig wie Georg Picht Majestätsbeleidigung unterstellen konnte, wenn der Primaner James Hübner auf einem Fest als Schaubudenbesitzer verkleidet seine Raritäten anpries und dabei auf einen Glasbehälter mit einem Haifischembryo zeigte: »Und hier, werte Damen und Herren, sehen Sie Pichthys, den stinkenden Tümpelfrosch ...« – Vorsicht war eine am Birklehof eher unübliche Tugend – ich vermute, aus dem Gefühl, dass sie den anderen oft weniger schützt als kränkt.

Die fünfte Wahrnehmung verallgemeinert dies: (5) Es gibt einen Zusammenhang von äußerer Ordnung und innerer Unordnung. Es war eine von Pichts Steckenpferden, dies nachzuweisen – an Kadettenanstalten, an Jesuitenschulen und an Salem. Ihm musste man nicht glauben, wohl aber der Minna Specht. Sie bereiste damals, nachdem sie die Leitung der Odenwaldschule aufgegeben hatte, die Landerziehungsheime wie Her Majesty's Inspectorate – hier im Auftrag ihrer Vereinigung. Wenn Minna Specht eine Schule zwei oder drei Wochen beobachtet hatte, erteilte sie Rat. Ein Satz von ihr hat sich mir damals tief eingeprägt: »Eine Schule, die sagt ›Bei uns wird nicht gelogen‹, beeindruckt mich nicht. Eine Schule, die begründet sagt ›Bei uns muss nicht gelogen werden‹, hat meine Achtung.«

Das bedeutet: Ordnung nicht durch An-Ordnung, sondern durch geeignete Umstände, durch Sachverhalte, durch die Wahrnehmung von Notwendigkeit, durch die Erfahrung der Wohltat, die aus der Ordnung entspringt. Ich nehme drei am Birklehof wirksame Ordner: die Grammatik, die Musik, die Landschaft. Von der Ersten sollte ich vorsichtiger sagen: Sie hätte ein solcher Ordner sein können, wären alle Lehrer Rudolf Tills gewesen. Die Landschaft wird in Georg Pichts Aufsätzen, zumal in denen, die mit dem *Land*-Erziehungsheim zu tun haben, groß herausgestellt: »… entdeckt man die Übereinstimmung [des] Lebensstils mit der die Schule jeweils umgebenden Landschaft, so wird einem klar, dass die erzieherische Macht der Landschaft größer ist, als wir uns träumen lassen.« Und: »Hier geschieht die wirkliche Formung des Menschen …«[2] Hätte ich diese Äußerungen von Picht damals schon gekannt, ich hätte ihn wenigstens gefragt, warum er denn nie spazieren gehe – zum Beispiel mit mir, der ich unsere Gespräche nur widerwillig in der verrauchten Studierstube geführt habe. Ein Kanesatake-Geländespiel, wie ich es in den Sommer- und Herbsttagen, an denen ich Sonntagsdienst hatte, veranstaltete (für mich nicht weniger lustvoll als für die Schüler), wollte ich ihm gewiss nicht zumuten, aber »Holzwege« beschreiten wie der andere Schwarzwald-Philosoph, das wäre ihm und der Glaubwürdigkeit seiner »Landschafts-«Pädagogik bekömmlich gewesen.

Die Musik freilich tat ihre ordnende Wirkung in vollem Umfang. Freunde an der Odenwaldschule blickten neidisch auf die Tatsache, dass siebzig von zweihundert Birklehofschülern im Schulchor sangen oder ein Instrument spielten. Und die meisten Lehrer auch. Jedes Halbjahr stellte die Schule ein großes Werk – eine Messe von Pergolesi, Orffs Carmina Burana, Haydns Schöpfung, eine Bach-Kantate – auf die Beine, neben den kammermusikalischen Ereignissen. Die Chöre wurden, nach Stimmen getrennt, in kleinen Gruppen einstudiert. Schüler übernahmen das, waren Walter der »Sache«. Dieter Schulze trainierte uns unerbittlich: »Herr von Hentig, wenn Sie schon so laut singen, dann bitte richtig: Der fünfte Takt beginnt mit *cis*!«

Auch der Sport, das Theater, die Feste waren unauffällige und darum wirksame Zuchtmeister. Die Birklehofer widmeten sich vor allem zwei Sportarten: dem Skifahren, das durch den Ort vorgegeben war, und dem Hockeyspiel, einem Erbe aus der Zeit der Gründung als Abkömmling von Salem. Das Skifahren hatte ich selber als Knabe in Garmisch-Partenkirchen zwar betrieben, aber nicht »gelernt«, vielmehr haben mir meine schlechten Skier damals die falschen Kraftanstrengungen angewöhnt. Hier, am Hang hinter der Schule, gaben mir die Schüler ein wenig Leich-

2 Georg Picht: Die Verantwortung des Geistes. Pädagogische und politische Schriften. Olten/Freiburg 1965 (Walter), S. 27.

tigkeit zurück – und eine Belehrung in »Didaktik«. Sie bestanden hartnäckig auf der Wiederholung des zu lernenden Schwunges, machten ihn mir unverdrossen vor und spendeten ein sich unmerklich steigerndes Lob, bis ich den Kristiania »geschafft« hatte. Nur ja keinen Augenblick zu früh aufhören, das schien die Erfolgsmaxime zu sein. Erst dann war der nächste Schritt, eine Steigerung der Schwierigkeit fällig.

Das Hockeyspiel war fest in der Hand der »Profis« und übte eben dadurch eine Anziehungskraft auf die Jüngeren aus. Der Mannschaft selbst schien es vornehmlich um eines zu gehen: um eine Gelegenheit, sich Salem überlegen zu zeigen. (Wenn Birklehofer sich in der Regionalbahn gerne einmal schlecht benahmen und das Publikum nebenbei wissen ließen, sie seien Salemer, war das keine faire Kampfart, amüsierte mich aber doch!)

Der Birklehofer Theatergott war Ludwig Herchenröther. Er traute sich und seinen Schülern so gut wie alles zu, oft leider mehr Pathos, als dem Stück bekömmlich war. Die erste Aufführung, die ich erlebte, war der »Prinz von Homburg« mit Michael Klett in der Hauptrolle. Alle Welt war voller Bewunderung für den blonden Traumtänzer. Was ein Sechzehnjähriger doch alles weiß und kann! Warum musste so einer mit lateinischer Syntax geplagt werden? Auf Kleist folgte Schiller: der gesamte Wallenstein mit echtem Lagerfeuer und sogar einem aus der Nachbarschaft geborgten Ross im Hof des Haupthauses. Als darauf der »Hamlet« angekündigt wurde, grummelte Vater Klett: »Dann werden sie wohl im nächsten Jahr die Bibel aufführen!« Klett war um seinen Sohn besorgt. Meine Kritik an Herchenröthers romantischer Deutung und Michaels beseelter Darstellung des Helden hat er mir trotzdem als ungerecht verwiesen. Ich bildete mein Urteil alsbald, wähnte (und wähne noch immer) Georg Picht an meiner Seite: Das Theater – die Situationen und Rollen, die es bereitstellt – sollte Schülern einen Schutz ihrer inneren Bewegungen bieten, nicht deren Entfesselung auslösen; als Kostüm für die Eigenart taugt es, als Aufforderung zum »strip« sollte es nicht herhalten. Bei meiner eigenen Inszenierung des Oberuferer Weihnachtsspiels im Jahre 1954 nutzte ich die in den Rollen selbst angelegte »Überladung« (Charge/caricatura). Aus Edith Pichts Liturgie machte ich Expressionismus, was das skeptische Publikum überraschte, Edith Pichts Billigung fand und den Kindern eigentümlich gemäß war. Innerhalb enger Grenzen war ihnen viel Freiheit gewährt. Klex spielte einen Teufel, wie man ihn so frech am Birklehof noch nicht gesehen hatte, und Dörthe nahm der Maria ihre Oberuferer Simplizität und machte sie zu einer wissenden Frau. *Education par le rôle*. (Bei den wirklich »umwerfenden« Faschingsfesten galten dann freilich andere Gesetze: Fantasie, Frechheit, ein gewagtes Balancieren auf dem schmalen Grat des noch Schicklichen – und alle Lehrer, einschließlich des Ehepaars Picht, setzten sich dem Wagnis aus. Diesen Hexensabbat konnte die Schule gut gebrauchen – nicht nur um Pichts Theorie von der notwendigen »Entpädagogisierung der Pädagogik« zu illustrieren.)

Auf diesen Gebieten stand Pichts Pädagogik in Übereinstimmung mit der des Jean-Jacques Rousseau, obwohl er das wohl energisch bestritten hätte. Gemeint ist die *éducation par les choses*, was man am besten als »Erziehung durch die Verhältnisse« übersetzt. Ordnung lernt man nicht in vorgegebener Ordnung – die empfindet man als Nötigung und Einengung und versagt sich ihr oder zerstört sie. Das Ordnen als Vorgang lernt man in dem Bemühen, einer lästigen Unordnung zu entgehen. Die höchste Kunst der Pädagogik ist die Verführung zu etwas, was aus Ordnungen besteht, die aber nicht so heißen – zu Spiel und Handwerk und eben zu Natur und Musik. Ich habe an anderer Stelle behauptet[3], dass Frau Pichts Klavierspiel an jedem zweiten Samstagabend diese stets gefährdete Schule zusammengehalten habe, mehr als Georg Pichts Menschenführung oder gar seine pädagogische Theorie. Ich habe es dort nicht nur behauptet, ich habe es geschildert – und so empfunden, wie viele andere auch.

Eine sechste Wahrnehmung (6) war Anschauungsmaterial für etwas, was ich später bei Rousseau verstehen gelernt habe: die Notwendigkeit der Stufen. Unsere Schulen »laufen durch« wie ein Paternoster; nur die Ziffern, an denen er vorbeifährt, geben an, dass man sich woanders befindet, also aufsteigt. In Wahrheit sind in einer Schule mehrere Einrichtungen enthalten. Vier davon sind für mich am Birklehof sichtbar geworden: eine Schule für die Zehn- und Elfjährigen, eine für die Zwölf- und Dreizehnjährigen, eine für die Vierzehn- bis Sechzehnjährigen und schließlich die Siebzehn- bis Neunzehn-, gelegentlich bis Zwanzigjähri-

3 In »Aufgeräumte Erfahrung«, S. 119 f.

gen. (a) Die Kleinen, so urteilte ich damals mit Entschiedenheit und Affekt, gehörten nicht hierher, die Eltern hätten sie zu Hause behalten sollen. Sie waren noch mitten in dem Zustand des unsystematischen, rastlosen und sich entäußernden Lernens, das durch *trial and error* vor sich geht und das einer stetigen, ordnenden, auffangenden, versichernden Begleitung bedarf, wie sie nur die Familie geben kann. (b) Die nächste »Einrichtung« auf dem Birklehof umfasste zwar wieder nur zwei Altersjahrgänge, war aber erheblich größer. Man hatte sie ebenfalls in einem eigenen Haus untergebracht mit Schlafsälen für acht bis zehn Schüler – diesmal mit einer Theorie von Georg Picht: Dies sei das Alter, das eigentlich für Selbstverwaltung begabt sei. Mit dem Satz: »Sie werden das mit Ihren amerikanischen Erfahrungen schon hinkriegen!« übergab Picht mir zeitweise den »Hirschen« und seine »Hirschlinge«. Nun, ich habe es nicht »hingekriegt«. Instinktiv habe ich den Bandentrieb der Jungen genutzt, der in Gefahren einsetzt, einen Drang zur »Selbstorganisation«, wie ihn Muzafer Sherif in seinem Robbers' Cave Experiment beschrieben hat und den man aus Goldings »Herr der Fliegen« kennt. Und wie bei diesem folgten meine Birklehofer Jungen zwei entgegengesetzten Prinzipien: Die einen bildeten archaische Kampf-, Jagd- und Geheimbünde, die anderen suchten den Schutz rationaler Institutionen. Beides half mir bei der oberflächlichen Bändigung des Chaos, brachte mich aber an den Rand meiner Kräfte. (c) Die dritte »Einrichtung« beherbergte die meist für besonders schwierig gehaltenen Jungen zwischen vierzehn und sechzehn. Ihre »Schwierigkeit« wurde durch die intellektuelle Begabung der einen, die intellektuelle Unempfänglichkeit der anderen gefördert, durch exzentrischen Eigenwillen und träge Pedanterie, durch gesteigerte Empfindlichkeit und sportliche Härte, durch boshafte Fantasie und gutartige Normalität. Alles kam hier zusammen: die erste Liebe zu einem Mädchen und der Hass auf einzelne Lehrer, hochfliegende Pläne und schlechte Lateinnoten, unendliches Redebedürfnis und ein in sich gekehrter, harthöriger Stubenkamerad – und alles entzündete sich gegenseitig, alles wurde intensiv betrieben, alles war nur hier aushaltbar, eine Familie hätte es in den Infarkt getrieben. (d) Nach diesem Seelensturm geriet am Birklehof die vierte »Einrichtung« zu einem drei Jahre andauernden, wundersam heiteren Oberstufensommer mit ausgeruhter, unverkrampfter, verständiger Aneignungsemsigkeit. Das ausgestandene und ausgekostete Pubertätsdrama mündete im erwachsenen Lustspiel, in »Scherz, Satire, Ironie und tieferer Bedeutung«, wie sich das die öffentlichen Gymnasien nicht einmal zu wünschen wagen. Hier gedieh neben einer weitreichenden Verantwortung für die Ordnung der eigenen und gemeinsamen Belange das selbständige und forschende Lernen. Man hatte sich und seine Verwirrung ausgetobt und nun den Kopf frei für die Unterscheidung von *imperium* und *potestas*, die Entdeckung der Teleologie am aristotelischen *telos*, die Einsicht in die »imaginären Zahlen«, die dem Zögling Törless nicht gelingen wollte.

So weit die Wahrnehmungen, die überwiegend für den Birklehof sprechen. Ich habe damals auch manches ausdrücklich vermisst. Ich zähle ein paar Enttäuschungen auf.

Dem jungen Lehrer Hentig fehlte eine didaktische Anleitung. Herr Till gab einen mustergültigen Oberstufenunterricht; wie man Quintanern den a.c.i. und die *consecutio temporum* erklärt, wie man pubertierenden Knaben die verwirrende Fülle griechischer Flexionen beibringt, wie man in den wenigen Stunden mit dürftigen Kenntnissen zu großen geistigen Erlebnissen verhilft, hat mir niemand gezeigt. Zur Rettung des humanistischen Gymnasiums aber war und ist nichts wichtiger als eine plausible Lehre vom Lernen und Lehren – und eine entschlossene Bekämpfung der formalen Paukerei, vor allem in den ersten Jahren.

Es war schade, dass das Verfahren, nach dem Picht selber bei Professor Liegle die alten Sprachen gelernt hatte, uns zwar vorgehalten, aber nie und nirgends vorgeführt, also »operationalisiert« worden ist – es bleibt das Geheimnis eines Wunderlehrers und seines Wunderschülers.

Ich war enttäuscht, dass das Platon-Archiv so gar keine Beziehung zur Schule und keine Wirkung auf sie hatte, sieht man davon ab, dass ohne die jungen Leute, die Platons Werk im Altbirkle auseinanderschnitten und verzettelten, die Plato-Tome, Pichts Unterricht häufiger ersatzlos ausgefallen wäre.

Es war sicher auch beschämend, dass Pichts christliches Motiv – einschließlich seiner Beziehung zur Person von Albert Schweitzer und zur Theologie von Karl Barth – zu nicht mehr als ein paar Äußerlichkeiten geführt hat: Morgenchoral, Bibellesung, Tischgebet, Weihnachtsspiel, Schullied »Was mein Gott will, das gscheh' allzeit«.

Dies darf man »Versäumnisse« von Georg Picht nennen, weil es eigentlich in ihm angelegt war, anderes nicht. Er war kein Schulvater wie Lietz, kein Schulheiliger wie Geheeb, kein Schulcharismatiker wie Wyneken oder Hahn. Er wollte nicht führen und schon gar nicht »betreuen«. Als ich ihm einmal erregt vorwarf, dass er seine Lehrer in schwierigen Lagen im Stich lasse (ein Junge drohte mit Selbstmord; sein Mentor, Herr Klöter, erhielt keine »Audienz«; ihm wurde am Telefon ein banaler Rat erteilt, der obendrein funktionierte; Herr Klöter verfiel in unnötige Depression), antwortete Picht: »Lieber Hentig, dass die Lehrer ihr Versagen auf dem Schulleiter abladen, ist dessen eigentliche Funktion.« Ich protestierte: »Das nützt niemandem; Sie müssen Ihren Mitarbeitern zur Seite stehen, Ihre Ideen mit eigenem Einsatz beglaubigen.« Picht: »Das wäre sehr töricht von mir. Ich würde meine Ideen zerstören, indem ich ihnen nicht genüge.« – Picht war ein atemberaubender Dialektiker! Wem dies entweder zu negativ klingt (zu nah an »Spiegelfechterei«) oder zu positiv (zu nah bei dem platonischen Erkenntnisprozess), der mag hier das Wort »Zauberer« einsetzen.

Was dankt der Hentig dem Picht? Er war in erster Linie Philosoph, und so waren die Platon-Abende im Altbirkle mein Hauptgewinn. Sie fanden leider nur sehr selten statt. Dass Picht (und nicht Rudolf Till) Schulleiter war, dass er selber nie eine Schule besucht hatte, sondern privat unterrichtet worden war, dass er die »zünftige« Pädagogik nicht kannte, dass seine Person jedoch starke pädagogische Wirkungen tat – dies alles kam der Schule und mir zugute. Er war ein genialer Kritiker der Pädagogik der anderen, aber er war kein »Konstrukteur«, hat keine Prototypen, ja auch nicht die *blueprints* für eine Schule der Gegenwart und Zukunft hinterlassen. Es hieße Picht verfälschen, legten wir seine in Hinterzarten vorgenommenen Korrekturen an der vorgefundenen alten Schule als Entwürfe für die gedachte neue Schule aus.

Für das öffentliche Bewusstsein ist Georg Picht der Mann der »Bildungskatastrophe«. Er habe sie »erkannt«, sagen die einen; er habe sie »herbeigeführt«, sagen die anderen, und das hallt heute noch mächtig nach: Er sei der »Zerstörer des Gymnasiums«, indem er zum Beispiel forderte, das deutsche Bildungswesen müsse aus jedem Jahrgang fünfzig Prozent Abiturienten herausholen; er habe durch die Beseitigung des Ausleseprinzips die Quantität an die Stelle der Qualität gesetzt; er habe mit der »Ausschöpfung der Begabungsreserven« und mit dem »Ausbau der naturwissenschaftlichen und technischen Bildung« der Verzweckung und Ökonomisierung der Bildung das Wort geredet (Die Verantwortung des Geistes, S. 86). Dass ausgerechnet ein Philosoph die Schule und die ihr anvertraute Persönlichkeitsbildung den Bedürfnissen der Gesellschaft auslieferte, steigerte die Empörung des konservativen Bürgertums und des Philologenverbandes.

Dagegen behaupte ich: Die Artikelserie in »Christ und Welt«, die mit harten Zahlen und erkennbaren, schon eingetretenen neuen Tatsachen gegen Selbsttäuschung und wolkige Ideale vorging, war Pichts platonischste Tat. Es war der Abstieg des Philosophen in die Höhle.

Der Leser erinnere sich bitte an das berühmte Gleichnis im siebenten Buch von Platons »Staat«: Der Philosoph, der Höhle entstiegen, in der die anderen von den bloßen Projektionen gebannt sind und diese für die Realität halten, ist geneigt, droben im Sonnenlicht der wahren Erkenntnis = im Olymp des Altbirkle zu bleiben, wird aber in Platons Gleichnis gezwungen, in die Schattenwelt zurückzukehren und die anderen über ihre Täuschung aufzuklären.

Sodann: Die Höhle, das ist zuallererst die Täuschung durch die herrschenden Verhältnisse und Meinungen, die politischen und ökonomischen Zwänge. Der Philosoph wird »hier unten« zum Publizisten und Politiker wider Willen.

Weiter: Auch der Birklehof, der Unterricht, die Kinder, die Eltern sind »Höhle«. Der Philosoph wird zum Pädagogen wider Willen.

Schließlich: Der Titel von Pichts 1965 erschienenem, schon zitiertem Buch »Die Verantwortung des Geistes« drückt genau dies in heutiger Begriffssprache aus. »Geist« ist das Philosophieren, »Verantwortung« ist die notwendige Beschäftigung mit der schmuddeligen Wirklichkeit, ist das der Erkenntnis geschuldete Eingreifen in diese. Hier ist Picht der Denk-Täter, den ich mir zum Beispiel nehme. (Beim Wiederlesen seines Buches habe ich wahrgenommen, wie peinlich viele Gedanken darin stehen, die ich für die meinen gehalten habe.) – Alles, was man in den von Constanze Eisenbart seither bei Klett herausgegebenen blaugrauen Bänden findet, ist »Wiederaufstieg« in die Gefilde der reinen Wahrheit, durchleuchtet vom Licht der Theorie – schwierig, realitäts-fern, einem Höhlenbewohner wie mir schwer zugänglich.

Ein wie gutes humanistisches Gymnasium der Birklehof war und welche Anregungen an ihm für das Bildungssystem zu gewinnen sind, ist mit Beobachtungen, wie ich sie hier vorgetragen habe, nicht mit Sicherheit zu beantworten. Mit großer Sicherheit aber bestätige ich, dass der Birklehof eine wunderbar humane Schule gewesen ist, was ich nicht zuletzt auf den Typus von Schülern zurückführe, die hierher kamen. Ihre Eltern schickten sie in dieses herrliche Hochtal, damit sie erstens in Freiheit lernten, zweitens den heiklen Folgen des häuslichen Reichtums entgingen (einfach gesagt: damit sie hier schlechtes Essen bekamen) und drittens sich übten, in einer größeren Gemeinschaft zu leben. Eine kleine Geschichte fasst dies zusammen:

Die Schule hatte wieder mal ein großes Faschingsfest gefeiert – die größeren Schüler und Lehrer bis in die frühen Morgenstunden. Im Haupthaus fing darum der nächste Tag eine Stunde später und mit Aufräumen an. Aber meine kleinen Quintaner mussten um acht Uhr im Hirschen ihren Lateinunterricht kriegen. – Ich stehe vor der Klasse und lenke von der Leere in meinem Brummschädel durch Abfragen von Vokabeln ab. Da geht die Tür auf und herein tritt die elfjährige Puppi von der Schulenburg, ein Schmetterling von einem Menschen. Sie trägt ihr hübschestes Lächeln und ein kleines Tablett mit einer Kanne Tee, Tasse, Löffel und Zucker und setzt es vor mich hin: »Aquam sinensem apporto«, zwitschert sie: »Sie werden die kleine Stärkung heute brauchen!«

In den Osterferien machte ich mich nach Rom auf. Wie konnte ich hoffen, meinen Schülern Cäsar, Horaz, Vergil nahezubringen, ohne je in dieser Stadt gewesen zu sein, ohne das Kolosseum und das Pantheon bestaunt, das Forum Romanum und die Caracallathermen erkundet, die Reliefs der Trajanssäule und des Septimius-Severus-Bogens entziffert, die Reste der Cloaca Maxima und des Pons Sublicius für mich entdeckt, die Aurelianische Mauer und die Aqua Claudia wenigstens ein Stück abgeschritten zu haben! In Rom studierte damals August Nitschke, der ein kahles kaltes Zimmer hatte – bei ihm konnte ich auf dem Fußboden schlafen. Auch Reinhard Elze arbeitete inzwischen dort und hatte gelegentlich Zeit für einen Espresso mit mir. Führen konnte der durch Bechterew Behinderte mich nicht. Beide Freunde gaben mir kundige Ratschläge und gelehrte Bücher, deren Weisungen ich gewissenhaft folgte. Am Ende der zwei Wochen gab es keinen besseren Kenner des

Lapidariums, das sich zwischen dem Kapitol und dem Titusbogen erstreckt, als mich. Ich machte alle Wege zu Fuß, lebte von frischem Weißbrot und billigem Rotwein, sammelte Anschauungsmaterial für meine Schüler – hauptsächlich Postkarten, die die Columbarien und Klos von Ostia, die Bocca della Verità, das große Gipsmodell der antiken Stadt im Museo della Civilità Romana zeigten, und fuhr auf dem Rücksitz von Nitschkes Vespa mit ihm in die Ausläufer der Abruzzen: nach Tibur/Tivoli und zurück über Tusculum/Frascati, so dass ich auch einmal an den Lieblingsaufenthaltsorten Hadrians und Ciceros gewesen bin. Zum Abschied schenkte mir Elze eine Handvoll alter römischer Münzen und ließ mich wissen: »Die Nerva- und die Diocletian-Münzen sind vermutlich Fälschungen aus der Renaissance, aber sie sind seltener als die echten und darum sehr viel wertvoller.« Sie und eine im Vatikan gekaufte zwölfteilige Kopie einer Ansicht Roms aus der Vogelperspektive im Jahr 1676, die ich in Tübingen vom Buchbinder Sorgius auf eine Leinwand montieren ließ, würden mich bei meinen Schülern »herausreißen«, wenn ich selber einmal in einer Livius-Passage stecken blieb.

Mich zu bilden war der eigentliche, aber nicht einzige Grund für meine Reise. Ich wollte auch meine Eltern und Geschwister in Empfang nehmen, die in Neapel, aus Indonesien heimkehrend, vier Tage vor Ferienende mit einem italienischen Dampfer ankommen sollten. (Vater hatte die Pensionsgrenze von 68 Jahren erreicht.) Aber die »Australia« verspätete sich um drei Tage, und ich hatte mein Budget sehr genau bemessen, konnte also gerade noch ein billiges Zimmer in einem Seemannshotel am Hafen jeweils für die nächste Nacht im Voraus zahlen, aber fürs Essen reichte es nicht. Ich »hungerte« also buchstäblich der Ankunft des weißen Ozeanriesen entgegen. Als die Eltern mich umarmten und ich sie, war plötzlich meine Auszehrung offenbar. Ein großes Mittagsmahl, zu dem der Vater in ein Restaurant einlud, konnte diese nicht verschwinden machen. Ein halbes Jahr Raubbau an den eigenen Kräften in Hinterzarten, vierzehn Tage Schmalkost in Rom, fast drei Tage völligen Fastens in Neapel hatten mich gezeichnet – was Konsequenzen haben sollte. Zunächst musste ich schleunig nach Deutschland zurück (mit dem Zug natürlich) und bestand darauf, dass die Eltern und Geschwister – ohne Hans Wolfram, der war in Djakarta geblieben – sich in dem traumschönen Neapel weiter vergnügten. In Hinterzarten hatte ich für sie acht Minuten von der Schule entfernt ein Haus gemietet, von dem aus sie in Ruhe weitere Pläne machen und andere Bleibe-Möglichkeiten erkunden konnten. Aus dem Interim wurden fast eineinhalb Jahre; es hat meinen Aufenthalt am Birklehof überdauert.

Auch für Helga gab es am Birklehof eine Aufgabe als sogenannte Hauserwachsene im »Hirschen«. Wie sie sich der streunenden Hunde in Bogotá, der Kriegsgefangenen in Ostpreußen und Sachsen, der verwahrlosten Schwarzen in Chicagos Maxwell Street angenommen hatte, so sorgte sie jetzt für die zwölfjährigen Opfer unseres neuen Reichtums – liebevoll und geliebt, aber wie ich ohne irgendeine Anleitung oder Hilfe durch die Schule. Wir sahen einander selten, die Eltern uns beide noch seltener und wenn, dann verausgabt und voller Selbstzweifel.

Die Schüler waren in die Weihnachtsferien abgereist, als ich im Elternhaus eintaumelte. Der Vater befand, so gehe das nicht weiter: »Du bist vierundzwanzig Stunden rundum im Dienst; du verdienst 265,50 DM im Monat, womit du aus deiner Junggesellenbude nie herauskommen wirst; einen Aufstieg gibt es an dieser Anstalt für dich nicht; du bleibst in unwürdiger Abhängigkeit von Herrn Picht!« Er bot mir an, die Kosten für ein weiteres Studium zu zahlen, das zu deutschen Examina führen würde, und hoffte wohl auf eine die Ehre und Freiheit des vielfach überschätzten Sohnes »wiederherstellende Karriere« (das war sein Wort). Sein Vorschlag kam meinem Bedürfnis nach einer ordentlichen Ausbildung und einer distanzierten Besinnung auf meinen Beruf entgegen. Ich beschloss also, Picht um eine Beurlaubung für zwei Jahre zu bitten. »Beurlaubung« hieß, ich wolle zurückkommen, und »für zwei Jahre« hieß, ich hoffte, die staatlichen Behörden würden mir ein Jahr meines zweijährigen Birklehof-Dienstes auf das Referendariat anrechnen. Ein Jahr meinte ich für das erste Staatsexamen zu brauchen. Ich stieß bei Picht auf schroffe Ablehnung. Mit der ihm eigenen Beredsamkeit versuchte er mich von der Absurdität meines Vorhabens zu überzeugen (»ein unnützer Umweg«): von der Unhaltbarkeit meiner Motive (»eine schlecht beschönigte Desertion«), von der völligen Verkennung der Realitäten (»wenn Sie Glück haben, stehen Sie nach drei Jahren da, wo Sie jetzt stehen«) und schließlich von der Unumkehrbarkeit meiner Entscheidung (»ich sehe dies als eine endgültige Kündigung an«). Damit hatte er aufs Ganze gesetzt und mobilisierte so meinen

Trotz. Er wollte oder konnte nicht sehen, dass mein befristetes Ausscheiden mein dauerhaftes Bleiben vorbereiten sollte; er hielt mir vor, ich brauchte »Bindung«, und ignorierte, dass ich schon zu sehr an den Birklehof gebunden war; er setzte, als er mit seinen Einwänden nicht durchkam, mit Demütigungen nach: Er glaube »im Übrigen« nicht, dass ich die Examina bestehe und, wenn doch, dann nur mit schlechten Noten; auch würde ich mit meiner Konstitution und Einstellung dem unbarmherzigen Staatsdienst nicht gewachsen sein. Und: Er werde keine Anstrengung machen, ausgerechnet mich zu halten – als hätte er dies nicht die letzten zweieinhalb Stunden getan und mir nicht früher, jedesmal wenn ich mich über irgendetwas beklagte, vorgehalten: »Was wollen Sie! Sie sind doch auf die Privatschule Birklehof angewiesen!«

Meinem Vertrag zufolge war eine Kündigung bis zum Ende des jeweils kommenden Trimesters möglich. Ich beschloss nun, schon zu Ostern zu gehen und nicht den Herbst abzuwarten. Der Bruch war perfekt.

Dass Picht wegen seiner Tätigkeit im Deutschen Ausschuss für das Erziehungs- und Bildungswesen im Begriff sei, den Birklehof in andere Hände zu geben, war mehr als nur ein Gerücht. Es gab darum Eltern, die meinten, der Hentig könne zu seinem Nachfolger »aufgebaut« werden. Es gab umgekehrt Kollegen, die dies fürchteten wie die Pest. Noch 1957 – ein Jahr, nachdem Helmut Lindemann Picht abgelöst hatte (und auf unerwarteten Widerstand in der Schülerschaft stieß) –, kamen zwei von ihnen nach Tübingen gereist und fragten, ob ich »etwa« die Leitung des Birklehofs anstrebe. Ich habe ihnen wie allen, die ähnliche Ansinnen oder Ängste äußerten, geantwortet: »Warum nicht, wenn ich einmal erwachsen genug und darauf vorbereitet bin.« Die beiden Kollegen erklärten mir rundheraus: Das würden sie mit allen Kräften zu verhindern suchen. Meine individualistische Pädagogik sei für den Birklehof schädlich. In dem Maß, in dem ich am staatlichen Tübinger Uhland-Gymnasium Fuß fasste, verloren sich meine Vorstellungen von einer Rückkehr nach Hinterzarten, und auch als Helmut Lindemann 1962 das Handtuch warf, kamen sie mir nicht wieder in den Sinn.

Im Sommer 1955 hatte ich mich in einem längeren Traktat mit der Pädagogik des Birklehofs auseinandergesetzt und meine dortige Erfahrung gründlich bedacht. Der Tenor war: Seiner Theorie zum Trotz entrinne auch der Birklehof den Zwängen und Pressionen eines Kollektivs nicht; er erziehe nicht zur Selbständigkeit, sondern zu einem Selbständigkeitsgebaren – zu moralischen Eitelkeiten und zum Unterlaufen der Regeln, die die Freiheit sichern. Indem die Erwachsenen das pädagogische Gespräch an die Stelle von Ordnungen setzten, leiteten sie die jungen Menschen zur Selbstbespiegelung an; sie lieferten den Einzelnen den nicht benannten und nicht bedachten Gewohnheiten der Gemeinschaft aus, also den verdeckten Mechanismen, die man inzwischen »Gruppendynamik« nennt. Ich kannte das Wort damals nicht. Ich sagte darum: Pichts Pädagogik mache die Gemeinschaft unentrinnbar, indem sie jedem Einzelnen die Verantwortung für sie in den Nacken setze. »Die Schule ist ... ein gemeinsames Werk von Erwachsenen und Kindern, für dessen Gedeihen sich jeder zu seinem Teil verantwortlich fühlt« – dieses Zitat aus dem Aufsatz »Die Idee des Landerziehungsheims« (1950) hatte ich vor meiner Ankunft am Birklehof mit lebhafter Zustimmung gelesen. Im Alltag kam die Kehrseite dieser »Idee« ans Licht. Niemand kümmerte sich zum Beispiel um den so schön angelegten und so schrecklich verwahrlosten Vorgarten des Haupthauses, bis der Junglehrer Hentig aus Amerika kam und zu aller Erstaunen in der Versammlung verkündete, er werde ab sofort täglich in der Teepause nach der Mittagsruhe eine halbe Stunde lang »dort hinter euch« Unkraut jäten, Büsche beschneiden, dies oder das anpflanzen. Wer Lust habe, könne mitarbeiten. Später würde, wenn wir ausreichend viele Gärtner seien, vermutlich eine Viertelstunde genügen. Mit vier meiner Mentorensöhne begann das Unternehmen recht vergnügt. Aber der Garten war nicht »unser Revier«, und unsere Tätigkeit wirkte auf die Haupthausbewohner wie eine Anklage. Sie hingen in den Fenstern und höhnten über uns Maulwürfe. Als ich in den »Hirschen« versetzt wurde – weit ab –, endete meine Bemühung um gärtnerische Pflege des Gemeinsinns. (Meine Schwester hat sie zeitweilig wieder aufgenommen.) Alle waren erleichtert. Indem »die gelebte Sitte«, die aus »freiwilliger Zustimmung erwächst«, bei allen vorausgesetzt wurde, waren einige Erwachsene, die diese Vorgabe von Picht ernst nahmen, ständig überlastet – und die Kinder generell moralisch überfordert. Der Mensch braucht Institutionen – ohne sie hält er seine Ideale nicht aus.

In meinem Traktat hatte ich Beispiele dafür geliefert und gäbe viel darum, sie prüfen zu können, aber ich habe das Schriftstück nicht mehr. Meine heutige Erinnerung an den Birklehof sagt mir, dass mein damaliges Urteil ungerecht, jedenfalls eine Übertreibung war – ein geistvolles Konstrukt, wie es der dialektische Hexenmeister Picht selber hätte hervorbringen können. Sollte ich irgendwann auf Relikte dieser Auseinandersetzung stoßen, ich sollte einen »Widerruf« versuchen – vielleicht zu Georg Pichts hundertstem Geburtstag im Jahre 2013.

Mein »Klärungsversuch« hatte ein Nachspiel. Als ich im Herbst 1955 in Göttingen an Erich Wenigers Oberseminar teilnahm, habe ich ein sich über mehrere Sitzungen hinziehendes Referat über Sozialpsychologie gehalten. (In dem Seminar ging es um die Frage, wann und wie neue Gesellschaftswissenschaften entstehen). So etwas musste einer können, wenn er aus Amerika kam und obendrein einen Doktortitel trug. Meine damaligen Ausführungen habe ich gelegentlich durch Begebenheiten aus dem Zusammenleben am Birklehof veranschaulicht. Weniger fragte, ob ich etwas dazu zu schreiben bereit sei – für die »Sammlung«, die er mit Nohl herausgab. Ich sagte, es gebe schon eine Aufzeichnung, freilich nur zur eigenen Vergewisserung. Er bat, diese lesen zu dürfen, und ich überließ ihm mein einziges Exemplar. In der kurz darauf folgenden Sitzung des Deutschen Ausschusses begegnete er Picht, wedelte (so erzählte mir Hans Bohnenkamp) schon von weitem mit einem Manuskript und rief Picht, dessen herablassende Äußerungen – »Wir machen das am Birklehof ganz anders!« – ihn ärgerten, zu: »Nun weiß ich, wie es wirklich bei Ihnen zugeht!« Es hat eines Großeinsatzes von Carl Friedrich von Weizsäcker und Hellmut Becker bedurft, um Picht zu überzeugen, dass ich mein »Die Gemeinschaft in der Erziehung« (so der Titel des Traktats) nicht für Erich Weniger und die »Sammlung« verfasst hatte. Ich erbat den Text von Weniger zurück und habe ihn wohl vernichtet. – So weit meine Entpichtung.

Irgendwie muss es mir gelungen sein, im Sommer 1954 einen vierzehntägigen Aufenthalt in Alpach/Tirol einzuschieben. Dort hatte man gleich nach dem Krieg ein Österreichisches College zur jährlichen Abhaltung von sogenannten Alpacher Hochschulwochen eingerichtet – zur Völkerverständigung auf hohem akademischen Niveau. Man hatte sich dazu einen der schönsten Orte der Welt ausgesucht mit majestätischer Bergkulisse, wunderbaren alten Bauernhäusern (Milch- und Käsewirtschaft muss jedenfalls in diesem Teil Europas einmal ein ertragreiches Geschäft gewesen sein), einer zum Markenzeichen wohlgeeigneten prächtigen Kirche und zwei großen alten Gasthäusern, die man zurückhaltend ergänzt und erweitert hatte. Etwa 200 Studenten und Professoren aus allen Ländern Europas – von örtlichen Vertrauensdozenten ausgesucht – kamen hier zusammen und wurden auf die etwa dreißig Höfe des Ortes verteilt. Man nannte sich Europäisches Forum und behandelte jedes Jahr ein großes Thema wie »Was ist der Mensch?« oder »Wissenschaft im Umbruch« oder »Wissenschaft und Gegenwart« und in sinniger Umkehr »Gegenwart und Wissenschaft«. Die Teilnehmer teilten sich in Gruppen auf, die sich Unterthemen widmeten, im Grunde aber ihrer eigenen Logik und den Interessen der jeweiligen Koryphäen folgten. Ich trug mich bei »Sprache – Erkenntnis – Wirklichkeit« ein. Man traf sich, nein, nicht unter einer Sykomore, sondern unter einem gewaltigen Walnussbaum und lauschte. Wem lauschte ich? Ich hatte die Namen noch nie gehört und ahnte nicht, welche Ehre mir zuteil wurde. Vor mir liegt ein Foto, auf dem ich, die Arme um meine Knie geschlungen, zu Füßen eines lebhaft dozierenden Mannes hocke und seinen mit Schärfe vorgetragenen Gedanken gebannt folge (seine ausgeprägte Wiener Dur-Tonart vermeine ich jetzt noch zu hören). Es war Sir Karl Popper. Ihm traten erst verhalten, dann immer kecker ein junger Professor Papp und mit großer Ruhe Sir Ernst Gombrich entgegen. Ein damals viel gelesener Kieler Professor W. Bröker schwamm wortreich auf beiden Seiten mit. Dort habe ich, im Gras sitzend, die großen Sprachtheorien von Platon, Wilhelm von Humboldt, Karl Bühler und dem gerade »auftauchenden« Amerikaner Benjamin Lee Whorf zum ersten Mal vernommen (ja auch Platons Sprachtheorie! sie war mir vorher als solche nicht aufgefallen) und wurde – auf Grund einiger Fragen und Einwände, die ich naiv erhoben hatte – am Ende der zehn dreistündigen Sitzungen zu einem »Arbeitsbericht« über die gesamte Veranstaltung verdonnert: »Sie – wie heißen Sie doch? – scheinen ja was von der Sache zu verstehen, und jedenfalls waren Sie immer da!« Das hat man vom Vordrängeln in die erste Reihe! Ich habe den Bericht geschrieben und mit ihm die Grundlage meiner späteren linguistischen Studien gelegt, bei denen mir freilich niemand so geholfen hat wie Walter Porzig. Sein Buch »Das Wunder der Sprache« (1950) ist mir stets als das Muster dessen erschienen, was ein Wissenschaftler für sein Fach leisten sollte: gemeinverständlich von den Problemen, Prinzipien und Prozeduren seiner Disziplin berichten, die neuen Erkenntnisse in das vorhandene Gesamtbild integrieren und mit dem einen Buch die Lektüre von zwanzig anderen überflüssig machen.

Ich habe meinen Aufenthalt an dem wunderbaren, damals noch so ursprünglichen Gebirgsort schlecht gedankt, indem ich für die mir noch immer offenstehende Deutsche Universitätszeitung einen Artikel »Zehn Jahre Alpach« schrieb. Darin habe ich die Europameierei und den Snobismus dieses »geistigen Strandbads« verhöhnt. Ivo Frenzel antwortete darauf zwei Hefte später und ehrte meine Kritik mit der Ausführlichkeit seiner Gegenkritik. Ich habe sie angenommen. Lieber freilich war mir eine Postkarte von dem mir nur dem Namen nach bekannten Kurt Hiller:

> Hochverehrter Dr. von Hentig,
> mit Entzücken las ich Ihren Aufsatz in der DUZ. Dies zu bekennen ist eine Herzenspflicht – obwohl ich weder ahne noch ahnen kann, aus welcher Ecke die Flöte tönt, deren Musik mir so süß ist.
> Verbindlichst und mit besten Wünschen
> London, 24.IX.54 Kurt Hiller

In den Weihnachtsferien 1954/55 begleitete ich meinen Vater zu König Saud, der ihn als Sonderminister zur Regelung bestimmter wirtschaftspolitischer Fragen eingesetzt hatte. Mein Vater erklärte mich zu seinem Sekretär und ließ diesen nach Paris fahren, um dort unsere Diplomatenpässe entgegenzunehmen, was einige Tage dauerte und mir die wunderbarsten Theatererlebnisse und Museumsbesuche bescherte. Dass ich auch aus Riad dann nicht rechtzeitig wegkam, um Mitte Januar meinen Unterricht anzutreten, wertete Picht als Beweis meiner Unzuverlässigkeit – und ich als ersten Schritt in die Unabhängigkeit.

Die Reise habe ich ausführlich in »Fahrten und Gefährten« geschildert. Mit vollen Händen habe ich die Erlebnisse in mich hineingeschaufelt (man aß in Saudien – außer an der königlichen Tafel und im königlichen Gästehaus – ja tatsächlich mit der Hand) und begnüge mich hier mit der Bemerkung: Es ist offensichtlich, dass ich als Lehrer von Schülerinnen und Schülern anders in die Welt blickte als vorher. Ich sah mehr und ich sah genauer hin – um der späteren Mitteilung willen. Dass ich nicht nur auf dem nächsten Birklehofer Fasching in dem prächtigen Gewand auftrat, das mir der König zum Abschied geschenkt hatte, sondern auch an der Laborschule die »Nuller« (den Jahrgang der neu eintretenden Fünfjährigen) als »Scheich« aufnahm und den goldenen Säbel vorzeigen konnte, der meinem Vater zuteil geworden war, machte mir bewusst, welchen Vorsprung ich vor meinen Kollegen hatte. Der Lehrer ist ein »Aufstiegsberuf«, sagen die Soziologen. Und nun gab es einen unter ihnen, den hatte der König Saud (Sohn des großen Ibn Saud), als der Vater ihn vorstellte: »Dies, Majestät, ist mein Sohn«, mit dem Satz umarmt: »Dann ist er auch mein Sohn.«

Die Persönlichkeit, die mich in den Birklehofer Jahren (und weiterhin) am meisten beeindruckt hat, war Ernst Klett. Sein Sohn Michael war in der Untertertia. Picht hatte diese im altsprachlichen Unterricht in zwei Gruppen geteilt. Die kleinere mit den leistungsschwächeren Schülern war mir anvertraut. Ihnen sollte die Kleinheit und die größere Intensität der Belehrung zugute kommen. Das war, wie man nachher wusste, falsch: Sie ruhten sich auf dem Bewusstsein aus, dass sie ohnehin hoffnungslose Fälle waren; keine eigene Blamage konnte sie noch beunruhigen, kein Erfolg eines nur mäßig begabten, aber fleißigen Mitschülers stachelte ihren Ehrgeiz an. In dieser Gruppe addierten sich mein didaktisches Unvermögen und ihre Lethargie. Niemand hat sich in meiner ganzen Birklehofzeit je meinen Unterricht angesehen (außer dem Schulaufsichtsbeamten in Begleitung von Till kurz nach meiner Einstellung – eine Stunde), und aus meinen zunächst eifrigen Hospitationen bei Picht und den Kollegen lernte ich immer nur, dass ich nichts lernen konnte: Es war ihre Persönlichkeit, die sie erfolgreich machte. Den »drive«, den Joseph Wiesner in seinem Unterricht erzeugte und den ich ihm neidete, brachte ich nicht zuwege – und hätte bei diesen Jungen auch so nicht verfahren *wollen*: pausenloses Hochscheuchen, Weiterjagen, Hineinpumpen und wieder Aussaugen. Ich versuchte es mit der »Sache«: Ich übersetze euch dreißig Minuten lang den Cäsar vor – ihr werdet sehen, es ist ein spannender Bericht –, fünfzehn Minuten lang beweist ihr, dass auch ihr das könnt, nur langsamer. Die Jungen dankten mir meinen guten Willen mit dem ihren, mehr war nicht »drin«. Manchmal ist die Bewahrung einer freundlichen Bereitschaft das Beste, was man in unseren Schulen und in diesem Entwicklungsabschnitt erreichen kann.

Michael Kletts guter Wille erblühte zu einer eifrigen Anhänglichkeit. Er nahm mich in sein Stuttgarter Elternhaus mit, um mir den gerühmten Vater zu zeigen und diesem seine Birklehofer »Eroberung« HvH. Klett war ein an der Schule seines Sohnes vorbildlich interessierter und ihr diesen gleichwohl vorbehaltlos überlassender Vater. Natürlich haben wir auch über Pädagogik, den Birklehof, einzelne Lehrer und den mit großen Gefühlen und schwärmerischer Fantasie begabten, für Zuspruch so empfänglichen und so rätselhaft unbeschädigten Michael gesprochen – über die Person, nicht über den Schüler. Das schöne, moderne Haus in der Rebenreute mit dem großen, von Klett selbst angelegten und gepflegten Garten, der von Frau Klett so wohlversorgte Esstisch sahen mich fortan öfter, die Gespräche wucherten und gewannen von Mal zu Mal an Spannung und Herzlichkeit. Es entstand eine Bilderbuchfreundschaft zwischen zwei verschieden alten, verschieden begabten, verschieden »situierten«, aber ähnlich gestimmten Menschen, die ihre gemeinsamen Neigungen genossen: das Wandern, das Gespräch, den Wein, und die ihre Gegensätze entweder um des anderen willen überwanden oder im Wortsinn kultivierten: sie ertragreich und erträglich machten. Er war Leser und Verehrer großer Konservativer – von Ernst Jünger, Stefan George, Karl Kraus, Knut Hamsun, Gerhard Nebel; er las gleichwohl wie ich Romantiker wie Joseph Conrad, Joseph Roth, Robert Neumann, Vigoleis Thelen, Ernest Hemingway, Hans Scholz; sein Herz schlug für Sparta, meines für Athen; sein »Held« war Napoleon, dessen Porträt und Säbel in seiner Eingangshalle hingen; meine Helden waren die Geschwister Scholl und Sokrates – und keiner hatte etwas gegen die Helden des anderen; er war unter meinen Bekannten der Erste, der die neue Columbia-Platte mit Lotte Lenyas Dreigroschenoper-Liedern besaß, und infizierte mich damit; ich spielte ihm Mahalia Jackson vor und fand keine Gegenliebe. (»Ich bin Europäer«, knurrte er ungnädig.) Einen Volltreffer erzielte ich hingegen mit Makarenko. Ernst Klett meinte entdeckt zu haben, dass ich mehr zu diesem gehöre als zu Rousseau, wollte jedenfalls, dass ich eher soldatische als psychologische Pädagogik betrieb. Über ein Jahrzehnt eröffnete er seine Briefe an mich mit »Lieber Hentigenkow«, wobei das »w« am Ende auf Quitzows und Bredows, also auf mein brandenburgisch-preußisches Erbe anspielte. Eros jedoch durfte, nein sollte in der Erziehung sein. Während eines Besuches in Stuttgart drückte er mir Hans Blühers Schrift über »Die Rolle der Erotik in der männlichen Gesellschaft«, eine Ausgabe aus dem Jahr 1917, in die Hand und fragte, ob er das neu herausbringen solle. Wenig später schob er Karl Kraus' Plädoyer im Fall des Professors Dr. Theodor Beer nach.[4] Ich hatte noch nichts von diesen Autoren gelesen und war erstaunt, ja ergriffen von so viel mutiger Deutlichkeit. Ich riet zu einer Wiederauflage, merkte dann aber, dass eine solche längst beschlossen und in Auftrag gegeben war. Klett hatte mir diese Lektüre unter taktvollem Vorwand zugedacht. Ich sollte lernen, was »Mächte« sind. Eigentlich glaubte ich das schon zu wissen – kundig gemacht durch den wunderbaren alten Walter F. Otto und seine »Götter Griechenlands«. Aber für Klett war das Gesäusel, Schöngeisterei, bestenfalls Vergeistigung der Welt wie alles Griechische. Von Gerhard Nebel hatte er das gelernt und glaubte mühelos, das meint: ohne Starrsinn, an Tyche, Ares, Pluto, Heil und Unheil, Widerfahrnis und »Rache als eine Grundstruktur des Seins«. Als ich Michael ein Buch über die Musen schenkte – er wollte wissen, wer oder was »Kastalia« sei, und war mit meiner Lexikon-Antwort nicht zufrieden –, bat ich gleichzeitig den Vater, in seiner Gegenwart nicht darüber zu spotten, obwohl es von jenem Walter F. Otto sei. Ich hatte verstanden, wie Ernst Klett die Welt sah, folgen konnte und mochte ich ihm dabei nicht. Zur großen Auseinandersetzung hierüber war ich erst einige Jahre später bereit.

Vorerst fand ich Schutz bei Ernst Klett – Schutz vor Selbstzweifel, Entscheidungsunsicherheit und dem Gefühl der Nutzlosigkeit. Kletts Glaube an den »wirklichen Pädagogen«, den er in mir sah und der dem subalternen, verhockten, pedantischen, wissensbesessenen deutschen Schulmeister als freidenkender, unbefangen liebender, über Standesfragen erhabener, aus politischer Verantwortung fordernder und handelnder Erzieher und Bildner entgegentrat, der aber auch der deutschen

4 »Die Kinderfreunde« (1905); abgedruckt in: Sittlichkeit und Kriminalität, München/Wien 1924 (Albert Langen / Georg Müller).

Schöngeistigkeit mit amerikanischer *matter-of-factnes* entrann, dem Bildungsdünkel mit der Erlebniswelt eines Makarenko begegnete, der verwalteten Schule mit Janusz Korczaks Lebensgemeinschaft in der Krochmalna 92 widerstand – dieser Glaube stärkte mich in hohem Maß. Und das umso mehr, als es auch Klett wohltat, einem jungen Mann so sichtbar helfen zu können, was ihm am eigenen Sohn nicht gelang. Mit »Eines Tages – nicht jetzt – werden Sie mir sagen müssen, was Sie eigentlich von mir gelernt haben« schob er meine aufrichtigen Dankesbezeugungen beiseite und zeigte doch, dass ihm an ihnen lag. Sie galten freilich eher seinem Vertrauen, seiner unverbrüchlichen Freundschaft, seinem fraglosen Verstehen als den zahlreichen Anregungen, der geistigen Führung, der ausgestellten Unbeirrbarkeit, für die er sie lieber erhalten hätte. Als ich ihm einmal bekannte: »Wenn – was Gott verhüte – bei uns wieder einmal die Nazis regierten und sie verfolgten mich, ich wüsste drei Menschen, bei denen ich Unterschlupf suchen würde und völlig gewiss wäre, dass sie mich unter keinen Umständen ausliefern: meine Schwester Helga, Annabel Siemens/von Johnston und Ernst Klett«, war er zutiefst erschrocken. Ich glaube noch heute, dass ich Recht hatte, weiß aber auch, dass man solche Spiele nur im eigenen Herzen spielen darf.

Klett selber ging es damals schlecht – irgendeine organische Störung setzte ihm zu, die er von einem Sanatorium ins andere trug und dafür verantwortlich machte, dass er sich seelisch gebeutelt fühlte – ein typischer Fall für die in seinem Verlag gepflegte Psychosomatik. Ursache und Wirkung waren nicht unterscheidbar. So einer lässt sich nicht gern in die Heldenpflicht nehmen. Zugleich aber machte ihn seine eigene Labilität zu einem besonders verständnisvollen Helfer. Er, der mir liebevoll vorhielt, ich machte es mir unnütz schwer, klagte über seine »oblomowartige« Gelähmtheit, bezichtigte sich der »Willens- und Gedankenschwäche«, der »Launenhaftigkeit«. Seine Krise war schwer zu ignorieren, seine Freundschaft umso mehr zu loben.

Im Streit mit Picht stand er ganz an meiner Seite, aber nicht auf meiner Seite. Er hielt den Birklehof für ein »kastalisches Gefilde«, eine pädagogische Provinz, und klagte, dass Michael, wenn er in Stuttgart sei, allen Gleichaltrigen entweder auswich oder ihnen »kampfungewohnt« unterlag; ich sollte mehr Disziplin, nicht mehr Erziehung zur

Selbständigkeit von Pichts Schule einfordern. Im Grunde habe ich beides nicht getan, ich habe mehr Aufrichtigkeit, mehr Selbstkritik, mehr Konsequenz angemahnt. *Das* in der Tat musste Picht kränken, mehr jedenfalls als nur eine forsch vorgetragene andere Vorstellung von Internatserziehung. Klett schrieb – daran kann ich mich so deutlich erinnern, weil ich ihm darin nicht gefolgt bin und ein schlechtes Gewissen hatte –, es wäre bedauerlich, wenn die Sache zur Ruhe käme. Dass ich Picht widerstanden hatte, befriedigte ihn vor allem als Zeichen einer erwachenden Lebenstüchtigkeit; die Argumente, mit denen ich es getan hatte, fand er schlechter als Pichts. Wie konnte der nur behaupten, der Birklehof sei eine der drei besten Schulen Deutschlands! Als der Jahrgang »meiner« Saalbauern 1957 das Abitur machte, also zwei Jahre nach meinem Fortgang, teilte mir Klett die nicht gerade blendenden Ergebnisse mit. Er habe Picht darauf angesprochen; der habe geantwortet: Wenn es nach ihm gegangen wäre, nicht zwei, sondern acht der fünfzehn Abiturienten wären durchgefallen. Nur Kletts eigener schlechter Zustand habe eine Explosion über diese ärgerliche Arroganz verhindert.

Klett warb sofort um mich: Ich könne schreiben und also auch von meinem Vater unabhängig in die neue Ausbildungsphase gehen. Ich trat tatsächlich als freier Mitarbeiter in den Dienst des Klett-Verlags. Klett wünschte sich zunächst die Übersetzung einer Sulla-Biografie. Sulla, das war sein Mann! Ich zog H. D. F. Kittos »The Greeks« vor, ein Penguin-Book, das mich mehr über die griechische Polis, die griechische Denkweise, das mir noch unbekannte Griechen-Land und Griechen-Meer gelehrt hat als irgendein anderes Buch. Ich bezog eine Kammer im Freiburger Domizil meiner Schwester Helga, die kurz nach mir den Birklehof verlassen hatte, um Krankengymnastik zu studieren, und schrieb den deutschen Text direkt in meine Reiseschreibmaschine – innerhalb von zwei Monaten. Klett selber verhalf dem Buch zu einem schönen Umschlag – die Entwürfe, die die Grafiker seines Verlages vorlegten, gefielen mir so wenig wie ihm die, die meine Schwester Heidi mir gesandt hatte. Gelegentlich muss man sich von den Seinen trennen, um an das richtige Ziel zu gelangen.

Noch bevor ich so zu erstem publizistischen Ruhm kam – »Der Kitto« erschien im Frühjahr 1956 und sein Übersetzer wurde ausdrücklich genannt und gelobt –, kam ich persönlich fast zuschanden. Ich unternahm eine vierzehntägige Reise nach Paris mit meinem Bruder mütterlicherseits, Hans Georg. Er war siebzehn, hatte ein schweres Motorrad und brauste mit diesem und mir davon. Er genoss vornehmlich das Fahren, selbst wenn es in Strömen goss, ich nur das Ankommen und Dasein. Wir hausten in der Wohnung von Detlev Hammerstein, gingen jeden Abend und manchmal auch nachmittags ins Theater. Ich kam mir dadurch reich vor, für Hans Georg hätte ich es wirklich sein sollen. Ich hatte ihm nichts als meine ihm fremde Beglückung an ihm fremden Ereignissen zu bieten. Abends aßen wir Baguette und tranken billigen Wein. Für ein gutes oder auch nur mittelmäßiges Restaurant reichte das Geld nicht.

Mehr Gemeinsamkeit und Seelenfrieden versprach eine Einladung der Familie Klett, die Sommerferien 1955 mit ihr auf Sylt zu verbringen. Michael war zwar gerade durch eine Prüfung gefallen, die ihm ein angekündigtes Sitzenbleiben ersparen sollte – acht Wochen hatte er sich darauf vorbereiten dürfen –, aber nun konnte ich *ihm* zur Seite stehen und den in dieser Hinsicht seltsam bürgerlichen Vater davon abhalten, seine Verzweiflung dauernd über dem Sohn auszuschütten. Dazu hätten wir freilich nicht an den wohligen Nordseestrand fahren sollen, wo es nur Sand und Sonne gab, sondern zum Beispiel nach Paris! Kletts hatten ein reetgedecktes Bauernhaus in Morsum, also an der Ostseite der Insel gemietet; das Wetter war trefflich; das Baden eine Wonne; selbst die Tiefflieger, die über der Küste übten, konnten uns diese elementaren Lüste nicht verleiden; ich schrieb sogar einen Aufsatz für DIE ZEIT: »Ferien und Furien auf Sylt«. Mit den Letzteren waren nicht nur die Düsenjäger, sondern auch die aggressiven Nudisten gemeint. Tags begnügte man sich nach einem üppigen Frühstück mit Obst und Sandwich; abends ging man in Westerland oder Kampen in einem Nobellokal essen; und danach suchte Klett die Spielbank auf. Mich verführte er dazu mit einer für ihn typischen Aufmerksamkeit: »Ich sehe, Sie liebäugeln mit den drei Utamaros, die in der XY-Galerie ausgestellt sind. Versuchen Sie Ihr Glück! Ich leihe Ihnen den ersten Einsatz: 20 DM. Wenn Sie gewinnen, geben Sie sie mir zurück. Wenn Sie verlieren, haben Sie eine wichtige Erfahrung gemacht.« Er verlor an dem Abend 30 000 DM, ich gewann in zwei Sätzen 600 DM, genauso viel, wie die Utamaros kosteten, gab Klett die geborgten 20 DM zurück und versuchte »Tyche« nicht weiter. Einen der Utamaros behielt ich, einen schenkte ich meiner Schwester Helga, den dritten der Gräfin Schulenburg. Er trug die Unterschrift »Yamauba und ihr Kind Kintoki«. Fortan war sie die eine und ich das andere.

Den Aufenthalt auf Sylt verdarb sich Klett durch die verordnete und von ihm missmutig eingehaltene Enthaltsamkeit im Rauchen und Trinken und ich mir durch die Lektüre der »Pharsalia« des Lucan. Ich hatte Göttingen als Ort meiner Examina gewählt. Dort wollte ich mich von Kurt Latte in Latein und von Wolf-Hartmuth Friedrich in Griechisch prüfen lassen; das *Paedagogicum* würde ich bei Erich Weniger absolvieren – so der Plan. Als ich von Elizabethtown nach Chicago wechselte, musste ich zwei akademische Lehrer angeben, die meine Kenntnisse in meinen Studienfächern beurteilen konnten. Ich hatte Kurt Latte und Werner Hartke benannt. Hartke muss das erwartete Gut-Achten geschrieben haben, Latte ein unverblümtes Schlecht-Achten. Ich erfuhr dies von Arnold Bergstraesser bei meinem Abschied aus Chicago. Er fragte vorsichtig, ob ich vorhabe, meine Staatsexamina in Deutschland nachzuholen. Ich bejahte. Und wo? In Göttingen, da kennte ich mich aus. In dem Fall, sagte Bergstraesser, müsse er mich warnen. Da lehre ja weiterhin Kurt Latte, dessen Urteil über mich so bösartig gewesen sei, dass er, Bergstraesser, dem man es zur Übersetzung gegeben hatte, es einfach habe »verschwinden« lassen. Diesem Kurt Latte wollte ich nun zeigen, dass doch noch ein tauglicher Philologe aus mir geworden sei. Bei unserem Vorgespräch irgendwann im Juni gab ich ihm als meinen Wahlautor Lucan an, den wohl schwierigsten Dichter in der lateinischen Sprache. Schwierig war er gewiss, aber auch reizvoll. Der etwas über Zwanzigjährige (mit vierundzwanzig wurde er von Nero zum Selbstmord gezwungen) hatte 8216 Verse mit grausamsten Schlachtenschilderungen und geistvollen Sentenzen geschrieben – und fast alle von der Qualität des dem Gebildeten geläufigen und dem Republikaner heiligen Wort:

Victrix causa deis placuit, sed victa Catoni.
Die siegreiche Sache gefiel den Göttern, die verlorene dem Cato.

Hätte Ernst Klett doch diese kühne Zeile auf seinen Sohn Michael angewandt! Ihm konnte nur der Sieg gefallen, mir immerhin auch, dass Michael mit der von Klett und Picht beschlossenen Lösung einverstanden war: Er sollte in Stuttgart bleiben, dort Privatunterricht erhalten und Ostern 1956 an den Birklehof zurückkehren. »Ich habe die Hoffnung, doch noch ein guter Schüler zu werden«, sagte er mir. Innerlich fügte ich hinzu: »... und auf dem Birklehof den Hamlet zu spielen!«

Bei Latte, das darf hier vorweggenommen werden, kam ich nur mit einem »genügend« davon. Er hatte zwei Lucan-Ausgaben in die Prüfung mitgebracht, eine für sich und eine für mich. Er hatte nicht geprüft, ob sie identisch seien. Bis wir bemerkten, dass ich etwas anderes herausbrachte, weil bei mir auch etwas anderes gedruckt stand, hatte er sein Urteil gefasst: Der Hentig konnte früher kein Latein und kann es immer noch nicht! Bei Friedrich bekam ich ein »gut«, was zusammen mit einem weiteren solchen in der A-Prüfung (Philosophie und Erziehungswissenschaft) eigentlich nur zu einem »gut bis befriedigend« geführt hätte. »Bindestrich-Noten« gebe es in Niedersachsen jedoch nicht, sagte der Herr Kurfess vom Wissenschaftlichen Prüfungsamt und fügte hinzu: »Die Fachleistung benoten die Herren Professoren, die Gesamtbeurteilung nehmen wir vor« und erteilte mir ein rundes »gut«, dem nur ich den Unmut ansehen konnte, dem er entsprang: Der korrekte Beamte hatte sich mächtig und sichtbar über Kurt Lattes Nachlässigkeit geärgert. Das Ganze passierte am 13. Februar 1956. Ich hatte genau ein Semester mit der Überwindung dieser Hürde verbracht, nicht ein ganzes Jahr, wie ich, oder zwei Jahre, wie Picht veranschlagt hatte.

Die Weihnachtstage verbrachte ich bei Weizsäckers, wo ich ohnedies zweimal in der Woche erschien und dem von Polio, aber durchaus nicht von Schwermut befallenen Sohn Ernst Ulrich (EU) Nachhilfeunterricht in Latein gab – in seinem von Schlangen, Spinnen und Kröten mitbewohnten Bubenzimmer. Er brachte mir als Gegengabe die Grundzüge von »Piklön« bei, der Sprache eines Volkes, das EU erfunden hatte. EU wurde von mir übrigens stets als Diphthong gesprochen, wie das Griechische *eu* = »auf gute Weise«.

In jenen Ferien war ich Mitglied der Familie und öffnete also auch gelegentlich die Tür, wenn es klingelte. Eines Tages stand Konrad Lorenz, so stellte er sich vor, im Hausflur. Er hielt eine durchsichtige Plastiktüte mit ein paar bunten Fischen in der Hand und verlangte dringlich nach einem oben offenen Behälter. Er hatte sie in der Karibik tauchend mit der Hand gefangen und die Tüte während des ganzen Fluges nicht aus der Hand gegeben: »Diese schwabbeligen Beutel lassen sich nicht hinstellen!«

Seine »Tiergeschichten« hatte mir Carl Friedrich vor Jahren geschenkt. So war ich mit den Tücken, die schon ordentliche Aquarien haben, vertraut und nahm umso lebhafteren Anteil am Schicksal der eingetüteten kleinen Kariben. Der große Kraftmensch schenkte mir einen freundlichen Dankesblick und erzählte der zum Tee versammelten Familie weiter von seinen Meeresabenteuern – allesamt spannend, komisch, philosophisch und druckreif. Es ging dabei um die später in »Das sogenannte Böse« ausführlich behandelte Frage: »Wozu in aller Welt sind diese Fische so bunt?« Die Berichte über seine Dohlen, über die kleine Gans Martina, sogar über die Stichlinge haben meine Schüler später als ein Stück Universalunterricht und Wissenschaftspropädeutik von mir vorgelesen bekommen: als Beispiel für treffende und erleuchtende Sprache, für eine ihrem Gegenstand rundum gerecht werdende Forschung und für eine große Menschenkunde. Das Kapitel »Herr und Hund« aus den »Hundegeschichten« verleitete mich, mit meinen Obertertianern die gleichnamige Geschichte von Thomas Mann zu lesen; ich hütete mich freilich, die beiden Darstellungen unseres vierbeinigen Freundes miteinander zu vergleichen.

»Das sogenannte Böse« ist sieben Jahre nach dieser Begegnung eines meiner entscheidenden Erkenntnisquellen geworden – das eines umfassend gebildeten Mannes umfassend bildende Werk, dem die reißerische Bezeichnung »epochal« nicht schadet und das ich lustvoll gegen den Vorwurf verteidige, es bezeuge einen »faschistoiden Biologismus«. Umgekehrt! Das »moralanaloge Verhalten« zum Beispiel, das Lorenz bei Tieren entdeckt, trägt ihnen unsere Sicht der Dinge an. (Dies bezeugt der von Lorenz zitierte Ausspruch seiner Mitarbeiterin Helga Fischer: »Ich weiß nicht, was du willst, Gänse sind schließlich auch nur Menschen.« S. 298) Vor allem aber erklärt Lorenz, dass und warum wir das eigentlich immer tun und es nur nicht wissen.

In Göttingen hatte ich nach provisorischer Unterkunft in der Töpferei ein Zimmer in dem nördlich der Stadt gelegenen Dorf Weende gefunden – billig, klein und, wie das ganze Haus, nach den zwei Ziegen riechend, die die »Oma« meiner bäuerlichen Wirtsleute unbedingt behalten wollte. Die Landwirtschaft existierte nicht mehr, der Bauer arbeitete schon längst in der örtlichen Holzindustrie. Das dem Mieter »geschuldete« Frühstück bestand dann auch aus einer großen Scheibe Brot mit Butter und Marmelade und einer Kanne heißer Ziegenmilch zu einem Krüglein Kaffee. Es wurde dem »Herrn Dr.« mit solcher Ehrfurcht gereicht, dass ich die Milch austrank, obwohl sie mir zunächst heftig widerstand. Wie hätte ich sie sonst beseitigen können? In meinem Zimmer gab es nur die Waschschüssel und den Eimer, den »Oma« auskippte; der Weg zum Klo führte durch die Küche; dorthin konnte ich nicht unbeobachtet gelangen.

Ich stand um 6.45 Uhr auf, fand mich um 7 Uhr bei dem wenige Minuten entfernten Fünfzig-Meter-Schwimmbecken ein und schwamm meine zehn, manchmal sogar zwanzig Bahnen, lief mich danach warm und lernte mit zunehmender Herbstkühle den halben Liter heißer Ziegenmilch doch schätzen.

Ich hatte es zuwege gebracht, nur Vorlesungen und Seminare besuchen zu müssen, die auf dem Vormittag lagen. Mittags kehrte ich im Weender Dorfgasthof ein, wo ich als Stammgast gern gesehen war, für 2 DM recht gut aß und dazu das Göttinger Tageblatt lesen konnte. Der Vormittag gehörte Lucan und Cäsar, der attischen Tragödie und der ersten systematischen Lektüre von Rousseau. Ich nahm an einem Oberseminar bei Wolf-Hartmuth Friedrich teil, in dem die »Sieben gegen Theben« des Aischylos »behandelt« wurden. Wir sind in dem einen Semester über die ersten fünfzig Verse nicht hinausgekommen, musste doch erst die Quellenlage geklärt werden: der Codex Mediceus Laurentianus 32 im Verhältnis zu drei fast dreihundert Jahre späteren, dem Ambrosianos, dem Venetus Marcianus und dem Parisinus, eingeschätzt und in ihm M^1 von M^2 isoliert werden, die ihre Emendationen nach erkennbar (?) unterschiedlichen Prinzipien wahrgenommen hatten etc. etc. Die drei Seiten des Codicum Catalogus mit kurzer lateinischer Beschreibung der Handschriften wurden genauer konsultiert als die ja auch sekundären Kommentare von Wilamowitz oder Hermann oder Housman – der Text selber war nur Anlass, nicht Gegenstand unserer Mühen. Friedrich war ein geistvoller und feinsinniger *homme de lettres* – aber das zu zeigen erlaubte er sich nur in der Vorlesung. Hier war man in der Philologenschmiede. Nicht mehr als ein Dutzend junger Männer und eine Frau lernten hier Professor spielen, also eine Rolle, die vielleicht einem von ihnen vergönnt sein würde. Dazu schien auch dies zu gehören: Vor der ersten Sitzung saßen wir an dem langgestreckten Seminartisch in Erwartung des Professors. Ich war neu in dem Kreis. Ein adrett gekleideter junger Mann trat auf mich zu, stellte sich als Dr. XY und Assistent von Professor Friedrich vor und raunte mir zu: »Wenn der Herr Professor den Raum betritt, stehen wir auf.« Ich zog es vor, immer schon zu stehen, wenn er kam.

Bewegend war die Vorlesung von Erich Weniger über Rousseau im Auditorium Maximum. Er hat mir die Augen für eine ungewöhnliche Gestalt und eine allgemeine Wahrheit geöffnet: dass es Erkenntnisse gibt, die man mit den Nöten des eigenen Lebens bezahlt, ja nur um den Preis von Verfehlung, Schuld und die Einsicht in diese haben kann. Mich hat seither jeder kampfbereit gefunden, der Rousseau meinte als jenen seltsamen Pädagogen abtun zu können, der seine unehelichen Kinder unmittelbar nach der Geburt im Waisenhaus ablieferte.

Die Auseinandersetzung mit Georg Picht hatte sich herumgesprochen, jedenfalls in Pädagogenkreisen. Hans Walter Erbe, der Leiter des Landerziehungsheims am Solling, eine Bahnstunde nördlich von Göttingen, schrieb mir alsbald: Bei ihm habe meine in der »Sammlung« vorgenommene Bestimmung der humanistischen Bildung »gezündet«: Das Studium der Antike, also das Gymnasium insgesamt, sei »exemplarisches Lernen«, das man damals mit Hilfe von Martin Wagenschein zu entdecken meinte. (Was ich über die humanistische Bildung verlautet hatte, war nichts als aktualisierter Humboldt.) Erbe setzte diese »Sirenentöne« bewusst ein, um mich wenigstens zu einem Besuch seiner Schule und mit ihrer Hilfe zur Annahme eines Lehrerpostens zu verführen. Die dort tätige Tochter des Malers und Bildhauers Max Klinger wirkte dabei mit. Sie holte mich in ihrem Auto von der Bahn ab und gab mir zusammen mit Erbe das Gefühl, um ein halbes Jahrhundert zurückversetzt worden zu sein: in eine Welt, in der die revolutionären Hoffnungen der Ellen Key, die Idyllen eines Carl Larsson und die geistigen Stilisierungen des Hermann Lietz – von der »Abendsprache« bis zur Zitierung der »dreifachen Ehrfurcht« aus dem »Wilhelm Meister« –

sich wundersam mischten. Das war alles nicht unsympathisch, hatte es aber schwer im Vergleich mit dem Birklehof – seinen Gebäuden, seiner Landschaft, seiner doch weithin geklärten pädagogischen Theorie. Ich gab Erbe eine Absage und wiederholte diese, nachdem er mich zwei Jahre später wissen ließ, er würde mich gern zu seinem Nachfolger machen. Acht Jahre später immerhin habe ich die Berufung in den »Stiftungsrat« der Schule angenommen und in diesem gut zwanzig Jahre lang Dienst getan.

Eine andere Reise in die Vergangenheit bescherte mir Maria Wedemeyer, nun Schniewind. Sie kündigte ihren Besuch für den Sommer an, bat um Reservierung in einem Hotel erster Klasse (»wenn es so etwas in Göttingen gibt«) und hatte außerdem folgende Wünsche: keine anderen Menschen zu treffen (»Heimpels können mir geheimpelt, Schramms können mir geschrammt bleiben«); in den »Don Giovanni« zu gehen; beim Mathematischen Institut reinzugucken und laut zu lachen; nicht immerzu zu essen ... Nun, das Hotel war gut, aber sehr weit von meiner »Bude« entfernt; den »Don Giovanni« gab es nicht; die ständige Flucht vor Menschen, die uns erkennen und schockiert sind, weil Maria ausgerechnet mich besucht, war lästiger, als die Begegnung mit ihnen gewesen wäre, und weniger lustig; unsere Gespräche landeten sehr bald dort, wo wir sie vor Jahren abgebrochen hatten – bei ihren klaren Entscheidungen und meinen unlösbaren Seelenknoten. Ich erinnere mich nicht an Einzelheiten, nur dass es an dem Tag sehr heiß war, dass ich Marias dickes Portemonnaie verfluchte, dass ich mir wünschte, wir müssten nicht so viel reden, dass ich innerlich schon anfing, den Brief zu schreiben, den ich ihr hinterher schulden würde, und dass sie wieder einmal alles viel schneller und besser verstand als ich. Wir gaben unsere beiderseitigen Erwartungen auf und kamen darüber zur Ruhe. Ich schrieb den Brief tatsächlich und wüsste heute gern, was darin stand.

Dreimal in der Woche kam am Abend Christian Heimpel mit seinem Freund Klaus Hoffmann zu mir. Sie bereiteten sich auf das Abitur vor und meinten, es täte ihnen dafür gut, mit mir Sophokles zu lesen. Ich fand, das sei auch die beste Examensübung für mich. Wir saßen in meinem Zimmer, in dem es nur einen Stuhl gab, zu dritt auf dem Fußboden, und ich übersetzte ihnen den »Aias« und den »Philoktet« vor – erst Wort für Wort, gleichsam mein Deutsch ins Griechische verwandelnd –, erklärte dann, was erklärt sein wollte, und bildete schließlich aus dem so erfassten Sinn Sätze, die die Poesie des Originals ahnen ließen, also die ungeheure Wirkung der Sprache selbst. Auf diese Abende habe ich mich jeweils mehrere Stunden lang vorbereitet. Hinterher hörten wir Musik und tranken griechischen Wein, den ich mir von Achaia-Claus in Würzburg schicken ließ. Vielleicht war es der Samos, der mir das Gefühl von geglückter Übereinstimmung mit den beiden jungen Männern gab – und von geglückter Philologie.

Elisabeth Heimpel litt an der offensichtlichen Flucht ihres Sohns aus der Familienobhut. Sie fragte mich zunächst leise, ob wirklich drei Lesungen in der Woche nötig seien. »Sophokles *ist* so lang«, antwortete ich in Anspielung auf eine Geschichte, die ihr Mann mit Vergnügen erzählte: Ein Sanskritologe der Göttinger Universität sei nach sechswöchigem Vorlesungsbetrieb abgereist – in den Urlaub, wie man dem nachforschenden Dekan im Institut mitteilte. Der habe den Kollegen telegrafisch aufgefordert, unverzüglich zurückzukehren und seine Vorlesungen wiederaufzunehmen. Der so Ermahnte habe zurücktelegrafiert: »Sanskrit ist nicht länger.« Freilich, ob Christian wirklich so viel Sophokles für sein Abitur brauche, müsse sie ihn selber fragen. Das wird sie getan haben. An dem nächsten Abend, zu dem wir verabredet waren, hörte ich, wie jemand sein Fahrrad im Hof abstellte; die Haustür wurde geöffnet und ein Umschlag unter meiner Tür hindurchgeschoben. Er enthielt eine Langspielplatte mit dem Doppelkonzert von Brahms und drei Zeilen: »Meine Mutter will nicht, dass ich weiter zu Dir komme. Die Musik soll Dich trösten und Dir danken. Ich reise gleich nach dem Abitur nach Brasilien. Christian.«

Wir haben Göttingen fast gleichzeitig verlassen, beide mit Elisabeth Heimpel hadernd, beide mit einer vom anderen beim Abschied überreichten »Trostaria« bewehrt – er mit Schuberts C-Dur-Quintett, ich mit Dvořáks Cello-Konzert. In seinem Exil ist Christian glücklich und erfolgreich geworden. Ich beendete mit diesem Schmerz meine Lehrjahre.

14. Lehrerjahre

Vir bonus semper tiro, schreibt Cicero, »der gute Mensch ist und bleibt ein Rekrut«, womit er sagen will: Im Gut-Sein lernt man nicht aus, ist man stets Anfänger, ein Stümper, gemessen an dem hohen Prädikat. Diese Wahrheit gilt nicht minder für das Lehrer-Sein. Es ist ein tägliches Neubeginnen, weshalb es auch keinen Sinn hat, angeben zu wollen, wann man wirklich »Lehrer« geworden ist und nicht eben nur unter dieser Bezeichnung vor einer Klasse gestanden hat. Das Datum, das ich hier nenne, ist ebenso willkürlich wie abstrakt: 7. Mai 1956. An diesem Tag trat ich als »Gastreferendar« in den Dienst des Landes Baden-Württemberg ein. Das Oberschulamt in Tübingen wird diese Bezeichnung nicht oft verwendet, möglicherweise sogar für meinen Fall erfunden haben – und der sah so aus:

Nach bestandenem Erstem Staatsexamen wollte ich mein Zweites in örtlicher Nähe zum Klett-Verlag vorbereiten, also mein Referendariat absolvieren. Klett wollte mich in die Fahrrinne von »Dr.« Gieselbusch (seinen Vornamen Hermann habe ich damals nie gehört, auch nie irgendwo gelesen – einen solchen haben in deutschen Behörden und Betrieben nur die Chefs) und in ein freies und fruchtbares Arbeitsverhältnis zu der eigentlichen pädagogischen Großmacht holen: zum Verleger von Schulbüchern und Lehrerzeitschriften. In seinem altsprachlichen Trakt regte sich allerhand unter der behutsamen Ägide von Gerhard Grüder. Die Zeitschrift »Der Altsprachliche Unterricht« sollte sich mit und an mir verjüngen. Vermutlich waren schon Überlegungen für den »Antaios« im Schwange, dessen erstes Heft dann 1959 erschien. Kurz, ich wollte an eines der beiden altsprachlichen Gymnasien in Stuttgart, das Eberhard-Ludwigs- oder das Karls-Gymnasium. Da stellte sich heraus, dass mein niedersächsisches Erstes Staatsexamen hier gar nichts taugte. Im Musterländle brauchte man drei Fächer, ich hatte nur zwei. Wollte ich meine und Ernst Kletts Pläne nicht ganz fahren lassen (noch immer gärte auch ein bisschen Birklehof-Nostalgie in mir und ein bisschen Picht-Trotz in Ernst Klett), musste ich ein Studienseminar finden, in dessen Nähe auch eine Universität war. Tübingen bot sich an. Nur: Welches »dritte Schulfach« wäre für mich buchstäblich nebenbei einzufahren gewesen? Ich verfügte wirklich über Englisch. Aber erstens wäre es ja eine dritte Fremdsprache gewesen, und die schloss das Schulgesetz aus, und zweitens verlangte Englisch als Schulfach englische Philologie – und die hatte ich nur in der Form von Dr. Schlossers wissenschaftlich harmlosen Literaturkursen in Elizabethtown »studiert«. Ich machte mich in Tübingen kundig, was mir da noch am auffälligsten fehle, und erfuhr, dass dies vor allem »Pre-Shakespearian Literature« sei. Ich erfuhr auch, dass Professor Müller-Schwefe ein Oberseminar über »Das Elisabethanische Drama« abzuhalten im Begriff war und damit eben diese Lücke zu schließen versprach. Ernst Klett suchte nun seinen Freund und Klett-Autor, den Kultusminister Gerhard Storz, auf mit der Folge, dass ich zum Studienseminar zugelassen wurde, unter der Bedingung, im Sommersemester 1956 das dritte Fach nachzuholen – und das durfte ausnahmsweise Englisch sein. Professor Müller-Schwefe war bereit, mich in sein Oberseminar aufzunehmen, ja entzückt, dass ein veritabler Altphilologe im dritten Drittel desselben ein Referat zu »Senecas Einfluss auf Gorboduc« halten würde. »Gorboduc« ist die Tragödie des gleichnamigen mittelalterlichen Königs, der sein Reich an die Söhne Ferrex und Porrex verteilt und dessen gutgemeinte Tat in totaler Katastrophe endet – sie wäre heute eine perfekte Vorlage für einen Latex-Horror-Film. Mir genügte sie für eine Stil- und Strukturanalyse, wie ich sie in Amerika gelernt hatte, und erlaubte mir selbstbewusste, um nicht zu sagen arrogante Urteile wie:

> Es ist umso erstaunlicher, dass Gorboduc seinem Wesen nach viel mehr zu, sagen wir, den »Sieben gegen Theben« von Aischylos als zu den »Phönissen« Senecas gehört.
>
> Nach den Epochen klassischer Vollendung, in denen Maß und Ordnung die Selbstentfaltung zugleich tragen und begrenzen, folgen Zeiten, die die großen Muster entweder imitieren (und übertreiben) oder sich gegen sie auflehnen müssen; auf Vergil folgen Statius oder Lucan, auf Goethe folgen Carus oder Büchner. Die Auseinanderset-

zung mit der Klassik ist bestimmend, und dort, wo die Befreiung von ihrer Norm gelingt und das kühne Vordringen ins Extreme weitergeht, finden wir immer etwas von der hyperbolischen Stilisierung, der Überreizung der Sprache, der bewussten Dissonanz, die wir hier wie bei Seneca wahrnehmen.

Solche Sätze hätte ich in meiner eigenen Disziplin nie gewagt, war doch alles, was ich in ihr »wusste«, von der Möglichkeit bedroht, dass ich den Text nicht richtig verstanden hatte. Ich wäre, das nahm ich mit Schmunzeln wahr, in der Anglistik oder Germanistik wohl längst Professor.

Nun war ich wenigstens »Gastreferendar« bei Robert Ulshöfer (Seminarleiter) und Erich Haag (Leiter des Uhland-Gymnasiums) und Gerhard Herrlinger (Fachmentor) mit der Aussicht, im Winter endlich ein exzellentes akademisches Examen zu machen und unter Anrechnung der Birklehof-Tätigkeit im Frühjahr 1957 auch mein Zweites Staatsexamen ablegen zu können. In der schriftlichen Prüfung wurde uns ein Text aus Virginia Woolfs »To the Lighthouse« vorgelegt. Welche Fehler ich gemacht habe mit der Folge, dass ich wieder nur ein »gut« erhielt, weiß ich bis heute nicht. Im »Mündlichen« immerhin war ich den Prüfern überlegen.

Zum Ausgleich bescherte mir Fortuna das schönste Zimmer in der schönsten Lage Tübingens – gleich unterhalb der alten Universität, in der Melanchthon, just halb so alt wie ich, alte Sprachen gelehrt hatte, durch ein Gärtchen vom Neckar getrennt, rechts davon das ehrwürdige Stift (»Der Hölderlin, der Hegel, der Schelling und der Hauff, die sind bei uns die Regel, die fall'n nicht weiter auf«), links ein für Autos gesperrter, von hohen Platanen bestandener und von der Buchbinderwerkstatt Sorgius abgeschlossener Platz, darunter der Hölderlinturm, dessen Herr und Bewohner ich zwei Jahre später beinahe geworden wäre: Die Hölderlin-Gesellschaft trug mir das Amt des Kurators an – eine so noble wie beschauliche Nebenbeschäftigung, die ich vermutlich zu ernst genommen hätte. Nein, ich wollte doch lieber Lehrer werden. Mein Zimmer lag im Giebel des zweistöckigen Hauses mit Blick auf den trägen Fluss und die Platanenallee, die die langgestreckte Neckarinsel bis hin zum Silcher-Denkmal schmückte; direkt dahinter winkte mein Uhland-Gymnasium, dessen Klassenräume sämtlich nach Norden, also mir zugekehrt, lagen. Ich hätte mir im Winter, wenn die Bäume kahl waren, selbst beim Unterricht zusehen können.

Meine Vermieterin, Frau Dreher, war eine eher garstige Person aus dem Stamme der »Gogen« (das »o« ist wie die erste Silbe im Englischen »awful« zu sprechen), einer kauzigen Menschensorte, die eigentlich auf der anderen Seite der Burg wohnen in damals »arg« (auch das ein heimisch zu verwendendes Wort) dumpfen, heute romantisch restaurierten Gassen. Sie hatten alle ein kleines Weingut auf dem Schnarrenberg oder der Waldhäuserhöhe oder in der »Wanne«; über ihrer Welt lag folglich ein herber Geruch nach Trester und faulenden Fässern. Frau Drehers Haus befand sich auf der Sonnenseite. Es war in sich so verwinkelt, dass man es nur unter Zuhilfenahme einer Zeichnung beschreiben kann. Aus all seinen Fenstern und von all seinen Gesimsen hingen Kaskaden leuchtender Geranien. Es war umgeben von steinernen Treppen, die in unergründliche Gemäuer hinab- oder hinaufführten. Mein Zimmer war mit einem ordentlichen Schreibtisch, einem gemütlichen alten Sofa und ein paar Stühlen möbliert; eine Wand war frei für ein Bücherregal, das ich mir bauen ließ; eine Schlafkammer mit fließendem kaltem Wasser war in der bis zum Fußboden reichenden Schräge vom Hauptraum abgetrennt und konnte Dinge aufnehmen, die die Spitzweg-Idylle gestört hätten: Leitzordner und Skier, Kochplatte und Koffer.

Der Weg ins Kepler-Gymnasium, in dem das Studienseminar untergebracht war, betrug acht Minuten, der zum »UG« sieben. Im Notfall schaffte ich es in dreieinhalb Minuten. Ein Fahrrad hatte ich auch. Das benutzte ich am ersten Tag, an dem ich mich dem Leiter des Seminars – es lief schon seit zwei Wochen – vorstellte. Ich stürzte kurz vor dem Ziel und trat mit zerrissener Hose und hemmungslos blutendem Knie bei Robert Ulshöfer ein, immerhin pünktlich zur verabredeten Stunde. Er übersah meinen Zustand und teilte mir gleich einige seiner Maximen mit: Jeder Referendar müsse an seinem Kurs für Deutschlehrer und an dem des Kollegen Nassal für Sport teilnehmen; Seminarveranstaltungen gingen vor Schulveranstaltungen; in ganzwöchigen Trainingsphasen, die außerhalb Tübingens stattfänden, würden uns allerlei einfache, aber im Umgang mit jungen Menschen wichtige Lebenskünste beigebracht – *barn dancing*, Orffsches Instrumentarium, Gesellschaftsspiele, Theater, Erste Hilfe –, und die dürften von überhaupt niemandem versäumt werden. Alle drei Maßnahmen waren außerordentlich sinnvoll und gewinnbringend. Dass wir an Ulshöfers eigenen Schulstunden (seine Deutsch-Didaktik rivalisierte damals mit der von Erika Essen) teilzunehmen aufgefordert waren, erwies sich vor allem für diejenigen, die dies regelmäßig wahrnahmen wie ich und die sich selber Vergleichsmöglichkeiten bei anderen Kollegen verschafften, als höchst aufschlussreich: Der Erfolg eines Unterrichts hing zwar auch davon ab, ob einer didaktische Prinzipien hatte und das Geschehen danach regelte, ausschlaggebend für das Gelingen der Stunde war jedoch, wie er es mit Unvorhergesehenem hielt, in welchem Maß er seine Schülerinnen und Schüler wahrnahm und wie deutlich er sein Ziel auch dann im Auge behielt, wenn er vom Wege abgekommen war. In anderen Worten, es kam darauf an, dass er die Methode und die Mittel nicht wichtiger werden ließ als das Erlebnis, das sich im Unterricht um die Sache herum ergab. Das war zum Beispiel bei dem Kollegen Maisack der Fall, dessen »Kannitverstan« von Johann Peter Hebel 35 Sextaner 45 Minuten lang buchstäblich in Atem hielt und buchstäblich zur Besinnung brachte – ein s. v. v. Kunstwerk schönster Natürlichkeit. Ulshöfer hatte dagegen immer zu sehr uns Referendare im Sinn und das, was er uns vorführen wollte: wie ein bestimmtes Unterrichtsverfahren funktioniert und wie man seinen Plan sachlich und zeitlich durchhält. Er war das Opfer seiner Rolle. Das Opfer seiner Eitelkeit hätte er nicht werden müssen.

In seinem Seminar ließ er mich meine Erfahrungen mit dem amerikanischen Bildungswesen und der amerikanischen Erziehungsphilosophie vortragen. Was ich berichtete, war unschuldigerweise ungleich »fortschrittlicher« als alles, was Ulshöfer seinerseits als »radikale Reformnotwendigkeiten« ausgab; es stahl ihm die *show*, machte ihn wider Willen zum Verteidiger des herrschenden deutschen Systems und verdarb unsere meinerseits von Hochachtung geprägte Beziehung. Die war noch 1964 groß genug, um mich zum Mitherausgeber der von Ulshöfer gegründeten Schriftenreihe »Der Gymnasial-Unterricht« werden zu lassen, in der ich ein ständiges Rubrum »Problematik und Diskussion« (PuD) zu versorgen hatte. Unter diesem wollte ich eine andere Form pädagogischen Erkenntnisgewinns erproben, nämlich die noch nicht deutlich erkannten Probleme der Gymnasialpädagogik diskutierend zu entdecken – aus Schwierigkeiten, Missverständnissen, gegnerischen Positionen allmählich die gemeinsamen, sachgerechten und am Ende wissenschaftlichen Fragen zu formulieren. Dieses »heuristische« Verfahren gab dauernd zu Spannungen Anlass, durfte es doch nicht auf Thesen und Themen angewendet werden, die Ulshöfer im vorderen Teil des Heftes gerade endgültig geklärt zu haben meinte. Zu oft musste der Verlag eingreifen, was Ulshöfer nicht als »Schlichtung«, sondern als »Diktat« verstand. Mir hingegen fiel der Verzicht auf das Rechthaben schon deshalb nicht schwer, weil ja dabei das herauskam, wofür ich einstand: die Öffnung des Blickwinkels, die Preisgabe der verhärteten Fronten, an denen nichts mehr zu gewinnen oder zu verteidigen war (Bildung vs. Wissenschaft, Bildung vs. Erfahrung, Bildung vs. Erziehung, Fachdidaktik vs. Allgemeine Didaktik, Didaktik vs. Pädagogik und so fort), die Durchbrechung des »Festungsgürtels der Bildungsbegriffe«, wie Theodor Wilhelm es in einem Beitrag für mein Rubrum nannte. Dass ich dieses selbstironisch »Wackel-PuDing« nannte, konnte Ulshöfer nicht milde stimmen. Andererseits kann ich seine Beunruhigung verstehen, wenn ich heute den »Entwurf« zu dieser neuen Abteilung der Schriftenreihe wiederlese: Die dort aufgeführten *problemata* (im Griechischen heißt dies ja einfach »Vorgeworfenes«) lassen die langen Abhandlungen der von ihm zusammengestellten Hefte (»Aufnahmeprüfung in Sexta« oder »Facharbeiten auf der Oberstufe« oder »Didaktik der Mittelstufe I« und »Didaktik der Mittelstufe II« etc.) pedantisch/fußgängerisch erscheinen. Mein »PuD« im letzten Heft samt Nachruf offenbart mir heute vollends die Überforderung, die ich den Autoren und Lesern antat. Was mit einem unfreiwilligen »Kniefall« vor dem Meisterpädagogen begonnen hatte, endete im Zerfall der Herausgeber-Partnerschaft und dem damit verbundenen Abbruch des Unternehmens durch den Verlag. »Es ist dem Verlag nicht zuzumuten, eine Reihe weiterzuführen, die so wenig Eingang in die Gymnasien gefunden hat« – an diesem Befund, mit dem Ulshöfer das Ende der Schriftenreihe in Heft 5/1967 verkündete, sind wir beide zu gleichen Teilen schuld, er durch die Zumutung zunehmender, ermüdender (und laienhafter) Verwissenschaftlichung, ich durch die Zumutung zunehmender, verunsichernder Kontroverse.

Unversöhnlichen Hass zog ich mir mit einer Besprechung eines von Ulshöfer und Karlheinz Rebel gemeinsam herausgegebenen Buches über Wege zur Demokratisierung der Schule durch die Einführung sozialwissenschaftlicher Methoden zu. Die Kritik bestand zur Hälfte aus der Wiedergabe von Zitaten wie diesem:

> Die Referendare werden darauf aufmerksam gemacht, dass es folgende Möglichkeiten positiver, nicht-verbaler Verstärkung gibt: *Nicken* und *Lächeln*, auf den Schüler zugehen, den Schüler anblicken, auf die Tafel schreiben, was der Schüler sagt, während Bemerkungen wie »gut!« »schön!« oder »richtig!« eine positive verbale Verstärkung ergeben.

Die kursiven Wörter standen in der Überschrift. Es soll eine Zeitlang unter Pädagogen üblich gewesen sein, statt »guten Tag!« zu sagen, sich gegenseitig zuzunicken und zuzulächeln und ein aufmunterndes »gut!« oder »schön!« oder »richtig!« auszustoßen.

Ich bin vorausgeeilt. Das Referat über meine amerikanischen Erfahrungen, das ich für Ulshöfer zu halten hatte, zwang mich, diese systematisch und rhetorisch zu ordnen. Das Ergebnis trug mir alsbald eine Einladung des Amerika-Hauses ein, dies alles auch einem allgemeinen Publikum vorzutragen, nicht nur in Tübingen, sondern gleich in einem halben Dutzend Dependancen in der weiteren Umgebung und in Volkshochschulen, mit denen es kooperierte. An dem Zuspruch und Widerspruch, den ich dabei erfuhr, bildete ich mich zum Bildungspolitiker.

Wichtiger als der Seminarleiter war für mich der Direktor des Uhland-Gymnasiums, Erich Haag, ein Altphilologe, Lehrer und Schulleiter erster Ordnung. Seine Gelehrsamkeit war umfassend und genau, sein Unterricht straff und geistvoll, seine Art, das Kollegium zu führen, liberal und unauffällig. Die Schüler hielten Abstand zu dem ernsten, eher kühlen Mann, und er suchte sie seinerseits nicht auf. Mich hingegen ermutigte er in dem freien menschlichen Umgang, den ich von vornherein mit ihnen hatte und den die alten Herren im Kollegium als eben »amerikanisch« bemäkelten. Deren Warnungen: »Seien Sie auf der Hut, lassen Sie ihnen nichts durchgehen [Schwätzen im Unterricht], nehmen Sie ihnen keine Ausrede ab [Hausaufgabe nicht gemacht, weil ...] – die tanzen Ihnen sonst auf der Nase herum!« konnte ich gelassen ignorieren. Ich hatte am Birklehof gelernt, dass vorgetäuschte Stärke dem

Schüler in erster Linie Schwäche bekundet: Der hat das also nötig! Ich hatte keine Angst, weder vor den Schülern noch vor Blamagen. Fehler jedenfalls, die ich machte, konnte ich reparieren, und wenn das gelang, waren sie sogar ein Gewinn. »Das Vertrauen, das die Schüler zu Herrn von Hentig als Person haben, stärkt das Zutrauen, das sie zu ihm als Lehrer haben«, beruhigte Haag die Kollegen.

Er selber war zunächst neugierig auf die Referendare, aus deren Schar er sich zukünftige Lehrer aussuchen konnte. Fasste er Wohlwollen für einen von ihnen wie für mich, arbeitete er mit Strenge an seiner Vervollkommnung. Haag kam in meinen Unterricht; er ließ sich aus spürbarem Interesse meine Unterrichtsentwürfe vorlegen; er sah mit Vergnügen, dass ich eigene Wege ging und dass ich das Abzugsgerät um ein Vielfaches mehr benutzte als die übrigen Kollegen. Als ich zu erkennen gab, dass ich beim Fachmentor Herrlinger so sehr viel nicht mehr würde lernen können und gern ein halbes Jahr im Paradies des altsprachlichen Unterrichts, in England, verbringen würde, unterstützte er meinen Antrag beim Oberschulamt. Dessen ungemein verständiger Leiter zeigte sich erfreut, teilte dem Uhland-Gymnasium einen Ersatz-Referendar zu und versprach die nötige »Beurlaubung«. Ich hatte zwei Einladungen nach England; die erste kam auf dem Umweg über eine Schule zustande, bei der Peter Wilde (mein Gast beim Göttinger Ferienkurs vor zehn Jahren!) angefragt hatte und die mich an Bryanston Public School / Dorset weiterempfahl – dort sollte ich *assistant teacher* in alten und neuen Sprachen sein; die zweite Einladung verdankte ich einem Brief von Carl Friedrich von Weizsäcker an Sir Robert Birley, Headmaster von Eton, wo ich allerdings nur würde hospitieren können. Ich beschloss, acht Wochen in Bryanston zu verbringen, eine in Eton und zwei weitere als Gast in einer *grammar school* in der Nähe Londons und in Rugby Public School, die Adas Mann, Michael Brown, für die beste aller Schulen hielt und deren Einladung besonders liebenswürdig ausfiel. (Ich habe Rugby dann doch gegen eine zweite *grammar school* in Shrewsbury eingetauscht.) Meine Beurlaubung sollte sich also über das ganze erste *term* der englischen Schulen im folgenden Jahr (1957) erstrecken. »Warum ist nicht schon früher einer auf die Idee gekommen, sein Referendariat so zu nutzen?«, fragte Oberschulrat Reiner mehr sich selbst als mich.

Ich erschrieb mir ein Forschungsstipendium der Deutschen Forschungsgemeinschaft, wo man ein ständig schlechtes Gewissen gegenüber den Geisteswissenschaften hat und meinen Antrag eilfertig bewilligte – gleichsam unter der Hand.

Der Fachmentor für alte Sprachen am Uhland-Gymnasium, Gerhard Herrlinger, nahm die Entscheidung des Chefs mit nur leichtem Unmut hin. Er war anfangs in jede meiner Schulstunden gekommen, hatte mich bei dem einen oder anderen Fehler ertappt (Heimpels Satz »Latein ist Glücksache« hatte ich mir nicht zu eigen gemacht, aber doch gemerkt; er tröstete) und mitgezählt: Ich hätte in einer Stunde 96 mal »äh« von mir gegeben. Meistens freilich nutzte er die Zeit, um in der hintersten Bank sitzend Arbeiten zu korrigieren. Herrlinger war ein untersetzter, stämmiger Mann. Er lief mit durchgedrücktem Kreuz durch die Welt und schwäbelte mächtig auch in den alten Sprachen. Er organisierte einmal wöchentlich ein Volleyball-Match zwischen seinen Referendaren und anderen Kollegen, die aber oft ausblieben und durch Schüler ersetzt werden mussten. Diese standen schon bereit, wussten sie doch, wie man schwache Leistungen in Latein oder Griechisch am sichersten ausgleicht. Sie bauten das Netz auf und dienten allemal als Antreiber und Schiedsrichter – unverhohlen parteilich für den anderen Senior, den Oberbürgermeister Gmelin, Vater eines Jungen am Uhland-Gymnasium und der späteren Bundesministerin Hertha am Wildermuth-Gymnasium. Der spielte mit großer Regelmäßigkeit mit und führte die Gegenmannschaft an. Wenn die Schüler-Schiedsrichter »12 : 12 wider de He!« schrien, tönte es wie eine furchtbare Niederlage. Der »He« hatte seinen Spaß daran. Anschließend ging ich ins Uhlandbad – Duschen hatte die Schule nicht, und ich ja auch nicht in Frau Drehers Hutzelhaus.

Andere Kollegen lernte ich erst später kennen, nicht zuletzt, weil das Lehrerzimmer nicht für Referendare da war. Wir bekamen einfach keinen Schlüssel und kein Fach für unsere Sachen. Wir durften uns in unseren Freistunden im Kartenraum aufhalten. Gleich am zweiten Tag saß ich dort, als es klopfte und zwei baumlange Primaner eine aufgerollte kleine Karte hereintrugen, um sie – unter Anzeichen völliger Überanstrengung – gegen eine andere auszutauschen. Ich kannte die beiden aus meinem gestrigen Unterricht. Sie fragten, ob sie sich einen Moment setzen und ausruhen dürften. Wenn der Unterricht so lange warten könne – bitte sehr! Sie setzten sich. Ich ließ mir ihre Namen nennen. Büchtemann, so hieß der eine, musterte mich, wie man ein Rennpferd oder einen Zuchtbullen mustert, und sagte gewichtig: »Herr von Hentig, ich muss schon sagen, Ihre Bluejeans sind wirklich geil!« Mit schlichtem Ernst fügte er hinzu: »Hoffentlich geht das gut!« Mit einem freundlichen Gruß stapften die beiden in der niedrigstmöglichen Gangart wieder davon. Mit ihrer Gelassenheit unterliefen sie die steifen Ordnungen und Rituale des Hauses – ebenso weit von der Aufsässigkeit der späteren 68er wie von der Genormtheit meiner amerikanischen College-Freunde entfernt. Gerd Gaiser hat die eigentümliche Mischung aus aufgesetzter Wohlstandsmüdigkeit und ursprünglicher Animalität dieser Generation in seinem zwei Jahre später erschienenen Roman »Der Schlussball« gut eingefangen. Büchtemann und Friedrich-Freksa, so war mir klar, würden auch vor dem »Herrn Direktor« nicht gleichsam die Hacken zusammenschlagen, ja sie hätten vor jedem anderen Lehrer die gleiche Komödie gespielt, aber nur einem Anfänger in Bluejeans bekannten sie ihre Besorgnis. Ich begriff: Referendar-Sein war durchaus eine Chance, nicht nur ein Handicap.

Besonders gern suchte ich den Unterricht von Eberhard Krauß auf. Er war eine ausnehmend liebenswürdige Person. Da ihm Maisacks Zauberkunst, Haags Souveränität, Herrlingers Härte fehlte, war er allen Problemen des normalen Unterrichts unmittelbar ausgesetzt. An seinen Nöten litt ich, in seinen Bemühungen erkannte ich die meinen, sein Scheitern belehrte mich mehr als die »Bilderbuchstunden« des einen oder anderen alten Hasen am Uhland-Gymnasium. Sein Gelingen erfreute mich, weil es mir versprach, das könne ich auch.

Über die Rolle der »Negativität« in der menschlichen Erfahrung und also auch in den Bildungsprozessen werden neuerdings ausgiebige gelehrte Erörterungen geführt. Man meint, das Positive im Negativen »entdeckt« zu haben, ja man bietet uns eine »Apologie des Negativen«, die mit der Notwendigkeit von Unterscheidungen in der Erkenntnis beginnt (»Der Wal ist *kein* Fisch«) und mit der erfreulichen »Abwesenheit« von Übeln endet (kein Mangel, kein Krieg, keine Dummheit), und man merkt nicht, welche Selbstverständlichkeit man wiederherzustellen im Begriff ist. Nicht nur »Aus Fehlern und Irrtümern lernen«, »Schaden macht klug« und »Leiden läutert« (pathei mathos) sind alte (Binsen-)

Weisheiten, sondern auch, dass uns abschreckende Beispiele stärker und anhaltender beeindrucken als positive. Warum sonst hat man Kindern den Struwwelpeter, den Suppenkasper, den Hans-guck-in-die-Luft, den Wüterich, den Zappelphilipp vorgehalten? Ja, man kann sagen, dass das füllige Lob der Artigkeit mehr Unart hervorgebracht hat als alles *laisser-aller*. Die treffendsten Aussagen hierüber hat Michel de Montaigne gemacht:

> Ich weiß nicht, ob andre ähnlich veranlagt sind – ich jedenfalls lerne von Gegenbeispielen mehr als von Beispielen, und weniger durch Nachvollziehen als durch Fliehn. Es ist diese Art Unterweisung, die Cato der Ältere mit seiner Aussage im Sinn hatte, die Weisen hätten von den Narren mehr zu lernen als die Narren von den Weisen, und auch jener Leierspieler der Antike, der, wie Pausanias berichtet, seine Schüler zu zwingen pflegte, sich einen ihm gegenüber wohnenden stümperhaften Musiker anhören zu gehen, damit sie dessen Dissonanzen und falsche Rhythmen hassen lernten.
>
> Meine Abscheu vor Grausamkeit zieht mich stärker zur Barmherzigkeit hin, als es deren leuchtendste Vorbilder je bewirken könnten.
>
> Was sticht, berührt uns tiefer und macht uns wacher, als was uns streichelt. Die jetzige Zeit vermag uns nur durch unsre Abkehr von ihr zu bessern: durch Nichtanpassung mehr als durch Anpassung, durch Widerspruch mehr als durch Zustimmung.[1]

Das ist ein Text so recht nach meinem Herzen!

Ich fürchte, wir haben in dem löblichen Bemühen um Humanisierung der Pädagogik die eine Hälfte ihrer Mechanik einfach weggeschoben. Vorbild, die Liebe zur Sache, die Lust am Lernen, der gute Wille und der Wille zum Guten, positive Verstärkung, »Nicken und Lächeln« – sie alle wirken ja nur, wenn es das andere auch gibt, wenn sie gefährdet und kostspielig sind, wenn ihr Gegenteil auch Macht hat. Ohne diese »Verdrängung« lässt sich schwer erklären, warum die »Erziehungswissenschaft« meint, uns mit Hilfe eines stolzen Kunstwortes das ursprüng-

1 Michel de Montaigne: Essays, übersetzt von Hans Stilett in: Die Andere Bibliothek, hg. von Hans Magnus Enzensberger, Frankfurt am Main 1998 (Eichborn), Drittes Buch, Kapitel 8: Über die Gesprächs- und Diskussionskunst, S. 462.

lichste Phänomen der geistigen Erfahrung neu lehren zu müssen. Und wie wichtig wäre es umgekehrt, vor der Entmutigung durch Helden, Vorbilder und Sonntagskinder zu warnen! Ich habe das in meinen Schriften mehrfach getan – ausgerechnet ich, der »Idealist«![2] Nur wer versteht, welche Schwierigkeit eine Tugend mit den Umständen und mit sich selber hat, kann hoffen, ihr nachzukommen. Aus dem Lehrer als »Vorbild« habe ich darum den Lehrer als »Darsteller« gemacht, einen, an dessen Verhalten man erkennt, wie man sich selber lieber verhielte: vernünftiger, erfreulicher, erfolgreicher als bisher – lauter Komparative zu weniger Vernünftigem, weniger Erfreulichem, weniger Erfolgreichem. Mein Argument war gegen den Lehrer als »Verkäufer« – von Kenntnissen und Tugenden – gerichtet. Es hätte sich auch gegen die Überforderung richten sollen, dass er zu *sein* habe, was die anderen nur sein *wollen*. Eberhard Krauß, ein guter Darsteller unserer Lehrkunst, hätte mir als Beispiel dienen können.

Das Kollegium war bunt und doch nicht uneinheitlich, gar dissonant wie das des Birklehof. Es gab Genies und Monster, Käuze und Unglücksraben – und auch einige studierte Nichtse. Als hospitierender Referendar lernte ich sie aus der Sicht der Schüler wahrzunehmen, ohne selber Schüler zu sein. In den sehr seltenen Konferenzen – sie befassten sich mit schweren Störfällen und mit Zeugnissen – war ich in eine stereotype Berufsgruppe eingereiht. Ich sah meine Kollegen, wie sie von ihresgleichen gesehen werden wollten, mehr nicht. Das hat mich davon überzeugt, dass das Referendariat eine nützliche, jedenfalls nicht nur nach seinen Abrichtungs- und Einschleifungsvorgängen zu beurteilende Institution sein kann. Es erlaubt einen letzten Blick von außen auf diese eigentümliche Tätigkeit und zwingt zugleich zu der Frage: »Und wie siehst du selber dabei aus?« In den insgesamt acht Monaten, die ich erst als Gastreferendar, dann als ordentlicher Referendar am Uhland-Gymnasium war, habe ich nie unter zehn Stunden, vorübergehend sogar vierzehn Stunden in der Woche selbständig unterrichtet: Ich *war* Lehrer – und der Vorbehalt, dass ich noch nicht »fertig« sei, tat diesem

2 Hartmut von Hentig: Vom Verkäufer zum Darsteller / Absagen an die Lehrerbildung (1979), in: Aufwachsen in Vernunft, Kommentare zur Dialektik der Bildungsreform, Stuttgart 1981 (Klett-Cotta), S. 275 ff.; ders.: Bildung / Ein Essay, München 1996 (Carl Hanser), S. 28 ff.

Lehrer gut. Mit Hilfe von Montaignes Lernen am Gegenbeispiel und durch die Perspektive der Schüler übte ich mich täglich in Wachsamkeit vor mir selbst: Du neigst zum Belehren – lass erst Neugier aufkommen! Die Aufmerksamen, die Beteiligten, die Zustimmung Bezeugenden sind Balsam für deine Seele – deine Aufgabe sind jedoch der Hilflose, der Träge, der Verträumte, der Zappelige, nimm sie mit! Ironie ist eine gute Würze des Lehrens und erspart manche unnütze Sanktion – setze sie nicht als Mittel zur Sicherung deiner Überlegenheit ein! Fehler zugeben, Nichtwissen eingestehen ist in Ordnung – aber nicht zu oft!

Ich hatte nun einen de-finierten, umgrenzten Auftrag und damit die Chance, ihn gut zu erfüllen. Am Birklehof musste ich ein idealer Mensch sein, hier genügte der gute Lehrer. Das karge Gehäuse, in dem ich gezählte Stunden am Tag »arbeitete«, kam mir bei dieser Beschränkung entgegen; es war meine Werkstatt, nicht mein Lebensraum. Hier hatte ich das Gefühl, in meinem Lehrerberuf angekommen zu sein.

Für die Sommerferien hatte sich Ernst Klett eine Überquerung der Alpen ausgedacht: Seine Neffen Philipp Wolff (Privatgelehrter und später Herausgeber des »Antaios«) und Bernhard Bueb, sein Sohn Michael, der Hentig, er selbst und Rolf, ein lebhafter und drahtiger Schnauzer, sollten von Amsteg, »im urigsten Uri, der Gegend also, in der die Demokratie geboren wurde, weil die Obrigkeit versäumt hatte, ein paar unbotmäßige Sennen zur Ordnung zu rufen« (Ernst Klett in der Einladung), in sieben Tagen über den Gotthard zu Fuß ins Tessin gelangen, wo sich die Familie Klett im Maggia-Tal ein großes steinernes Ferienhaus gemietet hatte – für den Rest der Ferien. Wir sollten dabei in erster Linie den Göttern nahe kommen, was in 2500 Meter Höhe an den Grenzen der Zivilisation und an den Grenzen der eigenen Leistungskraft besser zu gelingen versprach als im Klassenzimmer (oder in der Stuttgarter Privatstudiengesellschaft, von der alsbald die Rede sein wird). Homers Ilias sollte uns dabei helfen – mit täglich mindestens einem ganzen Gesang. Klett hatte die geografische und die geistige Route generalstabsmäßig geplant. Man fuhr mit dem Auto bis zum Vierwaldstätter See, übernachtete noch einmal bequem und stapfte von da an in lockerer Formation von Tagesziel zu Tagesziel, meist einer Hütte des Schweizer Alpenvereins. Jeder, so war es empfohlen, sollte bis dahin ein oder zwei »kräftige Wanderungen« unternommen und ein Werk zu einem der Themen gelesen haben, die die Ilias nahelege. Klett hatte außerdem bestimmt, wer für Botanik, wer für Geologie, wer für Geschichte und wer für den Umgang mit den »Eingeborenen« zuständig sei.

Nicht planbar war die Seelenlage. Bernhard und ich hatten Lust am Ausschreiten, an zügiger Bewältigung der jeweiligen Etappe, und waren den anderen meist weit voraus; Michael suchte nicht nur Abstand, sondern auch eigene Wege; Philipp Wolff und Ernst Klett »zügelten nach« – Letzterer entschlossen, fachmännisch zu botanisieren, und sicher, dass uns da vorne die Puste bald ausgehen werde. Am zweiten Tag schon kam Unmut auf: Michael fühlte sich von Vetter Philipp bei dem Vater und durch Vetter Bernhard bei mir verdrängt; Ernst Klett sah seine Entdeckungen (darunter eine schwer bestimmbare Alpenanemone) missachtet; Philipp Wolff litt an der ungewohnten Anstrengung; ich empörte mich darüber, wie Klett das rührende Bemühen des Hundes, uns alle zusammenzuhalten, zu einer grausamen Gaudi nutzte: Kaum hatte Rolf uns an der Tête 500 Meter weiter oben eingeholt, pfiff er ihn zu sich zurück, um das japsende Tier uns gleich wieder nachzuschicken. Diesen Missbrauch seines Eifers hatte der Fenris-Rolf (wie der Nebelianer Klett ihn nannte) nicht verdient. Nur Bernhard blieb von der Missstimmung unberührt.

Die abendliche Lektüre und der vorsorglich mitgeführte Wein vereinigten uns wieder. Für diesen Teil war ich verantwortlich, hatte aber Kletts Auswahl der Übersetzung stattgegeben: Wir lasen den Homer in der mir unbekannten Übersetzung von Rupé – wegen der Zweisprachigkeit der Ausgabe. Ich wusste, dass es über die Götter – diese »zankenden, eifersüchtigen, frivolen Gestalten« – Streit geben würde und dass sich gelegentlich das Original selber gegen Kletts Mäkelei würde verteidigen müssen. Ein gewaltiges Gewitter – ich erlebte es in einem durch nichts gesicherten, winddurchschossenen Heustadel neben der Hütte, in der der Hund nicht erlaubt war, mit diesem fest im Arm – war Zeus' Antwort auf unsere Klügeleien. Klett und ich erkannten es beide demütig an. Einseitig behauptete Klett (und seitdem tut es Bernhard Bueb), ich hätte auf der Lektüre auch des Schiffskatalogs bestanden. Undenkbar! Zu sehr war ich doch darauf aus, nach dem sechsten Gesang, der Begegnung Hektors mit Andromache, und nach den großen Schwert- und Wortkämpfen auf jeden Fall den vierzehnten Gesang, die Täuschung des Zeus durch Hera und Hypnos, *den* Schlüsseltext zum Verständnis von Mytho-Logie, die Klett und mich entzweite, noch unterwegs zu erreichen. Den vierundzwanzigsten Gesang, die Krönung des Werkes, würden die Gefährten dann auch nach der Ankunft noch aufnehmen wollen und daran verstehen, dass diese Dichtung in erster Linie von der Achtung handelt, die der Mensch dem Menschen schuldet, und dass »Götter« all das sind, worüber wir nicht verfügen.

Der Marsch endete auf der »anderen Seite der Welt«, die bekanntlich südlich der Alpen beginnt. Klett hatte sich bewiesen, dass er seiner Schwächen vom Vorjahr Herr geworden war und mit fünfzig noch zu leisten vermochte, was Hannibal mit dreißig geleistet hatte. Michael wurde die Vettern los, die gleich wieder heimkehrten. Und ich hatte in Bernhard Bueb einen neuen Freund gewonnen, einen geduldig-begierigen jungen Zuhörer, der gleichwohl nicht zu mir überlief. Hier wollte ich nicht im Beruf sein.

Im Maggia-Tal hüllten mich die Sonnenwärme des Südens und die Gastlichkeit der Familie Klett ein. Ein Wasserfall neben dem Haus, der aus 25 Meter Höhe in einen Tobel stürzte, gewährte jederzeit Abkühlung, wenn man sie suchte. Michael konnte mir eine Schlangenfarm zeigen, von der er geschwärmt hatte, – einen Ort, ein Gewerbe und dessen Betreiber, die sämtlich im Umfeld der »Marmorklippen« zu suchen sind. Klett führte uns abends in die schon erprobten Lokale von Ascona oder Locarno aus und hatte ein kleines Programm für jeden Tag, sei es einen Besuch bei oder von Vigoleis Thelen, dessen »Insel des zweiten Gesichts« damals überall gelesen und gelobt wurde und der so plauderte, wie er schrieb: poetisch und verschmitzt, einfallsreich und endlos; sei es eine Fahrt ins Onsernonetal zu Alfred Andersch und seiner malenden Frau, die ein schönes, originelles und eindrucksvoll ordentlichen Haus bewohnten (vielleicht doch lieber Schriftsteller werden, wenn dieser sich so etwas an solchem Ort leisten kann?); sei es ein Ausflug zur Isola; sei es ein kurzes Verweilen an Stefan Georges Grab in Minusio und – wenn man schon einmal in der Nähe war – dann auch eine Stippvisite bei Robert Neumann in Locarno-Monti.

Klett war ein treuer, genauer und kritischer Leser von Neumanns Werk. Er lobte mir »An den Wassern von Babylon« und »Der Favorit der Königin« – ich kannte nur die Parodien und benutzte sie auch im

Deutschunterricht mit horazischem Erfolg: *delectaverunt et profuerunt*. Wir haben gleich bei unserer ersten Begegnung darüber gesprochen, nicht nur weil ich unserem überraschten Gastgeber auch etwas zu sagen haben wollte, sondern weil ich dachte, es könne ihm Freude machen. Klett hatte gerade den eingebildeten Deutschen, also mir, gezürnt, dass sie nur für den Schelm Neumann und nicht für den großen Moralisten und ernsten Dichter Sinn hätten, und ich hatte beschämt versprochen, mein Versäumnis bald gutzumachen, als Neumann uns beiden Recht gab: Die Parodien habe er gekränkt durch den unverdienten Misserfolg der Romane und aus purer Geldnot geschrieben, also ungern, aber man könne in der Tat viel aus ihnen lernen, mehr als aus mancher Literaturgeschichte. Im Jahr 1969, dreizehn Jahre danach, schickte mir Neumann »Vielleicht das Heitere«, ein halb wirkliches, halb fingiertes, genauer: aus Notizen vieler Jahre zusammengestelltes »Tagebuch aus einem Jahr«. In ihm findet sich folgende Eintragung unter dem 15. März:

> Eine »kompetente« Parodie. [Gemeint ist eine Passage aus der zuvor zitierten »Geschichte der O.« von Pauline Réage.] Warum macht sie mich nicht glücklich?
> Wahrscheinlich wegen der mir bei der Lektüre klargewordenen Echtheit des Substrats. Ein schlimmes Gefühl, als parodierte man eine Krankengeschichte.
> (Woraus sich für die »Ästhetik der Parodie« eine Erweiterung der Liste des Unparodierbaren ergäbe. Unparodierbar, neben dem Zuschlechten und dem Zuguten, vielleicht auch das »Echte«? Zu bedenken.)[3]

Das klang wie eine Zusammenfassung unseres Gesprächs.

Unsere Beziehung stand bald auf eigenen Füßen. Ich schickte Neumann meinen Bericht über eine Reise mit Primanern nach Berlin. Kurz darauf erhielt er einen Leserbrief, den ich der ZEIT geschrieben und in dem ich auf Beiträge von Marcuse (wohl Herbert) und ihm zur Frage der »Nicht bewältigten Vergangenheit« reagiert hatte. Ich gebe den Schluss meines Leserbriefs wieder:

3 Robert Neumann: Vielleicht das Heitere, München 1968 (Kurt Desch), S. 172.

> ... Ein *Dank* also an Marcuse, Neumann und DIE ZEIT. Aber meine *Bewunderung*, ja *Liebe* gilt Robert Neumann. Da sehen wir etwas von der Bewältigung selbst (ohne Anführungszeichen): sich auch in der Erinnerung nichts durchgehen lassen – und sich darum nicht gleich zerfleischen; dem anderen auch nichts durchgehen lassen – und ihn auch nicht gleich zerfleischen; Unsinn und Unsinnige mit Namen nennen – erst recht, wenn man selbst dabei ist; die reizende Frau seines Gegners nicht übersehen; vom eigenen Leid weniger (aber auch), vom Leid der anderen mehr (aber mit Scheu) reden; und selbst das Bitterernste zunächst einmal heiter zu sagen versuchen – denn es kann mich auch Neumann nicht überzeugen, dass er nur heiter sein wollte, was ihm jedoch »leider« nicht gelungen sei. Nazismus hat viel mit Humorlosigkeit zu tun. Wer nicht über sich selbst lachen kann, und das heißt sich lächerlich finden, der kann auch nicht über sich weinen. Der kann nur gleichgültig sein und hin und wieder zerschmettert. Das sind die Deutschen seit 1918 – mit Pausen, in denen sie andere zerschmettern.

Nun meinte Neumann einen Mitstreiter auch an deutschen Schulen zu haben – mit Recht. Sein im Herbst des gleichen Jahres erschienenes Büchlein »Ausflüchte unseres Gewissens« – Dokumente zu der Frage, was die Deutschen von Hitlers »Endlösung« wussten – war eine niederziehende Lektüre selbst fünfzehn Jahre nach Kriegsende und zahllosen wissenschaftlichen und publizistischen Bemühungen um Aufklärung der bösen Zeit. Neumann hatte dieses alles im Rundfunk vorgetragen, wie er mir erzählte: ohne nennenswertes Echo. »Was könnt ihr Lehrer tun?«, fragte er mich und schob gleich nach: »Nicht für mich und meine kleine Kampfschrift, sondern für euch!«

Ich erinnere mich meiner Antwort, weil sie mir schwerfiel. Ich gestand ein, bei meinen Schülern mit dem Bericht von Kurt Gerstein und Neumanns daran anschließendem minutiösem Nachweis, wie viele Deutsche allein hiervon gewusst haben müssen, nicht mehr ausgerichtet zu haben als mit dem halben Dutzend Kapitel, die ich aus dem »Abenteuerlichen Simplizissimus« vorgetragen hatte, und eher weniger als mit dem »Michael Kohlhaas« oder, sagen wir, Heines Gedicht »Enfant Perdu« – nicht zuletzt, weil Dichtung allemal mehr vermag als die Fakten der Anklagevertretung. Neumanns erschütterndes Plädoyer hätten wir (von ihm) hören sollen, nicht lesen. Vollends nicht in der Schule, wo alles zu Pensum, zu benotbarem Prüfungswissen wird. Nur das persönlich Bezeugte wirke, sagte ich, wenn es um die Nazizeit gehe, zum Beispiel meine dürftigen eigenen Kriegserlebnisse, mit denen ich äußerst sparsam umginge; sie lösten Fragen aus, Unruhe, Nachdenklichkeit. Die Zurückhaltung der Schüler sei sogar gerechtfertigt, ja sympathisch. Sie wehrten sich instinktiv dagegen, dass gedruckte Texte Erfahrung ersetzen sollen und Dokumente die Wirklichkeit. Dann gab ich Neumann ein Beispiel für den Midas-Effekt politischer Bildung:

Ich hatte im Sommer 1958 beschlossen, mit meinen Vierzehnjährigen das Tagebuch der Anne Frank zu lesen, genauer, ich hatte es ihnen vorgelesen – mit einigen Auslassungen – ohne Kommentar, aber mit der bekundeten Bereitschaft, mich jederzeit unterbrechen zu lassen. Zum Abschluss der Lektüre hatte ich sie aufschreiben lassen, was ihnen beim Hören durch den Kopf und durch das Gemüt gegangen sei und was sie am meisten bewegt habe. Zwei Stunden hatte ich ihnen dafür gegeben und dabei selber in der letzten Bank sitzend ein Gleiches getan. Mit den Aufzeichnungen der Schülerinnen und Schüler wäre die Bundeszentrale für politische Bildung zufrieden gewesen. Die meine hingegen handelte von dem ungewöhnlichen Glücksfall, dass hier ein junger Mensch den geheimnisvollen, verworrenen, urgewaltigen Vorgang der Reife, den jeder Mensch durchmache, aber erst erkennen und beschreiben könne, wenn er vorüber sei, zugleich erfahren, beobachtet und beschrieben habe. Und dann sei dieser junge Mensch auch noch hierzu begabt gewesen und durch die Umstände gezwungen, seine Nöte aufzuschreiben, nämlich einen Adressaten zu erfinden, so dass wir daran teilnehmen können. Das Schicksal der Anne Frank ist – innerhalb des Tagebuchs! – ein glimpfliches, ja privilegiertes, jedenfalls kein für den Holocaust typisches, und vor allem: Die Nazis kommen darin nicht vor, weder die Deutschen noch ihre holländischen Schergen.

In den Richtlinien und Unterrichtshilfen steht bis heute ganz etwas anderes: Die Schüler sollten durch »kindgerechte Texte und Geschichten in die Problematik des Dritten Reiches eingeführt werden«. Was für Wörter – »kindgerecht«, »Problematik des Dritten Reiches«, »einführen«! Und wie konnte das geschehen an einem Text, der gar nicht davon handelte, weder von den Irrlehren des NS-Staates noch von Führerprinzip und Gefolgschaft, von »Volk ohne Raum« und Groß-Germanien, von Zwangsarbeitern und Konzentrationslagern, von Euthanasie und Völkermord! Dies alles dringt allenfalls als Vorstellung von Vorstellungen in das »Hinterhaus«. Doch die Schüler waren durch die allgemeine Erwartung der Schule »konditioniert«, all das zu sehen und zu sagen, wenn die Hitlerzeit im Unterricht vorkam. Da gab es und gibt es dann eine bestimmte Wissens- und Urteilspflicht.

Meine kleine Aufzeichnung hingegen war eine verdeckte Aufforderung, das Buch in erster Linie als *document humain* und erst in zweiter Linie als Zeugnis eines jüdischen Schicksals in der Hitlerzeit zu lesen. Diese könnt ihr so nicht abhaken! Lernt vielmehr, in euch selbst zu lesen, wie es dieses Kind mit sich getan hat, staunt über den wachen Sinn, die aus Beobachtung geborene Klugheit, die Ehrlichkeit dieser Gleichaltrigen, die sich nichts hat vormachen lassen und nichts vorschreiben, was sie nicht überzeugte. Dann kann ungesagt bleiben, dass dies eine Wappnung gegen Faschismus ist.

Damals ist Robert Neumann aufgestanden und hat mich umarmt. Nichts war ihm widerwärtiger als die flinke Deutung und beflissene Erledigung unserer düsteren Geschichte. Er erzählte mir ein Erlebnis mit deutschen Rundfunkanstalten. Die Honorare, die er von ihnen für seine Vorträge bekam, ernährten ihn; seine Bücher konnten das nicht. Seine Beiträge wurden wie üblich vom ersten Sender mit vollem, vom zweiten und dritten mit halbem Honorar beglichen. Als er von einem Zweitsender noch einmal das ganze Honorar bekam, beschloss er, diesem sein nächstes Manuskript zu schicken. Das klappte auf der Stelle. Bald darauf sandte er diesem einen weiteren Text. Diesmal jedoch kam weder ein Honorar noch eine Antwort. Als Neumann einmal zufällig in der Nähe der Redaktion des Senders war, meinte er einmal persönlich vorsprechen und nachfragen zu sollen. Der Intendant empfing ihn sofort und aufs höflichste. Nach dem Manuskript befragt, sagte er rundheraus: Das habe ihm nicht gefallen. Aber so unähnlich sei es doch dem voraufgehenden nicht gewesen, wandte Neumann ein. Das habe, so kam es nun etwas verhaltener, ihm auch schon nicht gefallen. »Und warum haben Sie den Text dann gesendet?« »Herr Neumann, Sie sind ein prominenter Jude. Es ist nicht leicht für einen deutschen Intendanten, einem solchen eine Absage zu erteilen!« Neumann sei daraufhin aufgestanden und habe den Herrn mit dem Satz verlassen: »Wissen Sie was, Sie betreiben Antisemitismus!« – Eine Sonderbehandlung, auch wenn sie »Schonung« meint, erträgt man nicht, wenn man zu einer Menschengruppe gehört, für die das einmal in Auschwitz geendet hat. Nichts ist diesem widerlicher als die Tünche des Verstehens, der Schein des Respekts, die leicht-fertige *political correctness.*

Unser denkwürdiges Gespräch über »Ausflüchte des Gewissens« mündete in einem Gegenentwurf, der »Falle des Gewissens« hätte heißen können. Ein Buch, sagten wir, müsse es geben, in dem alle guten Taten, die von Deutschen unter den Nazis tatsächlich getan worden sind, knapp und genau aufgeführt und geschildert werden – Taten, die du und ich auch hätten tun können und nicht getan haben. Sie waren ja angeblich unter dieser Diktatur unmöglich. Wer eine solche Sammlung von oft unscheinbarer, noch öfter todesmutiger Hilfeleistung und wirksamem Widerstand liest, klagt sich insgeheim selbst an und fasst vielleicht gute Vorsätze für die Zukunft. Die Anklage durch andere – notwendig verallgemeinernd und »auf mich ja gar nicht zutreffend« – verleitet in erster Linie zur Rechtfertigung. Stille Scham *kann* weiterhelfen, öffentliche Beschämung tut dies bestimmt nicht. – Robert Neumann meinte, er habe zu einem solchen Buch schon sehr viel brauchbares Material. Ob er den Gedanken weiterverfolgt hat, weiß ich nicht.

In meinem, ihm 1959 geschickten Bericht über die Berlin-Reise mit meinen Primanern hatte er gelesen, dass wir uns gleichermaßen mit der Scheinheiligkeit im Osten wie der im Westen angelegt hatten. Das gefiel Robert Neumann sehr: »*Jetzt* tapfer sein« war seine uns übermittelte Devise. Ihm lag an einer nicht literarischen, nicht verlegerischen, nicht finanziellen Beziehung zu Deutschland. Klett war ein ihm sympathischer und interessanter Antipode, aber doch zu kritisch. Einen langen Brief von Klett an Neumann vom 13. Mai 1963 über dessen »neues Manuskript« (vermutlich von »Ein unmöglicher Sohn«) besitze ich. Ohne das Buch zu kennen, behaupte ich: Diese wohlwollende, hochkompetente und unbestechliche Kritik (eine selbstlose Tat zudem: für ein Werk, das bei einem anderen Verlag erscheinen würde) habe ich mir bei meinen späteren Gutachten über Aufsätze, die in der Neuen Sammlung veröffentlicht werden wollten, zum Vorbild genommen. Natürlich habe ich dieses Ideal nie erreicht und wusste, gottlob, so wenig wie Ernst Klett, wie solche Kritik von den Kritisierten tatsächlich aufgenommen wurde.

Neumanns intensivste Zuwendung zu dem Lehrer Hentig erfuhr dieser 1962, nachdem er ihm einen Beitrag (»Die deutsche Pädagogik«) zu der von Hans Werner Richter in Neumanns Desch-Verlag herausgegebenen »Bestandsaufnahme / Eine deutsche Bilanz 1962« geschickt hatte. Mit diesem Beitrag war ich – gegen Ende meiner Lehrerzeit – im großen deutschen Geistesleben angekommen. Ich schwamm im selben Bassin mit Golo Mann, Hans Scholz, Alexander Mitscherlich, Carl Amery, Heinz Zahrnt, Heinrich Böll, Ralf Dahrendorf, Fritz Bauer, Wolfgang Abendroth, Walter Jens, Rudolf Walter Leonhardt, Erich Kuby, Otl und Inge Aicher, Robert Jungk, Peter Rühmkorf, Heinz von Cramer, Joachim Kaiser, Hans Magnus Enzensberger. Robert Neumann, mit 65 Jahren doppelt so alt wie ich, gratulierte mir zu der damit erreichten öffentlichen Aufmerksamkeit, vor allem aber dazu, dass meine Leser von mir nun vernahmen:

> Eine deutsche Pädagogik, die im Jahre 1945 an die Arbeit ging, musste (a) ganz von vorn beginnen und (b) sich unter dem Eindruck der unsäglichen Katastrophe ein Ziel setzen, das sich ausdrücklich auf diese bezog: die Menschen so erziehen, dass sie ein zweites 1933 rechtzeitig erkennen und entschlossen verhindern würden. (S. 317)

Das war vier Jahre, bevor Adorno im Hessischen Rundfunk den viel zitierten Satz sagte: »Die Forderung, dass Auschwitz nicht noch einmal sei, ist die allererste an die Erziehung.«

Neumanns Anerkennung bedeutete mir viel. Sie war ganz anderer Art als die des Ernst Klett, galt sie doch dem *homo politicus*. Ein Lehrer der Kunst des *politeuein*, des Bürger-Seins, wollte der Hentig sein. Latein und Griechisch, Grammatik und Geschichte, Literatur und Philosophie waren für ihn nur Mittel zu diesem Zweck. Das hatte Neumann erkannt. Und seine blonde junge Frau Helga sorgte dafür, dass er mir dies oft bestätigen konnte: durch Einladungen zu italischem Abendessen auf dem Balkon in San Giorgica/Locarno-Monti. Jedes Mal, wenn ich Golo Manns Tessiner Anwesen besuchte, also mindestens einmal im Jahr zwischen 1958 und 1972, klingelte das Telefon und die holde Stimme rief den »jungen Freund«. Nach Locarno herab kam ich mit dem Postbus. Hinauf fuhr in der Nacht nichts mehr. Nach ausgiebigem Gespräch und etlichen Flaschen Wein gab es für mich zwei Möglichkeiten – bei Neumanns zu übernachten oder mich von Helga Neumann die kurvenreiche Straße nach Berzona fahren zu lassen. Ich bestand hartnäckig auf einem Heim*marsch*, wenigstens von Intragna an, wo die große Straße endete und der kurvenreiche Anstieg begann. Sehr ungern und mit einem Kuss entließ mich meine Gastgeberin aus ihrem Cabriolet an der gebotenen Stelle. Auf dem fast zwölf Kilometer langen romantischen Weg sang ich Eichendorffs »Waldgespräch« erleichtert mit umgekehrtem Schluss.

Robert Neumann schenkte mir ein rares Exemplar seines nach dem Zweiten Weltkrieg geschriebenen Buches »Die Kinder von Wien«. Es hat mich heftiger ergriffen als alle Kriegs- und Nachkriegsbücher, die ich bis dahin kannte. Ich wünschte, viele Deutsche könnten dieses Buch lesen. Es war in achtzehn Sprachen übersetzt – nicht aber ins Deutsche. Seine Keller- und Straßenkinder in Wien sprachen eine Sprache, die Neumann für diesen Zweck erfunden hatte. Ich erkundigte mich nach den Aussichten für eine deutsche Ausgabe und erfuhr, dass Robert Neumann sich selber an ihr versucht habe – »mit schlechtem Erfolg«, wie er sagte. 1974 ist das Buch dann doch bei Piper erschienen und begann mit dem Nicht-Satz: »Ich weiß. Ich weiß. Schwer, dass man es eindeutscht.« Meine für eine Zeitung nicht verkraftbare Besprechung dieses Buches erschien im Märzheft 1975 des leider exklusiven MERKUR. Am 13. Januar des Jahres war Robert Neumann gestorben. Ob er meine ihm vorab übersandte Huldigung noch wahrgenommen hat, weiß ich nicht. Die ersten Verrisse hat er mit einem halb nachsichtigen, halb boshaften: »Ich hab's ja gewusst!« kommentiert. Vielleicht findet sich in einer seiner Schubladen eine nachgelassene Parodie auf die Neumann-Kritiker – im Kollektiv. Sie stimmten auffällig in der Verkennung des Moralisten überein, der die kleinen und menschlichen Laster freigibt, um den großen, unmenschlichen umso unnachsichtiger zuzusetzen.

Mit der Darstellung meiner Beziehung zu Robert Neumann bin ich meinem *curriculum vitae* weit vorausgeeilt. Dieser Vorgriff hat es mir ermöglicht, der Bedeutung, die Robert Neumann für den Lehrer Hartmut Hentig gehabt hat, einigermaßen gerecht zu werden. Ich kehre nun in den Garten des Klettschen Ferienhauses im Maggia-Tal zurück. Dort saß ich im Schatten eines Ahorns und arbeitete meine für das Amerika-Haus gehaltenen Vorträge zu einem Buch aus. Das Manuskript trug den Titel: »Die Flucht nach vorn / Oder: Lehren aus dem Schulsystem der Vereinigten Staaten für die deutsche Höhere Schule«.

In den zwei bis drei Wochen schrieb ich über hundert Seiten »aus dem Kopf in die Reiseschreibmaschine« und ohne Unterlagen; die Quellennachweise und wörtlichen Zitate sind später hinzugefügt worden. Die Einteilung war offenbar gut vorbedacht; sie geht jedenfalls im Gegenstand auf; zwei Kapitel kamen nicht zustande, weil acht Tage und vor allem der Zuspruch von Ernst Klett fehlten. Ihm wurde, mit Verlaub, bange vor meiner Courage. Schon der Titel gefiel ihm nicht: eine »modische«, gar eitle, nichts oder das Falsche ausdrückende Geste. Ich hatte selber gar keine Werbe-Wirkung im Sinn, sondern lediglich die Verneinung dessen, was man in Deutschland zu tun im Begriff war: in die heile Vergangenheit fliehen. Die Probleme, die die deutsche Schule zu spüren begann, ließen sich nicht durch sorgfältige Restauration lösen. Mein Angriff galt dem Konservativismus des Philologenverbandes.

Eine »Flucht« war das, wozu ich riet, freilich auch, weil die Bewegung, in die alles geraten war, weder in der Schule ihren Ursprung hatte noch in und mit ihr aufzuhalten war. Man konnte sie nutzen und musste versuchen, ihr eine vernünftige, mit unseren Hoffnungen und Bedürfnissen übereinstimmende Richtung zu geben.

Gleich nach Weihnachten reiste ich nach England, nunmehr mit einem Staatsexamen im dritten Fach und somit als »richtiger Referendar«. Mir blieb noch eine Woche, bis Bryanston seinen Betrieb nach den Ferien wiederaufnahm; ich nutzte sie, um von Gerrad's Cross aus, wo ich bei Ada und Michael Brown wohnte, eine renommierte *grammar school* in High Wycombe zu besuchen. Adas Mann fand dies überflüssig, schimpfte auf die öffentliche Einheitsschule und das englische Gesundheitswesen und lehrte mich in langen Abendstunden, die Qualitäten teurer Whiskys zu unterscheiden.

Die Atmosphäre an der High Wycombe Grammar School war geschäftig, nüchtern, geradezu kalt. Ich wäre als Kind hier unglücklich gewesen, und die Tatsache, dass kein einziger Schüler auch nur einen

Hauch von Anfechtung zeigte, machte mir den Ort noch unheimlicher. In ihren dunkelblauen Uniformen (um die hätte sie der Schüler Hartmut zwischen Quarta und Obertertia beneidet) getarnt, in den Pausen laut und wild umherwuselnd, im Unterricht in den jeweiligen Arbeitsgang eingespannt, blieben sie mir unzugänglich. Sprach ich einen von ihnen an, um mir dies oder das erklären zu lassen, bekam ich höflich die kürzestmögliche Antwort. Für mich – meine Herkunft, den Grund meiner Frage, den Zweck meines Hierseins – interessierte sich niemand.

Die in den alten Sprachen erbrachten Leistungen waren auf allen Stufen erstaunlich und regten mich zu wichtigen, immer neuen Hypothesen und genauen Beobachtungen an. Keines Scharfblicks, gar Scharfsinns bedurfte es, das rigorose Ausleseprinzip zu erkennen. Anstelle unserer Jahrgangs-»Klasse« und der gleichmäßigen Förderung aller Schüler in ihr (es sind doch alle »Gymnasiasten«!) gab es in High Wycombe nur Kurse und ein bei der Größe der Schule mühelos organisiertes *ability grouping*, also verschiedene Leistungsgruppen im gleichen Jahrgang. Die meisten Schüler wählten die alten Sprachen nach zwei oder drei Jahren ab, entweder weil sie mit Latein und Griechisch nicht zurechtkamen oder um sich ihr *O-level*-Examen (unserer Mittleren Reife vergleichbar) nicht zu verderben. Wenn sie dann in der Oberstufe (Sixth Form) angekommen waren, nahmen diejenigen, die damit »punkten« wollten und konnten, die liegen gebliebenen Studien in Latein und Griechisch wieder auf und kamen bei einem Aufwand von 24 von 32 Wochenstunden (!) zu jenen bei uns undenkbaren Fertigkeiten: drei bis vier in häuslicher Arbeit präparierte Oxford-Textseiten der Meidias-Rede in einer Unterrichtsstunde lesen; einen eigenen lateinischen, seltener auch griechischen Text »hervorbringen« (meinen gestelzten Ausdruck lese man als eine Verbeugung vor dem hohen Anspruch dieser Aufgabe, die in der Sprache der Didaktiker »Composition« heißt); eine sowohl korrekte wie stilistisch geschliffene englische Übersetzung des Tacitus oder des Cicero herstellen, die im Unterricht dann an Musterübersetzungen, sogenannten *fair copies*, gemessen wurde; ja sogar lateinische Gedichte, meist nach Vorlage eines englischen (von Tennyson, Shelley, Brooke) schreiben; nicht zuletzt im Laufe der Jahre einen Lektürekanon abarbeiten, dem bei uns ein Student der alten Sprachen in seinem Abschlussexamen nur selten genügt.

So »erstaunlich«, wie mir diese Ergebnisse damals vorkamen, so erstaunlich ist mir heute die Klärung meiner eigenen Vorstellungen innerhalb weniger Wochen, ich könnte auch sagen: meine entschiedene Abkehr von diesem Staunen. Sie hat sich vor allem an den beiden, übrigens sehr unterschiedlich verfahrenden *grammar schools*, weniger in Bryanston und Eton vollzogen, denen ich andere Einsichten verdanke. Mein der Deutschen Forschungsgemeinschaft erstatteter Bericht – er wurde unter dem Titel »Probleme des altsprachlichen Unterrichts / Dargestellt am Modell der englischen Schulen« meine erste selbständige Buchpublikation – fußt vornehmlich auf den zwei Wochen, die ich in der englischen Entsprechung zum Uhland-Gymnasium in Tübingen oder zum Grauen Kloster in Berlin verbrachte.

Im Rückblick habe ich dort die wichtigsten Lehren für meinen Beruf als Lehrer der alten Sprachen bezogen. Ich musste, sowohl um diesen selber gut auszuüben, als auch um die Institution, innerhalb derer er stattfand, am Leben zu erhalten, einige ganz elementare Aufgaben erledigen und Entscheidungen treffen: erstens eine Bildungstheorie aufstellen, in der ein neun Jahre dauernder Lateinunterricht mit maximal vier Stunden in der Woche und ein fünf Jahre dauernder Griechischunterricht mit maximal fünf Stunden in der Woche überzeugend zur Lebenstüchtigkeit eines Menschen in der heutigen Welt beitragen; zweitens eine Didaktik finden oder erarbeiten, die dies ermöglicht; drittens dazu aus dem Bannkreis der Altphilologie und ihrer ebenso verbissenen wie treuherzigen Apologetik heraustreten. Amerika hatte mich für die hehren Allgemeinheiten der deutschen Oppermanns und Regenbogens, der Patzers und Drexlers, der Sprangers und Richters verdorben.

Noch nicht ahnend, was ich mir mit diesem Programm auflud, fing ich erst einmal mit einigen Verneinungen an: Bitte nicht neidisch auf England blicken! Davon abgesehen, dass man kaum einzelne Momente aus dem einen System in das andere übertragen kann und schon gar nicht ganze Systeme übernehmen (von der Organisation der Schule, des Unterrichts, der Prüfungen über die mit bestimmten Bildungsprofilen verbundenen gesellschaftlichen Erwartungen und Chancen bis zu Lebensidealen) – man wird es auch nicht wollen. Sodann: Vergesst den bewundernswerten Gentleman mit den Horaz-Zitaten! Er ist um einen zu hohen Preis erkauft, zu viele Halb- und Viertellateiner sind bei seiner Entstehung am Wegrand liegen geblieben. Vergesst Latein als Auslesefach, wenn dabei so viele »Bildungsstümpfe« produziert werden wie in England (man hat zwei bis drei Jahre mit Einüben von Regeln und Vokabeln verbracht, die erst im vierten oder fünften Jahr Anwendung finden könnten, das dann nicht folgt). Und dies alles unter Verzicht auf das, was man im Lateinunterricht allemal – mit allen Schülern und in geringerer Zeit – erreichen kann, wenn man es darauf anlegt: das Ordnen der Erfahrungswelt beim Aufbau einer dafür geeigneten Sprache (das Erkenntnisinstrument der Prädikation / die »erste«, »zweite« und »dritte« Person / der Trick des Plusquamperfekts / die Welt des Konjunktivs), die Lust an der Beobachtung der Sprache und wie sie funktioniert, was man auch »Sprachbewusstsein« nennen kann (kein Instrumentalis bei Personen / die Illusion des grammatischen Geschlechts / der Unterschied von Absicht und Folge zur Kontrolle des eigenen Gebrauchs von »damit« und »so dass«), die Entschlüsselung des gewaltigen Anteils des Latein an unserer eigenen Welt (von den römischen Ziffern in Inschriften über »etc.« und Nivea-Creme bis zu Felix und Renate). Überhaupt: Worauf man verzichten kann, um was dafür zu gewinnen – dies habe ich an der Hypertrophie der Literaturliste gelernt, die in England ganz von der Literaturgeschichte, also vom Gelehrten-Ideal bestimmt ist, oder am Einsatz von G. Lodges »Word Frequency List in Latin« oder an der Einübung mechanischer Übersetzungsmuster und Auflösungsregeln, wo eine verständige = verstehbare Erklärung möglich wäre, zum Beispiel beim a.c.i. als Verbindung von zwei unterschiedlichen direkten Objekten: *video puerum natare* / ich sehe den Jungen + ich sehe schwimmen, statt: »Wir übersetzen den a.c.i. mit einem dass-Satz.« Die in High Wycombe verwendete Schulgrammatik des Latein bestand aus lauter grotesken Gleichungen, hier lateinische Erscheinung – da englische Wiedergabe ohne irgendeine Erklärung. Nun, der Mensch lernt, wenn er gescheit ist, trotzdem.

In der Shrewsbury Grammar School hingegen wurde die von C. W. E. Peckett erdachte *oral method* praktiziert, die der Didaktik der Neusprachler abgeguckt war: Darstellung einer einfachen Handlung bei gleichzeitiger Wiedergabe derselben auf Latein durch den Lehrer (Marcus Paulum pulsat); Nachahmung durch die Schüler; Rückfragen (Quid facit Marcus? Quem pulsat?); Wiederholung (»drill«); schließlich allmähliche Erweiterung der Satzgebilde. Der Autor dieser Methode hat dazu ein erklärendes und stützendes Büchlein geliefert mit primitiven, also vom Lehrer leicht selber zu zeichnenden oder selber zu erfindenden Bildern und Geschichten. (Eine Insula Mirabilis kommt darin vor, auf der Menschen leben, die *unum solum crus habent, in quo maximus est pes. Si pluit et sol maxime ardet, humi supini iacent, crus in caelum extendunt, sub pede corpus omne celant*). Das gefiel mir. Mir gefiel nicht, wie die Lehrer damit umgingen. Sie waren eben keine Pecketts, benutzten sein Buch, wie sie bei uns den »Ludus Latinus« benutzen, und machten an den lustigen Geschichten schriftliche Übungen, die gleich nicht mehr lustig waren: »*Quid non vidis in Insula Mirabili*? Ergänze im richtigen Fall!« – worauf beliebige lateinische Nomina, sprich »Vokabeln« folgten.

Den Schülern brachte man bei, auf Latein zu fragen, wenn sie etwas nicht verstanden hatten, aber wie bei uns behielten sie das meistens so lange für sich, bis der Lehrer es zufällig und selten oder systematisch und dann für alle ermüdend herausfand.

Die Peckett-Methode war mein wichtigstes Mitbringsel aus Englands Lateinunterricht. Mein Leser wird erfahren, was ich später daraus gemacht habe. Quälen werde ich ihn damit nicht.

In Bryanston empfing mich ein imposanter Herrensitz aus viktorianischer Zeit in einem wunderbaren Park mit vielen nützlichen neueren Nebengebäuden und großzügigen Sportanlagen. Der Headmaster und Hausherr, Mr. Coad, war wie aus einer Whisky-Reklame von Calverts (»... for distinguished gentleman«) ausgeschnitten, sehr freundlich, sehr gescheit, sehr englisch. Er empfing mich in seinem Arbeitszimmer, in dem zwar auch viele Bücher standen, aber noch mehr Masken, Kostümentwürfe, Bühnenmodelle. Er entschuldigte sich: Das sei nicht sein Hobby, sondern seine Aufgabe; er sorge hier für das Theaterspielen. Als ich ihn später einmal fragte, wie er zu seinem so vorzüglichen Kollegium gekommen sei, sagte er: »Ich stelle nur Lehrer ein, die etwas besser können als alle anderen Lehrer an dieser Schule, und das darf nicht ihr Fach sein.« Entweder gab es niemanden in Bryanston, der mit den Schülern hätte Theater spielen können, oder Coad konnte es wirklich besonders gut. Das Letztere war offensichtlich der Fall.

Er erzählte mir, er bereite gerade eine Aufführung der »Alouette«

von Jean Anouilh vor – die bewegendste Dramatisierung der Geschichte der Jungfrau von Orléans, ganz nah an dem Protokoll des ihr gemachten Prozesses. Da war also wieder eine der Maupassant-Geschichten, die sich in meinem Leben so oft ereignet haben: ein völlig unerwartbares Zusammentreffen von zwei Ereignissen gänzlich verschiedenen Ursprungs. Im voraufgehenden Sommer hatte ich einen in kunstvoller Schrift und lila Tinte geschriebenen Brief eines Unbekannten erhalten, der sich als Freund von Klaus Ritter vorstellte. In diesem Brief lud er mich auf ein Schloss Hochhausen im Neckartal ein und schrieb, es sei ihm »auferlegt und geschenkt, das Schicksalhafte mancher Menschen durch die räumliche Entfernung hinweg zu erkennen und zu fühlen«. Wenn auch ich fühlte, dass es zu einem Gespräch kommen solle – er stehe dazu bereit. Der Brief war mit »Alastair« unterschrieben, darunter in Klammern: »Dies ist kein Name, sondern ein Tummelplatz«.[4] Klaus Ritter ließ mich wissen, es handele sich um einen bedeutenden Künstler, der Bücher in der Manier von Beardsley illustriere; ich solle der Einladung unbedingt folgen – was mir bei so viel Geheimnis schwerfiel. Im späten Herbst ergab sich eine Gelegenheit, ihn in München, wo ich gerade zu tun hatte, in einer mir genannten Wohnung aufzusuchen. Ich traf auf eine Jugendstil-Gestalt, die er selber hätte gemalt haben können. Er behauptete, mich mit seinem inneren Auge schon lange gesehen zu haben, meine Gefahren zu spüren und meine »Entscheidungsnot«. Die waren mir unbekannt und das Wissen, dass andere nun davon zu haben behaupteten, unangenehm. Ich weiß nicht mehr, wovon wir geredet haben, nur dass ich nach einer Stunde schon wieder aufbrach und ihm im Anschluss einen höflichen Dankbrief schrieb, hoffend, damit Erwartungen zu kappen, die bloße Höflichkeit nicht ertrugen. Zu Weihnachten, kurz vor meiner Abreise nach England, erhielt ich von dem offenbar Enttäuschten wortlos ein schmales Bändchen »Johanna die Jungfrau«, das die Übersetzung und Bearbeitung von lateinischen und französischen Texten aus den Prozessakten der Jeanne d'Arc enthielt – »besorgt von Alastair«. Ich nahm es mit auf meine Reise, gewärtig, hierin etwas über »innere Stimmen« und »Visionen« zu

4 Aus dem Internet weiß ich heute, dass sein Name Hans Henning Baron von Voight lautet.

erfahren. Was für ein anderes Bild bekam ich da von Johanna – von einer »Lerche«! – über fünfhundert Jahre nach den vom Prozess ausgeschlossenen Zeitgenossen, zweihundert Jahre nach Schillers »Romantischer Tragödie«, hundert Jahre nach Shaws Verwandlung derselben in die »Erste Protestantin«! Jeanne – keine Heilige, keine Erleuchtete, keine Heldin, sondern ein bedrängter, lauterer und eben darum zweifelnder Mensch, den die mit der Untersuchung betrauten Richter gewissenhaft und erbarmungslos verhören – ist eine Schwester der Antigone von Anouilh mit gleichsam umgekehrtem Verhalten: Die heidnische »Heilige« verzagt zunächst allmählich im Gespräch mit Kreon, beharrt aber am Ende triumphal auf ihrem Martyrium; die christliche Heilige widersteht anfangs tapfer allen peinlichen, auf ihre Zerstörung gerichteten Fragen und widerruft am Ende.

Ich bin zu jeder Probe gegangen, habe eine zauberhafte »Alouette« kennen gelernt, die Mr. Coad aus der benachbarten Mädchenschule geborgt hatte, sah einem Meisterregisseur zu, begriff, dass dies der Prototyp des Meisterlehrers ist – ein weiser Mann, der einen jungen Menschen im Schutz einer großen Rolle sich selbst entdecken und ausdrücken lässt –, und sah eine Aufführung, wie ich sie mit solcher Wirkung nur bei Brecht/Weigel, bei Peter Stein, bei Boleslaw Barlog, bei Gustav Gründgens erlebt habe.

Was Mr. Coad in seiner Theaterwerkstatt erreichte, erreichte ein anderer Lehrer in Bryanston mit Madrigalen, ein dritter mit dem Bau eines perfekten Rennruderbootes, ein vierter mit seiner vielseitigen Töpferei. Der Unterricht war dem in High Wycombe ähnlich, weniger rigoros, meist ebenso langweilig, aber keineswegs weniger erfolgreich. Ich gab Deutschunterricht, wobei ich dem Lehrbuch (mit Reader) folgte, das man dort im zweiten Deutsch-Jahr verwendete; die Gruppe war klein, setzte sich nach erledigter Übersetzung im Kreis um mich und ließ sich etwas auf Deutsch erzählen – am liebsten meine Kriegserlebnisse. Diese in ein Puppenküchen-Gericht zu verwandeln (mit ganz einfachen Sätzen und beschränktem Wortschatz) war eine ungewöhnlich anstrengende, ich glaube aber auch für mich förderliche Lehr-Übung. Dauernd musste ich ja in mir selbst vorwegnehmen: »Was können die Schüler hiervon – auf Deutsch – verstehen? Was muss ich ergänzen? Was sollte ich ihnen ohne weiteren Kommentar zumuten?«

Meinen wichtigsten Beitrag zu Bryanstons Bildung landete ich in einem Geschichtskurs. Ein Lehrer hatte mich eingeladen; er behandele gerade Bismarck; ob ich Lust hätte zuzuhören. Die jungen Herren (auch in Bryanston trug man Schuluniformen – bis zum O-level kurze graue Hose, blaues Hemd, grauen Pullover; danach jedoch dunkelblaue lange Hose und Blazer) hörten sich mit ausgestreckten Beinen eine Art Vorlesung an: pure Diplomaten- und Generalspolitik. Am Ende der Stunde fragte mich der Lehrer vor seinen »humanistisch« gebildeten Schülern, ob mir etwas gefehlt habe. Ich sagte spontan: Karl Marx. Das fanden er und die Schüler kurios. Von Marx wussten sie nichts außer: ein großer Irrtum, ein großes Unglück. Ob ich ihnen etwas über Marx erzählen könne? Ich habe dann vier Wochen lang je zwei Wochenstunden (neben vierzehn in Griechisch und Latein) ein Marx-Seminar gehalten – gestützt auf Franz Borkenaus Auswahl in der Fischerbücherei, die ich dabei hatte – und war am Ende mit mir zufrieden. Ich hatte »humanistisch« richtig definiert; ich hinterließ meinen Gastgebern etwas, was sie nicht gerade im Überfluss hatten; ich war – *docendo discens* – selber in einem Stück Geistes- und Sozialgeschichte schlauer geworden.

In Bryanston »lebte« ich wieder, wie am Birklehof, mit den Schülern. Zwar war ich fern von ihren *dormitories* im Pförtnerhaus beim Gärtner des Anwesens untergebracht, wo ich um sieben Uhr mit einer Tasse Tee am Bett geweckt wurde, frühstückte aber nach meinem Morgenlauf mit ihnen, wobei ich viel Tee trank, eine mäßige Portion Porridge aß und ihre Bratheringe und Spiegeleier mit Speck vermied. Danach folgte ich, soweit ich keine eigenen Unterrichtspflichten hatte, jeweils eine Woche einem bestimmten Schüler in allem, worin er mich dulden mochte. Am Wochenende machte ich mit diesem einen Ausflug, mit dem anmutigen Philip sogar eine Radfahrt von Freitagnachmittag bis Sonntagabend ans Meer, wobei ich ständig unter der Angst litt, die Übernachtungen im Hotel und die Mahlzeiten im Restaurant nicht zahlen zu können, auf die er mit völliger Sicherheit rechnete. Ebenso erwartete er ein Jahr später, dass ich ihm eine Gastfamilie in Tübingen vermittele, wo er – künftiger Germanist – studieren wollte.

Bryanston bot seinen Schülern mehr als irgendeine andere Schule, die ich bis dahin kannte: mehr »Lerngelegenheiten«, mehr Menschlichkeit, mehr Freiheit. Die Großen, zum Beispiel mein Philip, hatten neben ihrem *dormitory* auch jeder eine Kabause im gewaltigen Dachgeschoss des Schlosses. Diese erbten sie von Vorgängern und statteten sie weiter aus. Gern hätte ich einen Film gedreht, der in diesen romantischen Gehäusen spielt – ausgestattet mit Plüschvorhängen und weichen Sofas, tapeziert mit gewagten Fotos und mir unverständlichen Emblemen, voller technischer Installationen und privater Museumsstücke. An keiner deutschen Schule wäre so etwas erlaubt – allein schon nicht wegen der Brandgefahr und der Versicherungskautelen, von pädagogischen Prinzipien nicht zu reden. Ich fragte Mr. Coad, ob er einmal »da oben« gewesen sei. »Gott bewahre! Ich könnte dann nicht mehr schlafen. Aber wenn wir das nicht aushalten, verlieren wir die Chance auf das Beste, was wir diesen jungen Leuten bieten können: einen Sinn für Selbstverantwortung.«

In Eton fand ich diesen nicht. Dort herrschte die unbarmherzige Hierarchie unter den Schülern, die viele Engländer für ein gutes pädagogisches Prinzip halten, eine dem Gast lässig vorgeführte Verfügung der Großen über die Mittleren und Kleinen und deren dadurch genährte Hoffnung, es auch einmal so treiben zu dürfen. Sir Robert Birley allein konnte das nicht ändern. Der Schlüsselroman »The Fourth of June« von David Benedictus (was man für ein Pseudonym zu halten geneigt ist) hat ein paar Jahre später die Zustände und Birleys Ohnmacht ihnen gegenüber vor aller Welt bloßgestellt. Eton war für mich acht Tage lang eine harte Kur nach dem Montaigne-Prinzip. Freund Michael Brown quittierte meinen Bericht mit dem Satz: »I told you, you should have gone to Rugby.«

In den letzten vierzehn Tagen vor dem Ende meines Aufenthalts in Bryanston mehrten sich die Fragen der Lehrerkollegen, ob ich mir vorstellen könne, zu bleiben – »for good«, wie es im Englischen so schön heißt. Oh ja!, das konnte ich. Noch nie war mir das in meinem Leben passiert: dass ich schon nach acht Wochen dem Abschied mit Bangen entgegensah. An dem Tag, an dem mir Mr. Coad offiziell eine »permanent position« anbot, wurde aus dem Bangen ein richtiger Schmerz. Während der zwei Tage, die ich mir zur Prüfung – nicht des Angebots, das war über jedes Zögern erhaben, sondern – meiner anderen Bindungen erbeten hatte, kam ein Brief von Erich Haag. In ihm teilte er mir mit, ich sei »durch Erlass vom 13. März 1957 und mit Wirkung vom 24. April 1957 auf die neu errichtete Studienassessorenstelle am Uhland-Gymnasium bestellt worden«. Durch einen weiteren Erlass vom 25. März habe das Oberschulamt meinen Urlaub vom 1. April bis zum 6. April 1957 verlängert – mit dem Vermerk, dass »die Zeit [fünf weitere Tage!] auf den Vorbereitungsdienst angerechnet« werde.

Wer deutsche (Schul-)Behörden nicht kennt, kann nicht ermessen, was da für ein Wunder geschehen war: Erstens war meine Referendarzeit von zwei Jahren auf ein Jahr verkürzt worden unter Berücksichtigung der »19 Monate Lehrtätigkeit« am Birklehof (man hatte sehr penibel gerechnet!); zweitens hatte das Uhland-Gymnasium der Herabstufung einer Oberstudienratsstelle zu einer Studienassessorenstelle zugestimmt, die im Erlass als »neuerrichtet« ausgegeben wurde; drittens hatte der Dienstherr eine »Verpflichtung«, die die Person Hentig gegenüber einer fremden, privaten, gar ausländischen Institution, der Public School Eton, eingegangen war (und bei der es sich genau genommen um ein Pläsir des angeblich Verpflichteten handelte), durch eine besondere Verfügung respektiert – mit der ausdrücklichen Versicherung: Dies werde keine negativen Folgen haben; viertens – und das macht aus dem Wunder einen Amtsfrevel – geschah dies alles, ohne dass ich meine Examenslehrproben in den drei Fächern geleistet und meine »theoretische« Prüfung in Pädagogik abgelegt hatte; nur meine schriftliche Arbeit »für die Zulassung zur zweiten Dienstprüfung« war fertig und eingereicht.[5]

Natürlich war das »Wunder« letztlich Erich Haag zu verdanken, der seinen Hentig haben wollte. Von der in diesem Vorgang enthaltenen Maupassant-Fügung konnte er nichts wissen: Die Oberstudienratsstelle, die in meine Assessorenstelle verwandelt worden war, hatte bis dahin Walter Haußmann inne, und dies war eben jener Altphilologe, der mich im Kriegsgefangenenlager Böhl-Iggelheim so fasziniert und zu der unbedachten Äußerung gegenüber Professor Gogarten verführt hatte: ich wolle alte Sprachen studieren. (Siehe Bd. I, S. 219 f.)

Meine sogenannte Zulassungsarbeit stellte auf 53 Seiten dar, wie

5 Ich habe sie später in meine Schriften zur ästhetischen Erziehung eingereiht, die unter dem Titel »Ergötzen, Belehren, Befreien« 1985 im Hanser-Verlag erschienen sind.

man den Parthenon-Tempel im Griechischunterricht behandeln könne und solle. »Maximal 25 Seiten« dürfe die Arbeit lang sein, hatte uns Herrlinger streng verkündet. Aber das stand in keiner Vorschrift, und so musste er meinen in das Schwarz-Rot der Griechischen Vasen gekleideten Band annehmen. Herrlinger war ein unpoetischer, unphilosophischer und auch unpolitischer Lehrer; aber er liebte den Gegenstand meiner Arbeit, die griechische Kunst, über alles und erkannte, dass ich ihm besser gerecht wurde als alle bis dahin den Schulen verfügbaren Realienkunden, Kunstgeschichten, Kulturdeutungen. Er benotete meine didaktische Ketzerei mit »sehr gut«.

Die Ketzerei bestand darin, dass ich behauptete, ein sinnvoller Unterricht über den Parthenon-Tempel setze voraus, dass der Lehrer erstens den von mir zusammengetragenen »Stoff« kenne, zweitens ihn unter Leitideen einzuordnen verstehe, um derentwillen es sich lohne, ihn zu behandeln, und schließlich, dass er in der Lage sei, dies vernünftig und also auch mit der gebotenen Zeitökonomie in seinen Unterricht einzufügen. Denn natürlich wusste ich, was mein Mentor und alle erfahrenen Lehrer einwenden würden: »Sie haben für den Parthenon-Tempel allenfalls zwei Stunden – und Sie machen daraus ein Pensum eines ganzen Tertials!« Entscheidend sei, so konterte ich vorsorglich, dass man wisse, welche Einsichten die Schüler am Ende haben sollten. Die von mir angebotenen – ich habe sie eben »Leitideen« genannt – waren *techne*, *polis*, *physis*, *nomos* und *theoi*. Hat man sich dafür entschieden, kann man die Erscheinungen nach eigenem Maß zu ihrer Erklärung heranziehen. Eine Zeitvorgabe zu machen, weigerte ich mich; es sei doch ohnedies der leider üblich gewordene Einsatz von »Unterrichtskonserven« aus den Lehrerzeitschriften der Tod des lebendigen Unterrichts. Schon im folgenden Jahr habe ich den Theologiestudenten, die bei mir für ihr Graecum lernten, die genannten Inbegriffe der griechischen Welt-Ordnung am Parthenon in einer Doppelstunde vorgeführt. Vier Jahre später habe ich an der Ulmer Volkshochschule in eben der Zeiteinheit auch noch das Ulmer Münster im Vergleich zum Parthenon-Tempel behandelt, habe nie alles vorgetragen, was in der Zulassungsarbeit steht, und doch auch nie das Gefühl gehabt, etwas Wichtiges zu opfern. Ja ich habe stets den Drang verspürt, dieselbe Erkenntnis mit noch anderen Mitteln zu erreichen. Auch sonst habe ich mich einem

Unterrichtsthema immer dann mit der größten Leidenschaft und dem größten Erfolg gewidmet, wenn es mir selber noch neu war. Wie man aus Wissen Denken, aus Sehen und Hören Erkenntnis macht, war mein den Gepflogenheiten unserer Schule entgegengesetztes Prinzip: Diese lehrt das Ausruhen des Denkens auf dem Wissen, das man durch Memorieren gewinnt.

In dem Leitzordner, der meine »Persönlichen Dokumente« enthält – von der polnischen Geburtsurkunde über den ostpreußischen Taufschein, den umständlichen Ariernachweis, der sich »Ahnentafel« nennt, bis zu absurd zahlreichen Impfscheinen, Aufenthaltsgenehmigungen und den Kassenanweisungen meiner Dienststellen – findet sich auch das »Zeugnis über die Pädagogische Prüfung für das Lehramt an Höheren Schulen« vom 31. Mai 1957. Darin wird mir das Gesamtprädikat »mit Auszeichnung bestanden« zuerkannt – endlich ein vorzeigbares Ergebnis, das aber bis heute niemand hat sehen wollen! Gleich dahinter befindet sich die Urkunde, die mich »unter Berufung in das Beamtenverhältnis / auf Widerruf zum Studienassessor« ernennt. Schon damals habe ich über Sinn und Syntax dieses Satzes gerätselt: »unter Berufung« worauf? Und: Was soll durch »auf Widerruf« eingeschränkt werden? Logisch doch wohl die »Berufung in das Beamtenverhältnis«, grafisch hingegen eindeutig die Ernennung »zum Studienassessor«.

Über die Beamtung und ihre Bedeutung habe ich mir jedoch keine Gedanken gemacht. Die kamen erst später – zuerst, als Golo Mann die seine mit einem Seufzer der Erleichterung aufgab. Er war Professor an der Technischen Universität in Stuttgart, wohin ich jeden Donnerstagabend mit einem Auto voll Abiturienten fuhr, um seine Vorlesung zu hören – deutsche Geschichte im 19. Jahrhundert. Er litt unter den Prüfungspflichten, seinen zu einem geisteswissenschaftlichen Fach verdonnerten, daran aber nicht interessierten Studenten und endlosen Fakultätssitzungen, in denen über die Besetzung eines Lehrstuhls für Verkehrsregelung verhandelt wurde. Eine deutsche Professur – in der man unkündbar ist, seine Arbeit in den knapp sechs Monaten »Vorlesungszeit« völlig frei gestalten kann, mit Aussicht auf eine bequeme Pension, die man sogar früher antreten kann als andere Staatsdiener –, die gibt man doch nicht auf, knurrten Golo Manns Freunde. Ich wusste nicht, ob ich ihnen Recht geben dürfe. Hat man *dafür* seinen Beruf gewählt? Mir fiel es leicht, solche Fragen zu stellen, war mir mein Beruf doch gleichsam in den Schoß gefallen. Aber nun nahm ich immerhin wahr, wie viele meiner Kollegen in erster Linie Beamte und nur in zweiter Linie Lehrer geworden waren. Ich erinnere mich meines Unbehagens, als ein Referent des Kultusministers sich in Ulshöfers Seminar unseren Fragen stellte und meine Mitreferendare sich alle nur nach dem Versicherungsschutz, der Belangbarkeit, der Altersgrenze, dem Recht auf Versetzung erkundigten, keiner jedoch nach der Bildungspolitik, den Weiterbildungsmöglichkeiten, gar wünschbaren Freiheiten gegenüber dem Lehrplan. Golo Mann hat später seinen Beschluss zwar nicht bereut, aber doch das Elend des zur »Produktivität gezwungenen« und dadurch unproduktiven Privatgelehrten und freischaffenden Künstlers beklagt.

Einen zweiten Anlass, über die Beamtung des Lehrers kritisch nachzudenken, boten mir meine Vorträge, die ja alle irgendwelche möglichen und erhofften Veränderungen unseres Systems zum Gegenstand hatten. Es gab meist Beifall, waren doch nur solche Zuhörer zu der Veranstaltung gekommen, denen selber an einer Reform der Schule gelegen war. Ihre häufigste und hartnäckigste Reaktion war freilich: Aber das gehe doch gar nicht! Dem stünden die schwäbischen Arbeits- und Essenszeiten entgegen (womit sie die eigenen Gewohnheiten meinten), die Lehrpläne und Lehrbücher (womit sie Eigenverantwortung abschoben), die Vergleichbarkeit der Anforderungen (wodurch sie »anderes« und »mehr« ausschlossen, hätte es doch ihre Zeit und ihre Fantasie gefordert). Als es dann unter der Regierung Brandt/Kiesinger zum Radikalenerlass kam und man Menschen mit kommunistischen Überzeugungen vom Lehramt ausschloss – Kommunismus galt als mit Verfassungstreue unvereinbar –, geriet ich erneut ins Nachdenken. Ich war nun schon längst Professor, aber damit noch nicht in einem anderen Stand. Was sollte die »Beamtung« in »unserem Fall« schützen oder abwehren? Unsere Aufklärungs- und Wahrheitspflicht war doch unbezweifelt; das Indoktrinationsverbot erst recht; zur Sicherung dieser beiden Selbstverständlichkeiten bedurfte es des Rechtsinstituts der Beamtung nicht; da hätte Kontrolle genügt. Der Schutz der Freiheit durch ihre Beschränkung (Lehrer dürfen bestimmte Dinge nicht denken, damit Schüler sie auch nicht denken) kam mir widersinnig vor.

Als Gründer und wissenschaftlicher Leiter einer großen staatlichen Versuchsschule machte ich später die verstörende Wahrnehmung, wie schwer es in Deutschland ist, geeignete Lehrer für einen Experimentalauftrag zu gewinnen, dass es aber so gut wie unmöglich ist, ungeeignete Lehrer loszuwerden.

Folglich fingen fast alle meine Forderungskataloge zur Bildungsreform mit dem Satz an: »Schafft die Beamtung des Lehrers ab!« Man reserviere dieses Institut für die Richter und bestimmte (nicht alle!) polizeilichen Funktionen. Die Wissenschaft schien mir durch ihre Selbstverwaltung, die Volksvertretung durch ihre Immunität hinreichend unabhängig gemacht und eine liberale Lehrtätigkeit durch Treue-Eide eher gefährdet.

Blicke ich freilich auf die Folgen der Berufsverbote, vor allem die sich ausbreitende Duckmäuserei, und blicke ich heute auf die Folgen von PISA, also die permanente und umfassende »Output-Überprüfung«, die Pläne zur Besoldung und Beförderung der Lehrer nach Leistung, die Koppelung von Wettbewerb, Ranking und Sponsoring – dann sehe ich die schwache Kreatur Lehrerin/Lehrer doch lieber durch etwas mehr als die Mitgliedschaft in der Lehrergewerkschaft geschützt. Nicht weil der Lehrer mit der Benotung, der Versetzung und Abschlussbeurteilung einen »Hoheitsakt« ausübt, sondern damit er in der täglichen Spannung zwischen seinem pädagogischen Gewissen und »evaluationsgerechter« Sollerfüllung, zwischen seiner Überzeugung und der Anpassung an das System, zwischen seiner Anwaltschaft für das Kind und dem Druck der Eltern bitte nicht dem jeweils Letzteren anheimfalle, braucht er eine institutionelle Stärkung seines »Amtes«, das hiermit richtig bezeichnet ist. Originalität, Wagnis, die Kraft des Forderns, Liebens und Streitens machen einen großen Teil der erzieherischen Wirkung des Lehrers aus. Fördert oder hindert die Beamtung solche Eigenschaften? Das vor allem gilt es zu prüfen. Am Ende einer solchen Prüfung plädiere »gerade der Liberale doch für die Beamtung der Lehrer«, schrieb ich 1978[6] und müsste es heute wohl wieder schreiben, es sei denn, man zeige mir eine andere, weniger etatistische Lösung.

6 »Keine Angst vor Radikalen« in: DIE ZEIT vom 20. Oktober 1978, abgedruckt in: Hartmut von Hentig: Die entmutigte Republik, Politische Aufsätze, München 1980 (Hanser), S. 206 ff.

Als es darum ging, meinen Lehrauftrag für das nächste Jahr festzulegen, bat ich Erich Haag nicht um bestimmten Unterricht in bestimmten Klassen, wie das die meisten meiner Kollegen taten (zumal sie die »Stoffe« und vor allem die Schüler ja kannten), sondern um die Berücksichtigung von zwei Prinzipien: Ich wollte erstens möglichst viel Zeit mit einer Klasse, also mit denselben Schülern verbringen, und ich wollte zweitens auf möglichst verschiedenen Stufen unterrichten. Ich bekam, um dem zweiten Prinzip zu genügen, eine Sexta in Latein, eine Unterprima in Griechisch und eine Obertertia in beiden alten Sprachen. Um dem ersten Prinzip zu genügen, musste ich in der Obertertia ein weiteres Fach übernehmen – eines, für das ich nicht ausgebildet war, denn Englisch wurde auf dieser Stufe nicht geboten. Mich auf Ulshöfers Maxime berufend, dass jeder Lehrer Deutsch unterrichten können müsse, schlug ich diese Lösung vor, und Haag willigte ein. Niemand protestierte, hatte ich doch einen der schwersten Brocken des humanistischen Gymnasiums geschultert: die Mühsal des schon arg lahmenden Weitermachens im fünften Jahr Latein und die Mühsal des materialen Aufbaus im zweiten Jahr Griechisch mit seiner komplizierten Formenlehre und Myriaden unregelmäßiger Verben. Diese Kärrnerarbeit hatte ich auf dem Birklehof kennen und fürchten gelernt und die gängige, aber falsche Einschätzung der fünften Klasse (wie man die Obertertia schon offiziell nannte) als »äußerst schwierig« bewusst in die Waagschale geworfen: Wenn ich die schon auf mich nehme, dann mault gefälligst nicht, wenn ich mit eben diesen Schülern auch die Freuden eines Deutschunterrichts teilen will! »Freuden?«, werden sich die Kenner gefragt haben. Da muss er doch den »Götz von Berlichingen« lesen, Besinnungsaufsätze schreiben und die endlose Treibjagd nach Rechtschreibfehlern fortsetzen.

Meine Erwartung ging auf. Ich behandelte die Fünfzehnjährigen (nun wurden sie gesiezt, wenn auch unter Verwendung des nackten Nachnamens: »Schnapper, fahren Sie fort!«) als Erwachsene, fügte stets ein (unauffälliges) »bitte« und »danke« ein, machte sie auf die Hässlichkeit, ja das Anstaltsmäßige aufmerksam, das im Weglassen von »Herr« oder »Frau« oder »Fräulein« vor dem Nachnamen liegt (»Sogar auf dem Kasernenhof heißt es: ›Rekrut Meier, vortreten!‹«) und auf die Geziertheit, ja das Risiko der Komik, wenn ich als einziger Lehrer am Uhland-Gymnasium »Herr Todenhöfer« sagte (dieser war nicht nur einer der Jüngsten in der Klasse, sondern auch ein Winzling) – und schlug vor: Ich würde sie alle zwar mit »Sie«, aber wie bisher mit Vornamen anreden. (Das Letztere taten viele Kollegen auch in den Unterstufenklassen nicht; dort hieß es bei ihnen: »Sitz gerade, Schnapper!«).

In Latein ging ich bald zu Sallusts »Verschwörung des Catilina« über, rechtfertigte das mit dem geschichtlichen Zusammenhang und ließ den Direktor – über die Klassenbucheintragung – wissen, dass ich den von meinem Vorgänger nicht abgeschlossenen Cäsar »kursorisch« zu Ende gebracht hätte: nacherzählend und vorübersetzend. Hiermit und mit Hilfe Sallusts machte ich meine Schüler zu wenigstens halben Cäsarianern, wie ich selber einer war.

Den »Götz« erledigte ich ebenfalls im Zeitraffer-Verfahren, las im Unterricht nur den langen, das Drama schürzenden ersten Akt, einige der kurzen, hochmodernen Szenen des zweiten und dann, wie von ungefähr, den dritten Akt: Weislingen bringt den Kaiser dazu, die »schöne Gelegenheit wider den Berlichingen zu nutzen«; Götz wird auf Schloss Jaxthausen eingeschlossen; seine Frau Elisabeth bekundet, »bis in den Tod« bei Götz zu bleiben; Götz wird sich also nicht ergeben. Ich hatte die Rolle des Titelhelden rechtzeitig selbst übernommen, näherte mich, diese gemäßigt ausdrucksvoll lesend, dem vorsorglich geöffneten Fenster und schmetterte das an dieser Stelle nur von Kennern erwartete Kraftwort mit solcher Lautstärke hinaus, dass nicht nur meine Schüler erschraken, sondern die ganze Schule in ihren Geschäften innehielt. Mehr habe ich aus diesem gefürchteten Passus nicht herausgeholt und auch sonst nicht viel aus diesem falsch platzierten Unterrichtsgegenstand. Die Lebensgeschichte des Götz von Berlichingen war ja ganz schön aufregend und für Württemberger aus mancherlei äußerem Anlass wissenswert – als Einführung in die deutsche Literaturgeschichte und den »jungen Goethe« jedoch, wie es der Lehrplan vorsah, konnte und wollte ich das Stück nicht verwenden.

Zu einem solchen Zweck wollte ich auch den geliebten Heinrich Heine nicht »benutzen«, den ich den Schülern aus eigener Vollmacht vortrug und den mir einige Kollegen und Eltern vergebens auszureden versucht hatten. Eine geeignete Auswahl aus dem »Buch der Lieder«

schlug bei einigen Schülern so ein, dass ich mich dazu verleitet sah, mein Koffergrammophon in die Schule mitzubringen und ihnen Schumanns Vertonung, die »Dichterliebe«, vorzuspielen – einmal von Axel Schiøtz, einmal von Charles Panzéra gesungen. Damit war ich in ein großes, gleichsam kulturphilosophisches Thema gestolpert: das Verhältnis von Dichtung und Musik. Den Schülern war die Steigerung der Sprache, ja die Nobilitierung leichtfüßiger Worte durch den Gesang und das begleitende Klavier aufgegangen – ein durch den Komponisten geleistetes Erkennen, das man sonst Interpretieren nennt. Zu meinem geheimen Kummer gefiel den Schülern der Franzose besser als der Däne. Dass mein Kummer nicht geheim blieb, machte einen weiteren Erfolg dieses Unterrichts aus: Es war »eigentlich« gar kein Unterricht; ich hatte vielmehr meine Schüler an einer persönlichen Vorliebe beteiligt; »gelernt« werden musste hier nichts; man nahm etwas wahr und vergewisserte sich der Wirkung, die es getan hatte, durch eine lebhafte Aussprache darüber. Die Schüler entdeckten die Ironie und das, was sich hinter ihr zu verbergen sucht. Sie ordneten dieses zu jenem oder trennten jenes von diesem. Einer stellte für sich die, wie er sie nannte, »Haus-Gedichte« zusammen: Pfarrhaus, Jägerhaus, Fischerhaus, Schilderhaus, Kinderhaus (»Mein Kind, wir waren Kinder ...«). Andere lernten schon einmal die »frechen« Gedichte auswendig, entschlossen, mit ihnen bei Gelegenheit *furore* zu machen: »Mir träumt, ich bin der liebe Gott ...«, »Zwei Ritter« (Polen aus der Polakei), »Das Fräulein stand am Meere ...«. Nur zu den »bitteren« politischen Gedichten wurde die eine oder andere Frage gestellt, die nicht weniger bitteren Liebesgedichte gingen so hin. »Sie haben mich gequälet ...«, »Habe mich mit Liebesreden / Festgelogen an dein Herz ...«, »Theurer Freund, du bist verliebt ...«, »Die alten bösen Lieder ...« – sie gaben der Wehmut ihrer jungen Herzen Sprache. Nach zwei Wochen hatten sie etwas Wichtiges über die Dichtung erfahren:

> Ich, ein tolles Kind, ich singe
> Jetzo in der Dunkelheit;
> Klingt das Lied auch nicht ergötzlich,
> Hat's mich doch von Angst befreit.

Gleich nach Übernahme dieser Obertertia habe ich mit ihr Theater gespielt. Weil man demnächst ein Sommerfest feiern wollte, kam nur etwas Kurzes und Anspruchsloses in Frage. Geeignete kurze Stücke aber sind rar. Schon die von Hugo von Hofmannsthal sind, wenn man sie ausspielt, nicht in wenigen Wochen auf die Bühne zu bringen – und sind auch zu empfindlich. Mir fielen sonst nur Ausschnitte aus ganzen Stücken ein: »Auerbachs Keller« aus dem »Faust«, »Pyramus und Thisbe« aus dem »Sommernachtstraum«, der fulminante Anfang der »Chinesischen Mauer« von Max Frisch, die gerade erschienen war, der nicht weniger fulminante (aber auch schutzbedürftige) Anfang von »Leonce und Lena«. Sie alle mussten unbefriedigend, weil unverständlich bleiben, was auch immer man zu ihrer Erklärung und Ergänzung sagen würde, allenfalls Gelegenheiten für den einen oder anderen Schauspielvirtuosen, den ich vermutlich nicht unter meinen Schülern hatte, eben »Bruchstücke«. Sie schienen mir auch unbrauchbar, weil in ihnen nur ein Bruchteil der Schüler Rollen finden würde.

Wir blieben vorläufig auf den unergiebigen »Einaktern« von Thornton Wilder sitzen. Sie enthielten viele nützliche Spiel-Übungen, dienten ihrem Zweck und ließen uns nach Besserem Ausschau halten. Ich versprach meinen Obertertianern eine große Aufführung in Unterprima, eine griechische Tragödie, deren Chor man beliebig groß machen kann, und wich für diesmal auf »Die Rückkehr des verlorenen Sohnes« aus, die ich vom Birklehof kannte, nun aber verdoppelte: Erst spielten sechs Personen das Stück auf Deutsch, danach sechs andere auf Französisch. Die Letzteren rekrutierten sich aus dem Kreis derer, die Französisch als dritte Fremdsprache nahmen, und waren alle dunkelhaarig; die »Deutschen« waren alle blond. Ich übernahm beide Mal die Rolle des Dichters. Der große Professor Mario von Wandruszka, Vater eines meiner Schüler, kam zu den Abschlussproben und trug mit seinen Elogen und seiner Kritik gleichermaßen zu unserem Erfolg bei. Er war der zauberhafteste Gelehrte, den ich kennen gelernt habe, ein österreichischer Edelmann (sein wirklicher Name war dreimal so lang wie der hier mitgeteilte), sprach die romanischen Sprachen mit ihrer jeweiligen Färbung so geläufig, wie wir unsere Sprache nicht sprechen, und interessierte sich für junge Leute. Stundenlang haben wir mit dem Ohr dicht vor der Lautsprechermembran gehockt, um eines der *enjambements* in den schnell gesungenen Liedern des Georges Brassens zu entziffern – minutenlang hat er mich umgekehrt die Verschleifung zweier Wörter im Französischen wiederholen lassen, bis sie seinem Anspruch genügte.

Die Aufführung des Verlorenen Sohnes im Zimmertheater machte böses Blut bei den Kollegen, hatte ich doch auf das Gebiet des Französischlehrers übergegriffen, ohne diesen hinzuzuziehen, aber es machte die Schüler und mich im Jahre 1958 zuversichtlich, dass wir in drei Jahren den »Ödipus« meistern würden. Wie das etwa aussehen könne, war kurz vor Weihnachten des Jahres 1957 zu erleben. Da führte ich den »Aias« des Sophokles mit meiner Unterprima auf.

Zunächst freilich beantragte ich einen Schullandheim-Aufenthalt in Steibis im Allgäu für Anfang Februar 1958. Erich Haag, dessen Stimme in der widerständigen Konferenz den Ausschlag gegeben hatte, unterstützte den Antrag beim Oberschulamt, ja er gab uns sogar seine Tochter Veronika als Chaperon mit. In Latein hatten wir mit Ovids »Metamorphosen« begonnen, im Griechischen mit der »Odyssee«; diese Lektüre wurde in Steibis fortgesetzt. Außerdem lasen wir Texte über Friedrich II. von Preußen. Er lieferte uns das Thema, das den ganzen Aufenthalt durchziehen und zusammenbinden sollte: Was ist Größe?

»Heroische Größe« bewiesen wir – so scheint es heute jedenfalls – mit dem Aufstehen um 6.30 Uhr und dem Übersetzen der »Niobe« und des IX. Gesangs von 7 Uhr bis 9 Uhr noch vor dem Frühstück. Menschliche und historische Größe, auch Größe auf einem bestimmten Gebiet – der Kriegskunst, der Politik, der Philosophie – war schwerer zu bestimmen, die dafür anzustellenden Erkundungen und Wagnisse erwiesen sich als durchaus lustvoll. Wir alle versuchten, uns einer Empfindung mithilfe deutlicher Beispiele und einigermaßen fester Kriterien zu versichern, und nahmen wahr, wie sehr wir dabei von den Zeugen und Zeugnissen der Geschichte abhängen und von den Erfahrungen und Erwartungen der eigenen Zeit. Kuglers von Menzel illustrierte Geschichte wollte Friedrich als »den Großen« erscheinen lassen, und es gelang ihm nur halb. Bruno Frank wollte das nicht, und es gelang ihm ganz. Eine Schülermutter war mit der Lektüreliste in der Schule erschienen und hatte besorgt gefragt: »Wollen Sie wirklich dieses heikle Buch mit Fünfzehnjährigen lesen?« Mein trockenes »Ja« befriedigte sie nicht: »Nun, es dürfte leichter sein, das schwierige Gespräch des Königs mit

Marschall Keith zu übergehen, als es zu besprechen.« Ich hatte weder das eine noch das andere vor. Meine Bekundung, in den zehn Tagen unserer Skireise könnten die vorgesehenen Bücher nur in Ausschnitten gelesen werden und die würde ich vortragen, beruhigte sie. Das Kapitel »Die Narbe« aus Bruno Franks »Tage des Königs« – eben dieses lasen wir doch – ließ uns alle verstummen. Es gibt Dichtung, die man nicht bespricht. Man versteht und nimmt hin. Man fragt nicht, ob die Geschichte wahr ist. Dass es sie gibt, macht sie wahr.

Die stärksten Wirkungen taten die Dokumente – die Memoiren der Markgräfin von Bayreuth, die Aufzeichnung über Kattes Hinrichtung, Friedrichs Rede an die Generale am Tag der Thronbesteigung, seine Anweisung, wie der Kronprinz zu erziehen sei, sein politisches Testament – und stellten sowohl den (in Auszügen vorgelegten monumentalen) Hymnus des Thomas Carlyle als auch die kurze und scharfsinnige Kritik Lord Macaulays weit in den Schatten. Großen Eindruck machten die 50 Bilder für Alt und Jung aus dem Leben des Alten Fritz von Carl Röchling und Richard Knötel, zumal wenn man sie unter dem Gesichtspunkt betrachtete: Was für einen König wünschte sich das Volk, das solche Anekdoten von dem seinen erzählte und glaubte? Die Aufforderung an die Schüler, am Ende ihren Eindruck von unserem Begriffs-Experiment aufzuzeichnen, hat mir die vielfältigsten und besten Besinnungsaufsätze in meiner ganzen Lehrertätigkeit beschert. Einige haben mit ihren Gedanken auf die augenblickliche lateinische und griechische Lektüre übergegriffen: »Warum erscheint mir Niobe in ihrem Schmerz groß?« »Was fehlt dem Odysseus, dem vielgewandten, im Kampf mit unsäglichen Widrigkeiten geprüften, zu diesem Prädikat?« Und heimgekehrt nach Tübingen, beschloss die Klasse, ihren frisch gestrichenen Raum mit Bildnissen von »ansehnlichen Großen« zu schmücken, fachmännisch von Bernhard Schneider auf furniertem Holz montierte Schwarzweißfotografien der Büsten Cäsars, Konstantins, Nofretetes, des Freiherrn vom Stein und Friedrichs Totenmaske – eine Sammlung, die die Frage von Steibis offenhielt bis zum Ende der Schulzeit.

Das Frühaufstehen in Steibis hatte in Wahrheit wenig mit Heldentum zu tun und (deshalb muss ich noch einmal darauf zurückkommen) entsprang schon gar nicht einer spartanischen Erziehungsvorstellung meinerseits, sondern dem Wunsch der Mehrzahl der Schüler, einen möglichst großen Spielraum für möglichst große Skiausflüge zu haben. Vroni Haag, ein Urbild weiblicher Vernunft, erbot sich, uns das Frühstück bereitzustellen, »aber nicht vor 9 Uhr« und nur, wenn der Tisch am Abend vorher gedeckt worden war. Mit Aufräumen, Bettenmachen und Skierwachsen war man um 10 Uhr aufbruchbereit. Da es um 17 Uhr spätestens dunkel wurde, man dann also zurück sein musste, konnten danach noch eineinhalb Stunden Unterricht gehalten werden. Um 18.30 Uhr lieferte die Herberge eine warme Mahlzeit, sonst verpflegten wir uns selbst. Um 19.30 Uhr, nach Erledigung aller Dienste, wurden mit Leidenschaft Gesellschaftsspiele gespielt, Lieder gesungen, Pläne gemacht, Debatten geführt, Entscheidungen getroffen, Briefe geschrieben. Um 21 Uhr lagen alle im Bett, und Hentig las aus dem Homer vor. Kanesatake, Birklehof, Klett-Wanderung mischten sich mit Schulunterricht und gaben mir einen Vorgeschmack eines von mir leider nie erledigten Auftrags: der notwendigen »Entschulung« des Lernens in der Mittelstufe.

Mit diesen Schülern, deren Klassenlehrer ich drei Jahre lang war, verband mich mehr als dieses Amt. Wir nahmen jede Gelegenheit, die die Schule selber bot, wahr, um »etwas zu erarbeiten«, was nur ein anderes Wort für »zusammen sein und etwas Vergnügliches oder Wichtiges tun« war. Bevor wir unser Klassenzimmer mit den »Großen« ausstatteten, hatten wir es mit kunstvoll hergestellten Reproduktionen griechischer Vasenbilder geschmückt. Mit Hilfe des Epidiaskops hatten wir die ausgewählten Figuren auf große weiße Bögen von 120 mal 200 Zentimetern projiziert und darauf die Umrisse festgehalten: den »singenden Zecher« von Duris, einen Ausschnitt aus dem Kampf des Herakles mit Geryoneus von Kachrylion, vom gleichen Maler den schönen Reiter Leagros mit seinem großen Reisehut, auch eine Athena (die mit der Schreibtafel?) war, glaube ich, dabei, ein Gorgoneion und als Kontrast zu diesen rotfigurigen Gestalten auch eine schwarzfigurige. Wir benutzten dazu die Zeichnungen von Karl Reichhold aus dem Anfang des Jahrhunderts. Völlige Nacktheit wagte ich dabei nicht. (Man hatte eine mir von den Unterprimanern geschenkte, hübsch gerahmte und von den Gebern auf meinen Wunsch zwischen den Nordfenstern angebrachte Lollobrigida in der Konferenz streng gerügt, worauf die Schüler sie durch einen jener ebenso kitschigen wie züchtigen

Schlafzimmerengel ersetzten; das Bild war »Herrn von Hentig, zur Verschönerung seines Innenlebens« gewidmet und hängt heute in meinem Kleiderschrank.) Die Figuren und ihr Hintergrund wurden dann in Schwarz und Rotbraun ausgemalt. Der Effekt war enorm, und Erich Haag führte fortan gerne Besucher in unsere »schöne« Klasse. Bloß »ordentlich« waren alle anderen auch.

An Schulwandertagen, aber auch an Wochenenden erkundeten wir die Schwäbische Alb, beginnend mit dem Lichtenstein, den die Schüler mir zeigten, und irgendwann mit Calw und Kloster Hirsau endend, die ich den Schülern zeigte – alles gut gymnasial mit literarischer »Bildung« verbunden: mit Wilhelm Hauff und Victor von Scheffel (wegen der Naturalien im Klostermuseum), mit Ludwig Uhland (wegen der Linde) und Hermann Hesse, dessen »Unterm Rad« ich mit den Sekundanern las. Wie anders verhielten sich diese Schwabenkinder als die blasierten Birklehöfer auf unserer Frankenfahrt! Oder hatte ich nur hinzugelernt – war gelassener geworden und zugleich sicherer in meinen Forderungen? Ich wollte ja nicht mehr allen gefallen und also allen gefällig sein. Ich nahm den Kampf mit einigen der populärsten unter ihnen auf, zum Beispiel mit dem Riesen Dieter v. B., der glaubte, eine bessere Note in Griechisch von mir erpressen zu können, indem er mir vorwarf, andere »freundlicher« zu beurteilen als ihn.

Das Gegenteil war der Fall. Meine »Freunde«, so nenne ich sie nicht erst heute, unter den Schülern mussten für ihre Nähe zu mir mit besonderen Anstrengungen ihrerseits und besonderer Strenge meinerseits zahlen. Diese Freunde besuchten mich in meiner Wohnung, breiteten ihren Kummer vor mir aus, hörten Schallplatten (vornehmlich Schubert) und luden mich in ihre Elternhäuser ein. Sie nannten sich »Kasawubier« nach einem gemeinsamen Abenteuer, das so zustande kam: Ernst Klett hatte am Lago Maggiore den oberen Teil eines Berghangs am Ostufer gekauft – die Monti di Casenzano. Auf ihm standen fünf Stallas, romantische, ganz aus Stein geschichtete und mit Steinen gedeckte Hütten, die einst der Almwirtschaft gedient hatten. Sie waren von Kastanienwäldern und steil abfallenden Wiesen umgeben, die, seit keine Ziegen mehr auf ihnen weideten, von Farnen überwuchert wurden wie die Stallas von Brombeersträuchern. Ich hatte diesen entlegenen, nur zu Fuß erreichbaren Ort einmal mit Klett erklommen und hatte vorgeschlagen, ihn mit »meinen Schülern« bewohnbar zu machen. Im Lumumba-Jahr 1960 fuhren Eva Pietzcker, eine Exschülerin des Uhland-Gymnasiums, Bernhard Schneider, Klaus Kulterer und ich als Vorkommando nach Casenzano. (Ich hatte – großer Wendepunkt in meinem Leben! – im Mai des Jahres einen Volkswagen gekauft, tomatenrot, laut Kaufvertrag »Indiana«.) Katja Vasiljevic, Burchard von Braunmühl und Ernst Wasmuth folgten mit dem Auto der Vasiljevics. Wir hinterließen nach zehn Tagen ein kleines Paradies, in dessen Mitte die Casa Wubu, unser Hauptwohn- und -schlafhaus stand, davor ein prächtiger vierteiliger steinerner Tisch, um den sich acht steinerne Göttersitze gruppierten; eine steinerne Rinne führte uns Quellwasser zu; es gab eine veritable Dusche, eine exzellente Kochstelle, ein bequemes Berg-WC. Die anderen Stallas waren ausgeräumt, die Türen wiederhergestellt und verschließbar gemacht, die Brombeersträucher beseitigt, die Wiese im Umkreis von 50 Metern gemäht. Es herrschte ein fröhlicher Arbeitseifer; es gab gut zu essen (wem schmeckt nicht, was er Fünfviertelstunden auf steilem Pfad heraufgeschleppt hat!); es wurde geistvoll geblödelt, viel gesungen und jeden Abend bis tief in die Nacht am großen Feuer vorgelesen: Hofmannsthals »Das Erlebnis des Marschalls von Bassompierre«, Bubers Erzählungen der Chassidim, der unverwüstliche »Don Quijote«, Ernst Schnabels zauberhafter »Sechster Gesang«. Warum das Haupthaus den Namen Casa Wubu erhielt und wir »Kasawubier« wurden, kann man in »Fahrten und Gefährten« nachlesen.

Die wichtigsten Lehrer-Taten vollbrachte ich jedoch einerseits in der mir im Griechischunterricht anvertrauten Unterprima: Ich führte mit ihnen den »Aias« in griechischer Sprache auf, und ich reiste mit ihnen nach Berlin, zumal in den Ostsektor, der den meisten Schülern gänzlich unbekannt war. Ich wagte andererseits erste Schritte zu einem gänzlich veränderten Lateinunterricht in einer Sexta.

Wir haben zunächst den »Aias« im Unterricht »gelesen«, wie man sagt, in Wahrheit jedoch mühsam »übersetzt«. Die schwierigen Chorlieder ins Deutsche zu übertragen, übernahm ich: eng am Text, mein Deutsch (wie einst für Christian Heimpel) zu Griechisch machend – ein zumal am Herodot geübtes Verfahren, das den Schülern erlaubte, ganze Geschichten, ja ihren Zusammenhang in der griechischen Sprache zu verfolgen, unter ständiger Vergewisserung, wie der deutsche Sinn zustande kommt. Dann aber setzten folgende Überlegungen ein:

Form und Inhalt eines Kunstwerks stehen in einem notwendigen Verhältnis zueinander. Die Tragödie ist nicht zufällig »dramatisch«. Den ihr zugrunde liegenden schwer oder gar nicht aufhebbaren Widerspruch kann man nicht »denken« oder »wissen« oder »vorstellen«, sondern nur erfahren, aushalten, erleiden. Was die Tragödie zu sagen hat, wird durch konkret neben- und gegeneinander stehende Personen ausgedrückt. Die bloße Lektüre gibt die Rigueur der Tragödie nicht wieder. In der Aufführung wird diese zum Ereignis: Sie ist ein Versuch, die Unlösbarkeit des Konflikts nachzuvollziehen. Diesen Versuch unternimmt hier eine Schulklasse. Die Aufführung treibt Interpretation, nicht Schaustellung, nicht »Theater«.

Die geschichtlichen Voraussetzungen der griechischen Tragödie erfüllen wir nicht. Wir sind keine Polis; wir glauben nicht an die Götter, wir verstehen sie nicht einmal; wir haben andere Kunsterfahrungen, das geschichtliche Bewusstsein, die Psychologie, das kausale Denken und weitere Verführungen zu ungriechischer Deutung. Wollten wir umgekehrt darauf verzichten, historisch zu verstehen, wollten wir also eine Gestaltung aus einer spontanen Deutung heraus wagen, dann hätten wir uns um das eigentliche Ergebnis unserer Bemühung betrogen.

Im Bewusstsein dieses Dilemmas haben wir uns vorgetastet. Wir haben uns bemüht, weder zu historisieren noch modern zu emanzipieren. Wir haben »Entsprechungen« gesucht.

Da ist zum Beispiel die uns fremde Versform. Nicht Betonung und Nichtbetonung der Silben, also Verstärkung und Zurücknahme der Stimme, sondern die dem Wort eigenen Längen und Kürzen ergeben durch ihre kunstvolle Fügung die gewollten (von den antiken Experten beschriebenen) Wirkungen: der Erregung, der Trauer, der Furcht, des erhitzten Streits, der normalen Mitteilung. Diese Wirkungen haben wir auf dem oberen Flur des Uhland-Gymnasiums durch Schreiten in langen und kurzen Schritten viele Nachmittage lang erprobt und erlebt. Eine Wiedergabe hiervon auf der Bühne hätte uns zu Tänzern gemacht, die wir nicht waren und nicht sein wollten; wir hätten das heutige Publikum mit seinen gänzlich anderen Wahrnehmungsgewohnheiten notwendig verfehlt. Unsere »Entsprechung« bestand in der bewussten Rhythmisierung: der Umwandlung von Längen und Kürzen in Betonung, Beschleunigung, Hebung und Senkung der Stimme. Ja, wir haben diesen Rhythmus noch verstärkt – durch eine von den Schülern experimentell entwickelte Begleitung durch Schlagzeug. Vorbild dafür war Strawinskys »Oedipus Rex«. Der Schüler Hans Probst hat dazu im Laufe der dreimonatigen Proben eine eigene Notenschrift für seine Partitur erfunden. Er hat von uns allen am Ende den griechischen Text am besten verstanden.

Eine andere Annäherung durch »Entsprechung« waren unsere Masken. Alle athenischen Schauspieler trugen eine solche – sie waren nicht sich wandelnde Individuen, sondern repräsentierten etwas, was es einmal zu erkennen galt: den König von Theben, den leidenden Philoktet, den gewaltigen Aias. Alles Weitere geschah durch das Wort und die »Musik« (also die sprachliche Bewegung). Das eine haben, das andere verstehen wir nicht, und so müssen der Ausdruck des Gesichts und die Geste helfen. Die Seeleute des Aias aber behalten die Maske; sie sind eine Institution, die generalisierten Helfer, Ahnungslosen, Säumigen, Tröster, Betroffenen – die elementaren Regungen der Vielen.

Dem Verständnis dient auch die Verteilung der Farben. Ihre Heftigkeit verträgt sich gut mit dem, was wir heute über die Griechen wissen. Nicht Abbildung der Erscheinungen, sondern Fixierung und Deutung war die Aufgabe der griechischen Kunst. Wenn die Masken unseres Chors das rötliche Blau, die Farbe des wütenden Aias trugen, dann meinten wir damit diesen Ordnungsvorgang.

Das griechische Publikum wusste im Voraus, was in der Tragödie geschehen würde. Es erwartete nicht »Spannung«, vielmehr wurde sein Bewusstsein von dem, was da notwendig kommen musste, mit poetischen Mitteln intensiviert. Wenn ein Sprecher dem Publikum die Handlung im Voraus erklärte, verstießen wir damit nicht gegen das Gesetz der Tragödie.

Die Aufführung fand im »Museum« statt, dem Saal, den auch das Baden-Württembergische Landestheater Tübingen benutzte – am 14. Dezember 1957, ein halbes Jahr nach meiner Einstellung als Studienassessor. Erich Haag hatte, der Skepsis und dem Neid der Kollegen trotzend, ein wunderschönes Programm drucken lassen; das prominente Publikum – außer der Tübinger Professoria waren Elisabeth

Noelle-Neumann mit ihrem Institut aus Allensbach, Ernst Klett mit etlichen Mitgliedern der Privatstudiengesellschaft aus Stuttgart, Richard von Weizsäcker mit seiner Schwester Adelheid aus Lindau angereist – zeigte sich, wie man schrieb, »überwältigt« und »ergriffen«; das Schwäbische Tagblatt berichtete von »Dr. von Hentigs Triumph«; das Stuttgarter Eberhard-Ludwigs-Gymnasium, also Walter Haußmann, lud mich zu einem Dacapo in seine Festhalle Anfang des neuen Jahres ein, wo wir vor über 500 Zuschauern spielten; der auf seine humanistische Bildung stolze Lokalredakteur des Süddeutschen Rundfunks machte ein Interview mit mir und nahm eine Szene mit der Tekmessa, dem Aias und dem Chor in seinem Studio für die Abend-Kultursendung auf – und so besitze ich ein technisch einigermaßen taugliches, wenn auch minimales Tondokument unseres kühnen Experiments. Vor einem Jahr trat eine ältere Dame auf mich zu, schaute mich erwartungsvoll an und erklärte, da ich sie nicht erkannte, knapp und vergnügt, sie sei die Kriegsbraut des Aias, Tekmessa. Wir fielen uns mit Tränen in die Arme.

Es muss im Herbst 1958 gewesen sein, als ich beschloss, mit der »Aias-Klasse« nach Berlin zu fahren. Zu Ostern des Jahres war ich mit meinen Brüdern Hans Wolfram und Roland nach Berlin gereist – zu Besuchen bei Annabel Siemens, nunmehr von Johnston, bei Christa Pflüger und IC, bei meinem kranken alten Lehrer Lindenborn und bei Werner Hartke, der zum Rektor der Humboldt-Universität aufgestiegen war. Im selben Jahr war mein Vater einer Einladung zu einer Kulturtagung in Leipzig gefolgt – die DDR warb um Sympathie unter den westdeutschen Adenauer-Kritikern. Vater war sich stets sicher, dass man *ihn* nicht vereinnahmen könne, fuhr also hin und kam mit Beziehungen zu einem Professor Saller, zu einem einflussreichen Dr. Koblitz und nicht zuletzt zu dem Volkskammer-Präsidenten Johannes Dieckmann von der ostzonalen Liberalen Partei zurück.

Meine Pläne waren ehrgeizig und harmlos: eine Radfahrt mit schwäbischen Primanern durch das stammverwandte Thüringen in einem hoffentlich sonnigen Herbst. Weil ich eine Einladung nach Eisenach und damit die Einreisegenehmigung in die DDR hatte, glaubte ich auch die Aufenthaltsgenehmigungen für die weiteren Etappen – Erfurt, Weimar, Schulpforta, Naumburg, Jena, Saalfeld – bekommen zu können. Werner Hartke hatte Unterstützung »von oben« zugesagt. Weil die jeweiligen

Bürgermeister jedoch erst Weisung einholen mussten und diese aus Ostberlin nicht eintraf, disponierte ich um. Ich beantragte bei meinem Kultusministerium eine der vom Bundesministerium für Gesamtdeutsche Fragen finanziell, vom Berliner Senat organisatorisch unterstützte »Studienfahrt« nach Berlin. Die sollte im März 1959 stattfinden. Ich bekam alles genehmigt und machte mich an die Vorbereitung. Sie musste ja außerhalb meines Griechischunterrichts geschehen – vornehmlich über Blaudrucke und gelegentliche Treffen nach dem Vormittagsunterricht. Die Schwierigkeiten ebenso wie die unerwarteten behördlichen Avancen (sonst waren doch alle außerunterrichtlichen Begehren eher unbeliebt) weckten und steigerten in mir das Bedürfnis, die Freiheiten, die man im Westen ständig gegen den roten Totalitarismus beschwor, mit meinen Schülern bewusst in Anspruch zu nehmen. Politik konnte ich sonst als Lehrer ja kaum machen, ohne einer Partei beizutreten. Aber ich konnte an der Seite der mir anbefohlenen Bürger *in spe* die Argumente der Demokraten auf die Probe stellen: Wir konnten uns auf die ideologischen Tücken und bekannten Tatsachenbehauptungen der »ostzonalen« Machthaber geistig vorbereiten, uns ihre »Errungenschaften« vorführen lassen, ihnen beweisen, dass wir eigene Vorurteile ebenso fürchteten und zu bekämpfen bereit waren wie fremde, und uns so rundum in sokratischer Prüfung üben – *candide*. In Westdeutschland lebten wir, wie ich im Antrag schrieb, in einer politisch »vorsichtigen« Atmosphäre; Politik aber fordere Entscheidung und Einsatz; auf einer Reise nach Berlin (wo der Verkehr zwischen den Sektoren ja noch offen war) böte sich eine wenn auch begrenzte Erfahrung mit einer Schicksalsfrage unserer Zeit: der deutschen Teilung; wir würden hier unseren Stand fassen.

Man hatte uns in den dafür eingerichteten Schlafsälen unterhalb der Sitze des Olympiastadions untergebracht. Am ersten Tag nahmen wir an einer »Informationsstunde« in einer Senatsbehörde teil; danach überzeugten wir den uns zugeteilten Führer, dass wir ein verständiges eigenes Programm zu machen verstünden; er war froh, sich trollen zu können. Die Ausrüstung der Schüler bestand (außer einem Regenschirm) aus einem billigen Stadtplan, den sie sich am Kiosk zu kaufen hatten, sodann aus der Eintragung der Treffpunkte und Termine für gemeinsame Ereignisse – zum Beispiel für einen Besuch in der Humboldt-Universität, wo wir eine Vorlesung über antike Geschichte anhören wollten und hinterher mit der Dozentin und ihren Studenten reden durften – und schließlich aus einem Auftrag: »Seht zu, dass ihr viel erlebt, was ihr in Tübingen nicht erleben könnt. Kneipen und Kinos gibt es dort auch.« Dies alles hat sich gut bewährt. Die einzelnen Gruppen kamen mit heißen Köpfen (und in letzter Minute!) in die um 23 Uhr unbarmherzig schließende Unterkunft und hatten so vielerlei zu erzählen, dass ich es hinterher schwer hatte, diese Fülle in meinem Bericht für die Frankfurter Hefte unterzubringen. Sie hatten die Spannung zwischen dem Gefühl selbstverständlicher Überlegenheit und der Wahrnehmung ihres ungenügenden Wissens ausgehalten; sie waren zum ersten Mal als Individuum einem Kollektiv, ja einem »Kader« entgegengetreten; sie hatten – vor allem im Gespräch über die »Sklavenhaltergesellschaft«, als die das (von ihrem Griechischlehrer so gerühmte) Perikleische Athen ihnen dargestellt worden war – zum ersten Mal eine fundamental andere und klar systematisierte Sicht der Menschheitsgeschichte wahrgenommen; sie hatten dem Marxismus und der verführerischen Folgerichtigkeit seines »Humanismus« mit ihren eigenen undeutlichen, aber stark gefühlten Idealen standzuhalten versucht; sie hatten Selbstbehauptung ohne Arroganz gezeigt und, ihre Schwächen erkennend, dennoch nicht kapituliert. Welche Fülle der Vergleiche von hier glitzerndem und turbulentem Westberlin, da aufgeräumtem und kargem Ostberlin, hier Lebensmittelabteilung des KaDeWe, da Treptower Heldendenkmal, hier der harten Währung, da der schwachen (und dazwischen alle Verführungen illegaler Geschäfte), hier dem Vorwitz und der Selbstkritik in dem brillant gespielten Stück »Das Ei« im Schlossparktheater, da dem Ernst einer fundamentalen Geschichtskritik in »Das Leben das Galilei« mit den überwältigenden Ensemble-Leistungen des Theaters am Schiffbauerdamm. Es war wie eine Zusammenfassung unserer gespaltenen Empfindungen, als wir am letzten Abend den »Guten Menschen von Sezuan« im Brecht-Theater hörten: »Gut sein und doch zu leben riss mich wie ein Blitz in zwei Hälften ... Gut sein zu anderen und zu mir konnte ich nicht zugleich.« Mit dieser Not der Shen Te unterlief Brecht die Auseinandersetzung zwischen Kapitalismus und Kommunismus ebenso wirksam wie die zwischen Menschlichkeit und Vernunft. Er verlieh unserem gespaltenen Gemüt Sprache. – Und ich hatte gelernt: Du musst eine solche Reise noch viel gründlicher vorbereiten. Zwei

Jahre später hat meine »Ödipus-Klasse« den Berliner Schauplatz mit Wissen und Witz wohlgerüstet betreten. Mein »Lernstandsbericht« hierüber fand sogar Eingang in den noblen MERKUR.

An diese nur durch die äußeren Umstände bemerkenswerte »Lehrer-Tat« (ich war weder der Geschichtslehrer noch der Klassenlehrer dieser Schülerinnen und Schüler) schloss sich eine für mich höchst aufschlussreiche »Lehrer-Erfahrung« an. Ich hatte an vier Tagen die Aufsicht über ihre schriftlichen Abiturprüfungen zu führen. Diese begannen mit dem deutschen Aufsatz zum Thema »Faust – Vorbild oder Warnung?« Der Anblick denkender Menschen, die Stille, in der man das Lutschen von Dextroenergen hört, die abgestandene Luft, die peinliche Verpflichtung zum Misstrauen (wer austreten muss, wird durch einen der zwei Aufsichtsführenden zum Klo »geführt«) irritieren den »Beobachter« – oder verführen ihn zu inneren Blödeleien: »Faust – ein Vorbild? Nicht dem, der so fragt. Faust – eine Warnung? Nicht dem, der das behauptet. Den zu bloßer Anwesenheit Verdammten zuliebe sollten die Prüflinge wenigstens bunte Hemden tragen. Hans Möhler hat durchaus Chancen, ist ihm doch eingefallen, dass man das Fenster öffnen könne! Dietrich Erfurth schreibt erhobenen Fußes – wenn das nicht Hand und Fuß hat! Grebe trinkt Apfelsaft aus einer Bierflasche – Klaus Tischler vermutlich Bier aus einer Apfelsaftflasche. Helmut Dinkelacker geht zum Papierkorb, seinen Bleistift anspitzen – ach, gäbe es doch Geistanspitzer!« Am anderen Tag: Mathematik mit zwei seltsamen Kurven. Die linke sieht aus wie ein Euter, die rechte wie ein Vesuv. »Asymptoten«. Der Philologe sagt sich: »*A-sympiptei* – das fällt in der Tat nicht zusammen!« Er sagt sich auch: »Gestern war das Glück, das sich Hedwig Haller in der Form eines Kleeblatts zu sichern suchte, überflüssig; heute hilft nur Glück!« Er denkt: Da tut man so großzügig »Gegeben sind …«, aber geschenkt wird einem gar nichts.

Als meine Ödipus-Klasse zwei Jahre später Abitur machte, beschloss ich, an den schriftlichen Prüfungen in Griechisch, Latein und Deutsch teilzunehmen – immer im gleichen Raum unter den gleichen Bedingungen wie die Prüflinge. Ich wollte sehen, wie ich dabei bestehe. Als ich zur ersten Prüfung – wieder war es Deutsch – erschien, wurde ich vom Aufsichtshabenden nicht zugelassen. Ich ging zum Direktor und bat um Aufklärung darüber, was meinem pädagogisch gut begründbaren

Wunsch entgegenstünde. Wie vermutet gab es keine Verfügung, die die Beteiligung eines Lehrers an der Prüfung ausdrücklich verbot; aber das Begehren war so ungewöhnlich, dass auch der liberale Erich Haag die Stirn runzelte und mich mahnte: »Ach Hentig, machen Sie doch nicht dauernd unnötige Schwierigkeiten!« Ich hatte meinen Schülern ein Versprechen gegeben und blieb bei meiner Absicht, begab mich also in eine Abstellkammer, die dem als Prüfungsraum dienenden Zeichensaal direkt benachbart war, und schrieb in dieser überzeugenden »Klausur« meine Gedanken zu dem gestellten Thema nieder: »Es gehört zum Wesen des Rechtsstaats, dass er eine staatsfreie Sphäre anerkennt (Eduard Spranger)«. Als ich nach Ablauf der gesetzten drei (oder waren es vier?) Stunden elf Seiten Reinschrift und vierzehn Seiten Kladde abgeben wollte, damit auch mein Werk nach dem baden-württembergischen Verfahren von Erst- und Zweitkorrektor begutachtet werde, wies man dies unmutsvoll zurück. Ich überließ also mein Produkt dem Klassensprecher und regte ihn an, eine Prüfungskommission aus den Mitabiturienten zu bilden, die darüber urteile. Eine solche fand sich schnell zusammen. Die drei meinten, »bis morgen« ein Ergebnis zu haben. Und ich lud alle, die Lust hatten, sich über das Thema auszusprechen, ein, am folgenden Abend zu mir in meine Wohnung zu kommen. Ich war inzwischen aus der Neckarhalde hinauf auf den Österberg gezogen, in ein großes Zimmer bei großzügigen Wirtsleuten, und hätte dort die halbe Klasse unterbringen können. Die sieben oder acht, die tatsächlich erschienen, waren nicht meine gewohnt vorwitzigen, selbstbewussten, wortgewaltigen Partner, sondern gedrückte, unsichere, nur schwer zum Reden zu bringende »Schüler«. An meinem von Haus zu Haus und Hand zu Hand gereichten Text meinten sie ablesen zu sollen, was sie alles nicht bedacht und nicht geschrieben hatten. Sie gaben nicht mir »auch eine gute Note«, sondern nur sich selber eine schlechte. Und das wiederum war eine schwere Niederlage für mich. Mit Retsina, Salzstängeln und viel Neugier auf *ihre* Gedanken zum Thema habe ich die Stimmung einigermaßen retten können. Hatte Erich Haag dieses Debakel vorhergesehen? Jedenfalls ließ sich, was er als »unnötige Schwierigkeiten« getadelt hatte, auch als »eitle Schwierigkeiten« bezeichnen. Dass das Vorbild das stärkste Mittel der Pädagogen ist, diese gängige Weisheit enthebt uns nicht der Einsicht, die mein Leser schon von Montaigne entgegengenommen hat, dass das Vorbild auch beschämen, entmutigen, ja abschrecken kann. Das Musterhafte und das Ungefähre erfüllen beide ihren Zweck in der Erziehung, und ihr Verhältnis ist nicht vorgängig zu regeln. Zeitlebens habe ich die prekäre Balance zwischen ihnen – wie auch die zwischen Abstand und Nähe – neu herstellen müssen.

Eine andere heilsame Verunsicherung sei aus diesem Anlass mitgeteilt. Eines Tages – es muss im Jahre 1961 gewesen sein – wurde die Tübinger Öffentlichkeit durch die Eröffnung eines Prozesses vor dem Jugendgericht gegen vier Schüler überrascht, drei aus dem benachbarten Kepler-Gymnasium, einen aus dem Uhland-Gymnasium. Sie hatten monatelang Geschäfte und Wohnungen ausgeraubt. Bei einem Überfall auf die Kreissparkasse waren sie gefasst worden. Die drei Haupttäter wurden zu einem Jahr Jugendstrafe verurteilt. Der vierte, weil an dem letzten Anschlag nicht beteiligt und nur darum weniger schwer belastet, war Sohn eines Kollegen und saß in meiner Klasse. Keiner von uns hatte in all den Monaten, in denen Fritz S. nächtens mit kriminellen Abenteuern beschäftigt war, irgendetwas davon wahrgenommen. Ja, deren Höhepunkt fiel in die Zeit, in der Fritz mit großem Eifer und großem Geschick die Schlagzeug-Partitur für unsere Ödipus-Aufführung herstellte, einübte und zweimal zu großer Geltung brachte. Der Fall – wegen der Maskierung der jungen Leute von der Presse als »Rotbart-Affäre« bezeichnet – wurde auch weiterhin im Kollegium des UG beschwiegen; der Prozess fand unter Ausschluss der Öffentlichkeit statt; die Ödipus-Klasse hatte inzwischen die Schule verlassen; und ich arbeitete an einem Forschungsauftrag über die Didaktik des altsprachlichen Unterrichts, kam also nur noch selten in die Schule. Aber in mir wütete Unruhe – kaum Empörung über die Tat, nur wenig Enttäuschung über die Wirkungslosigkeit unserer Gemeinschaft, aber viel Grollen und Rätseln über die eigene Blindheit.

Die Lehrerschaft, der ich in Abständen von meiner Arbeit berichtete, ließ mich wissen, der Fall beweise doch klipp und klar: Mein hoher pädagogischer Einsatz sei verschwendet; Schule heiße in erster Linie »Unterricht«, man solle an ihr nicht auch noch mit- und vorleben wollen. Als ich den Eltern des UG – auf ihren Wunsch hin – einen Vortrag über meine Vorstellungen von einem nicht nur humanistischen, sondern auch humanen Gymnasium hielt und der damals anlaufenden Oberstufenreform das Wort redete, weil sie erlaube, die Schüler wie Erwachsene zu behandeln und durch eigene Verantwortung für ihre Bildung an diese zu binden – »was auch wir an dieser Schule nicht tun« –, griff Haag mit unerwarteter Schärfe in die Diskussion ein: gegen meine »Utopien«. Er schrieb mir anderentags: Es gebe junge Menschen, die für das Gymnasium untauglich seien; es »erreiche« sie nicht; es lasse sie »leer«. Wen die humanistische Bildung nicht binden könne, sei hier »gefährdet«. Wir müssten die Möglichkeit haben, die Unerreichbaren auszuscheiden, auch wenn sie die notwendigen Leistungen erbringen. Er habe den Eindruck, ich gehöre zu den Gläubigen einer perfektionierten Pädagogik, die kein Samenkorn ohne Gewinn aussäe. Über unsere Auseinandersetzung habe er auch mit Eduard Spranger gesprochen; der habe unwillig den Kopf geschüttelt und gesagt: »Wie wir es machen, immer ist es falsch; denn wir können das ›Leben‹ nicht erfassen.«

Mit dem Ausblenden der Alternative – nämlich dass es am Gegenstand und Verfahren der humanistischen Bildung liegen könne, wenn wir die Schüler nicht erreichen – haben meine beiden damaligen pädagogischen Mentoren mir dazu verholfen, meinen Auftrag zu formulieren: Die Schule musste ihrerseits für die Schüler »tauglich« gemacht werden. Ihr Tadel meines Anspruchs hat ihn mir bewusst gemacht. Nun galt es, zu ihm zu stehen.

Meine dritte »wichtigste Lehrer-Tat« war die folgenreichste: Ich gab einen anderen als den herkömmlichen Anfangsunterricht in Latein. Dessen Schwächen wurden mir am eingeführten Unterrichtswerk klar – und die Schwächen meiner eigenen Konzeption an meinen zugleich kühnen und unbeholfenen Abweichungen davon. Latein war die erste Fremdsprache, die die Schüler lernten. Das sollte nicht darin bestehen, dass sie immer mehr fremde Lautungen für bekannte Gegenstände im Kopf speicherten und sich immer komplexere Regeln für deren Kombination merkten. Sie sollten zugleich das Wunder der Sprache erfahren: Wie gelingt die Verständigung über die Sachwelt – und gar über die Innenwelt! Ich habe den gewohnten Lateinunterricht damals gerne mit dem Rätsel verglichen: »Es hängt an der Wand, ist weiß, man kann sich die Hände daran abtrocknen, und es macht Kikeriki.« Die meisten Menschen werden sagen: »Bis zum ›Hände daran abtrocknen‹ ist es offensichtlich ein Handtuch. Aber was soll das ›Kikeriki‹?« Antwort: »Das

›Kikeriki‹ ist, um's schwerer zu machen!« Ich war überzeugt, dass das »Kikeriki« überflüssig ist, nicht bildet und, wo man Auslese damit im Sinn hat, für die falsche sorgt. Wenn der Aufbau der Fremdsprache an der Erfahrung geschieht, ist ihre sonst entmutigende fortgesetzte Erweiterung sogar lustvoll – und jeder kann ihre Gesetze verstehen, das Verständnis im Gebrauch überprüfen, durch vergnügliche Übung Sicherheit gewinnen. Für einen solchen Unterricht war eine andere Beschreibung (also eine andere Grammatik) notwendig – eine, die die Erscheinungen erklärt und nicht nur ordnend registriert. So weit war ich noch nicht. Einstweilen bemühte ich mich, die »Lagerhaltung« durch viel Erlebnis und Anschauung, Gestus und Grafik zu ersetzen und die sprachlichen Erscheinungen anders, einer Sprech-Sprache gemäß, anzuordnen. Gottlob gab es im Lateinischen *nauta*, *agricola* und *poeta*, also Bezeichnungen von Männern mit »weiblicher Endung«. Unsere Römerwelt hätte sonst weiterhin nur aus Mägden, Großmüttern und Hennen bestanden. Machte ich es richtig, konnten *dominus* und *domina*, *puer* und *puella*, *asinus* und *asina* zugleich auftreten und das nicht nur in einer *villa* oder einem *vicus*, sondern auch auf einem *forum* oder *pratum*.

Da ich dies *viva voce* einführte, war unser Lernpensum gegenüber der Parallelklasse erweitert, und doch durften wir – das war nicht nur mein Ehrgeiz, sondern Voraussetzung für die Unterstützung durch die Eltern und Erich Haag – kein Jota hinter der Parallelklasse des tüchtigen Herrn Krauß zurückbleiben. Wir hielten nicht nur Schritt, wir hatten einen erfreulichen Leistungsdurchschnitt und keinen einzigen Ausfall, keinen Überdruss und viel vorzeigbare Neuigkeiten: Bilder mit lateinischer Beschriftung – fast schon ein ganzes Bilderbuch; ein mühelos beherrschtes Frage- und Antwort-Repertoire: »Quid faciunt …« »Quem videtis …?« »Ubi est …?« ohne Beschränkung auf die auch von uns zunächst gelernte Konjugation auf *-are*; vor allem aber, schon zu Weihnachten!, ein erstes lateinisches Stück – die Weihnachtsgeschichte, die wir unter unbekümmerter Benutzung des Lexikons zusammenstellten. Jeder hatte eine Rolle, und sei es als *curator camelorum*. Dazu wurde mit Inbrunst gesungen: *Venite adoremus dominum*. Am Ende der Woche pflegte ich die antiken Sagen zu erzählen – zwanzig Minuten, die aber wohl vorbereitet: um ein Ereignis, eine Gestalt, eine Sentenz herum. Nach Unterrichtsschluss blieben noch genug Freiwillige, um an einem die ganze Längswand des Klassenraumes bedeckenden Gemälde von der Überfahrt der Griechen nach Troja zu malen. Hier wurde auf Aulis noch Iphigenie geopfert, dort war schon das Trojanische Pferd vor den Toren Ilions aufgefahren.

Das alles hatte noch keine schlüssige Methode, aber es hatte einen anderen, einen völlig anderen Geist. Diesem ein sicheres Haus zu geben, sollte die Aufgabe der nächsten Jahre sein. Mit einem 26-Stunden-Pensum ließ sich dies nicht nebenher bauen. Ich beschloss, bei der Deutschen Forschungsgemeinschaft einen Forschungsauftrag zur Didaktik des altsprachlichen Unterrichts zu beantragen, und sicherte mir bei Erich Haag eine der beiden nächsten Sexten für einen gründlich vorbereiteten Experimentalunterricht. Dieser begann im April 1960. Im Winter desselben Jahres sollte ein »Modellunterricht« für die Mittelstufe zur Syntax folgen. Gleichzeitig arbeitete ich an einem Entwurf für den altsprachlichen Unterricht im Rahmen der Neuordnung der Oberstufe des Gymnasiums nach dem sogenannten Saarbrücker Abkommen. Dieses bemühte sich, drei Prinzipien Geltung zu verschaffen: der Konzentration der Bildungsstoffe mit Hilfe von exemplarischen Gegenständen, der Verselbständigung des Lernens und einer begrenzten Möglichkeit der Schüler, unter den Kursen zu wählen. Meine Auffassung, die humanistische Bildung sei das Urmodell exemplarischen Lernens, sollte hier konkrete Gestalt annehmen: Im Griechischunterricht seien die sechs wichtigsten Formen des Umgangs mit der Welt *funditus* zu erfahren, zu unterscheiden, zu üben: der historische, der philosophische, der ästhetische, der politische, der wissenschaftliche und der sprachliche. Die ersten drei Kategorien sind den meisten Griechischlehrern geläufig; die letzten drei stehen im Schatten, um nicht zu sagen im Zwielicht der traditionellen Philologenausbildung. Die entnimmt dem Kanon der griechischen Schultexte außer der Rede des Perikles und dem Melierdialog bei Thukydides, Platons »Apologie« und »Kriton« und den Reden des Demosthenes nichts, was uns politisch aufklärt oder mitreißt oder warnt – da liest man lieber die Römer; von der (Natur-)Wissenschaft, der Mathematik, der Technik der Griechen weiß der deutsche Altphilologe allenfalls Anekdotisches; die Sprache kommt nur als Hindernis auf dem Weg zum Verständnis der Schriften vor, nicht als eigenes Erkenntnisinstrument. Diesen drei vernachlässigten

Bildungsmitteln und -anlässen war der Löwenanteil meines erst zwei-, dann durch Verlängerung dreijährigen Forschungsauftrags gewidmet, den ich in fortgesetzter Verbindung mit dem Uhland-Gymnasium erfüllte. Und – so glaubte ich ihm besonders treu zu dienen – alle drei Themen sollten sich vornehmlich aus dem Werk Platons speisen.

Die Politik als das leichtere Thema habe ich zurückgestellt; das ließ sich auch neben dem Lehrerberuf nachholen. Auch war ich mit ihr wie mit der Ästhetik einstweilen höchst »praktisch« befasst. Ich verhalf den Schülern des Uhland-Gymnasiums zu einer neuen Schülermitverwaltung: *erst* zu einem Bewusstsein davon, wie kümmerlich die geltende sogenannte Selbstverwaltung gedacht und verwirklicht war, *dann* zu Vorstellungen von einer Verfassungsänderung. Nichts weckt so viel Aufmerksamkeit für die Politik wie eine freie, keinem zeitlichen, sachlichen oder gar hierarchischen Druck ausgesetzte Prüfung ihrer Bedingungen und Zwecke. Das Ergebnis der viermonatigen Arbeit der Schüler war so überzeugend, dass ich es später in meinem Seminar an der Göttinger Universität als Anschauungsmittel verwendet habe – einschließlich der Protokolle, die erlaubten, den Weg vom dürftigen Ausgangspunkt über die wuchernden Ansprüche der ersten Sitzungen zu dem knapp gehaltenen und würdig formulierten Schlusstext nachzugehen. Der eigentliche Gewinn lag freilich »in the making«. Der ganze Vorgang strahlte noch zwei Jahre lang auf die nachfolgenden Jahrgänge aus. Dann wäre eine neue Verfassungsinitiative fällig gewesen.

Die Vorbereitung auf den Besuch des Pergamon-Museums mit meiner Ödipus-Klasse hat mich drei Wochen lang meinen gesamten Griechischunterricht in der Unterprima mit einer »Propädeutik zur Ästhetik der bildenden Kunst« verbringen lassen.[7] Was stellt sie dar? Warum den Menschen? Was unterscheidet seine Darstellung von der der Götter? Warum nackt? (Die griechische Unterscheidung von *physis* und *nomos* wird dem, der sie an einer archaischen Statue oder einer dorischen Säule wahrgenommen hat, immer wieder helfend in den Sinn kommen, nicht nur bei der Betrachtung von Kunstwerken!) Am Ende: Was löst die Wir-

7 Vierzig Jahre später habe ich einen Festschriftaufsatz daraus gemacht: »Mit meinen Schülern im Pergamon-Museum«, in: Hanns-Werner Heister und Wolfgang Hochstein (Hg.): Kultur, Bildung, Politik / Festschrift für Hermann Rauhe, Hamburg 2000 (Bockel Verlag), S. 501–512.

kung »Schönheit« aus? Was macht ein Kunstwerk »wahrhaftig«, und was verdirbt ihm diese Eigenschaft? Woher der Wandel in der Kunst? Und schließlich: Was machen wir mit ihrer Geschichtlichkeit?

Diese – neben den Theateraufführungen – auch für den Lehrer stärksten Bildungserlebnisse sicherten meine didaktischen Überlegungen auf diesen Gebieten hinreichend; sie waren mir geläufig und jederzeit zu reproduzieren.

Aber die »Sprache als Erkenntnismittel« stellte einen gänzlich neuen Unterrichtsgegenstand dar, setzte ein klares Konzept voraus und verlangte unermüdliches Lesen, um die geeigneten Beispiele zusammenzufinden. Die Denkanregungen bekam ich von Bruno Snell (»Der Aufbau der Sprache«), Walter Porzig (»Das Wunder der Sprache«) und Benjamin Lee Whorf (»Sprache, Denken, Wirklichkeit«); einen Maßstab für das, was ich leisten müsse, gaben mir Jacob Wackernagel (»Vorlesungen über Syntax mit besonderer Berücksichtigung von Griechisch, Lateinisch und Deutsch«, 1926), Ferdinand Sommer (»Vergleichende Syntax der Schulsprachen – Deutsch, Englisch, Französisch, Griechisch, Lateinisch«, 1930) und Paul Cauer (»Grammatica militans«, 1898). Die trefflichsten Probestücke sprudelte Mario von Wandruszka in unseren zahlreichen, sich fortzeugenden Gesprächen hervor, die der sprachbegnadete Mann offenbar gern mit mir führte. So wie er müsste ich über Wortbildung, Integration des Adjektivs (die Großmächte / les grandes puissances), Prädetermination und Postdetermination (A Midsummer Night's Dream / Le songe d'une nuit d'été), die Wortfolge im Satz, das Koordinatensystem *ego-hic-nunc* verfügen und dann die für den Unterrichtszweck geeignete Auswahl treffen. Ich beschloss, meinen gedachten Schülern das Räderwerk der Sprache(n) an den Tempora mitsamt den Aktionsarten (schlafen/einschlafen/geschlafen haben = wach sein), den Modi, den Konditionalsätzen und den Verneinungen zu erklären, und spüre seither ein Unbehagen darüber, dass ich die Casus-Lehre und die für das Griechische so bezeichnende Partikel-Fülle nicht einbezogen habe. Ich weiß nicht, ob ich die 175 Seiten, die ich der Deutschen Forschungsgemeinschaft hierzu übersandte, heute selber noch verstünde. (In der Arroganz meines Wissens habe ich allzu oft die griechischen Zitate nicht übersetzt!) Aber ich kann noch munter die deutschen Belege für griechische oder lateinische Merkwürdigkeiten wiedergeben und tue es hier – beispielshalber –, obwohl es meinem Verleger nicht gefallen wird, weil dies den Erinnerungstext mit Fachwissen belaste. Es war jedoch meine damalige Überzeugung, dass die Gesetze zu durchschauen, mit deren Hilfe Sprache Sinn, Unterscheidung, Wirkung erzeugt, nicht weniger interessant und ganz gewiss für die meisten Menschen wichtiger ist, als die Gesetze zu kennen, nach denen die Materie die einzelnen Stoffe, ihre Verbindungen und Eigenarten herstellt. Immerhin unterlasse ich es hier, die griechischen und lateinischen Sätze zu zitieren, die das Ausgangsphänomen enthalten – etwa den im Alltagsdeutsch so sträflich vernachlässigten Unterschied von Perfekt und Imperfekt: »Im nächsten Frühjahr (es *kam* traurig und kalt) *ritt* ein Kurier des Freiherrn von Pirovano langsam in Langenau ein. Dort *hat* er eine alte Frau weinen *gesehen*« (Der Cornett); oder den Ausdruck der Nichtwirklichkeit einer Annahme durch die bloße Vergangenheitsform (das Imperfekt): »Warf er das Schwert von sich – er war verloren« (Wallensteins Tod II,2); oder die im Behauptungssatz versteckte Hypothese: »Kein Hälmlein wächst auf Erden, der Himmel hat's betaut«, »Man vergisst seinen Regenschirm, und prompt regnet es!« Wenn der Leser nun rätselt, wie das zustande kommt und welche weitere Bewandtnis das hat, ist er auf meinem Weg. Der Vergleich mit den anderen Sprachen bringt die erstaunlichsten Übereinstimmungen hervor. *Si je pouvais*, würde ich den Leser hier weiter (ver)führen. Wenn es ihn wirklich interessiert: Im Marbacher Literatur-Archiv liegt das Material unter dem Namen Hentig.

Griechischlehrer werden heute – wie damals – sagen: »Was der Hentig da mit dem griechischen Sprachunterricht vorhat, treiben wir doch seit eh und je. Auch haben sich unsere Grammatiken im letzten halben Jahrhundert aus Speichern und Nachschlagewerken für Erscheinungen, Regeln und Ausnahmen im Lateinischen und Griechischen zu modernen linguistischen Chrestomathien entwickelt.« Mehr, als die »Lateinische Schulgrammatik auf sprachwissenschaftlicher Grundlage« von Rubenbauer-Hofmann und das von Hans Ferber im Bayerischen Schulbuchverlag herausgegebene »Griechische Unterrichtswerk« an kundigen Erklärungen und Beispielen bieten, könne man im Schulunterricht nicht lehren und lernen. Insbesondere mit dem zweiten Argument haben sie nicht Unrecht. Aber um den Unterschied zwischen

Imperfekt, Aorist und Perfekt im Griechischen kümmert man sich auch in dem von diesen Grammatiken angeleiteten Unterricht nicht, um die Unterscheidungsmittel und Aussagekategorien der Sprache zu klären, sondern erstens, weil man doch die jeweilige Grammatik »können« muss, bevor man Texte liest, zweitens, damit man diese »richtig übersetzt«. Und beides wird am Anfang absolviert und nicht, wie ich empfahl, noch einmal am Ende.

Ich habe damals für den Deutschen Ausschuss für das Erziehungs- und Bildungswesen zusammen mit so trefflichen Leuten wie Hans Walter Erbe, Emmi Frey, Johannes Flügge, Doris Knab und Martin Wagenschein an der Empfehlung für die Neuordnung der Oberstufe (an der sogenannten Folge 9) mitgearbeitet – in monatelanger Heimarbeit und immer neuen gemeinsamen Sitzungen, in denen das Gewand der Penelope wieder aufgelöst und neu gewebt wurde. Was wir damals im Dienst einer Wagenscheinschen Lehrkunst und einer wirklichen Allgemeinbildung erdacht und aufgeschrieben haben – nicht im Dienst einer »universalen«, alle bedeutenden Gegenstände umfassenden und auch nicht einer »von allen geteilten« Bildung –, galt der Bemühung, das lern- und lehrbar zu machen, was an den Gegenständen und Verfahren eine *Verallgemeinerung* ermöglicht und braucht. Diese Bemühung (in »Folge 9«) ist an dem unauslöschlichen Hang der Menschen zur Sophistik, also zu einem materialisierten Wissen, gescheitert.

Was ich hierzu ausgekundschaftet und ausgedacht hatte, fand praktische Anwendung in dem weiter oben erwähnten Griechischkurs, den ich für angehende Theologen an der Universität gab: Sie mussten in einem Jahr in einem großen Hör-Saal das lernen, was sich die Gymnasiasten in vier Jahren durch Schreib- und Lese-Übungen aneignen. Die komplizierten Regelungen der Modi im griechischen Nebensatz kann man auswendig lernen, in der Hoffnung, dass man im Examen just danach gefragt wird. Sicherer ist es allemal, man hat die Funktionen der Indikative, Konjunktive und Optative wirklich verstanden. Dazu dienten meine Beispiele aus den anderen Schulsprachen und vor allem ein System von Graphiken, das deren Logik veranschaulichte. – Noch heute kommen inzwischen betagte Pastoren und Pastorinnen auf mich zu: Sie hätten bei mir Griechisch gelernt; wie ich den Kurs erteilt habe, sei für die Wort-und-Sinn-Lehre ihres Berufs von entscheidender Bedeutung gewesen. Vor allem aber für mich selbst hat sich die Mühe gelohnt. Nie konnte ich besser Griechisch als damals, und nie habe ich mein eigenes Deutsch so genau geprüft. Die Hoffnung jedoch, dass die Lehrer des Gymnasiums auch nur zwei oder drei der Themen – eben »exemplarisch« für Sprachbesinnung überhaupt – in ihrem Unterricht behandeln würden, gab ich selbst angesichts des unvollendeten Werks auf, das vollendet monströse Ausmaße angenommen hätte.

Straffer und brauchbarer fiel das Kapitel griechische Naturwissenschaft und Mathematik aus: zehn Hypomnemata (Protokolle) von ebenso vielen, gelegentlich zwei oder drei Sitzungen beanspruchenden Arbeitseinheiten, in denen ich meinen Gegenstand den gelehrten Kollegen des Uhland-Gymnasiums vortrug und mit ihnen diskutierte – erst mit sieben bis acht, am Ende mit Erich Haag und Eberhard Krauß allein. Das wiederum etwa 170 Seiten umfassende Kapitel, das mit den erkenntnistheoretischen Fragen der heutigen Naturwissenschaften beginnt (Rationalismus und Empirismus, Isomorphismus und Quantentheorie), über das Cartesische Erkenntnismodell zum Platonischen zurückgeht und von diesem über die Harmonienlehre der Pythagoräer zu ihrem empirischen Kritiker Aristoxenos einerseits und zu Euklid andererseits, von dort weiter zurück zu den Vorsokratikern bis zur Logomythie des Hesiod und der Mythologie Homers und das es schließlich mit der aristotelischen Metaphysik aufnimmt, ergäbe auch für sich ein nützliches Buch. Damals mochte ich es nicht aus dem Ganzen herauslösen, an dem ich mit eigentümlicher Versessenheit arbeitete.

Ich saß wieder in einer »Klause«. Die lag freilich nicht wie in Chicago im Keller, sondern im ersten Stock und schloss einen großen Balkon ein, von dem aus ich weit über die Stadt und das Neckartal blickte und den ich mit einem Meisenpaar teilte; dieses hatte sich einen Tonkrug aus Griechenland ausgesucht, um darin zu nisten. Vorsichtig-umsichtig schlupften Meise und Meiserich durch den engen Hals hinein, um ihre Brut zu füttern; wie aus einer Raketenbasis schossen sie aus diesem wieder heraus. Schrieb ich bei gutem Wetter gelegentlich draußen, kamen sie dicht zu mir herangeflogen, setzten sich aufs Geländer und zeigten mir den Wurm oder die Motte, die sie gleich weitergeben würden – im Dreiminutentakt. Abgeschirmt wurde die Idylle durch Martin Heisenberg, der in einer Dachstube über mir wohnte und die bei mir klingelnden Besucher abfing. Sie streng und höflich fortzuschicken war sein nicht immer leichter Auftrag. Wenn er abends spät zu mir kam, um zu berichten, wer alles dagewesen sei, musste gelegentlich ein Glas Wein die erlittene Seelennot kompensieren. Heute sei ein Herr mit Krückstock vor der Tür gestanden, habe sich angehört, dass er nicht vorgelassen werden dürfe, und sei mit einem traurigen »Ich bin doch der Golo Mann!« wieder davongehumpelt. So ein Wächter unterbindet nicht nur äußere Störungen, sondern auch innere. Wollte ich ins Kino gehen – die Verführung dazu kam mit der Zeitung ins Haus, die ich immerhin noch las –, zum Beispiel, um mit dem schönen Konrad Raiser den schönen Alain Delon zu sehen, oder mit dem starken Franz Härle nächtlich durch den Schönbuch wandern, musste ich das heimlich tun.

Erlaubt waren gleichsam dienstliche Exkursionen, also die zur Stuttgarter Privatstudiengesellschaft, einer Vereinigung von vierzig bis fünfzig Personen, die nach strengen Regeln bedeutende Themen abhandelten. Häufigster Treffpunkt war das Haus Klett, aber auch das von Otto Küster, der anderen Eminenz dieses eindrucksvollen, sehr schwäbischen Ordens, und gelegentlich die Räume der Landeszentralbank, in der einer der Brüder Raiser regierte. Dort gab es einzelne Arbeitskreise mit bleibendem Auftrag (»Logik«, »Sprache«, »Rechtsfragen«), und es gab Plenarsitzungen, etwa viermal im Jahr.[8] Auf ihnen wurden unterschiedliche Themen, beispielsweise »Der junge Marx« oder »Naturrecht« oder »Das formengeschichtliche Verständnis des Neuen Testaments« oder »Demokratisierung als Problem«, ja auch »Wissenschaft als Beruf« (aus Anlass von Max Webers hundertstem Geburtstag) je nach Bedarf drei- oder viermal in Folge mit Referat, Korreferat und Diskussion durchgearbeitet. In diese Gesellschaft wurde ich aufgenommen – nicht zuletzt, um mit Ernst Klett die Frage nach der »Wirklichkeit des Mythos« (dem Gegenstand der Einleitung zu meiner Arbeit über griechische Naturwissenschaft im Unterricht) auszutragen. Zu sagen, Ernst Klett habe in diesem sich über ein Jahr hinziehenden Streit die im Thema formulierte »Behauptung vertreten«, ist ein groteskes *understatement* – Klett hat nicht »behauptet« und nicht »vertreten«, er hat die in den Mythen be-

8 Die Vergangenheitsform drückt mein Erinnern aus. Die Gesellschaft lebt fort und dürfte, streng, wie sie mit sich selbst ist, weitgehend die damals geltenden Arbeitsformen noch heute einhalten.

nannten Mächte vielmehr in seiner Person zu Wort kommen lassen. Meine Erwiderung bestand aus einer Analyse der Mittel, mit deren Hilfe wir »Mythisches« darstellen. Dieses habe ich als den »Gegenstand des Mythos« definiert, der seinerseits schlicht »Erzählung/Bericht von den Mächten« bedeute. Ich beharrte auf Klärung von Aussagen wie: »Der Krieger ist erfüllt von Ares.« Was kann, was muss er dann tun? Klett: »Kämpfen und sterben.« Setzte man ihm mit Darstellungen mechanisierter Tötung in heutigen Kriegen zu, konterte er mit der alten Redefigur: Die Götter hätten sich leider zurückgezogen. Dies eben erklärte ich zu einem Mythos – einer Darstellungsform. Dies sei »die Wirklichkeit«, beharrte Klett. In der nächsten Runde ging es dann konsequenterweise um »mythisches Denken« – ausgelöst durch meine These: Für die Wahrheit (die Aussagekraft) des Mythos sei die Wirklichkeit des Mythischen überflüssig. Die homerischen Götter seien eine außerordentlich kluge Weise, die Welt zu gliedern und zu beschreiben, sie in Bilder zu fassen. Den Hermes mit den geflügelten Schuhen müsse es darum noch nicht geben. Ich habe nie in meinem Leben so viel Freud und Jung, Tillich und Nebel, Otto und Otto, Bultmann und Hegel gelesen und gebraucht wie zu dieser Auseinandersetzung. Erst durch sie bin ich zu einem gelassenen, seiner Sache wirklich sicheren Aufklärer geworden.

Natürlich brach ich auch meine anderen Beziehungen nicht ab, verstopfte nicht die Quellen des Geistes, des Gemüts, der Geselligkeit, die in Tübingen so kräftig sprudelten. Erich Haag hatte Eduard Spranger, mit dem er regelmäßige Studien trieb und ein Büchlein zum Altsprachlichen Gymnasium herauszugeben im Begriff war, nicht nur von unserem Streit berichtet, sondern ihm nahegelegt, mich einzuladen. Ein Kärtlein mit zierlicher Schrift und dem von mir »Grashüpfer« genannten Namenszug (die beiden »d« im Vornamen griffen mit ihrem oberen Ende weit über das Gesamtgebilde zurück – wie Zipfel oder Hörner einer Heuschrecke) lud den »Hochverehrten Herrn Dr.« zum Kaffee um 16 Uhr in sein Haus in der Rümelinstraße 12 ein. Ich hatte Mühe, die Zeit einzuhalten: bis 14.30 Uhr Proben in der Schule (»Aias«), dann den Österberg hinaufjagen, umziehen, wieder hinunter in die Stadt – und siehe, es war 16.05 Uhr, als ich auf den Klingelknopf drückte. Die Tür öffnete sich sofort; in ihr stand Eduard Spranger selbst mit der Hand an der Uhrtasche und sagte (vermutlich nach einem »Guten

Tag«): »Wie schön, dass Sie doch noch kommen! Fünf Minuten später, und Sie hätten mich nicht mehr angetroffen. Ich liebe Pünktlichkeit.« Meine Entschuldigungsworte – auf dem Weg ausgedacht – blieben mir im Hals stecken. Ich hatte nicht einmal einen Blumenstrauß für Frau Spranger, legte das ihn ersetzende gedruckte Programm unserer Aufführung auf ein Tischchen im Flur und folgte der Aufforderung in den Salon in stummer Zerknirschung. Die muss den strengen Gastgeber und seine liebenswürdige Frau berührt haben. Er wechselte von der zur Schau getragenen Kühle zu umständlicher Höflichkeit und genoss die Sechserstücke, den biedermeierlich servierten Kaffee und meine willigen Auskünfte so, dass ich es am Ende mit der Regel »keine Minute über zwei Stunden« nicht weniger schwer hatte als mit dem pünktlichen Erscheinen am Anfang. Ich schrieb danach einen artigen Dankbrief, der nun doch ein in Worte gebrachtes Bedauern und eine Erklärung für meine Verspätung enthielt – und eine Einladung zur Aufführung unseres »Aias«, der Spranger tatsächlich folgte. Seine Einladungen wiederholten sich, und bald hatte ich verstanden, dass der bedeutende alte Mann sehr einsam war. Wenn ich heute seine Briefe lese, bin ich bewegt:

> Wir haben es sehr dankbar empfunden, dass Sie die Zeit bei uns nicht als ganz verloren angesehen haben. Unsererseits danken wir vielmals für die Belebung unserer stillen Sphäre, die Ihr lieber Besuch uns auch diesmal gebracht hat. Nur zaghaft füge ich hinzu: Jede Wiederholung, die Sie ermöglichen können, wird uns beglücken. Aber Sie haben so viele Verpflichtungen, dass wir geduldig warten. Wenn es Ihnen wieder einmal passt, werden wir Sie, wie stets, mit der wärmsten Freude begrüßen.

Nicht nur die in diesem Schreiben ausgedrückte Hoffnung des Alten auf den Jüngeren, der seinen Tag belebt, beschämt und berührt mich, auch ihre sorgfältige Einkleidung, die Urbanität der alten Zeit, eine Sicherheit der Form, die erlaubt, unmittelbar zu sein, weil man sie beim anderen ebenfalls voraussetzen kann: »Sie wissen ohne weitere Worte von mir, dass ich *Sehnsucht* [Unterstreichung von Spranger] nach Ihnen habe.« Mit Leidenschaft malte er sich meine für den Sommer geplante Griechenlandreise aus und gab mir seinen Baedeker von 1903 mit. (Dieser sollte unser wichtigster Begleiter und eine Quelle von Vergnügen sein mit Ratschlägen wie: den Flüssigkeitsbedarf vornehmlich mit Suppe zu befriedigen, eine Leibbinde mitzunehmen, sich nicht aufs Handeln einzulassen.) Spranger war voller Neugier, revanchierte sich mit treffend eingesetzten Geschichten und überraschte mit Schnurren, die er mit Berliner Trockenheit vortrug: »Dass die Griechen geraucht haben, wollen mir die meisten Gebildeten nicht glauben. Sie haben ihren Homer eben nicht gründlich genug gelesen: Estopsán te pipán kai esmóchthoun theía tabákka.« Spranger war ein preußischer, kein athenischer Idealist und – seiner eigenen Kritik zum Trotz – ein Zeitgenosse des Historismus. Platon und Friedrich der Große, Rousseau und Pestalozzi, Humboldt und Dilthey standen ihm gleich nahe, Dewey und Heidegger gleich fern. Der aus anderen Gründen nicht festgelegte, der zwischen Erfahrung und Idee hin und her wandernde Hentig war darum für ihn ein erfreulicherer Umgang als der gebundene und unerbittlich genaue Erich Haag. Der alte Herr hat sich doch tatsächlich aufgemacht, um mich in meiner ersten Wohnung am Klosterberg neben dem Stift aufzusuchen – er brauchte das Gespräch, nicht das Studium, die Nähe, nicht nur die »Wahrheit«. Er las alles, was ich schrieb, und führte mit mir auch die schwierigeren Gespräche, zum Beispiel über Heideggers »Brief über den ›Humanismus‹«, zu dem er zunächst meine Meinung hören wollte. Er war sichtbar erleichtert über mein Geständnis, dass ich den Text, soweit ich ihn überhaupt verstünde, verstiegen, ärgerlich, arrogant fände: Der historisch gewachsene, an seinem Missbrauch leidende, an seinen Missverständnissen sich festigende Begriff müsse nicht in der Mitte des 20. Jahrhunderts im Schwarzwald ganz neu gedacht werden. Das war nun zwar meinerseits arrogant, aber der Alte in der Rümelinstraße fühlte sich entlastet und bestätigt zugleich. Da hatte ein Kind des Kaisers neue Kleider gesehen – *er* musste sie nicht bewundern.

Umso befriedigender war für uns beide die voraufgehende Schrift »Platons Lehre von der Wahrheit«. Da hatte der Tüftler von Todtnauberg etwas Wichtiges gesehen. Schob man den Schwulst beiseite (»Ihr [der Sonne] Scheinen verstrahlt zugleich die Wärme und ermöglicht durch ihr Beglühen allem ›Entstehenden‹ das Hervorgehen in das Sichtsame seines Bestandes, Rep. 509 b«, wodurch dem klaren Höhlengleichnis nichts an Anschauung hinzugefügt, vielmehr die so glückhaft begonnene eigene Analyse wieder zugeschüttet wurde), dann gewann man eine lehrbare Lehre. Jeder Studienrat konnte, wenn er diesen Schlüssel hatte, die Lektüre des Siebenten Buches der *Politeia* mit der von Heidegger erkannten »Entbergung« vor seinen zweifelnden Schülern bestehen.

Auch ich habe mich der suggestiven (übrigens auf die Antike zurückgehenden) Etymologisierung des griechischen Wortes für Wahrheit – *alētheia* = Un-Verborgenheit – bedient, merkte aber bald, dass dies bei meinen Primanern nur die Vorstellung verstärkte, Platon habe die Idee als etwas buchstäblich »hinter« den Erscheinungen Wesendes und Wirkendes angenommen. Die Schüler taten, was wir alle zu tun geneigt sind: Sie nahmen die starke Bildlichkeit des platonischen Gleichnisses für die gemeinte Erkenntnis. Schon die Kritik des Aristoteles, Platon habe die Welt der Ideen von der Welt der Erscheinungen »getrennt«, beruhte auf dieser Verwechslung. Das hat ihn einer weiterführenden Auslegung des Höhlengleichnisses enthoben und ihm den Weg zu seiner eigenen Ontologie freigegeben. Aristoteles überwand den von ihm so genannten *chorismos* (die »Trennung« von Urbild und Erscheinung) durch die Unterscheidung von drei Arten von Ursachen, die die sichtbare Welt hervorbringen: Substanz, Kausalität und Finalität. Er beendete damit vorerst den Versuch, Platons Erkenntnislehre, die in Platons eigenen Worten eine Bildungslehre ist (*paideias te peri kai apaideusias*, Rep. 514 a 2), auf den Begriff zu bringen. Ich »ahnte« von alledem mehr, als ich wusste, und stürzte mich Hals über Kopf in die Erkundungsarbeit, die mich nicht nur in den Jahren 1960 bis 1963 am intensivsten beschäftigte, sondern wohl auch die größte geistige Anstrengung meines Lebens ausmacht: die Darstellung (heute würde man sagen »Rekonstruktion«) des platonischen Kampfes gegen den Schein, gegen den Selbstbetrug des oberflächlich wahrnehmenden und ungenau denkenden Menschen. In diesem »struggle« (das englische Wort gefällt mir hier besser als »Kampf«) verschreibt und verheißt uns Platon eine notwendige, nicht abschließbare, zwar mühsame, aber lohnende Annäherung zu größerer Gewissheit, zu bleibender Beglückung, zu einem besseren Leben. Aus diesen drei Zielen hat man von alters her – etwas zu eingängig, aber nicht falsch – »das Wahre, das Schöne, das Gute« gemacht und uns damit den schwierigen Prozess erspart, den uns das Höhlengleichnis, der Siebente Brief und die Lebensführung des Platonischen Sokrates zumuten.

Meine Bemühungen hatten sich zu 400 Schreibmaschinenseiten ausgewachsen, die meiner Einführung in die Didaktik des altsprachlichen Unterrichts für die Deutsche Forschungsgemeinschaft voraufgingen. Dieser wurde dadurch letztlich zu einem Exempel für die Lehrkunst überhaupt. Ich habe, um von unserem an die Altphilologie und ihre Texte gehefteten »Humanismus« wegzukommen (also auch von anderer materialer Fixierung: von dem »Umfüllen von einem Gefäß in ein anderes mit Hilfe eines Wollfadens«, als die Sokrates die sophistische Belehrung karikiert), einen »Humanismus als Methode« vorgezeichnet. Die Prolegomena hierzu hatte ich im Juli 1960 auf einem Kongress von Humanisten, zu dem man mich nach Wittenberg eingeladen hatte, vorgetragen, wo ich zu meiner Befriedigung auf heftigen Widerspruch der DDR-Humanisten und auf freudige Zustimmung unter den gelehrten Ungarn, Polen, Rumänen und Tschechen stieß. (Eine Schilderung dieser Reise an der Seite des Nazi-Altphilologen Hans Drexler, des einzigen anderen Westdeutschen, ist in den Frankfurter Heften im Februar 1961 erschienen; mein Vortrag mit dem Untertitel »Ein Beitrag zur Selbstorientierung des Menschen in der Pädagogik« wurde umstandslos im Tagungsbericht der ostdeutschen Gastgeber abgedruckt: Renaissance und Humanismus in Mittel- und Osteuropa, Berlin 1962.) Die Korrespondenz mit dem rumänischen Kollegen Tudor Vianu dürfte im Marbacher Literaturarchiv zu finden sein und offenbaren, was es damals in Mittel- und Osteuropa für bedeutende Gelehrte gab. Gut ein Drittel der in Wittenberg gehaltenen Vorträge kamen in perlendem Latein daher. Jahre später hat jemand, der nicht dabei war, in der westdeutschen Zeitschrift »Gymnasium« (Band 70, Heft 4, Juli 1963) aus den schriftlichen Aufzeichnungen ein gänzlich anderes Bild konstruiert: Vianu habe den Herren Drexler und von Hentig den »sozialistischen Humanismus« lustvoll »um die Ohren geschlagen«. Was man, im sowjetischen Machtbereich lebend, in den Druck gab, war äußerlich allemal mit der Ideologie konform. Der Kalte Krieg ließ die in ihren Lebensverhältnissen und -äußerungen so beschränkten Menschen im Schutz des Säbelgerassels jede Möglichkeit zu persönlichen Kontakten suchen (wie viele Bücher habe ich dem ausgezehrten Freund Vianu schicken können!), und die »freien Westler« machten aus dem offiziellen Lärm einen Vorwand, wegzubleiben. Die östliche Feigheit gefiel mir besser.

Als mein Buch fertig war, erhielt es den Titel »Platonisches Lehren«. Es sollte eine Ergänzung zu der Platonischen Mathetik sein – einer in Platons Werk durchgehend gezeigten, geprüften, gesteigerten Kunst der *Theorie des Lernens* »der wichtigsten Dinge«. Dieses Lernen hatte Platon theoretisch bestimmbar gemacht. Ein Gang durch die Bildungstheorie des humanistischen Gymnasiums von Humboldt rückwärts bis zu Platon und vorwärts bis in den Szientismus der modernen Humanwissenschaften und in den Existentialismus gab mir allmählich etwas Festigkeit gegenüber Erich Haags besorgten Zweifeln, ja gelegentlich harschen Vorwürfen und nahm meinen Urteilen über Denker wie Martin Heidegger die Überheblichkeit. Nun konnte ich sie einigermaßen verständlich begründen.

Den Mann, der mich auf seine »Holzwege« gelockt und der den »holden«, an seinem eigenen Sein leidenden Hölderlin (ihm hatte ich als Jüngling gehuldigt!) zum Zeugen der »Geworfenheit« des Menschen machte, sollte ich im Hause von Ernst Zinn kennen lernen. Ernst Zinn war Latinist, Herausgeber der Gesamtausgabe von Rilke und der Inbegriff eines Alexandriners, eines Menschen, der Wissen als Wissen liebt, es zu sammeln und zu ordnen schlicht genießt. Sein Haus lag an meinem Schulweg, und seine Töchter hatten denselben. Ich wurde zu geselligen Abenden eingeladen, an denen seine Frau Schubert-, Schumann- und Wolf-Lieder sang mit einfühlsamer Naturstimme. Es störte mich, wenn es »Die Winterreise« oder »Die schöne Müllerin« sein mussten: Diese Lieder handelten von Liebe und Leid eines Mannes und waren nicht von einer Frau vorzusingen. Gelegentlich besprach ich mit Ernst Zinn meinen Eindruck von einem Kandidaten für die Studienstiftung des Deutschen Volkes oder ein philologisches Problem meines Unterrichts. Wenn er für diese die Antwort nicht gleich parat hatte, bat er, »morgen noch einmal wiederzukommen« – und dann hatten sich die Bücherhaufen, die überall in seinem Arbeitszimmer herumstanden, um einen vermehrt; aus ihm hatte er die mir präsentierte Antwort herausgefiltert. Zinn war ebenso liebenswürdig wie gelehrt und ebenso kühn wie altmodisch. Er kündigte eine Vorlesung »Vergils Äneïs« an und las in dieser je einen Gesang lateinisch vor – so poetisch und sorgfältig moduliert, dass man den Text unmittelbar zu verstehen meinte (was man auch tat, wenn man – nach der Überraschung der ersten Lesung – den jeweils nächsten Gesang zu Hause präpariert hatte). Was für ein Ereignis! Gleichrangig dem, das der andere altsprachliche Tübinger Riese bot: Wolfgang Schadewaldt trug seine in der Entstehung begriffene Übersetzung der Odyssee vor – eine rhythmische Prosa, die ganz nah am griechischen Original blieb. Wie ich in meinem Unterricht, überführte er nicht das Griechische ins Deutsche, sondern das Deutsche ins Griechische, und – anders als bei mir – wurde es dadurch schön.

Auch Schadewaldt hatte eine Tochter am Uhland-Gymnasium und interessierte sich für deren Lehrer zunächst mehr als für dessen Bildungstheorie und Didaktik. Bei einem Besuch hatte ich ihm einen Sonderdruck mit einem Aufsatz über den altsprachlichen Unterricht übergeben (»Noch einmal humanistische Bildung«, 1958), in dem ich meine mir zwar wichtigen, aber nicht eben sehr originellen Gedanken ausformuliert hatte: Die Welt der Griechen sei ein Modell, an dem wir lernen, was Menschen sein, denken und tun können, und eben nicht ein Ideal, eine Norm, eine »gültige« Lösung des Daseins. Beim nächsten Besuch fragte mich Schadewaldt beiläufig, ob ich seinen Aufsatz zu meinem Thema in der Neuen Rundschau aus dem Jahr 1957 kenne. Ich hatte davon nie gehört und verneinte seine Frage, nicht ohne zu bekunden, wie peinlich mir das sei. Wer zu diesem Thema einen größeren Forschungsauftrag von der DFG übernommen hatte, der musste doch auch Schadewaldts Äußerung dazu gelesen haben! Hätte ich da nicht lieber ein bisschen schwindeln sollen? Von diesem Skrupel befreite mich Schadewaldt: »Da haben Sie Glück gehabt!«, sagte der Zeus vom Österberg. »In diesem übrigens in ›Hellas und Hesperien‹ aufgenommenen Vortrag vertrete ich die gleichen Gedanken wie Sie – und das hätten Sie dann, bitte, in einer Fußnote vermerken sollen.« Schadewaldt erklärte die Sache für erledigt und schien mir weiterhin gewogen zu bleiben. Mich aber wurmte der Gedanke, es könnten andere mich für einen plumpen Plagiator halten. Ich fragte also den allwissenden Ernst Zinn, bei wem wohl der Modell-Gedanke zum ersten Mal aufgetaucht sei. Er konnte mir ein halbes Dutzend zum Teil ganz alter Urheber und Zeugen nennen. Sie alle waren mir in dieser Hinsicht unbekannt. (Kannte Schadewaldt sie?) Im Übrigen, sagte Zinn, liege der

Gedanke doch in der Luft – nachdem die humanistische Bildung angesichts des Nationalsozialismus mit ihrer Verherrlichung der Griechen so offensichtlich versagt habe. – Und dann sann mein rettender Freund über die Herkunft des Ausdrucks »Es liegt in der Luft« nach. Offensichtlich sei das eine Huldigung an den Geruchssinn. Aber was habe der eher wahrgenommen als das Auge oder das Ohr? »Ich finde das bis zum nächsten Mal heraus«, brummte er zuversichtlich.

Nun, das »nächste Mal« erlaubte eine solche Erörterung nicht: Ich war zu einer Begegnung mit Martin Heidegger ins Zinnsche Haus geladen, um einer Begegnung Heideggers mit ausgewählten Studenten und Doktoranden aus dem Seminar von Zinn beizuwohnen. Die den anderen jungen Leuten schon vorher erteilte Instruktion wurde mir schnell in der Eingangshalle des Hauses nachgereicht: Martin Heidegger werde den Raum betreten, in dem »wir alle« sitzen; die Studenten – etwa ein Dutzend – würden ihm einzeln von Ernst Zinn vorgestellt; Martin Heidegger werde seinen Vortrag zum Thema X halten (meiner Erinnerung nach ging es um sein Urteil über das Schicksal der Metaphysik); dann hätten die Studenten Gelegenheit, ihm Fragen zu stellen, wobei keiner, bitte, mehr als eine Frage vortragen möge; Martin Heidegger werde diese Fragen beantworten, soweit sie ihm ergiebig erschienen; er werde zum Abschluss aus Johann Peter Hebels Alemannischen Gedichten vorlesen. Ich wurde ausdrücklich gebeten, den Studenten »den Vortritt« zu lassen. Genauso ist alles abgelaufen – zur großen Zufriedenheit des Hausherrn. Bei mir hatte der Gast freilich schon mit seiner Erscheinung »verloren«. Wie ein großer Denker sah der kurze Mann mit dem sorgfältig gestutzten Schnauzbart nicht aus, eher wie ein Trikotagenverkäufer; sein leise, aber sorgsam abgelesener Vortrag war schwer verständlich, nicht so sehr wegen der heideggerschen Etymologeleien, sondern weil er nicht sagte, worauf er hinauswolle. Dem Tatbestand galt dann gleich die erste Frage eines Studenten. Heidegger hörte sich ein halbes Dutzend weiterer Fragen an, um just auf die erste nicht einzugehen. Kurz vor Ende der Fragestunde meldete ich mich und erinnerte daran, dass eine Antwort auf die Frage des Kommilitonen, nennen wir ihn Meier, noch ausstehe. »Ich glaube, Herr von Hentig [er hatte sich meinen Namen gemerkt], der Kommilitone Meier wird inzwischen verstanden haben, dass Philosophieren nicht vor sich geht wie Landvermessung: Man sagt, dies sei das fragliche Grundstück und misst es dann aus.« Nach dieser Auskunft sah sich Heidegger befriedigt in der Runde um, alles schwieg, und der verehrte Gast griff zu dem Hebel-Bändchen. Der solchermaßen abgefertigte Hentig verstand das Alemannische noch weniger als die Gedanken des Meisters zur Metaphysik.

Ein Tübinger Philosoph nach meinem Herzen war Walter Schulz. Er war nur dreizehn Jahre älter als ich, aber ich empfand ihn stets als der Vatergeneration angehörig – nicht wegen seiner Erscheinung (als ich ihn kennen lernte, trug er noch keinen Bart, der ihn später wie einen Sokrates mit Brille aussehen ließ) und auch nicht wegen seiner Weisheit. Diese kommt mit Abgeklärtheit daher, und die ging ihm ab. Er litt, zumal an dem frühen Tod seiner überaus schönen Frau, war einsam, ja unsicher. Zugleich war er darauf bedacht, dies nicht zu zeigen, was ihn von den möglichen Tröstungen abschnitt. Dass er diese Schranke mir gegenüber, wenn nicht einriss, so doch gelegentlich umging oder überschritt, hatte etwas mit seiner Witterung für die geistigen und moralischen Heimsuchungen des anderen zu tun. Auch tat ihm mein Vertrauen in die Unbestechlichkeit seines Philosophierens gut. Er kannte sich in allen Denkgebäuden der Menschheit gründlich aus, hatte für ein Problem, das man ihm präsentierte, alsbald denjenigen zur Hand, der es zum ersten Mal oder mit der größten Schärfe gestellt hatte, und ging dann die Antworten, Umwandlungen, Verzweigungen durch, die es seitdem erfahren hatte. Das geschah stets in klarer Sprache (»wie jestochen«, würde ein Berliner sagen) und uferte nie in die Weiten seines Wissens aus (wie bei dem phänomenalen Hans Heinrich Schaeder in meiner Studienzeit). Eines unserer Gespräche in seinem Haus auf dem gegenüberliegenden Berg ging um die uralte Frage: Warum soll ich das Gute tun? Hat man lange genug mit einer der großen, nennen wir sie prinzipiellen Antworten gelebt – »weil Gott es uns auferlegt« oder die Natur oder die Vernunft oder die Geschichte –, kommen die Zweifel von allein, von innen, von Grund auf. Einerseits lösten die mir bekannten philosophischen Systeme das Problem je auf Kosten der übrigen; sah man nicht kühn von diesen ab, geriet man in Verwirrung. Andererseits befand *ich* mich nicht etwa schon deshalb in ethischer Not. Und eben das beunruhigte mich: Nicht die Wahrnehmung, dass andere die genannten Instanzen erfolgreich missachteten und ihren Willen an die

Stelle der geforderten Begründung setzten (sit pro ratione voluntas), vielmehr die Tatsache, dass ich selber einen solchen Willen in mir gar nicht verspürte, veranlasste mich, Walter Schulz auf einem unserer Spaziergänge die fundamentale Frage zu stellen. Wir setzten uns auf eine Mauer, und unversehens hörte ich ein kleines Kolleg über die Abgründe des Satzes »Ich will« – von Eva und Adam über Platon und Kant, Fichte und Schelling, Scheler und Freud bis zu uns beiden, unseren tollen Trieben und unserem vernünftigen Willen und alsbald umgekehrt unseren vernünftigen Trieben und der puren Willkür. Am Ende musste ich wählen, einen angesichts solcher Möglichkeiten verständigen Willen fassen. Eine endgültige, imperiale Antwort gab es nicht, es gab immer nur ein deutlicheres Verständnis des Problems. Schulzes (und seines Lehrers Gadamer) Denken half mir weiter; Heideggers machte mich verbockt.

Dem Lehrer am Uhland-Gymnasium standen allenthalben die Häuser der Tübinger Gelehrtenschaft offen, hatten diese doch ihre Nachkommen in der Regel in dieser Anstalt untergebracht. Ich unterrichtete die höchst unterschiedlichen und gleich liebenswerten Töchter von Theodor Eschenburg, dessen Schrift »Herrschaft der Verbände« (1955) meinem politischen Denken großen Auftrieb und unseren Gesprächen über Pädagogik Stoff und eine besondere Würze gab. Wir überlegten, wie das an seiner Sorgfalt und Umständlichkeit schier erstickende »Gutachten zur politischen Bildung und Erziehung«, das der Deutsche Ausschuss für das Erziehungs- und Bildungswesen gerade vorgelegt hatte, vereinfacht, verdichtet, zugespitzt werden könne – vielleicht auch nur ergänzt um eine Sammlung von wenigen einprägsamen Problemfällen. Eschenburg gefiel dieser von mir später weiterverfolgte Gedanke[9]; einen anderen – man könne aus seinem Buch einstweilen eine Kollektion von Eschenburg-Sentenzen zusammenstellen und sie von Schülern erörtern lassen (»Die Grundrechte schützen das Individuum vor der Gewalt des Staates, aber nicht vor der Macht der Gruppen«,

9 In »Aufgeräumte Erfahrung« schildere ich ausführlich ein »Politisches Lesebuch«, das ich mit meinen jungen Mitarbeitern für den Fischer-Verlag zusammentrug (s. u. S. 136 und 204 f.); nicht erwähnt wird dort das von Don Oliver in Harvard erdachte und in zwei verschiedene Werke mündende Unternehmen: erstens eine Sammlung von (kurzen) Geschichten, in denen ein Handlungskonflikt, eine Entscheidungsnotwendigkeit, ein sittliches Dilemma geschürzt und den Lesern/Schülern

»Man unterlässt das Regieren, um an der Regierung zu bleiben«, »Wer befördert, befiehlt« etc.) – quittierte er mit der ihm eigenen Trockenheit: »Machen Sie das nur, wenn Sie unbedingt reinfallen wollen: Auch das kann ja belehren!«

Zu meinen Schülern gehörten auch die beiden Söhne des Romanisten Kurt Wais, dem ich einen der klügsten Essays über Rousseau verdanke (»Rousseau und das Verlangen nach Wahrheit«, 1948) und eines der humansten Gespräche, die ein junger Mann mit einem bedeutenden Wissenschaftler führen kann. Der hochbegabte Sextaner Wolf Schröder (mit knapp dreißig schenkte er mir seinen ersten Roman »Dronte« über einen Mann, der mühsam versucht, keine Rolle zu spielen) zog mich einmal im Monat an den köstlich bestellten Abendbrotstisch seiner Eltern, wo ich mit dem Vater, einem schneidigen Juristen, ernstlich und mit dessen Gast Günter Dürig vergnüglich über die Tagespolitik stritt. Benita von Freytag-Löringhoff vereinte mich wieder mit ihrem Vater, meinem Mit-Kriegsgefangenen aus dem Lager Heilbronn (s. Bd. I, S. 210), dem ich eine unverwüstliche Geschichte zur Stufung unserer Freiheiten verdanke[10]. Michael Friedrich-Freksa und seine Geschwister ermöglichten mir fröhliche und belehrende Abende im Haus ihrer Eltern, wo der Vater mich oft wünschen ließ, ich hätte Biologie studiert; hörte man ihm zu, erschien sie als die wahre Humanwissenschaft. Bei den Hornbergers und von Vacanos erlebte ich etwas kaum weniger Rares und ebenso Befriedigendes: große, wohlgeordnete Familien, die durchaus nicht hinnahmen, dass »... Lieb und Treu und Glauben / Verschwunden aus der Welt«; ja, sogar »Heimat« war ihnen vertraut geblieben. Bei Vacanos begegnete ich übrigens dem genialen Puppenspieler Albrecht Roser, der, wenn er mich später im Publikum wähnte, seine schwäbelnde Großmutter im Stricken innehalten und in den Saal hinein fragen ließ: »Ist eigentlich der Hentig da?« Hatte ich dies bejaht, bekam ich es mächtig um die Ohren – etwa: »Sie habet ja scho wieder a Buch gschriebe. Ja, wann den-

zur Lösung überlassen wird (s. u. S. 235 f.); zweitens ein Reader mit internationalen Konfliktfällen, an denen sich die möglichen rechtlichen und politischen Lösungen studieren und Alternativen durchspielen ließen. An beiden amerikanischen Projekten habe ich mich ausgiebig beteiligt.

10 Ich habe sie in einem Text »Werte und Erziehung« im Jahr 1988 in der Neuen Sammlung wiedergegeben.

ke Sie denn solle mir die alle lese!?« Meldete ich mich hingegen nicht, sagte sie: »So so, hat er sich also g'drückt. Da soll er sich schäme!«

Als ob alle diese Beziehungen nicht ausreichten, bemühte sich Ernst Klett, erst Freundschaft zwischen Gerhard Nebel und mir, dann etwas bescheidener gegenseitige Neugier zwischen Ernst Jünger und mir zu stiften. Ich war von Nebels geistiger Kraft angezogen und von seiner Berserkerei abgestoßen. Sein Buch »Weltangst und Götterzorn« ließ mich die germanischen Mythen, insbesondere die Sagen Islands, zum ersten Mal ohne den braunen Schimmer sehen, und auch sein Homer-Buch öffnete meinen Blick für großartige Beobachtungen – niemand sonst hat mir die Aigis der Athena so überzeugend erklärt. Ich habe sogar über Nebels Pindar-Manuskript ein langes Gutachten für den Klett-Verlag verfasst, von dem sich Ernst Klett vergeblich eine Milderung von Nebels Gedankeneruptionen und eine Zivilisierung seines Sprachfurors erwartete – aber damit war auch mein guter Wille erschöpft. In der FAZ antwortete ich im Zorn auf einen Artikel von Nebel, der den Titel »Latein und Selbstentfremdung« trug und Hegels Bildungstheorie (wir kommen zu uns selbst, indem wir aus uns heraustreten; Selbstaneignung geschieht durch Selbstentäußerung) heranzog, um einen barbarischen Unterricht zu rechtfertigen: Die lateinische Grammatik habe den individualistischen Eigensinn des Kindes zu brechen, ja zu »zerstampfen«; aller Geist sei »archaisch«, die *res publica*, die »mehr als der Staat« sei, dulde die »Abschnürung« der Individuen nicht; sie, als »irdischer Gott«, habe die einzelnen »unablässig und aufs innigste« miteinander zu verschmelzen etc. etc. Mit meinem Aufschrei hiergegen (»Latein soll *nicht* zerstampfen«), der eine ganze Seite im Tiefdruckteil der FAZ füllte, war die Beziehung zu diesem Besessenen beendet.

Die mit Ernst Jünger kam gar nicht erst zustande. Wir besuchten ihn in Lauffen am Neckar, wo er, im Liegestuhl liegend, dem jungen Lehrer vorfabelte, wie notwendig eine Nation wie die deutsche eine Flotte brauche. Wollte er mir imponieren? – mich provozieren? – mir sein völliges Desinteresse an dem Gast demonstrieren? Ich habe keines seiner Bücher ohne Interesse begonnen und keines ganz ohne Murren zu Ende gelesen – außer seinen Tagebüchern aus dem Zweiten Weltkrieg und der »Zwille«, bei deren Lektüre die Teilnahme an den Erlebnissen und Leiden des jungen Clamor den Ärger an Jüngers Manierismen zudeckte.

Die Altsprachler waren inzwischen auf den Hentig aufmerksam geworden – die einen wohlwollend, die anderen gereizt. Zu den Wohlwollenden gehörte Otto Seel in Erlangen, von Klett hochgeschätzt, verlegt und mir empfohlen, so dass man das gegenseitige Lob als *en famille* üblich ansehen konnte. Aber Seels Anerkennung für meine vom »lastenden Pfauenschweif« unserer humanistischen Tradition befreite Darstellung der Geschichte des altsprachlichen Unterrichts (in: Romanitas, 1962) und meine Ödipus-Deutung (1961) war von so viel Einzelbeobachtungen begleitet, dass ich *mich* gemeint und verstanden fühlte, nicht nur als einen von Ernst Klett patronisierten Jungautor in dessen Verlag. Wenig später – ich war schon in Göttingen und betreute eine Doktorarbeit im Fach Pädagogik – zerbrach Seels Zuneigung jäh. Das Promotionsunternehmen (über die Wirksamkeit des Latinums) war in vielerlei Hinsicht ungewöhnlich und auch mir unheimlich: Erstens sollte auf dem Terrain der Geisteswissenschaften, ja in ihrem innersten Kern, der Altphilologie, empirisch geforscht werden; zweitens sollte die vorgesehene Empirie aus einer Datenerhebung mit Hilfe mechanischer Rechner bestehen – damals noch Hollerith-Verfahren, das der halbwegs informierte Deutsche, also ich selber, nur aus Robert Jungks »Die Zukunft hat schon begonnen« kannte; drittens sollten zwei junge Leute mit je einem Anteil an der gemeinsamen Arbeit promovieren. Die beiden munteren Studiosi hatten ihre statistischen Verfahren und deren Apparaturen wohl gründlicher studiert als den Gegenstand der Forschung: das Latinum und dessen Anforderungen und Effizienz in den Studienfächern, für die es verlangt wurde. Sie hatten dazu ein Dutzend Universitäten ausgewählt und bedurften für die Durchführung einer Erlaubnis der jeweiligen Fakultäten. Die war nicht ohne weiteres zu erwarten – kein Wunder also, wenn ich als Projektleiter an diejenigen Ordinarien schrieb, bei denen ich Zustimmung erwarten durfte. Ich bekam sie unter anderen von Erlangen aufgrund von Otto Seels Votum. Die Fragebögen wurden an Hunderte von Dozenten und Tausende von Studenten versandt, und dann ratterten die Hollerith-Maschinen, spuckten ihre Lochkarten aus und »ergaben« ein ziemlich verheerendes Bild. Was man mit dem Latinum zu beabsichtigen behauptete, wurde nicht gelehrt; was gelehrt wurde, wurde nur zur Hälfte gelernt; was gelernt worden war, wurde hinterher nicht gebraucht. Die Altphilologen, zumal diejenigen, die die Untersuchung bejaht hatten, empörten sich nun über die unsinnige Methode, die auch ich erst aufgrund ausgiebiger »Nachhilfestunden« im Doktorandenzirkel meines Kollegen Heinrich Roth zu durchschauen, zu überblicken und also zu beurteilen gelernt hatte. Der Publikation der Arbeit bei Beltz (»Student und Latinum« etliche Jahre später, 1972) gab ich ein beschwichtigendes Vorwort mit auf den Weg. In ihm las man Sätze wie »Hier verfängt sich die empirische Methode in ihrer eigenen Sorgfalt« oder »Um alle Teile der Arbeit in ein angemessenes Gleichgewicht zu bringen, hätte das empirisch orientierte Zweierteam durch einen in der allgemeinen Wissenschaftstheorie bewanderten Mitarbeiter erweitert werden müssen«. Eine Demutsgebärde wollten und konnten diese Sätze freilich nicht sein. Zu eindeutig und blamabel war, was da aus dem Nebel der akademischen Bräuche und Selbsttäuschungen hervorging – auf Zentnern von Papier (den Fragebögen mit je 210 Items und den 16 000 Lochkarten mit je 80 »Informationen«). Fortan war mir Otto Seel nicht mehr hold.

Eigentlich war das Scheitern von Ernst Kletts Versuchen, mich mit den starken Geistern seiner konservativ gestimmten Umgebung freundschaftlich zu verbinden, vorherzusehen. Wie kam es zu der falschen Erwartung? Und wieso war die meiner späteren progressiven Weggefährten ebenso falsch? Ich selber habe sie ihnen wohl eingegeben – den Eindruck eines Beharrenden wie eines Weiterdrängenden, eines auf Bewahrung ebenso Bedachten wie auf Bewährung. (Ich habe dieses Wortpaar sogar zum Titel einer meiner ersten Publikationen gemacht: »Die Schule zwischen Bewahrung und Bewährung«, 1960). Für den Aufklärer, der ich sein wollte, waren die Gegensätze nicht nur »auch vereinbar«, der eine war vielmehr der notwendige Schatten des anderen. Die kühne Empirie meiner beiden Doktoranden schien mir ein unerlässliches Mittel zur Rettung des Latein in seiner helfenden historischen Funktion im wissenschaftlichen Studium zu sein. Man brauchte verlässliche Auskunft über das, was ihm das Odium eingetragen hatte, ein »Herrschaftsinstrument« zu sein. Diese Überzeugung und jedenfalls diese Absicht glaubte man mir nicht. Man rechnete mich seither zu den Verächtern der abendländischen Wissenschaftstradition, zu den Fortschrittsklempnern, den Totengräbern des europäischen Erbes im amerikanischen Overall.

Ausgerechnet die Freundschaft mit dem ihm ebenbürtigen Konservativen verdanke ich nicht Ernst Klett: die mit Golo Mann. Mitten in meiner Schreibklausur für die Deutsche Forschungsgemeinschaft erreichte mich ein Telegramm von Gottfried Bermann-Fischer, in dem er mich für die Pfingsttage nach Camaiore in der Toskana einlud; es gehe um ein wichtiges Publikationsprojekt (die Nachfolge der »Fischerbibliothek der hundert Bücher«), zu dem der Verlag sich meinen Rat wünsche. Ein Flug von Stuttgart oder Zürich werde mich nach Bologna oder Pisa, ein dort bereitstehender Wagen zum Anwesen der Fischers bringen, wo man sich drei Tage lang in angenehmer Umgebung besprechen werde: Pierre Bertaux, Golo Mann, Stanislaus Graf Kalckreuth, Walther Killy und ich – außer den höchst anregenden Herren aus dem eigenen Hause (Ivo Frenzel, Hans Altenhein und dem blutjungen Ernst-Peter Wieckenberg). Ich hatte für diese Tage nur verschiebbare Schreibarbeit vor; die Verbindungen und Zeiten waren vom Verlag umsichtig geplant und bequem; ich genoss es, »begehrt« zu sein – und sagte zu.

Das Fischer-Paradies übertraf alle Erwartungen: vornehme und das heißt in erster Linie zurückhaltende Architektur, eine Traumlandschaft, ein »umbrischer Sonnenschein«, wie ich (die Geographie »nicht so genau kennend«) wortscherzte, und eine geistvolle, von Rudolf Hirsch mit verhaltender Festigkeit geleitete Unterredung über ein Politisches Lesebuch. Dies sollte, dem Vorbild des vierbändigen Lesebuchs zur Literatur von Walther Killy folgend, weitgehend in den Oberstufen der Gymnasien verwendet werden. Die Unerfahrenheit der drei Professoren mit den sich wandelnden Schulverhältnissen gaben den Praktikern Kalckreuth und Hentig die Vorhand und unter diesen beiden bald meinem Konzept den entscheidenden Vorsprung.

Im Anschluss an die getane Arbeit sprang ich in den etwa 100 Meter weiter unten am Hang gelegenen Swimmingpool. Die jungen Leute folgten mir, und Tutti Fischer kam eigens herabgestiegen, um uns zuzuschauen. Danach traf man sich zum Drink und schließlich zu einem großen Abendessen auf der Terrasse. Golo Mann hatte sich bis dahin zurückgehalten – verständlicherweise, wenn sich auf dem Diskussionsparkett ein Florettmeister wie Walther Killy und ein zugleich unsicherer und eifernder Neuling wie HvH tummelten. Man war, da es keinen Streit und viele gute Ideen gegeben hatte, wohlgelaunt; Golo Mann entspannte sich, sprach dem Rotwein freudig zu und war plötzlich der Mittelpunkt der heiteren Runde: Er erzählte Geschichten. Diese waren kurz, hintersinnig und auf Steigerung angelegt. Ich habe keine von ihnen in Erinnerung behalten außer der letzten, die er, vom vorauseilenden eigenen Lachen unterbrochen, nur stoßweise hervorbrachte: Ein Mann habe seinen Hut im Bahnabteil liegen lassen, einen normalen Herrenhut, in dessen innerer Lederkrempe der Name eingeprägt gewesen sei – A. Reinsch. Der Schaffner, in der Vorstellung, der Besitzer könne vielleicht nur das Abteil gewechselt haben, sei von dem einen zum anderen gegangen, habe die Tür aufgerissen, den Reisenden den Hut hingehalten und gefragt: »Ist hier einer, der ...« Und nun überwältigte das Lachen den Erzähler derart, dass er zur Pointe nicht kam. Wir hatten sie alle längst erraten und lachten erst mit ihm, dann über ihn und schließlich über unser aller nicht enden wollendes Gelächter, das Golo Mann erschöpft und korrekt beendete: »... der Reinsch heißt.«

Am dritten Tag, man hatte die dem Verlag wichtigen Fragen geklärt, fuhr die ganze Gesellschaft nach Pisa, um die Stadt zu besichtigen. Mich bat der Herr des Hauses, mit ihm zurückzubleiben; er habe noch etwas anderes Wichtiges mit mir zu besprechen. Als die Autokarawane fort war, eröffnete mir Gottfried Bermann Fischer in seinem Arbeitszimmer, Rudolf Hirsch, Cheflektor und *spiritus rector* des S. Fischer Verlags, zudem Redakteur der Neuen Rundschau, sei im Begriff, sich ins Privatleben zurückzuziehen. Er, Bermann Fischer, suche seit geraumer Zeit einen Nachfolger für ihn und meine, ihn in den letzten zwei Tagen gefunden zu haben: den Herrn von Hentig. Das sei für mich gewiss überraschend und bedürfe der sorgfältigen Abwägung meinerseits. Dazu freilich müsse ich die Aufgaben und die Bedingungen kennen. Die Ersteren klängen vielleicht bedrohlich: umfassende, aber nicht zu genaue Lektüre von eingehenden Manuskripten und Neuerscheinungen auf dem Büchermarkt und sodann professioneller Umgang mit Autoren wie Updike und Pinter, Bataille und Borges, Adorno und Sternberger, Buber und Brod – aber da gebe es einen eingespielten Stab von kundigen Mitarbeitern. Meine Funktion wäre es, »aus dem Abstand« zu urteilen, große Linien zu erkennen, also gerade frei von den sich einschleifenden Vorlieben der Profis zu entscheiden. Er habe meine »Souveränität« in den letzten 48 Stunden bewundert. *Er* traue mir die gedachte Rolle zu.

Ich schluckte. Ich schluckte noch mehr, als ich die Bedingungen hörte: ein Gehalt, das ein Zwanzigfaches desjenigen eines Studienassessors betrug; freie Wahl meines Wohnsitzes – Paris käme ebenso in Frage wie Berlin oder Zürich, je mit einer Zweitwohnung in Frankfurt; beliebige Erleichterung des Verkehrs mit dem Verlag; selbstverständlich eine Sekretärin nach meiner Wahl. Gottfried Bermann-Fischer war ein erfahrener Mann. Er wusste, in welche anderen Lebensdimensionen sein Angebot mich führte. Er empfahl mir, mich zunächst mit Rudolf Hirsch zu unterhalten, den er ins Benehmen gezogen habe und der Fischers Schritt lebhaft billige. Er brauche keinen sofortigen, nur einen baldigen Bescheid. Ich aber entschied auf der Stelle: Ich bin Lehrer und will es bleiben. Allein um Gottfried Bermann-Fischer nicht zu kränken, erbat ich mir eine Woche Bedenkzeit. Das politische Lesebuch hingegen sagte ich ihm sofort zu.

Ja, Lehrer bleiben – und in Tübingen! Also nicht mehr zurück zum Birklehof? Auch nicht ins Internat, in die »totale« Pädagogik? Und wie stand es mit dem untergründigen Ehrgeiz, einmal Pichts Nachfolger zu werden? Im Jahr 1961 trat die Versuchung der Landerziehungsheime erneut an mich heran – mit doppelter Verführungskraft: Axel von dem Bussche rief – und er rief ausgerechnet nach Salem. Er hatte die Leitung der Schule vom Prinzen Georg-Wilhelm von Hannover übernommen und lud mich einige Wochen nach Amtsantritt ein: »Ich muss mit jemandem reden, der etwas von diesen Dampfbädern versteht – und er darf nicht selber drin stecken!« Er hat, als ich in seinem großen unaufgeräumten Leiter-Zimmer saß, noch ganz andere, viel schlimmere Vergleiche gebraucht – »Treibhäuser«, »Sumpflöcher«, »Lasterhöhlen« –, ohne zu moralisieren. Er nahm alles wie gewohnt mit Scharfblick und illusionslos wahr, und der Befund schien ihm diese Bezeichnungen zu fordern. Was die jungen Leute in den weitläufigen Gebäuden des Klosters nächtens (»und auch tags«!) alles wider die Ordnungen Gottes und der Pädagogik trieben, meinte er nach wenigen Wochen zu wissen, ohne es wissen zu wollen – und ohne zu wissen, was er nun zu tun habe. Die ganze Idee sei doch verrückt: »Man sperrt 100 pubertierende junge Menschen zusammen, langweilt sie in der ersten Hälfte des Tages, beaufsichtigt sie in der zweiten und verlangt, dass sie nachts auf sich selber aufpassen – bewaffnet mit Kurt Hahns Tugendliste, dem sogenannten

›Trainingsplan‹! Darf das so bleiben? Muss ich schärfer kontrollieren? Darf ich wegsehen? Wieso ist niemand beunruhigt?« Raten konnte ich ihm nicht, nur erzählen, wie es mir auch ohne Internat mit Fritz S. gegangen sei; dass ich mir auch am Birklehof jegliches Schnüffeln versagt hätte; und dass der pädagogische Sinn von Vertrauen fortbestehe, auch wenn es von diesem oder jenem missbraucht werde. Axel musterte mich lange und sagte: Ihm wäre wohler, wenn er jemanden wie mich zur Seite hätte. Das war ein Antrag. Axels Ernst, der heitere Herbst in dem anmutigen Land, die besonnten majestätischen Gebäude, die lockere Geformtheit der jungen Menschen im Speisesaal, in den Anlagen, im barocken Betsaal beim abendlichen Musizieren – dies alles setzte mir zu. Aber ich konnte die in Tübingen und bei der Deutschen Forschungsgemeinschaft aufgenommenen Pflichten nicht hinwerfen. Ich konnte nur sagen: »In zwei Jahren bin ich bereit.«

Nach einem Jahr erlitt Axel eine schwere Gehirnhautentzündung und verließ Salem, um nie wiederzukehren.

Bald darauf wurden Klaus Ritter und ich von Kurt Hahn eingeladen. Man war auf der Suche nach einem Nachfolger für Axel, und – ganz im Sinn des Schulgründers – suchte man nicht unter den Studiendirektoren, an Lehrerseminaren und auch nicht an anderen Landerziehungsheimen, sondern man fragte Persönlichkeiten nach Persönlichkeiten – verführbaren und verfügbaren. Man erinnerte sich an Axels Regimentskameraden Klaus Ritter, und der brachte, nicht ohne Hellmut Beckers und Ernst Kletts Zutun, den Hentig mit ins Spiel: Der sei doch so viel besser geeignet als er. So reisten wir gemeinsam an den Bodensee, wo Hahn in der Zweigschule Hermannsberg eine Wohnung hatte. Hier regierte Philip Surfleet, jener britische Feldgeistliche, der mich vor zwölf Jahren bei Bielefeld aufgelesen und mir zu dem Stipendium in Elizabethtown verholfen hatte (s. Bd. I, S. 287 f.). Hahn, ein Mann von eingeborener Höflichkeit, erwartete uns an der Tür, führte uns in den zweiten Stock des mit ausgebautem Dach vierstöckigen schlossartigen Gebäudes und ließ uns einen Tee servieren. Da Ritter sich für unkundig erklärte, hatte der alte Herr eine wunderbare Gelegenheit, seine Pädagogik ausgiebig darzustellen – Theorie-und-Praxis, irgendwie war das immer eins. Als er zu der These von den »giftlosen Leidenschaften« kam, die die Kinder in der Pubertät vor dieser bewahren sollen, bat Ritter um nähere Erläuterung. Hahn: »Das kann ich Ihnen anhand dieses Hauses erklären. Hier sind die Zwölf- und Dreizehnjährigen untergebracht. Etwa sechzig. Nach einem Leiterwechsel brach hier vor einem Jahr das Chaos aus. Die Stühle flogen durch die Fenster; nichts fing pünktlich an; einige Buben begannen zu rauchen. Mahnungen und Strafen halfen nicht. Dann kam der Engländer Philip Surfleet. Er kannte meine Theorie und schlug den Schülern vor, einen Swimmingpool zu bauen – hier oben auf dem Berg. Ein halbes Jahr haben täglich alle Schüler fiebernd an dem Ausheben, Ausmauern und Zementieren des Pools gearbeitet, am Ende sogar morgens vor dem Frühstück, um noch im selben Jahr in den Genuss des Werks zu gelangen. Alle Unordnung, alle Rauferei und Zügellosigkeit haben sofort aufgehört: weil die Schüler von solcher Leidenschaft für ihre Sache erfasst waren.« Hahn fragte, ob Ritter und ich sich diese Sache ansehen wollten? Wir bejahten artig, und Hahn ließ zwei Knaben, einen elfjährigen und einen dreizehnjährigen, kommen, die uns an den Ort der Passion führen sollten. Deren Ergebnis war nun einigermaßen merkwürdig: ein sehr langgestrecktes, sehr schmales Becken, gerade tief genug, um beim Kraul-Schlag nicht den Boden zu berühren. Platz für weitere Bahnen wäre gewesen, und der Boden wirkte nicht so, dass man unmöglich hätte tiefer gehen können. Das Becken war leer, obwohl es durchaus noch Badezeit war. Während Klaus Ritter mit dem Älteren voranging, folgte ich mit dem munteren Jüngeren und fragte ihn aus: Warum diese so ungewöhnliche Form? Die sei ja, sagte er, vorgegeben gewesen: Es handelte sich um das Fundament einer ehemaligen Baracke. Man habe es nur von Unrat befreit und mit Mörtel einigermaßen wasserdicht gemacht. Zur Zeit lecke es zu sehr. Man habe darum auf das ständige und teure Nachfüllen verzichtet. Wieso, wollte ich nun wissen, habe diese relativ geringe Mühe dann – bei 60 Jungen! – ein halbes Jahr gedauert. Nun, man habe eben nicht grade viel Lust auf die Arbeit gehabt, auch hätten nicht alle mitgemacht. »Aber ihr habt doch vor lauter Eifer schon vor dem Frühstück daran gearbeitet!« »Na ja, als der Sommer kam und es mittags so heiß wurde – wir konnten doch immer erst nach der Schule und nach dem Essen am Pool arbeiten –, da haben viele von uns gebeten, ihren Teil schon vor dem Frühstück leisten zu dürfen.« Wir entließen die Buben, und ich hatte noch Zeit, Klaus Ritter zu erzählen, was ich in Erfahrung gebracht hatte. Kurt Hahn empfing uns wieder an der Tür, und der mit den Empfindlichkeiten von Pädagogen offenbar nicht vertraute Klaus Ritter tischte dem erwartungsvollen Gastgeber gleich die unwillkommene Wahrheit auf. Hahn war sichtlich erregt, rief die alte Haushälterin herbei und ließ sich von ihr bestätigen, dass die Jungen »tatsächlich um fünf Uhr an die Arbeit« geeilt seien und dass seither doch »eine wunderbare Ordnung« im Hause herrsche.

Klaus Ritter wurde nicht Leiter von Salem, und ich bin seither Kurt Hahns Pädagogik mit großer Skepsis begegnet. Als ich vier Jahre später gebeten wurde, einen Beitrag zu einer Festschrift aus Anlass von Hahns achtzigstem Geburtstag über »Hahn als Pädagoge« zu schreiben – Golo Mann war um das Gegenstück »Hahn als Politiker« gebeten worden –, hätte ich ablehnen sollen. Eine Fundamentalkritik, wie ich sie zu üben hatte, war in Ordnung, aber nicht gerade an dieser Stelle. Nach der festlichen Übergabe des von Hermann Röhrs herausgegebenen Bandes »Bildung als Wagnis und Bewährung« (1966) ging man mit viel königlichen Hoheiten und High Society zu Tisch im markgräflichen Schloss, man aß mit goldenem Besteck und trank die edelsten Weine, die Deutschland hervorbringt – Hahn aber war plötzlich verschwunden und kam erst nach einer halben Stunde wieder. Man sagte, er sei in einen Nebenraum gegangen, um zu lesen, was ich Böses über ihn geschrieben hätte. Gentleman, der er war, ist er nie auch nur mit einem einzigen Wort auf meine Kritik eingegangen, wohl aber hat er mir in einem kühlen Brief als »schweren Vertrauensbruch« angekreidet, dass ich aus einem Privatdruck zitiert hatte. Den hatte ich, weil gedruckt und also sicher mehreren hundert Menschen zugänglich, für so vertraulich nicht gehalten, wie er sich gab. Auch hatte der Herausgeber des Buches, der Kollege Röhrs, in seinem Beitrag aus eben dieser Schrift zitiert. Und schließlich hatte ich aus ihr zwei Stellen wiedergegeben, von denen ich die eine als Hahns »hellsichtigste Entdeckung«, die andere als einen der Gedanken bezeichnete, die »seinen Optimismus rechtfertigen und austragen«. Eine dritte von mir zitierte Stelle gab, wie ich schrieb, eine »noble Täuschung« wieder: Ein Salemer Schüler hatte bekannt, den einsamen »Pflicht-Spaziergang« widerwillig angetreten zu haben; dann aber habe er dabei einen Bussard schreien hören und habe fortan diese Einrichtung bejaht. Dass der Schüler dies so erlebt und gemeint hat, daran zweifelte ich nicht. Ich mochte jedoch der Verallgemeinerung nicht trauen, die da lautete: Um den Widerwillen der Schüler soll man sich nicht kümmern, wenn man weiß, wie gut das Verordnete ist. Vermutlich war es nicht die Preisgabe dieser harmlosen, allenfalls kitschigen Geschichte, die Hahn gekränkt hat, sondern die Nachsicht, mit der ich anschließend sein Verhältnis zur Realität bedacht habe:

> Den Erzieherberuf kann man nur mit einem gewissen Wahn aushalten. Aber man kann ihn nur ohne Wahn wirklich richtig machen. Darum gehört beides dazu: Dichtung *und* Wissenschaft – die Beschwörung des Vergänglichen und Jeweiligen, als sei es dauerhaft und allgemein, *und* die systematische Auflösung solcher Mythen. (Aus: Bildung als Wagnis und Bewährung, S. 80)

Im Zeitalter von PISA und der unbarmherzigen Folgen, die die empirische »Evaluation« pädagogischer Einrichtungen und Leistungen hat, klingen viele meiner heutigen Sätze, wie wenn sie von Hahn stammten. Und so weit voneinander waren Hahn und Hentig schon damals nicht. »Bewährung« war das Wort, in dem sich unsere pädagogischen Absichten trafen, und kam gleich im Titel eines frühen von mir verantworteten Buchs (s. o. S. 135) vor, wie es auch im Titel meines endgültig letzten pädagogischen Buches steht: »Bewährung. Von der nützlichen Erfahrung, nützlich zu sein«, 2006.

Hahn entzog mir Gunst und Achtung – ich habe dafür eine wichtige, vielleicht die wichtigste Warnung eingehandelt, die dem Erzieher und Lehrer zuteil werden kann: »Täusche dich nicht über deine eigenen Wirkungen. Fehler bleiben in deinem Beruf nicht aus. Schlimm werden sie, wenn du sie beschönigst.« Und Beschönigung liegt nah, wo man sich zu hehre Ziele gesetzt hat. Das war auch meine Gefahr, meinte jedenfalls Erich Haag. Da mir jeglicher Sinn für Zelotentum abging, ich damals jedenfalls eine unbegrenzte Lust auf Klärung, hingegen keinen Hang zu Festlegung, gar Orthodoxie hatte, blieb auch Haag zuversichtlich. Ja, er hat die vielen Allotria, die ich trieb, wohl deshalb gebilligt: Sie bewahrten mich vor einer sich selbst verabsolutierenden Pädagogik, die er so hasste.

15. Allotria oder Nicht-nur-Lehrer-Jahre

Allotria bezeichnet im Griechischen den Gegensatz zu *oikeia*, wie die Dinge heißen, die zum Hause, in den eigenen (und privaten) Bereich gehören. Aristoteles benutzt den Singular des Wortes *allotrion*, um ein Thema wegzuschieben, das sich in seine Erörterung einzumischen sucht und »der Sache nach« woanders zu behandeln ist. Im allgemeinen deutschen Sprachgebrauch heißt »Allotria treiben« so viel wie dummes Zeug treiben, also etwas Unernstes und Übermütiges. Ich wäre nicht überrascht, wenn der bayerisch-österreichische »Hallodri« davon abstammte. Mir, dem Gräzisten, liegt der Gebrauch des Wortes in dieser Bedeutung fern.

Wenn ich hier von Allotria rede, dann um eine Unterscheidung zu machen: Was hier folgt, fällt in die Zeit, der das voraufgehende Kapitel gegolten hat, will sich jedoch seinem Rubrum »Lehrerjahre« nicht ohne weiteres unterwerfen. Zwar gelingt es mir seit dem Birklehof nicht recht, meinen Beruf von meinem Leben zu trennen, aber manches, was ich getan oder erlebt oder gedacht habe, verlöre seine Würze und Würde, stellte ich es ganz in den Dienst meines Lehrerseins, sosehr es dieses auch gefördert hat. Ja, dass ich reiche Ressourcen außerhalb meines Berufes hatte, trug dazu bei, dass ich in ihm taugte. Der Nur-Lehrer ist ein schwacher Pädagoge.

Meine wichtigsten »Quellgebiete« waren Freundschaften, die Hentig-Familie, Reisen, die Musik, die Verlockungen anderer Berufe, darunter der Ansporn und die Wirkungen des eigenen Schreibens, das Miterleben der zeitgenössischen Politik und schließlich die ersten öffentlichen »Auftritte« – nicht mehr in Verlängerung meines pädagogischen Amtes, sondern in Erfüllung von an mich gerichteten politischen Erwartungen. Diese trafen auf Überzeugungen, die ich mir innerhalb der letzten Jahre gebildet hatte. Sie zogen mich nicht etwa von meinem Auftrag als Lehrer fort, sondern drangen von außen in ihn ein. *Allotria* wurden *oikeia*. Hier erinnere ich mich ihrer in der Reihenfolge, in der ich sie eben aufgezählt habe.

Freundschaften. Die bedeutendste Freundschaft, die ich in diesen Jahren schloss, verband mich fortan mit Golo Mann. »Bedeutend« kommt mir nicht nur deshalb in den Sinn, weil Golo Mann eine bedeutende Persönlichkeit der Zeitgeschichte war, sondern weil meine Bewunderung und Liebe ihm einen großen Einfluss auf mich einräumten und weil umgekehrt seine Zuwendung zu mir so angenehm frei von jeglichem Wunsch war, diesen Einfluss auszuüben. Gegen meine beiden anderen konservativen Freunde, Erich Haag und Ernst Klett, blieb ich stets auf der Hut – sie sollten mir mit ihren wohlwollenden Bedenken meinen Eifer für Aufklärung und amerikanische Demokratie nicht »stehlen«. Neben Golo Mann konnte ich gefahrlos anders sein und fand umso besser zu mir selbst.

Wo und wann ich Golo Mann nach Camaiore wiederbegegnet bin, weiß ich nicht mit Bestimmtheit. Ich erinnere mich eines Zusammenseins im Hause Klett. Auch dort war die Annäherung noch vorsichtig. Golo Mann nahm alles Wichtige aus dem Augenwinkel wahr. Nur dem, was er abwehren wollte oder was er mit einem Tanz oder Strauß meinte bestehen zu müssen, sah er direkt ins Auge. In der geselligen und gemäßigten Runde von acht Personen haben wir so gut wie kein Wort gewechselt, aber ich habe den – nein, nicht gehemmten, sondern sich hinter scheinbarer Gehemmtheit verbergenden – Mann nicht aus dem Blick verloren, den sparsamen, präsenten und vollkommen uneitlen Mit-Gast. So etwas trifft man nicht alle Tage. Was mag er von oder an mir wahrgenommen haben? Was immer es war, es führte jedenfalls dazu, dass er mich in Tübingen aufsuchte – wie der Leser weiß: umsonst. Ich folgte einer schriftlichen Einladung in seine düstere Stuttgarter Wohnung (er hatte, wie oben berichtet, einen Lehrstuhl an der Technischen Universität Stuttgart inne), wo er mir ein Steak briet, guten Wein vorsetzte und von seinem Refugium in Berzona im Tessin schwärmte. Dort habe er sich jüngst ein Häuschen von einem jungen Architekten bauen lassen – den Monti von Ernst Klett »gegenüber« auf der anderen Seite des Lago Maggiore im Onsernonetal. Er lud mich ein, mit ihm eine Woche oder zwei dort zu verbringen, und ich nahm diese Einladung gern an. Er meinte, »das erste Mal« müsse ich mit ihm im Auto hinfahren. Er rechnete also selbstverständlich damit, dass der Ort mich zu wiederholtem Kommen verführen würde. Das gelang diesem in der Tat. Golo Manns Autofahren hingegen ließ mich alsbald auskundschaften, wie man auch anders nach Berzona kommen könne – mit dem Nachtzug zum Beispiel nach Bellinzona, von dort mit der Lokalbahn nach Locarno, von wo aus ein Postbus ins Val Onsernone hinauffuhr. (Stets blieb bis zu dessen Abfahrt eine Stunde, die ausreichte, um am See in einem Café ein gutes Tessiner Frühstück einzunehmen.) Golo, wie ich ihn bald nennen sollte (geduzt haben wir uns nie!), fuhr einen großen Citroën, dessen Luftfederung ein trügerisches Sicherheitsgefühl gab. Schon die Kurven auf dem von Golo bevorzugten Lukmanierpass nahm mein Gastgeber mit beängstigender Gelassenheit; auf der weitgehend einspurigen, buchstäblich abgründigen Straße von Intragna nach Berzona ersetzte er dann die fehlende Sicht durch unablässiges Hupen. – Das Auto bot immerhin einen Vorteil: den einer üppigen Bevorratung in Locarnos Geschäften. Golo kaufte dort vornehmlich teures Fleisch, teure Suppendosen, teures Frischgemüse. Guten Wein hielt das kleine Geschäft von Martha Regazzoni in Berzona für die vermögenderen Bewohner des Ortes bereit, auch Milch, Butter, köstlichen Berghonig und zweimal täglich frisches Brot auf Bestellung, dazu die drei besten Käse des Landes: Taleggio, Fontina und Appenzeller, der auch einen italienischen Namen hat, der mir nicht einfallen will. Golo bestand darauf, dass ich, wenn ich allein herkam, bei Martha einkaufte, damit ihr Lädchen nicht eingehe und sie ihm weiter die Wäsche wasche und das Haus putze, wenn er abgereist war oder bevor er wiederkam.

Das Dörfchen Berzona bestand aus einem Dutzend Häusern, die am Hang um die Kirche mit dem schlanken Campanile kauerten – wie diese ganz aus flachen Steinen geschichtet und mit ebensolchen gedeckt. Die völlige Abwesenheit von Asphalt, Ziegeln, getünchten Hauswänden, großen Glasflächen oder gar Reklameschildern versetzten den Ort in verwunschene Urzeiten; die große Uhr mit dem viertelstündlichen leichten und dem stündlichen kräftigen Anschlag (OMNES FERIUNT, ULTIMA NECAT) widersprach dem Eindruck nicht, gab ihm vielmehr Sinn und Stetigkeit, zumal hier oben sonst nichts zu hören war als das Rauschen des Windes in den Kastanien und das melodische Warnhorn des Postautos vormittags und abends. Golos Anwesen thronte fünfzig

Meter über dem letzten alten Gehöft und war nur auf einem holprigen »Eselspfad« zu Fuß zu erreichen. Ein junger Architekt hatte es für den neuen Besitzer des Geländes auf die Kuppe des Mataro-Hügels gesetzt, ein quadratisches Haus aus Stein, in dessen Mitte der freistehende Kamin das Holzgerüst für das nach allen vier Seiten gleichmäßig abfallende Dach trug. Dieses bestand aus graubraunen Ziegeln, den einzigen am Ort, wurde aber von den überhängenden Ästen der Edelkastanien verborgen. Auch fiel das Gelände ringsum so schnell ab, dass man ein Riese sein musste, um mehr als die Dachrinne zu sehen. Die Konstruktion erlaubte einen hohen luftigen Innenraum, aufgeteilt in ein Schlaf- und Arbeitszimmer mit Bad für den Hausherrn im Nordwestwinkel, in ein ebensolches für die Gäste im Südostwinkel und eine geräumige Küche im Nordostwinkel, die vom großen Wohnraum nur durch den breiten Kamin getrennt war. Aus diesem Raum trat man auf die Südterrasse hinaus, von der man einen geradezu kitschigen Panoramablick über das Onsernone- und das Maggia-Tal hinüber zu den Bergen jenseits des Locarner Sees hatte. Abends saßen wir bei dem von Golo täglich sorgsam vorbereiteten Kamin, tranken den bekömmlichen Tessiner Merlot noir, führten die anregendsten Gespräche (nie ging uns der Stoff aus!), und, wenn wir nicht noch eine Musik hörten (Golos Lieblingsoper »Don Pasquale« von Donizetti zum Beispiel oder mein neuestes Schallplatten-Mitbringsel), las Golo zum Abschluss noch eine seiner eigenen höchst originellen Kriminal- oder Gespenstergeschichten vor. Das konnte er nicht nur trefflich, es machte ihm auch sichtlich Spaß. Derweil sahen uns aus dem Dachgebälk die Siebenschläfer mit großen blanken Augen zu.

In der Frühe sprang ich in den Ort hinunter, holte bei Martha frische Brötchen und bereitete das Frühstück auf der wohlig besonnten Südterrasse in Gesellschaft neugieriger Eidechsen. Dann ging jeder an seine Schreibarbeit. Hatte ich nur zu lesen, begab ich mich mit meiner Lektüre zu dem vom schneebedeckten Peloso herabstürzenden Bach, der auch im heißesten Sommer kalt und machtvoll die Becken des Tobels füllte. Hinter den Wasserfällen bildeten sich Strudel, in denen sich mitgeführte Holzstücke aneinander abschliffen und im Laufe des Jahres zu wunderbaren Arpschen Skulpturen formten. Ich tauchte unter dem größten Wasserfall durch, sicherte mir die besten Stücke und legte mich dann neben meinen »Kunstraub« auf die von der Sonne gewärmten gewaltigen Steine. Es war das Paradies auf Erden!

Nach dem Mittagessen und dem Mittagsschlaf wurde einer der umliegenden Berge bestiegen – so weit man eben kam. Es gab die unterschiedlichsten Ziele – aufgelassene steinerne Sennhütten, steinerne Kapellen, steinerne Brücken über tiefen Schluchten. Wir wurden von Bianca, Golos hellbrauner Dobermännin, begleitet, an deren Spiel- und Apportierlust Golo eine unerschöpfliche Freude hatte. Weil ich meine Bewunderung für Biancas elegante Bewegungen nicht eindrücklich genug äußerte, hielt Golo mich für einen Hundefeind. Wollte ich Bianca auf meine sehr viel weiter ausholenden Berggänge mitnehmen, bemerkte er misstrauisch: »Sie haben ja gar keinen Spaß an dem Tier!«

Golo hatte ein beschädigtes Knie, das ihm zwar erlaubte, zwischen zwei Stöcken und mit häufigen Unterbrechungen ganz ordentlich bergauf zu gehen; bergab war er aber unsicher und stützte sich auf seinen jeweiligen Gefährten. Die unendliche Umständlichkeit und Langsamkeit dieses Vorgangs war für mich nur auszuhalten, weil Golo fortwährend lebhaft erzählte: von seiner Familie, von seiner Schulzeit in Salem, von seiner (verhassten) Lehrerzeit an amerikanischen Colleges. Er konnte ganze Seiten aus seiner Kinderfibel auswendig und jede Menge anderer deutscher und lateinischer Gedichte. Er liebte vor allem Horaz und war dankbar für einen Hörer, der diesen wenigstens verstand (wenn auch nicht sehr liebte). Zu Golos schönsten literarischen Leistungen gehören seine Übersetzungen dieses ihm durch Formstrenge kongenialen Dichters. Während der kleinen Ausruhpausen holte er übrigens seinen Flachmann hervor und trank einen kräftigen Schluck Cognac. Nie bot er mir etwas davon an; eine Füllung reichte ihm gerade für einen Nachmittagsausflug.

Von 1961 an bin ich jedes Jahr mindestens einmal auf dem Mataro gewesen – in der Regel acht Tage mit Golo Mann und entweder davor oder danach weitere acht Tage mit einem Freund, selten ganz allein. Meistens kam ich im Frühjahr oder im späten Herbst und gelegentlich in beiden Jahreszeiten, in denen es in Deutschland unwirtlich ist. Die lange, immer nächtliche Reise lohnte selbst für ein verlängertes Wochenende, und auch bei schlechtem Wetter war es am Südhang der Alpen – in Schillers Redeweise – »erhaben« schön: sintflutartige Regengüsse, majestätische Gewitter, geisterhafte Nebel, die aus meinen Berggängen wunderliche Dramen machten. So bin ich einmal gegen Abend völlig durchnässt an der Baumgrenze in einer erleuchteten Steinhütte eingekehrt, wurde von einem jungen Einsiedler aufgenommen, aufgewärmt und nach ein paar Stunden – der Regen hatte aufgehört, die Kleider waren an seinem Feuer getrocknet – an die Stelle geleitet, von der aus ich den Heimweg auch in der Dunkelheit nicht mehr verfehlen konnte. Den Jäggi habe ich seitdem öfter besucht und seiner mich anrührenden Zuversicht, er könne hier ein heiles Leben mit Ziegen, dem Hang mühsam abgerungenen Gemüsebeeten und klarem Bergwasser führen, im MERKUR ein literarisches Denkmal gesetzt. Der Aufsatz trug den Titel »Hoffnung aushalten« und verwob seine Nöte mit den meinen. Sollten von meinen Schriften nur drei übrig bleiben dürfen, diesem Aufsatz gäbe ich einen Platz in der Rettungskapsel.

Auch für Golo lohnte sich mein Kommen. Ganz allein konnte er dort oben wegen seines gefährdeten Knies nicht sein; völlige Einsamkeit ertrug er ohnedies nicht; ja, auch das Haus brauchte mehr Pflege, als er ihm zu geben vermochte. Reiste ich ab, war der Holzvorrat wieder aufgestockt, der Keller entrümpelt, der Stufenpfad, der vom Hauptweg zu seinem Haus führte, von wucherndem Unkraut und herabgefallenen Ästen befreit.

Dreimal hat – in den folgenden Jahren – Golo meine Lebensentscheidungen nicht nur freundschaftlich begleitet, sondern energisch beeinflusst. Unter allen Umständen sollte ich 1962 den Ruf nach Göttingen annehmen; ich sollte 1972 den mir vom hessischen Ministerpräsidenten Osswald angebotenen Posten eines Kultusministers ablehnen; ich sollte 1977 die in tiefe Unordnung geratenen Bielefelder Schulprojekte nicht verlassen, sondern durchhalten, mich, wenn nötig, durchbeißen. In allen drei Fällen war sein Rat richtig und wirksam. Er war es zwar auch, weil Golo die Welt kannte, also weise war; er war es vollends, weil Golo mich gut kannte, besser als ich mich selbst. Bei einer weiteren Gelegenheit hat er sogar etwas betrieben, was meine Pädagogik betraf, aus der er sich sonst – den Konflikt bewusst scheuend – heraushielt. Er hat, nachdem wir auf dem berüchtigten »Hessenforum« über die »Hessischen Rahmenrichtlinien für die Gesellschaftslehre« in der Sekundarstufe I öffentlich gestritten hatten, dafür gesorgt, dass ich fünf Jahre später im Januar 1978 als einziger Reformer zum Forum »Mut zur Erziehung« eingeladen wurde. So war denn wenigstens *eine* Gegenstimme auf der von ihm mitverantworteten Veranstaltung des konservativen Lagers zu hören. Dies entsprach seinem Sinn für Gerechtigkeit. (s. u. S. 584 ff.)

Die Freundschaft mit Golo Mann enthielt nicht nur viel Kraxelei um den Mataro, sie glich selbst der Besteigung eines Berges. Die Freundschaft mit Inge Aicher-Scholl vollzog sich in der Ebene – sie zeichnete sich durch Stetigkeit aus. Sie begann im Sommer des Jahres 1960. Antoinette Becker, die mir Inge Scholls Buch über ihre Geschwister nach Amerika geschickt hatte, hielt einen Kurs an der Ulmer Volkshochschule und lud mich dazu ein: Dabei würde ich endlich auch Inge Scholl kennen lernen – »und ihren Mann Otl Aicher!«, fügte Hellmut Becker hinzu, der, in ich weiß nicht welcher Angelegenheit, die Interessen der Ulmer Hochschule für Gestaltung vertrat. Otl Aicher leitete damals deren wichtigste Abteilung und die Berufungskommission. Seine Frau Inge hatte die Mittel für diese Stiftungs-Hochschule zusammengebracht und leitete ihrerseits seit 1946 die Ulmer »VHS«.

Wir trafen uns auf dem Hügel, auf dem die Hochschule für Gestaltung lag und die Aicher-Scholls eines der für die Dozenten erbauten Häuser bewohnten. Hatte in Amerika »die Zukunft schon (ungestüm) begonnen«, so schien sie sich hier vollendet zu haben – selbstbewusst, reif, undramatisch sowohl in der Architektur wie in den Lebens- und Denkformen, die sich in ihr erfüllen sollten. Ich hätte in Aicher-Scholls Haus nicht leben mögen und auch nicht können. Dazu hätte ich mich, meine Gewohnheiten und Ansprüche erst gründlich wandeln müssen. Kargheit, Wände aus Sichtbeton, niedrige Decken und nackte Fußböden vermag ich auszuhalten – die Endgültigkeit der Formen, die Unverrückbarkeit der Gegenstände, die Abwesenheit alles Persönlichen, die strenge Verneinung alles Überflüssigen und Ornamentalen nicht. Und doch war die so erzeugte Fremdheit nicht aufdringlich, gar aggressiv. »Keine Ästhetik« war selbst eine Ästhetik, und die passte – wie ich alsbald erleben sollte – gut zu dem, was in diesen Räumen geschah.

Vor Antoinettes Veranstaltung sollten wir noch im Kreise der Familie etwas zu uns nehmen. Die fünf Kinder saßen schon am eingebauten Tisch auf eingebauten Bänken. Wir Erwachsenen setzten uns dazu und dazwischen. Das Geschirr – Becher und Teller aus Majolika – waren auf der blanken Holzplatte ausgelegt (man beschreibt es am besten durch seine Nachfahren bei IKEA: industriell, handfest, einfarbig); der Malventee wurde eingegossen, ein Teller mit belegten Broten herumgereicht – als sich eine kleine Patschhand auf meinen Unterarm legte und die freundlichen Augen eines »Mongölchen« (so sagte man damals) meinen Blick suchten. Niemand hatte mich gewarnt, niemand musste das hier. Das Kind war nicht ausdrücklich, sondern selbstverständlich dabei; seine kleinen Unbeholfenheiten wurden nicht geflissentlich übersehen, sondern vom jeweils nächsten aufgefangen; seine Beiträge hörten alle mit unaufwendiger Geduld und beantworteten sie wie die eines jeden anderen – und der unaufmerksame Gast wurde auch mal gebeten, sich Evchen zuzuwenden, das ihm gerade etwas sagen wolle.

Sollte mir vor zu viel »Gestaltung« gebangt haben – vor der dünnen Luft der Rationalität, vor »visueller Kommunikation«, wie die offizielle Bezeichnung von Otl Aichers Abteilung hieß, oder auch nur vor einer praktischen Abfütterung mit »kalter Platte« –, dann wäre ich durch die Wärme der Zuwendung, durch die Lebendigkeit des Gesprächs, durch das Verschwinden der Intellektualität in der Intelligenz der gegenseitigen Wahrnehmung, durch das muntere Schmausen »gestraft« worden. Hier herrschte Einfachheit, Klarheit, Redlichkeit, nicht ausgeklügelte Moderne, nicht Designer-Eitelkeit, nicht hochmütiges Andersseinwollen. All dies habe ich kluge Menschen gegen Otl Aichers und Inge Scholls Hochschule für Gestaltung, gegen ihren Lebensentwurf und dessen spätere Verwirklichung in Rotis sagen hören. Sogar ihre Protest-, Beschämungs- und Widerstandstaten – gegen die Vermüllung der Landschaft, gegen Atomrüstung, gegen falsche Mahnmale, gegen Stationierung von Trägerraketen, gegen »staat als staat« – hat man als Kult des Eigensinns bemäkelt. Wer so redete, hat nie mit Aicher-Scholls am Abendbrotstisch gesessen. Ich habe das in den Jahren 1961 und 1962 über Monate hin jeden Dienstagabend getan. Inge, wie ich sie nun nennen sollte (und auch wir haben uns nie geduzt!), hat mich noch am selben Tag für das Jugendseminar ihrer Volkshochschule gewonnen, und ich fuhr vom nächsten Semester an wacker zwei Stunden mit meinem roten VW einmal in der Woche nachmittags nach Ulm, aß mit den

Aicher-Kindern zu Abend, fuhr nach dem zweistündigen Seminar wieder zwei Stunden nach Tübingen zurück.

Ich begann zu ahnen, welche Auszeichnung die »Berufung« an Inge Scholls Volkshochschule bedeutete. Diese war eines der kulturellen Zentren Deutschlands in der Nachkriegszeit. In den zwei Semestern, in denen ich dort lehrte, standen die folgenden Namen auf dem Vortragsprogramm: Albrecht Goes, Siegfried Melchinger, Rudolf Bilz, Alexander Mitscherlich, René König, Wolfgang Weihrauch, Heinz von Cramer, Hans Werner Richter, Uwe Johnson, Joachim Kaiser, Jakov Lind, Günter Eich, Manès Sperber, Alexander Kluge, Konrad Zuse. Allein im Jugendseminar traten Eberhard Zeller, Wilhelm Lehmbruck, Antoinette Becker, Otl Aicher auf. Die Themen waren denen der Schulen und Universitäten voraus: Entwicklungsländer / Der Schmerz der Tiere / Umwelt / Islam / Leib-Seele / Weimar und das Dritte Reich / Jugendrecht / Literatur und Politik / Computer und so fort.

Ich selber kündigte im Jahr 1961 einen Kurs mit dem Titel an: »Die Antike reicht bis in die Gegenwart.« Jeder einzelne Abend hatte ein in sich abgerundetes Thema: Die Götter Homers / Griechische Wissenschaft / Athen und Sparta / Der Prozess gegen Sokrates / Könige, Konsuln, Caesar / Die lateinische Sprache / Römisches Recht / Eine Wanderung durch das heutige Griechenland / Eine andere durch das heutige Rom.

Im Frühjahr 1962 ging es um Literatur. Ich wollte meine jungen Hörer mit der Gewalt der Literatur konfrontieren, nicht mit einem Verbrauchsartikel. Dabei hielt ich die Ordnung nach literarischen Gattungen ein. Jedes Mal begann ich mit einer Lesung aus dem Original. Geschichten: Der starke Grettir / Gevatter Tod / Der Zorn des Achill / Kleists Kohlhaas / Gogols Mantel / Wilders Die Brücke von San Luis Rey. Das Gedicht: von Goethe bis Bachmann. Das Drama: Ödipus / Der gute Mensch von Sezuan. »Was es sonst noch gibt«: Parodien und Satiren, Short stories und Reportagen, Essays und Aphorismen. Die Dichter: Wer alles dichtet und warum / Dichtendes Volk / Propheten / Sänger / Genies / Unglücklich Liebende / Maschinen. Dichtung und andere Künste: Vergleiche.

Mein drittes Steckenpferd, die Politik, ritt ich auf Podiumsdiskussionen: mit Klaus von Dohnanyi, Gösta von Uexküll und Alfred Neven-

DuMont über »Öffentliche Meinung – auf Kosten der Wahrheit?«; mit Margret Boveri und Rolf Schroers über die Möglichkeit, den Kalten Krieg zu überwinden.

Man mag zweifeln, ob es sich hierbei tatsächlich um *allotria* zu meinem Lehrerberuf handelte. Nun, von diesem unterschied sich, was ich in Ulm tat, in zwei wichtigen Hinsichten. Erstens war mein Gegenstand frei gewählt und von mir ganz nach meinem Gutdünken zu gestalten. Sodann kannte ich mein Publikum nicht, konnte bei der großen Zahl der Hörer und in dem Vortragssaal keinen Kontakt mit ihnen aufnehmen, musste den Dialog über das Vorgetragene fingieren. Meine Ankündigung zum zweiten Kurs nahm diesen folglich schon vorweg:

> Littera, ae f. heißt auf Latein »der Buchstabe«; litterae ist der Plural davon: »Geschriebenes«; Literatur hat also mit Geschriebenem zu tun. Nein, nicht unbedingt: Homer hat mündlich gedichtet. Warum ist dann die Ilias »Literatur«? Durch die dichterische Form? – Aber die meiste Literatur ist in Prosa verfasst. Durch ihren Autor? – Den hat es vielleicht gar nicht gegeben; wir kennen ihn jedenfalls oft nicht: bei vielen Märchen oder beim Volkslied. Dadurch, dass sie uns erfreut? – Es gibt durchaus un-erfreuliche Literatur, z. B. Fachliteratur, die uns belehrt. Tut das die Ilias nicht auch und wäre das dann das Kennzeichen von Literatur? – Ach, es gibt viel Literatur, die nicht »belehrt«, die nicht einmal immer wirklichen Sinn hat. Es gibt eine Literatur des »Unsinns« – Dada-Gedichte, das Nasobem, die Abhandlung über die Rhinogradentia ... Vielleicht kommt es auf die Adressaten an: Es müssen eben Leute sein, die das Nasobem nicht für Unsinn, sondern für Tiefsinn oder doch Hintersinn halten – die sich also auf Literatur verstehen? – Aber nein, das wird doch im Ernst niemand behaupten, dass die Dichter und Schriftsteller das gewollt haben: Literatur für Literaturprofessoren! Vielleicht kommt es auf die Absicht des Autors an. Soll das heißen: Wenn der Autor Literatur machen will, dann ist es Literatur? (Manchmal freilich schlechte!) – Dagegen kann man nichts sagen. Aber es ist damit auch nichts gewonnen, nicht jedenfalls für mich, denn woran erkenne ich die Absicht des Autors? Am Stil? – Darüber lässt sich streiten, nicht nur darüber, welcher Stil gut und welcher schlecht ist, sondern auch dar-

über, welcher ein Geschriebenes zur Literatur erhebt. – Vielleicht kommt es einfach auf uns an: auf den Wert, den ein Werk für mich hat oder für etwas, das ich auch wichtig finde. Literatur ist ein Wertbegriff, kein Sachbegriff ... Oder?
Das ist so eine »Reflexion«, wie sie einem am Anfang eines Kurses über Literatur durch den Kopf gehen mag.

Ohne es zu wissen, übte ich mich im *allotrion* des Professors ein.

Mit Inge Aicher-Scholl habe ich mich später immer wieder aus politischen Anlässen zusammengefunden. Das erste Mal schon im Jahr 1962. Es ging um ein deutsches Versäumnis. 1960 hatte eine israelische *task force* Adolf Eichmann in Argentinien aufgespürt und nach Israel verbracht. 1961 war er wegen Mitschuld am Mord von Millionen Juden zum Tode verurteilt worden. Uns – Inge, Otl und mir – schien es undenkbar, dass wir Deutschen von der Schlagzeile »SCHULDIG« zur Tagesordnung, zu unserem Geschäft übergehen, ohne uns – wenigstens am Tag von Eichmanns Hinrichtung – darauf zu besinnen, was und wen dieses Wort meint. In einem Brief an den Präsidenten des Deutschen Bundestags haben wir unsere Gedanken dargelegt: Nicht die Mauer vom 13. August, nicht Deutschlands Teilung von 1945, nicht die Erfindung der Atombombe, sondern die Irrlehren von den Zwecken, die die Mittel heiligen, von den Völkern, die über dem Einzelnen sind, von den »Wahrheiten« der Natur oder der Geschichte oder des Geistes, die den Menschen überschreiten, hätten unsere viel beklagte Lage verschuldet. Die Verurteilung Eichmanns sei eine Gelegenheit, uns selbst, uns gegenseitig dabei zu helfen, es mit der falschen Vergangenheit aufzunehmen. Alle Wiedergutmachung an Israel oder die Opfer des Faschismus, alle NATO-Bündnisse und europäischen Wirtschaftsvereinigungen, die wir eingingen, würden uns diese Aufgabe nicht ersparen; und wenn es auch nicht darum gehe, den Völkern der Welt etwas zu »beweisen«, so gehe es doch darum, dass wir uns selbst nicht täuschten, uns nicht zur Ruhe kommen ließen mithilfe eines Bildes, das wir gerne von uns hätten und das nicht stimme. Dazu gehöre, dass wir schweigen müssten, weil wir nichts sagen könnten – zwei Minuten lang, ein Zeichen dieser Einsicht. Was das deutsche Volk denke, lasse sich schwer ausmachen – ob es ein Zeichen der Erschütterung oder der Scham geben wolle oder beides nicht. Aber wir wollten uns dazu zwingen, den Gedanken zwei Minuten lang auszuhalten: dass das uns alle zusammen angehe. Damit war an die deutsche Teilung gerührt: Die Verbrechen, die »im Namen des deutschen Volkes und in seiner Mitte« geschehen seien, sollten auch im Schweigen des *ganzen* deutschen Volkes einbegriffen sein. Wir teilten dem Präsidenten des Deutschen Bundestages mit, dass wir versuchen würden, die DDR zu einem gleichen und gleichzeitigen Schritt zu bewegen.

Ich machte mich also nach Ostberlin auf, wo Werner Hartke nun Präsident der ostdeutschen Akademie der Wissenschaften war und ein »großes Tier«, und habe ihm unsere Gedanken vorgetragen, ihm einen, wie wir meinten, unverfänglichen Akt nahegelegt. Das Gespräch verlief in erstaunlicher Offenheit. Ich machte geltend, dass die Regierung der DDR den geringeren Spielraum habe; damit sie überhaupt handele, müsse sie zuerst handeln können. Das sei möglich, weil der Präsident des Deutschen Bundestages noch nicht reagiert habe; man könne also der BRD noch zuvorkommen. Die ostdeutsche Handlung müsse freilich so sein, dass die Bundesrepublik noch nachziehen könne: keine Ausfälle gegen die Bundesrepublik bei dieser Gelegenheit. Hartke erklärte hingegen: Der Vorschlag beweise, wie weit wir uns inzwischen voneinander entfernt hätten. Zwei Minuten Produktionsausfall sei in seinem Staat eine undenkbare Geste. Er versprach immerhin – nach allerlei anderen Einwänden –, sich mit weiteren Antifaschisten in seinem Land zu beraten. Danach: Schweigen, nicht freilich das geplante. Der Präsident des Deutschen Bundestags gab der Sache aus anderen Gründen »keine Chance«: Das Hohe Haus sei zu sehr beschäftigt. Es blieb mir nur die öffentliche Darstellung unseres Scheiterns – im MERKUR 167, im Januar des Jahres 1962.

Dies mag als Beispiel für die politische Unruhe genügen, die mich mit Inge Scholl vereinte. Stets glaubten wir einem vernachlässigten Gedanken, einem übergangenen Skrupel wenigstens Aufmerksamkeit verschaffen zu sollen. Das taten in jenen Jahren des Kalten Krieges viele. Selten freilich ohne einen ideologischen Standort zu beziehen. Unsere Anregungen hingegen waren idealistisch – bis zur Naivität. Typisch für uns und untypisch für die Zeitgenossen war, dass wir, dieselben Leute, die die Eichmann-Besinnung hatten herbeiführen wollen, uns 1985 beim

Präsidenten der Vereinigten Staaten, Ronald Reagan, und beim Generalsekretär der Kommunistischen Partei der Sowjetunion, Michail Gorbatschow, für die Begnadigung von Rudolf Heß einsetzten. Mein Text – Inge Aicher-Scholl übernahm ihn – endete mit diesen Sätzen:

> Mit der Exekution einer lebenslänglichen Strafe an einem so gut wie Nicht-mehr-Lebenden ist dem Abscheu der Welt über den Faschismus, ihrem Willen, seinesgleichen nicht wieder aufkommen zu lassen, nicht mehr gedient. (…) Die Verurteilung der ruchlosen Sache, der der Stellvertreter Adolf Hitlers gedient hat, wird durch die Barmherzigkeit für die übrig gebliebene Kreatur nicht aufgehoben, sondern bekräftigt. Nazis kannten keine Gnade.

Später hat man für unseresgleichen das Wort »Gutmensch« erfunden. Ich trage es, wenn nicht mit Stolz, so doch ohne Scham.

Auch alte Freundschaften bekamen in diesen Jahren eine neue Funktion. Annabel hatte geheiratet und lebte mit ihrem Mann, Wilhelm von Johnston, in Versoix am Genfer See. Hier wurde ich verwöhnt – mit den Gaben eines eingespielten Haushalts wohlhabender Gastgeber und mit der Möglichkeit, über alles ganz offen zu reden, was mich bedrängte oder beglückte. Diese Möglichkeit war gewiss auch ein Geschenk ihrer Freundschaft, aber noch mehr ihrer Lebensklugheit. Sie nahm ihre eigenen Gefühle aus dem Spiel, sie hörte zu, sie fragte nach und bekundete nebenbei ihr umstandsloses Zutrauen: Du wirst das schaffen!

Ähnliches Zutrauen brachte mir der alte Freund Bergstraesser auf wissenschaftlichem Gebiet entgegen. Er gab seinem Freiburger Kollegen Erik Wolf meine Dissertation zu lesen (der sie auch ausführlich in einem seiner Bücher zitiert hat); er lud mich ein, einen Vortrag über öffentliche Meinung in einem von ihm veranstalteten Kolloquium zu halten (unweit des schönen Ortes »Himmelreich«); er ermutigte mich zur Publikation meiner Gedanken in Form eines kleinen Buchs (»Öffentliche Meinung, öffentliche Erregung, öffentliche Neugier«, 1960), das wiederum Golo Manns unaufgeforderte Zustimmung und Margret Boveris sachkundiges Lob fand. Bei Elisabeth Noelle-Neumann, die ich im Hause der Frau Dreher in Tübingen (am Klosterberg) kennen gelernt und die mich nach Allensbach eingeladen hatte, war ich in die Kunst und

Theorie der Meinungsforschung eingeweiht worden und hatte den verstörenden Zusammenhang von wirtschaftlichem Wohlergehen und politischer Wählerentscheidung durchschauen gelernt. Pädagogisch war diese Einsicht unbrauchbar – war zu gut erhärtet und widersprach meinen Möglichkeiten: der Aufklärung und Übung. Aus diesem *allotrion* habe ich erst an der Laborschule und am Oberstufen-Kolleg ein *oikeion* gemacht, habe dort den *Contrat Social* dem *Emile* nachgeordnet, was unserer Logik widerspricht. Ich komme in Kapitel 17 darauf zurück.

Eine pure Freude waren die Besuche bei den großen Alten, Hans Rothfels und Walter F. Otto – ungetrübt von der Kritik, die bald darauf an den beiden Königsberger Gelehrten von forschen jüngeren geübt wurde: wegen ihres »politischen« Verhaltens in den ersten Jahren des Naziregimes, wo doch allenfalls ihr »unpolitisches« Verhalten zu tadeln gewesen wäre. Walter F. Otto starb just an meinem Geburtstag im Jahr 1958. Ein solcher Zufall geht einem lange nach.

Eine ganz andere Art von Ermutigung durch Freundschaft wurde mir durch junge Leute zuteil. Dies begann im Hause eines Studenten, den ich 1958 am Uhland-Gymnasium aushilfsweise in Griechisch unterrichtet hatte – damals von seinem Vorwitz gleichermaßen angetan und angefochten. Er hielt die Beziehung über seinen Abgang von der Schule hinaus aufrecht und lud mich zu einem »Fest« ein, das er mit den Mitbringseln von einer Griechenlandfahrt bestritt: In seinem leer geräumten Kellerraum waren Strohmatten ausgelegt und auf diesen Granatäpfel, Paprikaschoten, in Würfel geschnittener Ziegenkäse, Knoblauch, »kephtes« (kleine gebratene Fleischbällchen), Mandeln und Rosinen – und frisches Weißbrot vom deutschen Bäcker, Retsina in gewaltigen Korbflaschen! Drum herum lagerten Ados Gefährten in griechischem Hemd oder bündischer Juja (der vom legendären Tusk eingeführten Jungenschaftsjacke); sie trugen die Namen von kleinen Wildtieren (Dachs, Wiesel, Bisam, Hase ...); und alle hatten nicht nur Werner Helwigs »Raubfischer in Hellas« gelesen, sie konnten auch seine (oder Hans Leips und Manfred Hausmanns) Lieder singen und gegen Mitternacht, nachdem der Fußboden frei geräumt war, Sirtaki tanzen mit Finger- und Zungenschnalzen, Taschentuch-Aufheben und anderem artistischen Drum und Dran. Einer von ihnen spielte die Gitarre, sah aus wie Taras Bulba oder auch ein Jung-Pirat mit rotem Halstuch und sang in fünf Sprachen: Russisch, Französisch, Englisch, Griechisch, Deutsch. – Das Fest entzückte mich, der ich meinen Leib notdürftig bei Edeka mit Knorr-Suppen, Sardellenpaste und Rama versorgte.

Nicht lange nach dieser Begegnung schenkte Wiesel mir ein selbst gebundenes Bändchen mit handgeschriebenen haikuartigen Gedichten von einem halben Dutzend der »Gesellschaft vom Ado-Keller«. Daraus erfuhr ich, dass die jungen Leute fast alle einer »Schwäbischen Jungenschaft/Tübingen« angehörten. Eingestreute Fotos zeigten sie bärtig unter unrasierten Fischern in ärmlichen griechischen Hafenkneipen – in der Gegenwelt zu »Neu-Spuhl«, von dem sie nicht bei Gerd Gaiser lesen mussten: Es umgab sie täglich.

Franz, genannt Wiesel, und Ado wurden meine Freunde in der nachfolgenden Generation, und sie waren beide Mediziner. Ohne irgendeine Absicht, ja ohne es zu wissen, haben beide eine heilsame, wenn nicht gar heilende Wirkung an mir getan. Sie brachten auf je ganz verschiedene Weise ein Gegengewicht in mein vom Beruf beherrschtes Leben: Wiesel durch seine sinnliche Ruhe, durch die solide Handwerklichkeit, mit der er das Leben anging. Wenn ich einen Abend bei ihm im Dachzimmer seines Elternhauses verbracht hatte, nahm ich ein Stück von seiner Urgesundheit in meine Welt mit. Mir half unsere völlige Unähnlichkeit. Umgekehrt half mir auch Ados Ähnlichkeit. Dieser so schmale wie zähe Geselle teilte mit mir die Nervosität, die Askese, die Schnelligkeit der Eingebungen. Er nahm mir dadurch immer etwas von meiner Aktivität vorweg und von meiner Spannung ab. Mit Wiesel bin ich gewandert, mit Ado abenteuerlich gereist. Das eine tat ich aus Einsicht und Zutrauen, das andere aus Bewährungsdrang. Mit beidem suchte ich mir und meiner unnützen, verzehrenden Nachdenklichkeit zu entrinnen. Manchmal gelang es, manchmal nicht, manchmal vermehrte die gemeinsame Unternehmung nur mein Ungenügen an mir selbst.

Zwei der Reisen mit Ado haben mich an den Rand meiner Vernunft getrieben. Die eine habe ich in meinen Reisebericht-Band aufgenommen und ihr den Titel »Fahrt ohne Grund« gegeben. Damit war Ados ungewollte Therapie bezeichnet. Er reiste um des Reisens willen, war mit Erlebnis so beschäftigt, dass er den anderen, den Gefährten, gar nicht mehr wahrnahm. Der war dann seinem eigenen Missmut ausgeliefert, dem Kampf gegen die dummen Launen, dem mutwilligen

Brotholen – auf der Insel Rab hieß das: einem Marsch von drei Stunden! – und vorwurfsvollem Abwaschen für alle. Damals rettete mich die Lektüre von Nabokovs »Lolita«; ich weiß nur wenige Bücher, die das in dieser Lage vermocht hätten. Ein andermal, auf einer Skihütte in Arosa, haben mich auch der tägliche Aufstieg zur Kulm oder zum Rothorn und der rasende Abfahrtsrausch nicht gegen Ados Gleichmut immunisiert. Ich konnte mir eine Nacht lang nicht antworten, wozu ich lebe, schrieb einen Abschiedsbrief, fuhr zum am Bahnhof geparkten Auto ab und mit diesem in der Vorstellung weiter: Die Kurve mit dem tod-sicheren Abgrund werde sich mir von selbst anbieten. Beschämt durch den sich behauptenden Lebenswillen war ich dann nach drei Stunden wieder auf der Hütte. Ado schlief noch. Der Abschiedsbrief diente als Fidibus beim Anmachen des Herdes, auf dem bald das Teewasser kochte.

Schon während des Frühstücks stritten wir uns wieder über unsere schwierigen großen Themen: die Genealogie der Moral, die Stichhaltigkeit der Evolutionstheorie, den freien Willen. Beim Letzten hatte ich diesmal schlechte Karten. Gut, dass Ado es nicht wusste.

Wiesel machte sein medizinisches Examen und brach Weihnachten 1962 nach Ouagadougou in Obervolta auf, wo er praktische Erfahrungen mit seinem Beruf machen wollte. Er hatte ein dickes Oktavheft gekauft, es sorgfältig in Leder eingebunden und mir geschenkt, damit ich meine Gedanken für ihn darin festhalte. Alle vier Wochen sollte ich es ihm schicken; er würde dann umgekehrt seine Gedanken für mich hineinschreiben. Ich besitze dieses rührende Dokument noch. Wiesels Eintragungen sind teils verhalten romantisch: »Würde gern die ganze Nacht mit dir Rotwein trinken«, teils ungebremst bitter:

> Manchmal kann ich auch die Ohren hängen lassen, wenn mir Kinder wie die Fliegen unter den Händen sterben, vergiftet durch die Heilversuche dieser verfluchten, geltungssüchtigen, habgierigen, faulen Medizinmänner. Man steht so machtlos daneben, wenn die Kinder am Wundstarrkrampf krepieren, weil ein blöder Mohr ihnen auf eine frische Wunde ein Gemisch aus Kuhmist und Erde geschmiert hat; wenn junge Leute langsam erblinden, weil so ein Rindvieh ihnen gegen eine harmlose Bindehautentzündung große schwarze Ameisen

ins Auge praktiziert hat. Tod und Teufel, ich habe mir die Neger anders vorgestellt. Wundere Dich nicht, wenn ich als Rassist, vielleicht sogar als Kolonialist aus diesem Land zurückkehre.

Meine Eintragungen zeigen, wie wenig ich mir selbst zu entrinnen vermochte oder auch nur versuchte:

> Ein Brief von dir aus Casablanca ist gekommen, blau und freundlich. Er lädt mich ein, mich neben Dich zu setzen und auf das blaue Meer hinauszusehen und blaue Gedanken zu träumen. Gedanken, in denen Freundschaft nicht vorkommt, weil sie ja gegenwärtig ist. Du hast Recht mit dem, was Du über die Trennung sagst und über das Bewusstsein, das sie schafft. Ich treibe so gelehrte Dinge im Augenblick, dass ich sie selber kaum verstehe. Wärst Du hier, ich würde irgendwie darüber plappern. Aber wie schreiben? – Eines der Probleme, mit denen ich fertig zu werden suche, gehört hierher: Ich muss an einer bestimmten Stelle der Einleitung meines Buches den Lesern erklären, was Hegel gemeint haben kann. Sie müssen es wissen, nicht weil der Hegel der Hegel ist und der (sich auf ihn berufende) Marx der Marx und so fort die Reihe der großen Denker entlang bis zum kleinen Hentig, sondern weil man an ihm sich über einen Grundzug aller Menschenbildung klar werden kann: dass wir im Bewusstsein des Andersseins zum Bewusstsein unserer Selbst kommen. Bildung ist also immer ein Geschäft der Selbstentfremdung zum Zwecke der Aufhebung der Selbstentfremdung. Nur die Wiesels sind von solchen Komplikationen ausgenommen, weil sie immer an-sich bleiben und für-sich vereinzelt werden und also nie die Aufhebung (im doppelten Sinne von Aufbewahrung und Verneinung) eines Bewusstseins an-und-für-sich brauchen. Alles klar? Ach, wärst Du hier, es würde mir Spaß machen, diesen erhabenen Philosophismus vor Dir gleichsam aufzuführen – eine Posse der Einfachheit, die nur freilich Zeit und Laune und Publikum braucht, und das habe ich vor diesem Schreibeblatt nicht.

In unserem Briefwechsel, der eigentlich ein Tagebuchaustausch war, berichte ich dem fernen Freund von einem neuen nahen Freund, den ich oben (S. 121) schon zufällig mit ihm in Verbindung gebracht habe: Konrad Raiser. Der Umgang mit einem Gottesgelehrten war gleich ein doppeltes *allotrion* – befremdlich bei einem Ungläubigen und abseits meines Lehrerberufs. Mit Konrad Raiser bin ich gleichwohl nicht nur ins Kino gegangen, sondern auch wacker in die Theologie eingestiegen. Dann, eines Tages, habe ich seine Examenspredigt mit angehört. Dass und wie sie mich angerührt hat, lässt erkennen, in welchem Maß ich an Selbstzweifeln litt.

Die Predigt hielt Konrad Raiser in der Stiftskapelle (die ich aus diesem Anlass zum ersten Mal betrat), und so habe ich eine schöne Predigt von einem schönen Menschen in einem schönen Raum gehört. »Schön« heißt hier wohltuend. Mit einer Predigt, die mich aufgerüttelt hätte, wäre Konrad möglicherweise durchgefallen. Der ihm aufgegebene Text lautete: »Ich bin nicht gekommen, die Gerechten zu rufen, sondern die Sünder« (Matth. 9,13). Vor Konrad hatten zwei andere über dasselbe Wort gepredigt. Sie waren aufgeregt, sie argumentierten umständlich, sie haben abgelesen, was sie sich über Sünder und Gerechte angelesen hatten. Konrad sprach frei – auch innerlich.

Es liegt wohl an dem Wort Christi, dass man daran Anstoß nimmt. Umso mehr durfte der Prediger darauf verzichten, diesen Anstoß zu »entdecken«. Konrad, anders als seine Vorgänger, hat ihn festgestellt und begründet:

Die einen ärgern sich, dass ihr Gerechtsein nicht anerkannt wird (und es ist zu billig, sie gleich als Pharisäer hinzustellen, gibt es doch auch bemühte Gerechte, die sehr genau wissen, wie oft sie versagen, und die darum noch nicht gleich zu den Zöllnern zu rechnen sind).

Die anderen ärgern sich anders. Sie sagen: Da habt ihr's doch gehört, nicht zu den Kirchgängern ist Christus gekommen, nicht zu den Rosenkranzbetern, nicht zu all eurer Wohlanständigkeit. Warum tut die Kirche noch so, als sei Christus bei ihr?

Ich hätte einen dritten und – ich meine – schlimmeren Anstoß genommen: Hat Christus, dieser große Menschenkenner und Erbarmer, der so uneingeschränkt zu helfen und zu lieben bereit war, nicht gesehen, wie elend der Pharisäer dran ist, wie sehr also gerade er ihn braucht? Ja, ist der Pharisäer nicht eigentlich erst durch Christus elend geworden, der ihm seinen einzigen Schutz, seine »Gerechtigkeit« genommen hat? Umgekehrt hat Christus auch dem Sünder das Seine genommen: Wie kann einer sich zu seiner Sündhaftigkeit bekennen, seit er weiß, dass Gott ihn schon darum zu seiner Tafel rufen wird? Wird er nicht in dem Augenblick zu einem »Gerechten«? Und ein Pharisäer, der demütig werden will – wie soll ihm das gelingen, wenn ihm das Bewusstsein zuflüstert: So bist du fein demütig!? Das Wort Christi gehört zu den Wahrheiten, die sich selbst unanwendbar machen. Jedes Mal, wenn ich diese Wahrheit bedenke, scheitere ich an ihr. – Christus ruft alle (das war die Ketzerei des Origenes!), aber es hören ihn nur die Sünder. Das ergibt nun geradezu eine Definition des erbarmungswürdigen Sünders: Es ist der, der Christus hört. Der Pharisäer kann es nicht. Wie sich der Ruf anhört, wie schrecklich oder wie tröstlich, darüber kann man freilich nicht predigen und schon gar nicht schreiben. Das erfährt jeder Sünder in sich. – Das Wort »Sünder« zu verwenden habe ich längst aufgegeben. Es trägt zu viel Pathos, zu viel Geschichte. Vielleicht genügt es, von einem »Fallenden« zu reden. Der kann nun zweierlei tun: sich fallen lassen oder nach einer Rettung greifen, gar einen Helfer rufen. Damals hielt ich mich für einen »Fallenden«, so erfüllt und erfolgreich ich in meinem Beruf auch war. Aber eben nur in ihm fand ich Halt, konnte ich meine Zweifel beschwichtigen, ließ sich aus Anfechtung Bewährung machen. Die Person wähnte sich in einer Not, aus der auch ein Eu-Angelion nicht erlösen konnte.

Hier müsste ich mich vor Heinrich Buhr verbeugen, dem Pastor der Gemeinde Lustnau. Seine präzis gedachte und doch schwerelose Theologie war eine reiche Entfaltung eines einzigen Satzes: »Christus hat uns von der [unbekömmlichen] Sorge um unser Seelenheil befreit.« Welch ein Glück für mich, damals diesen Mann gekannt zu haben!

Die Hentig-Familie. 1956 waren die Eltern von Hinterzarten nach Hamburg gezogen – in ein solides Reihenhaus, erste Etage. Sie hatten die Wohnung mit einigen aus Indonesien mitgebrachten Möbeln, Bildern, Teppichen und Erbstücken aus dem Haus der Großeltern wohnlich und ansehnlich ausgestattet; das neue Domizil war mit Absicht klein gewählt: Vater wollte Geld sparen, die Mutter wollte nicht mehr das gewohnte »große Haus« führen. Aber schon die eigenen fünf Kinder konnten nur nacheinander zu Besuch kommen, und Vater blieb der, der er war: ein großzügiger Gastgeber. Wo auch hätte er mit den vielen

Menschen, die seinen Rat erbaten oder ihn in ihre Vorhaben einzuspannen suchten, reden können, außer in der Wohnung – oder auf in Hamburg doch meist verregneten Spaziergängen? Dies in einem Lokal zu erledigen, womöglich eingeladen zu werden, kam überhaupt nicht in Frage. Bescheidenheit und das Gebot der Unabhängigkeit standen dagegen! Ich erlebte die Belastung der Miezi-Mutter mit, als ich selber einmal einen Sommer lang dort wohnte, um mit Carl Friedrich von Weizsäcker Platon zu lesen und dessen große Vorlesung über die Weltentstehungstheorien zu hören. In der obendrein winzigen Küche helfen zu wollen – das wissen alle, die selber eine führen –, ist fast unmöglich. Da überlässt man der Hausfrau lieber das Martyrium uneingeschränkt und kompensiert, wenn man kann, durch anderes. Die Eltern zum Genuss von Hamburgs damals großem Theater zu verführen, vermochte ich freilich nur für die Dauer meines Aufenthalts – und war selber der eigentliche Nutznießer: Gründgens' »Faust«, seine »Heilige Johanna der Schlachthöfe« oder sein »Hofmeister« konnten sich mit den großen Aufführungen des Brecht-Ensembles messen. Joana Maria Gorvin, Hanne Hiob und als Gast Elisabeth Bergner konnte ich damals in ihren großen Rollen erleben. Man musste dazu nicht in Wien oder New York oder London leben. Die Freude, die ich den Eltern bereitete, indem ich für die Theaterkarten anstand, hielt sich in Grenzen. Das lag nicht daran, dass sie keinen Sinn fürs Theater hatten – in dem von Vater als »geradezu theaterwütig« bezeichneten Gotha und später in Paris hatte er zahlreiche, um nicht zu sagen zahllose Stücke gesehen, sie genossen und sich einen Maßstab für diese Kunst angelegt. Es lag eher daran, dass Theater für den Politiker nun wirklich *allotria* war.

Im Mai 1957 heirateten meine Schwester Helga und ihr langjähriger Freund Heinz Fritzsche. Die Trauung fand in einer Altonaer Kirche, das große Mahl in einem benachbarten Lokal statt. War man am Polterabend noch vergnügt und geistreich gewesen – Helgas Freundinnen waren in Hochform! –, lag über der großen Festversammlung eine bleierne Stimmung. Mit der Hochzeit – der von allen so lange und so bange herbeigesehnten – war zugleich der Aufbruch der Vermählten nach Punta Arenas, ans andere Ende der Welt verbunden. Nach Vaters seltsam konventioneller Tischrede meinte ich etwas Gewichtiges sagen zu müssen, brachte die vorgedachten Gedanken jedoch vor lauter Bewegung kaum über die Lippen und nur den Nächstsitzenden zu Gehör. Dies war Helgas und meine zweite Trennung – nach fast genau fünfundzwanzig Jahren. Dass sie uns auf ganz andere Weise – durch eine ausgiebige Korrespondenz – auch eng zusammenführen sollte, stellten wir erst später, vollends nach der Geburt von Helgas erstem Kind, Nikolaus, fest. Nikolaus wurde mein Patenkind.

Eine neue Region der Hentig-Familie habe ich erst in den Tübinger Jahren wirklich entdeckt und in den Göttinger Jahren weidlich genutzt. Mein Vater hatte fünf Geschwister – eine beeindruckend bunte Schar, in ihr wahre Prachtexemplare des jeweiligen Charaktertyps, der jeweiligen Begabung. Onkel Hans, von dem schon im Amerika-Kapitel ausführlich die Rede war (s. Bd. I, S. 342), war 1951 aus den Vereinigten Staaten an die Bonner Universität zurückgekehrt und bald nach seiner Emeritierung im Jahre 1955 nach Bad Tölz gezogen, wo er weiter auf seiner Reiseschreibmaschine glanzvolle Kommentare und Essays zu Zeitfragen schrieb – dabei durch eine freimütig bekannte und genossene Faulheit in Grenzen gehalten. Seine Bosheit war gemildert, auch hatte er sich der Strategie seiner liebenswürdigen und gewitzten Frau gefügt: Sie leistete ihm in kleinen Dingen offenen Widerstand, ließ ihn diesen nach einer Weile siegreich brechen und lenkte die wichtigen Angelegenheiten derweil in ihrem bürgerlich-vernünftigen Sinn. Man besuchte ihn nun gern, ohne Angst, wenn auch nicht zu oft, und wurde stets aufs Beste unterhalten.

Tante Ilse – dritte in der Geschwisteraltersabfolge – lebte als Witwe des von allen geliebten Onkels Ernst Eisenlohr in einem schönen Haus in Badenweiler, wo ihr Mann zuletzt hochverehrter Bürgermeister gewesen war. Ihren Haushalt führte Siaida Mannesmann, eine Tochter von ich weiß nicht welchem der vier Brüder Mannesmann, die ihrerseits die Söhne von Reinhard Mannesmann, dem Erfinder der nahtlosen Röhre, waren. Neben ihrem genussfreudigen, großzügigen, geistreichen Mann mit dem falschen Vornamen war uns Kindern Tante Ilse immer melancholisch und im doppelten Sinn unergiebig, ja abweisend vorgekommen. Mit dem zwölfjährigen Hartmut spielte Onkel Ernst das Steigerungsspiel: Hartmut / Frechdachs / Luftikus, sich selbst nicht schonend: Ernst / Naso (er hatte in der Tat ein imponierendes Riechorgan) / Talmidiplomat. Meine Aufgabe war es, ihm täglich ein neues

Steigerungsopfer vorzuschlagen; seine Reaktion kam dann ohne das geringste Zögern. Tante Ilse fand dies unwürdig. Mit dem fünfzehnjährigen Hitlerjungen, der für die Winterhilfe mit der Büchse sammeln musste, hatte er Erbarmen, wie oben (Bd. I, S. 153) berichtet, und machte mir damals die gemeine Zeitverschwendung bewusst, die ich im Dienst von Hitlers Volksgemeinschaft beging, ja er vermachte mir jenen Satz, mit dem ich fortan meine kleinen Rückzüge daraus rechtfertigte: »Nun kannst du wieder an deine eigene Arbeit gehen.« Er schenkte mir kurzerhand seine wollegefütterten teuren Leder-Skihandschuhe, als er meine verfilzten Fäustlinge sah; er befand, er müsse nun endlich selber neue Skier haben, nur um mir die seinen mit den notwendigen Stahlkanten überlassen zu können. Mir neue zu kaufen, hätte Tante Ilse schlicht untersagt. – Das war damals. Jetzt freute sie sich über meine Besuche, verfolgte alles, was ich tat oder was mir geschah, mit großer Anteilnahme und sah schon beim Mittagessen erwartungsvoll dem Abend entgegen, den wir mit Musik und einer Flasche Markgräfler zu verbringen pflegten. Sie kommentierte die Ereignisse der Politik mit Klugheit, Seufzen und Humor und machte täglich einen einstündigen Spaziergang mit mir, den sie mit dem eben zitierten, auch von ihr wohl erinnerten Satz von Onkel Ernst beendete. Nur ungern entließ sie mich an meine Lektüre von Lawrence Cremins »Progressive Education in America« und Friedrich Paulsens »Geschichte des gelehrten Unterrichts«, mit denen ich meine ersten Vorlesungen vorbereitete. Bei jedem Abschied weinte sie und flehte mich an: »Nimm doch aus der Bibliothek mit, was du nur irgend gebrauchen kannst; Onkel Ernst würde das freuen. Ich kann nicht einmal einschätzen, wie wertvoll die Bücher sind, und sie schon gar nicht mehr lesen.« Da standen sie nun – Norbert von Helingraths große Hölderlin-Ausgabe, Kantorowicz' »Friedrich II.«, der ganze Max Weber. Aber ich würde diese Bücher jetzt auch nicht lesen können, und so sollten sie hier die Wand des Wohnzimmers schmücken, solange die Tante lebte.

In Badenweiler, bei Tante Ilse, ging die alte Zeit weiter – ein Stück Vorkriegswelt: geordnet, gepflegt, den Bedrängnissen der Gegenwart entrückt, in die ich durch meinen Beruf so anstrengend verstrickt war.

Im hohen Alter ließ Tante Ilses Gedächtnis nach. Als man nach ihrem Tod zwei Testamente fand, eines zugunsten ihrer Neffen und Nichten auf der Seite ihres Mannes und ein später ausgefertigtes zugunsten von Vater, kam es zu einer gerichtlichen Auseinandersetzung. Die andere Seite focht das zweite mit dem Argument an, die alte Dame sei nicht mehr bei Verstand gewesen, als sie es schrieb. Heute weiß ich, wie es in einem Menschen aussieht, dessen Gedächtnis versagt, der aber doch einen deutlichen und meist auch verständigen Willen hat. Das Gericht lud mich als Zeugen, befragte mich zwei Stunden lang (nie habe er einen ausgebufften Zivilrichter so lange so gespannt zuhören sehen, sagte später Wolfgang von Buch, der als Anwalt Vaters Sache vertrat) und befand: Frau Eisenlohr habe sehr wohl gewusst, was sie tat, als sie ihren *letzten* Willen unterschrieb. Gern habe ich an diesem Sieg der Hentigs nicht mitgewirkt. Ich erbat mir aus ihrem Erbe einen korinthischen Arybalos, der mich mit Onkel Ernst verband (er hatte ihn in Athen erworben, als er dort deutscher Gesandter war), und eine Gesamtausgabe von Charles Dickens, mit dem ich mein eigenes Alter zu verbringen trachtete. Weitere Erbstücke verbat ich mir – sie hätten mich belastet.

Tante Lore, sie war die herzlichste unter unseren Tanten, hatte sich im Kriege als »Gebietsführerin« beim Deutschen Roten Kreuz mit patriotischer Härte gewappnet, führte mit eben dieser einen Krieg gegen die Werner-Otto-Hentig-Familie, die nach der Ausbombung in Berlin im großmütterlichen Haus mit eingezogen war, und blieb uns bis zu ihrem Tod unversöhnt fremd.

Onkel Wolf, der zu Unrecht von seiner Mutter für unbegabt gehalten wurde und seine Tüchtigkeit durch den Aufstieg vom Pionier-Hauptmann zum Generaldirektor bei Daimler-Benz auswies, habe ich nach dem Krieg gar nicht wiedergesehen. (In den Augen der wilhelminischen Gesellschaft war freilich schon die Wahl seines Regiments ein Fehler – da hatten es mein Vater als Kürassier und Onkel Hans als Königsjäger zu Pferde richtiger gemacht.) Er ist als erster von Vaters Geschwistern gestorben. Seine Witwe Ute, geborene Michalowski, schien hingegen ewig leben zu wollen und zu können. Ihr liebenswürdiger Sohn lud die gesamte Familie zu ihrem neunzigsten Geburtstag ein. Mein Empfinden war: mumifizierte Vergangenheit. Mit wem sollte man nun die Erinnerungen teilen – an die elegante Wohnung in der Heerstraße mit dem eigentlich unbetretbaren hellgrauen Veloursteppich und dem ersten Fernsehen 1936, an die immer neuesten und teuersten Mercedes-

Modelle (mit Kompressor!), die Onkel Wolf fuhr, an die fünfundsiebzig Rosen, die er seiner Mutter zum fünfundsiebzigsten Geburtstag schenkte, an die Tradition, dass der reiche Onkel Omamas sämtliche Enkel in Partenkirchens beste Konditorei einzuladen hatte? Immerhin hat die Familie Hentig in Onkel Wolf im Krieg einen WeWiFü, einen Wehrwirtschaftsführer und damit so etwas wie einen Nazi gehabt – jedenfalls mehr als einen bloßen »Mitläufer«. Das genügte mir, um mich weiter wenigstens in Gedanken mit ihm zu beschäftigen.

Eva Maria, Vaters jüngste Schwester, das Nesthäkchen, für uns »Tante Evchen«, war von allen Hentig-Geschwistern das amüsanteste. Sie nutzte ihre Gabe, nahm sich heraus, Schauspielerin zu werden, und Opapa, der Herr Staatsminister, schritt nicht ein, solange sie es nicht unter seinem/unserem Namen tat. Sie hieß also anders – Eva Maria Anders. Schon wegen ihrer Geschichten von der Bühne und von »hinter den Kulissen«, in denen es um die Großen der Zeit – Werner Krauss und die noch jungen Heinrich George und Aribert Wäscher – ging, liebten wir sie als Kinder, aber auch, weil sie der gewittrigen Großmutter guttat. Sie war ihr Sonnenschein. Die Söhne machten Kummer mit den Frauen, die sie geheiratet hatten; die beiden anderen Töchter waren unserer Omama wohl gleichgültig. Eva Maria hingegen konnte nichts falsch machen, nicht einmal mit dem mittelmäßigen Hans Köster, den sie in die selbstbewusste Familie brachte und der Genießertum, Buddhismus, Anthroposophie und Verehrung für Hitler mühelos in sich vereinigte. Er war erst Konsul in Kapstadt, dann Generalkonsul in Venedig und schrieb unter dem Namen Erdus unverständliche Gedichte. Evchen vergoldete die Welt, also auch diese Erscheinung. Nach dem Tode ihres Mannes – er wurde aus irgendeinem Grund »Onkel Witsch« genannt – lebte Tante Evchen ausschließlich für ihre Hunde. Als sie starb, erbten wir noch einmal – ich das schönste Mah-Jongg-Spiel und mir das liebste wegen der aberhundertmal, die wir als Kinder an Omamas großem Tisch damit gespielt haben.

Wichtiger noch als die leiblichen Verwandten war mir meine Patentante Anna, die erste Frau meines Onkels Hans. Sie stammte aus dem Solinger Hause J. A. Henckels, das die »Zwillingsmesser« und »-scheren« herstellt – eine kluge, sanfte Frau mit einem Gesicht, in dem Geist und Güte, Gleichmaß und Großzügigkeit sich zu einer außerordentlichen Schönheit vereinigt hatten. Hohe Stirn, hohe Augenlider, hochgestecktes und, soweit meine Erinnerung zurückreicht, silbernes Haar. Der Onkel sah bald ein, dass er mit seiner Scheidung einen Fehler begangen hatte, und wollte sie wieder heiraten – »aber da stand Freddy in der Tür«, beschloss unsere Großmutter die Erzählung dieses Kapitels. Freddy war die oben geschilderte zweite Frau von Onkel Hans.

Tante Mieze, so nannten wir die erste, war Bildhauerin, machte kleine Tierplastiken von großer Beseeltheit und Anmut; sie wurden in Bronze gegossen und bekleideten bescheiden irgendeinen Zweck – einen Briefbeschwerer, den Griff eines Petschafts, eine Bücherstütze. Eines ihrer Modelle war der Mops Jakob, ein durch Geisteskrankheit rührendes Tier mit vorstehenden apoplektischen Augen. Mein Abguss ist in den Ruinen der Händelallee untergegangen. Sein Relief aber ziert meinen Schreibtisch und wird in die Hände eines gleichnamigen mir lieben Menschen übergehen. Zu den Verehrern von Tante Mieze gehörten vor dem Kriege Martin Buber und Franz Rosenzweig; der Dichter Friedrich Alfred Schmid Noerr und der Goldschmied Scherer blieben es – und bildeten zusammen mit Vater einen Verschwörerkreis. Dem Kriegsheimkehrer-Patensohn schenkte sie in ihrem ländlichen Refugium am Tegernsee jenen schon zweimal erwähnten Lodenkotzen und Handschuhe, Homer und Hölderlin, Sören Kierkegaard und Jakob Burckhardts »Griechische Kulturgeschichte«, dem Lehrer ihre nicht nachlassende Aufmerksamkeit und ihre leisen großen Fragen. Ich bin nie durch München, wo sie von 1950 an wohnte, gefahren, ohne sie aufzusuchen, und nahm stets eine tragbare Last Gotteszweifel und Menschenliebe mit.

Die Verbindung zwischen den *disiecta membra* der Hentigs stellte taktvoll mehr als unparteiisch Omamas ehemalige »Haustochter« Lilo Grell, spätere Herzog, her. Der *go-between* ist eine in der öffentlichen Moral zu Unrecht verdächtigte, gar verachtete Person. Ist sie eine starke Persönlichkeit wie Lilo, bekommt dieses arglos treffende Wort einen mythischen Sinn: Lilo war ein weiblicher Hermes.

Die schönste Blüte trieb das große Familien-Gewächs der Hentigs freilich in meiner Beziehung zu den Brüdern Hans Wolfram und Roland. Das hatte mit Amerika zu tun, wo wir uns im »Exil« gewähnt und an diesem ebenso wie aneinander gefreut hatten. Nach ihrem Militärdienst bei der US-Army und ihren indonesischen Abenteuern studierten nun beide – Hans Wolfram in Bonn Geschichte, Roland weiterhin in Chicago Biologie. Später wechselte Roland nach Hamburg. Hans Wolfram trat bei den Bonner Borussen ein. Der Vater hatte ihm diesen heiklen Schritt empfohlen, damit er nicht zum Eigenbrötler, gar zu einem Kauz werde. Zum einen hatte Hans Wolfram eine unverkennbare Neigung, zum anderen ein beachtliches Talent. Wir Geschwister erkannten in seinen hintersinnigen Karikaturen, in seinen – zum Ergötzen aller Kinder – ins »Beiseite« geschnittenen Grimassen, in seiner kultivierten Umständlichkeit eher bewusste Akte der Unabhängigkeit und meinten, insofern habe er den ihm vom Vater zugedachten »Schliff« nicht nötig. Der Vater konterte: Umso weniger wird ihm der Comment der noblen studentischen Verbindung schaden. Ich habe ihn dort am Rheinufer besucht, genauer: Ich war zu einer abendlichen Vortragsveranstaltung eingeladen. Die rührend jungen Prinzen, Gräflein und Standesgenossen versuchten ihren ebenfalls anwesenden Alten Herren und den eigenen Eltern zu beweisen, dass das teure Nest, in das man sie gesetzt hatte, ihrer gesellschaftlichen Karriere durchaus bekömmlich sei – durch gut sitzenden Smoking, ordnungsgemäßes Vorstellen (»Darf ich Ihnen …?«), aufmerksames Anhören des Redners, ein paar kurze (und nicht zu viele) Fragen und Diskussionsbeiträge, anschließende artige Gespräche bei Wein und Käsehäppchen und wiederum ordnungsgemäße Verabschiedung. In dem Gewimmel reichte die Mutter eines Kommilitonen meinem Bruder ein zweites Mal die Hand zum Kuss. Er antwortete mit einer knappen Verbeugung und dem gesittetsten aller möglichen Sätze: »Danke, ich hab' schon!« So war und ist mein Bruder Hans Wolfram, den man am Rheinufer Eschwin nannte. – Von Rolands Studien habe ich naturgemäß wenig mitbekommen. Er kam nur jeden zweiten Sommer nach Europa – im Jahr 1958 freilich zu einem besonderen Ereignis:

Reisen. Wiesel und Ado hatten so ausgiebig wie begeistert von ihren Abenteuern in Griechenland erzählt, dass ich beschloss, das Land, über dessen Vergangenheit ich »lehrte«, endlich selbst und in der Gegenwart zu »er-fahren«. Die geeigneten, weil gleich gesonnenen und gleich »sozialisierten« Gefährten schienen mir die Brüder zu sein. Die Reise durfte nicht viel kosten. Da ich seit einem Jahr ein kleines, aber festes Lehrergehalt hatte, die Brüder hingegen noch weitgehend dem Vater auf der

Tasche lagen, übernahm ich die Finanzierung. Ich konnte mir der Bereitschaft der beiden Joachimsthaler und Kriegs-Jungen zur dazu notwendigen Askese sicher sein: keine Hotels, keine Restaurants, keine Busfahrten, aber auch kein (zeitraubendes) Anhaltern, was uns um manche Abenteuer gebracht haben mag, die den Charme der Wiesel-und-Ado-Fahrten ausmachten. Die waren mit den auf dem ganzen Balkan damals hoch gehandelten Nylon-Angelschnüren und Batterien losgezogen und hatten diese unterwegs gegen Lebensmittel und, wenn nötig, Unterkunft eingetauscht. Als diese Mittel aufgebraucht waren, gaben sie ihre nicht weniger begehrten Unterhosen nacheinander ins Überlebensgeschäft und kamen »in the raw« nach acht Wochen wieder in Tübingen an. Mit der Reserve-Barschaft hatten sie zuletzt noch die Zutaten für das oben geschilderte Fest gekauft – wie sie nun schmunzelnd zugaben: die meisten gar nicht in Griechenland, sondern in Jugoslawien.

Wir Brüder planten die Route (anhand der vorzüglichen, dem Baedeker von Spranger beigefügten Karte) und unsere Ausstattung in meiner Stube in Tübingen in der Nacht vor der Abreise: drei Rucksäcke, drei Schlafsäcke, drei Feldflaschen, drei Essbestecke, drei Becher, drei Zahnbürsten, drei Bücher (neben dem Baedeker und einem kleinen Lexikon Pausanias' »Beschreibung Griechenlands«, Hölderlins »Hyperion« und Fallmerayers Bericht über den heiligen Berg Athos) – aber schon nur eine Zahnpasta, eine Seife, ein Rasierapparat, eine Reiseapotheke. Bei der erwarteten Marschleistung von zwischen fünfzehn und fünfunddreißig Kilometern am Tag schienen uns feste Socken wichtig, also für jeden vier Paar, dazu zwei Paar Unterhosen, zwei Hemden, ein Pullover. In Athen würden wir unser Gepäck in einem Rucksack vereinen, alles Entbehrliche zurücklassen, jeder stets zwei Drittel des Tages ohne Last marschieren. In welchem Maß es bergauf und bergab gehen würde, hatten wir nicht hinreichend bedacht und auch die unfreiwilligen Umwege nicht, so dass wir gelegentlich auf acht bis neun Stunden, auf unserer längsten Strecke auf siebenundvierzig Kilometer kamen. Die Reise haben wir später nach der Antwort benannt, die wir *tris adelphi germani* (»g« wie »j« gesprochen) täglich ein Dutzend Mal auf die ungläubig gestellte Frage gaben, wie wir denn hierher gekommen seien und wie wir wohl weiter wollten: *Me ta podia* – zu Fuß. Sechs Wochen lang haben wir ein einziges Mal Wolken gesehen, sonst nur blauen Himmel, haben keine Zeitung gelesen, keinen Streit gehabt. Sechs Wochen eine archaische Welt, eine Theokrit-Landschaft und neugierige, gastliche, einfache Menschen. Sechs Wochen täglich eine Begegnung mit der Antike, mit Bruchstücken des Erhabenen, mit Bildungsglück. Mit all dem war man damals noch fast ganz allein. Der Aphaiatempel auf Ägina, das Amphitheater in Epidaurus, der Apollontempel in Bassai-Phigalia gehörten ungeteilt uns. Zu den ersten beiden führte nur eine einspurige staubige Straße, zum Letzteren gelangte man von Andritsaina auf einem steil ansteigenden Eselspfad in dreistündigem Marsch über einen Pass. Und dann – leuchtet der Tempel in der Sonne gegen die dunkelblauen im Dunst der Ferne liegenden Berge; ein kühler Wind – wir sind über eintausend Meter hoch – zieht vom Ionischen Meer herauf; es herrscht absolute Stille; nicht einmal die Zikaden zirpen um diese Vorabendstunde. Wir feiern das Hochamt der Schönheit – und das Gnadengeschenk der körperlichen Erschöpfung: Tiefschlaf.

Fast ebenso »unbeschreiblich« und doch in meinem Reisebericht nüchtern eingefangen: der Aufenthalt in Olympia, die Besteigung des Chelmos, der Blick in die Styx, der Ausblick von Akrokorinth und schließlich Delphi. Dort erreicht uns die Nachricht, dass in Punta Arenas unser Neffe Nikolaus geboren ist. Nach der ordnungsgemäß absolvierten »Archäologie« marschieren wir gut zwei Stunden hinauf zum nächsten Ort, Arachowa, wo wir uns ein ausgiebiges Hammelfleischgericht bestellen und hemmungslos auf den neuen Erdenbürger mit Retsina anstoßen.

Wer das einmal erlebt hat, will es wieder erleben. Auch fehlte ja zu diesem Griechen-Land noch die andere Hälfte, das Griechen-Meer. Ich konnte nun genug Neugriechisch, war mit dem Land so vertraut, dass ich mit dem Kauf eines Kaïki, eines Fischerboots zurechtkam. Auch da hatten die Tübinger Bündischen einen Weg in der Vorstellung gebahnt, hatten ein etwa acht Meter langes Kaïki erworben, waren mit ihm vor allem an den Küsten des Pelion und Euböas, sodann sowohl in den Sporaden wie in den Kykladen unterwegs gewesen. Auf *me ta podia* folgte also im Jahr 1961 *me to kaïki*. Auch auf dieser Fahrt leitete mich meine »Bildung« an: Salamis, Hydra, Melos, Santorin, eines der zahlreichen Gräber Homers, Delos. Aber das *allotrion* war stärker: die physische Herausforderung – diesmal durch das tückische, viel zu große, viel zu wilde Meer und durch das zwar eigene, aber doch noch nicht wirklich angeeignete Gerät, mit dem wir es zu bewältigen hatten, das Schiff. Roland war bei der US-Navy gewesen und ist auch sonst ein außerordentlich praktischer Mensch. Ich bekam gute Anleitung und dies vor allem dadurch, dass die Brüder entschieden: Einer ist Kapitän – das ist der Hartmut. Um in kritischen Lagen entscheiden zu können, *musste* ich mich mit *allem*, was so ein Boot hat und braucht, vertraut machen. Ich konnte mich keiner sonst bewährten Arbeitsteilung anvertrauen. Die Strapazen waren außerordentlich – die Erlebnisse und Genüsse waren es erst recht. Abgemagert und glücklich kamen wir heim.

Zwölf Jahre lang habe ich das Schiff im Sommer erst flottgemacht, dann aus dem Golf von Volos, wo es seinen Heimathafen in Milina bekam, hinaus zu den Inseln gesegelt, fünfmal davon mit Gerold Becker und hiervon einmal mit ihm allein. Das Schiff ertrug einen Dritten, ja bei manchen Manövern brauchte es ihn. Aber wir Menschen ertragen ihn nicht immer. Und so ist mir die zweisame Fahrt als die schönste in Erinnerung geblieben, obwohl wir dem Ungeheuer »Meltemi«, dem mit Gewalt auf die Sahara zustrebenden Nordwind, nur mit knapper Not entronnen sind. Sechsunddreißig Stunden hat unsere Nussschale von der türkischen Küste bis in eine rettende Bucht auf Euböa gebraucht – gegen den Sturm und die ins Boot schlagenden gewaltigen Wellen, *arnymenos hēn te psychēn kai noston hetairōn*, »um das eigene Leben bemüht und die Heimkehr [des] Gefährten«. Zwanzig Stunden haben wir danach hinter einem Busch geschlafen, erschöpft und meerabgewandt. Die sonst gefürchtete Rückfahrt auf Jugoslawiens Todes-Autobahn kam uns diesmal wie ein Zeitvertreib im Vergnügungspark vor und zwei Tage später wieder so einfach als Lehrer vor der Klasse oder den Studenten zu stehen wie ein Wunder.

Zwischen der ersten und der zweiten Griechenlandreise bin ich 1959 mit Ernst Klett in Island gewesen. Das Durchwandern der Insel in vierzehn Tagen sei allenfalls eine angemessene sportliche Herausforderung – dachten wir. Es wurde unversehens eine Probe auf unsere Freundschaft. Alles war wie immer bei Ernst Klett sorgfältig geplant: Schiffsreise erster Klasse, in Reykjavik das beste Hotel, in dem ausländische Touristen auch spätabends eine Flasche Wein oder Whisky bestellen konnten (sonst herrschte Prohibition), ein Reiseveranstalter, der acht Isländer (als »Ponys« zu groß, als »Pferde« zu klein) bereitzustellen versprach – für Klett, mich und den Führer je ein Reittier, zwei fürs Gepäck, drei in Reserve, die wir als Handpferde mitführen sollten (wir wären gerne ohne diese ausgekommen, aber der Mann wollte sein Geld an ihnen verdienen). Hervorragende Karten gebe es in den zahlreichen örtlichen Buchhandlungen, hieß es, auch jede Art von Proviant, worunter Klett sich vor allem Zwieback und Stockfisch vorstellte, ich eher normales Brot (vierzehn Tage würde es halten!), Ölsardinen und Schokolade. Außerdem hatte Klett Jaspers' »Die großen Philosophen« mitgenommen, ich die »Annalen« des Tacitus. Alles kam anders. Zunächst wurden wir beide erbärmlich seekrank, so dass der Luxus der ersten Klasse ungenutzt blieb; der Wein im Hotel war so teuer und so schlecht, dass wir die eine Flasche durchaus nicht genossen und auf weitere verzichteten; die Reittiere waren noch mit einer anderen Gruppe unterwegs und sollten uns erst nach einer Woche zur Verfügung stehen – man bot uns statt dessen einen Jeep an. Empört über das Ansinnen machten wir uns mit Rucksack und Zelt zu Fuß auf und verabredeten einen Treffpunkt, von dem aus es zu Pferde weitergehen würde – in der zweiten Hälfte der Reise. Auf den Märschen überforderte sich Klett vollständig, beharrte auf »Abkürzungen« in gerader Linie über die Lavafelder (»Man sieht doch den Berg, zu dem wir wollen!«) statt auf der Piste im weiten Bogen. Klett war fünfzig Jahre alt, ich fünfunddreißig, und mein Freund wollte sich's nicht zugeben. Er murrte über das Land, das Wetter, meine Stockfisch-Zurückhaltung und fand seelische Erleichterung im Streit – nicht nur über den einzuschlagenden Weg und über den Zeitpunkt für die Mahlzeit, sondern auch – *of all things* – über Platons »Staat«, den er als konkreten Verfassungsentwurf ansah und ich als ein Gedankenexperiment. Er berief sich dabei auf Jaspers, ich mich auf Platons Text, den wir nicht dabeihatten, so dass nichts entschieden werden konnte. Als es zum Reiten kam, hatte zwar auch ich am ersten Tag erheblichen Muskelkater, konnte mein Tier jedoch zum Passgang bringen, während Klett, der Panzermann, den Trab seines Gauls aussitzen musste und – alsbald völlig durchgeritten – bis zum letzten Tag Qualen litt. Unseren abendlichen Tee schlürfend erzählte Klett von der Schweizer Offiziersprüfung: Eine Gruppe von drei Anwärtern muss mit voller Ausrüstung 100 Kilometer in 17 Stunden hinter sich bringen – und alle drei müssen zur gleichen Zeit ankommen. Das führe, sagte er, in der Regel dazu, dass am Ende zwei den Dritten ins Ziel trügen. Diese Geschichte sollte einen mir unterstellten Übermut dämpfen, reizte ihn aber nur. Ich verpflichtete mich dreist, diese »Prüfung« meinerseits abzuleisten, freilich ohne die schwerste Bedingung – das Team. Noch im Herbst des gleichen Jahres bin ich von Ulm nach Tübingen marschiert auf einer Strecke von genau 100 Kilometern, die ich auf dem Messtischblatt unter Vermeidung von Straßen ausgemacht hatte, und blieb dabei sogar etwas unter siebzehn Stunden. Danach schlief ich fast ebenso lange und begab mich, sobald ich wieder einigermaßen laufen konnte, nach Stuttgart, um Klett Bericht zu erstatten. Dieser bezeugte eine bewundernswerte Bewunderung für meine schwäbische Leistung; ich lobte seine in Island gezeigte »Kondition«. Ein Veuve Clicquot wurde geöffnet und die Freundschaft war wiederhergestellt. Sie war erfreulich immun gegen pädagogischen Ehrgeiz.

Die Musik. Diese unter *allotria* aufgeführt zu finden wird alle die verwundern, die erlebt haben, in welchem Maß ich »meine Musik« mit meinen mir liebsten Schülern geteilt habe. Aber das habe ich nicht als Pädagoge, gar als Lehrer getan, sondern als Person. Was Gluck oder Bach, was Mozart oder Beethoven, was Schubert oder Brahms, was Chopin oder Mahler mit mir machten, war jenseits aller denkbaren Zwecke und entzog sich meiner Verfügung. Die gängige Unterscheidung von intentionaler und funktionaler Pädagogik (mit all ihren situativen, okkasionellen, unstetigen Schwestern) hat mich nie überzeugt. Die Letzteren sind doch immer nur raffiniertere Formen der Ersten. Wenn Musik ein eigenständiges Ereignis ist, kommt sie für pädagogische Absichten nicht in Frage. Alles, was sie bewirkt, bewirkt sie durch sich. – In den unzähligen Stunden, die ich gemeinsam mit meinen Schülern Musik gehört habe, habe ich mein Lehrersein an jene höhere Seelenmacht abgetreten.

Verlockungen anderer Berufe, darunter die Wirkungen des eigenen Schreibens. Mein Schreiben – um mit diesem zu beginnen – handelte überwiegend von meinem Beruf und den durch ihn erschlossenen Erfahrungen. Der größere Teil davon wiederum diente der Klärung von

Schwierigkeiten, in die meine pädagogischen Vorstellungen und Handlungen geraten waren. Schreiben war ein geeignetes Mittel dazu – eine Gerätschaft meines Berufs. Aber da gab es auch das Schreiben, das meinen Ehrgeiz bediente, das mir Aufmerksamkeit zuzog, das in sich wichtig zu sein beanspruchte – und in sich gut. Ich meine weder die paar Dutzend Gedichte, die sich in meiner Schublade ansammelten und die meine Schmerzen hatten stillen sollen, noch die Briefe, die ich aus ähnlichem Grund schrieb (und nicht sammelte), ja auch nicht das Märchen »Der Turm« oder das Drama »Adrast« oder die Geschichte über den Kater »Paff«, die ich für meine Schwester Heidi aufgezeichnet hatte, damit sie etwas zu illustrieren habe. Ich denke vielmehr an meine Aufsätze für den MERKUR, für MAGNUM, für die FRANKFURTER HEFTE – Übungen in der wirksamen Gestaltung meiner Gedanken, sei es zu einem deutschen »Erbübel«, sei es zu »Pacelli in uns«, sei es zum »Leitbild« der Bundeswehr und ihrer Wirklichkeit, sei es zur SPIEGEL-Affäre. Publizistik, Politik, Poesie sangen ihren Sirenengesang, und Gottfried Bermann-Fischer blieb nicht der Einzige, der mir Angebote außerhalb der Schule machte. Aber auch, wenn es um Schule ging, machte sich Schreiblust an sich geltend, hässlicher gesagt: eine Verführung zum Journalismus. In Arosa schrieb ich während eines Skiurlaubs eine Aufsatz-Serie für DIE ZEIT, die kurz darauf bei Klett als Büchlein erschien. Ernst Klett sah nun einen Buchautor in mir, nicht nur einen Übersetzer, einen gelegentlichen Aufsatzschreiber, einen Gegenpart zu Robert Ulshöfer in der Herausgeberschaft des »Gymnasialunterricht«. Der Leiter des Leibniz-Kollegs, Paul Ohlmeyer, der Hentig-Beiträge gelesen hatte und einen Nachfolger für sich suchte, fand, ich sei der richtige Mann dafür. Die Studienstiftung entdeckte mich als genauen und fleißigen Gutachter. Das UNESCO-Institut in Hamburg setzte mich als Protokollanten einer mehrtägigen Sitzung über »Das erste Studienjahr« ein, zu dem man mich wegen meiner Alpach-Kritik eingeladen hatte und auf der ich mich mit dem geistesverwandten Eduard Baumgarten befreundete; nach einem halben Jahr war daraus ein Büchlein geworden, das mich »professorabel« erscheinen ließ – und das heute im sogenannten Bologna-Prozess wieder brauchbar wäre. Carl-Heinz Evers, Senator für das Schulwesen in Berlin, freute sich an meinen »liebenswerten Ketzereien« und bot mir die Leitung der Schulfarm Scharfenberg im Tegeler

See an. Alles letztlich, weil ich anders, nicht weil ich anderes schrieb als andere. Ich spielte mit den Titeln (»Verräterischer Verratsbegriff«, »50 Zitatsachen«, »Spielraum und Ernstfall«), gefiel mir in Assoziationen (»Lebensschaften« zu »Wissensschaften«), erprobte mir noch schwerfallende Wörter (»Sinnstruktur«, »Politik als Unterrichtsprinzip«, »Die Pubertät – ein anthropologisches Datum«, vermied jedoch »Kreativität«, »Gesamtgesellschaftlicher Zusammenhang«, »Verdinglichung«, »Dauerreflexion«). Ich wurde, wie mein Vater missbilligend bemerkte, »geistreich« und, *alas*!, ehrgeizig. Dass mein »Ödipus«-Aufsatz nicht in der Neuen Rundschau erschien, kränkte mich. Das Publizieren wollte sich gegenüber dem Schreiben und seinem Gegenstand verselbständigen.

Eine Tübinger Einrichtung leistete dieser Neigung Vorschub: die Buchhandlung Gastl. Wer schrieb, musste überblicken, was von anderen geschrieben wurde, und diesen Überblick bekam man, wenn man sich zweimal in der Woche bei den beiden ebenso kundigen wie freundlichen Damen Gastl und Co. in ihrem zweistöckigen Laden neben der Stadtkirche aufhielt: Hier war die Bücher- und Zeitschriftenwelt wohl assortiert und zugänglich. Kaufte man ein Buch, hatte schon ein Dutzend Leser darin geschmökert. Heiter machte man einander in Tübingen »leicht vergastlte« Büchergeschenke.

Das Miterleben der zeitgenössischen Politik. Die machtvollste Ablenkung vom Lehrersein kam aus der Politik, die ich immer in ihrer weitesten Bedeutung erlebt habe. Sie reichte von den documenta 1 (1955) – ich lese das Wort hartnäckig als Plural – und den documenta 2 (1959) über die Filme von Käutner, Thiele und Staudte, die Interbauausstellung in Berlin und den Sputnik 1957, den wir beim nächtlichen Feuer auf Kletts Monti mit immer neuer Lust am Sternenhimmel aufsuchten, den »Dr. Schiwago«, den ich 1959 auf meiner Englandreise in einer englischen Übersetzung las, bis zu den weltgeschichtlichen Auftritten von Chruschtschow und Kennedy. Wir waren leicht erregbar, gottlob! Wenn der deutsche Außenminister von Brentano Brechts Gedichte mit denen Horst Wessels verglich, schäumten wir. Wir hielten den Atem an, als in Ungarn ein Aufstand tobte – ungleich dramatischer als der, den wir im eigenen Land dreiunddreißig Jahre später erlebten – und waren tief enttäuscht, als der Westen einfach stillhielt. Chruschtschows Liberalisierung, die mit Kritik an Stalin einherging und in deren Verfolg immerhin Molotow zurücktrat, weckte umgekehrt wohl zu große Hoffnungen. Imre Nagy – wir lernten seinen Namen richtig auszusprechen – erklärte 1956 Ungarns Austritt aus dem Warschauer Pakt. Ich begann damals Radio zu hören, am besten bei Freunden, weil man mit ihnen gleich über das Gehörte reden konnte. Kann man sich das heute noch vorstellen? – Abzug der Russen in den ersten Novembertagen; am 4. November ihre überraschende Rückkehr mit Bombenflugzeugen und tausend Panzern; Kádár will sie gerufen haben, um die Reaktionäre zu vernichten; Amerika nimmt zwar den Kardinal Mindszenty in der US-Botschaft auf, begnügt sich aber mit einem »Protest«. Wir spenden Blut, wir gehen auf die Straße, wir sehen einander nicht an, wir haben Tränen in den Augen. In Berlin sind es Hunderttausende. Um das Drama perfekt zu machen: Imre Nagy, dem man freies Geleit zugesagt hat, wird verschleppt. Keiner weiß, wohin. – Gegen solche Ereignisse kann die Rückkehr des Saarlandes nach »Deutschland« (was ist das?) nicht an, schon gar nicht die doch schicksalhafte Unterzeichnung der Römischen Verträge! »Wir« mögen diese Zeit nicht. Es ist eine unaufrichtige Zeit – mit ihren großen, uns nicht zustehenden Mercedes-Limousinen, Nitribitt-Skandal und absoluter Mehrheit der CDU. Unser Herz ist in Little Rock. An meinem Geburtstag 1957 dürfen schwarze Schüler dort weiße Schulen besuchen – es kommt zum Einsatz der Nationalgarde. Pete Seeger singt in der Carnegie Hall am 8. Juni 1963 »We shall overcome«. Ganz Amerika scheint mitzusingen. Es ist lange Zeit das schönste Lied, das es gibt – bis sich der raue Bob Dylan mit »Blowin' in the Wind« dazugesellt und Joan Baez mit dem sanftesten Protest, den die Welt seit Jesus von Nazareth, seit Franziskus von Assisi, seit Gandhi erlebt hat: »What Have They Done to the Rain?«

Die Kolonialmächte schmeißen ihre Verantwortung hin. Der Kongo versinkt in den eigenen Wirren. Lumumba, für den unser Herz schlägt, wird ermordet, und Kennedy, der strahlende neue Präsident der Vereinigten Staaten rennt in sein erstes Desaster. »Schweinebucht« heißt es auch noch.

1961 sind meine Brüder und ich in Griechenland. Dort erleben wir die Diktatur der Obristen und entziehen uns ihnen, indem wir weit aufs Meer hinausfahren. In Volos lassen wir ein ungriechisches Schild mitgehen: »Betreten des Rasens verboten!« Ein Bettler, den es nicht geben darf, wird mitsamt den Drachmen, die wir ihm zugesteckt haben, verhaftet. Unser Protest hilft ihm nicht und gefährdet unsere Abreise. Als wir nach Deutschland heimkehren, ist die Mauer errichtet worden. Die Kuba-Krise spitzt sich zu, und wir haben den gestotterten Fall Fallex. Immerhin treten danach fünf Minister zurück, die CDU/FDP-Koalition ist zu Ende. Strauß sieht sich zum Verzicht auf das erstrebte Ministeramt gezwungen.

Noch einmal: Das alles innerhalb von sechs Jahren – ein Geschichtspensum von einem halben Jahrhundert!

Öffentliche Auftritte. Im Jahr 1962 schrieb ich in der »Bestandsaufnahme« (s. o. S. 80). Willy Brandt wurde auf mich aufmerksam. Er lud mich zu einem von ihm in Berlin einberufenen Kongress über »Gemeinschaftsfragen« des deutschen Volkes ein, und was der kleine Studienassessor auf dem großen Podium zu sagen hatte, gefiel den Zuhörern. Ich saß beim Mittagessen am Vierertisch mit Erich Ollenhauer. Man aß von einem Brett aus Teakholz ein Stück Brot mit Schinken und trank Wasser oder Bier dazu. Das Brett durfte man behalten. Scherzeshalber fragte ich Ollenhauer, was man mit einem Brett anfangen könne, außer es sich von der Stirn zu reißen. »Nehmen Sie meines hinzu, dann können Sie sich und einem Gast eine so einfache Mahlzeit bereiten, wie das die SPD mit uns hier tut, ohne ihn zu kränken.« Ich besitze und benutze beide Bretter noch heute – und auch eine mich anrührende kleine Ollenhauer-Anekdote. Während des Essens waren dauernd irgendwelche Journalisten, Parteifreunde oder -gegner an ihn herangetreten und hatten ihn etwas gefragt; er hatte ihnen stets geduldig geantwortet. Zwischendrein fragte ich ihn, ob ihn das nicht beunruhige: Was werde dieser Mensch in seiner Zeitung morgen daraus machen? Und: Woher könne er selber morgen noch sicher sein, was er heute gesagt habe? »Das ist ganz einfach: Ich sage nur, was ich gewiss weiß oder gewiss denke, also die Wahrheit. Nichts Halbes und schon gar keine Lügen, die bringt man doch nur durcheinander.«

Am folgenden Tag konnte ich mich im Publikum ausruhen. Da trat jemand an mich heran und stellte sich als Martinus Langeveld vor. Der Name sagte mir nichts, hingegen der des ihn begleitenden Ehepaars: Martin und Margote Backhaus. Martin war der Bruder meines Klassenkameraden Friedrich Wilhelm, genannt Hutz (Bd. I, S. 121). Auch Margotes holländische Mutter stellte sich ein. Wir verabredeten uns zum Mittagessen, bei dem mich die alte Dame von meiner Unkenntnis über Langeveld befreite. Es entspann sich ein kleiner Briefwechsel, ein Austausch von Sonderdrucken. Als Langeveld von meiner Berufung nach Göttingen erfuhr, schickte er mir fünf kleine Bildausschnitte mit eigenen *captions*. Eins der Bilder war als Warnung bezeichnet: Ein kopfloser Mensch trägt einen Stapel Bücher vor sich her. Ein anderes Bild zeigte eine Säge, die einen großen Balken teilt: Vorstadium des Trojanischen Pferdes. Ein feixender Löwe und ein in chemische Apparaturen verhedderter Gelehrter sahen zu. Ich antwortete auf das Ensemble mit:

Gut zerkeilt und durchgesägt
den Kopf in Büchern abgelegt
im Innern gründlich destilliert
der Raubtierzahn humanisiert
– so lächelt ille magister
und Trojas Mauern misst er.
Er wird's doch nicht gefährden
mit Winkeln, Zirkeln, Pferden?
Er hat doch nichts …?!
Indessen,
eins habt Ihr alle vergessen:
Wenn Troja dennoch fällt
– intus erat Langeveld!

Langevelds »Die Schule als Weg des Kindes« ist mir eine der wichtigsten Hilfen in jener von Professorenweisheit bedrängten Zeit geworden. Noch heute gibt es keine bessere Schulpädagogik.

Am letzten Abend des Kongresses, in kleiner Brandt-Runde, schloss ich ein Bündnis mit der SPD, weil sie offenbar meine Pädagogik mochte. Wir tranken bis in die Morgenstunden.

Im Jahre 1965 trat ich in der Berliner Akademie der Künste gegen den Dichterfürsten Helmut Heißenbüttel an. »Das Sonntagsblatt« berichtete am anderen Tag darüber unter dem Titel »Caruso contra

Heißenbüttel!« Ein Jahr darauf wurde ich vom Deutschen Werkbund zusammen mit Theodor W. Adorno und Ernst Bloch eingeladen, über »Schönheit« zu reden, und – wie die Amerikaner sagen – »I carried the floor«. – Das sollte mir nicht zu Kopfe steigen?

1961 hatte ich einen Artikel über Ivan Illich im SPIEGEL gelesen: eine Radikal-Kritik an der Schule. Den Mann wollte ich kennen lernen. Ich schrieb an die SPIEGEL-Redaktion und bat um seine Adresse. Die Antwort traf postwendend ein: Es treffe sich gut, Illich komme in einigen Wochen nach Berlin und habe die Namen von fünf Personen vorausgeschickt, die er in Deutschland treffen wolle. Meiner sei unter diesen. Ich begann das zu tun, was ich später zum Titel eines meiner Bücher gemacht habe: »Die Schule neu denken«. In der Lage erreichte mich ein Brief eines Göttinger Professors, Heinrich Roth, Nachfolger des jüngst verstorbenen Erich Weniger. Er sei dann und dann in Stuttgart; ob er dort ein Gespräch mit mir führen könne. Nach diesem – es dauerte zwei Stunden – offenbarte er mir: Eine Berufungskommission für den vakanten Lehrstuhl von Herman Nohl habe sich auf mich geeinigt; die anderen Mitglieder kennten mich persönlich, nur er nicht. Nun sei der Eindruck, den er von meinen Schriften habe, bestätigt. Er wisse, dass ich an einer großen Arbeit zum altsprachlichen Unterricht schriebe, die man als Habilitationsschrift anerkennen könne. Er bat mich inständig, die Berufung, wenn sie demnächst an mich ergehe, nicht abzulehnen.

Dies stürzte mich in große Unsicherheit. Ich wollte Lehrer sein und bleiben. Pädagogik hatte ich nicht studiert. Eine wie große und wichtige Wissenschaft das war, hatte ich an Herman Nohl erlebt. Wo sollte ich auf einmal all das hernehmen, was ich fortan würde lehren müssen? Andererseits: Wo sonst konnte ich die Schule freier und gründlicher neu denken als auf einem Lehrstuhl der Universität?

Das war im Frühsommer 1962. Antreten musste ich in Göttingen nicht vor April 1963. Andreas Flitner, dem ich meine Entscheidungsnot offenbarte, sagte rundheraus: Einen solchen Ruf könne man nicht ablehnen. Und: Er werde mir ein Seminar »zur Einübung« einräumen; natürlich dürfe ich an seinem Doktorandenkolloqium teilnehmen.

Ich habe den Ruf angenommen. Die drängenden Vorstellungen davon, was ich mir da aufbürdete, verdrängte ich; was ich aufgab hingegen, fiel mich von Tag zu Tag heftiger an. Es war nicht nur ein Abschied von dem so mühsam gelernten und nun geliebten Beruf, von einer guten Schule mit einem hervorragenden Chef, denen ich viel verdankte, von einigen Kollegen meines Alters, die das alte Uhland-Gymnasium zusammen mit mir noch besser gemacht hätten, von vielen Schülern, die an mir hingen wie ich an ihnen, von einer überaus liebenswürdigen Stadt – es war auch ein Abschied von der Antike, von meiner geistigen Heimat. Ich wusste dies. Als mich Kristof Wachinger im August 1962 überraschend und zur Unzeit fragte, ob ich Band 1 eines in seinem Langewiesche-Brandt Verlag geplanten »Lesewerks zur Geschichte« zusammenstellen und herausgeben möchte, sagte ich halb wehrlos, halb mutwillig zu. »Zur Unzeit« kam der Auftrag, weil er das Absuchen des griechischen und römischen Erbes nach geeigneten, originellen und das heißt oft ganz abgelegenen Texten, ein mühseliges Auswählen, meistens ein Zurechtschneiden für den Zweck und bei wenigstens einem Drittel der Fundstücke auch eine eigene Übersetzung verlangte. Das war nun mit dem Abschluss meines großen Forschungsberichts (der meine Habilitationsschrift zu ersetzen hatte) vereinbar zu machen. Gleichzeitig musste ich mich in meinen neuen Beruf einarbeiten, in eine nicht abzusehende fremde Literatur einlesen, gleichsam in einem »anderen Kontinent« einleben. Wachingers Vorhaben wurde zur Herausforderung, als er mir einen schon fertigen Band der auf acht Bände ausgelegten Reihe schickte. Und war das nicht die schönste Gelegenheit, der humanistischen Bildung einen würdigen Dank abzustatten? Damit war der Würfel gefallen – ich begann schon zu überlegen, ob ich die Überschreitung des Rubicon in den »Hellas und Rom« genannten Band aufnehmen solle und, wenn ja, lieber in der Darstellung Plutarchs oder lieber in der Suetons. Den Rest leisteten mein Pflichtgefühl (»Dinge, die man angefangen hat, erledigen«) und Wachingers Stetigkeit im Einfordern der Arbeit, die noch weit in die Göttinger Zeit hineinreichte. Die Freundschaft mit ihm gründet auf dem Buch, das mir von allen, die ich zu verantworten habe, das liebste ist, und wurde durch den Kampf um fast jede Seite für alle Zeit gehärtet.

Noch einmal: Ich habe den Ruf angenommen. Mit diebischem Vergnügen erzählte mir Hermann Heimpel später, wie es zu meiner Wahl gekommen war: Die Berufungskommission habe außer Heinrich Roth aus Percy E. Schramm, Walther Killy und ihm bestanden. Darüber hinaus habe man die Nohl-Schülerin und emeritierte Pädagogik-Professorin Elisabeth Blochmann aus Marburg herangezogen. Zwei Semester lang habe man alle in Frage kommenden Pädagogen zu Vorträgen eingeladen und habe sich am Ende eingestanden: Keiner von diesen! Mit dieser neuen Begriffsweberei wolle man nichts zu tun haben; die Herren seien zwar gelehrt, aber unverständlich und unpädagogisch. Was tun? Andreas Flitner sei noch »gesperrt«, Josef Dolch zu alt und bereite einem in zwei Jahren die gleiche Bescherung, und, bitte, nicht noch einen Empiriker – da habe man schon den besten! Dann habe Heinrich Roth gesagt, es gebe da noch jemanden, aber der sei nicht habilitiert, und er traue sich nicht, ihn der anspruchsvollen Göttinger Philosophischen Fakultät vorzuschlagen. Ja, so einen kenne er auch, habe dann er, Heimpel, selber gesagt. »Dann legt doch eure Karten auf den Tisch!«, habe Schramm sie aufgefordert. Beide hatten die gleiche Person im Sinn, einen Studienassessor für Griechisch und Latein in Tübingen. »Meinen Sie den Hentig?« »Ja.« »Den kenne ich auch«, hätten Killy und Schramm fast gleichzeitig bekannt. Man bestätigte sich, dass das der sei, der in der ZEIT die Artikelserie geschrieben habe, »und so manchen Beitrag in unserer ›Sammlung‹«, habe Frau Blochmann ergänzt. »Der kann wenigstens Deutsch!«, habe sich Killy beruhigt, »und kennt sich in der Schule aus«, sei Heimpels Argument gewesen. »Und verbindet den Geist Amerikas mit dem der Antike«, habe Schramm festgestellt: So einen habe man doch immer gesucht. Dann habe man sich auf folgende drei Punkte geeinigt: Erstens, Roth werde beim Hentig vorfühlen; zweitens, »vorgesungen« werde nicht; drittens, es gebe keine »Liste«.

Die eigentliche Pointe reichte mir Elisabeth Blochmann später nach: Als sie sich ein Jahr zuvor um ihre eigene Nachfolge in Marburg kümmern musste, habe sie ihren Lehrer Nohl um Rat gefragt. Dieser habe ihr von einem geschrieben, der allerlei Verdienste habe, aber kein Universitätslehrer sei:

> Ein guter Mann wäre Hartmut v. Hentig, von dem jetzt wieder in der Sammlung ein großer Aufsatz über die Studienschule erscheint. *Der hat* die Qualität eines Universitätslehrers. Er ist z. Z. wohl Stu-

dienrat in Hamburg[1] (Schüler von Erich Weniger, von Bollnow). Aber Deine Fakultät wird so einen jungen Mann nicht wagen. Wir haben es damals mit [XX] gewagt, der auch noch nie eine Vorlesung gehalten hatte und Schöfflers Lehrstuhl bekam. Wie auch immer: Hentig hat seine Zukunft.

Dass er sie ausgerechnet auf Nohls eigenem Lehrstuhl haben würde, gehört zu jenen Maupassant-Wendungen in Hartmut Hentigs Leben, von denen oben (S. 87) die Rede war.

1 Irrtum

16. Ordentlicher öffentlicher Professor

Ich war also ein zweites Mal nach Göttingen zurückgekehrt. Heute ahne ich, dass ich den großen Schritt in einen anderen Beruf, in einen neuen Status, in eine fremde Rolle ohne den Beistand des vertrauten Ortes nicht geschafft hätte – nicht jedenfalls ohne gelegentlich zu straucheln. Gewiss hätten das mir mitgegebene großbürgerliche Selbstbewusstsein und mehr noch die angelernte Selbstdisziplin, das väterliche »Keine Schwäche zeigen« mich auch befähigt, in München oder Hamburg das erste Semester einigermaßen würdig zu bestehen. Aber die relativ große Zahl der zur Vorlesung aus allen Lehramtsfächern zu erwartenden Studenten – es war für sie die einfachste Weise, die Pflicht-Wochenstunden für die pädagogisch-philosophische Prüfung abzuleisten – schreckte mich in der mir dafür angewiesenen prächtigen klassizistischen Aula weniger, als sie es in einem »großen Hörsaal« an der Ludwigstraße oder im Von-Melle-Park getan hätte. Zu Füßen der Porträts hannoverscher Könige hatte ich ungezählte Stunden als Hörer verbracht – hier geschehen keine Katastrophen. Vollends das Haus in der Wagnerstraße 1, in dem die Pädagogik untergebracht, nein »behaust« war, gab mir Sicherheit. Hier konnte ich der sonderbare Lehrer bleiben, der ich geworden war – eine mit ihrer »Sache« auf andere Personen ausgerichtete und angewiesene Person. Blicke ich auf jene zufälligen äußeren Verhältnisse zurück, erkenne ich, wie zuträglich sie nicht nur meinem Einstand in dem neuen Auftrag, sondern auch in der sich ungestüm verändernden Zeit waren. Was 1968 für alle Menschen sichtbar wurde und dann auch die noch zögernden zur Entscheidung drängte, begann in den frühen Jahren des Jahrzehnts, untergrub die bloße Restauration der Nachkriegs- und Wirtschaftswunderzeit, öffnete die Augen und das Bewusstsein für Verantwortungen und Chancen, die noch keine Generation in Deutschland gehabt hatte.

Es ging nicht mehr nur um das Abstoßen des Nationalsozialismus, es ging um die Lüftung der ganzen Gesellschaft von stockigen Gewohnheiten und angemaßten Sicherheiten; es ging darum, sie neu zu erfinden – jetzt, frei, aus Einsicht, Wille und Vorstellung, ohne die Nötigung durch Trümmer, Teilung, Heimatverlust und Reeducation. Und vor allem: Dies sollte von den Universitäten und Schulen ausgehen, von den Jungen und den Laien, nicht von den angestammten Sachwaltern und Ideenbeamten, den Parteien mit ihren Büros, ihren Kadern, ihren Programmkommissionen, ja auch nicht von den Parlamenten, die die Bürger des Mitmachens und Mitdenkens enthoben. Auch wenn nicht alle dies so sahen und sagten: Die Veränderung der Gesellschaft begann mit Gedankenexperimenten, mit neuen wissenschaftlichen Erkenntnissen, mit der Bereitschaft, ihnen handelnd zu folgen. Zwei Jahrzehnte nach dem »Zusammenbruch« begann ein geradezu explosives Lernen – lesend, diskutierend, entscheidend. Als Willy Brandt 1969 seine Kanzlerschaft mit dem Leitgedanken »Mehr Demokratie wagen« versah und ein lang anhaltendes Echo fand, war dieser – immer sympathische – Aufruf von einem anderen Bedürfnis längst überholt. Demokratie musste nicht gewagt werden, wir hatten sie; sie musste genutzt werden – nach der Gründung der Bundesrepublik Deutschland 1949 anders als nach ihrem Beitritt zur NATO 1955 und dem bald darauf folgenden Sputnik-Schock und wieder anders nach Amerikas endgültiger Verstrickung in den von den Franzosen ererbten Vietnamkrieg 1963/64. Anfang der sechziger Jahre brauchten wir das Wagnis des Denkens – eine zweite Aufklärung. Die Beweger der Zeit hießen Sartre und Chomsky, Adorno und Marcuse, Picht und Dahrendorf, Roth und Edding, Illich und Enzensberger, Turing und Lévi-Strauss, Comfort und Szczesny, Mitscherlich und Brocher, Frisch und Grass. Ihre kühnen s. v. v. »neuen Paradigmen« lösten die deutsche Nabelschau ab, die Grübelei wich einem neugierigen Blick auf die Wirklichkeit. Das Ende der erfolgreichen Adenauer-Ära war eine bloße Frage der Zeit.

Für den frischgebackenen Pädagogik-Professor HvH begann die neue Zeit in der von einem Garten und Bäumen umgebenen alten Villa der Wagnerstraße 1: ein eigentümlich republikanisches Zusammenwirken von erwachsenen Personen an einem dauerhaften politischen Auftrag. Ganz ohne irgendeine Abrede hatten Heinrich Roth und seine wenigen Mitarbeiter den Hentig und die Seinen in ein Unternehmen aufgenommen, das den Namen hätte tragen können: »Initiative zur Umwandlung der Bildungseinrichtungen in Deutschland zu Orten der Aufklärung, der Demokratie, der sozialen Gerechtigkeit«. Unsere Mittel: die Erforschung der pädagogischen Realität (der Lernbedingungen, Lernprozesse, Lerneinrichtungen) als Korrektiv der überkommenen Ziele und Ideale, die – in Göttingen von unseren Vorgängern erarbeitete – historische und systematische Theorie zur Kritik der eingefahrenen Praxis, die Ausbildung der Lehrer in und an den Erziehungswissenschaften, die Übung des eigenen Geistes im ständigen Gespräch untereinander und mit den Studenten. Die Kleinheit und die Zusammensetzung unseres Personals förderte diese Absicht auf das wundersamste. Heinrich Roth kam aus der Volksschullehrerbildung, war während des Krieges Wehrmachtspsychologe und vor seiner Berufung nach Göttingen Mitglied des einzigen reinen Forschungsinstituts der deutschen Pädagogik (des HIPF) in Frankfurt. Ich kam aus dem Gymnasium und repräsentierte die geisteswissenschaftlichen Bindungen der Pädagogik. Als Oberassistent für das gesamte Institut fungierte ein promovierter Germanist, Hans Thiersch, den Roth mangels eines promovierten Pädagogen eingestellt hatte. Als ich eintraf, suchte man noch nach einem Assistenten für Roth. Der fand sich in Gerold Becker, einem Theologen mit Erfahrung in der Jugendarbeit. Ich brachte Diethart Kerbs aus Andreas Flitners Doktoranden-Stall in Tübingen mit, der aber noch kein Examen hatte, so dass er nur Hilfsassistent oder gar »wissenschaftliche Hilfskraft« sein konnte. Meine Assistentenstelle besetzte ich ebenfalls mit einem promovierten Germanisten, den mir Walther Killy freundlich abtrat, dem nachmals berühmten Jugendforscher Dieter Baacke. Die »Seele« des Hauses war Martin Bonhoeffer, an dem man ablesen konnte, dass »Sozialpädagogik« eine Tautologie ist: Keiner nenne sich Pädagoge, der meint, »schwierige« Kinder an einen Spezialisten abgeben zu dürfen. Das Aufgabenfeld der Pädagogik schließt sie immer ein. Bonhoeffer, der eigentlich Jugendrichter hatte werden wollen, schrieb an einer Arbeit über Heimerziehung. Diese sollte anhand der historischen und systematischen Theorie und mit Hilfe empirischer Daten auf einen ganz neuen Boden gestellt, jedenfalls ihrer Verkehrtheiten überführt werden. Fertig wurde die Arbeit nie, weil stets die Rettung irgendwelcher Schmuddelkinder, die Unterstützung einer überforderten Un-Familie, die Betreuung der eigenen kränkelnden Mutter vorgingen – und die Ordnung »unseres Hauses«. Martin Bonhoeffer sicherte diese durch »HiWis«, die er aus der großen Zahl seiner Problemfälle rekrutierte: Nachhilfeschüler und andere »Delinquenten«, denen er mit dem Nebenjob Einkünfte und einen *sense of purpose* vermittelte. Sie bedienten die vornehmlich von mir beanspruchte Abzugsmaschine, halfen bei der Registratur, bewältigten den längst fälligen Büchersturz – lauter Zuschussunternehmen, die den Organisator gehetzt und ausgezehrt erscheinen ließen. Dabei war er zäh, ohne jede Sentimentalität und ein mit Witz und scharfem Wort begnadeter Kämpfer. Nie habe Bonhoeffer über seine Gefühle geredet, sagte Gerold Becker. Aber wenn ein anderer ihm dies verweigerte, wie ich, verfügte er über tausend Tricks, ihm die Kummer-Bekenntnisse zu entlocken.

»Seele« nennen wir die innere Instanz, die unser Befinden bestimmt – meist unerbittlich, im Gegensatz zum Bewusstsein, das wir so oft hintergehen. In der Wagnerstraße 1 hätte niemand Platon oder Pestalozzi oder Piaget zitiert, wenn sie Bonhoeffers Darstellung des Sachverhalts widersprachen. Und keiner hätte ihn abgewiesen, keiner, zu dem er mit seinen meist imperativen Anliegen kam. Becker und mich konnte er nachts um drei Uhr aufsuchen, um von einem verstörenden Fall zu berichten, für den er unser jeweiliges Auto oder unseren Rat oder unsere Deckung brauchte. Erst freilich bat er um ein Stück Brot – er hatte einen komplizierten Magen, der alle zwei Stunden etwas aufnehmen musste. Dann rauchte er eine Zigarette und legte los. Einen Schnaps zu trinken hatten wir alle damals noch nicht gelernt – der wäre oft hilfreicher gewesen.

Wenn Faust zwei Seelen haben kann, dann auch ein Institut. Die zweite Seele des Pädagogischen Seminars war Agnes Linda Schott. Sie hatte 1948 dem Studenten Hartmut von Hentig mit ihrer Wärmestube wohlgetan. Während ich in Amerika weilte, war sie Sekretärin eines Marburger Professors und eines von ihm gegründeten Studentenheims geworden. Aus ihren Briefen ging hervor, dass sie mit ihrem Schicksal nicht zufrieden war, und so wagte ich, sie zu fragen, ob sie für mich würde arbeiten wollen. Bei einer ersten Berufung kann man nicht viel aushandeln. Aber unter Hinweis auf die zahlreichen Prüfungen, die ich abhalten müsse, und auf die Tatsache, dass der Kollege Roth seine Schreibhilfe in einem sonst ungewohnten Maß für seine empirische

Forschungsarbeit beanspruche, war es mir gelungen, eine eigene Sekretärin für mich herauszuschlagen. Agnes Linda war inzwischen weit über fünfzig; als Baltin war sie mit allen übrigen Balten (also auch den Kügelgens) wenn nicht verwandt, so doch eng vertraut und sah sich zur Annahme des Postens geradezu verpflichtet. Ihr Ehrgeiz war groß und erfrischend, ihre Tapferkeit vor allem gegen sich selbst konnte alle anderen bange werden lassen. Nur vor mir – das gehörte zu dieser Tapferkeit – verbarg sie ihre sehr bald einsetzenden Nöte. Sie konnte so schnell und so viel nicht schreiben, wie ich es brauchte. Da ich mich nicht schonte, konnte sie Schonungsbedürftigkeit nicht zeigen, gab nicht zu, dass sie längst nicht mehr mit der Arbeit fertig wurde, und schon gar nicht, dass sie ganze Briefe noch einmal abschrieb, wenn ich arglos darin herumkorrigiert hatte. Meine Assistenten trösteten sie nachts um elf, wenn sie noch immer an der Maschine saß, machten mir anderntags Vorhaltungen und änderten uns beide nicht. Was die »Schottin« als Opfer der eigenen und meiner Erwartungen für das Gewebe der Menschlichkeit im Hause geleistet hat, war enorm; was sie durch die Weigerung, als »Angestellte« im öffentlichen Dienst zu arbeiten und behandelt zu werden, geleistet hat, war abnorm, an nichts und von niemandem messbar. (Fräulein Flache, die für Heinrich Roth schrieb, war ihr absolutes Gegenteil. Um Punkt siebzehn Uhr hob sie ihre Finger von den Tasten, deckte die Haube über ihre Maschine und verließ das Haus.) Agnes Linda Schott hingegen diente ihrem »Hartmut«, wie sie mich vor meiner Abreise nach Amerika genannt hatte (und es seither nur noch in »privaten« Weihnachts- und Geburtstagsbriefen tat), und fühlte sich im Übrigen als die Dame des Hauses, wenn wer auch immer ihr Büro betrat. Sie telefonierte lustvoll in englischer, französischer und leider nur selten verlangter russischer Sprache mit Behörden und Redaktionen, mit meinen Kollegen und meinen Studenten und hinterließ allen den Eindruck, sie hätten eben mit der Staatskanzlei gesprochen. Sie war es, die der Zelle unserer revolutionären Bildungs- und Forschungspolitik den passenden Namen »Kindergottesdienst« gab. Gemeint waren damit die Mittwoch-Nachmittage, an denen sich die beiden Professoren und ihre Assistenten abwechselnd in Heinrich Roths noch von den Vorgängern möbliertem Arbeitszimmer und in dem meinen zur Besprechung trafen. Jeweils unter dem Vorsitz des Herrn der

Räumlichkeit unterrichtete man sich über die zwar äußerlich harmonisierten, gleichwohl getrennten und unterschiedlichen Vorhaben, tauschte Nachrichten aus und erörterte ein vorbereitetes Thema. Es gab Tee oder Kaffee und bei mir die deutlich besseren Kekse, einfach weil ich sie selber gern aß. Auch die anderen mochten es bei mir lieber. Ich hatte eine neue Ausstattung bewilligt bekommen und diese nach meinen Vorstellungen in verschiedenen Einrichtungshäusern bestellt. Auf grauem Teppichfußboden gab es einen weißen Schreibtisch, vier weiße Bücherregale, drei weiße Pohlschröder-Registraturen und einen niedrigen, weiß beschichteten Tisch vor einer schwarzen Couch mit Rücklehne (für den ersehnten, aber nie gehaltenen Mittagsschlaf), vier aus schwarzem Sperrholz gepresste Stühle, ein schwarzes Stehpult, das irgendwo störend auf dem Flur herumgestanden hatte und nun unbekannte Arbeitsweisen des Herrn Professors andeutete, tiefblaue Vorhänge gegen die Mittagssonne, ein mir gehörendes, tiefblaues, von Eva Kumpmann angefertigtes Teegeschirr und einen ebenfalls aus Sperrholz gepressten Schreibtischstuhl mit tiefblau bezogenem Sitzpolster. Über dem ganzen schwebte ein weißer Papierlampion. An den Wänden hingen Aquarelle, die meine Schwester Heidi von ihren Kindern gemalt hatte – mit bunten Zipfelmützen zwischen beschneiten norwegischen Felsen.

Wenige Tage nach meinem Einzug – ich hatte gerade die Rechnungen eingereicht – wurde ich zum Kurator der Universität bestellt, einem würdigen Herrn mit besorgter Miene: »Die Kosten für Ihre Einrichtung, ich sag' es gleich, sind geringer als die, die ich den Herren Medizinern zahle. Für einen jungen, erstberufenen Geisteswissenschaftler sind sie ungewöhnlich – ungewöhnlich vor allem die angeschafften Gegenstände. Die müssen ja auch Ihrem Nachfolger noch nützlich sein – der Fall dürfte in spätestens fünf Jahren eintreten. Bitte lassen Sie mich fragen: Was soll der mit einer ›blauen Sitzschale‹ und einem ›Sideboard mit Teleskop-Auszügen‹ anfangen – und hat keinen Mantelschrank, nicht einmal einen Kleiderständer?!« Da ein solcher bei Fräulein Schott stand, uns beiden und den Gästen genügte, sei ich auf den Gedanken gar nicht gekommen, erwiderte ich – und was die »Sitzschale« und die »Sideboards« betreffe: Die Erstere sei ein denkbar einfacher Stuhl; unter dem Letzteren müsse man sich Hängeregistraturen vorstellen, die ungleich praktischer seien als hohe Regale für Leitzordner; diese zu erkraxeln wolle ich meiner Sekretärin nicht zumuten. Ich lud den Herrn Kurator ein, meinen Raum zu besichtigen (»bei einer Tasse Tee«) und verblüffte ihn mit dem Angebot, die Pohlschröder-Ordner selber zu bezahlen, obwohl ich an eine Berufung anderswohin in fünf Jahren nicht glaubte. Es ließe sich von dem Eingesparten dann doch noch ein Schränklein für Mäntel anschaffen – »und ein Spucknapf, ja sogar ein Schirmständer!«, fügte der alte Herr vergnügt hinzu: die stünden nämlich auf der Liste der zur Erstausstattung gehörenden Gegenstände. Er nahm mein Angebot an und erschien tatsächlich im Laufe der Woche in der Wagnerstraße, fand meinen Raum nicht nur »geradezu spartanisch«, sondern gut »vererbbar« und auf jeden Fall sehr gelungen: »... ein überzeugender Ausdruck der Erneuerung, die wir doch jetzt überall brauchen!«

Meine eigene Wohnung im Stauffenbergring war noch nicht trockengewohnt, als ich im Februar einzog, umgeben von aufgewühlter Erde und Bauschutt, gut geschnitten und angenehm gelegen – 25 Minuten Fußmarsch vom Pädagogischen Seminar und 30 von der Aula entfernt. Die Möbel, die ich mir damals kaufte, habe ich noch und komme mit ihnen aus, lediglich durch immer weitere Regale und ein paar auf Auktionen glücklich erworbene Teppiche ergänzt.

Auf halbem Wege zur Wagnerstraße lag die Wohnung von Hermann Heimpel, der mir ein ausführliches *privatissimum* zu den Eigentümlichkeiten des professoralen Lebens in Göttingen gab: An den kommenden zehn Sonntagen seien je vier Antrittsbesuche bei den Kollegen zu erledigen; unangemeldet; nach zwanzig Minuten abzubrechen; keiner Aufforderung zum weiteren Verweilen nachzugeben; dunkler Anzug; kein Blumenstrauß, wohl aber Visitenkarte für die glücklichen Fälle, dass der Kollege (Kolleginnen hatten wir keine!) nicht zu Hause sei. Wen man im ersten Semester nicht besucht habe, der werde einem das als Ungezogenheit zeitlebens nachtragen. Die Visitenkarte habe »so« auszusehen und sei bei XY sofort in Auftrag zu geben. Vorlesungen von Kollegen seien nur nach Anmeldung zu besuchen, die aber sei unbedingt einzuhalten. Im ersten Semester genügten eine dreistündige Vorlesung, ein Seminar, eine Übung, im zweiten seien zwei Vorlesungen angebracht, eine davon könne zweistündig sein. Einstündige Vorlesungen blieben den *emeriti* vorbehalten. Wolle man wenige Studenten haben, lese man von acht bis neun Uhr. Testate gebe man unbesehen. Schlimmster Fehler, den man begehen könne, sei, die 45 Minuten zu überschreiten, zweitschlimmster sei, diese mehr als drei Minuten zu unterschreiten. Das allerwichtigste Geschäft seien die Prüfungen: Die Studenten müssten spüren, dass man den Vorgang ernst nehme; bei den Prädikaten könne man dann am Ende großzügig sein. Die förmliche Antrittsvorlesung werde erst im zweiten Semester erwartet. Das Thema müsse »sitzen«, die Ausführung dürfe die Mühe nicht verraten, die Bemühung aber nicht leugnen. Doktoranden-Kolloquium frühestens im dritten Semester und nach sorgfältiger Musterung der Kandidaten. Nichts sei lästiger als Leute, die mit ihrer Dissertation nicht fertig werden. Veranstaltungen »durch Assistenten« seien (noch) üblich; ob man so etwas wolle, müsse man genau bedenken; er selber lasse sie nur abhalten, wenn er tatsächlich auch einmal am Anfang und einmal in der Mitte in Erscheinung trete.

Noch bevor das Semester begann, folgte ich einer Einladung zur alljährlichen Zusammenkunft der deutschen Universitätspädagogen, die in Hamburg unter Vorsitz des Kollegen Geißler stattfand. Es waren zwanzig von vermutlich zwei Dutzend Kollegen erschienen, die es damals in Deutschland überhaupt gab – unter ihnen einige, deren Lehrstuhl »für Philosophie und Pädagogik« ausgewiesen war, wie zum Beispiel der des Kollegen Josef Dolch in Freiburg. Die Atmosphäre war sachlich und kühl – vielleicht empfand nur ich sie so, weil mir mehrere mit dem prüfenden Blick der Leute vom Fach begegneten, denen ich in Göttingen vorgezogen worden war. Man sprach über Probleme, die ich so schnell nicht verstand, und über Personen, die ich nicht kannte: Wie weit sei die Habilitation von X und wie weit die von Y gediehen und wo würden wie viele Doktoranden mit welchen Themen promoviert. Das ließ sich damals noch überblicken und mitteilen. Unter »Verschiedenes« erklärte sich ein Kollege ausführlich zu seinen Publikationen und Optionen in der Nazizeit. Er beeindruckte mich sehr – durch die Klarheit seiner Sprache, die Freimütigkeit seiner Darlegung, die Direktheit, mit der er anwesende Kollegen ansprach, von denen er sich erneut und unnötigerweise missdeutet sah. Es war Theodor Wilhelm. Roth lieferte mir auf der Heimreise die Hintergründe zu dieser unangenehmen Streiterei. Er mag seine Darstellung dieses Falles als stellvertretend für den eigenen angesehen und eingesetzt haben. Da er über seine Vergangenheitsprobleme nie mit mir gesprochen hat, habe ich auch lange nichts von ihnen gewusst. Danach freilich war es zu spät, von mir aus nachzufragen. Roths Schweigen fiel nun mit ins Gewicht. Auch lehrte der Fall Wilhelm, dass alle Offenlegung und schon gar Eingeständnisse von Schwäche, Irrtum, Schuld nichts nützten. Was auch immer Theodor Wilhelm Kluges und Wichtiges nach 1945 geschrieben und gesagt hat, es zog alsbald das Odium auf sich: »Aber der war doch Nazi!« Es hat mich stets verwundert, dass diejenigen, die die Vorstellung hegten: »Einmal Nazi, immer Nazi«, nicht merkten, dass sie damit selber eine faschistische Theorie vertraten, einen Charakter-Biologismus. Meinerseits bin ich Theodor Wilhelm stets mit Achtung begegnet, habe gern für das gedankt, was ich von ihm gelernt habe, und konnte mich darum auch in die härteste Auseinandersetzung mit ihm einlassen, die ich je mit einem Kollegen in der Pädagogik geführt habe, sieht man von der Entgegnung auf Helmut Schoecks Angriffe auf die Gesamtschule ab: Schoeck war nicht Pädagoge, sondern Soziologe. Theodor Wilhelm kritisierte 1985 die Allgemeinen Lernziele, die ich für den Unterausschuss »Gesamtschulversuche« im Deutschen Bildungsrat 1968 geschrieben hatte (ich werde weiter unten darüber berichten). – Heinrich Roth wirkte, ohne es selber zu merken, gebieterisch, was nicht »autoritär« sein muss, war aber viel zu feinfühlig und menschenfreundlich, als dass ich ihm auch nur die entfernteste Sympathie für die Nazis zugetraut hätte. Er stand einst der Jugendbewegung nahe, jedoch nicht einmal deren Kulturkritik war ihm anzuspüren. Das Haus, das er sich in Nikolausberg bauen ließ, passte in unsere Weltraum-Gesellschaft, nicht zu den Gebaren des Hohen Meißner.

Noch in meinem Göttinger Lustrum ging Heinrich Roth daran – dies sei hier vorgreifend angeschlossen –, für pädagogische Berufe neben dem Lehrerstand einen akademischen Abschluss zu schaffen, eine Entsprechung zum Diplompsychologen. Nur wenn die sich immer häufiger »Erziehungswissenschaft« nennende Pädagogik mehr war als das »Begleitstudium« für Lehramtsanwärter und etwas anderes als die gedachte Summe dessen, was die Inhaber von pädagogischen Lehrstühlen zu beherrschen haben, würde sie innerhalb der Universität ernst genommen, denn nur dann verfügte auch sie über »Bataillone« eigener Studenten.

Roth war Mitglied der Gewerkschaft, deren Zeitschrift »Die Deutsche Schule« er hauptverantwortlich herausgab, wohl auch Mitglied der Sozialdemokratischen Partei – jedenfalls stand er öffentlich zu ihr – und also *in politicis* geübt. Wollte er den »Diplompädagogen«, bedurfte es dazu einer Deutschen Gesellschaft für Erziehungswissenschaft. In deren Gründung zog er mich hinein, der ich seinen Argumenten aus Einsicht, aber ohne Leidenschaft folgte. Innerhalb weniger Jahre hatten die Universitätspädagogen sich so vermehrt, verjüngt und »vernetzt«, dass sie eine Kommission einsetzten, in der neben Heinrich Roth, Wolfgang Klafki, Herwig Blankertz und NN auch ich tätig war. Mit Roth arbeitete ich an der allgemeinen Begründung, mit Klafki an der Satzung, mit Blankertz später an der Formulierung eines der ersten großen Forschungsprogramme der neu gegründeten Gesellschaft, das diese dem Bundesministerium für Bildung und Wissenschaft vorlegen sollte. Als es dazu kam, war aus dem Club der zwei Dutzend Ordinarien eine mehrere hundert Mitglieder zählende Vereinigung geworden, und ich schrieb in einer Anlage zum Blankertzschen Exposé: Der Hauptsinn des von uns vorgeschlagenen, umfassenden und doch handhabbaren Forschungsmusters sei es, »der zunehmenden Resignation zu begegnen, die sich im Angesicht der überwältigenden Komplexität der Forschungsaufgaben, der langen Dauer der Versuche, der hohen Beliebigkeit sowohl der theoretischen Interpretation wie der praktischen Folgerungen und nicht zuletzt der enttäuschenden Trivialität der Ergebnisse einstellt«.

Meine erste Vorlesung hatte den Titel »*Progressive education* in der Kritik«. Ich hatte mir, seit der Ruf nach Göttingen im Vorjahr an mich ergangen war, von Brentano's in Chicago nach und nach etwa zwanzig Bücher kommen lassen, die mich zu dem Thema kundig machen sollten. In ihnen ging es um die durch den Sputnik – dieser erste Erdsatellit wurde im Oktober 1957 in den Weltraum geschickt – ausgelöste Krise des amerikanischen Bildungssystems. Eine kluge, ganz und gar unaufgeregte und an die Wurzeln gehende Reaktion auf dieses im Wortsinn epochemachende Ereignis hatte ich im September 1959 am Salzburg Seminar on American Studies erlebt. Vier Wochen lang waren dort in Max Reinhardts Schlösschen Leopoldskron etwa vierzig an »American Education Today« interessierte Personen aus fünfzehn Ländern

Europas zusammengekommen, um von vier amerikanischen Bildungsexperten – darunter James B. Conant, Präsident der Harvard University, und Arthur Adams, Vorsitzender des American Council on Education – in einer Weise belehrt und beteiligt zu werden, die selber schon das stärkste Plädoyer für die nun angefochtenen Prinzipien der amerikanischen Pädagogik war. *Inform your mind to form your opinion.* Es ging lebhaft, geordnet und kontrovers zu. Der Verleger Cornelsen schilderte später amüsiert, wie Wolfgang Edelstein links und Hartmut von Hentig rechts von Conant saßen und in bleicher Erbitterung miteinander stritten – Edelstein für die »gerechte Gesellschaft« und Hartmut von Hentig für die »philosophische Wahrheit«.[1] In der Rokoko-Bibliothek habe ich damals nicht nur John Deweys »Democracy and Education« – mit unerwarteter Zustimmung –, sondern auch den Rockefeller Report gelesen und in ihm die zeitgemäße Auslegung der im Titel von Deweys Werk benannten Verbindung gefunden: Die moderne Gesellschaft ist auf Arbeitsteilung und also Kooperation gegründet; in ihr gehen ihre zwei wichtigsten Motoren – Wirtschaft und Wissenschaft – ein enges Verhältnis ein; daraus erwachsen zwei Versuchungen: dass die Mittel und die öffentliche Aufmerksamkeit sich ganz auf diese und ihre Organisation richten und dass der Einzelne darüber vernachlässigt wird. Es möge, so lautete die Pointe, paradox klingen, aber heute müsse »die ganze Gesellschaft dem Einzelnen zu Hilfe kommen«, ihn gegen die erdrückende Macht der Verhältnisse schützen, weil letztlich er die Quelle ihrer schöpferischen Kraft sei. Der Rockefeller Report trug den Titel »The Pursuit of Excellence« – das war der Auftrag der Stunde. Die eigentliche Leistung der dreiunddreißig Autoren war jedoch die Widerlegung einer falschen Alternative: Quantität *oder* Qualität. Diese nahmen sie aufgrund von nüchternen Analysen der ökonomischen und demographischen Entwicklungen vor und durch Rückgriff auf die geistigen und politischen Traditionen Amerikas.

Nicht weniger eifrig las ich James B. Conants Untersuchungsbericht über die amerikanische Highschool, den er mir eines Tages nach dem vormittäglichen Seminar schenkte. Ich beschloss alsbald, den Rocke-

1 In »Aufgeräumte Erfahrung / Texte zur eigenen Person«, S. 158 f., habe ich diese launige Pointe etwas ausführlicher beleuchtet und kommentiert.

feller Report und den Conant Report zu übersetzen und, in einem Band vereinigt, dem Klett-Verlag anzudienen. Dort war man über das Anerbieten hocherfreut und brachte das Buch innerhalb von vier Monaten heraus, nahm freilich den Aufruf zur Vortrefflichkeit, der im Titel des Rockefeller Reports stand, nicht sonderlich ernst: Auf der Innenseite der deutschen Ausgabe war und ist zu lesen, das Original heiße »THE PURSIT OF EXCELLENCE«. Kein Rezensent hat die Unachtsamkeit getadelt; ich selber habe sie erst jetzt entdeckt.

Die Fähigkeit der Amerikaner, auf eigene Schwächen und Fehler schnell, schonungslos und alsbald mit Abhilfen zu reagieren, ist eine der glücklichen Eigenschaften dieser Nation. Der Reißer »Why Johnny Can't Read / And What You Can Do About It« (Rudolf Flesch) war schon vor dem Sputnik da und diente fünf Jahre später als Vorlage für das Buch »What Ivan Knows That Johnny Doesn't« (Arther S. Trace). Amerika krempelte die Ärmel hoch. Die National Acadamy of Sciences, die American Association for the Advancement of Science, die Carnegie Corporation, die National Science Foundation riefen die Spitzenwissenschaftler der Vereinigten Staaten von Amerika im September 1959 zu einer Konferenz in Woods Hole (Cape Cod) zusammen – weg von der Forschungsfront an die Lernfront. Sie sollten sich Gedanken machen, wie das doch vorhandene immense und, wie man überzeugt war, überlegene Wissen der amerikanischen *scientists* den Schülern und Schulen nahegebracht werden könne. Die Botschaft, die von dieser Konferenz und dem Bericht über sie ausging (er stammte aus der Feder von Jerome Bruner und trug den vielsagenden Titel »The Process of Education«) löste in Amerika einen förmlichen Boom in der Didaktik und Curriculumentwicklung aus. Eine einzige, sorgfältig begründete und verständlich dargestellte These bildete die Grundlage dafür – nämlich »dass jeder Gegenstand jedem Kind auf der Stufe seiner Entwicklung mit Erfolg und intellektueller Redlichkeit beigebracht werden kann«, wenn man die Grundmuster der einzelnen Wissenschaften (the structure of the disciplines) lehrt und dies in der richtigen Reihenfolge. Es geht um den »Vorgang« (*process* – heute erläutere ich: nicht um *output* und *standards*!), und es geht um »Lernen« aller in der Kindheit (*education* – heute ergänze ich: nicht um Auslese und Spitzenforschung!). Auf die im weitesten Sinn politische Krise antwortete Amerika mit Bildung (was ihm Tony Blair ein halbes Jahrhundert später für England nachtat) und in dieser mit Unterrichtsmaterial aus der Hand seiner besten Wissenschaftler – nicht mit der panischen Preisgabe seiner pädagogischen Überzeugungen: *common school for all / the nation's meltingpot / individualisation (tayloring instruction to the different kinds and classes of children) / equality of opportunity /* vor allem aber *learning by doing, problemsolving, experience.*

Natürlich haben die Konservativen in Amerika die Gelegenheit genutzt und die europäischen Vorbilder wieder hervorgeholt. Diesmal war die Schweiz mit ihren Gymnasien für sie die Hüterin wahrer, unsentimentaler, fordernder Bildung, weil es Deutschland aus anderen Gründen nicht sein durfte. Von hier aus ließ sich gut Klage erheben über »Schools Without Scholars« (John Keats), über »Tomorrows Illiterates« (Charles C. Walcutt), über die Missachtung, die dem »House of Intellect« widerfuhr (Jacques Barzun), und über »The Closing of the American Mind« (Alan Bloom). Dieser Chicagoer Kommilitone, den ich (s. Bd. I, S. 376) schon als Hutchins-Kritiker erwähnt habe, scheute sich nicht, sich in eine Phalanx mit Admiral H. G. Rickover gegen die gleichmachende, verweichlichende, schädliche »progressive education« einzureihen, obwohl dieser den »highly educated specialist« im Sinn hatte, mit dem den Herausforderungen des Kalten Krieges im atomaren Zeitalter zu begegnen sei, Bloom selber hingegen den in Amerika vernachlässigten, wenn nicht verachteten Gelehrten meinte, einen, den Geld, Macht, Karriere nicht interessierten und der Platon liebte.

Was die Amerikaner spaltete, brachte John W. Gardener auf die Frageformel: »Can We Be Equal and Excellent too?« (1961), um sie rhetorisch meisterhaft zu bejahen. Mir, der ich den Heroen Dewey und Hutchins gleichermaßen ausgesetzt und glücklicher Schüler sowohl der Alamo Elementary School in San Francisco als auch des Französischen Gymnasiums in Berlin gewesen war, ja als Lehrer am Birklehof »Wölflinge gezähmt« und in Tübingen Professorenkindern Griechisch beigebracht hatte – mir gelang diese Synthese nicht so mühelos. Klett drückte mir schon 1957 »Eros und Kultur« von Herbert Marcuse in die Hand, das zehn Jahre später unter dem Titel »Triebstruktur und Gesellschaft« bei Rowohlt zu dem, wie man heute sagt, »Kultbuch« der 68er wurde. Das zerrte an mir. Mehr noch: Bei Klett lagen seit den frühen fünfziger

Jahren die mitreißenden Bücher des Schweizer Psychoanalytikers Hans Zulliger vor – »Heilende Kräfte im kindlichen Spiel« (1952) und »Umgang mit dem kindlichen Gewissen« (1953). Beim gleichen konservativen Klett erschienen seit Anfang der sechziger Jahre die Übersetzungen von Rudolf Dreikurs' Erfolgsbüchern, die die Abkehr vom bloßen Fordern zum Ermutigen, vom Abrichten zur Hilfe beim Selbständigwerden befürworteten und begründeten. 1962 gab Westermann das erste Nachkriegsbuch von Martin Wagenschein heraus.

Diese Pädagogen hatten schon über mich entschieden, sie hatten mir aber auch klargemacht, dass sie ihre Einsichten, ihre Kühnheit, ihre Sicherheit einem Gemenge aus unverfügbarer Begabung, privilegierten Umständen, schicksalhaften Begegnungen *und* dem soliden Gebäude bürgerlicher Bildung verdankten. *Progressive education* hingegen wollte von eben diesen Faktoren absehen – das war ihre Befreiung von der Alten Welt.

Es kann sein, dass die Wirkung meiner ersten Göttinger Vorlesung im Wesentlichen daher rührte, dass ich – in jedem Einzelthema und jedem Vortragsabschnitt – den Konflikt zwischen dem pädagogischen Optimismus Amerikas und der pädagogischen Skepsis Europas in mir selbst auszutragen hatte. Und ist es nicht den großen Pädagogen meiner Zeit, denen ich mich verwandt und verpflichtet fühlte, ebenso gegangen? Paul Goodman, Donald Oliver, James Herndon, Martinus Justus Langeveld – alle waren Wanderer zwischen den zwei Welten, die beide »Aufklärung« zu sein beanspruchen: durchgehende Rationalität, also uns aufgegebener Instrumentalismus, und gebrochene Rationalität, also geschichtliche Erfahrung. Nur Martin Wagenschein war ohne solchen Zwiespalt, war durch seine gelingende Praxis geschützt und nicht weniger durch seine sich den Phänomen wundersam anschmiegende Sprache. Er konnte gleichermaßen vom »verdunkelnden Wissen« der Wissenschaften reden *und*, wie Goethe, von »offenbaren Geheimnissen«.

Mit meiner zweiten Vorlesung holte ich das fehlende eigene Studium der Pädagogik nach; ich nannte sie »Geschichte der pädagogischen Einrichtungen und Ideen in Deutschland« – in der Reihenfolge – und verfuhr danach: Ich wollte und konnte nicht Hegel spielen und die Ersteren aus den Letzteren hervorgehen lassen. Dass sie sich wechselseitig bedingen, schien mir selbstverständlich und ließ sich jedenfalls als plausibel hinstellen. Unser Wissen legt die bescheidenere der beiden Abhängigkeiten nahe: Eine Gewohnheit, eine Institution gebiert eines Tages Schwierigkeiten oder Unbehagen – das setzt Gedanken über Abhilfe in Bewegung. So jedenfalls las ich die großen Werke von Paulsen, Raumer, Blättner, Roessler. Die benutzten Vorlagen und Quellen bereiteten mir selber ein so großes Vergnügen, dass ich immer mehr davon mitteilen wollte, als ich Zeit hatte und als dem Zweck entsprach. Ich schrieb schon darum den Vorlesungstext nicht aus, sondern hatte zwei engzeilig mit Stichworten und Zitaten bedeckte Seiten dabei, die meine freie Rede absicherten. Meist blieb ein Drittel des vorgesehenen »Stoffes« ungenutzt. Stets bemühte ich mich darum, eine besondere Erscheinung oder Erkenntnis in den Mittelpunkt zu stellen; stets begann ich mit einer kurzen Zusammenfassung der voraufgehenden Vorlesung; stets benannte ich den Anknüpfungspunkt für das Bevorstehende: Es werde heute um XYZ gehen (ohne es zu wissen, benutzte ich dabei das didaktische Mittel des *advance organizer*); stets wies ich auf gegenwärtige Parallelen hin, die ich mir auf meinem meist eiligen Anmarsch zur Aula einfallen ließ. Die Ordnung des Gegenstandes (die zwei Schreibmaschinen-Seiten) war dem oft von fünf bis sieben Uhr morgens voraufgegangen. Wenn Tugend sich durch die für sie notwendige Mühsal und Leiden ausweist, dann fehlte sie meinem Vorbereitungsfleiß: Ich habe ihn gern aufgebracht.

Über zwei Semester durfte ich diese »Geschichte« nicht ausdehnen, wollte ich, dass wenigstens einige Studenten sie ganz hörten. Mit den folgenden Themen setzte ich meine Selbstbildung fort: »Schule und Politik«, »Pädagogik und Sprache«, »Die Kunst in der Pädagogik«, »Was ist Didaktik?« (Das Verhältnis der Pädagogik zur Wissenschaft und zur Philosophie habe ich in meiner Antrittsvorlesung behandelt.)

Von einer der Vorlesungen besitze ich eine Art Mitschrift von Sten Nadolny. Dieser studierte damals Geschichte in Göttingen und wurde später mit einer Arbeit über die Genfer Abrüstungskonferenz 1932/1933 promoviert, von der er heute behauptet, sie hätte eine bessere Romanvorlage abgegeben als John Franklin, Held der »Entdeckung der Langsamkeit«, weil dann auch Frauen vorgekommen wären. Eine Vorübung in Langsamkeit war der 500-Seiten-Wälzer mit seinem trägen Gegenstand allemal.

Was Nadolny damals während meiner Vorlesung über »Schule und Politik« notierte, gibt Anlass zu Heiterkeit und Selbstzweifel:

- Einführung des Faches Gemeinschaftskunde – eine Sternstunde der polit. Bildg.: L. [Lehrer] muss selber denken / offene Fragen / Verlegenheit wie in der Realität / »richtige Fehler« und heilsame Bloßstellungen.
- Politik = Entscheidungen treffen müssen bei unzureichender Information unter Zeitdruck angesichts von Macht.
- Aus der Geschichte lernen? Vorsicht, man kann sich in falschen Erwartungen einüben. Der nächste Hitler kommt nicht in derselben Gestalt – »mit Bärtchen, kackbrauner Uniform und ›Schlagt die Juden tot!‹«
- Sokrates: Die Angst davor, vom Schlechteren beherrscht zu werden, ist das Einzige, was den Weisen dazu bringen kann, selber Herrschaft auszuüben.
- Die Macht des L.s über die Zeit und die Vorstellungswelt der Ss. [Schüler] / seine Macht in der Gesellschaft: durch Mangellage. Beides nutzt er schlecht.
- Arbeit wird rationalisiert und vergesellschaftet / Gesellschaft wird politisiert / Politik wird pädagogisiert / Pädagogik wird entpädagogisiert und mündet in die Arbeitswelt zurück.
- »politisch« = man ist Subjekt der Politik, »politisiert« = man ist Objekt der Politik.
- Rousseau: Wohlgeordnete Freiheit – Bedingung des Lernens und das Ziel.
- Klaus Heinrich: ... die Schwierigkeit nein zu sagen / Kleons Rede! [Thukydides]
- Jean Améry: Descendere at inferos.
- Schriftsteller sollten ihre politischen Überzeugungen in Kriminalromanen oder Landserheften oder der Bildzeitung unterbringen. [Anmerkung von Sten Nadolny: Dann ist die eigene Qualität nicht zu halten!]
- Die Gewaltenteilung schwächelt – daraus erwächst eine neue Aufgabe für den Intellektuellen.
- Gespräch = der Atem der polis-Politik / Schüler dürfen während des

Unterrichts nicht miteinander reden = Erstickung der politischen Bildung.
- Autorität hat der Lehrer, wenn er (1) sich nicht um Autorität sorgt, wenn er (2) seine Sache so gut versteht, dass er sich auch Fehler leisten kann, wenn er (3) – wie das lateinische Wort (auctoritas) fordert – für das bürgt, was er »verkauft« / weitergibt.

Aus dem 30-Seiten-Manuskript sind dies einige der Stellen, die der *notarius* hinterher selber (?) in unterschiedlichen Farben unterstrichen und oft auch kommentiert hat: »Na, na!« »Kein Gegensatz!« »Ein Kreislauf.« »Nur probeweise!« und so fort. – Heute vergnügt mich daran Nadolnys Sinn für Pointen und wie unberührt er von meiner Pädagogik blieb. Im Übrigen wünsche ich jedem akademischen Lehrer – dem Schullehrer wird's von allein zuteil – einen Rücklauf ihrer Äußerungen: So also sieht es hinterher im Kopf des jungen Hörers aus! Und: Der hier hat dich verstanden! Und: Der da hat dich erwischt – sei nie wieder so leichtsinnig!

Den Studenten Rede und Antwort zu stehen war nicht nur »gerecht«, es war auch befriedigend. Ich hatte also gleich zu Anfang bekannt gegeben, ich würde Fragen im Anschluss an die Vorlesung beantworten – freilich nicht in der Aula, wo gleich die nächste Vorlesung stattfand, sondern in der Wagnerstraße. Und so zogen anfangs ein Dutzend, später vier oder fünf Unentwegte mit mir dorthin und vermittelten mir im Gespräch ein ungefähres Bild von dem, was ich in ihnen angerichtet hatte. Eine Video-Aufnahme hingegen wäre allenfalls im Seminarraum nützlich. Eine Vorlesung ist immer eine Inszenierung; ihre Wiedergabe gefällt ihrem Autor allemal, weil er selber dauernd darin vorkommt und unangefochten das Richtige vorträgt. Ein Seminar hingegen ist ein pädagogisches Gespräch; es kann dem Lehrenden nicht gefallen, hinterher zu sehen, wie wenig er auf die anderen, ihre Fragen und Einwände eingegangen ist.

Mit meinen Vorlesungen wollte ich zu eigenen Gedanken anregen, mit meinen Seminaren zu eigener Arbeit anleiten. Ihre Themen waren darum schulmäßig begrenzt: Platon, Rousseau, Wilhelm von Humboldt, Pragmatismus, Landerziehungsheime, Das Spiel als Lernform, Erziehung zum Frieden?; ein so genannter Apparat – die vorhandene und vorsortierte Literatur – stand bereit; eine Übersicht über den Ablauf des Semesters und über geeignete Referate wurde vervielfältigt, ausgeteilt und besprochen. Wer einen »Leistungsnachweis« brauchte, konnte sich eines unter den vorgeschlagenen Themen auswählen. Ich vergab das gleiche Referat möglichst mehrfach und ließ allenfalls eines vortragen, nicht ohne vorher am Text entlang den Zuschnitt vereinbart zu haben: maximal fünfzehn Minuten. Vom Referat eines Kommilitonen lernt in der Regel nur der, der am gleichen Gegenstand gearbeitet hat. Umgekehrt wird ein Referat nur gut, wenn der Autor beim Anfertigen die anderen Teilnehmer im Sinn hat, nicht nur den Professor und den *deus academicus*. Dies habe ich meinen Studenten ausführlich und eindrücklich begründet: Wissenschaft heißt »etwas für andere erkennbar machen«. Gute Referate waren im Übrigen selten, aber es gab sie!

»Übungen«, wie ich sie im Studium der Philologie kennen gelernt hatte und mir auch für die Pädagogen wünschte, wagte ich nicht als solche auszuschreiben. Die äußeren Verhältnisse waren nicht danach. Welche pädagogischen Tätigkeiten ließen sich ohne Kinder »üben«? Und noch dazu mit einer so großen Zahl von Studenten! Aber im Rahmen der Seminare kamen doch einige Exerzitien zum Zuge, zum Beispiel die höfliche Kritik am Referat eines anderen oder die Wiederholung der Äußerung, auf die man antworten wollte, oder die Wahrnehmung, wie unterschiedlich wir wahrnehmen. Die letztgenannte Übung sah so aus: Vor einer Sitzung über »Geschichte und ihre Deutung im Unterricht« hatte ich mit zwei Assistenten verabredet, sie sollten in der ersten Reihe sitzend einen Wortstreit simulieren, einer von ihnen sollte erregt aufspringen, ein Buch hochhaltend aus dem Raum stürzen – und der andere hinterher. Was ist passiert? frage ich die Anwesenden. Die geben etliche gründlich verschiedene Auskünfte über das Gesehene – und auf Nachfragen sehr viel Unsicherheiten. So etwas kann man in jedem Schulunterricht machen, nützlich wäre es allemal. Ein andermal haben wir das Auswerten von Filmen »geübt«. Es handelte sich um Propaganda der Nazis für ihre Jugendorganisationen. Was ist deren Botschaft und was ihre Methode? Wie kommt man hier zu brauchbaren Antworten? Man kann und soll sich doch nicht auf die Aussagen der Autoren selbst beschränken! Den »Hitlerjungen Quex« sieht der Student der Pädagogik anders als die Studentin, beide anders als die Kommilitonen von der Geschichtswissenschaft und sie allesamt anders als sowohl der Quex-Zeitgenosse (HvH!) als auch ein Zehnjähriger im Jahre 1966. Wie stellt man den Vergleich her? In einem Fall haben wir ein Kino gemietet, haben einen Film verschiedenen Altersgruppen nacheinander vorgeführt, die Schüler dabei durch Apparate »belauscht« und sie im Widerschein der Leinwand beobachtet. Wir haben sie unmittelbar danach zunächst gefragt, ob wir die Aufzeichnung auswerten dürften, und haben im Anschluss viele Stunden das eine gegen das andere gehalten. Die Nazifilme, in denen Zeltlager, Fahrten, Sport und Spiele aller Art gezeigt wurden, hatten nach dreißig Jahren immer noch (oder sollte man sagen »schon wieder«?) großen Erfolg bei den Kindern: Ja, so wollten sie es auch haben!

Im Doktoranden-Kolloquium – es wurde mir doch schon im zweiten Semester von verwaisten Weniger-Schülern abgenötigt, zumal von solchen, die Heinrich Roths empirische Forschungsfragen scheuten – hielt ich mich an Benedict Einarsons Weisheit: Das Finden eines geeigneten Themas ist so wichtig wie seine Bearbeitung. Ich war also gar nicht freigiebig mit Vorschlägen. Aber einige Fragen meines neuen Berufs setzten mir doch so zu, dass ich *jetzt* Antwort haben wollte und sie dem Forschungshunger meiner jungen Zunftgenossen vorwarf: Wie erklärt sich das Angebot der Vorlesungen in der Pädagogik und was sagt es, was sagen die Formulierungen über den pädagogischen Zeitgeist aus? (Die dahinter lauernde Frage, was das mit dem Bedarf der Studenten zu tun hatte, wollte ich mir dann selber vornehmen.) Hierzu waren die Vorlesungsverzeichnisse der letzten zwanzig Jahre an mehreren deutschen Universitäten zu prüfen, zu kategorisieren, miteinander zu vergleichen. Ich wäre mit einem Oberflächenbefund, intelligenten Hypothesen und der Formulierung der sich nun erst stellenden Erkundungsaufgaben zufrieden gewesen. Diese heuristische Form des Erkenntnisgewinns ist von mir auch sonst – vergeblich – empfohlen worden. Die Kandidatin, die sich das Thema zu eigen gemacht hatte, war entschieden anspruchsvoller. Mit ihren methodologischen Skrupeln, ihren immer neuen Ordnungsschemata, ihren umständlichen Definitionsversuchen und vor allem mit der im Thema angelegten Parallelisierung von Zeitgeschichte und erziehungswissenschaftlicher Ideologie (plötzlich war von »gesamtgesellschaftlichen Faktoren«, »revolutionärer Situation«, »sozioökonomischen Determinanten«, »Klassenbewusstsein« und »Interessenlage« die Rede) dürfte sie noch ein ganzes Jahrzehnt beschäftigt gewesen sein, hätte ich Göttingen nicht nach fünf Jahren verlassen und erklärt, dass *ich* diese Arbeit nicht weiter zu betreuen gedächte. Sie war eben eine jener ewigen Doktoranden, vor denen Heimpel mich gewarnt hatte. Eine solche war auch Ilse Dahmer, die, hochgelehrt und unerbittlich gescheit, nicht fertig wurde, weil ihr Gegenstand es nicht zuließ. Bei ihr war auch jedes Bruchstück, an dem sie gerade arbeitete, interessant. Die Musterung hingegen des Themenangebots der Pädagogik der Nachkriegszeit war weitgehend eine Fleißaufgabe.

Kamen Doktoranden mit unerwartet auftretenden Schwierigkeiten zu mir, fragte ich meist zurück: »Müssen Sie das auch noch lösen? Was geschieht, wenn Sie die Frage einfach weglassen? Sie haben doch so viel Material zusammengetragen – ordnen Sie es gut und geben Sie's ab. Mir genügt dieses Ergebnis. Vor allem aber machen Sie aus der Dissertation kein Lebensproblem.«

Leicht hatten es meine Doktoranden aus einem anderen Grund mit mir nicht. Ich bestand darauf, dass sie ihre Erkenntnisse gemeinverständlich aufschreiben und dass sie mitteilen, wozu ihre Arbeit gut ist: »Welches Problem drängte sich wodurch auf und was trägt meine Untersuchung dazu bei, es zu klären?« Ich duldete keine »kognitiven Wucherungen«, keinen Begriffspomp, keine Tautologien, keine unnötigen Komplikationen. Die häufigste Randbemerkung war: »Was ist gemeint?« »Muss das gesagt werden?« »Welche Verdeutlichung bringt dieses Zitat?« An der Ermahnung zur Einfachheit verzweifelten die meisten. Insgesamt habe ich nur sieben Erziehungswissenschaftler promoviert – eine klägliche Ernte.

Einer der Doktoranden war Herr Lee aus Südkorea. Sein Geld reichte für ein Jahr Studium in Deutschland, dann *musste* er fertig sein. Die Frage, ob er zum Promotionsverfahren überhaupt zugelassen werden könne ohne das dafür noch vorgeschriebene kleine Latinum, war angesichts seiner Zeitnot von der Fakultät weise gelöst worden. Der Sinologe bestätige Herrn Lee, dass er »klassisches Chinesisch« beherrsche; das sei ein durchaus würdiges Äquivalent zum Latein. Ein ganzes Jahr nahm Herr Lee lächelnd an allen meinen Veranstaltungen teil, dann packte er eine fertige, in englischer Sprache geschriebene Dissertation aus – zu einem gänzlich anderen als dem gemeinsam ins Auge gefassten Thema. Sie handelte von einer südkoreanischen Schulreform, die sie pedantisch beschrieb und devot belobigte – eine für die Promotion völlig unbrauchbare Arbeit. Die Ablehnung machte Herrn Lee nichts aus. Er werde seine Visitenkarte mit »Cand. phil. at Göttingen University« statt des »Dr. phil.« versehen – das gelte in seinem Land schon viel.

Den engsten persönlichen Kontakt mit der Mehrzahl der Studenten stifteten paradoxerweise die Prüfungen. Ich lernte schnell, sie als Leistungsanreiz zu nutzen; als Leistungsnachweis taugten sie nicht viel. Ich dekretierte: Wer von mir geprüft werden wolle, müsse sich mindestens ein halbes Kalenderjahr vorher bei mir anmelden, nicht, wie vorgeschrieben, »ein Semester vorher«, was dann auf drei Monate schrumpfen konnte. Zur Anmeldung müsse man eine halbe Stunde Zeit mitbringen. Fräulein Schott nahm Anmeldungen zur Anmeldung entgegen und trug sie in einen Zeitplan ein. Trotzdem saß an den Tagen, an denen ich Sprechstunde hielt, stets ein halbes Dutzend wartender junger Leute im Vorraum. Die halbe Stunde wurde notgedrungen zu zwanzig Minuten und ich leider immer routinierter. Es ging darum, einen Vorbereitungsplan mit ihnen auszumachen: das Gebiet der Prüfung auf bestimmte Gegenstände einzugrenzen, einen Lektüreplan aufzustellen und die schon gehörten Vorlesungen und »absolvierten« Seminare dafür sinnvoll zu nutzen oder zu ergänzen. Zu drei Fragenkomplexen sollte jeder Prüfling Auskunft geben können: zu einem gesellschaftlichen oder menschlichen Problem, das nur oder vornehmlich mit pädagogischen Mitteln zu lösen ist (also nicht mit juristischen, medizinischen, politischen, finanziellen); zu einer durch einen bestimmten Pädagogen repräsentierten pädagogischen Theorie (also dem Werk John Lockes oder Johann Friedrich Herbarts oder Leo Tolstois oder Alexander Neills); und zur pädagogischen Begründung des eigenen Lehrfachs (also noch nicht zu dessen Didaktik – wo hätte er die an unserer damaligen Universität lernen können?!). Diese Teilgebiete auszuhandeln war auch für mich ein Vergnügen und lehrreich. Entlegene Provinzen, ja ganze Kontinente meines Faches (zum Beispiel die Sozialpädagogik, ihre Theorie und ihre Institutionen) habe ich durch meine Vorbereitung auf die Prüfungen überhaupt erst kennen gelernt. Ich wusste daher, was man hierzu wo in welcher Zeit lesen und lernen konnte – und galt vermutlich schon darum bald als zwar umgänglicher, aber unangenehmer Prüfer, fand ich doch stets heraus, welche naheliegenden Hilfsmittel der Kandidat oder die Kandidatin *nicht* benutzt hatte. Das sagte ich ihnen auch und bekräftigte dies mit der alten Weisheit, die mein Vater mir schon als Kind vermacht hatte: Der Gelehrte sei einer, der weiß, wo's steht. Einen Grund, einen Prüfling durchfallen zu lassen, hatte ich nie – außer vielleicht, weil er einfach dumm war oder eine völlige Unempfindlichkeit für Pädagogik erkennen ließ. Diese Gründe aber ließen sich in einer wissenschaftlichen Prüfung nicht geltend machen. Auf meine stereotype Eingangsfrage: »Fühlen Sie sich einigermaßen gut präpariert?« haben zwei im Laufe der Jahre mit einem verschmitzten »Nein« geantwortet und sich daraufhin schadlos zurückgezogen, was der Protokollant zwar missbilligte, aber nicht hindern konnte. Alles in allem wuchs damals eine gescheite und höchst erfreuliche Generation heran. Sie wandelte sich just in meinen Göttinger Jahren.

Als ich im Sommersemester 1963 meine ersten Vorlesungen gehalten hatte, begegneten mir auf der Straße viele junge Menschen mit krampfhaften Leibschmerzen, jedenfalls knickten sie in Bauchhöhe ruckartig nach vorn ab. Ich merkte bald: Die sind nicht krank, die grüßen nur den »Herrn Professor«. Als ich 1967 im Begriff war, Göttingen zu verlassen, war auch diese »Krankheit« vorüber.

Die erfreulichste Erfüllung meines Professorenamtes als Lehrer und Forscher fand ich in der Arbeit an dem vom Fischer-Verlag (s. o. S. 136) erwarteten politischen Lesebuch. Hier ereignete sich die humboldtsche Universität. Ich hatte diese aus Tübingen mitgebrachte Aufgabe in einem *privatissime* und *gratis* abgehaltenen Seminar untergebracht, in das ich mir auffallende Studenten und Studentinnen einlud. Das gute Dutzend eifriger Leser aus allen Disziplinen – Jurisprudenz und Ökonomie, Literatur und Geschichte, Philosophie und Soziologie – begriff die Idee, dachte sie weiter und brachte eine gewaltige Lesekapazität auf. Die Texte sollten kurz, gut verständlich, nicht »unbedingt«, jedoch »möglichst« klassisch sein (Alexis de Tocqueville eher als Klaus Hornung, Jean Fourastié eher als Arnold Buchholz, aber, wenn geeignet, auch die oder gar eine einfache Zeitungsnachricht) und einer den anderen herausfordern – herbeiholen und in Frage stellen. Noch war der Kopierapparat nicht erfunden; die Texte wurden also im Buch »ausgezeichnet«, mit Titeln versehen und zur Abschrift gegeben. Dies bezahlte der Fischer-Verlag, so wie er auch Bücher aus dem gewaltigen eigenen Bestand und aus anderen Verlagen großzügig zur Verfügung stellte. Das Werk blieb unvollendet; mehrere Bananenkartons mit zu »Problemnestern« zusammengestellten Texten stehen im Archiv des Bielefelder Oberstufen-Kollegs – für kommende Archäologen der politischen Bildung in der Zeit des Kalten Nachkriegs ein aufschlussreiches Fundstück. Die Diskussion über die Qualität und Tauglichkeit der Texte, über die erzeugten Spannungen und über das Grundmuster des Ganzen gehören zu den fruchtbarsten Vorgängen meiner gesamten akademischen Laufbahn.

Diesem geisteswissenschaftlichen Beispiel für die Beteiligung des Nachwuchses an der Forschung entsprach die empirische Abteilung unseres Hauses, Heinrich Roths »Arbeitsstelle für Unterrichtsforschung«, die die Volkswagen-Stiftung bezahlte – vom Ausbau des Dachgeschosses der Wagnerstraße zu einer mit modernstem Bürogerät ausgestatteten Zentrale bis zur Einstellung von zusätzlichem Personal: ausgewiesenen Forschern wie Helmut Skowronek und Karl-Heinz Flechsig und etlichen cleveren Jungforschern wie Klaus Heipcke, Elisabeth Kaiser, Kurt Stratmann und E. A. Kroepelin. Hans Tüttken, der von der pädagogischen Hochschule kam, lernte das neue Metier noch wie Gerold Becker und ich, der ich an den Sitzungen mehr aus Pflichtgefühl als aus Neigung oder gar verständigem Interesse teilnahm. So konnte ich immerhin an Heinrich Roths Seite in der Fakultät über die sich hier vollziehenden Wandlungen der Pädagogik aus einer Literaturwissenschaft zu einer empirischen Sozialwissenschaft mitreden. Auch kam ich auf diese Weise mit den wichtigsten Köpfen der Volkswagen-Stiftung zusammen, die sich immer entschiedener der Pädagogik zuwandte und mit beachtlicher Kühnheit technische, methodische und organisatorische Neuerungen in den Bildungseinrichtungen förderte. Dazu zog sie mich gelegentlich zu Rate: »Sehen Sie sich doch das bitte einmal an – geht das nicht zu weit?«, das fragten sie lieber mich als den Kollegen Felix von Cube, der die Kybernetik in die Pädagogik einführte, oder als den Kollegen Kurt Aurin, der damit beschäftigt war, Unheil vom Gymnasium abzuwehren, oder Walter Rüegg, der sich der Rettung der deutschen Universität vor den Cohn-Bendits widmete. Die Übereinstimmung, in der ich mich sowohl mit Gotthard Gambke, dem damaligen Generalsekretär der Volkswagen-Stiftung, als auch mit Waldemar Krönig hinsichtlich des Prinzips der »Bewahrung durch Erneuerung« befand, sollte sich später bei der Verwirklichung der Bielefelder Schulprojekte segensreich auswirken. Waldemar Krönig wurde Leiter des Hochschul-Informationssystems (HIS) und hat selber in diesem ein unvergleichliches, von ihm erdachtes Forschungsprojekt mit bewundernswerter Ausdauer »durchgezogen«: »Studium im ersten Nachkriegsjahrzehnt«, ein bedeutendes Werk, das die Kapitel 9 und 10 des ersten Bandes dieser Erinnerungen vielfältig ergänzt.

In der einmal im Monat zusammentretenden Fakultät saß ich mit Heinrich Roth am unteren Ende des einen (!) langgestreckten Tisches. Auch der Soziologe Hans Paul Bahrdt saß dort – ein verlässlicher Bundesgenosse für die meist prekären Anliegen der Pädagogen. »Oben« leitete der Dekan die Sitzung. Er musste schneidig und unterhaltsam sein, nur so behielt er die Führung, nur so wurde respektvoll über ihn geredet. Ich schwor mir, die Wahl zu diesem Amt, sollte sie mir jemals drohen, mit allen Mitteln zu hintertreiben: Lieber vorher als dafür untauglich eingeschätzt werden, als mich hinterher als untauglich erweisen.

In der von mir in der zweiten Sitzung erwarteten Selbstvorstellung (sie sollte die Form einer »Studienvita« haben) bin ich zunächst auf meine Schulzeit zurückgegangen, »als ich noch Objekt der Pädagogik und noch nicht Subjekt ihres Studiums« war, um nebenbei das Französische Gymnasium ins Wort zu bringen; ich erwähnte dann meinen Vater, den Preußen und Diplomaten, der uns in alle Welt mitnahm: »Die Landschaft meiner Kindheit lag irgendwo zwischen Sparta und Kosmopolis«; ich ließ nicht unerwähnt, dass ich in einem Seminar über Platons Staat zu Herman Nohls Füßen gesessen habe, an eben der Stelle, an der ich im kommenden Semester selber ein Seminar über »Erziehung und Politik bei Platon« abhalten würde; ich streifte weiter meine amerikanischen Erfahrungen und ging auf die Thesen meiner Chicagoer Thukydides-Arbeit ein; ich kündigte das Erscheinen meines Buches »Platonisches Lehren« an, das meine Habilitation ersetzte und das ich so vorstellte:

> Wie der Titel sagt, geht es mir darum, dem Gymnasium wieder verständlich zu machen, was es bedeutet, wenn es sich, wie es das doch tut, auf Platon beruft. Die Schule ist genötigt, in unserer Welt viel sophistisches Wissen zu vermitteln; das schlechte Gewissen, das sie dabei packt, lässt sie in den Platonismus, die Zweckfreiheit und höheren Werte ausweichen. Platon dagegen hat die Erscheinungen ernst genommen. Was er den Sophisten vorwarf, war nicht ihr Empirismus und ihr Skeptizismus, sondern dass sie darin nicht weit genug gegangen sind: bis dahin, wo sich ihre eigenen Grenzen erweisen und die Frage nach der Wahrheit sich gebieterisch wieder erhebt.

– und ich habe dies getan, um die Fakultät zu beschwichtigen: Vom unteren Ende des Tisches drohe keine pädagogische Volksfront. Wir waren so sehr in der Minderheit, dass mir eine solche Demutsgebärde jedenfalls am Anfang notwendig erschien. Das so erzeugte Wohlwollen blieb jedoch dauernd gefährdet – durch die wenn auch nicht politischen, so doch gesellschaftlichen »Zwecke«, die wir Pädagogen zu vertreten hatten und die nicht in diese sich selbst gehörende Geisteswelt passten.

Diese Pädagogen! Sie fraternisierten offen mit der Schüler- und Studentenbewegung und vermittelten dieser nicht nur die aufrührerischen wissenschaftlichen Erkenntnisse (über Begabung und Begaben, repressives und autoritäres Verhalten, geschlechts- und schichtenspezifische Benachteiligung, *restricted* und *elaborated code*, Bildungsstatistik und Bildungsökonomie, Schule als Agentur für die Verteilung von Sozialchancen, Führungsstil und Gruppendynamik, primäre und sekundäre Motivationen, gar primäre und sekundäre Tugenden) für ihre system- und ideologiekritischen Aktivitäten, sie machten auch noch ordnungsgemäße pädagogische Veranstaltungen daraus. Die Erkenntnisse kamen zwar meist aus anderen Disziplinen, aber sie gingen auf dem Boden der Pädagogik auf. Pichts Artikelserie in der Wochenzeitschrift »Christ und Welt« (1962, als Buch 1964) und Dahrendorfs »Arbeiterkinder an deutschen Universitäten« (1965), worin die beschämende Reproduktion sozialer Ungerechtigkeit durch das Bildungssystem bloßgelegt und das »Bürgerrecht auf Bildung« proklamiert wurden, erregten die Gemüter. Die Studenten verlangten nun Taten von uns Pädagogen oder schritten – Dahrendorfs Gedanken einer systematischen Bildungswerbung befolgend – selbst zur Tat.

Mir war klar: Für angehende Lehrer ist die dadurch ausgelöste Bewegung »Student aufs Land« (sie begann in Süddeutschland) eine unvergleichliche Erfahrung. Der Studienrat *in spe* muss hierbei dem katholischen Bauern erklären, warum er seine Tochter auf eine entfernt gelegene Schule schicken soll und was es ihr nützt, eine fremde Sprache, gar zwei, die Geschichte der Römer und etwas so Abstraktes wie Physik zu lernen. Konnte er das? Konnte ich das? Wer konnte das?

Ich lud interessierte Studenten nach Lippoldsberg ein, wo das Pädagogische Seminar ein Haus besaß. Man hatte es Herman Nohl geschenkt; ein Freundeskreis fungierte als »Träger« des romantischen alten Gebäudes inmitten eines aufgelassenen klösterlichen Gutshofs, auf dessen anderer Seite Hans Grimm wohnte, seinerseits Freunde um sich sammelte und vermutlich das Wort »Belang« sprach. Im Nohl-Haus herrschte an Wochenenden reger Betrieb. Roth und ich waren jeder mindestens zweimal im Semester mit Studentengruppen dort, Thiersch und Baacke mindestens einmal; die übrigen Wochenenden teilten sich die Nohl-Freunde. Man wanderte im schönen Weserbergland oder badete (damals noch ganz unbefangen) im Fluss, während die einen das Abendessen kochten, die anderen im Winter die Öfen heizten, und hatte am Abend – wie es schien: endlos – Zeit für die sorgfältige Behandlung eines aufgesparten Themas. Gegen Mitternacht sang man noch ein paar alte, ein paar neue Lieder und schlief wenig und fest in den kalten Schlafsälen. Am anderen Tag: Fortsetzung bis zum späten Nachmittag, Ordnung- und Reinemachen, Heimkehr.

An diesem Ort versuchten wir, so gut wir konnten, die Lage des »Bildungswerbers« nachzustellen: Ankunft im Dorf X, Aufsuchen des Bürgermeisters, Aushängen der vorbereiteten Plakate (Was steht auf diesen?), Versammlung im Dorfkrug, Vortrag – und dann die Antworten auf die skeptischen Fragen. Es gab unter meinen Studenten schon zwei mit praktischer Erfahrung. Sie sagten abwechselnd: »Was ihr da redet, versteht kein Mensch!« und: »Behandelt euer Publikum nicht wie dumme Schüler!« Ich erinnere mich nicht, was tatsächlich aus unseren Bemühungen geworden ist, nur, dass ich wieder einmal tun musste, was ich am meisten hasse: Geld einwerben und, schlimmer noch, abrechnen.

In Lippoldsberg ließen wir uns auch auf das damals in Mode kommende *role play* und belehrende Simulationsspiele ein. Ich hatte die Letzteren ja in Elizabethtown in der anspruchsvollen Form der United Nations Model Assembly (s. Bd. I, S. 317 ff.) kennen und als Lernmittel schätzen gelernt. Im Rahmen des Seminars »Das Spiel als Lernform« kam es zu für mich besonders köstlichen Aufenthalten in Lippoldsberg. Aus dem Professor war vorübergehend wieder der Internatserzieher geworden – was nicht nur mit Kindern, sondern auch mit Erwachsenen möglich ist. »Elvira Kuntze« hieß das fiktionale Opfer eines Mörderspiels à la Weizsäcker (s. Bd. I, S. 264) – sie schrieb mir noch viele geistvolle Briefe; Gerold Becker hieß ein durchaus realer Teilnehmer – ein temporärer Überläufer aus Heinrich Roths Trabantenschar, der mein engster und ausdauerndster Freund wurde.

Meine beiden Assistenten waren kongeniale, ja ideale Begleiter solcher Veranstaltungen. Dieter Baacke näherte sich der Pädagogik über die Literatur – die hatte er ja studiert. Bei ihm konnten die Studenten etwas über Goethes Pädagogische Provinz und über Jean Pauls Erziehungslehre lernen; auch an Pestalozzi wagte er sich heran. Den Studenten und ihrer späteren Klientel, den Schülern, näherte er sich über die Popkultur. Im Hause wurde ihm darum der Spitzname Beater Baacke zuteil. Abends war er gewöhnlich in Göttingens dunkleren Vororten bei den verschiedenen Bands, wurde ihr Vertrauter und Berater – und über kurz oder lang Deutschlands bester Kenner der Jugendszene. Einmal nahm er mich mit: als einen unter fünf Juroren. Vier Stunden lang habe ich eine dröhnende Band nach der anderen angehört, habe jeweils brav meine Karte mit der Bewertung hochgehalten und bin am Ende fast gelyncht worden – so sehr wichen meine Urteile von der Erwartung der Kundigen ab. Dabei hatte ich mich an die Kategorien zu halten versucht, Originalität von Sound und beides von Appearance sorgfältig unterschieden. Schnaubend umringten mich die jungen Leute und glaubten, ich habe sie veräppeln wollen. Das kommt davon, wenn man etwas ernst zu nehmen versucht, was einem fremd ist. – Über die Jugendkultur geriet Dieter Baacke zu den Neuen Medien. In ihrer Bewertung haben wir uns noch weniger einigen können als in der der Bands, ja wir haben unseren Streit durch seinen öffentlichen Austrag im Laufe der Zeit immer weiter gesteigert. In den Göttinger Jahren aber hielt Dieter Baacke eine Passage zu den Jugendlichen für mich offen, die im Packeis der Erziehungswissenschaft und der Bildungstheorie nicht zufrieren durfte, wenn ich Lehrer und Pädagoge bleiben wollte.

Das tat auch Martin Bonhoeffer – zu den *underprivileged*, wie die beschönigende Bezeichnung lautete. Weil sie entweder in die gegebenen bürgerlichen und schulischen Ordnungen nicht passten oder nicht passen wollten, galten sie als Versager. Baackes *kids* gaben sich wild, Bonhoeffers waren es. Baackes *kids* spielten mit ihrer Chance, Bonhoeffers hatten sie verspielt. Und beide unterschieden sich von denen, die Gerold Becker anzog: die *jeunesse dorée* der Gymnasien, die die Anforderungen ihrer Schule verächtlich »mit der linken Hand« absolvierten und Lust am politischen Zündeln hatten. Sie versammelten sich bei Arko am Marktplatz, gründeten das Aktionszentrum Unabhängiger Sozialistischer Schüler (AUSS) und dachten die Welt unbefangen neu. Sie schienen alle aus Zadeks Film »Ich bin ein Elefant, Madame« entsprungen zu sein und brauchten keinen Anführer, wozu Becker, der das kleine rote Buch des großen Mao nur kurios fand, nicht taugte, und auch keinen Aufklärer, sie hatten Marcuses Theorie der »repressiven Toleranz« längst selber entdeckt. Sie brauchten vielmehr einen gescheiten und wohlwollenden Beobachter, der ihnen ihre Wirkungen spiegelte. Reinhard Kahl, heute Deutschlands meistgefragter und meistzitierter bildungspolitischer Publizist, lernte von Becker, dass Kritik ihre ersten Erfolge nur überlebt, wenn sie nicht nur überraschend und frech, sondern auch sachkundig ist. Zu den eigenwilligen Talenten, deren Mentor Becker wurde, gehörte – beneidenswert gelungen und in der Auseinandersetzung mit dem starken Vater in Eigensinn und Empfindsamkeit für Unrecht gut trainiert – der spätere Professor für Ästhetische Erziehung Matthias Duderstadt. Das war einer, bei dem auch »Le Grand Meaulnes« von Alain-Fournier oder »Die Unauffindbaren« und »Die Gesellschaft vom Dachboden« von Ernst Kreuder oder »Die Strudlhofstiege« von Heimito von Doderer und Gottfried Benns Gedichte einschlagen konnten, eben die Literatur, mit der Gerold Becker lebte. Und auch zu diesen jungen Leuten, in Tübingen mein täglicher Umgang, hätte ich wohl in der abgehobenen Welt eines Ordinarius den Zugang verloren.

Wäre Matthias Duderstadt damals nicht Schüler, sondern Student gewesen, er hätte sich mit meinem Assistenten Diethart Kerbs verständigen müssen, einem späteren Fachkollegen. Der erkor damals die Kunsterziehung zu seinem Gebiet, nachdem die Kunst offenbar ihn erkoren hatte. Dieser große blonde Mann mit der Anmut des kleistschen Tanzbären war deutlich nicht für die harte Wissenschaft geboren, konnte aber bewundernswert artistisch mit ihr umgehen. Er »assistierte« mir und dem Seminar mit unermüdlichen Einfällen, treuherzigen Querfragen und herzbewegender Loyalität. Er war in allem viel zu »natürlich«, um eine erziehungswissenschaftliche Arbeit zu schreiben und sich einer der auf uns alle eindringenden politischen Botschaften zu unterwerfen. Als er nicht mehr mir assistierte, änderte sich das. Kurz nach meiner Berufung an die Bielefelder Universität wurde er ohne Promotion Professor an der Hochschule der Künste in Berlin, und nach weiteren zwei Jahren fanden wir uns in deutlich verschiedenen Lagern wieder. Darüber wird im nächsten Kapitel zu reden sein. In den Göttinger Jahren war Kerbs ein durch seine Begabung zum Spiel – zu jener Schillerschen Freiheit von Handlungs- und Denkzwängen – ermutigender Partner. Am Nikolaustag verwandelte sich das Pädagogische Seminar in einen labyrinthischen Adventskalender; aus Transparenten leuchten zweideutige pädagogische Wahrheiten; der Heilige der Kinder und Seefahrer ging mit sanfter Kerbs-Stimme, großer Rute und einem gewaltigen Sack um, aus dem er halb launige, halb listige Gaben verteilte: Der Geist, wenn eifrig wir ihn suchen, / Er zeigt sich auch im Pfefferkuchen. Das Sommersemester endete in einem Sommernachtstraum; der Garten der Wagnerstraße 1 hing voller Lampions; ein Sketch löste den anderen ab; wir tanzten auf dem schimmernden Rasen, bis die Vögel erwachten. Und Kerbs war der Maître dieses Pläsiers. Am 23. September 1967 hielt er eine kleine Festrede, wie er behauptete, als Vertreter der unabhängigen Schülerbünde von Groß-Schneen und Klein-Lengden, der Busbenutzergemeinschaft Fahrender Schüler Deutschlands/Ortsgruppe Oberscheden, der Gesellschaft minderjähriger Opfer Göttinger Bildungswerbung, e. V./Niedernjesa sowie der Schülerbrigade Fidel Castro zu Herberhausen. Seine Ansprache umkreiste mein revolutionäres Wirken und erging sich in einem besonderen Lob meines taktischen Vorgehens gegen die »Reaktion«: Mit einem selbst in der Pädagogik ungewöhnlich dicken Werk – nicht nur voll der üblichen gelehrten Fußnoten, sondern wegen der Dicke auch mit zahllosen Querverweisen versehen und nebenbei mit geschickt eingebauten Druckfehlern durchsetzt – hätte ich die Gegner des Fortschritts lahmgelegt. Man müsse ja, um weiterstreiten zu können, diesen Wälzer erst einmal gelesen haben, und so sei man bis dahin gleichsam mundtot. Die Rede endete mit einem dreifachen Hoch auf Mao Tse-tung, Rudolf Dutschke und HvH. – Gefährdete uns das in der nervös gewordenen Academia, oder entlastete es uns durch die (*contradictio in adjecto*) pastos aufgetragene Ironie? War Kerbs ein Schelm? Nein, ein Gaukler! Sein Seil war zwischen Jugendbewegung und Antifaschismus gespannt; seinem Dudelsack entströmten die Lieder der Burg Waldeck und die Internationale, seiner Feder in Schönschrift kopierte Traktate von Tusk und Sentenzen von Adorno. Auf Kerbs' Einladung kamen Peter Rohland und Franz Josef Degenhardt zu uns nach Göttingen, und beide verzauberten uns – der eine mit seinem goldenen Bariton und »Herr Glomme sang im Myhlerwald«, der andere mit knarrender Unstimme und »Dieses Mal, da lauern wir, / Wir sind diesmal Jäger. / In die Falle tappt jetzt ihr«.

Beider Lieder erfreuen mich noch heute – die des jung verstorbenen strahlenden Peter Rohland aus unverhohlener Sentimentalität, die des »Väterchen Franz« wegen seiner in der »Zündschnüre«-Jugend geschärften Wahrnehmung von Falschheit (»Vertraut dem nicht zu sehr, gebt acht. / Auch, wenn er so gemütlich lacht, / der, der meine Lieder singt, / der, der meine Schnäpse trinkt, / meine Frau ans Lachen bringt …«), wegen der knappen Sprache, in der er unsere bösen Erinnerungen einfängt (»… zwischen Fahnen aufgestellt / brüllen, dass man Freundschaft hält«), wegen der einfachen Poesie seiner Bilder (»Vorstadt – Feierabend. / Fliederduft verweht. / Abendglocken schwingen leise aus. / Mauersegler ruhen, / die Sicheln abgedreht«), ja, und auch wegen der Freundschaft, die er mir immer wieder bezeugt, wie ich ihm. Waren es doch Degenhardts Lieder, die den Auftrag formulierten, mich auch um die »Schmuddelkinder« zu kümmern, um die »Nägelbeißer«, um die, die »nach Kaninchenstall riechen«, um die, die das Paradies »irgendwo in Herne« suchen – und das war dann, von Bielefeld aus, »gar nicht mehr so ferne«!

Da die Kunst nicht zu den Nutzbringern des kapitalistischen Systems zählt, da aufgeschlossene und feinsinnige Menschen sie auch sonst, aber vor allem in der Schule gern für vernachlässigt halten, da in ihr weder gebieterische Zwecke noch einengende Regeln walten, hatte die Kunsterziehung im Jahrzehnt der Emanzipation große Konjunktur. Wer die Schule verändern und verbessern wollte, musste sich mit ihr befassen. Ich tat es aus Überzeugung und mit Leidenschaft, sah ich doch, wie der sogenannte Kunstunterricht hoffnungslos unter dem Anspruch der Kunst selbst – ihrer Theorie seit Schiller und ihrer Wirklichkeit von jeher – blieb: eine Übung in dienstbaren Techniken und andächtiger Betrachtung. Ich hatte mir für meinen Sängerstreit mit Helmut Heißenbüttel – auf der »Wartburg« des Kulturkreises im Bundesverband der deutschen Industrie 1965 – eine einfach zu handhabende Waffe ausgeliehen: Carl Friedrich von Weizsäckers Formulierung zu seiner köstlichen Übersetzung des Großen Lalula von Christian Morgenstern, die Künste seien »Erforschung möglicher Ausdrucksformen«. Diese Waffe richtete sich gegen Helmut Heißenbüttels These, die Literatur werde wieder, was sie in ganz alter Zeit war: Wissenschaft. Meine »Widerlegung« fand so viel Widerhall (s. o. S. 178), dass ich mit dem Auskosten der Folgen einen neuen Beruf hätte ausfüllen können. Ich hielt meine ersten Rundfunkvorträge, wurde vom Deutschen Werkbund erkoren, mit erlauchten Partnern über »Was ist Schönheit?« zu reden, und war zu Gast beim Bund Deutscher Architekten. Die mit dem »Bildungsnotstand« einsetzende Bildungsreform mobilisierte die Letzteren. Das Bildungssystem expandierte, Geld war vorhanden, und dass die neue Schule ein neues Gebäude brauche, lag auf der Hand. Jeder konnte das sagen, ohne zu wissen, was »die neue Schule« anders mache als die alte. Die Stichworte »Durchlässigkeit«, »Öffnung«, »Demokratisierung«, »flexible Nutzung«, »neue Unterrichtsmedien« gaben der architektonischen Fantasie das Feld frei, und Beton plus Glas nahmen ihr auch die Fesseln der Baugewohnheiten ab, denen zufolge größere öffentliche Gebäude – Krankenhäuser, Kasernen, Gefängnisse und Schulen – weitgehend gleich aussehen. Die Architekten suchten beim »Reformpädagogen« – nein, nicht Rat, sondern – Zustimmung. Die war bei mir nicht leicht zu haben. Von Gerold Becker, der Architektur hatte studieren wollen, lernte ich, dass diese eine dienstbare Kunst sei. Wir traten in Hannover auf einem Kongress des Deutschen Werkbundes auf, er mit fulminanter Kritik an der neuen Architektenherrlichkeit

(»Pädagogik in Beton«), ich mit pädagogischen Forderungen. Werner Düttmann, Baudirektor im Berliner Senat und Inhaber eines Lehrstuhls an der Technischen Hochschule, lud mich ein, die Entwürfe seiner Schüler für den Bau eines »Mittelstufenzentrums« im Berliner Nordwesten zu begutachten. Wir gingen an den etwa zwanzig ausgearbeiteten Plänen, oft durch Modelle ergänzt, entlang; der jeweilige Autor erklärte sein Geschöpf; ich stellte Fragen, gab aber kein Urteil ab. »Lauter raffinierte Monster« hätte ich sagen mögen. Die Spannung stieg. Bevor das Orakel sprach, fragte es: »Was steht eigentlich jetzt an der Stelle, an der diese Schule gebaut werden soll?« Man zeigte mir Fotos und den Ort auf dem Stadtplan: ein ganzes Wohnviertel, vierstöckige Berliner Häuser mit ihren typischen Innenhöfen; ein Kino, ein Restaurant, Geschäfte, ein unbebautes Ruinengelände. Das sah ich mir sehr genau an, ließ mir die Ausmaße sagen, wollte wissen, in welchem Zustand sich das alles befinde, und fragte schließlich: »Warum lasst ihr das nicht einfach alles stehen, baut es zu einer pädagogischen Wohnstube aus (mal etwas von Pestalozzi gehört?) mit einem Schuppen, in dem man ›alles machen kann‹, einem Garten und, hier, einem Auslauf für die Schulziege und das Schulpony; die Geschäfte werden zu Werkstätten, aus dem Kino macht ihr einen Versammlungsraum und ein Theater, das Restaurant zur Schulküche und Mensa. – Wollt ihr wirklich alle diese wunderbaren Treppenhäuser beseitigen, die Dachböden, die Keller, das Ruinengelände? Wie ›edel‹ kann man das alles machen mit dem vielen Geld, das man am Abriss und am völligen Neubau spart! Warum darf eine Schule nicht aussehen wie die Stadt, in der man lebt?« Die Betroffenheit war groß – ich konnte die jungen Leute nur versöhnen, indem ich nun sorgfältig auf ihre Erfindungen einging. Düttmann (»Dütte«) schloss mich hinterher stumm in die Arme. Dieser Berserker hatte eine empfindsame Seele, ihm standen Tränen in den Augen.

Einmal nahm er Becker und mich zu seinem Lehrer Hans Scharoun mit, in dessen Wohnung in einem Hochhaus (was sich damals in Berlin so nannte) mit weitem Ausblick wir über Städtebau, nicht über Architektur redeten. Ich begriff, dass es sich hierbei um zwei ganz verschiedene Denkweisen handelt, und habe danach die Philharmonie und die Staatsbibliothek stets als strenge Mahnung an das künftige Umfeld gesehen, nicht nur als bewundernswerte Bauwerke. Scharoun hat uns und zwei andere Freunde von Düttmann durch die fast fertige Philharmonie geführt. An einer großen Betonfläche fragte er seine uns folgenden Assistenten: »Was ist eigentlich hinter dieser Wand?« Man sagte es ihm. Er hielt einen Augenblick inne, holte ein Stück Kreide aus seiner Jackentasche, malte einen großen Kreis auf den Beton und sagte: »Da machen wir ein Loch rein. Das wolln die Leute auch sehen.«

Bald eräugten mich auch die Leute vom Fernsehen. Podien nannte man damals noch, was heute Talkshow heißt. Ich réussierte wohl wegen, nicht trotz meines Lampenfiebers und fehlender Vorbereitung: Ich reagierte auf die anderen Teilnehmer – mit den Argumenten des gebildeten Laien. Man kann es auch *common sense* nennen. Während einer Sendung ging ein Telegramm bei der Redaktion ein, das mir der Moderator hinterher zusteckte:

> LASSEN SIE BITTE AUF MEINE KOSTEN HELMUT VON HENTING DIE HAARE SCHNEIDEN STOPP AUF DIESE ART UND WEISE KANN MAN NICHT IM FERNSEHEN AUFTRETEN STOPP DIE BEATLES KOMMEN ERST NÄCHSTEN MONAT NACH HAMBURG – HANS HEINRICH WAGNERSTRASSE 89

Haare sind im Fernsehen doch wichtiger als Argumente.

1966 nahm ich den unwiderstehlichen Auftrag des Hessischen Rundfunks an, für sein Fernsehprogramm einen einstündigen Film über Kunsterziehung zu machen. Ich schrieb in einer Woche das Drehbuch und ging mit dem mir vom Sender zugeteilten Regisseur auf Reisen zur Prüfung der ins Auge gefassten Drehorte. Den einen oder anderen inspizierte Diethart Kerbs für mich. Die Schulfarm Insel Scharfenberg hatte er mir als einen Ort genannt, an dem fantasie- und lustvoller Kunstunterricht erteilt werde – von einem seiner Freunde. Dessen skurrile Schrottverarbeitung und Collagen nahmen wir auf; das Gegenbild musste gestellt werden. Ein Freund von Gerold Becker, Dorfschullehrer in Niedersachsen, fand sich tapfer bereit, den freundlichen Unsinn des konventionellen Zeichenunterrichts mit seinen Kindern »aufzuführen«: Ein Geburtstagstisch soll gemalt werden; die darauf befindlichen Gegenstände – den Kindern abgefragt – sind auf der Tafel aufgeschrieben; Zirkel und Lineal liegen bereit. Der Lehrer beugt sich über einen vor sich hin kritzelnden Jungen. »Fritz, wenn wir so, von der Seite, auf die Torte schauen, dann sieht sie aber doch etwas anders aus. Schau mal, wie ich das zeichne ... Das ist der Tortenrand, das hier sind die Tortenstücke. Die Kerzen kannst du nun selber drauf malen.« Beide Formen des Kunstunterrichts, das war die unangenehme Pointe meines Films, antworteten nicht auf die Probleme, die Menschen mit der Wahrnehmung haben – der vorgefertigten, aufdringlichen, unendlich oft wiederholten, gelenkten und lenkenden Bilderwelt, die ich im Film in hart aneinandergesetzten Beispielen vorführte. Wie lernt man sehen? Wie bleibt man gegenüber der Macht, den Verführungen, der Hinterlist der Erscheinungen frei? Wie entschlüsselt man die Kunstgebilde? Meine angedeutete Antwort war: Man lernt zu sehen und zu verstehen, indem man selber gestaltet und dies – die Absichten, die eingesetzten Mittel, die Schwierigkeiten – anderen verständlich macht, erklärt. An der Laborschule habe ich später folgerichtig einen der fünf die herkömmlichen Fächer ersetzenden Erfahrungsbereiche »Wahrnehmen und Gestalten« genannt.

Den Film auszudenken, die Aufnahmen zu planen und zu überwachen war selber solch ein Lernvorgang und hat mir viel Freude bereitet. Den Film herzustellen war eine Demütigung. Die Aufnahmen waren dem Drehbuch folgend aneinandergereiht worden. Das hatten die »Techniker« gemacht. Der Kommentar musste nun von mir sekundengenau darauf gesprochen werden oder dazwischen passen, was *in action* geschehen musste, also: Hentig etwas zeigend, sich umschauend, irgendwo eintretend oder herauskommend. Dabei mussten mir die Sätze vor laufender Filmkamera fehlerlos, in richtiger Betonung, »ganz natürlich« aus dem Mund perlen – so forderte es die damalige Fernsehdramaturgie. Manche Kurzszene habe ich ein Dutzend Mal wiederholt, bis sie dem Regisseur endlich gefiel. Den fertigen Film habe ich stets nur mit erinnertem und dabei erneuertem Leid angeschaut. Als er für den Grimme-Preis nominiert und ich zur Preisverleihung in Marl eingeladen war, sah ich mich als einen unter über hundert Anwärtern, die einander alle kannten und denen – wie auch den Veranstaltern – ich *persona incognita* war. Ich machte gleich am Eingang wieder kehrt und besuchte lieber den in der Nähe wohnenden Hannes Willisch.

Ein Jahr später habe ich mich vor dem Verband der deutschen Kunsterzieher in einem Vortrag, der gleichzeitig als Festschriftbeitrag für Elisabeth Blochmann dienen musste, endgültig für die richtige Bezeichnung meiner Position entschieden: »Ästhetische Erziehung im politischen Zeitalter«. Diese Formulierung hatte ich dem Titel von Schillers »Untersuchungen über das Schöne und die Kunst« entnommen – den 27 Briefen »Über die ästhetische Erziehung des Menschen«, verbunden mit dem, was er dazu im zweiten Brief mitteilt: Die Zeitumstände forderten nachdrücklich auf, »sich mit dem vollkommensten Kunstwerke, dem Bau einer wahren *politischen* Freiheit zu beschäftigen«. Die Schönheit sei es, »durch die man zur Freiheit wandert«.

»Ästhetisch« bestimmte ich darin als Adjektiv zu *aisthesis*/Wahrnehmung, unterschieden von »Ästhetik« als der Lehre, die man sich davon macht. »Ästhetisierung« wiederum sollte die Abrichtung der Erscheinungen auf diese Lehre und ihre Anwendung heißen. Die Kunst wird durch sie eingegrenzt, ja eingeengt, wie man insbesondere an der modernen Kunst seit dem Ausgang des 19. Jahrhunderts sieht. Wiederum etwas anderes geschieht im »Ästhetizismus«, einer Einstellung, die alle Erscheinungen unter dem Prinzip der Ästhetik zu betrachten gebietet. Mit diesen Unterscheidungen legte ich nahe, dass Kunst – vielleicht zu allen Zeiten – mehr in ihren Wirkungen als in ihren Werken besteht. Warum binden wir sie an diese? Warum billigen wir es, wenn jemand sein Spiel Kunst nennt, protestieren aber, wenn jemand Kunst im LSD sucht? Ich antwortete resigniert: »Weil Kunst ein Wertbegriff geblieben ist, allen Veränderungen zum Trotz.« Ich plädierte stattdessen für Kunst als »Funktionsbegriff«. Kunst müsse nicht »zum Guten« sein, um »gute Kunst« zu sein, nicht erhaben, nicht ewig, weder befreiend noch ungefährlich. Sie konnte dann umso mehr beglücken, wenn sie ohne schlimme Folgen blieb, wenn sie obendrein Gutes bewirkte, wenn sie Bestand hatte und die Generationen verband. Sie würde, behauptete ich, gerade ihre Funktion in der Kultur umso besser erfüllen, je weniger sie an die Fesseln solcher Erwartungen gelegt sei.

Das trug mir den Unmut meiner Hörer ein – der Künstler wie der Kunstpädagogen, der Gebildeten, die auf Erbauung bestanden, wie der neuen Sozialingenieure, die sich politische Wunder von der »ästhetischen Kommunikation« erwarteten. Eine Entzauberung der Ästhetik zugunsten der *aisthesis* mochte keiner hinnehmen, der über sie zum einen oder anderen Zweck zu verfügen gewohnt war. »... im politischen Zeitalter« – vollends diese Schillersche Verortung hatten die Ästhetisierer stets unterschlagen und die Ideologiekritiker umgekehrt für sich gepachtet. Unbeirrt durch beide habe ich ein Jahr später »Das Leben mit der *aisthesis*« als sechstes von dreizehn »Allgemeinen Lernzielen für die neue Schule« aufgenommen, die ich für den Deutschen Bildungsrat verfasste. Einige Sätze seien hier – dem Lauf der Dinge etwas vorgreifend – wiedergegeben:

> Wenn man die Kunst nicht als die Summe der anerkannten Kunstwerke, als die Objektivation der durch die Ästhetik bestätigten Gestaltungsgattungen und -prinzipien auffasst, wenn man sie vielmehr schon mit den Wahrnehmungsprozessen beginnen und bis in die elementaren Ausdrucksmöglichkeiten, also bis zur Mode, zur Reklame, zur politischen Symbolik, zur Stilisierung oder Variation der sozialen Verhaltensformen reichen lässt, dann wird deutlich, welche großen und wichtigen Bereiche unseres Lebens wir dem Zufall oder der Gewohnheit oder der Manipulation oder der Verödung überlassen: dass unsere ästhetische Erziehung in einem grotesken Missverhältnis zu unserer ästhetischen Beanspruchung steht – und erst recht zu unserer wissenschaftlichen, beruflichen und politischen Erziehung.

In den dazugehörigen Erläuterungen heißt es:

> Heute [...] erkennt man allmählich, dass der Mensch einer ästhetischen Erziehung und das heißt einer systematischen Ausbildung seiner Wahrnehmungsmöglichkeiten, des Wahrnehmungsgenusses und der Wahrnehmungskritik gerade deshalb bedarf, weil potentiell alles künstlerisch gestaltet oder missgestaltet sein kann, die rationalisierte und gemachte Welt also insgesamt an den Wirkungen beteiligt ist, die man den Kunstwerken im Guten wie im Schlechten vorbehalten hatte.
> [...]
> Die Erfahrung der eigenen Anfälligkeit für Schönheit muss ermutigt und geschützt werden. (Systemzwang und Selbstbestimmung, 3. Auflage, S. 93–95)

Meine eigene ästhetische Erziehung setzte ich auf den documenta 2, in den Dahlemer Museen, vor allem aber an den Berliner Theatern fort. Mit meinen Assistenten (auch denjenigen von Heinrich Roth, die Sinn dafür und, wie Becker und Bonhoeffer, Autos hatten) reiste ich eifrig nach Berlin, hatte im »Hotel Frühling am Zoo« Zimmer und durch Boleslaw Barlog Karten reservieren lassen. Ich erinnere mich an folgende Aufführungen (nicht freilich an die richtige Reihenfolge): Max Frischs »Andorra«, Peter Weiss' »Die Verfolgung und Ermordung des Jean Paul Marat« und »Die Ermittlung«, Rolf Hochhuths »Der Stellvertreter«, Günter Grass' »Die Plebejer proben den Aufstand« und »Davor« (die Bühnenfassung des späteren Romans »Örtlich betäubt«), Edward Albees »Der amerikanische Traum« und »Empfindliches Gleichgewicht«.

Für Stücke, die nicht im Schiller-Theater oder im Schlosspark-Theater, über die Barlog verfügte, zu sehen waren, besorgte die Theaterkasse am Kurfürstendamm/Ecke Joachimstaler Straße die Karten für mich, die mich schon als Schüler versorgt hatte. Erwin Piscators Inszenierung des »Kirschgarten« von Tschechow war meine erste Begegnung mit diesem Stück, in dem der Abschied von einer Zeit zur Liebeserklärung an diese wird. In einer Epoche robusten Aufbruchs sieht man so etwas mit schmerzlicher Bewusstheit. Von allen eben aufgezählten »modernen« Stücken war dieses das modernste.

Die Theater-Lust setzten wir in Göttingen fort. Hatten wir zunächst nach dem abendlichen Oberseminar mit den Studenten noch in einem Lokal, das sich »Zur Currywurst« nannte, eine solche zu uns genommen, zogen wir nun vor, lieber in meiner Wohnung mit verteilten Rollen Stücke zu lesen, auf die wir neugierig geworden waren: Pirandellos »Sechs Personen suchen einen Autor«, Anouilhs »Colombe«, Sartres »Die Eingeschlossenen von Altona«, Cocteaus »Bacchus«, Camus' »Caligula«, Eliots »Cocktailparty«, MacLeishs »J. B.«, Frys »Das Dunkel ist Licht genug«, »Ein Schlaf Gefangener«, »Ein Phönix zu viel«. Hinterher wurde auf der Brache hinter meinem Haus ein großes Feuer gemacht: das Papier, das sich im Laufe der Woche angesammelt hatte. Das Feuer war wichtig: Man fand dabei in die Niederungen des Alltags zurück, konnte auch den eben noch heftig wütenden Streit wegscherzen. Der Streit blieb selten aus. Das lag wohl an mir. Die meisten jungen Leute hatten schnell gelernt, rechtzeitig stillzuhalten. Gerold Becker verteidigte sich am zähesten; die Hiebe, die ich bei ihm nicht loswerden konnte, bekam Will Lütgert ab, mein tapferster Doktorand. Johanna Wellmer, die gemeinsam mit Wolfgang Harder mein »Platonisches Lehren« druckreif machte, sorgte dafür, dass ich mich anderntags bei ihm entschuldigte. Und das ging!

War mein Lehrerberuf ganz selbstverständlich in meinem Leben aufgegangen, so hatte das seinen Grund in mir und meiner Auffassung von meiner Aufgabe. Dass sich dies in meinem Professorenberuf wiederholen würde, war weder selbstverständlich, noch ließ es sich mit meiner Person allein erklären. Die Zeiten spielten mit. Die Auflösung des alten, seinerzeit »selbstverständlichen«, von gegenseitiger Achtung und Neugier bestimmten Verhältnisses von Professoren und Studenten, wie ich es in meinem Nachkriegsstudium in Göttingen erlebt hatte, führte in den sechziger Jahren paradoxerweise zu einer vielseitigeren und intensiveren Verbindung zwischen Professoren und jüngeren Mitgliedern von Academia – oder sie isolierte beide Gruppen noch mehr voneinander – sowohl in der Arbeit wie in der Geselligkeit. Nach meinen Antrittsbesuchen habe ich nur noch mit einer Handvoll meiner Kollegen außerhalb der Fakultätssitzung »verkehrt« – und das ist schon ein sehr bescheidenes Wort für das, was uns hätte verbinden können. Immerhin: Bei Roths, Killys, Heimpels, Roos' (er war für osteuropäische Geschichte zuständig), Colpes (er war der kommende Mann in der Theologie) war ich häufig zu Gast und sie bei mir in meiner Junggesellenmenage, was ihnen gut gefiel. Man saß meist zu viert auf meinen zu einer Sitzbank umfunktionierten Umzugskisten und aß vom bewunderten Kumpmann-Geschirr schwäbischen Zwiebelkuchen, Minestrone, Kohlrouladen, »indonesische Reistafel«, Kartoffelpuffer, Dampfnudeln, Kithiraki à la Dionysos – also nicht den bürgerlichen Braten mit Kartoffeln und Leipziger Allerlei, dazu Vor- und Nachspeise. Als Letzteres dienten bei mir Oliven und Käse, und mein Wein war gut! Ich war ja bei Ernst Klett in die Schule gegangen.

An solchen Abenden hechelte man die letzte Fakultätssitzung durch, empörte sich über den Kollegen X, lobte eine Aufführung des Göttinger Theaters, amüsierte sich über die jüngste Rektorenwahl. Diese fand unbeirrt jedes Jahr statt und gab nach einem ungeschriebenen Gesetz den damals noch sechs Fakultäten der Reihe nach eine Chance, den Rektorenposten zu besetzen, indem sie einen geeigneten, und das hieß den anderen Fakultäten genehmen Kandidaten nominierten. Diese besprachen die Nominierung und beschlossen, den Nominierten gemeinsam zu wählen oder gemeinsam abzulehnen. (»Der Y wäre ja eine Katastrophe!«) Als ich zu einer meiner ersten Rektorenwahlen ging, stieß ich am Eingang der Aula auf den dort postierten Dekan meiner Fakultät, der mir zuflüsterte: »Herr Kollege, ich erinnere Sie daran: Heute wählen wir Magnifizenz Zimmerli erneut.« Das System war lächerlich und funktionierte. Der amtierende Rektor diente zugleich als Wahlleiter, und der Ritus sah vor, dass dieser die Wahlzettel aus der Urne nahm, den darauf geschriebenen Namen verlas und dem Wahlhelfer zur Zählung weitergab. Eine Stunde lang zirpte der arme Zimmerli in Schweizer Tonart seinen eigenen Namen, bis alle 400 Stimmen gezählt waren – einmal unterbrochen durch den Namen »Schramm«, den ein Tölpel oder ein Spaßvogel zum Vergnügen der Versammlung eingeworfen hatte. Da der Wahlhelfer auf eine andere Zahl kam, als die Liste vorsah, musste die ganze Prozedur wiederholt werden. Beim Verlassen der Aula sagte mir Schramm feixend: »Heute bin ich einstimmig zum Rektor gewählt worden.«

»Unter den Talaren« barg sich nicht nur »Muff«, sondern auch korporative Umständlichkeit aus Treue zur Form. Weil diejenigen, die sich ihr beugten, gescheite Leute waren und nur sie die Folgen von alledem trugen, hatte das Ganze etwas Liebenswertes. Das hatten für mich vor allem die Fakultätssitzungen. Die Agenda war meist banal – Verwaltungskram eben, den Fräulein von Seebach, die Dekanatssekretärin, sowieso besser verstand und handhabte als wir. Aber die Habilitationskolloquien, die Berufungen, der Bericht des Dekans über die Senatssitzung und vor allem die unter »Verschiedenes« scheinbar spontan vorgetragenen Anmerkungen eines der großen alten Herren zur Zeitgeschichte oder *ad nos ipsos* waren für mich stets ein Gewinn und meist ein Grund zum Staunen. »Sie wissen doch, Hentig, die Kunst der Improvisation besteht in der Vorbereitung«, wiegelte Hermann Heimpel ab, wenn ich ihn für ein köstliches Aperçu lobte. In der alten Philosophischen Fakultät steckten neben viel Pomp und Pathos eben auch viel Witz und erquickliche Bosheit. Jede Dummheit, die ein Mitglied einbrachte, kam alsbald auf den Seziertisch ausgiebiger qualvoller Erörterung; selten wurde sie einfach übergangen: Ein Urlaubsvertreter für Professor Neumann muss aus Schweden kommen, »weil es in Deutschland jüngere Kollegen, denen man dies zumuten und zutrauen kann, nicht gibt«. Dem Antrag einer Studentin aus Basutoland, vom Latein dispensiert zu werden, wird nicht stattgegeben; die Studentin wird vielmehr an die Wirtschafts- und sozialwissenschaftliche Fakultät verwiesen, wo es aber keinen Magister gibt. Eine für die Promotion geschriebene Arbeit wird aus irgendeinem Grund als Magisterarbeit eingereicht, was aber wegen der Terminierung von Magisterarbeiten (sie müssen innerhalb eines halben Jahres fertig sein) nicht geht; man beschließt: die Prozedur neu einzuleiten, wozu freilich das ja schon bearbeitete Thema »neu gestellt« werden muss. Ein Vorschlag, die Promotionsordnung für Altphilologen so zu verändern, dass auch »Nur-Lateiner« (ohne nachgewiesene Griechischkenntnisse) promovieren können, kommt nicht zum Zuge, »sonst stürbe die klassische Philologie aus«. – An solcher Borniertheit *mussten* die Killys und Schönes ihre juvenalen Schnäbel wetzen: Difficile est satiram non scribere.

Zweimal gehörte mir das Parkett – einmal als Held, einmal als Unhold. Gleich nach Antritt meines Amtes wurde mir gegen Quittung ein Rundschreiben des Kurators der Universität zugeleitet, das mich als »Landesbediensteten« verpflichtete, vor Antritt einer Reise in den »kommunistischen Machtbereich« mich einer Unterrichtung durch den Herrn Kurator zu unterziehen. Ich ging hin und bat um Einsicht in die diesbezügliche Bestimmung, die mir aber nicht gewährt werden konnte: Sie musste mündlich erteilt werden, »um Publizität zu vermeiden«, wie es hieß. Ein damit beauftragter Beamter las mir also einen mehrere Seiten umfassenden Text vor, der mir zu meinem Erstaunen eröffnete: Ich bedürfe, um in den anderen Teil unseres Vaterlandes (so hieß die DDR doch sonst) zu reisen, einer Genehmigung durch die vorgesetzte Behörde; diese habe dazu strenge Maßstäbe anzulegen; das »aktive Auftreten« bei Veranstaltungen öffentlichen Charakters sei auf wissenschaftliche und künstlerische Beiträge zu beschränken; um auch einen versteckten Missbrauch der Reise kontrollieren zu können, habe der Landesbedienstete bei seiner Rückkehr einen schriftlichen Bericht über »besondere Vorkommnisse« in verschlossenem Umschlag beim Kurator abzugeben; Aufenthaltsort und Dauer seien vorher, Abänderungen des

Plans mit Angabe des Grundes hinterher mitzuteilen. Ich musste unterschreiben, dass mir die Verordnung bekannt gemacht worden sei, und mich gleichzeitig verpflichten, Vertraulichkeit über den Vorgang zu wahren. Noch am selben Tag habe ich dem Minister einen Brief geschrieben, in dem ich mich in höflicher, aber bestimmter Form gegen diesen Erlass verwahrte, auf seine Unvereinbarkeit mit unserer freiheitlichen Lebensordnung und mit meiner jung erworbenen akademischen Würde hinwies und insbesondere darlegte, dass er meinen Reisen ihre Arglosigkeit nähme: Fragte mich ein Funktionär oder Sicherheitsbeamter »des anderen Landes« nach einer solchen Verordnung, ich müsste lügen oder die Auskunft verweigern, was mich sofort verdächtig machen würde. Weil man ja vor der Unterrichtung nicht wisse, dass sie eine Genehmigung der Reise vorschreibe, man aber in der Regel die Zeit für dieses Verfahren nicht vorgehalten habe, käme die Verordnung der Verhinderung der Reise gleich: »DDR-Reiseverbot in umgekehrter Richtung«. Der Fakultät habe ich das formal Mögliche mitgeteilt und die Kollegen gebeten, sich ihrerseits beim Kurator »unterrichten« zu lassen. Der Erfolg war durchschlagend: Empörung, ein weitgehend mit meinen Argumenten gespeister Protestbrief an den Minister, Rücknahme der Verordnung.

Unhold war ich als Begutachter einer Doktorarbeit von Martin Baethge, die auf einem Gebiet zwischen Soziologie, Ökonomie und Pädagogik lag. Es ging – ich erinnere mich nur noch vage – um betriebliche Ausbildung, um die es noch schlechter stand als um die Schulen. Der Althistoriker Alfred Heuss erhob Einspruch gegen die Annahme dieser Promotionsleistung: Es handele sich nicht um Wissenschaft, sondern um Politik. Ich verteidigte in meiner beinahe fünfzig Seiten langen Stellungnahme die Notwendigkeit der Argumentationsweise und die Terminologie des Kandidaten, riet aber zu einer Reihe von Änderungen, die Baethge akzeptierte, die den Kollegen Heuss freilich nicht befriedigten. Die Angelegenheit spaltete die Fakultät. Ich vermute, zu Recht. Wir hatten keine Maßstäbe für die neue Rolle der Sozialwissenschaften. Am Ende wurde die Angelegenheit, die die Bahnen sachlicher Auseinandersetzung immer öfter verließ, richtigerweise vor die »Kommission für persönliche Fragen« gebracht und dort schiedlich gelöst.

Mir die Arbeit von Baethge und unsere gegensätzlichen Urteile kommen zu lassen und sie aus heutiger Sicht zu prüfen, wäre reizvoll und aufschlussreich, aber ich bin alt und habe andere Prioritäten. Meine Vermutung ist: Ich stimmte heute Alfred Heuss mehr zu, als ich es damals tat. Schon als ich in Bielefeld war, haben wir versöhnliche Briefe ausgetauscht, wenn auch nicht über Martin Baethge, der inzwischen längst Professor geworden war; ich bat ihn vielmehr um einen Beitrag zu einer Festschrift für Golo Mann, den er auch schrieb.

Über einen öffentlichen politischen Akt des Kollegen Hentig hat sich die Fakultät nicht beklagt und doch schwerlich gefreut. Sie hat ihn einfach übergangen. Als der Student Benno Ohnesorg am Rande der Proteste gegen den Besuch des Schahs von Persien in Berlin erschossen worden war, kamen am 5. Juni 1967 die Göttinger Studenten zu einer Demonstration auf dem Marktplatz zusammen. Sie hatten mich gebeten, zu ihnen zu sprechen, wohl nicht mich allein, aber ich allein tat es. Eine Woche später wurde Benno Ohnesorg in seine Heimatstadt Hannover überführt, um dort beigesetzt zu werden. In der Sporthalle fand eine Kundgebung von Tausenden von Studenten und Bürgern statt. Diesmal waren Einladungen an alle Universitäten ergangen, sich mit einem Mitglied des Lehrkörpers daran zu beteiligen. Aufgrund meines Göttinger Auftritts wurde ich gebeten, für die Georg-Wilhelms-Universität ein paar Worte zu sagen. Weil außer Jürgen Habermas, Erich Kuby und, wenn ich mich recht erinnere, Helmut Gollwitzer nur Studenten sprachen, blieb mir Zeit, meinen sonst wohl zu langen Fünfzehn-Minuten-Beitrag ganz vorzutragen. Ich habe meinen »Kommilitonen und Kommilitoninnen« (auf einmal stimmte diese Anrede!) mehrere Gründe dafür genannt, aus denen ich an ihre Seite getreten sei. Einer davon lautete, dass ich etwas von »dünn geschabter Haut« verstünde, von dem Gefühl des Verfolgt- und Ausgeliefertseins an eine Mehrheit, die sich, ach, so im Recht wähnt; ein anderer lautete, dass ich in meiner fünfzehnjährigen Bemühung um die politische Bildung ein Experte für deren Aussichtslosigkeit in einer apolitischen, dem Klischee der Ohnmacht verfallenen Gesellschaft geworden sei. Ein weiterer Grund bestand darin, dass ich sie vor Scheinerfolgen warnen wolle, ja dass Massenveranstaltungen wie diese die Öffentlichkeit zwar einzuschüchtern vermöchten, aber nicht zu ändern. Ich endete mit den Sätzen:

Wer heute fordert, dass ausgerechnet diejenigen, die die Kraft und die Lust zum un-bedingten Denken haben, in die Studierstuben zu politischer Askese verschwinden, der hat weder die Funktion der Universität noch die der Demokratie verstanden: Beide – Wissenschaft und Demokratie – sind der institutionalisierte Zweifel. Solange wir sie haben, meine Kommilitonen und Kommilitoninnen, zweifeln Sie gründlich und machen Sie Politik daraus!

Ich wurde ständig von Beifall unterbrochen; ich spürte, wie sehr ich die Gemütslage meiner Hörer getroffen hatte; ich wollte dies bekräftigen; ich fügte etwas hinzu, was ich nicht geplant und nicht in den Text geschrieben hatte: »Sie werden mich im Kampf um die richtige Sache weiterhin an Ihrer Seite finden, gleich mit welchen Mitteln Sie ihn führen.« – Und das war falsch; das war *unconditional solidarity*; das hätte mir in der Fakultät Ärger bereiten *sollen*! Aber die hat nichts davon gehört. – Habermas besaß die kostbare »Tapferkeit vor dem Freund«, warnte die Studenten nicht vor Illusionen, sondern vor einem »linken Faschismus«, der in der Gewalt und in der Rechthaberei lauerte.

Einen Film, der den mir heute ungewissen Wortlaut meiner Improvisation enthält, gibt es. Ich habe ihn nie gesehen. Ich erinnere mich auch nicht an Heimpels Reaktion. Ihm werde ich doch gewiss von dem Ganzen erzählt haben. Anders als seine Frau Elisabeth, die fast immer mit den Studenten, den Aufrührern und Anklägern der waltenden Verhältnisse sympathisierte, weil sie sie für Opfer hielt, verteidigte Hermann Heimpel die gefährdeten Ordnungen. Man musste die Institutionen retten, und das ging nur, indem man erstens ihren Sinn und Ursprung verstand und sie zweitens von Missbrauch, Wucherungen, sich einschleichenden Torheiten befreite. Das schönste Zeugnis dieser Einstellung ist Heimpels 1966 in Regensburg gehaltener und in der Neuen Sammlung gedruckter Vortrag mit der Überschrift »Liebeserklärung an die deutsche Universität«. Auf vierzehn Seiten hat er diese in der Musterung der Schwächen versteckt. Die »Verabredung, dass Frauen für wissenschaftliche Arbeit ungeeignet seien«, die Monokratien der Großinstitute, die Klagen über die unzumutbaren Selbstverwaltungspflichten und den Druck der Lehre, die Überlastung (»des deutschen Professors liebstes Kind«), der Mangel an Kritik und Urbanität – sie alle werden vorgenommen und zurechtgerückt. Meist kann er zeigen, dass die Abhilfe in der Hand der Ordinarien liegt, dass oft schon ein anderer Stil die Besserung brächte, und vor allem, dass die Gravamina einen verständigen, jedenfalls unvermeidlichen Anlass haben. Warum gibt es die berühmten Massenfächer? Warum studieren so viele junge Leute Deutsch, Englisch und Geschichte? Weil die Disziplinen, die der gesellschaftlichen Entwicklung, der Wohlfahrt aller, der wirtschaftlichen Produktion dienen, an den Weg durch die Höhere Schule gebunden sind, an den Weg durch das aus Bildung gezimmerte Joch des Abiturs. »So entsteht eine noch von niemandem ausgerechnete Relation zwischen dem Bedarf an Industrietechnikern und an Merseburger Zaubersprüchen.« Nein, bitte, keinen Rückzug auf die zweckfreie Wissenschaft und schon gar nicht das Argument, Wissenschaft als solche habe eine bildende, ja erziehende Wirkung! Hat sie uns für 1933 und danach standfest gemacht? »Mich nicht«, sagt Hermann Heimpel. Wegen solcher Worte hörte man ihm zu. Er wäre ein guter Bundespräsident geworden. Als dies 1964 zur Rede stand, schrieb ich ihm:

Wenn der große H	auftritt, lacht dem kleinen h das Herz.
Wenn der große H	Bistümer gründet oder Bundespräsident werden soll oder den Witz von der alten Hure erzählt, wird der kleine h verlegen.
Wenn der große H	ernst wird, z. B. für Fahnen eintritt oder für die Würde der Fakultät, dann rettet sich der kleine h in die Frivolität.
Wenn der große H	(im kleinen Kreis) große Politik treibt und etwas Peinliches vor allen Betroffenen so ausspricht, als sei es ihr angenehmstes *matter-of-fact*, dann muss der kleine h schweigen, weil Besseres nicht zu sagen ist.
Wenn der große H	getrunken hat, wird seine Einsamkeit spürbar, selbst für den kleinen h, der vor lauter Bewunderung sonst wenig spürt.
Wenn der große H	den kleinen h umarmt, verzeiht sich der kleine h seine Kleinheit.
Wenn der große H	den kleinen h schont, weiß es der kleine h.

Wenn der große H — sich selbst schont – ach, täte er es doch! Aber er entlässt sich nicht aus seiner Ironie, und *dabei* kann ihm der kleine h gar nicht helfen.

1966, als Heimpel seine »Liebeserklärung« vortrug, legte Gerd Tellenbach zusammen mit seinem Assistenten Reinhard Mielitz an der Universität Freiburg »Empfehlungen zur Neuordnung der Philosophischen Fakultät« vor. Sie stützten sich auf eine empirische Untersuchung einerseits und antworteten auf die Empfehlung des Wissenschaftsrats andererseits. Die von Reinhard Mielitz vorgenommene Untersuchung über »Die Situation der Studienanfänger in der Philosophischen Fakultät« erschreckten mich mehr als die ja auch alarmierenden, aber seit Habermas' Studie über »Student und Politik« (1962) und Kath/Oehler/Reichweins »Studienweg und Studienerfolg« (1966) schon gängigen Enthüllungen der Bildungssoziologen und Bildungsökonomen[2]. Sie besagte schlicht: Die Hoch*schule* kümmert sich nicht um ihre »Klienten«, und die Klienten wissen das nicht. Von der Wahl des Studienfachs und der geeigneten Veranstaltungen über den Aufbau des Studiums und die Nutzung der Studienmittel bis zur Konsultation der Prüfungsordnungen blieben sie ohne Anleitung. Mehr als die Hälfte hatte über 20 Wochenstunden belegt, ein ebenso großer Anteil hatte nie irgendeine Nacharbeit zu einer Vorlesung geleistet (dafür hatten 70 Prozent alle Vorlesungen mitgeschrieben!); ein Viertel hatte nie an den Seminardiskussionen teilgenommen; nur eine Minderheit hatte Fachzeitschriften gelesen, ein Buch ausgeborgt, mit einem Professor gesprochen. *Das* war die »Katastrophe« – und hätt' nicht sein müssen!

Ich war inzwischen Mitherausgeber der Neuen Sammlung geworden und konnte durchsetzen, dass die Mielitz-Studie als Sonderheft unserer Zeitschrift gedruckt wurde, obwohl die Basis der Untersuchung schmal und vermutlich nicht repräsentativ war (Freiburg!). Wie hatten die Bewahrer, wie hatten die Reformer der Universität so lange auf solche Erkenntnisse verzichten können?! Auch ohne *big science* und empirische

2 Der Ettlinger Kreis, der VDS, die Bundesassistentenkonferenz, der Wissenschaftsrat, die Max-Träger-Stiftung, die Landesregierung von Baden-Württemberg – alle, alle machten sich nun über die sozialen und demokratischen Mängel der deutschen Universität her.

Perfektion musste jeder Akademiker zugeben: So etwa ist es – wir überlassen es dem *studium*/Eifer des Einzelnen, ob er mit dem Studium zurechtkommt.

1969 bestätigte dann auch das Max-Planck-Institut für Bildungsforschung in einer breit angelegten Untersuchung die didaktischen und mathetischen Schwächen der Hochschulen: Weder das Lehren noch das Lernen erfuhr eine systematische Pflege; beides war den Verhältnissen nicht gewachsen. Diese Wahrnehmung war der Stachel, der mich schon Mitte der sechziger Jahre, nachdem ich doch kaum mein neues akademisches Fach, die Allgemeine und Schulpädagogik, eingenommen hatte, antrieb, mich mit der Hochschulreform zu befassen. Wenn die Philosophische Fakultät sich nicht änderte, würde auch die Lehrerbildung für die Gymnasien sich nicht ändern, aus denen die Studenten für das Lehramt kamen. Ich hatte nicht die Wahl zwischen Verbesserung der Schule und Verbesserung der Hochschule, ich musste versuchen, beides zu leisten – möglichst auf einmal. Heinrich Roth hatte von Erich Weniger die Leitung eines Instituts für Erziehung und Unterricht geerbt, das als Träger des Göttinger Abendgymnasiums fungierte. Auf einer Tagung dieses Instituts hatte ich im Oktober 1965 zum ersten Mal öffentlich meine Vorstellung von einer reformierten Oberstufe des Gymnasiums vorgetragen – als eine in Göttingen zu verwirklichende eigene Einrichtung: Sie sollte die zwei letzten Jahre des Gymnasiums mit dem ersten Jahr der Universität verbinden; der Unterricht sollte von Studienräten und Hochschullehrern gemeinsam erteilt werden; der Auftrag sollte ein *studium generale* sein und dem der mittelalterlichen *facultas artium* entsprechen – eine formale Vor-Bildung zum wissenschaftlichen Studium der Disziplinen leisten. Das hieß vor allem: die Kluft zwischen Allgemeinbildung und Spezialisierung überbrücken, indem man ihr Verhältnis zu einem Hauptgegenstand des Lernens macht. Es sollte vorwiegend Epochenunterricht erteilt werden. Als Arbeitsformen waren Großunterricht/Demonstration/Vorlesung, die kleine Gruppe, Beratung und Selbststudium vorgesehen. Auch der Fächerkanon war in einer anderen Aufteilung aufgegangen: Wahlfächer (jeder Schüler hat nur zwei), Gesamtunterricht (in ihm herrschten interdisziplinäre Projekte vor) und Ergänzungsveranstaltungen (sie sollten den Erkenntniszusammenhang in unserer Kultur und die gemeinsamen Mittel und Momente im Bildungsvorgang repräsentieren: Politik, *science*, Sprache, Kunst, Körpererfahrung). Ich hatte dem »Modell« dieser Einrichtung eine »Analyse« unserer technischen Zivilisation vorangestellt und mich dabei einer Denkfigur von Karl Marx bedient: Die vollendete Natur des Menschen werde sichtbar werden, wenn er die totale Entäußerung in die Arbeit vollzogen habe; die vollendete Arbeit sei die Industrie. War dieser Punkt nun mit der zweiten industriellen Revolution, mit der Automation unversehens erreicht? Ich antwortete: Die Automation werde uns von vielen Lasten befreien, nur von einer nicht – der Verantwortung für die Automation. Die Erziehung des Menschen für diese Verantwortung werde nur in der vollen Konfrontation mit dem »Entäußerten« – mit der verwalteten, spezialisierten, entpersönlichten Welt – gelingen. Die Technik allein befreie niemanden; niemanden befreie aber auch eine sich selbst genügende Bildung.

Diese Überlegungen setzten eine Auseinandersetzung mit den damaligen Planungsgegnern, den nicht erst heute einflussreichen Neoliberalen fort. Mit strengem Blick auf die Planwirtschaft der sozialistischen Länder rieten sie uns *laisser-aller* an, etwas, was im Widerspruch zur technischen Zivilisation steht. Diese ist arbeitsteilig und darum auf ständiges Planen angewiesen, auf Koordinierung, Kommunikation, Kooperation, Kompatibilität. Eben das, erwiderten die Liberalisten, werde die Technik selber lösen, wenn man sie (und den Markt) nur lasse. Ich hielt im MERKUR 1964 dagegen:

> Die Alternative zum Geplanten, zur Sollerfüllung, zur falschen Metaphysik ist das Planen selbst, der Vollzug des Entwerfens und Koordinierens, nicht das *laisser-aller*. – Das eindrücklichste Modell dafür könnte die Erziehung selbst sein. [...] Sie ist, wo sie sich selbst richtig versteht, die wahre Vollstreckerin des (wahren) Liberalismus: Sie schafft in den Menschen die Voraussetzungen dafür, dass Zwang nicht nötig wird. Das Gleiche tut diejenige Planung, die sich nicht selbst aufhebt, indem sie Ziele erfüllt, sondern es möglich macht, weiterzuplanen: Sie entwickelt eine Mentalität, in der Freiheit nicht das Opfer des Fortschritts werden kann, weil sie seine Bedingung ist.

Diese Gedanken gefielen Helmut Schelsky, wie auch mein Entwurf der reformierten Oberstufe – was weitreichende Folgen haben sollte.

Zunächst war ich mit der Erfüllung der beiden meinen eigentlichen Auftrag bezeichnenden Eigenschaftswörter beschäftigt, war »ordentlicher« und »öffentlicher« Professor der Pädagogik. In jener Zeit (und wohl überhaupt seither) musste man, um auf meinem Gebiet »ordentlich«, nämlich mit nützlichen Folgen zu arbeiten, die Öffentlichkeit suchen. Anders als Sanskrit, Primatenforschung oder Mathematik ist die Pädagogik selber ein öffentlicher, das heißt im öffentlichen Bewusstsein wirksamer und sich dort wandelnder Gegenstand.

Als Richard von Weizsäcker mich 1965 zum Deutschen Evangelischen Kirchentag in Düsseldorf einlud, dessen Präsident er geworden war, folgte ich seinem Ruf noch seinetwillen. Als er mich 1967 bat, auf dem Kirchentag in Hannover einen Vortrag über Erziehung zum Frieden zu halten, erfüllte ich die Bitte in dem Bewusstsein, dies meinem Amt zu schulden: Die Schule und die sie tragende Gesellschaft mussten lernen, dass Erziehung und Geistesbildung im Raum der Politik geschehen. Der Raum der Kultur, in dem man sie gemeinhin unterbrachte, stand doch selber in diesem. Der Vortrag mit seinen Thesen ist – neben dem Sokratischen Eid – meine am häufigsten nachgedruckte Veröffentlichung, vermutlich weil sie das Unvermutete und doch täglich Wahrzunehmende aussprach: Erziehung zum Frieden muss mehr sein als die Herstellung – schon dieses Wort ist fragwürdig – einer friedlichen Gesinnung, sie muss vor allem zur Politik befähigen. Gewiss wird sie damit beginnen, den jungen Menschen eine Abneigung gegen Gewalt und eine Empfindsamkeit – ein Leiden am Unrecht, das anderen geschieht – einzugeben, sie die Schrecken des Krieges sehen und fürchten lassen. Aber dann auch die Schrecken des Friedens, zumal diejenigen, die er für Unterdrückte und Gedemütigte hat, die darum den Krieg nicht scheuen. Es war mir widerwärtig gewiss, dass Frieden zu halten immer auch bedeutet, ein gewisses Maß von Unrecht auszuhalten. Vor allem aber heißt Erziehung zum Frieden, die jungen Menschen lehren, dass es völlige Sicherheit nicht gibt, dass sie mit Konflikten leben und mit ihnen gewaltfrei umgehen müssen, dass, so hart es ist, Frieden nur um den Preis von Opfern, von Disziplin und einem gehörigen Wandel der eigenen Gewohnheiten zu haben ist. – Noch während des Kirchentages

»lösten« die Israelis innerhalb von sechs Tagen die sich zwischen ihnen und den Vereinigten Arabischen Republiken (Ägypten und Syrien) steigernde Spannung mit einem militärischen Streich ohnegleichen. Der Titel der Kirchentagsveranstaltung, innerhalb deren mein Vortrag gehalten wurde, »Zwang zum Frieden«, bekam über Nacht einen anderen Sinn.

In Nürnberg organisierte Hermann Glaser, der rührige Kulturdezernent der Stadt, die ihren Lexikon-Einträgen wohl nie wird entrinnen können (Nürnberger Lebkuchen, Nürnberger Trichter, Nürnberger Parteitage der NSDAP, Nürnberger Gesetze, Nürnberger Prozesse), eine Veranstaltung, die dies immerhin versuchte: die Nürnberger Gespräche. Nach den geräuschvollen und sprachlosen Zeiten unter den Nazis war »Gespräch« zunächst ein Zauberwort für ein Zaubermittel zu allem, was Heilung und Heil versprach. Nun begann es, harten Auseinandersetzungen zu weichen, und war eigentlich ein Euphemismus für oft aussichtslose Einigungsübungen oder für entbehrliche gegenseitige Bestätigung unter Gesinnungsgenossen. (Zur Letzteren ist wohl das von Dieter Sauberzweig vom Deutschen Städtetag und mir in eben der Zeit jahrelang betreute »Bildungspolitische Gespräch« zu zählen.) In Nürnberg kamen zwanzig Jahre nach Ende des Hitler-Regimes kritische deutsche Demokraten mit von den Nazis Verfolgten, Emigranten und Remigranten zusammen, um die vielen unaufgehellten Stellen unserer Vergangenheit und Gegenwart im Dialog zu klären. Fünfmal fand dieses Intellektuellenfestival statt. Dreimal war ich dabei – als man über »Haltungen und Fehlhaltungen in Deutschland« (1965), über »Aufklärung heute« (1966) und »Opposition in der Bundesrepublik« (1968) redete. Das Auftaktgespräch zwischen François Bondy, Walther Hofer, Gunthar Lehner, Peter de Mendelssohn, Manfred Schlenke und eben mir kreiste um Nationalismus, Vaterland und Heimat – drei National-Plagen mit viel Anlass für deutsche Selbstgeißelung. Eigentlich mochte ich schon zum zweiten Gespräch nicht wiederkommen, das sich mit einem ausgelaugten Thema befassen sollte, aber die Menschen, die man bei Glaser treffen konnte, verlockten mich: Jean Améry, Fritz Bauer, Shalom Ben-Chorin, Norman Birnbaum, Tobias Brocher, Peter Brückner, Thomas Ellwein, Hans Heigert, Eckart Heimendahl, Hans Egon Holthusen, Hermann Kesten, Horst Krüger, Helmut Kuhn, Ludwig

Marcuse, Hellmut Plessner, Hilde Rubinstein, Dieter Sauberzweig, Rolf Schroers, Axel Silenius, Kurt Sontheimer, Eberhard Stammler, Fritz Stern, Dietrich Strothmann, Friedrich Tenbruck – um nur die zu nennen, mit denen ich im Laufe meines Lebens weiter zu tun gehabt habe. Uns einigte ein eigentümliches Verantwortungsgefühl für das Scheitern eines notwendigen und noblen Versuchs, ein dauerhaftes öffentliches Gespräch über die uns umtreibenden politischen und moralischen Fragen einzurichten. Aber selbst die Formulierung des Themas gelang meist nicht; es wollte allem Raum geben und verpflichtete zu nichts. Als es 1967 »Erkennen und Handeln – Gegenwart und Zukunft der deutschen Gesellschaft« heißen sollte, beschloss ich »endgültig«, meine Beteiligung aufzugeben. Schon 1968 brach ich meinen Schwur, als das Thema »Opposition« hieß. Die Straße hatte es uns diktiert – und ich sollte den »Protest der Jugend« erklären. Konnte ich das? Die folgenden fünf Aussagen schienen mir nicht nur möglich, sondern nützlich:

Der Konflikt mit den Jugendlichen ist eine Folge einer lange gehegten falschen Konfliktlosigkeit. Der Konflikt mit der Jugend drückt ein verworrenes Verhältnis beider – der Etablierten wie der Aufbegehrenden – zur Macht aus. Der Konflikt mit der Jugend mündet notwendig in der Frage nach dem Sinn und dem Unsinn des Kapitalismus. Der Konflikt mit der Jugend deckt die philosophische Unfruchtbarkeit des Pluralismus auf. Der Konflikt mit der Jugend hat so lange keine Aussicht, beigelegt zu werden, wie die Wissenschaft nicht gesellschaftlich wird.

Für mich hatte der Auftritt schon durch das gelohnt, was Jean Améry in der Schweizer »Weltwoche« darüber schrieb. Wer dies liest, wird mir nachsehen, dass ich es hier wiedergebe. So uneitel kann kein Mensch sein, dass er ein solches Lob verschweigt:

> Der Feuilletonist wird vielleicht des Guten zu viel verkaufen, wenn er hier hinweist auf eine Persönlichkeit, die in der Schweiz möglicherweise nicht hinlänglich bekannt ist: auf den jungen Ordinarius für Pädagogik in Göttingen, Hartmut von Hentig, der den zentral gelagerten Vortrag des Kongresses hielt. »Der genialste Mann Deutschlands«, sagte mir der Herausgeber der wichtigsten Monatsschrift dieses Landes. Das Referat dieses Gelehrten war in der Tat das bestdurchdachte und zugleich humanste, das man bei dieser Veranstal-

tung hören konnte, doch hätte es nicht so stark gewirkt ohne die Präsenz seines Verfassers, eines gertenschlanken, hochnervösen, gleichsam im Denken sich selbst verzehrenden Menschen von beinahe nicht geheurem Charme. [...] Am dramatischsten spitzte sich der Konflikt nach dem Vortrag Hartmut von Hentigs zu. Hentig hatte den Vertretern der »Großen Weigerung« alle nur möglichen Zugeständnisse gemacht. [...] Es war alles vergebens. Die Studenten [...] verurteilten von Hentig ohne Beratung zur lebenslangen Haft im »Establishment«. Er hatte eine Bildungsrevolution proponiert: darüber gingen die jungen Leute mit einer Handbewegung hinweg. Er hatte Einübung der Gewaltlosigkeit empfohlen und – was schlimmer war – Humor. Da wurde den Studenten sein »falsches Bewusstsein« offenbar. [...] Das »Establishment« hat wenig zu fürchten von den Teufeln, die BILD an die Wand malt. Aber die BILD-Teufel haben Grund zur Angst vor der bestehenden Ordnung, solange Männer wie der ehrwürdige Horkheimer, der junge von Hentig, der noch jüngere Ekkehart Krippendorff Arm in Arm marschieren, in einer Brüderlichkeit, die es als humanes Phänomen am Ende doch auch ohne voll verwirklichte Gleichheit geben mag.

1977 lebte das Nürnberger Gespräch noch einmal auf. Eugen Kogon, Pierre Bertaux, Jean Améry und HvH sprachen über »Wendepunkte« in der von ihnen erlebten Ära – eine anregende Übung, die mir zwei Jahre später als Muster für die Gliederung meiner ersten Autobiographie diente, meinem Beitrag zur Festschrift für Golo Mann, dem ich den Titel »Geschichtetes Leben – gelebte Geschichte« gab.

Die Theodor-Heuss-Stiftung erteilte mir das Wort aus Anlass der Verleihung ihres Preises für »Vorbildliches demokratisches Verhalten, ungewöhnliche Zivilcourage und beispielhaften Einsatz für das Gemeinwohl« an die Bürgeraktion zum Schutze der Demokratie. Ich wählte »Demokratisch leben« zu meinem Thema und stellte der Institutionen-Demokratie die Personen-Demokratie zur Seite. Warum muss die Demokratie geschützt werden? Warum schützt sie sich nicht selbst? Ist sie nicht ihrerseits zum Schutz der Bürger vor Despotie und Willkür erdacht? Warum werden die Regeln der Demokratie nicht oder nur unwillig eingehalten, die Institutionen der Demokratie nicht genutzt?

Meine Antwort lautete: weil man ihren Sinn, ihre Segnungen, ihre Grenzen nicht deutlich, nicht anhaltend, nicht früh genug *erfahren* hat. Dafür hat die Pädagogik zu sorgen!

Ich war also bereit, in der Jury des von der Nähmaschinenfabrik Pfaff in Kaiserslautern finanzierten Stiftung für »Initiativen in der Pädagogik« mitzuwirken – neben Hildegard Hamm-Brücher und Hellmut Becker. Zusammen mit dem Gründer der Stiftung, Karl Werner Kieffer, einem wirklichen Philanthropen, machten wir alle zwei Jahre zwei Personen oder Einrichtungen aus, die dem republikanischen Leben (»republikanisch« zog ich dem üblichen »demokratisch« vor, weil Letzteres ein Verfahren bezeichnet) pädagogischen Auftrieb gaben, und verliehen ihnen den Georg-Michael-Pfaff-Preis. Unzählige Stunden meines Professorenlebens habe ich mit dem Ausgucken, der Begutachtung und schließlich der Belobung Pfaff-Preis-würdiger Menschen verbracht.

Meine eigene Zunft wählte mich zu ihrem Vertreter im Senat der Deutschen Forschungsgemeinschaft. Und auch hier ging es darum, den notwendigen pädagogischen Anstrengungen öffentliche Geltung zu verschaffen: In diesem Zentralhirn der deutschen Wissenschaftsförderung mussten sich die richtigen Vorstellungen von Pädagogik und der ihr dienstbaren Erziehungswissenschaft erst bilden. Da saß ich nun im großen Sitzungssaal vor einem riesigen Berg von Papier, in dem sich eigentlich nur die Referenten der DFG wirklich zurechtfanden, und wartete den *kairos* für eine erleuchtende Intervention ab. Aufmerksamkeit ergatterte man nur mit Gedanken, die sowohl grundsätzlich als auch zugespitzt waren; Erfolg hatte man nur in Übereinstimmung mit den Referenten. Die beiden Präsidenten, die ich erlebt habe, Julius Speer (der »Oberförster«) und Heinz Maier-Leibnitz (der »Chefkoch«), kamen mir beide wie Päpste vor. Sie mussten alles *über*schauen und so tun, als *durch*schauten sie es auch. Meinem Fach habe ich ihr Wohlwollen zugezogen. Das war schon viel. Es war viel weniger, als ich von mir bei Antritt des Amtes gefordert hatte: Ich wollte das Geschäft des Senats aus der Mittelverteilung, der in ihr zum Ausdruck kommenden rein gewohnheitlichen Gewichtung der Disziplinen, den Statusfragen (Dürfen Pädagogische Hochschulen Forschungsanträge stellen?) in eine bewusste Wissenschaftspolitik überführen. Dazu fehlten mir die Zeit und die Kraft. Ich verließ die DFG nach vier Jahren, ohne eine Spur zu hinterlassen.

Besser kam ich in der Volkswagen-Stiftung voran – einerseits mit der »Handlungsforschung«, wovon ausführlicher zu reden sein wird, andererseits mit der von mir unverhohlen betriebenen Abwiegelung der boomenden Unterrichtstechnologie zugunsten von Curriculumentwicklung. Curricula sollten als komplexe Lehr- und Lernsysteme verstanden werden, als etwas, was die Raum- und Zeiteinteilung, die Gruppengrößen und den Unterrichtsstil einschloss, und eben nicht nur wissenschaftlich erstelltes (»programmiertes«) Unterrichtsmaterial sein.

Ich reiste im Sommer 1964 an die Harvard University, einer Einladung von Donald Oliver folgend, hinter der, glaube ich, eine Empfehlung von Ivan Illich stand. Don Oliver stellte dem Aberglauben an Apparate und Programme ein Curriculum zur Ausbildung und Stärkung von Entscheidungsbewusstsein und Entscheidungsfähigkeit exemplarisch gegenüber. Man las (für den Zweck geraffte) Geschichten aus der großen Literatur und brach an der Stelle ab, an der eine Person oder Handlung zwischen zwei oder mehr Möglichkeiten zu wählen hatte. Die Schüler/Leser sollten dann erstens *ihre* Entscheidung treffen und darstellen und sie zweitens vor den anderen begründen. Billy Budd, in dem gleichnamigen Roman von Melville, hat einen ihn schikanierenden Vorgesetzten geschlagen; dieser ist unglücklich gefallen und zu Tode gekommen; auf dem Schiff herrscht das Seerecht; dies schreibt dem Kapitän vor, Gewalttaten gegen Vorgesetzte mit dem Tode zu bestrafen. Was würdest du an seiner Stelle tun? In der Geschichte »Shooting an Elephant« von George Orwell erwarten die Bewohner eines indischen Dorfes, dass der dazu herbeigerufene englische Offizier einen Elefanten erschießt, der frei herumläuft und Zerstörungen anrichtet; der Offizier erkennt, dass das Tier harmlos und der Verlust für den Besitzer ruinös ist; andererseits steht seine Autorität auf dem Spiel. Was würdest du an seiner Stelle tun? Donald Oliver hat uns Pädagogik-Professoren dieser Methode an diesen Geschichten ausgesetzt, weshalb sie mir noch in Erinnerung sind. An seinem Curriculum habe ich gelernt, wie wichtig die »Krise« (das Stolpern!) für das Aneignen eines Gedankens oder Faktums ist – das Gegenteil von reibungsloser Einnahme von Wissen in vorgedachten Lernschritten. Das war auch auf andere Gebiete – selbst auf Mathematik, Latein, Naturwissenschaften – übertragbar. Und einige kluge Leute in der Volkswagen-Stiftung verstanden just dies. Als ich später Martin Wagenschein den Pfaff-Preis übergab, waren sie dabei. Sie glaubten, Hentigs Laborschul-Lehrer wären alle so, und finanzierten ihnen ein naturwissenschaftliches Curriculumungeheuer selbst gegen meinen Protest (s. u. S. 419 ff.). Nichts ist, wie es scheint, und nichts ist einfach, jedenfalls nicht in der Pädagogik.

Im Kreis derer, die Donald Oliver zur Darstellung und Erprobung seines Curriculums eingeladen hatte, gab es zwei Personen, die mich besonders fesselten: Michael Scriven von der San Francisco State University und Saul Mendlovitz, Spiritus Rector des World Law Fund. Der Erste war ein *highly sophisticated* Vertreter einer kritischen Lerntheorie und pflanzte uns allen gesunde Skepsis ein. Der Zweite war ein Idealist, der an das Instrument des Völkerrechts glaubte und mit außerordentlichem Scharfsinn an einem World Law System arbeitete. Er gewann mich für sein Projekt, einen Reader, der zunächst auf Englisch, Deutsch und Spanisch, später auch auf Russisch und Japanisch erscheinen und fünfzehn Fallstudien zu internationalen Konflikten der letzten Jahrzehnte »enthalten« sollte. Die Anführungszeichen drücken aus, wie ungenügend dieses Wort ist; die Geschichten sollten in einer bestimmten, vom Ziel her zu begründenden Form erscheinen. Die Erwartung war, dass dem Leser anhand des Materials aufgehe: Es ist möglich, interessant und befriedigend, einen Konflikt oder Krieg in der Welt ohne die Verengungen der eigenen nationalen Geschichte zu sehen. Er sollte den notwendigen Übergang von nationalstaatlicher Außenpolitik zu einer Weltinnenpolitik in sich selbst vollziehen, wie C. F. von Weizsäcker dieses Ziel genannt hatte. Dazu musste dem Leser geholfen werden, sich den betreffenden Konflikt im Wortsinn zu vergegenwärtigen – als eine Erfahrung, nicht als schon verfestigtes historisches Faktum und nicht als ausgedeutetes Wissen. Wer dies las, sollte genauso überrascht, verwirrt, verletzt, so planlos oder so zögerlich oder so verführbar sein wie die Akteure. Er sollte und würde sich dann hoffentlich nicht nur fragen: Warum hat X oder Y nicht anders gehandelt?, sondern vielleicht auch: Welche allgemeinen Bedingungen haben ihn daran gehindert? Kurz: In diesem Reader sollten die Schlüsselereignisse nicht wie üblich diskursiv erzählt, sondern so dargeboten werden, wie die damals Handelnden mit ihnen konfrontiert worden waren: mit einem Telegramm aus der Oase Wal-Wal, einem Brief von Chruschtschow, einem Anruf aus Budapest. Der Leser sollte im Augenblick nicht klüger sein als die Menschen, die in der Situation zu entscheiden hatten. Das verlangte vom Schreiber des Textes eine Kombination aus Dokumentation und Dramatisierung. Für diese neue Gattung der Didaxis hatte Saul Mendlovitz zwei wunderbare Beispiele selber produziert – je fünfundzwanzig Seiten lang – und überzeugte damit die geladenen Freunde und Mitherausgeber aus Amerika und Europa. Einer seiner Fälle war der Überfall Italiens auf Abessinien, der andere, von ganz anderer Art, die Klage des japanischen Bürgers Shimoda gegen seine eigene Regierung auf Schadensersatz für die beim Abwurf der Atombombe auf Hiroshima erlittenen Verletzungen: Sie hätte nicht auf entsprechende völkerrechtliche Maßnahmen gegen die USA verzichten dürfen. Die Rolle internationaler Einrichtungen, Maßnahmen, Vereinbarungen kamen in diesen Fällen deutlich zum Ausdruck, genauer, eine tiefe Kluft zwischen nationalem und internationalem Recht.

Wir einigten uns auf sechs Konflikttypen mit je zwei oder drei Beispielen, darunter solchen, die sich aus der bipolaren Welt, der Entkolonialisierung, alten oder neuen Grenzstreitigkeiten, Ansprüchen auf Rohstoffvorkommnisse, der Verarmung oder Übervölkerung ergaben. Ich übernahm es, Autoren für die Berlin-Krise 1948 und die deutsche Teilung, für die Nürnberger Gerichtsverfahren nach dem Zweiten Weltkrieg und für den Ungarn-Aufstand 1956 zu finden und deutsche Übersetzer für die Beiträge aus dem Englischen und Spanischen anzuheuern. Mir selber, als dem einzigen Pädagogen in der Runde, wurde der Auftrag zuteil, eine Einleitung zu schreiben, die die pädagogischen und didaktischen Prinzipien darlegte. Außerdem brachte ich selber einen fingierten »Fall« ins Spiel, den ich provisorisch »Ein indisches Dorf jetzt und in zwanzig Jahren« nannte. Angeregt hatten mich dazu Jan Myrdals »Bericht aus einem chinesischen Dorf« und eine fast dreiwöchige Reise, die ich mit Gerold Becker im Auftrag des Goethe-Instituts nach Indien gemacht hatte. Dazu hatten wir V. S. Naipauls »An Area of Darkness« und Nirad C. Chaudhuris »The Continent of Circe« gelesen – alles in allem zu viele erregende Auskünfte, Eindrücke und Vorstellungen für den nun so begrenzten Zweck. Zum gesetzten Termin konnte ich meinen eigenen Ein-Fall nur im Rohbau abliefern. Jürgen Henningsen, ein begabter Schreiber, den ich, glaube ich, um »Ungarn 1956« gebeten hatte, lieferte gar nicht. Ekkehart Krippendorff, den ich für den Fall »Berlin 1948« gewonnen hatte, legte einen so langen, so detaillierten, mit engagierten Urteilen so gründlich durchsetzten Text vor, dass er zu unserem Konzept nicht passte. Auch die amerikanischen Autoren erreichten die Vorlagen von Saul Mendlovitz nicht. Nachdem sie meine fast fünfzig Seiten lange Einleitung – mit Beifall – gelesen hatten, brachen sie das Unternehmen entmutigt ab. Sorgfältig formuliert erwiesen sich die Absichten als zu anspruchsvoll, die Maßstäbe als zu hoch, um ihnen »nebenbei« zu genügen. Mendlovitz zog sich auf seine Jurisprudenz und Politiktheorie zurück, und Betty Reardon, die für die »Pädagogik des Weltrechts« zuständig war, begnügte sich fortan mit Seminaren und einem *bulletin* und *handouts* ihrer Stiftung.

Ich war inzwischen ein geübter Amerika-Reisender geworden. Vor den drei kürzeren Reisen in Sachen World Law Reader unternahm ich zusammen mit Gerold Becker im Jahre 1967 eine fast sechs Wochen dauernde Reise zur Erkundung der amerikanischen Curriculumentwicklung. Sie war auf deutscher Seite vom Studienbüro für Politische Bildung in Frankfurt organisiert und auf amerikanischer Seite vom American Jewish Committee und der Rockefeller Foundation. Bezahlt wurde sie von der Bundeszentrale für Politische Bildung. Zweimal im Jahr reisten zwei oder drei Dutzend deutsche Pädagogen nach kurzem *briefing* am (nunmehr) DIPF nach einem bestimmten Plan in die USA. Diese hatten nach dem enormen Entwicklungsschub auf dem Gebiet der Naturwissenschaften in der Folge des Sputnik-Schocks eine nicht minder große Anstrengung zur Erneuerung der Sozial- und Kulturwissenschaften gemacht. Don Oliver war einer der Spitzenreiter dieser Bewegung und hatte meine Neugier geweckt; Urie Bronfenbrenner, Gerold Beckers Onkel, hatte dasselbe bei diesem getan. Der wiederholten Einladung des Studienbüros hatte ich nur unter der Bedingung stattgegeben, dass wir uns nach den Einführungsveranstaltungen in New York und Washington selbständig machen dürften. Wir hatten bis Chicago einen Volkswagen zu unserer Verfügung und wollten uns von dort aus mit Greyhound, Flugzeug und Leihwagen behelfen. Betty Reardon hatte ein Itinerar für uns entworfen; die exzellenten Leute von der Rockefeller Foundation ergänzten dieses mit sichtbarer Freude an unserer Selbständigkeit. Während die anderen von einer demokratischen Institution zur anderen in Nord und Süd, Ost und West gereicht wurden, hatten wir es auf die Zentren abgesehen, an denen die neuen Social Studies entstanden. Der Ökonom Irving Morrissett hatte die Erfindung der Dampfmaschine und ihre wirtschaftlichen und sozialen Folgen zum Ausgang seines höchst aufschlussreichen kulturwissenschaftlichen Curriculums genommen; sein Kollege Lawrence Senesh ein Marktmodell, gleichsam ein modernes Pendant zu Platons Politeia; der Historiker Edwin Fenton den Vergleich großer Metropolen (New York, Moskau, Kalkutta – und das Alte Rom); der Sozialpsychologe Ronald Lippitt ein Dutzend elementarer sozialwissenschaftlicher Experimente; die Verhaltensforscher Shaftel & Shaftel das Rollenspiel; der Anthropologe Peter Dow vom Education Development Center in Washington den Walfang bei Eskimos (Man: A Course of Study); der Geograph Clyde F. Kohn Nachbarschaft und Globus, gleichsam die Erdbeschreibung als Erkenntnisvorgang; der Berater von Kennedy Philip Coombs die Entwicklungshilfe. Was für ein Reichtum der Ideen und Zugänge! Ihr gemeinsamer Ansatz war die *discovery method*, induktives Vorgehen, *problem raising* vor *problem solving*, und *problem solving* wiederum vor *instruction*. »How people who study people study people« – so hätte die Überschrift über der gesamten Bewegung lauten können.

Den Höhepunkt unserer Studienreise erlebten wir in San Francisco bei Hilda Taba, die uns ihr noch unveröffentlichtes, in unterschiedlichen Erprobungen befindliches Prinzip des Spiralcurriculums erklärte – eine didaktische Offenbarung für mich. Heute sprechen die Auguren noch immer ehrfurchtsvoll von dieser »Erfindung«. Bewusst und kunstgerecht angewendet wird sie nicht. Gottlob kommt sie meist von allein zum Zuge, sogar gegen die Hindernisse der Lehrpläne. Es liegt in der Natur des menschlichen Lernens, dass es sich steigert und erweitert, in dem Maß, in dem wir aus wiederholter Erfahrung Wissen machen. Ich, einer der Auguren, habe jedenfalls nicht mehr gelächelt, wenn ich einen anderen Auguren traf, ich habe die Augenbraue hochgezogen.

Unsere Reise hatte auch andere Höhepunkte. Die Hippies hatten das heitere einfache Leben entdeckt und zelebrierten es in den Straßen von San Francisco, auf dem Washington Square oder im Central Park von

New York. Sie entzückten uns durch Anmut und Unschuld ihrer Gebaren. Was hinter den psychedelischen Erscheinungen wirksam war – Drogen, Großstadt-Neurosen, der Protest gegen die Babbitt-Welt oder den Vietnamkrieg – konnten wir nur ahnen. An der Cornell University war just, als wir Urie Bronfenbrenner besuchten, auch der Außenminister Dean Rusk zu Gast; zu seinem Vortrag erschienen die Studenten in großer Zahl; als der Redner auftrat und seine Vietnampolitik zu rechtfertigen begann, drehte sich die gesamte Zuhörerschaft um; eine Stunde lang hat der Redner zu abgewandten Menschen gesprochen. Oder: Wir hatten uns bei Robert Maynard Hutchins angesagt, der in Santa Barbara ein Center for the Study of Democratic Institutions leitete und uns rundheraus erklärte: »I'm fed up with this Phaeacia. California's mellow climate produces mellow minds.« Oder: Wir besuchten in der Bronx eine *elementary school*, in der ein ausgezehrter, von Zorn fiebernder und von Menschenliebe zusammengehaltener Direktor namens Shapiro seine schützende Hand über seine verlorenen schwarzen und gelben Schafe hielt. Kein Höhepunkt war die Laboratory School an der University of Chicago, die ich nun zum ersten Mal betrat. In meinem Abschlussbericht, den es irgendwo geben muss, habe ich meine Enttäuschung sorgsam verschwiegen.

Zwei Jahre später trat ich wiederum mit Gerold Becker die schon erwähnte Reise nach Indien an. Zum Kummer der Leiter der jeweiligen Goethe-Institute weigerten wir uns, Vorträge über Pädagogik, Schulsysteme, den Wert der Bildung zu halten. Wir bestanden vielmehr darauf, uns von unseren indischen Partnern erzählen zu lassen, was sie für »Probleme« haben, bevor wir mit ihnen über mögliche Lösungen nachdenken. Vor einem Ausländer freilich haben Inder keine Probleme. Unsere Gastgeber sprachen lieber über die wunderbaren Weisheiten, die in ihren alten Büchern stehen; das taten sie ausgiebig und waren, weil wir sie nicht belehrten, am Ende mit uns und sich zufrieden. Nach einer Woche – wir hatten Neu-Delhi und Madras schon hinter uns – lieferten wir in Bombay und Kalkutta die inzwischen beobachteten Probleme nach. Ein Beispiel: Auf der schmalen Straße nach Jaipur seien wir kurz hinter einer Kurve mit unserem Mietauto auf ein kaputtes Fahrzeug gestoßen; der Fahrer habe neben seinem Fahrzeug in der Mitte des Fahrdamms gehockt, habe sein kümmerliches Werkzeug und die Teile seines

Motors auf Zeitungspapier um sich ausgebreitet. Ein Dutzend Kinder und Erwachsene aus dem nahe gelegenen Dorf hätten um ihn herumgestanden. – Es genüge nun für diesen Mann und seine Landsleute nicht, dass sie Kenntnisse und Fertigkeiten zum Reparieren von Autos erwerben; es genüge auch nicht, dass sie die Bücher ihrer Weisen lesen, die ihnen gebieten, Mitleid mit der übrigen Kreatur zu haben. Sie müssten zugleich und vor allem eine einfache und unerbittliche Regel lernen: »Wenn dein Auto kaputt ist – runter von der Straße, und zwar ganz und sofort!« Dies nicht zu tun ist im technischen Zeitalter nicht eine technische, sondern eine moralische Verfehlung.

Stundenlang haben wir die astronomischen Anlagen (das Jantra) von Jaipur bestaunt, sind vor der Schönheit des Tadsch Mahal seelisch in die Knie gegangen, sind neugierig durch die Straßen von Benares gewandert (ein Bub, der uns unbedingt führen wollte, resignierte nach einiger Zeit mit dem klassischen Satz: »I see, you are more interested in peopools than in tempools«), haben in einem der schönsten Hotels der Welt in Poona übernachtet, dem ehemaligen Clubhaus der Engländer weit draußen vor der Stadt – aber dem Land und seinen Menschen sind wir nicht nahegekommen.

Wieder zwei Jahre später haben wir auf dem Weg zu einer Konferenz über Friedenserziehung in Tokio einen Abstecher nach Java gemacht. Auch dort kamen wir in kein Gespräch über Pädagogik. Wir hatten auf den Straßen und Feldern die Millionen von Kindern gesehen, die in überhaupt keine Schule gehen. Niemand konnte oder mochte uns sagen, was diese Kinder eigentlich brauchten, was ihnen eigentlich fehle. Statt dessen erzählte man uns, wie erfolgreich man das Sprachenproblem gelöst und die Einführung des amerikanischen *bachelor* für Lehrerinnen bewerkstelligt habe. In einer Schule saßen wir mit den Kindern auf dem Fußboden und verdarben den Unterricht: Alle fünfundzwanzig Augenpaare waren die gesamte Stunde hindurch auf uns gerichtet. Gleichwohl, in diesem naturschönen Land mit den von Natur intelligenten und von Natur anmutigen Menschen würden Gerold und ich, so sagten wir einander, gerne leben. Nicht in Djakarta – weder in den lebendigen alten Kampongs, in denen wir, die Betjaks meidend (ein Mensch lässt sich nicht von Menschenkraft befördern!) stundenlang umhergingen, noch in der modernen Metropole zwischen Banken, Hotels und Botschaften – wohl aber weiter landeinwärts, wohin wir mit dem normalen klapprigen Bus fuhren, gegen den strikten Rat unserer Goethe-Leute.

In Tokio nahm uns die technische Zivilisation wieder in ihre stählernen Arme. In der Süddeutschen Zeitung stand am 15. April 1971 über den dort absolvierten Kongress zu lesen:

> Hartmut von Hentig, Friedensforscher und Pädagogik-Professor aus Bielefeld, und Akio Sawada, Professor für moderne europäische Geschichte aus Nagoya (Japan), gerieten sich bei der Schlussveranstaltung eines vom Goethe-Institut in Tokio abgehaltenen Seminars vor versammeltem Publikum erbittert und sehr persönlich in die Haare. Thema des Seminars: »Erziehung zum Frieden«.

Akio Sawada war ein in Amerika aufgewachsener und ausgebildeter Japaner, der Gerold Beckers Beitrag aus der Praxis der Odenwaldschule harsch als romantischen Unfug kritisierte – zum Entsetzen seiner Landsleute, die dies mit betretenem Schweigen quittierten. Ich hatte daraufhin den Chairman gebeten, mir noch einmal das Wort zu erteilen. In meiner kurzen Erwiderung auf den »geschätzten Herrn Kollegen« Sawada machte ich darauf aufmerksam, dass Beckers Vortrag der erste und einzige gewesen sei, in dem überhaupt von Kindern, nicht nur von Methoden, Materialien, Kosten und Zielen die Rede gewesen sei, und dass ich ihn deshalb für eine notwendige und jedenfalls mich interessierende Ergänzung des Programms hielt. Das Publikum klatschte erleichtert und, wie mir schien, für japanische Verhältnisse ganz unmäßig, was den Korrespondenten der Süddeutschen Zeitung zu seiner Glosse veranlasst haben mag. Bei Marion Dönhoff war die Notiz so angekommen: »Du sollst dich ja in Tokio mit einem japanischen Kollegen geprügelt haben.« – Öffentliche Auftritte erzeugen öffentliche Missverständnisse. Immerhin war dies ein Teil meines Auftrags als Professor. Dass ich die alte Kaiserstadt Kioto besucht habe, in einem altjapanischen Hotel abgestiegen bin und anderntags wunderbare Einkäufe tätigen konnte, schien mir eine durchaus vertretbare Zugabe zu sein.

Durfte ich auch meine Beteiligung an der von Günter Grass angeführten »Sozialdemokratischen Wählerinitiative« im Sommer 1969 unter meine akademischen Pflichten buchen? In einer dreimal hintereinander erscheinenden »Zeitschrift« im SPIEGEL-Format mit dem Titel »dafür« schrieb ich einen Artikel »Von den Zumutungen einer sozialen Gesellschaft« (dessen Überschrift missfiel und ersetzt wurde). Ihm war mein Bekenntnis vorangestellt:

> Ich bin *dafür*, dass die Bundesrepublik Deutschland mit der SPD – das heißt unter ihrer politischen Führung – in die 70er Jahre geht. Um es ganz deutlich zu sagen: Ich bin *dagegen*, dass die Bundesrepublik mit der CDU/CSU in die 70er Jahre geht – ob nun die CDU/CSU allein regiert oder in großer oder in kleiner Koalition! – Dafür (anders betont) muss ich eine Begründung geben. Ich tue das als Staatsbürger. Der Professor für Pädagogik ist daran nur insofern beteiligt, als er an die Zukunft zu denken gewohnt und gezwungen ist.

Wir – Dieter Lattmann, Heinrich Böll, Horst Krüger, Walther Schmieding, Golo Mann, François Bondy, Sabina Lietzmann, Günter Grass, Kurt Sontheimer, Thilo Koch, Gerhard Szczesny, Albrecht Goes, Clemens Münster, Helmut Griem, Thaddäus Troll – hatten Erfolg. Hatten wir auch recht? Ich bin mit der EsPeDe in meinem Wahlaufruf so streng umgegangen wie mit der CDU/CSU. »Sozialdemokratismus« gelte vielen als Synonym für Entscheidungsschwäche; ein verkümmerter Leber-Plan, die ungehemmten Subventionen für Landwirtschaft und Bergbau, die Verteilung von Volksaktien und Schülergehältern verschöben die Probleme nur von hier nach da, solange die gesellschaftlichen Gruppen nicht zur Selbstkorrektur im Rahmen des übersichtlich gemachten Ganzen angehalten würden; die wichtigste Aufgabe einer kommenden Regierung werde es sein, den Bürgern das Mitdenken in aller Strenge zuzumuten; *darum* sei Bildung wichtiger als alles andere, als Außenhandelsbilanz, internationales Ansehen, nationale Sicherheit, ja auch als die Wahrung von Demokratie und öffentlicher Gesittung – denn diese seien die Folge jener Selbstaufklärung der Gesellschaft. Noch heute meine ich, ich erfüllte mein Amt als ordentlicher und öffentlicher Professor, indem ich diesen Gedanken in die Öffentlichkeit trug und sorgfältig erklärte.

Das tat ich auch in der kleineren Öffentlichkeit der Georgia Augusta.

Ich beantragte bei ihrem Senat Geld und Unterstützung für eine Vortragsreihe, die die aufklärende Funktion der Pädagogik auf verschiedenen Gebieten dartun sollte. Zum Erstaunen meiner eigenen Fakultät und vor allem meines Kollegen Heinrich Roth stimmte der Senat dem Antrag lebhaft zu – vermutlich vor allem wegen der von mir präsentierten Rednerliste: Kurt Hahn, Axel von dem Bussche, Graf Baudissin, Berthold Beitz, Eugen Rosenstock-Huessy und Hellmut Becker. Sie sollten im Abstand von vierzehn Tagen im Wintersemester 1967 in der Aula reden. – Und sie taten es mit Ausnahme von Berthold Beitz, der verhindert war, und Graf Baudissin, an dessen Stelle der eben zum Generalinspekteur der Bundeswehr ernannte Ulrich de Maizière trat. Den stärksten Eindruck hinterließ Axel von dem Bussche, Kurt Hahn hingegen eine Gummipuppe, an der Göttinger Studenten lebensrettende Beatmungstechnik üben sollten. Bis zu meinem Fortgang stand sie im Vorraum zu den Direktorenzimmern und zog Spott auf sich.

Bei den Gestaltern musste eine Bresche für pädagogische Gedanken nicht geschlagen werden. Der Deutsche Werkbund verstand sich von vornherein als Erzieher. Es ging eben nicht um »Design« als eine besondere Kunstfertigkeit, sondern um eine andere, bewusst gewählte Lebensform. Dieses Motiv hatte sich nicht verloren, wohl aber die Kampffront: Die Bauhausmoderne hatte auf eine unselige Weise in der Welt gesiegt – in weichen, flotten, verkitschten Nachahmungen, in Missverständnissen und Verballhornungen wie der Tütenlampe, dem Nierentisch, dem Rohverputz, der Raufasertapete. Im fortbestehenden Werkbund verstand man, dass es sich in den sechziger Jahren um eine ganz andere pädagogische Aufgabe handelte als in der Zeit vor und nach dem Ersten Weltkrieg. Aus heroischer Pionierarbeit war mühsame Etappenarbeit geworden. Nun suchte man Schulterschluss zur Schule. Adolf Arndt, der noble, vorurteilsfreie, hochgebildete Vorsitzende fand ihn bei mir, vermutlich weil ich von der Geschichte und den eingespielten Bekenntnissen, Kampfparolen, Zaubersprüchen seines »Vereins« so gut wie nichts wusste. Nach mehreren Auftritten im Kreise dieser Bemühten machten sie mich zum Ehrenmitglied, was ich vermutlich noch heute bin. Man hat mit Recht aufgegeben, mich zu den Tagungen einzuladen.

In diesem Zusammenhang bin ich wohl Philip Rosenthal begegnet.

Er zog mich in seinen Rat für Formgebung hinein, wo er mit beneidenswertem Selbstbewusstsein schaltete und waltete (was sich auf »gestaltete« allenfalls reimte). Der Rat für Formgebung hatte es sich zur Aufgabe gemacht, durch Ausschreibungen und Ausstellungen auf die Ästhetik unserer Industrieprodukte einzuwirken. Wir haben in den siebziger Jahren mehrere Anläufe zu einem gemeinsamen neuen Manifest zur »Bildung des Geschmacks« (der Käufer und der Produzenten) genommen. Rosenthals Entwürfe waren mir zu pathetisch, zu ungenau, zu optimistisch. Meine Entwürfe waren ihm zu karg. Das lag daran, dass ich weder an die Handhabbarkeit einer allgemeinen Geschmacksbildung noch an die Wirksamkeit eines Manifests glaubte. Mein letzter Entwurf führte 1982 zur Trennung von Philip Rosenthal, der mir stets sympathischer war als sein modisches Porzellan. Dem Eingangssatz wie auch dem Schlusssatz konnte er noch zustimmen: »Der Rat für Formgebung beobachtet mit Sorge, dass sich in unserer Gegenstandswelt funktionswidrige, verlogene, die Geschichte und die Grundsätze der Ästhetik verhöhnende Formen der Gestaltung ›im Zeitalter ihrer (beliebigen) Reproduzierbarkeit‹ breitmachen.« [...] »Gestaltung ist keine Neben-Sache und tut nicht nur Neben-Wirkungen; sie ist der vielleicht unmittelbarste Ausdruck unserer Kultur. Überlassen wir sie den listigen Geschäftemachern und der lässlichen Gewöhnung, beweisen wir, dass uns an dieser Kultur nichts liegt.« Den Kerngedanken lehnte er ab: »Welche Wirkungen die Gestaltung nach welchen Gesetzen tut, ist heute noch weitgehend ein Geheimwissen – und als solches nicht weniger gefährlich als blankes Unwissen. Beides muss nicht sein.«

Wer mich für das Komitee zur Vorbereitung des Deutschen Beitrags zur Weltausstellung in Montreal 1967 vorgeschlagen hat, weiß ich nicht mehr. Mit Furor und Vergnügen habe ich mich in diese Aufgabe gestürzt, die die ganze zweite Hälfte des Jahres 1966 (nach Ablieferung des Filmes »Kinderkunst und Kunsterziehung«) ausfüllen sollte. Die Ausschreibung der kanadischen Regierung sah vor, dass die beteiligten Nationen sich unter vier von allen einzuhaltenden Leitthemen präsentieren sollten: Der Mensch als Erkunder (EXPLORER), als Hersteller (PRODUCER), als Schöpfer (CREATOR) und als Mitglied einer Gemeinschaft (COMMUNITY). Ich war für die Darstellung Deutschlands unter dem dritten Thema zuständig. Ein pfiffiger und angenehm arrivierter (also nicht mehr für seine Karriere hechelnder) Architekt, Paolo Nestler in München, sollte unsere Ideen umsetzen – meine, seine und Gerold Beckers, den ich als Helfer gewann. Bei Paolos guten Weinen sprudelten die Einfälle zu einer allgemeinen Devise, die wohl Peter von Siemens – er hatte die Gesamtleitung für den deutschen Beitrag – zu verdanken war: Keine Belehrungen, nicht »Wir sind wieder wer«, nicht das andere und bessere Deutschland, nicht die deutsche Dauertüchtigkeit, nicht das Land mit dem tragischen Sonderschicksal, sondern die improvisierte, nahezu leichtfertige Selbstdarstellung eines fast normalen Landes, das endlich fast die gleichen Probleme hat wie die anderen Nationen. Ein Zelt von Frei Otto schützte unsere Exponate anmutig und glaubwürdig und war selber das schönste deutsche Schaustück. In ihm sollte – nach Beckers und meinem Plan – die Welt mit den kunstvollen Geräten spielen, mit denen Hugo Kükelhaus unerhörte Sinneswahrnehmungen ermöglichte, sich an Paul Floras filigraner Lebensweisheit ergötzen, sich durch Albrecht Rosers Marionetten verzaubern lassen, in Gestalt von Tausenden entsprechend gruppierten Mini-Gartenzwergen Statistisches (über Bildungschancen, Fernsehgewohnheiten, Flüchtlingsschicksale, Theaterbesuche, den Büchermarkt, die documenta 1, 2, 3) zu sich nehmen, *specimens* aus Oberhausen (Film) und Donaueschingen (Musik: Notenblätter von Stockhausen und Joh. Seb. Bach) studieren, Enzensbergers sehr undeutsches Kursbuch bestaunen und anhand einer Sammlung sehr deutscher Sprichwörter nebst ihren englischen und französischen Gegenstücken über unseren Nationalcharakter rätseln. Natürlich mussten wir, das heißt Gerold Becker und ich (Paolo war schon dauerhaft drüben), das Ergebnis in Montreal inspizieren, flogen für drei Tage dorthin und gaben uns selber den ersten Preis – vor den Amerikanern mit ihrem eindrucksvollen Fuller-Dome und den viel gerühmten Tschechen mit ihrer gespenstischen Selbstironie. Geblieben ist von den vielen vergänglichen Dingen der von mir geschriebene Katalog – ein großer Essay zum Thema beglückenden Wandels. »Persil bleibt Persil« wurde abgelöst durch »Persil kann auch anders sein und vielleicht besser«. Wichtig war, dass man das Wörtchen »vielleicht« als berechtigten Preis für das Bessere in Kauf zu nehmen bereit war.

Eine schmeichelhafte, aber auch sachlich gerechtfertigte Einladung erhielt ich 1969 von Ernesto Grassi, dem Erfinder und Koordinator von *rowohlts deutscher enzyklopädie*. Das Thema seines mehrtägigen Symposions auf der Insel Ischia, wo er eine dafür geeignete Villa besaß, war »Systeme und Zeichen« und beschäftigte sich mit dem Verhältnis von Strukturen und Bedeutungen. Die Gedanken, die die Einladung begleiteten, waren aufreizend unverständlich; die Teilnehmerrunde (unter ihnen der Verhaltensforscher Bernhard Hassenstein, der Mediziner Thure von Uexküll, der Soziologe Joachim Mathes und mein späterer Lektor bei Hanser Eginhard Hora), insgesamt sechzehn Personen, versprach weitere Unklarheit. Ich beschloss »Ordnung zu machen« – jedenfalls für mich – und nannte meinen Beitrag »Anschauung und Abstraktion«. Es kam zu scharfen Auseinandersetzungen mit dem Gastgeber, in denen sich Ludwig Huber als ein ebenso hilfreicher wie tapferer Bundesgenosse erwies. Ich hatte diesen jungen Tübinger Altphilologen (s. u. S. 298) als Assistenten für Bielefeld gewonnen. Er begleitete mich nicht nur zu Grassis Sitzungen, sondern – am letzten Tag – auch auf einer Besteigung des Epomeo. Wir verirrten uns und trennten uns beim Abstieg auf halbem Weg; er kehrte nach Testaccio zurück und ich fand zu Marion Dönhoff, die mit ihrer Schwester Yvonne Kuenheim auf der Südseite der Insel, in Forio, ein altes Haus gekauft hatte – mit Paradiesgarten. Der wunderbare Ort, die so liebenswürdigen wie anspruchsvollen Gastgeberinnen und ein missionarischer Auftrag – Marion von der Bedeutung der Pädagogik zu überzeugen – sollten mich von da an jedes Jahr einmal dorthin ziehen. Meine »Mission« kulminierte in einem Aufsatz für eine Festschrift zu Marions 60. Geburtstag. Das Thema war mir gestellt worden: »Ein Gesamtplan für die Schule?« Ich fügte hinzu: »Die Aufhebung der Prognose durch das Lernen«. Ich bin mir sicher, dass Marion dieses Manifest nie gelesen hat – des Fragezeichens hätte es für sie nicht bedurft.

»Öffentlich« war schließlich vor allem das, was ich für die Neue Sammlung schrieb, deren Mitherausgeber ich noch im Jahre 1963 wurde – neben Hellmut Becker, Elisabeth Blochmann, Elisabeth Heimpel und Martin Wagenschein. Elisabeth Heimpel machte zugleich die Redaktion, band fleißig, behutsam, gelegentlich wagemutig den bunten Strauß, den jedes Heft darstellte, und bat mich – als einzigen in Göttingen wohnenden Mitherausgeber – um Rat, wenn sie ihn brauchte, was mit dem Wandel der Pädagogik immer öfter der Fall war. Hellmut Becker hatte das von ihm erdachte und auf ihn zugeschnittene Max-Planck-Institut für Bildungsforschung in Berlin übernommen und speiste immer häufiger Berichte und Abhandlungen aus seinem weitgehend empirisch arbeitenden Hause ein – Texte, die den anderen Herausgebern fremd, wenn nicht garstig waren. Wir gaben uns einen neuen Untertitel: Göttinger Zeitschrift für Erziehung und Gesellschaft (bis dahin Göttinger Blätter für Kultur und Erziehung). Mit Hellmut Beckers Billigung handelte ich dem Verlag Vandenhoeck & Ruprecht ein neues, olivgrünes »Hemd« ab – das alte sah inzwischen aus, als wäre es im Dürerhaus gekauft. Wir zahlten mit der Reduktion auf ein zweimonatiges Erscheinen bei gleichem Jahresumfang, was ungeduldige Autoren ärgerte, die Arbeit der Redaktion aber erleichterte und die Vertriebskosten eindämmte.

Elisabeth Heimpel freute sich, wenn ich auf dem Heimweg zum Stauffenbergring bei ihr hereinschaute. In der – wie bei meiner Schwester Helga stets unterkühlten – Wohnung standen wir dann im Winter eng nebeneinander an dem schmalen, dafür bis in Schulterhöhe reichenden Heizkörper und besprachen »unser Ding«. Ich konnte bestimmte Schärfen in einem von mir eingereichten Text verteidigen, freute mich mit ihr über einen gelungenen Coup eines jungen Autors und lernte Antonin Makarenko und Janusz Korczak kennen. 1970 schenkte sie mir dessen Kinderroman »König Hänschen«, den ich sofort besprach, wodurch ich erneut und somit zum »etablierten« SPIEGEL-Autor wurde. Ich hatte im Tübinger Zimmertheater Erwin Sylvanus' »Korczak und die Kinder« gesehen; nun konnte ich öffentlich das Haupt vor diesem großen Polen und Juden beugen. Als Ernst Klett Vorsitzender des Börsenvereins des Deutschen Buchhandels wurde, setzte er die erste und bisher einzige Auszeichnung eines Toten mit dem Friedenspreis durch, und mir wurde die überwältigende (wie richtig ist dieses Wort an dieser Stelle!) Ehre zuteil, diesen Mann in der Paulskirche zu loben. Alles, was es in deutscher Übersetzung gab – durch Elisabeth Heimpels Betreiben bei unserem Göttinger Verlag –, hatte ich bis dahin gelesen und sog seine unorthodoxe Menschlichkeit halb gierig, halb beschämt ein: Das Kind wird nicht erst zum Menschen, es ist immer schon einer. Ein schwächerer gewiss – und so ist es unsere pädagogische Aufgabe, es uns, auch uns als Erziehern, gewachsen zu machen. Schon gar nicht geht es dabei um einen »neuen« Menschen, sondern darum, dem alten, verkrümmten, unterschätzten, dem jeweils anderen, dem wandelbaren, dem unverlierbaren, dem weder guten noch bösen Menschen zu seinem Recht auf sich selbst zu verhelfen. Kinder sind eine unterdrückte Klasse. Weil sie »von Natur« unterlegen und weniger schuldig (nicht unschuldig!) sind, müssen wir auf sie Rücksicht nehmen. Die eigentliche Botschaft lautete: dass wir die Kinder nicht genug, nicht wirklich achten. Korczak zeigt es uns an immer neuen Beispielen – unseren Vorsichtsmaßnahmen, den unerbetenen Liebesbezeugungen, den Ordnungen, die wir den Kindern auferlegen und die nicht die ihren sind, unserem Liebesanspruch: »Du musst mir alles sagen – sonst kann ich dir nicht vertrauen.« Korczak misstraute unserer Liebe zu den Kindern, auch der eigenen. Er durchschaute ihre egoistischen Motive. Sie macht uns blind für die Macht, die wir – mit ihr – über die Kinder ausüben. Der anstößige Satz in Korczaks Magna Charta der Kinder, das Kind habe ein Recht auf seinen Tod, wird verständlich, wenn wir das Wort »seinen« betonen. Wir halten oft nur einen Tod im Bombenhagel, in der Intensivstation, in der Bedeutungslosigkeit für es bereit. Nicht uns gibt Korczak viele schöne Vorschriften und Ratschläge – er gibt dem Kind eine Sicherung gegen das, womit wir es beherrschen, überwachen, unterwerfen: die Verfügung über seinen Körper, über seine Gegenwart, über seine Identität. Kinder definieren wir geradezu dadurch, dass sie diese Verfügung über sich nicht haben.

»Weich« war Korczaks Pädagogik gerade darum nicht. Nicht das haben ihm die dem Waisenhaus Entwachsenen später im Warschauer Ghetto vorgeworfen, sondern dass er sie nicht gelehrt hatte, Gewalt zu gebrauchen. Erziehung zum Frieden? – Nein, nämlich nicht die Aufforderung, die unverstandenen Verwicklungen der größeren Welt zu lösen. Erziehung in einer friedlosen Welt? – Ja, nämlich an Dingen, die für Kinder Bedeutung haben, die ihnen zugänglich sind, die sie beurteilen können, an denen sie Zutrauen gewinnen: dass man Menschen verstehen und beeinflussen kann. Wir brechen immer zu früh ab; Angst und Selbstzweifel fallen uns in den Arm; wer die Tat wagt, kann gewinnen, wer sie nicht wagt, gibt sich verloren. In Andrzej Wajdas Film »Korczak« vom Jahre 1990 erscheint Korczak, wie er seinen Schriften zufolge gewesen sein muss: als ein idealistischer Realist. Selbst indem er die Kinder in den Tod nach Treblinka begleitet, leistet er in erster Linie praktische Hilfe; ein Held will er nicht sein. Als man ihn beschimpft, weil er Geld bei den falschen Leuten erbettelt, das sei unter seiner Würde, antwortet er: »Ich habe keine Würde. Ich muss 200 Kinder satt machen.«

Elisabeth Heimpel und ich waren einander über Korczak sehr nahegekommen. Sie sprach von den Kindern im Haus auf der Hufe oder von einer verwahrlosten Frau und deren Tochter, um die sie sich kümmerte, und eben auch über ihre Enkelkinder mit der gleichen liebenden *matter-of-factness*, wie es Korczak tat.

Christian Heimpel hatte inzwischen geheiratet. Sein erster Sohn wurde Hartmut Heinrich genannt und mein Patenkind. Elisabeth Heimpels Eingriff in unsere Freundschaft war verschmerzt und vergessen. Die Offenbarung der Ur-Verletzung, die sie Christian angetan hatte, stand noch aus. Christian schenkte mir 1973 den »Bericht über einen Dieb«. Im Jahr davor war Elisabeth Heimpel auf unheimliche Weise im Schwarzwald bei Falkau verschwunden. Nach aufwändigen und vergeblichen Suchaktionen durch den Bundesgrenzschutz wurde ihre Leiche Monate später von einem Spaziergänger gefunden. An ihrem Grab in Falkau habe ich zu der dort allein versammelten Familie gesprochen: »Kein Abschied …« – Es war ein Tod ohne sichtbares Sterben. Am Ende habe ich mich den Enkeln zugewandt:

> Es wird in eurem Leben Augenblicke geben, in denen ihr traurig seid – traurig, weil ihr euch von einem lebenden Menschen verlassen fühlt. Dann ist es gut zu wissen, dass es Tote gibt, die die Treue halten. Ihr solltet herkommen in das Revier jener wunderbaren Freundin, die ihr einst gehabt habt, solltet dieses Grab hier aufsuchen und die Stelle, die sie sich selbst zum Sterben gewählt hat, drüben hinter dem Bach im tiefen Moos – zwischen Farnen und Fichten. Ihr könnt hier Trost und Hilfe finden in der Gewissheit, dass *sie* euch nicht im Stich gelassen hätte.

Und dann: Christians Aufzeichnung ihres Versagens am eigenen Kind, die Geschichte eines ungeheuerlichen Verrats, *eines Entzugs der Achtung aus Liebe*. Man lese das kleine in der Neuen Sammlung nach dem

Tod von Hermann Heimpel veröffentlichte und seit 2004 als Büchlein im Wallstein-Verlag vorliegende Meisterwerk von Christian – und denke neu über die bürgerliche Familie, die bürgerliche Moral, die bürgerliche Erziehung nach.

Hatten Elisabeth Heimpel und ich zu lange geplaudert, fragte sie, ob ich nicht zum Abendessen bleiben könne. »Hermann würde sich so sehr freuen!« Es gab stets das gleiche Mischgraubrot, Butter, Quark, etwas Wurst; ich wusste, dass meine Annahme ihrer Einladung keine Umstände machen würde; und Hermann Heimpel freute sich wirklich – nicht zuletzt, weil der Rotwein sich besser zu zweit trinkt. Von da an hielt sie sich zurück, hörte aber aufmerksam zu, wie er mich mit immer neuen Erkenntnissen bereicherte: wieso es »die Brüder Grimm« heißen müsse und nicht »die Gebrüder Grimm« – allenfalls »das Gebrüder Grimm« sei als Scherz, als semantische Pointe zulässig; wie man den Schauspieler Devrient richtig ausspreche (holländisch: der Freund); wie selbst manche unserer Kollegen immer noch nicht verstünden, dass *sie* den X »promovieren«, während der Y »*sich* habilitiert«; aber auch, warum der Gang nach Canossa ein großer Sieg gewesen sei. Heimpels Rede wurde im Laufe des Abends immer barocker, seine Nase im Laufe der Jahre immer fleischiger und röter, seine Weltsicht immer melancholischer – und seine Frau Elisabeth (»meine Gräfin« nannte er sie) immer stiller.

1961 schenkte ich ihm zu seinem sechzigsten Geburtstag eine Kopie der Rede, die ich auf meinen Vater zu dessen fünfundsiebzigstem Geburtstag gehalten hatte, und versprach, ihn – und meine beiden anderen geistigen Väter, Carl Friedrich von Weizsäcker und Hellmut Becker – dereinst mit einer ähnlichen Rede zu bedenken. Als er achtzig wurde, sagte er unvermittelt: »Sie haben mir einst eine Rede versprochen. Ich möchte sie nicht. Ich hätte Angst, ich könne – anders als Ihr bewundernswerter Vater – die Wahrheiten nicht aushalten, die Sie über mich sagen müssten, wenn es denn eine ›solche‹ Rede sein soll.«

Die Neue Sammlung ist mir erst im letzten Jahrzehnt eine Last geworden. Das sorgfältige Lesen zweifelhafter, meist mittelmäßiger Texte, nur um sie begründet abzulehnen, verleidete mir auch die Lektüre der ungleich kleineren Zahl der am Ende aufgenommenen, die Neue Sammlung auszeichnenden Beiträge. Damals aber, in meinen Göttinger Professoren-Jahren, war die Neue Sammlung wie eine Gartenbank in einem wunderbaren Park – ein Ort zum Ausruhen und Ausblicken, ja zum Ausholen, wenn meine Freunde schrieben oder ich selbst.

Mein Vater hat meine Rede zu seinem fünfundsiebzigsten Geburtstag in der Tat mit bemerkenswerter Großzügigkeit aufgenommen. Er war mit der Miezi-Mutter aus Hamburg nach Seibersbach, einem Dorf im Hunsrück, umgezogen, hatte sich – die plötzliche Platzfülle genießend – wohnlich eingerichtet und innerhalb eines Vierteljahres seine Memoiren diktiert: druckfertig, detailliert, die Tatbestände nachdenklich kommentierend – eine bewundernswerte literarische und politische Leistung. Aber dann setzte ihm, dem Täter, die Taten- und Wirkungslosigkeit zu: Ein Grenzstein war wegen einer neuen, obendrein für ihn höchst lästigen Straßenführung versetzt worden – »tückisch«, fand er; es gab also Schriftwechsel, Rechtshändel, Eingaben bis hinauf zum Ministerpräsidenten Bernhard Vogel, der sich seither, immer wenn er mich traf, besorgt und ehrerbietig nach dem alten Herrn erkundigte. Eine Dissertation über die Afghanistan-Expedition im Ersten Weltkrieg, die sich einseitig auf Oskar Niedermayer berief und diesem die Verantwortung für das ganze Unternehmen zuschanzte – das musste, Brief um Brief, weiter bekämpft werden. Da konnte sich der Verlag Vandenhoeck & Ruprecht lange nicht zu einer zweiten Auflage der Memoiren »Mein Leben, eine Dienstreise« entschließen – weil ich den Verlag empfohlen und die Publikation dort erreicht hatte (nach vielen vergeblichen Bemühungen anderswo), fiel Vaters Unmut auf mich. Mich trafen auch die Folgen seines fleißigen Zorns, als ich ihn bat, eine Streichung der Hentigs aus dem Genealogischen Handbuch des Adels rückgängig zu machen, die er als »Familien-Oberhaupt« (er war doch nur der älteste Hentig) verfügt hatte, ohne einen der Wolf-Hentig-Nachkommen oder seine eigenen Kinder gefragt zu haben. Auf mich traf auch die Streitbarkeit, die die Lektüre von Christian Geißlers »Anfrage« in ihm auslöste (ich hatte ihm das mich bewegende Buch geschenkt, und er sah sich gemeint) – Geißler verlange offenbar Millionen Märtyrer, sei mit Tausenden nicht zufrieden; im Übrigen gehöre es zum Märtyrer, dass er öffentlich verbrannt, gesteinigt, gefoltert werde, während Hitler doch seine Gegner im Abseits erledigt habe. Eine Aufzeichnung über seinen bedeutenden Bruder Hans, die ich diesem zu einem runden Geburtstag zu überbringen hatte, ging bewundernd, aber wenig liebevoll mit diesem um und erwähnte, gänzlich überflüssig, Hansens häufige Bitten um Geld, kurz seine finanzielle Abhängigkeit von Vater – und mich machte der Onkel zum Überbringer der Antwort, aus der die Verletztheit sprach und kein Dank. Vaters Aufsätze, die ich an Hans Paeschke geschickt hatte, wurden verschleppt oder erschienen gar nicht, Aufsätze, die er selber der ZEIT zukommen ließ, lehnte diese (»deine Marion«!) ab, weil man das Thema gerade schon ausgiebig behandelt habe. – Das alles war ungemütlich; eine Verstimmung entzündete sich an der anderen; in den Sonderdrucken meiner Aufsätze, die ich ihm schickte und die ich gesammelt nach seinem Tod geerbt habe, sehe ich, mit wie tiefer Missbilligung er meine Gedanken und meine Sprache korrigierte – und mit wie viel anrührender Intensität. Als Bruder Roland eine amerikanische Jüdin als seine Braut vorstellte, zeigte er keine Freude, nur Skepsis: Ob das wohl gutgehe! Hans Wolfram hatte geheiratet, ohne ihn zu fragen; Heidi hätte ihre Eheabsicht ohnedies durchgesetzt; Hartmut kam leider gar nicht mit einem solchen Ansinnen. Nun ließ der alte Herr seinen Unmut an Roland und seiner reizenden jungen Frau aus. Ach, hätte er doch mit ihr geflirtet, was er durchaus konnte und wobei sie gescheit mitgespielt hätte! Nur die Enkel schienen ihn wirklich zu freuen. Heidi, die am nächsten, in Ziegelhausen bei Heidelberg, wohnte, brachte ihrer fünf auf die Welt (»damit sie zusammen ein Streichquintett bilden können«) und den einen nach dem anderen nach Seibersbach, wo Vater vor allem mit dem getreuen Urs Spaziergänge im Soonwald machte und diesen »aufräumte«, das heißt die Waldwege von Ästen befreite, die daraufgefallen waren. Heiß geliebt war vor allem Hans Wolframs wohlgelungener Sohn Roger – der einzige Hentig-Namensträger! Helgas Kinder hingegen waren weniger gefügig und – vor allem – der Miezi-Mutter nicht lieb (wie hartnäckig Frauen doch ihre Eifersucht zu bewahren verstehen!). Also kamen sie selten, und auch der Großvater konnte kein unbefangenes, nur ein pädagogisches Verhältnis zu ihnen gewinnen. Die Reise nach Seibersbach war ohnedies nur für Autobesitzer einigermaßen berechen- und leistbar. Die Eltern litten sehr darunter, dass ihre Kinder nicht oft genug kamen und nicht lang genug blieben. Dass es am falschen Ort liegen könne, kam ihnen nicht in den Sinn.

Ein Douceur war es für sie, wenn ich im Fernsehen erschien, und Seligkeit, als ich den Schiller-Preis der Stadt Mannheim bekam und sie im großen Saal des Schlosses zwischen dem Gentleman-Bürgermeister Reske und dem Laudator Helmut Schelsky in der ersten Reihe saßen. Sie werden so gern wie ich gehört haben, wenn Schelsky »die Menschlichkeit« meiner Rede- und Schreibweise als das Erste bezeichnete, was ihn an mir angezogen habe, und wenn er den *Schiller*-Preis der Stadt Mannheim für genau den richtigen hielt, den man meinem Werk erteilen solle. Hier in Mannheim habe der junge Dichter die Grundlage für seine revolutionäre große Wirksamkeit gelegt. Ich allein werde das Lob verstanden haben, das in den Feststellungen lag, (1) die Gesamtschule sei nach meiner Vorstellung eine Institution *gegen* den Klassenkampf; (2) die Art und vor allem die Ziele der Erziehung, der Lehre und des Studiums müssten geändert werden, wenn Änderungen überhaupt eine Chance haben sollten; (3) der »Soziologismus«, den man mir vorwerfe, sei in Wahrheit ein entschiedener Antisoziologismus, der seinen Gegner, die Zwangsstruktur der Gesellschaft, genauer ins Auge fasse »als die Ignoranten des Sozialen unter den Pädagogen«; (4) der Professor, der HvH ja schließlich auch sei, schöpfe seine geistige Kraft aus der intimen Verbindung mit den Jüngeren, die mit ihm arbeiteten (»Ich bin sicher, dass dies eine Quelle der geistigen Produktivität von Hentigs ist«); – und all das krönte er durch ein Zitat von Eugen Rosenstock-Huessy, (5) »dass die Lossprechung von einem bestimmten Menschenbild das Dogma aller künftigen Erziehung« sein müsse.

Liest man dies, klingt es nach Erfolg, Ruhm, einer gewissen Meisterschaft auf meinem Gebiet. War es das? In Berlin hatte ich kurz nach der Übernahme meiner Professur einen Vortrag am Bismarck-Gymnasium gehalten: »Das Gymnasium auf dem Prüfstand«. Ich schüttelte meine Kritik locker aus dem Ärmel – und erhielt am Tag darauf einen strengen Brief von Rudolf Lennert, der im Publikum gesessen hatte: Nein, so nicht, lieber HvH! Sie sind jetzt Professor, da müssen Sie sich entschieden besser vorbereiten. Keine zwei Jahre später trug ich – solchermaßen gewarnt – im gleichen Berlin einen sorgfältig ausgearbeiteten Text vor, auf Einladung des Deutschen Altphilologenverbandes. Nachdem ich meinen Vortrag beendet und einen unerwartet freundlichen Applaus empfangen hatte, trat ein mir unbekannter Herr ans Pult mit einem dicken roten Buch in der Hand. Er schlug es an verschiedenen Stellen auf, las daraus je einen lateinischen Satz vor und sagte dann: Der Autor dieses Buches halte dies wohl für Latein. Nun, alle in diesem Saal erkennten ja leicht, dass es das nicht sei. Und dieser Herr wolle uns erzählen, wie man Latein unterrichte! – Der so redete, war Eduard Bornemann, der Autor eines vorzüglichen lateinischen Unterrichtswerks und einer Grammatik, und das rote Buch, aus dem er zitiert hatte, war mein »Platonisches Lehren«, das ich nur mit seinem weißen Schutzumschlag kannte. Herr Bornemann trat ab und war sicher, diesen dreisten Reformer erledigt zu haben. Ein erster Vortrag in Bielefeld, von den dortigen Gymnasialdirektoren im Jahre 1965 organisiert (»Hentig ante portas!«), konfrontierte mich mit kalter Feindseligkeit – und nicht immer war ich auf die Einwände gefasst, geschweige denn ihnen gewachsen, zu sehr rechnete ich mit dem Willen zu und der Notwendigkeit von Veränderungen und nicht mit so viel Misstrauen und Scheelsucht. Warum wollte man die Vorstellungen eines Andersdenkenden nicht wenigstens anhören und diese prüfen? Nun, man wusste eben nicht, wer der »andere« war, und das genügt ja meist für eine Ablehnung. Schlimmer aber noch ist's, wenn man zu genau zu wissen meint, wer da auftritt und was er vorhat! Eine Rundfunkanstalt hatte vor einer Diskussion, an der ich teilnehmen sollte, die Hörer befragt: »Wer ist Hartmut von Hentig?« Drei Antworten (und den Beruf ihrer Urheber) hat man mir »spaßeshalber« mitgeteilt:

(1) Hentig ist der Vorsitzende der Katholischen Akademie in Bayern, ein großer Mann. (Gymnasiallehrer für Sozialkunde)
(2) Hentig und die Deutsche Gesellschaft für Erziehungswissenschaft haben die Thesen »Mut zur Erziehung« herausgegeben. (Professor an einer Hochschule)
(3) Das ist doch der, der die Terroristen züchtet. (Schulleiter einer höheren Schule)

So recht spaßig konnte ich das nicht finden.

Was wäre gewesen, wenn ich fünf Jahre lang in Göttingen nichts getan hätte, als erstens meine Lehrpflichten zu erfüllen und zweitens den Reformprozess an einer Stelle, am altsprachlichen Gymnasium, generalstabsmäßig vorzubereiten und einzuleiten, also »Platonisches Lehren II« zu schreiben und die Oberstufe solchermaßen von innen her zum Aufbruch zu bewegen? Wäre weniger »öffentlich« zu wirken nicht der »ordentlichere« Weg gewesen? Hätte ich mit weniger Anstrengung und Betriebsamkeit nicht mehr geleistet?

Zu solcher Verunsicherung, zu solchem Selbstzweifel kam nun auch noch die Niederlage hinzu, die das Kind Nikolaus mir bereitete.

17. Der »pädagogische Onkel«[1]

Ich war ein Kind, das fliegen wollte,
ganz ohne wohin.
Ihr sagtet alle, nein, ich sollte
das nicht, da wär kein Sinn.
Warum nicht schnell und hell und sinnfrei leben,
ich bin, der ich bin
und will mich weit über euch hinwegheben
– jetzt flieg ich dahin!

dichtete Eva Maria Vasiljevic auf meinen Neffen Nikolaus, 14 Jahre nachdem Gerold Becker und ich 1968 beschlossen hatten, ihn auf unsere Sommer-Segelfahrt in Griechenland mitzunehmen. Dort besaß ich ja ein kleines, sechseinhalb Meter langes Fischerboot mit einer Segelfläche von acht bis zehn Quadratmetern und einem Dieselhilfsmotor von Volvo. Sein »Heimathafen« war Milina im Golf von Volos. Ich war schon sechsmal mit wechselnder Mannschaft je vier bis sechs Wochen mit der »Dionysos« unterwegs gewesen, Gerold zweimal. Wir waren beide mit dem *kaïki*, mit der Ägäis, mit den möglichen Routen, mit den »griechischen Verhältnissen« und vor allem miteinander vertraut. Und wir waren uns einig: Wenn irgendetwas, dann würde ein solches Abenteuer dem Jungen helfen, mit sich und den Seinen, mit seiner ihm schwierig gewordenen Umwelt zurechtzukommen. Denn damit haperte es – gelinde gesagt.

Das war uns nicht nur berichtet worden, wir hatten es jeder auf seine Weise erlebt. Ich zum Beispiel so: 1961 kam Nikolaus mit seiner Familie zum 75. Geburtstags des Großvaters (Großväter werden bei den Hen-

1 Die in diesem Kapitel wiedergegebenen Ereignisse habe ich vor zehn Jahren für Gerold Becker aufgezeichnet und in dem Buch »Geschichten mit Kindern« publiziert. Sie trugen dort den Titel »Calling for Attention«.

tigs besonders groß geschrieben) als noch nicht ganz Dreijähriger nach Europa. Ich holte meine Schwester, meinen Schwager, Nikolaus und seine noch winzige Schwester Nina auf dem Frankfurter Flughafen ab. Ich stand nicht hinter der Sperre, sondern – ich weiß nicht, warum – in einem der langen Gänge, die von den Anlegestellen zur Haupthalle führen. Das Flugzeug hatte Verspätung. Die Erwartung war groß, der Abend weit vorgerückt. Durch die in einem breiten Strom dahereilenden Erwachsenen schlängelte sich in schnellstem Lauf ein blondes Menschen-Wiesel. Nikolaus hatte sich seinen Eltern entwunden und raste nun, getrieben von dem Wunsch nach seinem Onkel Hartmut, der obendrein sein Pate war, blind durch die fremde Menge. »Sein« Onkel, das bedeutete Eigentum, verhieß, dass dieser Mensch ihm allein gehören werde – anders als alle anderen, die immer nur nebenbei für einen da sind. Er jagte an mir vorbei und wäre sonstwo hingerannt, hätte ich ihn nicht laut rufend verfolgt und ergriffen. An seinem Jauchzen konnte ich merken, wie viel schöner das war, als mir einfach in die Arme zu laufen.

Nikolaus konnte damals noch keine uns bekannte Sprache, weder Deutsch noch Spanisch, redete aber geläufig, unbefangen und artikuliert seine eigene, von der seine Mutter die am häufigsten wiederkehrenden Wörter verstand. Er hatte andere Mittel, sich verständlich und bemerkbar zu machen. Wenn er außer der Verweigerung etwas mitteilen wollte, griff er einem ans Kinn und zog den Kopf nachdrücklich in die gewollte Blickrichtung. Das genügte meist. Warum sprach er noch nicht? Zweifel an seiner Intelligenz konnte es nicht geben. Die typischen »Retardierungs«-Symptome fehlten. Auch hier also hat er sich »entwunden« – wie an vielen anderen Stellen, an denen er Festlegung, Gefangenschaft, Unterwerfung witterte. Mir kam das afrikanische Märchen in den Sinn, demzufolge die Affen nicht sprechen, weil dies verraten würde, dass sie Menschen sind; als Menschen aber müssten sie arbeiten. Eine andere Form des Sich-Entwindens ist das Vorauseilen. Nikolaus war immer schon da, wenn etwas losging, drängte sich vor, scheute keine Gefahr und kein Missfallen, ach was!, er sah sie nicht: Ein Pferd kann einem nicht mehr antun als ein Bechsteinflügel; ein dampfender Gulli mitten auf der vom Verkehr durchfluteten Straße wird nicht weniger arglos und umständlich untersucht als ein dampfender Kuhfladen; über den Acker laufen und vollkommen verschlammt nach

Hause kommen – wieso eigentlich nicht? Sein Vertrauen in sich und die anderen war unbegrenzt. Dem greisen Großvater sprang er aus vier Metern Höhe aus einem Baum entgegen, als dieser die Arme ausbreitete. Sie fielen beide hart auf den Weg, und es war ein Wunder, dass sie heil blieben. Rastlos dachte er sich neue Tätigkeiten aus. Alle Mahnungen überhörte er. Bedenkenlos versuchte er, was eben gescheitert war, noch einmal. Nie konnte er eine lustvolle Tätigkeit von sich aus beenden. Er sah etwas, machte sich eine Vorstellung und handelte: In einem Buch seines Vaters – der Vater ist Arzt – fand er einen aufklappbaren Menschen, und in diesem erkannte er die Nieren, die er beim Schlächter in einem aufgebrochenen Schaf gesehen hatte; er lief zum Schlächter, ließ sich, ohne sprechen zu können, die Nieren geben und hielt sie kurz darauf seiner Mutter mit blutigen Händen hin. Im Friseurladen ergriff er den Besen, um die Haare zusammenzukehren, aber auch die Hände der Kundinnen, um ihre Nägel zu lackieren, und den Kamm, um ihr langes schwarzes Haar zu kämmen. In Südamerika darf ein kleiner vierjähriger Blondkopf das tun, zumal wenn er der Sohn vom *médico* ist; er darf auch beim Händler in die Kekstonne greifen. In Holm-Seppensen, in Hamburg-Eppendorf, in Dortmund-Wickede geht das nicht, wird die Mutter mit Blicken für solche Hemmungslosigkeit ihres Kindes gesteinigt.

Rastlos, kopflos, hemmungslos, bedenkenlos – ich rede hier die Sprache der Erwachsenen, auch seiner Mutter, für die sich dies zu »rücksichtslos« addierte, weil es die Folgen für sie nicht einbezog. Sie war der Vitalität des Kindes nicht gewachsen, nahm Zuflucht zur Sorge um die drei kleinen Mädchen, die auch ihr Recht forderten.

Als Nikolaus fünf Jahre alt war, hatte sich die Familie zur Rückkehr nach Deutschland entschlossen. Dort lebte sie zunächst in einem romantischen Sommerhaus in der Lüneburger Heide: mit Plumpsklo und ohne fließendes Wasser, mit Tieren und ohne Nachbarn – ein Paradies für Nikolaus, eine totale Überforderung für meine Schwester. Wir sahen es und suchten Entlastung für sie. Zuerst wurden junge Frauen gewonnen, die aushalfen; dann wurde nach Hamburg umgezogen, wo der Schwager im Krankenhaus arbeitete; einmal hat man sie nach England geschickt zu einer sie umsorgenden Freundin und die Kinder verteilt; ein andermal – und von da an immer öfter – wurde Nikolaus zu den verschiedensten Freunden verbracht, die ihn der verzweifelnden Mutter für zwei oder drei Monate abnahmen und zu dieser »Niederlage« auch noch die Beschämung hinzufügten. Eine der Gastgeberinnen schrieb mir damals: »Nikolaus und ich toben herrlich, erlösend und beide furchtlos. Ich denke, das macht's. Er rast den Gartenweg in immer schrägerer Vorlage – gerade noch hinkommend – mit ausgebreiteten Armen in meine Person, und wiewohl ich einst gut im Handballtor war, falle ich mit ihm total um. ›Da liegen wir beide!‹ ist sein Kommentar, und gleich geht es weiter. Nikolaus erobert den Dachboden, bringt zunächst die schon lange von mir versteckte Armbrust herunter (weil zu schwer, abgelehnt), dann eine Pistole, nach Abnahme dieser ein Beil. Mit wütenden Ausfällen gegen ›was man alles nicht darf‹ und was einem so die ›labbrigen‹ Frauen auferlegen, tobt er sich aus. Dampfablassen. Nach vierzehn Tagen ist Nikolaus sehr viel ›umwelthineingefundener‹, als wie er kam.« Es folgte der Rat, Nikolaus auf ein Internat zu schicken; der Großvater Hentig solle sich dafür berappen. Nun, das Kind war damals sechs Jahre alt. In dem Alter schicken nur Rabeneltern ihre Söhne fort – und wenn sie reich genug dafür sind. »Ein ausgesprochen umgängliches Kind, wenn man die nötige Konsequenz aufbringt«, sagten die nächsten Pflegeeltern. »Freilich, auch wir haben das nicht immer vermocht.« »Wir hatten überhaupt keine Probleme«, sagte mein Freund Hannes Willisch: »Nikolaus hört zu, macht mit, beschäftigt sich wunderbar alleine.« Die Eltern sollten ihn bald einschulen, rät einer vom Fach: vorzeitig – das lasse sich machen. Und es wurde gemacht. Aber in dem schnell anwachsenden Großstadtvorort gab es nur eine ganz neue Grundschule mit neun Parallelklassen; in der von Nikolaus waren 50 Kinder, denen ehrgeizige Lehrer *new math* und das Lesen nach der Ganzheitsmethode beibrachten, ohne beides wirklich zu beherrschen – Verfahren, »die Nikolaus' Nachlässigkeit entgegenkommen: Raten statt Konstruieren«, wie die Mutter schrieb. So wurde die Schule von vornherein nicht, was sie hätte werden können: eine stetige und so Stetigkeit erzeugende Anforderung, eine von den mütterlichen Gewittern freie Zone, ein Ort der Bewährung vor anderen. Also erneut Umzug der Familie in das Stadtzentrum, wo man eine Schule mit kleineren Klassen und unter diesen eine fand, in der mit Schiefertafel und Griffel gearbeitet wurde und Nikolaus durch das Buchstabieren der Wörter vielleicht »doch noch Exaktheit« lernen würde. Kaum konnte er – mit aufwendiger häuslicher Nachhilfe – lesen, wollte er es nicht mehr, interessierten ihn nur noch Comics. Dass die Eltern diese nicht wünschten, schien die Lektüre zu würzen. Nikolaus war kein trotziges Kind; er verstand nur zu gut, was die Eltern an den Micky-Mouse-Heften nicht mochten: das Oberflächliche, Mühelose, Banale. Aber das gerade erlaubte ihm, viel und schnell in sich hineinzuschlingen; das explosive, eindeutige, berserkerische Leben, das er in den Bildergeschichten fand, entsprach seinem eigenen. »Warum gibt es keine Riesen mehr?«, fragt er seinen Vater einmal. Unsere Welt war ihm viel zu normal.

Dies alles erlebte ich mit, wenn ich zu Besuchen kam, sei es um den Weihnachtsmann für die Kinder zu spielen, sei es um einen Stirnhöhlenkatarrh auszukurieren.

Die Mutter war sich bewusst, dass sie dem Kind mit ihrer unablässigen Befürchtung, mit ihrer Ungeduld und Forderung nicht half; sie machte sich deshalb Vorwürfe, die Nikolaus mit seiner geschärften Wahrnehmung für seelische Unstimmigkeiten als Generalvorwurf gegen sich empfinden musste: Mutti leidet, weil ich so bin, wie ich bin. – Wir dachten uns damals immer neue Asyle, immer neue Entspannungskuren und immer kräftigere *challenges* aus, in denen das Kind seine unverbrauchte Motorik ausleben, sich selbst ausprobieren, sein ungestilltes Verlangen nach Selbstbestätigung erfüllen könne: eine Rhythmikschule, Reitstunden, die Verantwortung für einen Hund. Der Vater machte Reisen mit ihm allein. Aber auch sie konnte der Junge doch nur – wie alle anderen Manöver – als das erfahren, was sie in der Tat waren: Versuche, Mutter und Sohn zu trennen, den beiderseitigen Kampf für eine Zeit zu vermeiden, die Verbannung der Verbrennung vorzuziehen.

Gerold Beckers Erfahrungen mit Nikolaus – sie bestanden in längeren gemeinsamen Autofahrten von einem Exil ins nächste – waren wohl anders, weil *er* anders war; und er kannte meine Schwester und meinen Schwager von Besuchen in der Familie und bei mir; er kannte nicht zuletzt mich; er sah also das hentigsche – preußisch-platonische – Ethos und wusste, was es Kindern antut.

Nun, in Nikolaus' zehntem Lebensjahr, holte ich ihn nach Göttingen, wo er bei der Töpferin Kumpmann wohnte, bis wir, Nikolaus, Gerold Becker und ich, mit Anbruch der Semesterferien nach Griechenland fahren würden. Danach sollte dann ein Versuch mit der Odenwaldschule gemacht werden, an der auch Gerold Becker ein halbes Jahr später tätig sein würde. Alles sah so aus, als könne hiermit der Alptraum enden. Zwei mit Zuneigung und Geduld und mit allen notwendigen Einsichten in die Lage des Kindes versehene Pädagogen; die Abwesenheit aller Rivalen; ein Abenteuer, das die Fantasie und die Lebenskraft des Jungen ganz zu absorbieren versprach; eine, wie wir von uns selber wussten, lustvolle Erfahrung gepaart mit strengen Sachgesetzen: dem des Meeres und seiner Gefahren, dem des Schiffes und seines kostbaren, weil vorerst nicht ersetzbaren Zubehörs, dem des Motors und seiner Tücken, dem des südlichen Wetters und seiner Macht über uns, dem der einfachen, lebenserhaltenden Verrichtungen, an denen auch ein Kind gut teilnehmen kann; kurz: Notwendigkeit statt Zwang und ein großer Spielraum für Improvisation – das waren die günstigen Voraussetzungen. Die Seefahrt schien mir damals *die* Metapher für das Geschäft der Pädagogik zu sein – alle Bilder vom Gärtner, vom Töpfer, vom Wegführer als untauglich weit hinter sich lassend.

Wir fuhren mit meinem vollbepackten roten VW-Käfer mit dem Kennzeichen GÖ-W 606 (so kurz konnten damals normale Nummernschilder noch sein!) bei den Großeltern in Seibersbach vorbei und von da an auf deutschen, österreichischen, jugoslawischen und griechischen Autobahnen nach Milina – ich mit noch unfertigen Gedanken beschäftigt, Gerold und Nikolaus in ausdauerndem Gespräch. Gerold schilderte dem Jungen unser Ziel und unser Schiff; der Junge fragte unermüdlich – weniger nach Tatsachen und Einzelheiten, mehr nach Möglichkeiten und Denkbarem; in ihm muss ein kompliziertes oder großartiges Fantasieschiff entstanden sein in einem phäakischen Seefahrerparadies. Wieder eilte er uns mit seiner lebhaften Einbildungskraft voraus; wieder waren ihm die normalen Lebensgewohnheiten und Rücksichten erst nebensächlich, dann störend. Er wollte seine Tageskluft abends nicht gegen den Pyjama eintauschen, sich nicht waschen, dies nicht essen und das nicht – stattdessen lieber Mars-Riegel. Solange der Tag auf dem öden Auto-Put noch so viel Abwechslung bot – die ersten Wassermelonen, ausgebrannte Lastzüge, *soft-ice* an der Tankstelle, eine Schildkröte, die wir natürlich mitnehmen mussten und die in Griechenland dann weglief, das abendliche Feuermachen für die Mahlzeit, das morgendliche Teekochen auf der Gasbombe – solange waren die Friktionen ausgleichbar und unerheblich, auch für mich; aber es waren Vorzeichen. Wer würde welche Ordnungen anmahnen? Wer würde sie wann und wie durchsetzen? Was würde das für Folgen haben?

In Milina war Nikólaos, was er auf der Geburtstagsfeier in Arachowa (s. o. S. 170) schon hätte sein sollen: ein gefeierter kleiner Deutscher mit dem großen griechischen Namen – und sonst wenig brauchbar. Das Herrichten des Schiffes dauert je nach den Vorarbeiten der Schiffshandwerker auf der kleinen Werft zwischen drei und zehn Tagen. Diesmal hatten sie wenig geleistet, war mehr in Unordnung als in anderen Jahren. Das Schiff hätte mit frischem Anstrich im Wasser liegen können; es stand ausgetrocknet und vernachlässigt auf seinem Bock an Land, musste von alter Farbe befreit werden (mit Lötlampe und Spachtel), kalfatert, gestrichen, zu Wasser gelassen, getakelt, beladen werden. Während ich mich um den Rumpf kümmerte, nahm sich Gerold des heiklen Motors an: das Konservierungsöl ablassen, die Dichtung überprüfen und erneuern, den Rost, der sich unfehlbar angesetzt hat, beseitigen, erste Probeläufe machen mit den ersten frustrierenden Ergebnissen. Und bei alledem wollte Nikolaus helfen. Am liebsten mit der Lötlampe an den Planken herumkokeln. Aber wir haben nur eine. Man hält sie mit der Rechten und schabt sofort mit der Linken die verschmorende Farbe weg, eine Tätigkeit, die Unterbrechung nicht duldet – Und das in voller Sonnenhitze! Nein, Nikolaus war schnell überzeugt, dass das nichts für ihn sei. Kalfatern – faszinierend anzusehen – kann überhaupt nur Athanasios. »Aber später, wenn das Boot gestrichen wird, kannst du helfen ...« Ich sagte es ungläubig, denn auch das will mit Sorgfalt und Ausdauer gemacht werden. Also hockte sich Nikolaus zu Gerold aufs Schiff, wo dieser am Motor prokelte. Da höre ich sie reden und reden. Gerold erklärt ihm nicht nur alles, er zeigt, wie es geht, wie man's macht, wann es warum nicht geht. Kommt er auch zum Arbeiten? Von 11 bis 17 Uhr ist Mittagspause – brüllende Hitze. Und um 20 Uhr abends ist es dunkel – plötzlich und vollständig. Man müsste früher aufstehen. Gerold schlief gern bis 7 Uhr, Nikolaus bis 9 Uhr, wenn die Sonne über den Berg kommt. Ich mahne nicht, ich »beschäme«. Der um 6 Uhr gedeckte »Frühstückstisch« unter der Prinoseiche ist ein Vorwurf. Irgendetwas braut sich zusammen ...

Nikolaus hat sich von unseren Arbeiten bald ganz entfernt – mit gutem Instinkt. Damit vergeben wir auch die Chance der »Bewährung«. Einen Lukendeckel hat er gestrichen – viel zu dick und unordentlich – und einen Farbtopf umgeschüttet. Nun bastelt er aus einer leeren Gaspatrone, einem Gummischlauch und einem Marmeladenglas einen Apparat zur Destillation von Meerwasser – klar und richtig gedacht. Nachdem er sich mehrfach die Hand verbrannt hat, ist die Höllenmaschine installiert und blubbert vor sich hin. Unser Gaspatronenvorrat ist berechnet, wie alles, was wir dabeihaben. Soll das Gas so vergeudet werden? Wer schreitet ein? Ich natürlich. Gottlob darf Niko, wie er bei den Griechen heißt, auf dem Esel von Athanasios reiten – und, gottlob, gibt es das Meer. Nikolaus taucht und schwimmt viele Stunden am Tage; aber ohne Partner ist's nur das halbe Vergnügen. Einmal überquert er mit mir die Bucht zur Insel, eine unglaubliche Leistung! Nun will er es – mehrfach am Tage – wieder tun. Und ich möchte, dass das Schiff fertig wird und wir abfahren können. Allein hinüberzuschwimmen erlaube ich ihm nicht. Sollte ich es? Hatte ich nicht gelernt, dass Knaben »gewagt« werden müssen? Aber ich stelle mir (und ihm) vor, er stoße auf eine Feuerqualle und gerate in Panik, oder er bekomme einen Krampf, oder er ermüde nur einfach: Es sind 1600 bis 1800 Meter. Die Stimme trägt nicht von hier nach dort. – Nein, ich verbiete es ihm.

Dann endlich der dramatische Stapellauf mit viel »hu-pah, hu-pah« und die Abreise. Schon am übernächsten Tag, am 2. August, feiern wir – in unserer Lieblingsbucht – seinen Geburtstag. Er bekommt eine Taschenlampe, einen Luftballon, zwei Schiffe geschenkt – eines mit Segel, eines zum Aufziehen. Während das Letztere im Kreis um unsere Dionysos herumschnurrt, ist der Luftballon weggeflogen und das Segelboot weit aufs Meer hinausgetrieben worden – und Nikolaus muss gewaltig mit dem Schlauchboot rudern, um es einzuholen. Es ist ein glücklicher Tag für ihn. Onkel Hartmut sagt nichts, lässt ihn so viel schwimmen, wie er will. Aber selber mag ich nicht stundenlang im Wasser sein – selbst in diesem wunderbar warmen Land friere ich schon nach einer halben Stunde. Gerold auch. Der sitzt auf Deck, lässt die Füße über Bord baumeln, dreht sich eine Zigarette, scherzt mit Nikolaus, der ihn ins Wasser zu ziehen versucht. Nikolaus wird immer listiger und lästiger und am Ende rabiat. Ein letzter Versuch bei mir: »Bitte, Onkel Hartmut, komm doch noch einmal rein!« Vergeblich. Und dann hat er Gerold erwischt, ihn mitsamt der Zigarette und der Zeitung ins Wasser gezogen, ist mit einem Mal über ihm und taucht ihn mit solch unbarmherziger Heftigkeit und Dauer, dass mir angst und bange wird. Ich springe hinterher und rette Gerold. – Es ist Nikolaus' Geburtstag, und ich schimpfe nicht. Aber ich schweige lange – ratlos und verzweifelt. Nikolaus liebt Gerold. Stundenlang sitzen sie vorn unter der geblähten Fock und besprechen das Schiff, das Nikolaus bauen will, zunächst Dionysos II, ein Modell von Dionysos I, im Maßstab 1 : 10 oder auch 1 : 5 – in allen Details, mit zahllosen Varianten. Gerold ist immer geduldig, immer zu allem bereit, immer voller Auskunft. Aber das genügt Nikolaus nicht. Er pufft ihn, versteckt seinen Tabak, zieht ihm die Sonnenbrille weg; aus den Püffen werden Schläge – ein Trommelfeuer mit der Faust auf den Rücken, ein unerwarteter *punch* in den Bauch, dass es wehtut. Was für ein Dämon treibt ihn? Und: Wie hält Gerold das aus? – Mir fallen Briefe meiner Schwester ein aus Nikolaus' erstem Lebensjahr. Aus dem sanft schlummernden, sanft saugenden, sich sanft anschmiegenden Baby wird innerhalb der ersten 8 Monate ein Wesen, das mit sanften Eltern nicht mehr zufrieden ist: »Er legt mir den Kopf auf die Schulter, sagt ei ei, um mir gleich in die Haare zu packen, in die Nase zu beißen, in die Augen zu piken.« Hat sie das ausgehalten? Als er 11 Monate alt ist, bekommt er, wie seine Eltern, die Grippe, weint viel und »ist unausstehlich beim Waschen und Anziehen und so stark, dass ich ihn in der Verzweiflung hauen muss.« Mit 13 Monaten »kracht er vor Tatendrang. Im Zimmer kann er viel zerstören, draußen muss er alles aufheben und in den Mund stecken. Fahren lassen mag er sich nicht. Er will selbst schieben und sucht dabei immer etwas am Boden. Der entstehende Kampf mit dem kräftigen Kerl geht über meine Kräfte.« Als Nikolaus eineinhalb Jahre alt ist, schreibt Helga: »Wenn er mit seinem Willen nicht gegen unsere Körperkräfte ankommt, packt er einen mit zusammengebissenen Zähnen an der Kehle oder schlägt einen mitten ins Gesicht, zerrt an den Haaren und schüttelt. Nie verstehe ich ihn besser. Trotzdem haue ich ihn.« Holt Nikolaus nun an Gerold nach, was er damals nicht durfte: sich die Liebe zuziehen – mit aller Macht seiner kleinen Person? Sucht er, was ihm damals ebenfalls versagt blieb, die gleich heftige Antwort des geliebten anderen?

Am anderen Tage ist völlige Windstille. Wir fahren darum mit dem Hilfsmotor, der auch gleich angesprungen ist. Nikolaus darf nicht nur, er muss nun auch am Ruder sitzen. Was wir teilen können, teilen wir. Er »steuert« gern. Meist bittet er Gerold zu sich nach achtern, um mit ihm zu plaudern. Ich muss ihn dann gelegentlich mahnen, den Kurs zu halten. Er hört's nicht gern. Sage ich es gern? Wie mahnt man, ohne mahnend zu klingen? Ohne den Unterton: »Warum macht ihr beide das nicht von alleine? Ich will mein Buch lesen!« Bin ich eifersüchtig auf das Einvernehmen der beiden? Gerold versichert: Nikolaus bange vor allem um meine Zuwendung, wolle in erster Linie vor mir bestehen. Ich hingegen bin zufrieden, wenn wenigstens Gerold das Richtige tut, wo ich es nicht kann. Was für ein Durcheinander, welche Verwirrung vollends für das Kind: *mein* Freund Gerold, *dessen* Freund Nikolaus vor allem *mein* Nikolaus ist, der wiederum *seinen* Onkel Hartmut braucht!

Kommen wir irgendwo an, haben wir das Boot gut verankert und unsere Menage an Land gebracht, wird erst einmal aufgeräumt (das Plastik zusammengetragen, das den Strand verunziert); dann wird Holz gesammelt, solange es noch hell ist. Oft macht sich Nikolaus sein eigenes Feuer, weil an meinem Feuer alles richtig zu sein hat: die Flamme, die Glut, der Holzvorrat sortiert nach kleinen und großen Stöcken, die Steine, auf denen die Kochtöpfe stehen, und möglichst auch die Lage zum Wind wegen des Rauchs. Nikolaus hat gern ganz große Feuer – wenn er nicht gerade eine Qualle in einer Blechdose kocht oder aus dem roten Wachs von unserem »Edamer« aus Finnland rote Bällchen formt und damit Schaschlik-Grillen spielt. Weil uns diesmal sein Feuer mit Rauch eindeckte, bat ich ihn, es woandershin zu verlegen. Das war dann gleich ziemlich weit. Als ich zum Essen rief, mochte Nikolaus nicht. Er wollte stattdessen noch einmal ins Meer. Es war ein Wind aufgekommen, die Luft war kühl, die Sonne längst untergegangen – es herrschte Finsternis außerhalb des Scheins der Feuerstelle; Nikolaus hatte gerade ausgiebig gebadet und trug noch sein nasses Badehöschen; ich fand seinen Wunsch nicht nur überflüssig – ich fand Baden jetzt falsch. Nikolaus, ohnedies schlank wie eine Weidenrute, hatte nichts zuzusetzen, aß tags wegen der Hitze fast nichts, verweigerte jetzt nicht nur die Teilnahme an unserer Mahlzeit (was den Koch immer kränkt), sondern wollte auch noch schwimmen! Ich verfügte: kein Bad – vielmehr die Badehose aus- und den Trainingsanzug anziehen, wie es sich gehört. Nikolaus rächte sich. Er ging zwar nicht ins Wasser, aber er zog sich auch nicht um. Für eine Lösung »im Spaß«, eine Balgerei, die mit dem gewünschten Kleiderwechsel geendet hätte, war der Streit schon zu weit gediehen. Meine Sätze kamen mit ohnmächtigem Nachdruck. Von Nikolaus hörte man nur das leise Bibbern aus dem kühlen Dunkel, in dem er saß. Gerold schwieg. Und das verübelte ich ihm. Die Mahlzeit blieb ungegessen; ich nahm meinen Schlafsack, zog hundert Meter weiter, rollte mich ein und heulte.

Gerettet hat uns ein Sturm, der in der Nacht aufkam. Da musste das Boot gesichert, unsere Habe zusammengeholt werden für alle Fälle und die Schnapsflasche gefunden, die ihre versöhnende Wirkung tat. Wir legten unsere drei Schlafsäcke eng nebeneinander und schliefen in dem erlösten Bewusstsein, dass Sich-Umkleiden zur Nacht nebensächlich ist und die Pädagogik eine ziemlich erbärmliche Kunst – gemessen an dem, was die Not des Augenblicks zuwege bringt.

Oder dessen Gunst! An einem der letzten großen Segeltage im Umkreis der Kykladen kamen wir – bei einer Kapelle, die den Heiligen Kosmas und Damianos geweiht war – dazu, wie eine Herde Schafe zur Wäsche ins Meer geworfen wurde, Stück um Stück von einer drei Meter hohen Böschung, so, dass die Tiere wenigstens hundert Meter schwimmen mussten, um wieder an Land zu kommen: lang genug, um das Ungeziefer in ihrem Pelz zu ersäufen. Mit großem Geschrei und einem gekonnten Schwung vollzogen die Hirten das allsommerliche Geschäft. Nikolaus war sofort mit von der Partie. Und Gerold hat ihn bei dieser Tätigkeit fotografiert, in der uns gemeinsamen Überzeugung, dass Nikolaus hier seinen Lebensberuf gefunden, für einige Stunden ausgeübt und dann für alle Zeit verloren hatte.

Nach fünf Wochen waren wir wieder in Deutschland. Als ich kurz vor dem Abschied über irgendeine Enttäuschung sagte: »Ach, Nikolaus, schon wieder hast du …«, unterbrach er mich lächelnd: »Jetzt siehst du genau aus wie Mutti!« Da war er erneut in seiner Falle. Vielleicht hätte Gerold ihn befreien können – ohne mich. Mit mir konnte das nicht gelingen. Wenn uns die Leute erwartungsvoll fragten: »Na, wie ist es gegangen?«, sagten Gerold und ich aus purer Erschöpfung die Wahrheit: »Es war schön. Aber noch einmal machen wir das nicht.« Bei unseren Freunden machte der Satz die Runde: »Der Nikolaus hat die beiden Pädagogen geschafft.«

Nikolaus versuchte es an der Odenwaldschule – diesmal mit der »Normalität«, statt mit dem Ausnahmeerlebnis. Aber die Lehrer und Schüler ermüdeten nach kurzer Zeit, waren, wie die Schwester nach einem Besuch schrieb, bald »wundgerieben«. Nikolaus fiel über jeden her, der sich auf ihn einließ, aber nicht genug; er prügelte sich mit ihm, auch wenn er von vornherein hoffnungslos unterlegen war. Mit der sich erst »allmählich einstellenden Vernunft« oder dem »noch fehlenden eigenen Willen«, wie meine Schwester meinte, hatte das nichts zu tun. »Erst wenn ich höre oder aus seinen Briefen spüren könnte: jetzt beginnt es, ihm zu lohnen, sich um irgendetwas zu mühen, jetzt hängt er sein Herz an eine Sache und tut etwas dafür, fiele ein Hoffnungsstrahl in das beklemmende Dunkel.« Ach, liebe Schwester, *wir* sind es doch, die das verhindern – mit solchen Gedanken, mit solchen Bedingungen, mit unserem Kleinmut, der sich Pädagogik nennt. Wir wollen, dass die Kinder werden wie *wir* – und doch nicht. *Wir* haben schlechte Nerven und ein schlechtes Gewissen und können deshalb die Freiheit dieses Jungen weder aushalten noch bändigen. *Wir* mit unseren Schuldgefühlen, unseren Wiederholungszwängen und Lebensängsten. Ich erinnere mich eines Briefes, in dem du deine Not mit deinen Müttern klagtest. Mutter, Stiefmutter, Schwiegermutter – alles hatte immer nur Leid für dich bedeutet. Du hattest es mit deiner Mutterschaft auslöschen wollen. Nun meinst du, deinen Kindern genau das anzutun, was diese Mütter dir angetan hatten. Weh uns, dass wir Enkel sind! Aber die Kinder sind stärker als wir, nehmen unsere Schwächen hin, verzeihen uns immer wieder. Wenn wir nur ihren Ruf nach Liebe wahrnehmen, ihn nicht überhören, wenn und weil er nicht sanft und gesittet genug ertönt! Wir halten den Kampf gegen die Barbarei für wichtiger – und nähren diese dadurch. Die wahre Zähmung geschieht im Erdulden; die wahre Stärkung im Widerstand. Die Mutter, die mit Nikolaus über Ökologie, die Tauglichkeit von Großtankern, die Gefahren der Kernenergie stritt und sich seinem Motorradwahn widersetzte, hat ihm gutgetan. Die an der eigenen Wirkung zweifelnde und sich darum auf ihn nicht einlassende Mutter hat ihn entmutigt, verstört. Das tat vollends der Onkel, der meinte, er müsse erziehen, statt erst einmal das Kind zu bejahen, wie es war. Uneingeschränkt. Nur das, was einem gewiss ist, kann man aufgeben. Was einem bestritten wird, muss man verteidigen. Wir haben Nikolaus zu einem heroischen Verteidiger gemacht.

Die kinderpsychiatrische Klinik, die wir als nächste Instanz bemühten, hatte keine Erwartungen an Nikolaus. Es ging ihm darum gut, aber er gewann in dem Schonraum keine Selbständigkeit. Im Heim für schwierige Kinder in Aprath blieb er einsam. Erst in Schottland bei meinem anthroposophischen Bruder aus der Lindenberg-Familie, wo er auf Dauer bleiben konnte und sollte, bekam er Boden unter die Füße – nicht ohne dass sich alles noch einmal wiederholte: »He has been surprisingly nice and composed during the first two weeks ... although trying to be the center of attention wherever he could. It is difficult for Nikolaus to accept himself in the role of a child among other children. This attitude easily causes hostility and jealousy on their part.«

1973 machte man auf seinen Wunsch einen zweiten Versuch an der Odenwaldschule. Das Kollegium weigerte sich – mit dem Hinweis auf die Defizite in bestimmten Fächern; ja, und einen Platz im Internat hatte man auch nicht. So machte Nikolaus seinen Abschluss in Schottland; er absolvierte seinen Militärdienst – ein Bilderbuchsoldat: männlichhart, technisch begabt, mündig-kritisch und schön; er erhielt die Zulassung für ein Medizinstudium in Aachen und folgte so seinem Vater nach; er gewann eine liebenswerte Freundin; er hatte das Unglück, das sich »Kindheit« nennt, offensichtlich hinter sich gelassen. Die Kluft zwischen der Mutter und ihm begann sich zu schließen – da kam die Nachricht von seinem Tod: Gasvergiftung durch einen defekten Durchlauferhitzer, den er selbst installiert hatte.

Am 5. November 1982 haben wir ihn auf dem Waldfriedhof in Bad Segeberg zu Grabe getragen. Diese Worte habe ich dort sagen wollen:

Wir werden weiter zu Dir sprechen, wie wir dies in den letzten Tagen wohl alle getan haben.
Ob Du uns hörst – ich weiß es nicht, ich glaube es nicht.
Aber wenn Du hörtest – was würde ich Dir jetzt sagen wollen?
Nicht, dass wir Dich lieb hatten. Das weißt Du. Daran hast Du nicht gezweifelt. Aber das genügt auch nicht.
Ich möchte Dir sagen, dass wir Dich erkannt haben: den verletz-

lichen und so oft verletzten Jungen, Deinen Lebenswillen und Deine Selbstüberwindung, Deine Zärtlichkeit und Deinen Mut, der nicht nur Furchtlosigkeit war, Deine Hilfsbereitschaft, Deine Geschicklichkeit, Deine Nachsicht, Deine Großmut, Deinen Zauber.

Du warst ein Ritter. Ich fürchte, wir haben Dich nicht deutlich genug spüren lassen, dass Du dies für uns warst; wir haben uns gesorgt; wir haben vor allem Deine Schwierigkeiten erkannt; und wir haben uns ›pädagogisch‹ zu ihnen verhalten.

Ich möchte Dir auch sagen, dass wir Dich in vielem nicht erkannt haben: wie es in der Seele des Kindes ausgesehen hat, in der die Leidenschaftlichkeit und Intensität der Mutter und die Männlichkeit und Geduld des Vaters sich vertragen mussten; wie es Dir in Schottland ergangen ist, das Dir zwar zu einer Heimat geworden ist und aus dem Du gestärkt zurückgekehrt bist, das Dir aber jahrelang wie eine Verbannung erschienen sein muss; wie Du in die Zukunft geblickt, Dich mit Dir selbst befreundet, Deine Erinnerungen und Deine Hoffnungen zu einer aushaltbaren Wirklichkeit vereint hast.

Ich möchte Dir schließlich sagen, wie sehr es uns schmerzt, dass es diese Zukunft nicht gibt: was wir versäumt haben, werden wir nicht nachholen, was einmal geärgert hat, nicht fortlachen, was uns gemeinsam ist, nicht beglückt entdecken oder wiederholen oder festigen können.

Nichts Schönes, das ich mit Dir erlebt habe, war umsonst; keine Freude an Dir wird gelöscht. Aber dass alles über Nacht, für immer und grundlos zu Ende ist, macht mich bitter und mutlos. Um Kraft und Mut zu bitten, damit ich dies willig ertrage, käme mir wie Schwäche und Feigheit vor.

Ich hadere, wie auch Du gehadert hättest.

Ich habe diese Worte damals für Nikolaus nicht reden können. Nun stehen sie hier – und zeigen dem Leser das Gegenbild zum Professor, der sich bemüht, öffentlich vorzutragen – *profiteri* –, was man auf seinem Gebiet Nützliches und Erhellendes weiß: geprüftes und gelingendes Wissen. Das hier endende Kapitel hätte auch den Titel tragen können: Misslungenes Wissen. Zu beidem – meinem Beruf und meinem Leben – gehört es dazu.

18. Schulgründer

»Will ich meine Pädagogik erklären, muss ich mich erklären« – mit dieser Einsicht beginnt der Versuch einer pädagogischen Autobiographie, den ich vor einem Vierteljahrhundert für mein Buch »Aufgeräumte Erfahrung« niederschrieb. Die Umkehrung dieses Satzes ist freilich seit ebenso langer Zeit ebenso wahr: »Will ich mich erklären, muss ich vor allem meine Pädagogik erklären.« Ich muss dazu darstellen, was ich mit zunehmender Deutlichkeit in meinem Berufsfeld gedacht und verwirklicht habe. Seit der Ablösung von der herkömmlichen Professorenrolle, die ich vollzog, indem ich Göttingen verließ, seit dem Beschluss, mich an der Gründung einer neuen Universität auf der grünen Wiese am Hang des Teutoburger Waldes zu beteiligen, seit dem ersten Entwurf von zwei dauerhaften Projekten einer ebenfalls neuen Pädagogischen Fakultät waren Kopf und Herz von morgens bis abends mit diesem Konstrukt beschäftigt, das nun »meine Pädagogik« hieß. Die Tatsache, dass ich einen fast zehnjährigen Lebensabschnitt unter das Rubrum »Schulgründer« bringe, gibt umstandslos den schwierigen Tatbestand preis: dass es sich dabei nicht um einen einmaligen Akt handelt, sondern um eine recht dauerhafte Beschäftigung. Als ich 1988 die nunmehr »gegründeten« Schulen verließ, war sie keineswegs abgeschlossen. Als ich sie 1968 antrat, war sie längst im Gang – als Seelen- und Gedankenarbeit, als Ordnung, Straffung, Prüfung von Vorstellungen, als Gegenstand von Tag- und Nachtträumen.

Die nächsten zwanzig Seiten dieses Kapitels spiegeln dies wider, und mancher Leser wird in ihnen zu viel Meine Theorie und zu wenig Mein Leben finden. Aber er könnte dann nach weiteren fünfzehn Seiten, wenn der Hentig damit in Seelennot geraten ist, doch auf die Absichten und Begründungen zurückgreifen wollen, wenn er denn die Ereignisse verstehen will: wie es zu so viel Sturm, Streit und Strudelei kommen konnte und dazu, dass am Ende die Idee über die Widrigkeiten siegte. Vor allem aber muss niemand befürchten, die drei Bielefelder Kapitel würden so viele Seiten umfassen, wie ihnen proportional zur Zahl der darin durchmessenen Jahre zustehen. Das, was in dieser Zeit meines Lebens geschah, ist auf buchstäblich Tausenden von Seiten anderswo gedruckt festgehalten. Was ich dem Leser des vorliegenden Buches schulde, ist mein heutiges Urteil darüber, wofür freilich ein Mindestmaß an Sachverhalt mitgeliefert werden muss.

Wie aus der Wahrnehmung der Gärungsprozesse des Hochschulstudiums die Keime eines Oberstufen-Kollegs hervorgingen, ist in Kapitel 16 angedeutet worden (S. 227 ff.). Aber um eines deutschen Colleges willen wäre ich nicht nach Bielefeld gegangen – es war nur ein Teil der als notwendig erkannten Neuordnung des Bildungswesens insgesamt. Dieses konnte man nicht an einer Stelle »gründlich« verändern und es an den anderen belassen, wie es war. Der eigentliche Beweggrund »meiner Pädagogik« war die Erneuerung der öffentlichen Pflichtschule (1); »Erneuerung« ist in der Pädagogik immer ein Prozess (2); durch ihn sollte die Erfahrung von Lehrern, wie ich einer war, die politische und administrative Veränderung der Schule anleiten und von den Erziehungswissenschaften wahr- und ernst genommen werden (3). Den Ehrgeiz dieses dreiteiligen Vorhabens nicht wirklich ermessend, fing ich in Göttingen da an, wo man mit der Schulreform immer anfangen muss: überall – unten, oben, dazwischen.

Es muss nachgeholt werden, dass mich Gerhard Szczesny, auf dessen Buch »Die Zukunft des Unglaubens« ich mit lebhafter Zustimmung reagiert hatte, bat, der Humanistischen Union, ja ihrem Wissenschaftlichen Beirat, beizutreten. Für ihn hatte ich »Thesen zur inneren Schulreform« aufgeschrieben. Ein Mitglied der Humanistischen Union, ein Hamburger Papiergroßhändler, Herbert H. Bernhardt, hatte diese und meine ZEIT-Aufsätze gelesen und bot mir seine Hilfe an. »*Das* müssen die Menschen wissen! *Darüber* müssen sie reden!« Er ließ bei Klett ein ansehnliches »Arbeitsheft« in einer Auflage von 3000 Exemplaren drucken, das meine Reformgedanken auf dreißig Seiten wiedergab (»Abstraktion und Kommunikation«, 1966). Zwischen den einzelnen Grundsätzen und Vorschlägen hatte ich Platz für schriftliche Anmerkungen, Fragen, Kritik des Lesers gelassen, um ihn so zu beteiligen: Wenn er am Ende das »gemeinsame Werk« noch einmal überblicke, werde er vielleicht dem Autor die eine oder andere Notiz zukommen lassen. Höchste Aufmerksamkeit und Dank seien ihm versichert, auch wenn er sich nicht eine eingehende Korrespondenz erwarten dürfe. H. H. Bernhardts Büro verschickte dieses Heft an Schulbehörden, Lehrerverbände und Gewerkschaften, Seminare, Schulleiter, Rundfunkredaktionen und Verleger der pädagogischen Zeitschriften, die seine Kunden waren und wohl auch die Mehrzahl der anderen Adressen lieferten.

Meine Anregungen ging weit über das hinaus, was man damals unter dem Terminus »innere Reform« verstand – eine Reform ohne Veränderung des organisatorischen Rahmens. Ich zog meinem Vorstoß absichtlich diesen Schafspelz über, wollte ich ihn doch nicht in die zur Abwehr von »Wölfen« schon bereitgestellten Drahtverhaue laufen lassen. Nichts, was eine Erhöhung der Lehrerzahl verlangte, nichts, was an die Gliederung des Systems rührte, nichts, was die Zuständigkeit der lehrerbildenden Einrichtungen für die einzelnen Schularten in Frage stellte, hatte damals eine Chance, angenommen zu werden. Dabei wusste (und sagte) ich beides: dass die äußere Reform ohne die innere eine leere, allem Missbrauch schutzlos ausgelieferte Maßnahme sei *und* dass die innere Wandlung ohne äußere Eingriffe nicht zustande kommen werde, ja dass die meisten Maßnahmen, die sich als Reform ausgäben, der Stabilisierung und damit Verewigung des alten Gehäuses dienten. Ich setzte auf die in meinen Vorschlägen erkennbaren Möglichkeiten zu selbständigem Handeln der einzelnen Schulgemeinden. Wo Lehrer, Eltern, Schüler, Gemeinderatsmitglieder gemeinsam fragen: »Was stört uns am meisten?«, »Was wollen wir?« und »Was können *wir* tun?«, werde man sich gern von mir anregen lassen, während man sich gegen jeden Ukas und alle abstrakten Umbaupläne wehren werde.

Was ich den Schulen damit ansann, musste ich auch selber auf mich nehmen, nachdem Schelsky mich 1966 in den Wissenschaftlichen Beirat für die Gründung einer neuen und neuartigen Universität in Ost-Westfalen gebeten und ich seiner Bitte unter zwei Bedingungen stattgegeben hatte: Es müsse denkbar sein, dass diese Universität eine *laboratory school* zum Zentrum einer gedachten Pädagogischen Fakultät mache und dass sie sich zur Einrichtung eines Colleges als Konkurrenz zum eigenen Eingangsstudium bereitfinde. Wenn das nicht von vornherein ausgeschlossen sei, sei ich bereit, diesem Gremium anzugehören und an der Planung und Konstituierung einer solchen Universität mitzuwirken. Dies sagte Schelsky mir zu, der sich hierfür wohl bei seinem Freund und Kollegen, dem damaligen Kultusminister des Landes Nordrhein-Westfalen, Paul Mikat, versichert hatte.

Schon Anfang des Jahres beauftragte mich die Regierung des Landes mit einem Gutachten zum Verhältnis der »Bielefelder Universität und ihrer Schule«. Schelsky lag – das war unschwer erkennbar – vor allem daran, mit einer universitätseigenen Schule die Berufung bedeutender Professoren zu erleichtern. Akademische Kreise waren mit der herkömmlichen öffentlichen Schule nur selten zufrieden. Schelsky stellte sich im Übrigen vor: Diese Schule werde – wenn sie denn in ein College münde – natürlich ein »Gymnasium« sein oder, mit einem neutraleren Wort, eine »höhere Schule«. Meine Kritik an diesem (»Wie hoch ist die höhere Schule?«) war ihm bewusst und durchaus recht. Dass mein Gutachten am Ende den Namen trug »Universität und Höhere Schule«, war das Ergebnis einer der vielen, meist sehr zügigen Sitzungen des Gründungsausschusses und des Wissenschaftlichen Beirats der Universität im Bielefelder Rathaus. Wie anders ging das hier zu als in der alten Philosophischen Fakultät in Göttingen! – eine dichte Agenda, geordnete, aber in keiner Weise ritualisierte oder gar hierarchisierte Erörterungen, bündige Beschlüsse. Nach jeweils etwa drei Stunden trennten sich die Herren (noch immer gab es keine Dame!), nicht ohne dass Freiherr von Medem, Kurator der Bonner Universität und Mitglied des Gründungsausschusses, jedem Teilnehmer aus einem schwarzen Köfferchen einen Umschlag mit einem Hunderter übergab: als Sitzungsgeld. (Reisekostenabrechnungen ersparte man sich und uns damals!)

In einer dieser Sitzungen ergab sich, dass so gut wie niemand etwas mit »Gesamtschule«, »Ganztagsschule«, »induktives Verfahren«, »Handlungsforschung« anfangen konnte. Wer Neues will, muss mit Verständigungsschwierigkeiten rechnen, und so hatte ich in meinem Gutachten *nolens volens* zunächst von »Voraussetzungen«, »Begriffen«, »Verhältnissen« jenseits von »Bielefeld« zu reden (das gottlob das unbestimmte und paradoxe »Ost-Westfalen« abgelöst hatte). Ich erklärte allgemein und unbefangen, warum bisher Selbstverständliches für diese Neugründungen – Universität/Oberstufe/Schule – bitte nicht zu gelten habe. Gerade hatte beispielsweise einer der Wortführer des

»konservativen Lagers«, ein tatkräftiger Schulmann, Nils Wilsing, in der WELT den Reformern blanken Illusionismus vorgeworfen, etwa bei der Behebung der sogenannten »Stofffülle«. Einen überflüssigen »Ballast« gebe es nicht. Er forderte die »Entrümpler« der Lehrpläne auf, doch einmal zu sagen, wo ein Geschichtslehrer bei Bismarck denn kürzen solle. Wilsing bot an: bei »Vereinigter Landtag 1847/48, Vertrag von Olmütz, Gesandter in Frankfurt, Heereskonflikt, Schleswig-Holstein, Königgrätz, Norddeutscher Bund, Französischer Krieg [sic!], Reichsgründung, Reichsverfassung, Kulturkampf, Sozialistengesetz, Schutzzollpolitik, Berliner Kongress, Sozialgesetzgebung, Zweibund, Dreibund, Kolonialpolitik, Entlassung, Gesamtwürdigung«. Das seien 20 Themen gleich 20 Stunden, bei drei Wochenstunden gleich sieben Schulwochen von 40, die in der Unterprima zur Verfügung stünden. Wer kürzen wolle, müsse angeben, was hiervon entbehrlich sei. Nun, ich gab ihm meine Antwort nicht nur in dem wegen seines Umschlags so genannten Blauen Gutachten, sondern auch in einem öffentlichen Vortrag: Wilsing sei offenbar der Meinung, hier sei nichts zu kürzen. Ich wolle ihm eine andere, vielleicht nicht die richtige, Antwort geben, die ihm aber bezeichnenderweise gar nicht in den Sinn gekommen sei: Entbehrlich könne möglicherweise Bismarck sein – Bismarck nämlich als Pensum, als etwas, was unbedingt »durchgenommen werden muss«, der ganze, der wahre, der historische Bismarck, den es nur vollständig gebe, ein Bismarck, von dem Wilsing in keinem Wort andeute, dass und wie er ihn auf uns, auf das Leben der Schüler in unserer Zeit zu beziehen gedenke, der objektive Bildungs- und Abitur-Bismarck, dessen *Bedeutung für uns* schon deshalb bei dem Schulmann nicht vorkomme, weil sie schlecht und nur mit Risiko für den Prüfenden geprüft werden könne. Kein Gegenstand des Unterrichts, behauptete ich, sei »selbstverständlich« und mit dem über ihn vorhandenen Wissen identisch. Stets müssten eine Begründung und mit ihr die Kriterien für seine Darstellungsform voraufgehen.

Während ich so eher tollkühn als tapfer eine Kampfrunde eröffnete, die eben auch innerhalb der »inneren Reform« möglich und nötig war, sammelte ich in Göttingen meine Kräfte. Wie Antaios setzte ich meine Füße fest auf die Erde, und dies war die meine. Ich hatte

– bei Sokrates gelernt, wachsam gegen die Gewissheit des Wissens zu sein (und mich seither erinnert, wie leichtfertig auch die »humanistisch Gebildeten« in der Nazizeit sich dem Schein, dem Lärm, dem Vorurteil der Masse ergeben hatten),

- bei Platon verstanden, warum man die Suche nach dem beständig Wahren nicht aufgeben darf und wie man dabei vorgeht,
- bei John Dewey eingesehen, dass Erkenntnis mehr im Handeln als im Einsammeln von Wörtern gewonnen und gesichert wird,
- bei James Conant *et al.* wahrgenommen, wie hilfreich empirische Überprüfung und das Absehen vom Einzelfall dabei sein können,
- bei Jean-Jacques Rousseau das große Gedankenexperiment einer Menschenerziehung durchgespielt, die seinen Émile befähigen konnte, zugleich frei, er selbst *und* ein Bürger des Gemeinwesens zu sein,
- bei Erich Haag abgeschaut, wie nur die sichere Beherrschung der Sache, die man lehrt, fantasievolle, spielerische und menschliche Umgangsformen bei ihrer Vermittlung erlaubt,
- bei Basil Bernstein, Allison Davis, Heinrich Roth, Ralf Dahrendorf gelesen, wie vorurteilsbeladen und ungerecht unsere Schule mit den Unterschieden unter den Schülern verfährt,
- in meiner eigenen Schullaufbahn erfahren, wie wichtig Unmittelbarkeit, die richtige Größenordnung, das Zutrauen zu Menschen sind und wie unerheblich, gemessen daran, die Organisationsformen der Schule,
- in Elizabethtown erkannt, wie wirksam demokratische Einstellungen und Einrichtungen sein können, wenn man sie ernst nimmt, und wie aufmerksam man sie vor demokratischer Rhetorik und Routine schützen muss,
- im Deutschen Ausschuss und im Deutschen Bildungsrat begriffen, welch antiquiertes Bildungswesen wir im Vergleich zu anderen hatten.

Dass meine Aufzählung zehn Punkte umfasst, drückt aus, wie willkürlich sie ist und dass sie nicht vollzählig zu sein behauptet; wie könnte ich sonst auslassen, was ich in Kanesatake oder am Birklehof über Menschenführung durch Beteiligung gelernt hatte, an Ulshöfers Seminar, was es doch für handwerkliche Rücksichten gibt und, ach, im Krieg, was es heißt, sich zu bewähren!

Ich wusste zugleich, dass mich unser traditionelles Schulsystem hervorgebracht hatte, dass mir als Schüler und Lehrer eine »Bildung« zuteil geworden war, die mich zu kritischer Wahrnehmung befähigt und zugleich bereichert, beglückt, zur Tat befeuert hatte.

Ich verfügte außer über solche Gewissheiten noch über etwas anderes, für mein Vorhaben fast noch Wertvolleres: Ich hatte Menschen kennen gelernt und nannte sie meine Freunde, die diese Voraussetzungen und Vorstellungen mit mir teilten und von denen ich den Eindruck hatte, sie könnten die mir vorschwebende »Schule für heutige Menschenkinder« mit mir verwirklichen.

Ich zählte sie auf, kam (mit mir) auf einundzwanzig und schrieb für sie – verschlüsselt als »3 mal 7« – nieder, wie »Unsere Schule« aussehen könne. Ich nummerierte die Exemplare und behielt selber die Kopie Nr. 21. Aus diesem seinerseits in drei Abschnitte geteilten Manuskript (Voraussetzungen / Pädagogische Aufgaben / Wissenschaftliche Aufgaben), die je wieder in sieben Items zerfielen – ein bisschen Wort- und Zahlenspiel gehörte zu unserem hermetischen Umgang –, gebe ich die »Setzungen« wieder, über die im Voraus Einigkeit herrschen sollte:

(1) Unsere Schule ist ein Gemeinschaftswerk aller, die in ihr leben und arbeiten. Übereinstimmung wird über die hier festgelegten Grundüberzeugungen hergestellt. – Unsere Schule trifft ihre Entscheidungen demokratisch.

(2) Unsere Schule ist ein Prozess. Sie bringt sich und ihre Ordnungen und Wandlungen selbst hervor. – Unsere Schule geht empirisch vor: Entwurf, Überprüfung, Korrektur.

(3) Unsere Schule will nicht die beste aller denkbaren Schulen, also keine Musterschule für alle sein. Sie will ein Höchstmaß an Aufklärung mit einem Höchstmaß an Wohlbefinden ihrer Mitglieder verbinden, das heißt: das Glück nicht der Erkenntnis und die Erkenntnis nicht dem Glück zum Opfer bringen. Sie wird darum schon nicht alles verwirklichen wollen, was pädagogische und politische Einsicht vorschreibt. Sie wird zum Beispiel nicht die »optimale« – von der Wissenschaft für bestimmte Zwecke, etwa die vollkommene Differenzierung, ermittelte – Größe haben, nicht alle überhaupt wünschbaren (und zu allem verpflichtenden) Einrichtungen, nicht die für deutsche Schulen typische selegierte Schülerschaft, nicht die typischen Lehrer, nicht die typischen juristischen Beschränkungen. – Unsere Schule ist klein, überschaubar,

eine Lern- und Lebensgemeinschaft, keine Produktionsstätte für gesellschaftlichen Nachwuchs; das Kollegium wird aus höchstens dreißig Lehrern bestehen, die ohne Geschäftsordnung miteinander sprechen können und die alle Schüler an der Schule persönlich kennen.

(4) Unsere Schule will jedoch erst recht keine pädagogische Provinz sein. Gerade in ihr würden sich weder Lehrer noch Schüler wohl fühlen können; sie würden Angst vor dem Leben haben, »wie es ist«, oder ein verdrängtes Verlangen danach. Ein wichtiger Beweggrund für die Lehrer und Schüler, an unserer Schule zu sein, ist die Wahrnehmung, dass es sich um eine fortschreitende, korrigierbare, in der Welt nützliche, von anderen bewunderte und konsultierte Einrichtung handelt. – Unsere Schule dient als Modell für Lebenstüchtigkeit durch Selbstbestimmung, nicht als nur zu kopierendes Vorbild.

(5) Als »Modell« sollte unsere Schule einige der wichtigsten Grundbedingungen einer allgemeinbildenden öffentlichen Schule im 20. Jahrhundert teilen: Sie soll zu einer großen Stadt gehören (ohne notwendig in ihr zu liegen); sie soll auf der örtlichen Grundschule aufbauen; sie stellt sich der staatlichen Schulaufsicht; sie erhebt kein Schulgeld; sie führt zu den üblichen Abschlüssen; sie ist koedukativ und umfasst alle Konfessionen und Nichtgläubige. – Unsere Schule wird aus öffentlichen und privaten Mitteln finanziert und muss hierfür einen entsprechenden rechtlichen Status erhalten.

(6) Unsere Schule übernimmt oder stellt sich pädagogische Experimentalaufträge; sie schließt eine Lehrerausbildungsstätte ein; sie verpflichtet sich zu einem nur durch pädagogische Rücksichten eingeschränkten Maß an Öffentlichkeit. – Unsere Schule ist zugleich eine pädagogische Forschungsstätte.

(7) Unsere Schule wird nicht ohne die hierfür notwendige finanzielle Sicherung unternommen; sie will aber keine Luxusschule sein. – Unsere Schule ist weder arm noch reich.

Einige dieser institutionellen Setzungen haben wir schon in der Planung, nicht erst in der Verwirklichung verlassen. (s. u. S. 285 ff.)

Auch die pädagogischen Aufgaben sollten uns auf gemeinsame Vorstellungen verpflichten: auf Ziele, die unsere Schüler erreichen sollten und denen wir jeder und jederzeit mit unserem Verhalten, unseren Maßnahmen, unseren Verzichten zu dienen hatten – unabhängig von unter

Umständen variablen Zielen der Einrichtung. Diese mir notwendig und plausibel erscheinende Unterscheidung zwischen den pädagogischen Zielen und den »Institutionszielen« ist später zur Quelle schier endloser Auseinandersetzungen, gar unversöhnlicher Feindschaft geworden. Gerieten die beiden Ziel-Komplexe miteinander in Konflikt, war der eine oder der andere falsch formuliert oder falsch implementiert.

Meine Fassung der sieben wichtigsten pädagogischen Aufgaben begann jeweils mit der Formel: Die Aufgabe unserer Schule sei es, »die Schüler *erfahren* zu lassen ...« Wieder war die Zahl willkürlich; ich habe später – wie oben (S. 218) schon erwähnt – für den Deutschen Bildungsrat dreizehn allgemeine »Lernziele« formuliert. Heute könnten es ebenso gut zwanzig wie zehn sein – und würden doch etwa das Gleiche enthalten wie die sieben aus dem Jahr 1966, nur eben in anderer Gliederung. Je kleiner ihre Zahl, umso weniger lassen sich die Aufgaben in eine Hierarchie bringen – und das ist ein deutlicher »Friedens«-Vorteil. Dennoch werden einige Formulierungen und die damals gewählte Reihenfolge dem Leser zu denken geben, zumal wenn er andere Schriften zu anderen Anlässen von mir kennt. Also:

(1) Unsere Schule sollte die Schüler erfahren lassen, in welchem Maß sie in unvermeidbaren Abhängigkeiten leben werden – in einer Welt, deren Kennzeichen Arbeitsteilung, Verwaltung, Wissenschaft sind oder, wie ich damals härter und hässlicher formulierte: *Kooperation*, *Kommunikation* und *Abstraktion*. Wie viel Einsicht und Übung ein Lerngegenstand hierzu bereitstellt, sollte ein wichtiges Kriterium bei der Aufstellung der Curricula sein. – Unsere Schule ist darum nicht an den herkömmlichen Fächern, Gegenständen und Lehrplänen orientiert.

(2) Unsere Schule sollte die Schüler erfahren lassen, welches Recht und wie recht unser *Körper* hat, welchen Selbstbetrug die auf »Abstraktion und Kommunikation« fixierte Wissensgesellschaft (schon damals nannte sie sich so!) begeht, wenn sie die menschliche Physis vernachlässigt, und welche Hilfen man dieser in der heutigen Welt geben muss. – Unsere Schule nimmt den ganzen Menschen wahr.

(3) Unsere Schule sollte die Schüler erfahren lassen, dass jeder für sein *Glück* verantwortlich ist, dass er es sich von keiner staatlichen Einrichtung, keinem Interessenverband, keiner Versicherungsgesellschaft, keinem medizinischen Präparat, keiner Bildungsanstalt erwarten darf.

In der höchst artifiziellen, von gemeinsamen rationalen Ordnungen und Gebilden überzogenen Welt muss die Erfahrung ausdrücklich herbeigeführt werden, dass zum Glück ein Wille, ein persönlicher Einsatz, ja ein Risiko gehören, dass es nicht allein in der Anpassung (im *adjustment*) gefunden werden kann. – Umgeben von Organisationen und Kollektiven stärkt unsere Schule vor allem den Einzelnen.

(4) Unsere Schule sollte erfahren lassen, dass es ein *Gutes Leben* gibt, einen erkennbaren, wenn auch nie ganz erfüllbaren Maßstab dafür und dass sich die Annäherung an diesen lohnt. Die »heile Welt« ist eine Illusion; das Gute Leben hingegen erschließt sich darin, dass man den ständig nachwachsenden Herausforderungen gewachsen bleibt; es bedeutet: das beglückte Verstehen des bisher Unverstandenen, das Ordnen des noch so Ungeordneten, die Erschütterung des sich unerschüttert Gebenden, die Güte, die die Feindschaft besiegt. – Unsere Schule ist darum kein Paradies und schließt kein Kind aus, weder das asoziale noch das kranke, weder das »dumme« noch das gestörte; sie ist in diesem Prinzip allein durch ihren allgemeinen Auftrag begrenzt. (Eine therapeutische Anstalt soll sie nicht werden!)

(5) Unsere Schule soll die Schüler erfahren lassen, dass sie in einer *politischen Welt* leben, in der es Machtgefälle, Konflikte, Verantwortungen gibt und Gesetze, die diese Verhältnisse regeln; dass ihre Verantwortung mit ihren Rechten zunimmt; dass die vorgängige Begrenzung der Verantwortung praktisch, die nachträgliche fast unmöglich ist. – Unsere Schule nimmt sich darum als eine Polis wahr, in der die Politik als bewegliche Regelung gemeinsamer Angelegenheiten täglich innerhalb und außerhalb des Unterrichts vorkommt.

(6) Unsere Schule lässt die Schüler erfahren, dass wir zugleich in einer *natürlichen*, einer *kultürlichen* und einer *technischen Welt* leben; dass wir uns durch die Technik von körperlicher und geistiger Mühsal entlasten können, nicht jedoch von moralischen, politischen und menschlichen Pflichten. – Unsere Schule ordnet die Lerngelegenheiten so an, dass sich keines der drei Merkmale verabsolutiert.

(7) Unsere Schule lässt die Schüler erfahren, dass sie in einer sich schnell *wandelnden Welt* nie »zu Ende« gelernt haben. – Unsere Schule demonstriert dies durch den Blick in die Geschichte und vor allem dadurch, dass ihre Lehrer selber ständig weiterlernen.

Das auf Saugpapier mit Hilfe einer Wachsmatrize vervielfältigte Schriftstück trägt kein Datum. Die darin vorgezeichneten Umrisse einer Universitätsschule sind im Anhang des Blauen Gutachtens abgedruckt, das 1967 erschien und in dem zum ersten Mal und noch wenig bedacht die Bezeichnung »Laborschule« auftaucht. Kurz davor (der Zeitpunkt ergibt sich aus der Erwähnung der Volkswagen-Stiftung in »3 mal 7«) bin ich Waldemar Krönig erneut auf einer Tagung des Stifterverbandes der Deutschen Wissenschaft begegnet – erneut fasziniert von der Mischung aus Rationalität und Feinfühligkeit, mit der dieser »Organisator« sich pädagogischer Fragen annahm. Ihm schickte ich eines der ersten Exemplare des Blauen Gutachtens und deutete im Begleitbrief an, dass ich seinen Rat brauche. Es kam sehr schnell zu einem Treffen, ich glaube, in Hannover. Schelskys grüner Band »Grundzüge einer neuen Universität« vom Jahre 1966 und mein blauer, in der gleichen Schriftenreihe von Bertelsmann publiziert, lagen nebeneinander auf seinem Tisch. Ich musste ihm weder etwas über das eine noch das andere Vorhaben sagen. Selbst auf die unausdrückliche Parallelität von Schelskys und meiner Überzeugung, dass nämlich die Weise, wie eine Einrichtung entstehe, über ihr weiteres Schicksal entscheide, musste ich ihn nicht hinweisen. Er verstand sofort: »Was Humboldt und Schelsky für die Universität fordern, machen Sie auch für Ihre Schulen geltend. Sie sollen von denen erdacht und gemacht werden, die später in ihr wirken sollen.« Ich bestätigte: Niemand sollte die Schuld für eigene Versäumnisse oder Schwächen den Verhältnissen und Verordnungen zuschieben dürfen. Krönig drängte weiter: Schelsky sei im Begriff, die Planung der Einrichtung durch die späteren Nutzer mit Professoren relativ mühelos zu erreichen. Mit Lehrern, die 42 Wochen im Jahr »im Dienst« stünden und an Schulgesetze, Lehrpläne und Rücksichten auf das jeweilige Kollegium gebunden seien, werde das nicht gelingen. »Wie also können wir Ihnen helfen?« Ich hatte mir die folgende Antwort zurechtgelegt: Ich sähe vier Umstände, die meinem Unternehmen zugute kämen:

Erstens sei in Nordrhein-Westfalen mit der Regierung des Sozialdemokraten Heinz Kühn eine nachdrückliche (Berlin und Hessen folgende) Entwicklung zur Gesamtschule zu erwarten – vorerst unter dem Rubrum, für das das Gesetz und die Vereinbarungen der Kultusminister den Weg bahnten, nämlich als »Schule besonderer pädagogischer Prägung«; für diese Gesamtschulen gebe es gesellschaftspolitische Begründungen, organisatorische Muster und viel pädagogischen Eifer, aber nur vereinzelte Erfahrung mit dem Austrag im Alltag: an der Fritz-Karsen-Schule, der Peter-Petersen-Schule, der Odenwaldschule, den Waldorfschulen – und im Ausland; alle diese arbeiteten unter besonderen Vorzeichen und Bedingungen, die man bei uns entweder nicht habe oder nicht wolle; in NRW werde sich sehr bald ein Bedürfnis nach systematischer Entwicklung und Erprobung des neuen Schultyps einstellen, also nach dafür geeigneten Versuchsschulen; die Regierung von Nordrhein-Westfalen werde eine solche als Curriculum-Werkstatt und Experimentalfeld für eine entsprechende Lehrerbildung und Schultheorie brauchen und bejahen.

Zweitens sei die Bielefelder Universität, die sich als Reformuniversität konstituiere (also nicht als bloße Entlastung des expandierenden Hochschulwesens) bereit, die staatliche Schulverwaltung von der unmittelbaren Verantwortung für die beiden Schulprojekte zu entlasten: durch wissenschaftliche Kontrolle.

Drittens hätte ich bisher wohlweislich vermieden, die geplante Modellschule als »Gesamtschule« zu bezeichnen. Sie werde zwar eine Gesamtschule sein, sogar die bisher radikalste, aber als Folge allgemeiner pädagogischer Prinzipien, die in der Vorlage erkennbar seien.

Viertens ließen sich gerade diese neuen Prinzipien nicht durch Verordnung durchsetzen; sie würden den alten Gewohnheiten der Lehrer und den Vorurteilen der Eltern anheimfallen. Könne man geeignete Personen für drei Jahre vom Druck der Verhältnisse befreien mit der erklärten Absicht, anderen Schulkollegien Mühen und Irrtümer zu ersparen, ließe sich mehr erreichen als durch alle Empfehlungen von Ausschüssen und Bildungsräten, durch Vorzeigeschulen, Schulentwicklungsinstitute, Ausbildungsordnungen und moderne Unterrichtstechnologie. Es müssten nicht alle benötigten Lehrer drei Jahre ohne Schüler und Schule planen; das sei vermutlich sogar hinderlich. Ich stellte mir eine gestaffelte Einstellung vor, im ersten Jahr fünf, im zweiten fünfzehn, erst im dritten Jahr alle dreißig.

Aufgrund des Subsidiaritätsprinzips der Stiftung könne das Land zur Fortführung der Einrichtung verpflichtet werden und habe am Ende eine nicht nur einzigartige, sondern die einzige wirkliche Versuchsschule Deutschlands.

Krönig hatte, während ich dies vortrug, einen Stift zur Hand genommen und murmelte: »... macht 50 Mann-Jahre, also rund 3 Millionen DM – das kann die Stiftung Volkswagenwerk tragen, und das soll sie auch! Stellen Sie bald den Antrag. Wenn Sie Hilfe brauchen – ich stehe bereit.«

Dass Waldemar Krönig (und mit ihm die Stiftung Volkswagenwerk) meinen Überlegungen folgte, war nicht unverständlich. Das Geld war da, die Forderung nach Veränderung (»Modernisierung«!) der Schule laut und fast allgemein, die Notwendigkeit, die sich überstürzenden Reformvorschläge zu kanalisieren, die Investitionen zu legitimieren, ihre Verwirklichung zu kontrollieren, lag auf der Hand. Und hier kam einer – ein Professor des Fachs – mit einem konkreten, in sich geschlossenen Konzept und war auch noch bereit, es selber zu verwirklichen! – Aber konnte ich mir selber folgen? Womit hatte ich mir eben die gewünschte Schule erkauft?

An jenem Tag scheine ich mich das nicht gefragt zu haben. Ich war überwältigt von der Mühelosigkeit meines Erfolgs. Die Größenordnungen waren gewiss gänzlich neu: Noch nie in meinem Leben hatte ich mit solchen Summen, mit einer so gewichtigen, fast schon greifbaren Entscheidung, einem so unheimlichen Antrags-Auftrag zu tun gehabt, wusste ich doch nicht einmal, was »Mann-Jahre« bedeutet. Aber das machte mir nicht bange, es machte mich im Augenblick verwegen. In dem Taumel, in den mich dieses Gespräch versetzt hatte, begann ich schon auf der Heimreise, die allgemeine Einleitung zum Antrag zu schreiben: »Schulreform durch Experiment / Zwei Versuchsschulen in Bielefeld«.

In diesem Antrag mussten vor allem die Institutionsziele und die sie beglaubigenden Strukturmerkmale der beiden Bielefelder Schulprojekte dargestellt werden, die weder im dritten Teil des Memorandums »3 mal 7« noch in meinem kurzen Plädoyer für Herrn Krönig enthalten waren. Das mobilisierte meine Fantasie. Ich begann, *unsere* Schule neu zu denken, entdeckte Blößen und stieß zumal in den ersten Beratungen mit meinen Mitarbeitern und anderen kundigen Freunden auf zwei Bedürfnisse: nach größerer Genauigkeit und nach deutlicherer bildungspolitischer Bestimmung.

Die Letztere gab es seit meinen ersten Göttinger Erfahrungen mit der Hochschulpädagogik. Jetzt mahnte mein neuer Auftrag vernehmlich mit der Stimme der zweiten geschundenen Seele in meiner Brust. Diese haderte damit, wie wenig die Hochschule dazu beitrug, die Schule besser zu machen, weil sie nicht genug von ihr wusste, und wie wenig die Schule auf die ja vorhandenen Erkenntnisse der Pädagogik einging, weil sie selbst in Schulgesetzen, Lehrplänen, Laufbahnregelungen, falschen Gebäuden, falschen Gliederungen, falschen Gewohnheiten »eingegipst« war. Es fehlten Schulen, die der Schulverwaltung und der wissenschaftlichen Pädagogik als Beobachtungs- und Experimentalfeld dienten und schon aus dem Grund »anders« sein durften oder mussten. Nun war »unsere Schule« in diese Rolle geraten. Das verlangte Opfer von ihr – ein Linsengericht waren diese nicht. Ihre »politische« Bestimmung als Laboratorium veränderte sie – einen Pakt mit dem Teufel hatte ich nicht geschlossen, als ich dies zu ihrer *raison d'être* machte.

Was sich in den nächsten Wochen – vielleicht waren es auch nur Tage – in mir abspielte, markiert die folgenreichste Wende in meinem Leben. Hatte ich in den letzten eineinhalb Jahrzehnten ein guter Lehrer in einer dafür (!) guten Schule sein wollen, übernahm ich mit dem Antrag bei der Stiftung Volkswagenwerk eine zweite Rolle, die sich mit der ersten ständig rieb, ja ihr oft auch widerstritt. Die Organisation eines großen, zudem neuartigen Betriebes, seine Verträglichkeit mit dem übrigen administrativen und rechtlichen System, die Rücksicht auf die Meinungen, Interessen und häufig auch Grenzen ganz anderer Menschen – dies alles würde fortan bei jeder Entscheidung mitreden. Die Schule mit den 3 mal 7 Grund-Sätzen und den 3 mal 7 Freunden machte einem wichtigen, ja notwendigen Gebilde Platz, in dem es um Funktionen ging, die die allermeisten von uns nicht gelernt hatten. Wir überließen sie darum denen unter uns, die sie beherrschten – womit sie bald uns beherrschten: kategorisieren, projizieren, kalkulieren, quantifizieren, tabellieren, legitimieren, evaluieren ... »Planung entwickelt eine neue Mentalität« – mein eigenes Diktum holte mich ein. Ich musste die »planification«, die die Franzosen in jenen Jahren erfunden hatten und feierten, nicht selber vornehmen, aber ich musste sie dauernd nach außen vertreten und ihren ungewollten Folgen im Inneren wehren. Der allgemeine Funktionsplan für die Laborschule, der nach zwei Jahren vorgelegt wurde (das sogenannte Grüne Buch) besteht aus einem verständlichen Vorwort von drei Seiten, einer schwer verständlichen Beschreibung der Strukturmerkmale auf 46 Seiten und aus 80 Seiten, die nur dem Logistiker zugänglich sind: Zahlenreihen, Tabellen, Grafiken, in denen die angenommenen Gruppengrößen, Raum- und Zeiteinheiten, Flächennutzungen, Wochenstundenpläne festgehalten und miteinander verbunden werden. Das war alles löblich, ja bewundernswert, symbolisierte aber für den, der es sehen konnte, wie weit diese Schule (mit dem schrecklichen Namen) sich von der bloß »guten Schule« entfernt hatte, die sich aus Erfahrung und Konsens täglich selbst hervorbringt. Die Letztere haben wir seither liebevoll und nostalgisch »unsere Waldschratschule« genannt und sie gottlob nie ganz vergessen.

Die Umwandlung begann mit Problemen, die sich beim Formulieren des Antrags an die Volkswagen-Stiftung stellten – verständliche Probleme von der Art:

Sollte die Laborschule (LS) für die Bildungspolitik des Landes interessant sein, musste sie sich als Gesamtschule bekennen. Das war nicht nur in Ordnung, das war gut, aber es passte nicht in allem zu ihrem ursprünglichen pädagogischen Programm. Wenn beispielsweise die voraufgehende Grundschule die Schüler auf Auslese, die Erfüllung bestimmter Leistungen in bestimmter Zeit und die Anpassung an die kollektiven Ordnungen dressiert hatte, war die Laborschule mit der Heilung von Fehlentwicklungen mehr beschäftigt als mit der eigenen Pädagogik.

Sie musste als Versuchsschule darum konsequenterweise die Grundschule in sich aufnehmen und sogar ein Vorschuljahr, das beispielsweise die damalige Früh-Lern-Debatte in ihr Experimentalprogramm einbeziehen konnte. Sie hätte es – wie sich bald erwies – auch sonst tun müssen: Alle Erfolge der Laborschule fußen auf der eigenen Primarstufe.

Als Versuchsschule konnte sie nicht mehr einzügig, sie musste, um »aussagefähige« Vergleiche vornehmen zu können, wenigstens dreizügig sein (der Bildungsrat schrieb 1969 die Fünfzügigkeit vor!).

Dies beides verdoppelte die Lehrerzahl gegenüber »3 mal 7«, und die »kleine Schule«, die wir im Sinn hatten, war auf einmal auf 660 Schüler gewachsen. (Das ließ uns bangen: Würde die VW-Stiftung auch 60 Lehrer zahlen?)

Eine Schule für die Kinder der Professoren war sie schon gar nicht mehr. (Recht so! Aber würde die Universität uns dann noch in ihre heiligen Mauern aufnehmen und stützen?) Sollten ihre Ergebnisse auch für andere Gesamtschulen oder gesamtschulähnliche Einrichtungen Gültigkeit haben, musste sie deren Schülerschaft künstlich nachzubilden trachten, also einen Aufnahmeschlüssel ausarbeiten und anwenden. Der lautete damals 60 Prozent Kinder aus der sogenannten Unterschicht, 35 Prozent aus der Mittelschicht, 5 Prozent aus der Oberschicht, weiter 50 Prozent Jungen und 50 Prozent Mädchen, dazu Quoten für Ausländer, Behinderte und Geschwister, falls solche hier angemeldet wurden. Das entsprach unserer Pädagogik, aber es setzte eine Aufnahmebürokratie und eine beträchtliche Hintergehungsenergie in Gang.

Die Laborschule durfte einerseits institutionell nicht zu weit von den vorhandenen Gesamtschulen abweichen, wenn sie ihnen dienen sollte, musste aber, um sie »zu optimieren«, auch in deren organisatorisches Gefüge eingreifen; es konnte nicht bei der »inneren Reform« durch veränderte Curricula bleiben.

Die Laborschule hatte auch ein Standortproblem: In der Nähe der Universität war ein für die durchschnittliche Zusammensetzung einer westdeutschen Industriestadt typisches Einzugsgebiet nicht zu erwarten.

Es musste entschieden werden, von wem an dieser Einrichtung welche Forschung getrieben werde – eben nicht nur »Curriculumentwicklung« durch patente Lehrer. Und auch die musste ja wissenschaftlich überprüft werden.

Für die Lösung dieser Probleme war eben der Planungsstab nötig, zu dem man doch erst durch den Antrag bei der Stiftung Volkswagenwerk zu gelangen hoffte. Die meisten machten mir keine ernstliche Sorge. Ich hatte Vorlieben für die eine Lösung, Vorurteile gegen eine andere – beidem konnte kollegiale Beratung nur guttun. Aber in der zuletzt aufgeführten Frage hatte ich eine entschiedene Meinung und wäre von dem ganzen Vorhaben zurückgetreten, wenn man *ihr* nicht stattgegeben hätte: Der Schulpädagogik bekomme es nicht, wenn – wie ich damals formulierte – Weißkittel-Pädagogen Blaukittel-Pädagogen sagen, was und wie sie es zu machen haben. Es müsse an der Versuchsschule einen nicht nur unterrichtenden, sondern seine gesamte Tätigkeit kritisch beobachtenden Lehrer geben. Ich nannte ihn den »Lehrer-Forscher«. Die Fülle der Erfahrung praktischer Pädagogen müsse gegenüber der Erziehungswissenschaft und -theorie gestärkt (»mündig gemacht«) werden. Eine Laborschule sollte auch theoretisch begründen können, warum ihre nicht systematisch und objektiviert gewonnenen Erkenntnisse in der Wissenschaft ernst genommen werden müssen. Diese mache es sich zu einfach, indem sie alles, was sich ihren Methoden nicht füge, als ungültig beiseite schiebe. In Amerika gab es inzwischen längst ein *development research*, das seinerseits dem auch bei uns anerkannten *action research* zur Seite stand.

Natürlich war das Wort »Forschung« für die den Lehrern der Schulprojekte zugedachten Tätigkeiten sehr hoch, vermutlich zu hoch gegriffen: Sie sollten einen größeren Teil ihrer Arbeitszeit der Reflexion ihres Unterrichts und ihrer pädagogischen Funktion widmen – der Vorbereitung einer Maßnahme oder eines Systems, deren Erprobung, der gemeinsamen Überprüfung, der erneuten Erprobung und schließlich der zur Publikation geeigneten Aufzeichnung. Das würde Folgen für ihr Unterrichtsdeputat und dieses wiederum Folgen für die benötigte Lehrerzahl insgesamt haben. Deshalb musste auch gegenüber der Stiftung Volkswagenwerk davon die Rede sein. Ich wollte also schon im Antrag ausdrücklich darlegen, dass »Schulforschung« schlecht beraten sei, wenn sie sich wie Soziologie oder Physik gebärde. Hier müsse »forschen« vor allem heißen: »Zeit für die Beobachtung und Erörterung des Schulgeschehens haben und zu diesen verpflichtet sein«. Um etwas Neues dabei beobachten zu können, müsse zuerst etwas Neues geschehen. Das in Amerika übliche »R & D«/*research & development* müsse hier umgekehrt werden in »D & R«/*development & research*. Krönig riet ab: »Überlassen Sie das dem Planungsprozess!« Die Gutachter würden einer »Forschungseinrichtung« mit vorgängig »aufgeweichtem Forschungsbegriff« nicht zustimmen.

Die Verteidigung der »schmuddeligen« Erfahrung auch einer Versuchsschule gegen die Vorherrschaft der »reinen« Erhebungs- und Überprüfungsmethoden ist seither zur einen Hauptkampflinie meines Berufslebens geworden. Die andere habe ich 1968 noch nicht erkannt: die gegen politische Ideologien.

Zu meinem eigenen Erstaunen habe ich den geringsten Widerstand, nein: die stärkste Unterstützung von der »Verwaltung« erfahren – von »Rektor und Kanzler« der Universität und von einigen, vermutlich außergewöhnlichen, Personen in den zuständigen Ministerien des Landes. Vielleicht schien mir das nur so, weil »man« doch das Gegenteil erwartete: einen Drahtverhau von Paragraphen und Beamte, die diese verteidigen. Stattdessen dachten der Kanzler und der Justitiar der Universität ebenso wohlwollend wie genau an unseren Problemen mit und versagten ihren Beistand allenfalls dort, wo sie meinten, hier verkenne der Hentig die Chancen oder Grenzen seiner Idee – und werde gar von seinen Mitarbeitern demokratisch zu Unfug genötigt. Und in Düsseldorf gab es erst den wunderbar eigensinnigen Ministerialrat Gerhard Stroh und später einen geschmeidigen Nachfolger Jenkner, die unauffällig und ungeniert unsere Sache in ihrem Hause betrieben. Herr Stroh hatte einen Sohn von drei Jahren, als wir unsere Planung begannen: »Wenn Oliver sechs ist, muss die Laborschule stehen – und wir ziehen nach Bielefeld um.« – Mit diesem Satz versicherte er mir *implicite*, dass er tun werde, was er könne und was ich ihm meist nicht glaubte zumuten zu dürfen. Kam ich mit einer besonderen Frage – sagen wir zum Aufnahmeschlüssel oder zum interkonfessionellen Religionsunterricht oder zum Credit-System des Oberstufen-Kollegs –, dann überlegte er, umgeben von Stapeln unerledigter Akten, einen Augenblick und sagte dann: »Das werden WIR nicht genehmigen können. Also lieber nicht anfragen, sondern einfach handeln! Haben Sie das eigentlich Unmögliche eingerichtet, die unmögliche Person eingestellt, die unmögliche Entscheidung getroffen, *ist* es nicht mehr unmöglich. Dann werden wir hier eine juristische Lösung finden.« Dies ist seither meine Vorstellung von einem guten Verwaltungsjuristen: einer, der wie Gerhard Stroh etwas Vernünftiges und Gewolltes rechtlich ermöglicht.

Auch bei der Konkretisierung der Ziele und Voraussetzungen eines deutschen Colleges traten ähnliche und ähnlich unvorhergesehene Probleme auf wie bei der LS. Eigentlich ging es um eine gründliche Erneuerung des Eingangsstudiums – und das an einer Reformuniversität, bei der mit Sympathie für diesen Gedanken zu rechnen war. Gerade weil die Bielefelder vorwiegend als Forschungsuniversität konzipiert war, musste sie es doch begrüßen, wenn statt der hierfür nicht zuständigen allgemeinbildenden Schule eine universitätseigene Einrichtung ihr das

Grundstudium abnahm, eine Einrichtung, die sie selber mitgestalten und für diesen Auftrag tauglich machen konnte.

Wiederum stellten sich schon mit der bloßen Konzipierung Probleme ein, mit deren Lösung das neue Institut fortan mehr befasst war als mit dem großen, reizvollen und vor allem deutlich umrissenen Auftrag: eine allgemeine Wissenschaftspropädeutik zu entwickeln. Auch die schon beschwichtigend gewählte Bezeichnung als »Oberstufen-Kolleg« – auf der letzten Seite von »Systemzwang und Selbstbestimmung« als ein Kolleg im Verbund mit wenigstens acht anderen Einrichtungen der neuen Tertiärstufe dargestellt – entlastete uns nicht. Der Name brachte zum Ausdruck, dass eine Bemühung der Gymnasiallehrer »nach oben« eher zu erwarten sei als eine Bemühung der Professoren »nach unten«. Nicht diese Einschätzung war falsch, sondern ihre Wirkung. Die Universität, auch die Bielefelder, hat sich nie ernsthaft für diese »Oberstufe« interessiert, die dann doch besser »College« geheißen hätte.

Auch hierfür nur eine kleine Auswahl von in der Sache liegenden Widerspenstigkeiten:

Die Verschmelzung von gymnasialer Oberstufe mit Eingangsstudium der Universität ignorierte die Unvereinbarkeit einer weisungsgebundenen Anstalt mit einer (Teil-)Körperschaft des öffentlichen Rechts: Schulen müssen ..., Universitäten dürfen ... Das war nicht nur eine Frage der Satzung.

Dies musste sich zuallererst in der Auswahl der Lehrenden geltend machen. Die bloße Mischung von Studienräten mit Promovierten war noch keine Lösung hierfür. Für die Jurisprudenz, die Medizin, die Ökonomie, sogar die Psychologie gab es die einen gar nicht, für Kunst, Sport, die Technik die anderen nur selten mit der an dieser Stelle verlangten Kompetenz.

Meine Überzeugung, dass sich auch Zeit sparen lasse (3 Oberstufenjahre + 2 Jahre des Eingangsstudiums = 4 Jahre Oberstufen-Kolleg), wenn man Wissenschaftspropädeutik und allgemeine Bildung systematisch verbinde und den künstlich allgemein gehaltenen Abiturienten nicht weiterhin völlig unvermittelt in das hochspezialisierte Fachstudium schicke, teilten die Herren von der Universität nicht. Andererseits glaubten die Schulleute, das Problem mit der Oberstufenreform längst angegangen, gar gelöst zu haben. Das Oberstufen-Kolleg hatte es gleich mit den beiden schwierigsten aller Gegner zu tun: dem, der genau weiß, wie's geht, und dem, der das Problem gar nicht sieht.

Die Fachdisziplinen der Universität waren in der stärkeren Position. Warum sollten sie sich überhaupt rühren? Die Professoren erstritten ihren Ruhm an der Forschungsfront – weit weg von den Nöten der Erstsemester; ihre Assistenten wollten ihrerseits Professoren werden; auch sie strebten also nach vorn, nach oben, in die forschungsträchtige Spezialisierung. In den Gremien der Gruppenuniverstität stimmten die Studenten und der Mittelbau im Konfliktfall für das Oberstufen-Kolleg, wenn sie damit der Professoria zusetzen konnten. Für dessen Sache interessierten sie sich nicht.

Das Oberstufen-Kolleg stand zudem in Konkurrenz zu einem anderen Institut, der von Herwig Blankertz erdachten Kollegstufe. Diese verband die berufliche Bildung mit dem herkömmlichen gymnasialen Hochschulzugang und ließ die Universität »in Ruhe«. Das Land Nordrhein-Westfalen favorisierte sie, weil sie »sozialistischer« aussah; der Bildungsrat favorisierte sie, weil er seinem eigenen Ausschuss zur »Neuordnung der Sekundarstufe II« nicht vorgreifen wollte. Dieser Ausschuss wollte, so viel wusste man, die vier Lernorte Schule, Betrieb, Lehrwerkstatt und Studio auf einer Ebene zusammenfassen und gegeneinander durchlässig machen – ein radikal progressives Reformkonzept für die Oberstufe. Die Mitglieder der Bildungskommission Karl Dietrich Erdmann, Hermann Krings und Hans Maier konnten dem umso lebhafter zustimmen, als sie es für völlig utopisch hielten – und es ihnen einen Konflikt mit der Universität ersparte. Von Hellmut Becker war mir bekannt, dass er ehrlichen Sinnes für die Kollegstufe war, weil sie ein Tabu des deutschen Bildungswesens antastete – die Humboldtsche Zweckfreiheit von Bildung und Wissenschaft. Um mir nicht in den Rücken zu fallen, lavierte er so lange, bis die Entscheidung ohne sein Votum gefallen war.

Und schließlich: Das Oberstufen-Kolleg konnte nicht ohne weiteres als die Fortsetzung der Laborschule angesehen werden. Von dieser gingen jedes Jahr nur 60 Absolventen ab, von denen wiederum höchstens ein Drittel würde studieren wollen. Das Oberstufen-Kolleg jedoch nahm jedes Jahr 200 Kollegiaten auf – Gymnasiasten, Realschüler,

Hauptschüler mit Abschluss einer Lehre. Dies bescherte ihm ein in seiner Tragweite noch unabsehbares didaktisches Problem, in dem sich wiederum Zündstoff für einen Streit unter den beiden Schulprojekten ansammelte.

All das war noch fernes Wetterleuchten. Hier, wo wir unschuldig unsere Pläne machten, war der Himmel heiter bis wolkig. Wir gingen unseren gemischten Beschäftigungen nach: Vorlesungen, Seminare, Roths und Hentigs Forschungsvorhaben, vielen aus bewusster »Zeitgenossenschaft« erwachsenden Aufträgen und Auftritten. Gelassenes Zutrauen zur eigenen Kraft (sie bestand vornehmlich aus Überzeugungen, Fleiß und Ausdauer) und zum intellektuellen Potenzial meiner »Mannschaft« wechselten in mir mit plötzlichen Schwindelanfällen: All diese ungewollten, unabsehbaren, unausgesprochenen Probleme, all diese fremden Mitspieler, Ratgeber, Mittelverteiler, all diese Erwartungen! Gottlob ließ die ständige Beanspruchung keine hemmende Besinnung zu. Western-Helden, Seiltänzer und Hochstapler halten sich durch bewusstloses Weitermachen.

Die Ereignisse kamen mir zügig zu Hilfe. Die Schulprojekte wurden 1968 schon in die Strukturmerkmale der Universität Bielefeld aufgenommen; meiner These wurde stattgegeben, dass die Pädagogik keine Disziplin, sondern eine Fakultät sei – eine Ansammlung von Wissenschaften unter dem Gesichtspunkt eines komplexen Forschungsgebiets, im Fall Bielefelds der Schulpädagogik; die Pädagogik (bis dahin eine bloße Begleiterscheinung der Lehrerbildung für die Höhere Schule) sollte aus der sozialwissenschaftlichen Fakultät herausgelöst und zum Kern einer Fakultät für Pädagogik, Philosophie und Psychologie gemacht werden, die zunächst in Bielefeld gar nicht vorgesehen war. In dieses chimärische Gebilde (zu seiner Rolle für die Schulprojekte s. u. S. 495 f.) wurde ich berufen und nahm am 9. Oktober 1968 meine Ernennungsurkunde entgegen – als zweiter Professor der neuen Universität. Einen Tag zuvor hatte Niklas Luhmann dies getan, der damit unmittelbar nach seiner Habilitierung für Bielefeld »gesichert« wurde. Die Reihenfolge erwies sich als Rangfolge; eine Konkurrenz hat sich ebenso wenig ergeben wie eine Kooperation; unsere Denkweisen waren allzu verschieden!

Inzwischen hatte eine Denkschrift von James B. Conant (»Probleme der Universitäten in Deutschland und USA«) uns Deutschen vor allem zwei Merkmale der amerikanischen Hochschule nahegelegt: das Department-System, also eine fachliche Binnengliederung, welcher die Bielefelder schon sehr nahe kam, und ein Undergraduate-Studium, also ein College, das nur unter Preisgabe des Abiturs denkbar war und damit den Hoheitsbereich der Kultusministerkonferenz deutscher Länder verlassen hätte. Um eben diese Zeit – im Januar 1969 – befürwortete der Bildungsrat »Schulentwicklung durch Experimente« in einem noch nie da gewesenen Umfang. Dass es sich dabei um Schulversuche und nicht um Versuchsschulen handelte, tat der Planung einer solchen keinen Abbruch. Saul Robinsohn hatte 1967 der bei uns üblichen Herstellung von Lehrplänen durch Schulverwaltungen und Regierungskommissionen eine Curriculumentwicklung an schulpädagogischen Instituten gegenübergestellt und die Curriculumrevision selbst zum eigentlichen Hebel der Schulreform gemacht. Mein Buch »Systemzwang und Selbstbestimmung«, das seine stärksten Anstöße aus meiner Arbeit im und meiner Kritik am Unterausschuss »Experimental-Programm« des Bildungsrats erhalten hatte, war gleich bei seinem Erscheinen ein Renner; ich hatte Mühe, innerhalb weniger Monate die vorgesehene Erweiterung und Korrektur für die nächste Auflage vorzunehmen. Die Ausgabe von 1969 durfte nun auch die Allgemeinen Lernziele für die Gesamtschule enthalten, da diese inzwischen in den »Gutachten und Studien der Bildungskommission« erschienen waren. – Die Bielefelder Unternehmungen lagen deutlich »im Trend«, allen genannten Schwierigkeiten zum Trotz.

Die Mitarbeit in dem von Hellmut Becker geleiteten Unterausschuss gab mir eine vorzügliche Ausbildung in meinem neuen Metier, in der Schulreform. In ihm verband sich Erziehungswissenschaft mit Bildungsplanung und -politik. Die Pädagogik musste man selber mitbringen; wollte man ihr Geltung verschaffen, musste man sich auf die Denk- und Verfahrensweisen dieses Gremiums einlassen. Hatte man keine – und das traf auf die meisten Mitglieder zu –, konnte man faul und stumm dabeisitzen oder musste sich für alles ins Zeug legen, was »progressiv« war oder so klang. Als »strukturell progressiv« galten mehr Flexibilität, mehr Mobilität, mehr Heterogenität; als »motivational progressiv« galten mehr Wahlmöglichkeiten, mehr Förderung, mehr

Berufsorientierung; als »inhaltlich progressiv« galt eine stärkere sozialwissenschaftliche Ausrichtung: Sozialkunde, Arbeitslehre, Politik – mehr war da niemandem eingefallen. Im Übrigen hatte Erfolg, wer hartnäckig auf Methodologie der Überprüfung pochte und wer andere Schulsysteme und Reformen ins Feld führen konnte. Weit über die Hälfte der Vorlagen des Bildungsrats zu Schulversuchen mit Gesamtschulen bestand aus Empfehlungen zu Organisations- und Evaluationsfragen.

Hellmut Becker leitete die Sitzungen – ein Genie im Anregen und Vermitteln, ein geborener Moderator. Die eigentliche Leistung wurde von den gescheiten jungen Leuten im Max-Planck-Institut für Bildungsforschung erbracht. Sie schrieben die Protokolle und machten am Ende »Beschlussvorlagen« daraus. Sie hatten von Schulen keine Ahnung, beherrschten aber den Jargon der Reform perfekt – Optionen, *clearinghouse*, Item Bank, Begabungsprofil, *setting & streaming*, *credit system* etc. Sie konnten mit ihren kecken Fragen die als Gutachter geladenen Experten harmlos-respektlos vorführen. Herwig Blankertz mit seiner »Arbeitslehre«, Wolfgang Lempert mit der »Berufsorientierung«, Horst Mastmann mit seinem »Differenzierungsmodell FEGA« waren schon durchgefallen, noch ehe sie den Raum verlassen hatten. Der meist unvollzählig ausdauernde Rest des Ausschusses aber hatte dabei etwas gelernt – nicht nur neue Wörter und Maßnahmen – und einigte sich umso schneller. Wenn man die 200 Seiten der Empfehlung des Bildungsrats durchliest, versteht man die Aufregung nicht, die das Dokument in einer modernen mittleren Industrienation damals auslöste, erschrickt jedoch darüber, dass alles, was uns heute als Qualitätssicherung angesonnen wird – Bildungsstandards, Vermessung des Leistungszuwachses, Leistungsvergleiche, Durchlässigkeit, Äquivalenzen, das ständige »früher« und »noch mehr« –, damals schon formuliert und vorgedacht war, allerdings für ein Versuchsprogramm, nicht für die normale Schule.

Neben der Anpassung hatte aber auch die Widerständigkeit ihre Chance. Die »Alten« – Karl Dietrich Erdmann und Hellmut Becker – deckten meine unbefangen praktischen Einlassungen als »Denkmodelle«, druckten meinen schriftlichen Beitrag in Band 12 der Gutachten ab und nannten ihn ein Produkt »aufgeklärter Subjektivität«; die »Jungen« – Horst Harnischfeger, Diether Hopf, Jürgen Raschert, Hans-G. Rolff – hatten nichts gegen Romantik, wenn sie nur hinreichend »links«

war, und rechneten mich insofern politisch zu den Ihren. Rolff nahm mich in einen Warhol-Film mit, »das Kühnste, was das Kino zur Zeit bietet«: Man sah 30 Minuten lang ein nacktes Knie und danach mindestens ebenso lang eine Dame, die hingebungsvoll eine Banane, nein, nicht etwa aß, sondern lutschte. War das die Bildungsreform?

All diesem Auftrieb stand eine, wie mir schien, tödliche Niederlage gegenüber: Gerold Becker beschloss an die Odenwaldschule zu gehen und »uns« anderen – Wolfgang Harder, Johanna Wellmer, Hartmut Alphei, Will Lütgert – nicht nach Bielefeld zu folgen. »Tödlich« war ja nicht nur die Trennung von dem mir verwandtesten Geist, der mir am nächsten stehenden Person in der Hentig-Gruppe, tödlich war vor allem die geheime Wahrnehmung, dass er den glücklicheren, natürlicheren, von mir eigentlich gewollten Weg ging und ich den falschen, ehrgeizigen, ausgedachten. Wir hatten die Odenwaldschule zusammen von Göttingen aus besucht – es gab irgendein Jubiläum, eine wunderbare Schüleraufführung eines »Squirrel« nach Penzoldt und ein Podium in der alten Turnhalle, auf dem Hellmut Becker und ich über Chancen und Gefahren des Internatslebens redeten. (Ich, der ich selber nichts davon verstand, plädierte dafür, dass jeder Lehrer einmal Drogen nehme, damit er wisse, was er da verbiete; das tat ich aus spontanem Ärger über die professionellen Sorgenfalten auf den Gesichtern der mich umgebenden Pädagogen; von da an nahm man mich in Ober Hambach nicht mehr ernst.) Gerold verliebte sich derweil in diesen pädagogischen Zauberberg, was ich mir nicht mehr erlauben konnte. Seinem Ausscheiden aus dem Hentig-Projekt hatte ich nichts als Trauer entgegenzusetzen. Mir ahnte zum ersten Mal, dass mein Gang von nun an vor allem eins sein würde: einsam.

Diese Ahnung wurde von den üblichen Brüchen eines Umzugs begleitet. Ich musste meinen »Arbeitsplatz« in der Wagnerstraße räumen. Die Universität Bielefeld mietete eine ebenerdige Zweizimmer-Wohnung im Hainholzweg mit Ausgang in einen verwilderten Garten als Büro der »Außenstelle Pädagogik« der Universität Bielefeld. Dort zog Karin Hüsing, eine Freundin meiner Schwester Heidi, als meine neue Sekretärin ein. Sie wohnte in einer als Schlafzimmer hergerichteten Abstellkammer und kochte auf einer elektrischen Platte. Das Interim sollte ja nur ein paar Monate dauern, bis wir alle zusammen nach Bielefeld ziehen würden. Das taten wir freilich erst im frühen Herbst – und so begann denn das modernste pädagogische Unternehmen des siebenten Jahrzehnts in einer vollendeten Idylle zwischen Pappkartons, Malven, Karins Eierkuchen und einem in diesem Sommer nicht aussetzen wollenden Sonnenschein!

Agnes Linda Schott hatte beschlossen, in Göttingen zu bleiben und aus dem Dienst auszuscheiden. Sie traute sich das Ungeheuer Bielefeld nicht zu – den Umzug, die vielen neuen Menschen, eine *new world*, für die man nicht nur *brave* sein musste (das war sie!), sondern *tough*. Sie stand ein Jahr vor ihrer ordnungsgemäßen Pensionierung, hatte sich in ihrer Wohnung altjüngferlich-hübsch eingerichtet und ahnte nicht, was sie sich antat. Sie brauchte die Anforderung, ja die Überforderung – und nun musste sie sogar hinnehmen, dass Hartmut Hentig von fünf Einladungen vier absagte. Ihr Leben hatte keinen Sinn, nur noch Erinnerungen, die sie mit niemandem teilen konnte. Kam ich, spielte sie grandios die Unbefangene, ließ sich nichts anmerken und starb innerhalb von kaum zwei Jahren an seelischer Auszehrung. Sie vererbte mir ihre wenigen biedermeierlichen Habseligkeiten, die sie ihren Verwandten nicht gönnte. Das meiste habe ich dann doch diesen überlassen, weil ich keinen Platz und keinen Gebrauch dafür hatte – und in der Gewissheit, dass »sie« es ja nicht erfährt. Beim leisesten Zweifel hieran hätte ich die Erbschaft behalten.

Mein Freund Hannes Willisch freute sich riesig über den verringerten Abstand zwischen seinem Obstgut in Stommeln bei Köln und meinem neuen Bielefelder Arbeitsfeld. Er fand, ich müsse dort einen richtigen »Kotten« kaufen und ausbauen (von ihm hörte ich das Wort zum ersten Mal!). Er begann alsbald mit systematischer Suche. Tage-, nein wochenlang reiste er umher und musterte die Angebote. Die Endauswahl sollte ich an zwei aufeinanderfolgenden Wochenenden treffen. Am letzten Sonntagnachmittag gab ich entmutigt auf: Waren die besichtigten Häuser in einigermaßen gutem Zustand, waren sie für mich völlig unbezahlbar – ich hatte ja kein Vermögen; waren sie bezahlbar (und obendrein schön gelegen), war ihr Zustand so schlecht, dass ich mir auch den zeitlichen Aufwand für ihre Restaurierung nicht hätte leisten können. Auf der Liste blieb ein Kotten, der nicht zu verkaufen, nur zu vermieten war und deshalb eigentlich nicht in Frage kam. Unser Heimweg führte an dem Gutshof vorbei, zu dem er gehörte, und so sprachen wir bei dem Besitzer vor. Der Kotten lag zwölf Kilometer vor der Stadt, auf der Seite, auf der auch die Universität entstehen sollte, einsam in einer Waldnische, auf 800 Metern Feldweg von einer asphaltierten Straße des Grünen Planes aus erreichbar, umgeben von Wiesen, Kirsch-, Apfel- und Birnenbäumen, mit einem Blick auf ein weites Feld, das im Wechsel Raps, Mais, Rüben und Brache trug und sanft gegen ein gewundenes, von Bäumen überwachsenes Tal abfiel; in diesem verband bis vor einem Jahr die Herforder Kleinbahn Bielefeld mit den umliegenden Dörfern und Kleinstädten, von Wallenbrück bis Vlotho; dahinter auf wieder ansteigendem Gelände die Silhouette des Dorfes Jöllenbeck und in der Ferne der Teutoburger Wald. Der Besitzer war Wilhelm König; sein »Ringsthof« zählte zu den Sattelhöfen, die es neben den Meierhöfen seit Widukinds Zeiten gab; die einen hatten damals dem Herzog Pferde, die anderen Naturalien zu stellen. Wittekind, wie er hier hieß, ruhte angeblich in der auf dem Burghügel gelegenen Kirche von Enger; ein wilhelminisches Denkmal versuchte dies mit heroischer Geste zu bezeugen. – Das Revier war gründlich konservativ geprägt, es konnte mühelos mit Dannenberg oder Altötting konkurrieren. Mir würde das nicht schaden – aber wie sehr musste ich »Baron König« enttäuschen, wenn er denn mein »landlord« werden sollte! Der Ringsthof selbst umfasste etwa 200 Hektar Land und das Wäldchen, das den Kotten auf zwei Seiten umschloss; er war mustergültig bewirtschaftet und erlaubte Herrn König zweimal im Jahr seignorale Jagdveranstaltungen mit höchsten Gästen aus der Landwirtschaftspolitik und einer beträchtlichen Strecke von Fasanen, Hasen und einigen Rehen. Herr König hatte, wie viele Menschen in der Umgebung, mit lebhaftem Interesse die Pläne für eine neue Universität aufgenommen, ein Professor von Adel schien ihm eine begehrenswerte Nachbarschaft, einen Reit-, Jagd- und Trinkgefährten wünschte er sich auch und drückte diese Erwartungen in ausgesprochen günstigen Bedingungen aus. In einigen Tagen waren wir uns einig: kein Mietvertrag; der Hentig pachtet den Kotten und hat freie Verfügung über dessen innere Ausgestaltung; äußerlich höchstens kosmetische Veränderungen; Vertragserneuerung jeweils nach zehn Jahren. Mit Hilfe eines überaus verständigen örtlichen Architekten habe ich aus einer etwas tristen Kate das schönste Wohnhaus im weiten

Umkreis gemacht. Sein Schmuckstück: die große Deele – die Stalleinfahrt mit Herdstelle. Sie wurde zu einer großen Wohnhalle mit mächtigem Kamin, das Stalltor zu einem bis auf den Boden reichenden zweigeteilten Fenster, der Dachboden zu einem weiten, gut gelüfteten Archiv.

»Und einen kleinen Brunnen hast du auch!«, kommentierte Antoinette Becker, als sie dieses so romantisch-moderne Anwesen zum ersten Mal bestaunte.

Das war, als ich meine Freunde, Förderer und Gönner eingeladen hatte, mein im Juli bezogenes Haus *ein*zuwärmen (wie man »warming *up*« richtiger übersetzt). Das war nötig, denn inzwischen hatten wir November. Von sechzig Geladenen konnten fünfzig kommen, von denen drei Dutzend von auswärts anreisten, also irgendwo in der Nähe des Kottens für die Nacht untergebracht werden mussten. Ich hatte dazu die Hotels und Gasthäuser der umliegenden Dörfer inspiziert. In Enger machte das Hotel Pörtner gerade zu – mit Recht: Es schien in der nächsten Woche zusammenbrechen zu wollen. Es war das einzige am Ort. In Jöllenbeck belegte ich in den zwei Gasthäusern des Ortes die insgesamt vorhandenen acht Zimmer für fünfzehn Personen. Die anderen konnte ich in einer Art Motel an der Straße unterbringen, die Herford mit Werther verbindet. Mit dem letztgenannten Quartier waren meine Gäste zufrieden, über die beiden ersteren teils gerührt, teils amüsiert. Die Zimmer hatten Öfen; es stand eine Waschschüssel und eine Kanne mit heißem Wasser bereit, das trotz des darüber gebreiteten Handtuchs bis Mitternacht natürlich kalt war; über dem Fußende des Bettes lag ein gewaltiges Plumeau. »Wie bei uns in Ostpreußen!«, berichtete Marion Dönhoff am anderen Morgen mit dem größten ihr möglichen Maß an Begeisterung. Wenn das »so« ist, dann werden auch Schuhe geputzt, hatte sie sich gesagt und die ihren, mit dem Lehm des Ringsthofs beschmutzten vor die Tür gestellt. Sie hatte Recht, und alle anderen, die in der Dienstleistungsgesellschaft solcher Dienste entwöhnt waren, beneideten sie.

Nach einem Willkommens-Steinhäger (man durfte auch Sekt oder Wasser trinken) und einer halb feierlichen, halb launigen Rede wartete eine Bohnensuppe – man hatte sie mir als etwas »typisch Ost-Westfälisches« genannt –, danach frischer, vor den Augen der Gäste auf einer Spezialplatte gebackener Pickert (ein Kartoffel-Pfannkuchen), die dünne Sorte, die man mit Butter und entweder Wurst oder Marmelade isst. Für weiteren Hunger standen das unvergleichliche Vollkornbrot des Bäckers Walkenhorst, Butter und Katenschinken bereit. Meine Assistenten schenkten Kanitzschen Wein aus; Bier lagerte »kalt« vor der Gartentür.

Ich weiß heute nicht mehr, wer alles gekommen war. Hellmut und Toto Becker, Richard von Weizsäcker, Helmut Schelsky, der Gründer, und Karl Peter Grotemeyer, der Rektor der Universität, der Oberbürgermeister Hinnendahl, der Mäzen Herbert H. Bernhardt, die getreuen Marion Dönhoff und Ernst Klett waren die Zierde dieses Ereignisses. Schelsky überreichte mir einen französischen Rotwein aus dem Jahre 1911 mit den Worten: »Er ist sicher völlig untrinkbar und wird jedes Jahr teurer.« Ich habe ihn *nicht* getrunken, sondern den um weitere siebzehn Jahre gealterten, nunmehr 75-jährigen dem Herausgeber des MERKUR, Hans Paeschke, 1986 zu dessen 75. Geburtstag weitergeschenkt – mitsamt der Geschichte und einem 1976er, dem edelsten Jahrgang des Jahrhunderts, der durchaus trinkbar war.

Alles in allem hat meine Einbürgerung in Bielefeld ein Jahr gedauert. Die erste Erkundung lag schon eineinhalb Jahre zurück. Als meine Berufung so gut wie beschlossene Sache war, habe ich einen der beiden Tübinger Dioskuren vom Parnass Zinn/Schadewaldt, Ludwig Huber, gefragt, ob er mein Assistent in Bielefeld werden wolle. (Den anderen, Klaus Bartels, der mir ebenso lieb gewesen wäre, hatte schon der Artemis-Verlag geschluckt.) Das musste nun besprochen werden, am besten am künftigen Tatort. Die Aussicht auf seine Zusage war durch die Tatsache begünstigt, dass sein Elternhaus hier stand – in der Lina-Oetker-Straße! Dort trafen wir uns und waren uns schnell einig. Es blieb noch Zeit, mir die Stadt zu zeigen. Dabei kamen wir an einem imposanten Fabrikgebäude vorbei – mitten in der Stadt, von einer großen Mauer umgeben, die verstreuten Gebäude im 19. Jahrhundert im Stil mittelalterlicher Burgen gebaut. Im Spaß sagte ich: Das wäre genau die Anlage für unsere Schulprojekte! Zwei Jahre später erfuhr ich – nach all unseren kostspieligen und mühseligen Planungen –, dass man just damals nach einem Käufer für die Ravensberger Spinnerei suchte, also nach »uns«. Und wir wussten nichts davon!

Dies war das Jahr, in dem ich mit Gerold Becker allein in Griechenland war: eine abhärtende Übung im fortan zu bestehenden Überlebenskampf (s. o. S. 171). Wir fuhren ab, nachdem der Antrag bei der Stiftung Volkswagenwerk abgeliefert war – mit den inzwischen veränderten Daten: je zehn hauptamtliche »Planer« für die Laborschule und das Oberstufen-Kolleg, die vom 1. Januar 1970 an eingestellt werden sollten, mit der Aussicht, noch zweimal ergänzt zu werden und im Jahre 1973 mit dem Unterricht beginnen zu können. Gleichzeitig musste die Universität die hierfür nötigen Stellen »ohne Besoldungsaufwand« in ihrem Haushalt dafür bereithalten. Die Ausschreibung kam erst Ende des Jahres zustande – für eine Auswahltagung Ende März, Anfang April.

Die Universität sollte auf dem Gelände eines Gutshofs am Nordhang des Teutoburger Waldes entstehen. Das Schloss Rheda, in dem der Gründungsstab Quartier gefunden hatte und die ersten Planungsgespräche und Tagungen mit künftigen Kollegen abgehalten worden waren, lag für die nun beginnende Aufbauphase zu weit vom Wirkungsfeld entfernt. Es wurde gegen ein eigens hierfür errichtetes achtstöckiges Gebäude direkt neben der Baustelle eingetauscht. Dieses »Aufbau- und Verfügungszentrum« konnte man, wenn nötig, nach Beendigung der Bauarbeiten veräußern. Hier zog auch das Rektorat ein, das bisher in einer Villa in der Dornberger Straße untergekommen war und dieses noble Haus nun der Planungsgruppe für die Schulprojekte zur Verfügung stellte. Gleichzeitig richtete sich die Arbeitsstelle Pädagogik in einer anderen, weniger noblen, aber sehr viel geräumigeren Villa in der Roonstraße ein. Die Planungsgruppe bestand zur einen Hälfte aus Mitgliedern meines engeren Stabes von Pädagogen, zur anderen Hälfte aus *professionals* vom Schulbauinstitut in Stuttgart und dem sogenannten Quickborner Team, einem renommierten Beratungs- und Organisationsbüro. Hierauf hatte die Stiftung Volkswagenwerk bestanden – mit heilsamer Wirkung. Wir mussten nun unsere pädagogischen Absichten in vorstellbare Gebilde und harte Daten übersetzen und sie Personen verständlich machen, die damit bisher nichts zu tun gehabt hatten. Sie wollten Zeitbudgets, Stundentafeln, Gruppengrößen wissen und konnten mit Wörtern wie »Entschulung« oder »Erfahrungsraum« oder »Lerngelegenheiten« nichts anfangen. Sie lehrten uns das Planen der Planung, also wie man die Abläufe aufeinander abstimmt (»Netzpläne« hieß dies), welche Entscheidungen in welcher Reihenfolge vorzunehmen waren, wann dafür welche Ressourcen bereitstehen mussten. Es gab gottlob auf unserer Seite Menschen, die dafür begabt waren und die notwendigen Befragungen und Berechnungen vornahmen.

Ich gehörte nicht zu ihnen. Ich nutzte vielmehr eine Reise des Unterausschusses »Gesamtschulen« im Bildungsrat dazu, Anschauung von schwedischen Schulen, ihrer Ausstattung und ihren Gebäuden zu gewinnen. Eine ganze Woche lang erkundigten sich sieben Reisepartner nach Lehrplänen, Differenzierungsmodellen, sozialer Zusammensetzung, Klassengrößen, Schulgrößen, Einzugsgebieten und Finanzen, während der achte die Räume ausmaß, das Schulmobiliar anhob, den Bodenbelag beschnüffelte, die Küchenanlagen und die Spielplätze untersuchte. Der war ich. Ich hatte in den USA Großraum-Schulen erlebt und mich in ihnen nicht wohl gefühlt. Hier überzeugten sie mich. Sie waren durchgehend mit Teppichfußböden ausgelegt, erhielten Tageslicht von oben, verzichteten auf Klimaanlagen und ließen sich durch leicht rollbare große Holzregale beliebig umgestalten. Hugo Kükelhaus, den ich anschließend zu Rate zog, fand dies nicht alles so herrlich wie ich: zu viel Ausgeglichenheit für den menschlichen Organismus, der darauf angelegt sei, diesen Ausgleich in sich selbst herzustellen, der also Gegensätze brauche. Meinem eigentlichen Grund für den Großraum – sein »politisches Pensum« sei gleichsam, dass er Rücksicht nehmen lehre, dass das öffentliche Auge uns zivilisiere, dass das Bilden von *Revieren* im Verein mit *Regeln* und *Ritualen*, die sich eine Nutzergemeinschaft in ihnen mache, diese im verständigen Zusammenleben übe – dem gab Kükelhaus statt. Bei späteren Klagen von Schülern und Kollegen über den Bielefelder Großraum habe ich weniger an Kükelhaus als an Schweden gedacht: Dort hatte man die Großräume eben groß genug gemacht, nicht nach vorgegebenen deutschen Raumbedarfsordnungen berechnet. Seit die Laborschule vor vier Jahren erweitert worden ist und sich weniger Menschen auf den »Flächen« gleichzeitig aufhalten, haben die Großraumnöte deutlich nachgelassen, die Großraumvorteile deutlich zugenommen.

Die erste Auswahltagung im Frühjahr 1970 war ein Fest für uns alle. Wie viele treffliche Menschen hatten sich beworben, welche Freude bereitete es uns, ihnen eine ganz neue Schule vor das innere Auge zu stellen! Wie klug hatten meine Mitarbeiter die Prozeduren ausgedacht – die Fragen, die von den Bewerbern schriftlich zu beantworten waren, die Gelegenheiten, die ihnen geboten wurden, sich als Schwätzer, Ranschmeißer, Vordrängler zu entlarven oder als originelle, weise, einfach erfreuliche Personen, die unterschiedlichen fachlichen Bewährungssituationen, die Urbanität und Gastlichkeit, die in allem waltete. Es waren ganz junge Lehrer gekommen, die eben ihr Referendariat hinter sich hatten, und gestandene ältere Studienräte, selbst Oberstudiendirektoren, ja sogar ein veritabler Universitätsprofessor, der lieber in unserem »Rom« einer unter anderen als in seiner akademischen Provinz der Erste sein wollte. Wie gern hätte ich den Philosophen Siberski zum Kollegen gehabt und wie wenig durfte ich diesem Mann die Strapazen zumuten, die vor uns lagen!

Nach zweieinhalb Tagen fuhren die Bewerber heim, und wir blieben – mit den Kollegen aus der Universität, die wir aus anderen Disziplinen hinzugezogen hatten – zusammen, um die Auswahl zu treffen. Die im Hause eingeübte offene und rationale Aussprache war reif für die Bühne und das Ergebnis so, dass ich noch heute, die Liste der Namen lesend, ihr aus vollem Herzen zustimme.

Nun hatten wir also zwei Aufbaukommissionen, die ein ganzes Jahr mit bewundernswerter Selbstbeherrschung an der Einheit der Bielefelder Schulprojekte festhielten – mehr durch die Verfahren, den Umgangsstil und das Chancengleichheitsideal als durch die Sachfragen verbunden: Wir werden die Ungerechtigkeit der politischen, sozialen und pädagogischen Systeme nicht mitmachen; wir werden eine Gegenwelt dazu erfinden und verwirklichen; und das werden wir gründlich tun!

Man stelle sich vor: Zwei Dutzend Menschen sind auf einmal von Vorgesetzten, Arbeitszeiten, gegebenen Ordnungen freigesetzt und haben zwar Termine, aber diese sind auf 36 Monate verteilt. Da leistet man sich den Luxus elementarer Fragen wie dieser: »Wenn die Unterrichtsschule mit ihren sechs Schülertätigkeiten – zuhören, aufschreiben, antworten, gelegentlich fragen, nachlesen, stillsitzen – durch einen ›Lebens- und Erfahrungsraum‹ ersetzt werden soll, welche anderen Tätigkeiten sollen in diesem Platz haben, was kommt zu dem Gewohnten hinzu?« In der Gruppe, in der ich ständig mitzuarbeiten mich verpflichtet hatte und in der auch unser absoluter Frei-Denker, Theo Schulze, seine Fantasie spielen ließ, kamen wir schon in der ersten Sitzung auf über dreihundert Verben. Die reichten von »abschalten« bis »(sich) zusammenraufen« und dazwischen jede Menge von Verrichtungen, auf die das Gebäude, die Anlagen, die Ausstattung, die Beschaffenheit der Gegenstände bitte auch Rücksicht nehmen sollten. Die Liste wuchs und wuchs in dem Maß, in dem die Tätigkeiten dann geordnet und sogar hierarchisiert wurden. – »Was für ein Unfug! Welch unverantwortliche Verschwendung öffentlicher Mittel!«, hätten von 100 Normal-Pädagogen 95 gesagt. Unter den 25 Mitarbeitern konnte ich der eine statistisch Zulässige mit dieser Meinung sein. Aber noch bevor ich mir dies ausrechnete, übernahmen andere die Anklage, und ich sah mich in der Rolle des Verteidigers unserer Kommission. Würden sich alle Lehrer einmal dieser Übung unterziehen, sie gewönnen eine Wahrnehmung für die Lebensäußerungen, die Lern- und Übungsgelegenheiten der Schüler, die die herkömmliche Schule übersieht oder übergeht, wenn sie sie nicht ausgrenzt oder unterdrückt.

Die Aufbaukommissionen gingen arbeitsteilig vor, hatten aber in einer Verfahrensordnung festgelegt, dass Beschlüsse nur vom Plenum getroffen werden dürften. Was man diesem nicht erklären konnte oder was dieses spaltete, bedurfte weiterer Bearbeitung. Natürlich bereitete man die Erörterung im Plenum durch schriftliche »statements« oder »Infos« vor. Jeder hatte ein Postfach, und jeden Tag fand er darin wenigstens ein Dutzend Blaudrucke. Diese Form der »Kommunikation« (auch eine Folge von Sekretärinnen, Kopier- und Diktiergeräten!) wucherte und sparte zugleich am einzelnen Wort. Die Namen der Mitglieder waren längst einem Kürzel aus drei Buchstaben, die der »technisch-administrativen Mitarbeiter« (TAMs) einem Kürzel aus zwei Buchstaben gewichen; vollends die Bezeichnungen der Einrichtungen waren auf möglichst unverwechselbare und gleichförmige Buchstabengruppen geschrumpft. Die Laborschule wurde zur LS, das Oberstufen-Kolleg zum OS, die Projektgruppe für beide hieß POL; es gab einen PEP/Projektentwicklungsplan und RACs/Rahmencurricula, die von jedem Mitglied für sein Fach aufzuzeichnen waren, und die CET/Curriculumentwicklungstage; es gab vor allem die AKs/die Aufbaukommissionen. Und mit allen ließen sich, wenn man sie aus*sprach*, vergnügliche Spiele treiben: PEPereien, RACkereien, CETereien, und das taten die AKanier auch, deren Name nach Arkadien klang – oder auch nach Kakanien!

Es gibt zwei konkurrenzlos lehrreiche Bücher über die Bielefelder Schulprojekte, Wolfgang Harders »Drei Jahre Curriculum-Werkstätten« und Annemarie von der Groebens »Ein Zipfel der besseren Welt«. Beide zeigen die Schwierigkeiten der Versuchseinrichtungen noch unverzerrt und ungeschützt durch nachträgliches Besserwissen, und beide erzählen, wie die Einrichtungen sich gerappelt haben. In Harders 1974, noch vor der Eröffnung der Schulen vorgelegtem Buch sind die vielen nur durch eine Dezimalnummerierung zu bändigenden Hergänge, Abläufe, Erfindungen, Irrwege, Krisen, Erfolge dieser völlig einmaligen Schulplanung chronologisch aufgezeichnet. Am Endes jedes Abschnitts zieht Harder ein Fazit, jedes Mal überwiegen die Leistungen das Versäumte, kann er sagen, was die AKanier hinzugelernt und welche Fehleinschätzungen sie abgelegt haben, ja, auch was andere dabei von uns und unserer Ausnahmesituation lernen können. Annemaries Buch zeigt die Anfänge nach 1974.

Meine Erinnerung ist nach zweieinhalb Jahrzehnten nicht nur unzuverlässig, sie ist matt und bröselig; was ich über die Planungszeit der Schulprojekte schreiben könnte, fiele erbärmlich gegenüber der festen und funkelnden Darstellung von Wolfgang Harder ab. Und doch seien aus der bunten Fülle, der gedrängten Abfolge der von ihm festgehaltenen Ereignisse einige herausgehoben und genauer beleuchtet, die sich mir besonders eingeprägt haben: *Das* war die Aufbauzeit! So sind wir vorangestolpert! Auch geplante Planung kann planwidrig verlaufen! Jedes der Begebnisse steht für eine typische und wichtige Erfahrung der Gründungsjahre, und manches steht nicht bei Harder.

Eine (fast) geheime Verführung

Ich war noch kein Jahr in Bielefeld und hatte gerade meine Eltern zum ersten Mal zu Besuch, da erhielt ich ein Telegramm aus der hessischen Staatskanzlei: »Wünsche Sie dringend zu sprechen. Wegen eines Termins (es folgten drei Tage zur Auswahl) und des Orts setzen Sie sich bitte mit XY in Verbindung. A. Osswald/Ministerpräsident.« – So ungefähr. Am übernächsten Tag eröffnete mir ein eindrucksvoll wohlgeordneter Osswald, der eben die Regierung übernommen hatte, dass er einen Kultusminister brauche und dass er mich für den richtigen Mann halte, der bewährten Bildungspolitik im sozialdemokratischen Musterland neue Wege zu weisen. Es sei ja erkennbar, dass wir in allen Fragen der Schule und Hochschule an einer Zeitwende stünden. Da komme es mehr auf gutes Gespür und klare Überzeugungen an als auf Amtserfahrung; die sei in den Verwaltungen reichlich, ja überreichlich vorhanden. Er habe mich persönlich kennen lernen wollen und bitte mich – absichtlich ohne Vorbereitung – zu sagen, was ich für die Aufgaben, Chancen und Hemmnisse der Bildungsreform in Deutschland halte. Ich fasste mich und behauptete selbstbewusst, es sei sicher ebenso aufschlussreich, ihm zu erzählen, aus welchen Gründen ich nach Bielefeld gegangen sei und was ich dort vorhabe – was beinahe zwei Stunden in Anspruch nahm und ihn, den Nichtpädagogen, offensichtlich befriedigte: »Das kann sogar *ich* verstehen!«, war sein Kommentar. Er verstand auch, dass er es schwer haben werde, mich von diesem so hoffnungsvoll anlaufenden Vorhaben wegzureißen. Er gab mir also die erbetenen acht Tage Bedenkzeit und bat seinerseits um strengste Vertraulichkeit.

Auf meiner Heimfahrt dachte ich mich in einen unerwarteten Zwiespalt hinein. (Ich war also doch ehrgeizig!) Mein sonst so schnell entschiedener Vater übernahm meine Unentschiedenheit. Gerold Becker, den ich angerufen hatte, kam aus Ober Hambach angereist und redete mir heftig zu: »Du ahnst nicht, was man in einem solchen Amt in solchen Zeiten, noch dazu mit absoluter Mehrheit im Landtag, erreichen kann – mehr jedenfalls als mit zehn Jahren Laborschule, wenn sie denn erfolgreich ist. Wichtig ist, dass du im eigenen Haus den Rücken frei hast, dir also einen Staatssekretär selber auswählen kannst. Diese Bedingung solltest du stellen und darauf deine Anstrengungen in den nächsten Wochen und Monaten konzentrieren. Die großen politischen *pronunciamentos* erst nach einem Vierteljahr!« – Kannte ich denn Leute, die für einen solchen Posten juristisch und sachlich gerüstet waren? Konnte man dem trefflichen Oberbürgermeister von Ulm, Theodor Pfitzer, einen Staatssekretärsposten anbieten? Gar dem nicht weniger trefflichen von Mannheim, Hans Reschke? Wie würde Dieter Sauberzweig vom Deutschen Städtetag darauf reagieren? Würden die mich nicht auslachen, sich gar gekränkt fühlen?! In Bielefeld wagte ich niemanden um Rat zu fragen. Ernst Klett und Golo Mann hätte ich aufsuchen müssen und war doch an meine Aufgaben gebunden. Ich erinnere mich der an Schroffheit nicht zu überbietenden – telefonischen oder schriftlichen? – Antwort des Ersten: Ob ich denn verrückt geworden sei? Ich sei doch Pädagoge! Die des Zweiten (weniger schroff): *Idem.*

Ich schrieb dem Ministerpräsidenten noch vor Ablauf der Frist, dass ich mich für Bielefeld entschieden habe. Er entschied sich daraufhin seinerseits für Ludwig von Friedeburg, und diese Folge meiner *renonce* war mein wirksamster Beitrag zur deutschen Bildungsreform: Nie hätte ich mich so weit vorgewagt wie Ludwig von Friedeburg! Als ich ihn nach zwei Jahren scherzend fragte, wozu ich ihm am meisten zu gratulieren und wozu am meisten zu kondolieren hätte, antwortete er: Gratulieren zur erworbenen Menschenkenntnis – jetzt erst erkenne er seine Gegner wirklich; kondolieren zum Dauerschicksal des Politikers – er müsse seine wahre Meinung täglich verleugnen.

Diese Begebenheit habe ich meinen Bielefelder Freunden nicht vorenthalten.

Entbehrlich sein macht frei

Im Dezember besuchte ich mit Gerold Becker eine Tagung der Deutschen Landerziehungsheime in Hinterzarten. Nach deren späten Ende wäre Gerold zwar noch nach Ober Hambach, ich aber nicht mehr nach Bielefeld gelangt – und mit den anderen weiter entfernt lebenden Teilnehmern im Hotel Weißes Rössle zu bleiben, hatten wir beide wenig Lust. Gerold, so beschloss ich, solle bei dieser Gelegenheit Deutschlands schönstes und bestes Weinlokal, den »Falken« in Freiburg, kennen lernen. Im »Falken« konnte man auch übernachten. Wir riefen von Hinterzarten aus an, bekamen noch ein Zimmer und trafen gegen halb neun abends ein. Als wir den Gastraum betraten – er war brechend voll –, applaudierten die übrigen Gäste, und ein mir noch aus Birklehoftagen bekannter Ober führte uns an einen schon besetzten Tisch, an dem die anderen Gäste jedoch freudig zusammenrückten, wie wenn ein erwartetes Familienmitglied nun doch eingetroffen sei. Wir bestellten den unvergleichlichen Achkarrer und was es auf der schon reduzierten Speisekarte noch Gutes gab – und fragten unsere Tischgenossen, was es mit der gesteigerten Stimmung auf sich habe. Diese waren wiederum erstaunt, dass wir das nicht wussten: Heute seien doch nur Stammgäste da, und zwar alle – und alle zum letzten Mal! Ab morgen gebe es keinen »Falken« mehr. Die gesamte uns noch umgebende Ausstattung – die Lampen, der Wandschmuck, das Geschirr, das Besteck – sei schon versteigert. Wer denn hier einziehe? – Eine Boutique, die den höheren Mietpreis besser erwirtschaften könne als der Falken-Wirt. Trauer und Wut machten Gerold und mich zu wackeren Zechern, und das wiederum ließ uns heftig, Gott weiß worüber, miteinander streiten – bis lange nach Mitternacht. Ich musste um sechs Uhr wieder raus, erreichte einen Zug kurz vor sieben und war bei hereinbrechender Dunkelheit auf dem Bahnhof von Dortmund, wo ich umsteigen musste. Auf dem Bahnsteig begann ich zu taumeln, erreichte gerade noch die nächste Bank und verlor auf dieser das Bewusstsein. Für wie lange, weiß niemand. Ich erwachte, indem ich fror und die missbilligenden Blicke der Vorübergehenden wahrnahm. Sie hielten mich für einen Betrunkenen, und mir war das recht so. Ein freundlicher Mensch, der fragte, ob er einen Krankenwagen rufen solle, machte mir bewusst, was noch alles mit mir geschehen könne. Ich wehrte ab und kam irgendwie in der späten Nacht nach Bielefeld. Ein Taxi brachte mich zum Ringsthof und ich mich ins Bett, wo ich 36 Stunden mit nur halbem Bewusstsein lag, bevor ich telefonisch Hilfe herbeirufen konnte.

Ich weiß, dass »Kreislaufstörung« ein Symptom ist und wenig erklärt. Der anderntags herbeigerufene Arzt muss das Wort benutzt haben. In der Klinik eines Bielefelder Krankenhauses stellte man die notwendigen Untersuchungen an, und als ich nach vierzehn Tagen wieder aufrecht sitzen konnte, transportierte mich der Mercedes des Rektorats nach Saarbrücken, wo es nach der Meinung des fürsorglichen Kanzlers den einzigen verlässlichen Herz- und eben Kreislauf-Spezialisten Deutschlands gab. Der höhnte über die Diagnose – nur das Wort »Stress« sei noch dümmer! –, erklärte mein Herz für gesund und dekretierte: »Sie brauchen viel Ruhe und viel Bewegung – und beides weit weg von Ihrer Arbeit in Bielefeld!« Er schrieb etwas auf, tat es in einen Umschlag und ließ mich wissen: »Dieser Brief ist für Ihren Kanzler. Darin verbiete ich ihm, Sie während des nächsten halben Jahres in irgendeiner Weise zu beschäftigen.« Mich mit unbewaffnetem Auge von oben bis unten musternd fügte er hinzu: »So, wie ich Sie einschätze, würden Sie nach diesem Befund morgen gleich weiterarbeiten.«

Die Kombination »viel Ruhe und viel Bewegung« imponierte mir, auch gefiel es mir, dass man mich weder in ein Sanatorium schickte noch mir irgendwelche Medikamente verordnete. Ich besann mich einer kürzlich ausgesprochenen Einladung von Hermann Hatzfeldt, die er nun lebhaft erneuerte, und nahm mir vor, die beiden *remedia* auf Schloss Schönstein im Siegerland anzuwenden. Mit den fünf Hauptwerken Rousseaus bewaffnet bezog ich dort eine Suite – einen Schlafraum, ein Wohnzimmer und ein Bad –, wurde vom Butler Demmer viermal am Tag mit einer köstlichen Mahlzeit bedient, machte am Vormittag einen Spaziergang von eineinhalb Stunden, am Nachmittag einen von zwei Stunden in den umliegenden gräflichen, damals tief verschneiten Wäldern; ich las und verzettelte Rousseau, bekam alle zwei Tage Besuch vom Hausherrn und einmal in zwei Monaten von Gerold Becker und drängte, weil ich aus Bielefeld so gut wie gar nichts hörte, ungeduldig in die Roonstraße zurück. Dort hätte man mich freilich ohne erneuten Befund des Saarbrücker Arztes nicht eingelassen. Dieser untersuchte mich also noch einmal – und gab mich nicht nur nicht frei, er fand meinen Zustand verschlechtert. »Sie müssen in die Bahamas – irgendwohin, wo Sie mit Lust faulenzen und sich mit Lust bewegen, nicht pflichtgemäß.«

Ich besann mich auf Ivan Illichs dringende Einladung und reiste von Ende Februar bis Mitte April nach Cuernavaca auf halbem Weg (und halber Höhe) zwischen Mexico City und Acapulco. Dort muss einst das Paradies gelegen haben, und Ivans Grundstück mit einer großzügigen, aber nicht protzigen Villa war ein Überbleibsel davon. Hier habe ich in der Tat »lustvoll« täglich viermal eine halbe Stunde das Wasser des Swimmingpools heftig unter mir bewegt, habe ausgedehnte Wanderungen mit Ivan gemacht, auf denen er mir zeigte, wie absurd das europäisch-amerikanische *schooling* in der Provinz Morelos und erst recht in der Sierra Madre ist – und habe mich dabei von unseren mühsamen pädagogischen Glasperlenspielen gründlich ausgeruht.

Als ich Ende April wieder zu meinen Schulprojekten stieß, waren mir die Querelen der deutschen Schulreform ferngerückt; auch die von mir selbst gepflegten kamen mir wie ein ideologischer Spuk vor; ich hatte die Obsession abgelegt, ich müsse alles, was meine zahlreichen Mitarbeiter taten und dachten, verstehen, alles Notwendige veranlassen, alles Versäumte verantworten; ich konnte mich in die Fortschritte, die die Schulprojekte gemacht hatten, unauffällig einfädeln; ich ließ in der Befolgung des Gebots der Eindeutigkeit, die ich mir gegen den eigenen Wankelmut auferlegt hatte, erheblich nach. Die AKanier hatten ihrerseits erfahren, dass der Erfinder ihres neuen pädagogischen Gebildes von einem bestimmten Stadium an nicht nur entbehrlich, sondern sogar hinderlich war. Sie erschraken nur maßvoll über meinen vermeintlichen »Gesinnungswandel«, der sich in meinem Buch »Cuernavaca oder: Alternativen zur Schule?« offenbarte, aber auch das schien befreiend zu wirken: Einem Orakel, das nicht »endgültig« gesprochen hat, kann man auch sonst entgehen.

Mit anderen Worten: Ich redete den Aufbaukommissionen nicht mehr in alles hinein und tat meinen vielfältigen Dienst an der Universität zu fast gleichen Teilen. Ich hatte an der Entscheidung über das Universitätsgebäude mitgewirkt und fühlte mich verpflichtet, die Idee der Architekten Köpke, Kulka, Siepmann und Töpper zu verteidigen: »Eine Universität, die politische Versammlungen ermöglicht, kann überleben; eine, die sie zu verhindern sucht, wird man zerstören.« So jedenfalls hatte ich gegen die von der Stadt und der Bielefelder Öffentlichkeit vertretene »Pavillon-Lösung« argumentiert. Ich war in den Beirat des Zentrums für Wissenschaft und berufliche Praxis (ZWubP) gewählt worden und kämpfte in diesem einen zähen, von zahllosen Vorlagen begleiteten Kampf (den mein geschätzter Kollege von Ferber nur selten unterstützte) gegen den Missbrauch dieser Einrichtung als Lobby für die örtlichen Wirtschaftsinteressen. (Mit dem Begriff »Ausbildungsstudium« hatte Schelsky selber ein gefährliches Stichwort geliefert, das nur so lange taugte, als oberhalb davon die humboldtsche Universität tatsächlich verwirklicht wurde.) Ich war vier Jahre lang einer der vier in der Amtsführung rotierenden Direktoren des Zentrums für interdisziplinäre Forschung (ZiF). Ich war ständiges Senatsmitglied und nahm mein Amt peinlich wahr. Ich hatte vor allem die von mir durchgesetzte Fakultät für Pädagogik, Philosophie und Psychologie aufzubauen: das Konzept auszuarbeiten, die Berufungen einzuleiten und an ihnen mitzuwirken – ich war der einzige PPP-Mann am Ort; Hermann Lübbe und

Heinz Heckhausen kamen nur für Stunden angereist, hinterließen Ideen, Zweifel, Schreib- und Organisationsaufträge.

Meine Vorstellung, die Fakultät für PPP könne eine Zusammenfassung der Bielefelder Bemühungen um eine Wissenschaftswissenschaft sein, stieß auf den Widerstand sowohl der Konservativen wie der Reformer und hatte jedenfalls starke Konkurrenten, zum Beispiel in Peter Weingarts Universitätsschwerpunkt »Wissenschaftsforschung«. Die von Schelsky selber erfundenen Universitäts-Schwerpunkte sollten seine Instituts-Gliederung ergänzen (diese »departments« belegte er trotzig mit dem alten Namen »Fakultäten«). Ihre ungehemmte Ausbreitung spielte aber einer Wiederherstellung der alten Fakultäts-Vorstellung in die Hände. Alle aufgabenbezogene Wissenschaft konnte doch in einem Schwerpunkt untergebracht werden wie die »Lateinamerika-Forschung« oder die »Mathematisierung der Einzelwissenschaften« und letztlich also auch die Erforschung der Schulwirklichkeit anhand der Laborschule und des Oberstufen-Kollegs. Vermutlich hat Schelsky in diesen nie etwas anderes als einen »Schwerpunkt« gesehen, und so war hier ständige Präsenz und größte Aufmerksamkeit gefordert. Denn wie *er* es gemeint hat, war später nicht mehr herauszufinden. Schelsky verließ die eigene Gründung im Groll, weil sie sich immer weiter von seinen Plänen und Prinzipien entfernte, oft sogar bewusst und gewollt. Sie verdoppelte nicht nur ihre Studentenschaft (als sie »fertig« war, zählte sie mehr als das Vierfache der anfangs geplanten Zahl); sie vervierfachte die Zahl der ursprünglichen Fakultäten; sie konnte den »strukturellen Numerus Clausus« nicht halten (30 Studenten auf einen Professor); sie bastelte an einer Satzung, in der es drittelparitätisch besetzte Gremien gab und – folgerichtigerweise – eines Tages sogar eine Viertelparität (Professoren, Studenten, Mittelbau, technische und administrative Mitarbeiter); sie wählte Schelsky 1969 nicht zum Rektor; sie tat wenig, Schelsky zu halten – und so kehrte er 1973 endgültig nach Münster zurück, wo er seinen Wohnsitz vorsorglich behalten hatte.

Die Institution, die ohne ihn nicht in die Welt gekommen wäre, konnte ihn danach entbehren, ging ihren Weg der Anpassung an die Verhältnisse und konnte fünfzehn Jahre später auf einem festlichen Symposion zu seinen Ehren ganz unbefangen seine Ideen feiern, die sie nicht erfüllte.

Statt Schelsky wurde im September 1969 das Gründungsratsmitglied Ernst Joachim Mestmäcker zum ersten Rektor der Bielefelder Universität gewählt. Unmittelbar nach seiner Antrittsrede brach er zusammen: »eine schwere Herz- und Kreislaufstörung«. Der Prorektor Karl Peter Grotemeyer übernahm die Rektoratsgeschäfte und wurde danach bis zur eigenen Emeritierung fünfmal wiedergewählt. Einen Rektor Mestmäcker vermissten die Mitarbeiter und Freunde. Die Institution kam auch ohne ihn zurecht. Er erholte sich langsam, heiratete eine schöne, geistvolle Frau und führte auf Schloss Holte das Bilderbuchleben eines großen Gelehrten. Dessen Zeuge und Teilhaber wurde ich, indem ich einem Zirkel von fünf Personen angehörte, die in seinem Traumdomizil Rawls' »A Theory of Justice« lasen – ein ganzes Jahr hindurch alle vierzehn Tage, bis mich die der Verwirklichung näher kommenden Schulprojekte doch wieder unentbehrlich fanden: als Krisenherd und Krisenmanager zugleich.

Wachsamkeit gegen allzu emsige, allzu akribische Reform

»Maupassant«, das meint: Eine Geschichte wird eingefädelt – beiläufig oder umständlich –, man glaubt zu wissen, wohin die Reise geht, und plötzlich ist alles anders, durch einen kleinen Eingriff des Schicksals, das es nicht gibt, des Autors also, der sich verbirgt. Ein Kollaps auf dem Dortmunder Bahnhof, eine missglückte Beschäftigungstherapie auf Schloss Schönstein, der hartnäckige Ruhe-und-Bewegungs-Doktor, der Rousseau in meinem Kopf und Gemüt, die eindrückliche Illustration des radikalen Zweifels an der Schule als Ort sinnvollen Lernens – dies sieht in der Tat wie das Konstrukt eines großen dramatischen Dichters aus. Und mir passierte es just zur rechten Zeit!

In Cuernavaca traf ich Everett Reimer und George Dennison, die beiden Praktiker von Ivan Illichs rhetorisch vorgetragener Entschulung. Ich verbrachte viele Wochen gleichsam Seite an Seite mit Paul Goodman, dem großen Anarchisten, der die Perversionen des *American system* bloßlegte, und Edgar Z. Friedenberg, dem scharfsinnigen Empiriker, der deren Zwangsläufigkeit bewies und mich überzeugte, mich, der die amerikanische Schule beglückend erlebt und bewundernd studiert hatte. Ich lernte John Holt kennen, einen schwachen Menschen, der »starke« Bücher schrieb und mich zwei Jahre später in Bielefeld aufsuchte, zu früh, um die Laborschule *in action* zu erleben (sie hätte ihm vielleicht gezeigt, dass man auch in der Schule große Erlebnisse haben kann, nicht nur davor und danach); seine Kritik traf eine After-Pädagogik; seine Alternativen forderten heraus: »Das kann ich besser!«; mit seiner Kräutertee- und Yoga-Attitude dämpfte er ungewollt meine schulkritische »Erweckung«. Die kam durch die genialen Schulberichte von James Herndon und John Herseys gescheiten Roman »The Child Buyer« mächtig voran. Ich las in Illichs Bibliothek die meist amerikanischen Autoren, die das *custodial system* (die Schule als Bewahranstalt), die *cooling-out function* (die Abkühlung, nein, Abmüdung der Schüler durch nichtige Gegenstände, methodischen Wettbewerb, mechanische Siebvorgänge und unanfechtbare Freundlichkeit), das *hidden curriculum* (»du kannst nur mit unserer Hilfe lernen«), den *triumph of the therapeutic* und natürlich die Schule als Zubringer und Abrichtungsstätte für die wirtschaftlichen Bedürfnisse und Möglichkeiten darstellten. Das alles hatte ich geahnt oder »auch gewusst« – nun wusste ich es genau und verfügte über härtere Formulierungen. Beunruhigend war das alles, weil es aus einem Land kam, das sich der Reform seiner Schulen aus heftigeren Anlässen, mit sehr viel mehr Mitteln und einer ungleich größeren Veränderungsbereitschaft zwei bis drei Jahrzehnte vor uns gewidmet hatte und sich nun mit so negativen Befunden konfrontiert sah. Kritik *vor* der Reform gibt zu Hoffnungen und Taten Anlass, Kritik *nach* der Reform nur zu Zynismus und Resignation.

Ich kehrte mit einem gefüllten Notizbuch nach Deutschland heim und mit fünf Botschaften an meine Landsleute, meine Bielefelder Kollegen, mich selbst: Es gibt eine Art von naiver Schulreform, die die notwendige Wandlung der Erziehung verhindert; man erkennt den Sinn von Schule und das Ziel von Schulreform eher wieder und kann es eher wiederherstellen, wenn man ernsthaft Alternativen zur Schule aufsucht, durchdenkt und durchspielt; ein großer Teil der Lernprozesse findet in der Tat nur deshalb in der Schule statt, weil sie die Gesellschaft in ihren anderen Tätigkeiten stören und weil man mit Hilfe der Schule die Einstellungen und Vorstellungen, die Art und das Maß der Leistungen der nächsten Generation glaubt kontrollieren und regeln zu können; ein anderer großer Teil des Lernens in der Schule gilt allein der Wichtigkeit der Schule; die Schule kann getrost einen Teil ihrer Aufgaben an die gesellschaftliche Umwelt zurückgeben und sollte dies tun, um ihr damit die Ausrede für ihre zunehmende Erziehungswidrigkeit zu nehmen.

Ich hatte meine pädagogischen Grundvorstellungen nicht geändert, wie viele Leser meines Buches über Illichs Experiment meinten, ich hatte sie in Cuernavaca besser verstanden: Das Kind, den jungen lernenden Menschen muss man nicht nur gegen Systemzwänge der kalten Gesellschaft schützen, sondern auch gegen die schwerer erkennbaren der freundlichen Pädagogik. Damit war ich nicht zu Ziffel in Brechts »Flüchtlingsgesprächen« zurückgekehrt, der seinen Mitflüchtling Kalle wissen lässt: Er habe gehört, dass die Schulen heute auf anderen Prinzipien aufgebaut seien als zu seiner Schulzeit. Die Kinder würden in ihnen gerecht und verständig behandelt. Wenn dem so sei, müsse er das sehr bedauern. Sie würden kunstvoll über die Welt getäuscht, »wie sie ist«. Kalle bestätigt ihn mit einer Erinnerung an eine »gute Lektion«, die ihm gleich am ersten Tag in der alten Schule zuteil geworden sei:

> Wie wir ins Klassenzimmer gekommen sind, gewaschen und mit einem Ranzen, und die Eltern weggeschickt waren, sind wir an der Wand aufgestellt worden, und dann hat der Lehrer kommandiert: »Jeder einen Platz suchen«, und wir sind zu den Bänken gegangen. Weil ein Platz zu wenig da war, hat ein Schüler keinen gefunden und ist im Gang zwischen den Bänken gestanden, wie alle gesessen sind. Der Lehrer hat ihn stehend erwischt und ihm eine Maulschelle gelangt. Das war für uns alle eine sehr gute Lehre, dass man nicht Pech haben darf.

Nein, lieber Kalle, so nicht! Das ist nicht nur unnütz, weil das Kind dies auch ohne Schule und Pädagogik lernen kann, es bestärkt und verewigt nur den Egoismus, die List und die Gewalt, die Ungerechtigkeit und die Heuchelei. Aber es gibt neben der harten Schule, die Sie für richtig halten, und der weichen Schule, die Sie tadeln, weil sie verweichliche, die Schule, die vornehmlich »gut funktioniert«, die zu viel Zweck im Sinn hat, zu viel Nachweis betreibt, die Gerechtigkeit pedantisch ausmisst, alles Wissenswerte »curricularisiert«, das Kind unablässig

»motiviert«, was doch nichts anderes heißt als »machen, dass es dies (oder das) will«. Und *die* Schule will *ich* nicht!

Eine Schule, die das »richtige« Kind mit den »richtigen« Zielen und den »richtigen« Kompetenzen hervorzubringen sich anmaßt, missversteht ihre Aufgabe und muss versagen. Das ist offenbar dem Mainstream der amerikanischen Schule passiert. Ich habe dem, was ich im Frühjahr 1971 in Cuernavaca über diesen amerikanischen Alptraum erfahren habe, den Satz vom »Zipfel der besseren Welt« entgegengestellt, den der Schüler in der Schule wahrnehmen können solle. Die Reformer der späten sechziger und frühen siebziger Jahre hatten Grund, sich vor einer ungewollten Rolle zu hüten: Vorbilder in der Lebensbewältigung durch Perfektionierung zu sein – durch ständiges *adjustment*, wissenschaftlich gesicherte Ordnungen (Taxonomien), die vollständige Homöostase.

Wir Alten müssen die Jungen vielmehr immer wieder ermutigen, die vom Menschen hergestellte Komplexität zurückzunehmen, kleine, dem Menschen angemessene Einheiten zu bilden, die Apparatewelten und Mittelaggregate, die sich zwischen uns stellen, zu drosseln, ihre Handlungen zwar zu planen, die Planung aber wieder zu verlassen, wenn sie ihren Willen ändern. Nicht Plänen folgen, sondern »selber und neu planen« sei das in unserer Welt notwendigere und interessantere Pensum.

Wenn dies mein Mitbringsel aus Cuernavaca war, konnte ich eigentlich nur froh sein, wie wenig sich die AKanier durch die Perfektionierung hatten zähmen lassen, der sie als Institution täglich nachgehen mussten.

Der Stil des Hauses gegen die Gruppendynamik

Nach der zweiten Erweiterung der AKs ergänzten sich diese in den Jahren 1972 und 1973 stufenweise. Dabei und danach kam es zu immer heftigeren Auseinandersetzungen zwischen den alten AKaniern und den Neu-AKaniern, die man alsbald mit dem Namen NAKedeis bedacht hatte. Die Spannungen waren verständlich. Die Alt-AKanier hatten in mühevoller Arbeit und Einigung eine Fülle von notwendigen Festlegungen vorgenommen. Die NAKs aber hatten sich an eine Einrichtung beworben, die sich selbst hervorbringen sollte und an der alle Kollegen gleiche Initiativ-Rechte und eine gleichgewichtige Stimme im Plenum hatten. Es durfte nach ihrer Ansicht jedenfalls kein Vor-Recht der Erstgekommenen auf die Gestaltung geben und schon gar nicht einen prinzipiellen Schutz irgendeines Beschlusses vor Kritik. Das Letztere wurde ihnen zwar eingeräumt, ja es wurde oft genug gesagt: X hätte in der Tat besser gedacht und gemacht werden können, aber wenn man die Termine auch nur einigermaßen halten und die Eröffnung der Schule nicht auch noch unsererseits gefährden wolle (Auseinandersetzungen mit dem Ministerium und der Hochschulbau- und Finanzierungsgesellschaft, HFG, hatten uns schon ein ganzes Jahr gekostet!), dann müssten die neuen Kollegen bitte das und das akzeptieren und vor allem dieses und jenes in Angriff nehmen – für diese Aufgaben seien sie schließlich ausgewählt worden. Es schien den Alten unvorstellbar, dass sie selbst noch ein viertes Jahr ohne Schüler bleiben und nichts als Gremien- und Entwicklungsarbeit leisten sollten.

Schon auf den Auswahltagungen selbst hatte sich ein Wandel geltend gemacht. Nicht nur ich beobachtete mit Sorge, wie oft starke und das heißt kritische, auf ihre Erfahrung selbstbewusst zurückgreifende Bewerber abgelehnt und statt ihrer jüngere, noch unsichere bevorzugt wurden. Hätte dies wenigstens dem Frieden des Hauses gedient, man hätte die Einbuße an Qualität und Originalität hinnehmen können. Aber allein die Wahrnehmung, dass hier nicht die Besten, sondern oft die potentiellen Unterstützer der einen oder anderen noch in der Schwebe befindlichen Unternehmung ausgewählt wurden, dass es Interessengruppen gab und sogar so etwas wie zwei einander misstrauende Lager, ließ die Neuen schnell erstarken und eine Fraktion bilden. Keiner wollte »gefügig« erscheinen, vor allem nicht die, die man dafür gehalten hatte.

Mir ist damals oft nahegelegt worden, als Gründer und »amtierender Arbeitgeber« für oder gegen einen Bewerber »einzugreifen«. Aber erstens hatte ich unserer Verfahrensordnung zugestimmt: Auch ich hatte nur ein einfaches Votum und die gleiche Redezeit. Zweitens hätte ein solcher Akt meiner Vorstellung von der Schule als einer demokratisch verfassten Polis widersprochen. Was ich den späteren Lehrern zugestand, nein, zumutete, konnte ich den Planern und Lehrern *in spe* nicht vorenthalten. Hinsichtlich der Lehrer habe ich gleichbleibend den

Gedanken vertreten: Wenn sie auf meinem Schul-Schiff mit einigem Selbstbewusstsein Dienst tun sollten, auf dem ich alle Relings abgebaut hatte, dann mussten sie wenigstens eine Sicherheit haben, nämlich dass ihr Mit-Matrose nicht ihr Feind war; sie hatten sich diese Person ja selber ausgesucht. Dieser Gedanke galt so nicht für die Planer, denen ich ja nichts nahm und nichts gab, was sie nicht ihrerseits gedacht und gewollt hatten. Dennoch waren auch für sie die Kollegen der wichtigste Schutz ihrer riskanten Arbeit.

Gegen die Wahl eines mir von vornherein odiosen Bewerbers habe ich mit allen mir zu Gebote stehenden Argumenten gekämpft und die Mehrheit verfehlt. Ich konnte nur darauf bestehen, dass im Protokoll festgehalten werde: »gegen das ausdrückliche Votum von HvH«. Das war ungewöhnlich und unbedacht. Wie sollte der Kollege, wenn er das später las, mit mir zurechtkommen? Er tat es freilich schon aus Sachgründen nicht, so dass das persönliche Moment nur »noch hinzukam« wie die Blindheit zur Einäugigkeit des Polyphem.

Es gab im Hause mehr als zwei Lager, und die überschnitten sich vielfältig. In einem dieser Lager kam man zu der Einsicht: Der Gereiztheit der einen, der Resignation der anderen lasse sich nicht mehr mit unseren gängigen drei Mitteln Herr werden – Klärung des strittigen Sachverhalts (zum Beispiel der Jahrgangsmischung oder des Beurteilungssystems), Geschäftsordnungs- und Strategiedebatten und schließlich direkter Aussprache. Man bedürfe vielmehr der Hilfe eines *sensitivity trainers* oder Gruppendynamikers, jedenfalls eines professionellen Konfliktberaters. Der Gedanke war wohl von den Metaplan-Herren aus Quickborn eingebracht worden, die die Auffassung vertraten, alles Lernen vollziehe sich in Gruppen, »emotionales Lernen« schon gar. Wir hingegen räumten dem Individuum zu viel und jedenfalls den ersten Platz ein. Im Plenum wurde ein entsprechender Antrag gestellt und kam durch; mir wurde nahegelegt, einen Geldgeber hierfür zu finden, denn wenn man schon etwas so Riskantes mache, dann nur mit den besten Leuten, und die seien teuer. Ich hatte nicht das geringste Zutrauen zu derartigen Übungen, sah aber, dass die einen sich das Heil davon erwarteten, also nicht aufhören würden zu drängeln, und die anderen nur Unheil, also mit ihrem Widerstand eine dauerhafte Heldenrolle einzunehmen im Begriff waren. Ich schloss daraus, dass dieser Konflikt nur durch Erfahrung entschieden werden konnte. Diese würde beiden Seiten gut tun. Ja, ich war überzeugt, dass diejenigen, die die Gruppendynamik für Teufelswerk hielten, die Entzauberung so nötig hatten wie die »Seelsüchtigen«. Ich bekam das Geld von der in Bad Homburg ansässigen Werner-Reimers-Stiftung, indem ich ihr diese Gedanken ebenso offen darlegte wie unsere Störungen, und weckte ihre Neugier mit der meinen. Mir war nicht einmal vor dem Abschlussbericht bange, den ich, als Antragsteller, ja würde schreiben müssen.

Am Montag, dem 21. Mai 1973, stand morgens um zehn Uhr ein komfortabler Reisebus in der Dornberger Straße; wir stiegen ein – aber der Fahrer war plötzlich verschwunden. Er kam nach zwanzig Minuten aus unserer Villa heraus, zusammen mit Johanna Harder. Es gab ein Gemurre, hatte ich doch alle zu Pünktlichkeit ermahnt, weil wir zu einer bestimmten Zeit in Bad Homburg angesagt waren. Dann sprach sich herum: Johanna Harder hatte dem Mann, der seit sechs Uhr unterwegs war, noch schnell einen Kaffee und ein kleines Frühstück gemacht. »Der feine Stil des Hauses!«, höhnte jemand durch den ganzen Bus. Den Stil des Hauses gab es in der Tat. Man feierte den Geburtstag eines jeden mit einer kleinen Aufmerksamkeit; irgendjemand wusch immer ab – vermutlich waren es stets die Gleichen, die aber kein Aufhebens davon machten; die Harders und Maria Rieger gingen jeden Morgen, ich an den Tagen, an denen ich in der Dornberger Straße zu tun hatte, durchs Haus und begrüßten alle Mitarbeiter: Hallo, wie geht's?; man teilte sich in einer »Hauspostille« Wichtiges, Lehrreiches, Humoriges gegenseitig mit; man las in kleinen Zirkeln Musil oder Marx; man machte sich Sorgen um einige Sekretärinnen, die ebenso lange arbeiteten wie wir. Es herrschte ein Klima der Rücksicht und unauffälliger Zuwendung: der diskrete Charme der Bourgeoisie. Und der gefiel manchen gar nicht.

In Bad Homburg kamen wir um 18 Uhr in der Halle eines der beiden großen Hotels zusammen, in denen wir untergebracht waren. Man plauderte mit diesem und jenem, vermutlich mit einem Glas Sekt in der Hand, und wartete auf das Einfallen der Gruppendynamik in unsere Passivität. Der Leiter des fünfköpfigen Teams eröffnete den »workshop«, wie er unser Vorhaben nannte, stellte sich und seine Mitarbeiter kurz vor und bat unversehens, es möge sich doch bitte jeder im Raum kurz umsehen und sich dann dorthin begeben, wo er jetzt am liebsten stünde. Wir sahen uns in der Tat um, erblickten hier und da ein boshaft wissendes Lächeln und blieben alle da stehen, wo wir waren, das gerade unterbrochene Gespräch fortführend. In den nächsten drei Tagen wechselten solche Überfälle mit interessanten Lehrveranstaltungen oder Übungen und Spielen. Wir blieben immun.

Die »Überfälle« waren manchmal in die Situation eingebaut, in der man sich befand oder in die man sich begab: Im Raum X waren Stühle unregelmäßig im Kreis um ein Ton-Aufnahmegerät aufgestellt. Die zehn Personen, die man dorthin beordert hatte, setzten sich, warteten, redeten über das unfreundliche Wetter oder über die Annehmlichkeiten des Hotels; einer stand auf und stellte fest, das Gerät laufe schon; man redete weiter, inzwischen vielleicht über den vergessenen Regenschirm; der Kollege am Gerät fragte, ob er es ausstellen solle; »... ist uns egal!« war die Antwort; der Kollege setzte sich wieder. Nach etwa zwanzig Minuten wurde die stumm unter uns weilende Trainerin gefragt, ob sie noch etwas mit uns vorhabe; nein, eigentlich nicht, war die Auskunft. Ich wollte nicht der Erste sein, war's aber doch: Ich stand auf und verabschiedete mich, weil ich noch etliche Briefe zu schreiben hätte. Später, nach dem Sinn dieser Veranstaltung gefragt, sagte die Dame: Es sei genauso gekommen, wie das Team vermutet habe. Der Hentig führe an – die anderen folgten, die ihm Nahestehenden zuerst, die in »kritischer Distanz« zu ihm blieben zurück – und gingen am Ende auch.

Die Exerzitien machten uns mit Mitteln vertraut, die ein Gespräch disziplinieren, seine Wirkung steigern: die Wiederholung des Gedankens, auf den man antwortet, die strenge Trennung von These und Begründung, die ausdrückliche Angabe des jeweiligen Adressaten – nützliche, aber keineswegs neue Weisheiten; in den Rhetorenschulen der Antike, in der mittelalterlichen Disputationskunst, im englischen Parlamentarismus waren sie schon ausgebildet. Das Team veranschaulichte, wie sinnvoll es sein kann, für verschiedene Vorgänge verschiedene Gruppengrößen und getrennte Phasen vorzusehen, oder ein Brainstorming ohne Bewertung, eine Bewertung ohne neue Ideen vorzunehmen oder eine Auseinandersetzung mit dem Streitgegner einmal Rücken an Rücken, einmal Gesicht zu Gesicht auszutragen, einmal von anderen konzentrisch umgeben, einmal verstreut unter ihnen.

Die Spiele konnten und sollten auflockern, dienten – wie wir ungerührt beobachteten – jedoch meist der Umgruppierung, so dass jeder einmal mit anderen als seinen angestammten Bundesgenossen redete.

Am vierten Tag spätestens fielen allen die Arbeiten ein, die unerledigt auf ihren Bielefelder Schreibtischen lagen. Der Unmut über die keine Wirkung zeigende Veranstaltung und ihre hilflosen Zauberlehrlinge machte sich spürbar – und einigte uns! Sollte das das gemeinte Resultat all dieser psychosozialen Künste sein? Aber die Einigung konnte doch nur so lange dauern, wie die Gruppendynamik uns die Zeit stahl und es »Spiel-Konflikte und nicht die Biel-Konflikte« gab, wie ein Kalauer unter uns bemerkte.

Am nächsten Tag bat der Leiter des Teams mich um ein Gespräch. Im Garten mit mir auf und ab wandelnd machte er uns ein glaubhaftes Kompliment: »Sie haben eine bemerkenswerte Crew zusammengebracht! So viel unverabredete und unaufwendige Verweigerung habe ich noch nicht erlebt.« Gern wäre er selber Mitglied der Aufbaukommission. Ob ich vielleicht noch einen Diplom-Psychologen am Oberstufen-Kolleg gebrauchen könne? – Ich konnte nicht. Nicht nur, weil nicht ich, sondern der Stellenplan und das Auswahlverfahren darüber entschieden. Vielmehr weil er für eine wissenschaftspropädeutische Einrichtung nicht taugte. Er war sympathisch und intelligent, aber er war offenbar nicht der Mann, sich von den Arkana seines Gewerbes zu lösen. Wie hatte er hoffen können, es lasse sich in einem »workshop« wie diesem eine untergründige Ursache für den Zwist aufdecken – »untergründig« doch, weil man sie nicht eingestehen *wollte*. Und vollends: Wie konnte er hoffen, den Zwist dadurch zu beseitigen? Das sei mechanisierter und vulgarisierter Freud, hielt ich ihm vor, und Freud vertrage das nicht. Ich fragte ihn, ob er Louise Armstrongs »A Child's Guide to Freud« kenne? Er kannte es nicht. Ich zitierte – damals aus dem Kopf, heute muss ich nachschauen:

If you paint a picture of a dragon and title it Daddy, this is called SUBLIMATION.

If you don't paint a picture of a dragon and title it Daddy, this is called REPRESSION.

The picture itself is called a SYMBOL. This means Daddy is not really a dragon.

If you insist he is, this is called a DELUSION.

If you still insist he is, this is called an OBSESSION.

If you think you are a dragon, too, this is called IDENTIFICATION.

If you say it is *better* to be a dragon, this is called RATIONALISATION …

Dies karikierte die Kunst, ein Problem dadurch zu lösen, dass man es bezeichnet. Der Teamchef gab offen zu: Seine Hypothese sei, es walte unter den AKaniern ein Eifersuchtsproblem. »Wer steht dem Hentig [dem Daddy] nahe und wer nicht?« Das sei zugleich ein menschliches und ein Machtproblem – und wenn *ich* dies nicht sähe oder es gar leugnete, sei *ich* an dem Schlamassel schuld. Diese Schuld auf mich zu nehmen habe ich dort im Garten am fünften Tag abgelehnt. Ich konnte nichts mit ihr anfangen.

Am selben Abend durchbrach einer der Mitarbeiter seine Hemmung und erklärte vor den erstarrenden vierzig Kollegen: Ja, er neide dem Harder seine enge Beziehung zum Hentig; und er sei es nicht allein, dem es so gehe! Diesem *strip-tease*-Akt folgte kein anderer. Der Entblößte blieb allein und hatte nun wirklich einen Grund, mich zu hassen, weil er sich für dieses Bekenntnis selbst hassen musste. Das war die Folge einer Vermischung von Gruppendynamik mit Gruppentherapie. In der Letzteren müssen *alle* Gruppenmitglieder ihr Bekenntnis machen. Die Ent-Schämung ist das Band, das sie verbindet. Und einer muss anfangen. Hätte der Mitarbeiter X es nicht getan, er hätte sich fortan nicht verziehen, dass er die Chance nicht genutzt und die anderen nicht hinter sich gebracht hatte.

Wir reisten in fast völliger Stummheit heim. Als ich merkte, dass ich tatsächlich vermied, mit anderen zu reden – mit den einen, weil es sie vielleicht kompromittiert hätte, mit den anderen, weil sie meinen konnten, ich wolle mich anbiedern –, wusste ich, dass dieses Unternehmen nicht nur misslungen war, sondern auch Schaden angerichtet hatte. Ich und die meisten anderen hatten die korrumpierende Wirkung der Bewusstheit erfahren. Wir hätten nun Kleists »Marionettentheater« miteinander lesen sollen – und einfach wieder an unsere Arbeit gehen. Dass wir dies tun konnten, tat nach acht Tagen »Lotterleben« wirklich gut.

Fünf Jahre nach Eröffnung der Schulprojekte begann ich ein Buch zu schreiben, das den Titel »Gruppen-Verführung« tragen sollte und dessen Eingangskapitel ich in psychosozial 2/80 veröffentlicht habe. Diese im Buchformat bei rororo erscheinende »Zeitschrift für Analyse, Prävention und Therapie psychosozialer Konflikte und Krankheiten« war Horst Eberhard Richters Geschöpf und ich vier Jahre lang wohl irrtümlich ihr Mitherausgeber. Es drängte mich damals, diesen der Gruppendynamik eigenen Sirenengesang besser zu verstehen, ein Phänomen, das ja nicht nur in AKanien, sondern in Akademia überhaupt und noch lange danach an den Schulprojekten, vor allem am Oberstufen-Kolleg, eine höchst unheimliche Rolle spielte. In den ständigen Konflikten unter den Kollegen genügte es, wenn der eine zum anderen sagte: »Du machst mir Angst!«, um ihm die politische und menschliche Handlungsbefugnis zu entziehen; er sollte gefälligst auch schwach sein, auch Angst haben und dies vor allem zeigen. Die Enthüllung der eigenen Schwäche setzte den Gegner ins Unrecht und war eigentlich ein Akt der Stärke. In Thomas Gordons Bestseller »T. E. T. / Teacher Effectiveness Training« (1974, deutsch: »Lehrer-Schüler-Konferenz«, 1977) heißt eine Anweisung (dieses Kultbuch antiautoritärer Erziehung besteht vornehmlich aus Imperativen oder Verboten!):

> Äußern Sie Ihre Bedürfnisse und Gefühle auf alle Fälle *in der Form* von Ich-Botschaften. Lassen Sie keine Unterbewertung oder Geringschätzung Ihrer Gefühle zu. Sagen Sie Ihren Schülern genau, wie Sie sich fühlen [...] Vermeiden Sie unbedingt Du-Botschaften. (S. 198; Hervorhebung von mir)

Ein Wissenschaftlicher Leiter, der ich von 1974 an war und obendrein der einzige Professor an den Schulprojekten, machte schon als solcher Angst. Er hatte Aufgaben, die man als Befugnisse auslegte. Er war bedrohlich. In Bad Homburg begann ich zu verstehen, dass die demokratische Demut, die ich mir selbst auferlegte, und der Machtverzicht, den die anderen mir ansannen, gar nicht erfüllbar waren. Man brauchte einen, dem man vorwerfen konnte: »Du machst mir Angst!« Man brauchte den Drachen.

Die Gescheiten unter den Kollegiaten am OS warnten später die Neulinge: Gleich in der Einführungsphase werde man, statt über ihre Fächer, über die Institution und die mit ihr verbundenen wissenschaftlichen und politischen Aufgaben zu reden, in sie und ihre Empfindungen eindringen wollen (»Na, wie fühlst du dich denn, wenn du so was sagst?«). Sie prophezeiten »liebevolle Umarmungen« und »Anmachereien«, die sie so darstellten: »Kolli X möchte gern malen. Sagt das. Lehrer fragt im Kurs, wer noch möchte. Andere Kollis wollen auch. Lehrer sagt zu Kolli X: Na, jetzt hast du deine Machtposition in der Gruppe.« Ihre Botschaft war: Ihr müsst da nicht mitmachen. Wechselt den Kurs. Wer Auskunft und Unterstützung braucht – es gibt den Kollegiatenrat.

Schade, mein Buch ist nicht fertig geworden. Im Marbacher Archiv findet man vier Kapitel und vermutlich viel »Material« – groteske Zeugnisse aus der Zeit des Psycho-Booms, der Perls und Capras, der gelben Bücher vom März-Verlag.

»Der Stil des Hauses« war nur eine Alternative zur Enthüllungstherapie. Ihr verwandt war eine in Bielefeld durch unseren Rektor Karl Peter Grotemeyer überzeugend vorgelebte Menschenfreundlichkeit. Im Gegensatz zur Menschenliebe ist sie eine sehr praktische und durchaus nicht utopische Tugend. Eine Begebenheit möge dies illustrieren:

Als 1970 das kurz vorher fertiggestellte Aufbau- und Verfügungszentrum in Anwesenheit des Ministers festlich in Betrieb genommen werden sollte, planten die Studenten der Bielefelder Pädagogischen Hochschule einen Demonstrationszug. Sie sahen ihre Bedürfnisse durch das – wie es schien – ausschließliche Interesse der Regierung an der neuen Einrichtung vernachlässigt. »Student unrest« hatte endlich auch die Provinz erreicht. Zu mehreren Hunderten zogen sie mit Pappschildern und Spruchbändern – die geplante Feier bedrohend – vor das neue Gebäude. Der Minister war noch nicht eingetroffen. Der Hausherr Karl Peter Grotemeyer trat vor die Tür und vor die aufmarschierten jungen Leute. In dem Augenblick brach ein heftiger Regen los. »Aber meine Damen und Herren, Sie werden ja ganz nass!«, rief er den zu Sprechchören ansetzenden Jungpädagogen zu: »Kommen Sie doch herein!« Das befolgten diese auch, drängten sich in die Gänge und das Treppenhaus, verstopften das Gebäude und hinderten sich dadurch selbst an jeglicher Aktion. Der Minister – es war der spätere Bundespräsident Johannes Rau – hatte das Gebäude inzwischen durch einen anderen Eingang betreten und war in den obersten Stock gelangt, wo das kalte Büfett aufgestellt war und die Reden ausgetauscht werden sollten. Das Letztere taten die Herren im dunklen Anzug auch, während die ebenfalls bis dahin vorgestoßene Spitze der Demonstranten sich über die belegten Brötchen und den Sekt hermachte und – solchermaßen gezähmt – den Herren aus Düsseldorf ihre Probleme vortrug: ohne Gebrüll und ohne die eingeübte Schärfe. Nach einer halben Stunde war alles vorbei – der Regen und das Reden, der Schmaus und der Braus. Eine normale Regung, ein menschliches Gefühl für Leute im Unwetter, eine einfache Geste hatte allen alles erspart, was peinlich, und alles gewährt, was notwendig war. Die Freundlichkeit – eine Schwester des »Stils des Hauses« – hatte gesiegt.

Learning by writing

Wie schwer es ist, die an der Wissenschaft geschulten Lehramtskandidaten in die Praxis einzuführen, weiß man; *by doing* ist noch immer ein gutes Rezept. Dass es nicht leichter ist, Lehrer zu Wissenschaftlern zu machen, ist weniger bekannt, weil es nicht gerade häufig gefordert, höchstens von ihnen selbst erstrebt wird; *by dispute* wäre mein Rat. Ihr Gesprächspartner müsste ihnen den Jargon ihrer Disziplin untersagen, ihnen mit Fragen zusetzen, bis völlig klar ist, was sie behaupten, ihnen ins Wort fallen, wenn sie ausschweifig werden, denn Wissenschaft ist Erkenntnisökonomie. *Learning by writing* könnte ein gutes Mittel für einen dritten, in AKanien zutreffenden Fall sein, in dem Lehrer und Wissenschaftler gemeinsam Curricula entwickeln sollen. Sie müssen erst ihre Ziele, dann die vorfindlichen oder vorausgesetzten Bedingungen aufschreiben und schließlich den gedachten Ablauf des Unterrichts.

Den größten Schritt nach vorn haben wir in Bielefeld in dem Augenblick gemacht, als wir beschlossen: Jeder schreibe sein Rahmencurriculum auf. Die so entstandenen achtundzwanzig RACs waren zwar in fast jeder Hinsicht unterschiedlich, aber alle enthielten eine Theorie und die Beschreibung einer vorgestellten oder schon zum Teil erprobten Praxis, die dieser Theorie entspricht. Peter Weinbrenners RAC »Arbeitslehre« gab die Geschichte des Fachs wieder, die notwendig die Anlässe und Absichten spiegelte, unterfütterte dann meine für den Bildungsrat geschriebenen dreizehn Allgemeinen Lernziele mit konkreten Kenntnissen, Fertigkeiten, Einstellungen, mit denen der »Arbeitslehrer« seine Schüler hierzu versorgen kann, und stellte geeignete Themen und Gegenstände in geeigneter Verteilung auf die Altersjahrgänge vor. Die Autoren des RAC »Wahrnehmen und Gestalten« gingen – verspätet – den umgekehrten Weg: Sie haben mit unseren ersten Schülern eine Musical-Version von »The Yellow Submarine« erarbeitet, eingeübt, aufgeführt und sich hinterher gefragt: Welchen allgemeinen Ertrag hat das – für unsere Schule und andere? Ihr RAC kam als eines der letzten zustande und traf, trotz des unbotmäßigen Verfahrens, meine Vorstellungen von dieser Übung so gut, dass ich ein Vorwort dazu schrieb. Cord Ratherts RAC »Pädagogik« für das Oberstufen-Kolleg begann mit der Überlegung: Wie befreit man jemanden nach zehnjähriger »Pädagogisierung« in der Schule zu einer davon freien Erkenntnis und einem darüber freien Urteil? Nach der Musterung der in Frage kommenden Zugänge, vornehmlich der literarischen, aber auch der historischen und »theoretischen«, entwarf er ein Pädagogik-Studium, das die Frage beantwortete: »Welche *wenigen* (und darum überschaubaren), *interessanten* (und darum motivierenden), *einfachen* (und darum verständlichen), *grundlegenden* (und also zugleich in viele weitere Bereiche hinein entfaltbaren und am Einzelbeispiel konkret messbaren), *gut dokumentierten* (und also auch selbständig studierbaren) Kenntnisse oder Erfahrungen sollte und kann ein angehender Pädagoge vor aller Spezialisierung und für sie haben?« Er gliederte seinen »Stoff« (sagte man einst unbefangen) mit Hilfe von fünf Grund-Sätzen, die er in Anlehnung an einen meiner Aufsätze zur Lehrerbildung formulierte. Beispielsweise zum Grund-Satz 2 (»Der Mensch ist als Person/Individuum auf Erziehung angewiesen; Erziehung ist immer auch ein ganz individueller Vorgang«) legte er seinen gedachten Kollegiaten folgende Lektüre nahe: C. McCullers: Frankie / J. R. Becher: Abschied / U. Plenzdorf: Die neuen Leiden des jungen W. / J. D. Salinger: Der Fänger im Roggen / J. P. Sartre: Die Wörter / W. Werner: Vom Waisenhaus zum Zuchthaus / J. J. Rousseau: Bekenntnisse / H. Hesse: Unterm Rad. Zum Grund-Satz 3 (»Jede Gesellschaft ist auf die Erziehung/Bildung/Ausbildung ihrer Mitglieder angewiesen«) waren es Denkmodelle – bei Platon: Pädagogik als Alternative zur Herrschaft; bei Michael Young: Herrschaft durch Pädagogik; bei

Rousseau: Émiles Erziehung bewahrt dessen Freiheit vor den gesellschaftlichen Zwängen, so dass er den wahren Gesellschaftsvertrag vollziehen kann; bei Dewey: Das Lernen, die Erweiterung und Prüfung der Erfahrung sind der eigentliche Zweck des Lebens, den die Gesellschaft zu sichern hat; bei Bernfeld: Herrschaft und Kultur werden durch Tiefenpsychologie und Marxismus miteinander verbunden. – Das war OS-Didaktik!

Alle RACs wurden von einer Gruppe von »Gegenlesern« geprüft und im vorletzten Stadium im Plenum erörtert. Nicht jeder hat alles gebilligt, was da auf dem Nachbarfeld gesät wurde, aber alle wussten von allem. Und jeder, der geschrieben hatte, durfte und musste damit rechnen, dass nicht nur die anderen Kollegen es lesen, sondern eine kritische Öffentlichkeit, denn die RACs wurden bei Klett gedruckt. Sieg und Niederlage der eigenen Sache hing von der eigenen Darstellung ab.

Der nächste Schritt nach dem Rahmen-Curriculum ist das Curriculum selbst. Ich hatte in der Arbeitsstelle Pädagogik, also im Kern der späteren Fakultät für Pädagogik, Philosophie und Psychologie, zu deren Einübung in »heutige« Schulpädagogik mit der Adaptation eines schon erwähnten Curriculums von Ronald Lippitt (s. o. S. 239) begonnen und damit zugleich zwei weitere Kollegen angelockt: Im Sommer gelang die Berufung von Theo Schulze aus Flensburg; er war Erich Wenigers Assistent während meines zweiten Göttinger Studienaufenthalts und mir seitdem vertraut. Fast gleichzeitig kam Helmut Skowronek; der wiederum war Heinrich Roths Mitarbeiter gewesen, hatte sich als Mitautor von »Begabung und Lernen«, dem folgenreichsten Gutachten des Deutschen Bildungsrats, hervorgetan und stellte eine notwendige Ergänzung zu Schulze und mir dar, die wir zur geisteswissenschaftlichen Pädagogik zu rechnen waren. In seine von mir oft zu Rate gezogene psychologische Begründung einer »Didaktik der Denkerziehung« schrieb er statt der Autoren-Widmung die Autofahrer-Warnung: »If you can read this, you are too close!«

Schulze und Skowronek waren beide bereit, am »Lippitt« mitzuwirken – neben zehn anderen meist jungen Sozialwissenschaftlern, Pädagogen und Psychologen. Die Arbeit an einem gemeinsamen Curriculum, das zu Kooperation, zur Selbst- und Mitbestimmung erziehen wollte, sollte selber arbeitsteilig, kooperativ, nicht hierarchisch vor sich gehen. Wir bildeten so viele Gruppen, wie das amerikanische Curriculum Einheiten hatte, drifteten dabei erheblich auseinander und mussten für die Zusammenführung mehr von den Fähigkeiten und Tugenden aufbringen, die das Werk zu lehren versprach, als uns lieb war.

Dieses hatte mir schon durch seine Anlage besser gefallen als andere Curricula, die Gerold Becker und ich auf unserer Reise 1967 kennen gelernt hatten: Es ging nicht um einen »Gegenstand«, den Schüler lernen, weil das zur Bildung gehört; die »sozialwissenschaftlichen« Erkenntnisse waren vielmehr Hilfen für Kinder bei der Bewältigung von Problemen, die sie »hier und jetzt« haben, nicht »dort und vielleicht dereinst«. Sie lernten diese Erkenntnisse als Instrumente einzusetzen, nicht als Wissen an sich; sie wurden angeregt, eigene Erfindungen zu machen, wenigstens eigene Wege zu gehen – *inquiry method* hieß das bei Lippitt; dem Lehrer wurde ein »offenes Curriculum« geboten – mit möglichen Verzweigungen, ohne zwingende Abfolge der Themen und mit viel Gelegenheiten, ihre Vorlieben einzubringen. Das Ganze war obendrein für zehn- bis dreizehnjährige Schüler der amerikanischen Einheitsschule gedacht, was uns ermöglichte, die Gliederung unseres Schulsystems mit einem gemeinsamen Unterrichtswerk für Hauptschule, Realschule und Gymnasium zu unterlaufen.

Den Namen »Social Science Laboratory Units« haben wir durch den Namen einer Person ersetzt, der die Schüler in der ersten Einheit »Mein Problem« begegnen, der »Detto«. Der Leser möge sich erinnern, dass Wolfgang Detto mein Klassenkamerad am Französischen Gymnasium war (s. Bd. I, S. 134). Ihm – hier in ein Mädchen verwandelt – habe ich für unseren Zweck zu den Problemen, die der anmutige und unglückliche Knabe schon hatte, etliche weitere aufgeladen (und das Ganze obendrein noch einmal in den Briefen an Tobias verwertet). Mit dem Titel, den wir dem Gesamtwerk gaben, »Detto und andere«, drückten wir die Erwartung aus, dass die Kinder und Gruppen unter diesen Problemen zunächst das ihre entdecken und von dort weitergehen zu den Ursachen, Erscheinungsformen, Erkenntnismitteln und schließlich Antworten. Im Laufe unserer fast vierjährigen Arbeit haben wir das Original weit hinter uns gelassen. Was wir dem Schüler als einzelne Lese- und Arbeitshefte in die Hand gaben, entsprach dem Umfang nach der amerikanischen Fassung; was wir dem Lehrer zumuteten, war jedoch ein Vielfaches: ein Produkt von Anfängern, die immer neue Bedenken gebären (die dem Könner gar nicht einfallen!), ein Produkt von fünfzehn Demokraten, die sich gegenseitig nicht dreinreden wollen, aber trotzdem nicht gut finden, was die anderen vorlegen, die also ihre Korrektur durch einen Zusatz statt durch eine Amputation zu erreichen suchen, ein Produkt zumal von Deutschen, die alles schrecklich genau nehmen. Wir litten aneinander und an dem Werk.

Lippitt hingegen war begeistert. Er kam eigens nach Bielefeld gereist und verbrachte vierzehn Tage mit uns, um das Endprodukt durchzusprechen. Das war sechs Monate nach Eröffnung der Laborschule, die er natürlich mit großem Interesse musterte. Was ihm fehlte oder missfiel, konnten wir einer »Flying Carpet View« unserer Schule entnehmen. Aus der Entfernung von zehn Jahren in der Zukunft sah er: Erwachsene (Freiwillige) aus allen Lebensbereichen dienen als Erkenntnis- und Erfahrungsquelle und gehen in der Schule aus und ein. In der Schule unterrichten in zunehmender Zahl ältere Schüler jüngere. Jeder Schüler kann sich um eine solche Tutorenstelle bewerben. Es gibt ein großes Wandbrett, auf dem man herausfindet: »Wer kann was?« Jedes Mitglied der Schule macht hier sein eigenes Dossier und verändert es im Laufe der Zeit. (Auf diese Weise entsteht der von Ivan Illich propagierte Lernmarkt im Inneren der Schule.) Die Schüler sind nicht nur Lehrer, sondern auch Mitglieder von Projektforschungsgruppen. Eine solche Gruppe stellt monatlich einen *public opinion survey* auf über alles, was in der Schule vor sich geht. Die Schule hat insgesamt ein Klima von »inquiry«. Die Lehrer nutzen die Fakultäten als Erkenntnisreservoir und machen »field trips« in die verschiedenen Bereiche der Universität. Professoren gebrauchen ihrerseits die Laborschule als Feld für ihre vornehmlich pädagogischen Untersuchungen. – Da sage einer, der Hentig sei Utopist!

Lippitt hatte auch einige Einwände gegen unsere deutsche Fassung, von denen wir die meisten berücksichtigen konnten. Ich erinnere mich an eine Ausnahme: *here and now problems* mochte ich nicht als »Hier-und-jetzt-Probleme« wiedergeben, weil damit in der deutschen Gruppendynamik die Probleme bezeichnet werden, die einen »augenblicklich« bedrängen. Wir zogen »Probleme von Kindern« vor. »Unterschiede zwischen den Menschen«, »Sein und Werden«, »Der Einzelne und die Gruppe«, »Freundliches und unfreundliches Verhalten«, »Einflüsse«, »Entscheiden und Handeln« – so die Überschriften der Einheiten – sind nicht ständig akut, aber sie sind immer im Umfeld der Kinder wirksam und sichtbar. Dass wir das ganze Curriculum für ein Mittel der politischen Erziehung und nicht der wissenschaftlichen Bildung ansahen, befremdete Lippitt, als wir ihm dies sagten. »Gott sei Dank merkt man das nicht so!«, kommentierte er höflich. Er war ein freundlicher Zeitgenosse des New Age, trug ein Amulett – eine große geschliffene Achatscheibe an ledernem Band – um den Hals und schenkte mir »Die Möwe Jonathan«: Das sei sein Lieblingsbuch. Für so jemanden waren auch »Einflüsse« oder »Entscheiden und Handeln« unpolitisch, und im Kapitel »Unterschiede« durfte es keine Schwarzen oder Puertoricaner geben, sondern nur einen Jungen mit grünen Haaren, um an ihm die Entstehung und Wirkung von Vorurteilen darzustellen. Den mussten wir auf Geheiß von Thelma von Freymann, die der Verlag zu uns abgeordnet hatte und die mit Lippitts Stimme sprach, auch in der deutschen Fassung behalten.

Als moderne Erziehungswissenschaftler waren wir verpflichtet, die Verständlichkeit und Wirksamkeit (die »Akzeptanz«, wie es neuerdings hieß) des Unterrichtswerks auch zu überprüfen. Wir lernten das aufreibende Handwerk der Evaluation, die Theo Schulze hartnäckig Ovulation nannte. Warum schlug die Einheit, sagen wir: »Sein und Werden«, in vier Versuchsklassen ein und in vier anderen nicht? Musterung der Auswahlkriterien, der Variablen, der unterschiedlichen Formen des »Scheiterns«. Gespräche mit den Lehrern. Evaluation der Evaluation. Einarbeitung der gewonnenen Erkenntnisse. Erneuter Probegang, natürlich in anderen Klassen. Also: Neue Lehrer gewinnen und Schulen ... Und so fort – mit zunehmender Routine und zunehmender Skepsis. Wir kamen zu der immer gewisser vertretenen Feststellung: »Es liegt nicht am Curriculum, wenn es schiefgeht, sondern am Lehrer; es liegt sehr wohl am Curriculum, wenn es gutgeht« und wussten, dass man sie uns um die Ohren schlagen würde. Wir mussten im Grunde nicht nur die Unterrichtseinheiten, sondern den gesamten Unterricht der Lehrer, ja eigentlich die ganze Schule mit evaluieren. Lippitt hat uns beruhigt: Auch die amerikanische Evaluation sei zweideutig ausgefallen. Mir kam, wie nun immer öfter, das Wort »einigermaßen« in den

Sinn. Man wird fortan hinnehmen müssen, dass ich die Evaluationsgewissheit meiner Zunft nachsichtig belächle.

Von allen Leistungen, die ich für die deutsche Schule erbracht habe, hätte ich gern dem »Lippitt« und meinem Lateinunterricht (»Platonisches Lehren«) einen großen Erfolg gewünscht – beiden ist er nicht beschert gewesen. Aber die Mitglieder der MUG, der Mitherausgebergemeinschaft von »Detto und andere«, haben hieran wohl mehr gelernt als in irgendeinem pädagogischen Seminar, an irgendeinem Schulentwicklungsinstitut, an irgendeiner Versuchsschule: *by writing*.

Nach der Aufzeichnung – und Verwendung – des Curriculums kommt der Bericht über den Unterrichtsablauf. Er ist die wirksamste Form der Evaluation: Ich weiß selber am besten, was ich mit meinem Unterricht erreichen wollte und wie wenig mir davon gelungen ist oder wie viel sich unerwartet eingestellt und ohne mein Zutun erfüllt hat. Dass wir gleich nach der Eröffnung der Schule für das Ministerium Berichte schreiben mussten, fanden die meisten lästig und waren froh, als diese Pflicht eines Tages entfiel. Sah man die damit gefüllten Leitzordner auf dem Tisch der Schulleitung, konnte man »mit Sicherheit ahnen«, dass niemand sie lesen würde. Vielleicht litt man auch an dem erschwindelten »Erfolg«, den man der Schule zu schulden meinte. Der Wissenschaftliche Leiter jedoch bedauerte, dass die Kollegen sich dieser Selbst-Evaluation entledigten. *By writing* hätten sie sorgfältiger über ihre Tätigkeit nachgedacht als bloß *by doing*.

Sokrates in Bielefeld

Der voraufgehende Abschnitt hat uns AKanier als gelehrige Arbeiter in der Curriculum-Werkstatt gezeigt. Wir waren es einerseits aus Lehrer-Gewissheit, andererseits aus Reformer-Bescheidung: Wir – unsere Versuchsschulen – konnten zwar andere Gliederungen, Gegenstände, Gebäude, Lerngelegenheiten haben, weil wir überzeugt waren, ein solcher Wandel der äußeren Gegebenheiten würde uns zu einer besseren Pädagogik verhelfen, und weil wir diese Überzeugung anderen – der Regierung, der Universität, den Eltern unserer Schüler – hatten weitergeben können. Man hatte uns die äußere Reform gleichsam auf Gutglauben geschenkt. Die allgemeine Öffentlichkeit, die Schulträger im Land, die normalen Lehrer aber würden unseren Weg nicht ohne weiteres gehen. Man musste das »Gehäuse« von innen her durch ein anderes »Mobiliar« verändern – und diese Aufgabe sollten die neuen Curricula übernehmen. Man würde feststellen, dass sich gut mit ihnen wohnen und arbeiten ließ; freilich ginge es noch besser, wenn man andere Zeiteinteilungen, andere Räume und variable Gruppengrößen hätte; man würde dann die Umbauten willig selber vornehmen. Diese Hoffnung machte den eigentümlichen Curriculum-Rausch in der Dornberger Straße aus.

Seit mehreren Jahren unterhielt ich eine freundschaftliche Beziehung zu Martin Wagenschein. Er sollte diesem löblichen Optimismus eine Dosis heilsamer Nachdenklichkeit verpassen. Ich lud ihn nach Bielefeld ein, deutete an, worum es mir ging, und er kam. Er hat uns nicht über seine Didaktik belehrt, sondern sie *dargestellt*: Er hat einen Kreis an die Tafel gemalt, den Radius genommen und diesen auf dem Kreis abgetragen. Das ging sechsmal und genau auf! Verband man die Ecken des so entstandenen Sechsecks mit dem Mittelpunkt des Kreises, ergaben sich, wie wir sehen und die Mathematiker beweisen konnten, sechs gleichseitige Dreiecke. Das war alles »eigentlich« bekannt; nun war es gleichwohl erstaunlich und schön. Warum war das so? Und warum ging es gerade beim Sechseck und nicht beim Vier- oder Fünf- oder Achteck? Zwei Stunden haben die Lehrer der Schulprojekte heiß darüber diskutiert – mehr miteinander als mit Wagenschein. Er hat wenig gesagt, hat meist nur an den selbstsicheren Antworten gezweifelt, ist uns gefolgt und hat so dargestellt, was die Kunst des Lehrens (die er uns ja erklären sollte – nicht das Verhältnis von Sechseck und Kreis) im Kern ausmacht: dem Verstehen (und Nichtverstehen) seiner Schüler auf der Spur bleiben. Zweifel, Rückfragen, sich Zeit lassen – das waren die anticurricularen Toxine. Curricula versprechen dem Lehrer, dass er's mit ihrer Hilfe »im Griff« habe. Meist auch, dass es auf die Antworten ankomme, auf das stabile und richtige Wissen. Auch unsere Curricula hatten das im Sinn. Mit Ausnahme des RAC für »Wahrnehmen und Gestalten« lehrten sie fast ausschließlich, wie man ein Problem löst, nicht auch, wie man es erkennt.

Was ich geschildert habe, hat man oft zum Einwand gegen die Wagenscheinsche Pädagogik erhoben: Sie lasse sich nicht verallgemeinern;

solche Spannungen erzeugen, solche Vereinfachungen finden, solche Sprache sprechen – das könne nur er. Andererseits sind Elemente seiner Didaktik auch in der wissenschaftlichen Lerntheorie geläufig, beispielsweise das von Heinrich Roth so genannte Prinzip der »originalen Begegnung« oder die Orientierung an Funktionszielen oder das »genetische« Verfahren. Gerade hieran beweist sich meine Theorie: »Die Person des Lehrers ist sein wirksamstes Curriculum.« Nicht dass die didaktischen Figuren von Wagenschein in Curricula nicht unterzubringen seien, ist das Problem, sondern dass Curricula die Personalität des Unterrichts zu zerstören geeignet sind. Die Perfektion, mit der sie oft konstruiert sind, erlaubt dem Lehrer immer weniger, *seine* Verarbeitung der Sache, *seine* Fragen, Zweifel, Erkenntnisfreuden einzubringen – und zu dieser Perfektion wiederum werden sie durch die ausgearbeitete Theorie der Lernziele, der Strukturen von Sache und Erkenntnis, der Motivation, der Lernerfolgskontrolle, der Evaluation genötigt. Das Beste, was passieren kann, ist, dass der Lehrer ein so entstandenes Curriculum selber nachstrickt. Das läuft meist auf eine etwas primitivere Imitation hinaus, aber immerhin eine, die angeeignet ist, von selbst erfahrenen Beispielen bis zu den krakeligen Zeichnungen.

Eine frühe Warnung

Zwei Menschen können das Gleiche wollen, dazu aber Verschiedenes tun. Zwei Menschen können das Gleiche tun und etwas völlig Verschiedenes damit im Sinn haben. In beiden Fällen lohnt es sich, die (noch) fehlende Übereinstimmung zu suchen. Wollen beide Verschiedenes und handeln auch verschieden, ist diese Bemühung sinnlos.

Als Klaus Heidenreich und Gerd Büttner 1972 in die Aufbaukommission gewählt wurden, waren nicht nur die pädagogischen Ziele, es waren auch die Aufgaben der zu schaffenden wissenschaftlichen Einrichtung »Schulprojekte der Universität Bielefeld« festgelegt. Die Laborschule sollte den Erziehungswissenschaften der Fakultät für PPP als Beobachtungs- und Experimentalfeld dienen. Das Oberstufen-Kolleg sollte die institutionellen und wissenschaftsdidaktischen Voraussetzungen für eine neue, das Studium vorbereitende Tertiärstufe erarbeiten.

Der erste Auftrag der Laborschule war es, die pädagogischen Möglichkeiten einer Gesamtschule – einer schon existierenden, aber noch nicht geläufigen und noch nicht gesicherten Form der öffentlichen Sekundarschule – im Vollzug, in denkbaren Varianten, in plausiblen Versuchsschritten zu erkunden und ihre beste Nutzung zu erproben. Das verlangte von ihr – neben viel Mut, viel Fantasie, viel Fleiß – eine Bereitschaft zu einer gewissen Künstlichkeit. Diese gab ihr den Labor-Charakter. Eine Konstante der Gesamtschule ist, dass sie alle Kinder unabhängig vom erstrebten Abschluss, von Herkunft und Besitz und von der sogenannten Begabung aufnimmt, die man als »plastisch« und »dynamisch« anzusehen gelernt hatte. Dieser Auftrag stimmte zu unserem pädagogischen Ziel, jedem Kind die bestmögliche Förderung zuteil werden zu lassen, es zu einem *politēs*, einem Mitbürger, zu machen, der Unterschiede unter den Menschen versteht und bejaht und das Seine zum Gemeinwohl beiträgt. Indem wir diesen Auftrag erfüllen, tragen wir, so war unsere Hoffnung, zu unserem Teil dazu bei, die im bestehenden System waltende Chancenungleichheit zu vermindern.

Klaus Heidenreich las das anders: Wenn mit besseren Möglichkeiten der Gesamtschule experimentiert werden sollte, dann in erster Linie mit einer Pädagogik, die den Benachteiligten diente. Benachteiligt waren für ihn vor allem die unteren Sozialschichten – allenfalls auch Mädchen. Dass ein Professorenkind »benachteiligt« sein könne, weil es verhätschelt oder verschüchtert, vom Ehrgeiz der Eltern getrieben oder vom eigenen Anspruch niedergedrückt ist, fand bei ihm keine Rücksicht. Er war evangelischer Pfarrer gewesen und hatte, ich weiß nicht aus welchem Anlass oder Grund, auch Soziologie studiert. Die Verbindung dieser Kompetenzen hatte bei seiner Wahl in die Aufbaukommission den Ausschlag gegeben. Bewerber mit dem Fach Religion waren rar, und Soziologie als Schulfach gab es überhaupt nicht. Da an der Laborschule der Religionsunterricht in den Erfahrungsbereich »Umgang von Menschen mit Menschen« gehört, der in der Alltagssprache der AKanier (leider) Sozialwissenschaften hieß, war Heidenreich der gegebene Mann. Die Verbindung von Religion und Soziologie machte auch die Intensität seines pädagogischen Einsatzes aus: Er wusste, wovon er sprach, wenn er die sozialen Verhältnisse anklagte und angriff, und er tat es mit der Seele eines Missionars. Dass er in dem Ausschuss für das

Aufnahmeverfahren mitarbeitete und diesen bald aufgrund seines Fleißes und seiner Kenntnisse beherrschte, war uns allen selbstverständlich – bis das Ergebnis vorgelegt wurde: ein Fragebogen, der die an sich schon komplizierten Überlegungen und Prozeduren der Aufnahme begleitete und den die Eltern ausfüllen sollten, wenn sie ihr Kind bei uns anmeldeten. Die Antworten sollten dem Computer erlauben, die Auswahl der Schüler so vorzunehmen, dass unsere »Population« die der Gesamtschulen mit dem schwierigsten Einzugsbereich repräsentierte. Der grobe Aufnahmeschlüssel, der schon im Grünen Buch festgelegt war (s. o. S. 286) erfuhr durch Heidenreichs Bearbeitung eine umständliche Differenzierung (wenn man Kenntnisse hat, setzt man sie auch ein!); die sechzig bis siebzig Fragen waren – Missbrauch vorhersehend – klausuliert und schwer zu durchschauen; die Sprache passte zu »Laboratorium«, nicht zu »humane Schule«. Kurz, die auszufüllenden sechs Seiten waren abschreckend – für die »unteren Schichten« durch die Sorge: wir verlieren unser Kind an eine andere Welt; für die Oberschicht durch das Misstrauen, das sie ausstrahlten; für die Mittelschicht durch die Anmaßung, mit der eine öffentliche Einrichtung Auskunft über private Angelegenheiten verlangte und Schicksal spielte.

Keinen Augenblick war für mich zweifelhaft, dass eine Versuchsschule die Validität ihrer Ergebnisse sichern, also auch über die Zusammensetzung der Schülerschaft nach geprüften sozialen Kriterien entscheiden muss. Aber sie hat ihre Instrumente in Demut einzusetzen und nicht wie das Jüngste Gericht. Die Rigueur, mit der auch die Kinder von Mitarbeitern ausgeschlossen werden sollten, wenn sie nicht in die Quoten passten (und, falls sie es taten, nur eine Chance von eins zu zwanzig hatten, zählten sie doch ihrer Bildung und ihrer Selbsteinschätzung nach zur oberen Mittelschicht), erschreckte auch manches Aufbaukommissionsmitglied, das die Schule mit Blick auf die eigenen Kinder plante, brachte aber vor allem den kinderlosen Gründer auf den Plan, der die Idee seiner Schule gefährdet sah. Er erbat ein weniger aggressives Ermittlungsinstrument und erfuhr dabei etwas, was es in der Planungsgruppe bisher nicht gab: den Eifer eines *true believers* – eines Weltverbesserers und Fundamentalisten. Heidenreich verteidigte jede einzelne Frage mit einer Verbissenheit, der ich nichts entgegenzusetzen hatte als Befürchtungen (»ob das wohl gutgeht«) und den Hinweis auf überflüssige Fragen – »überflüssig«, weil die Antwort keine Sicherheit gewährte. Nach drei Jahrzehnten hat das PISA-Untersuchungsteam herausgefunden, dass die Eltern der Laborschulkinder zu einem weit über dem Durchschnitt liegenden Anteil das Abitur haben, dass also der weiterhin verwendete Fragebogen unwirksam war.

Ein Menetekel sehen, es nicht verstehen und darum nichts tun – dieses biblische Schicksal ist schlimm. Schlimmer ist, das Menetekel sehen, es verstehen und nichts tun können. Ich gab meinen Widerstand auf halbem Wege auf. Zwei Jahre »später« war es »zu spät«. Da begann Heidenreich sein Werk zu vollenden – seine Pädagogik der Benachteiligten. Ihm folgten andere, die oft nur den starken Mann gegen die »Obrigkeiten« – die Schulleitung und den Wissenschaftlichen Leiter – brauchten. Es wird von ihnen noch die Rede sein müssen und von dem, wovor ich nun umsonst gewarnt war.

Einstweilen beschäftigten, manchmal war ich geneigt zu sagen »berauschten« uns andere »Krisen« und ihre jeweils heikle Lösung: die Dauerkrise um unseren »Status« (es war in der Tat schwierig, »schulische Aufgaben« und also »Schulaufsicht« einerseits mit »... sind Einrichtungen der Universität« und akademischer Selbstverwaltung andererseits vereinbar zu machen) – 1971 wurde diese Krise durch den »Gemeinsamen Erlass« von Wissenschaftsminister und Kultusminister vorläufig stillgestellt; die Standort-Krise (das für die Laborschule vorgesehene Grundstück in einem universitätsnahen Wohngebiet erwies sich als zu teuer und als zu klein) – im Sommer 1971 wurde von der Landesentwicklungsgesellschaft (LEG) entschieden, dass beide Schulprojekte auf dem Universitätsgelände zu errichten seien, wodurch die LS an einen Ort ohne Wohn-Umfeld versetzt wurde; die PH-Krise (die für 1976 geplante Integration der Bielefelder Pädagogischen Hochschule in die neue Universität brachte den Finanzminister auf den Gedanken, die Schulprojekte in deren Gebäude unterzubringen; bis dies möglich sei, sollten sie Curricula am Schreibtisch entwickeln und sich an der Lehrerfortbildung beteiligen) – im Frühjahr 1972 war der unbedachte Plan mit Hilfe von Landtagsabgeordneten und der Stiftung Volkswagenwerk »vom Tisch«; die Architekten-Krise (der geniale Ludwig Leo, der seine Seele in die bauliche Verwirklichung einer »Hentig-gemäßen« Laborschule geworfen hatte und den unsere Ideen und Planungen zu täglich neuen Einfällen inspirierten, war den Erledigungs-Menschen der LEG zu schwierig geworden; er wurde im Zuge dieser Veränderungen ausgebootet) – das Architektenkollektiv, das das Oberstufen-Kolleg bauen sollte, bekam auch die Laborschule zugeschlagen; die Flächen-Kürzungs-Krise (die Hochschulbau- und Finanzierungsgesellschaft/ HFG, die vom Land mit der Errichtung der Universität beauftragt war, hatte schon 1971 eine Kürzung des Raumvolumens der Laborschule um elf Prozent verfügt; im Herbst 1972, nachdem das Flächennutzungsprogramm der Schulprojekte fertig ausgearbeitet war, sollten erneut elf Prozent gestrichen werden, das heißt, 1500 Quadratmeter mussten irgendwo aus dem fertigen Entwurf herausgeschält und somit eigentlich alles neu geplant werden; die schon durch die voraufgehenden »Krisen« verschobene Eröffnung wäre noch einmal um ein Jahr verzögert worden, denn Einschulungen sind nun mal an den Schuljahres-Rhythmus gebunden) – diese Krise fand eine Lösung, die ebenso lehrreich wie für das Klima in den Schulprojekten folgenreich war:

Nach gründlicher Prüfung der Situation entschlossen wir uns, dies zum *casus abdicationis* zu machen. Ich erklärte dem Minister für Wissenschaft und Forschung in einem Brief: Ich würde den Gründungsauftrag zurückgeben und alle Aufbaukommissionsmitglieder würden die Schulprojekte und das Land Nordrhein-Westfalen bei nächster sich ihnen bietender Gelegenheit verlassen, wenn es zu der angedrohten Maßnahme und damit abermaligen Verschiebung unserer eigentlichen Arbeit komme.

Dieser Brief setzte eine emsige Diplomatie zwischen den Ministerien in Gang und führte dazu, dass der allgewaltige und allgefürchtete Finanzminister Wertz mich einlud, ihm und seinem Haus die Lage aus unserer Sicht darzustellen. Das war kurz vor Weihnachten. In einer der oberen Etagen des Ministeriums am Horions-Platz hatte er seine Staatssekretäre und Fachreferenten – etwa fünfzehn Personen – versammelt, stellte mir einige von ihnen vor und bat mich, ihm und ihnen, »die wir von der Sache ja nichts verstehen«, die beiden neuen Einrichtungen zu erklären. Darin war ich geübt und bediente die Anwesenden mit Anschauung und ihnen in der Tat neuen und gemeinverständlichen Gedanken zur Schul- und Hochschulreform, was dem Minister Gelegenheit zu gebildeten, gar geistvollen Aperçus gab. Nach knapp zwei

Stunden sah er sich in der Runde um und sagte: »Nicht wahr, meine Herren, einem solchen Unternehmen wollen wir doch nichts in den Weg legen! Sehen Sie zu, dass Sie den notwendigen finanziellen Ausgleich an anderer Stelle schaffen.« Mit sich und seiner Rolle als aufgeklärter Herrscher sichtbar zufrieden, fügte er zu mir gewandt hinzu: »Ich lasse meine Kollegen Rau und Girgensohn wissen, dass die Planung Ihrer Schule weitergehen kann wie geplant.« Später habe ich Herrn Wertz mehrfach im fertigen Gebäude der Schulprojekte begrüßt; seinen Begleitern, meist Gästen aus anderen Ländern, verkündete er dann stolz: »Sehen Sie, meine Damen und Herren, so bauen wir jetzt in Nordrhein-Westfalen, innovativ, modern und äußerst kostengünstig!«

In Bielefeld wurde ich mit großer Erleichterung empfangen. In der Feier des siegreich heimkehrenden Konsuls saß freilich ein Stachel: die Wahrnehmung, dass »wir« noch so gut argumentieren, rechnen, begründen können – wir bewegen damit nichts. Es sind am Ende die »großen Herren«, die »Profs« und Minister, die auch in der Republik die Schicksale entscheiden.

Als Krise habe vielleicht nur ich ein letztes Ereignis vor der Eröffnung der Schulprojekte wahrgenommen. Sie hatten Satzungen ausgearbeitet, in denen die verschiedenen Entscheidungs-Gegenstände und -Ebenen vorläufig geordnet waren – auch hierin von der herkömmlichen Schule abweichend. Die Schulleitung der Laborschule sollte aus mehreren Personen bestehen, die alle »unterzeichnungsberechtigt« waren, und alle sollten nach einer bestimmten Zeit in das Lehrerkollegium zurückkehren. Das Oberstufen-Kolleg hatte einen Sprecher und dieser wohl auch einen Stellvertreter; beide sollten periodisch neu gewählt werden. Es gab in beiden Häusern drei Konferenzarten, die den Lehrern, Kollegiaten, Schülern und Laborschul-Eltern die Mitwirkung in Struktur-, Sach- und Personalfragen »ermöglichten«, wie man sagte, »abnötigten«, wie man auch hätte sagen können. Dies hielt man für »Leitung« genug; man brauchte nur eine Instanz, die die Beschlüsse ausführe, mehr nicht.

Dass Wolfgang Harder, in dem ich den »geborenen« Leiter des Oberstufen-Kollegs sah, das Amt des – auf zwei Jahre gewählten – Sprechers nicht noch einmal würde ausüben können, damit hatte ich mich abgefunden. Dass die Regierung die Sprecher-Lösung am Oberstufen-Kolleg und ein zeitlich begrenztes Leitungskollektiv an der Laborschule über die Planungszeit hinaus hinnehmen würde, konnte ich hoffen, aber nicht glauben. Schon im Frühjahr 1974 ernannte das Kultusministerium Maria Rieger, die als einzige Laborschullehrerin eine Schulleiterstelle (A 16) innegehabt hatte, kurzerhand zur Schulleiterin der LS, und Maria Rieger nahm das Amt an, weil das Ministerium andernfalls einen Schulleiter von außen eingesetzt hätte. Maria erklärte uns, sie werde sich an die hausinterne Regelung halten, in einem Leitungsteam arbeiten und das Amt nach vier Jahren aufgeben. Wenn die Regierung dann keine Rückstufung vorzunehmen bereit sei, werde sie die Schule verlassen – was sie auch tat. Sie übernahm 1979 die Leitung des Landerziehungsheims Neubeuern.

Das Oberstufen-Kolleg riskierte mit der Sprecher-Lösung einen ähnlichen Eingriff, der nur durch eine sich jahrelang hinschleppende Verhandlung der Universität mit dem Ministerium in einer »Satzungs-Kommission« verzögert wurde. (Als der Kultusminister später einen Oberstudiendirektor als Schulleiter des OS einsetzte, fand dieser vor allem die Kollegiaten kampfbereit. Sie haben den ungebetenen Herrn nach allen Regeln des aktiven und passiven Widerstands boykottiert und ihn schließlich von der Ausübung seines Amtes buchstäblich »ausgeschlossen«, indem sie über Nacht sein Dienstzimmer zugemauert haben. Der obendrein ungeschickte Mann bat nach einem halben Jahr selbst um Versetzung, und Johannes Rau trug seinen Ministerialen auf, eine rechtlich haltbare Lösung im Sinn der Einrichtung zu suchen, wozu der Referent für die Universität Bielefeld bisher nicht bereit gewesen war – nicht trotz der Hilfe, die wir durch den Verwaltungsjuristen und Bremer Professor Lutz Dietze erhielten, sondern eher wegen derselben.)

Mit Wolfgang Harder hätte sich die Laborschul-Lösung auch am Oberstufen-Kolleg machen lassen. Der aber war bei einer Auseinandersetzung über die Aufgaben des Oberstufen-Kollegs – in diesem Fall ging es um eine ausdrücklichere Berücksichtigung der reformierten Gymnasialen Oberstufe – in die Schusslinie derer geraten, die sich vornehmlich für die Zusammenarbeit mit der Universität interessierten. Auf einer in den Räumen des Zentrums für interdisziplinäre Forschung anberaumten Plenarversammlung brach ich noch einmal eine Lanze für Harders Gedanken, habe ihm aber dadurch wohl nur geschadet. Der Schlagabtausch wurde zu einem schillerschen Drama. Dessen Peripetie vollzog sich dann lautlos. Wolfgang Harder verließ das Oberstufen-Kolleg, um fortan in der Gymnasialabteilung des Kultusministeriums der vortrefflichen Frau Sebbel zuzuarbeiten. Mir wurde schwarz vor Augen.

Wie die Position des Wissenschaftlichen Leiters der Schulprojekte zu besetzen sei, hatte man nicht bedacht und konnte es auch nicht, weil das Universitäts- bzw. Fakultätssache war. Also begnügte man sich mit dem Satz: »Der Gründer der Schulprojekte ist der Wissenschaftliche Leiter.« Umso wichtiger war es den Mitarbeitern, ihren Einfluss über dessen Stellvertreter (den sie zu wählen hatten) zu sichern. Das ist ihnen in einem Maß gelungen, das einer Stilllegung meines Amtes gleichkam. Die Kompetenz des Wissenschaftlichen Leiters blieb auch in der späteren Satzung unbestimmt: »Dem Wissenschaftlichen Leiter obliegt die wissenschaftliche Leitung der Einrichtung«, hieß es dort zwei Jahrzehnte lang. Das war mir recht. Ich wollte keine Machtbefugnisse. Sie verpflichten zu ihrer Ausübung und zu Erfolg. Mir genügte, was mein Beispiel und was mein Wort über die anderen vermögen.

Die Theorie für unsere »Verfahrensordnung«, die es immer noch war, hatte ich selber im Jahr zuvor in meinem Buch »Die Wiederherstellung der Politik« geliefert. Ich hatte dort drei demokratische Regelungsmodelle durchdekliniert: Mitbestimmung, Selbstbestimmung und Übereinstimmung. Ich hoffte mit einer so redlichen wie sorgfältigen Darstellung der Letzteren plausibel zu machen, dass die auf Konsens beruhende Selbstregulierung einer »Wissenschaftlichen Einrichtung« eine durchaus brauchbare Alternative zu ihrer anfechtbaren Demokratisierung sei (die Mehrheit entscheidet in politischen Fragen, nicht über die Ausrichtung und das Vorgehen einer Einrichtung, die Forschung und Entwicklung treibt) und vollends zu ihrer Kontrolle durch die Schulbehörde (sie würde uns auf das festlegen, wovon es doch freizukommen galt). Die von mir dafür aufgestellten Ordnungen und Kautelen sollten einen Prozess regeln, der nicht so sehr auf Konsens beruhte, als vielmehr einen Konsens hervorzubringen versprach. Ich werde damals wohl tatsächlich an die Wirksamkeit der von mir beschriebenen Prozeduren und Prinzipien geglaubt haben und konnte deshalb auch unbefangen die Einwände vortragen, die sich dagegen vorbringen ließen:

Diejenigen, die auf strenge Wissenschaftlichkeit halten, werden sagen, dieses Einigungsverfahren erbringe – mit all seinen sogenannten Korrektiven – doch nur eine unverbindliche, nicht überprüfbare Meinung, die Gruppe bleibe eingetaucht in eine nicht aufgehellte Ideologie, einen unausdrücklichen Vor-Konsens: Stallgeruch.

Diejenigen, die für wichtige gesellschaftliche Ideen oder Aufgaben Partei nehmen, werden der so verfahrenden Gruppe Angst vor dem großen Engagement vorwerfen: Schrebergärtnermentalität.

Diejenigen, die öffentliche Tätigkeiten an dem Maßstab ordentlicher Verwaltung und hoher Produktivität messen, werden das Verfahren romantisch, verwirrend, dilettantisch finden: Stümperei.

Ja, ich konnte allgemein räsonieren: Konsens löse das Problem, wie aus vielen Ansichten die gemeinsam zu befolgende Entscheidung werde, nicht, aber indem man ihn suche, erkenne man das Problem. Ich konnte so argumentieren, weil ich die sokratische Methode und die platonische Wahrheitsfindung durch Dialektik im Rücken und Jürgen Habermas' Diskurs-Theorie vor mir hatte. Harald Weinrichs viel zitierte Warnung »Diskurse führen nicht zum Konsens in der Wahrheit [was immer das sein mag], sondern einzig zu einem Konsens im Weiterreden: Diktatur des Sitzfleisches« schlug ich in den Wind. (Meine Gegenmahnung: Konsens im Weiterreden sei hilfreich, wenn er davor bewahre, unfertige Angelegenheiten zu Scheinabschlüssen zu bringen.) Das Gleiche tat ich mit Wolfgang Harders Fazit aus AKanien, es sei nicht gelungen, die notwendigen (revidierbaren) Detailfestlegungen zu treffen, der Konsens habe sich mit Grundsätzlichem zu bescheiden gehabt. (Worauf ich antwortete: Es sei doch der ausgemachte Sinn der »platonischen« Konsens-auf-Grund-von-Diskurs-Regelung, dass sie den vorhandenen oder möglichen Dissens ans Licht bringe und so lange offenhalte, bis er verarbeitet sei.) Ebenso erging es der Prophezeiung einer klugen Mitarbeiterin, das Konsensverfahren werde am Ende auf die Unterwerfung der Theorie unter die Realität hinauslaufen. (Was, wie ich entgegnete, nicht immer ein Schade sein müsse.)

Meine Konsenstheorie war nicht falsch, sie war eben nur eine »Theorie«, deckte allenfalls unsere theoretische Planung und überforderte unsere nun beginnende Praxis. Mit deren »Schmuddeligkeit« musste zunächst ohnedies jeder für sich fertigwerden. Im Rückblick erkenne ich an der Inbrunst, mit der ich mich im ersten Jahr in den Schulalltag stürzte, wie wenig ich jener Theorie traute. Sie war anstrengend – schon für mich, der ich sie doch erdacht hatte, wie viel mehr für die anderen. Im Rückblick wird mir ebenfalls klar, dass ich sie nicht einfach aufgeben konnte. Sie legte doch nur auseinander, was mein berufliches und politisches Bekenntnis sonst in den Wörtern Demokratie, Aufklärung, Erziehung zur Mündigkeit, Wissenschaft als korporative und methodische Selbstkritik der Erkenntnis zusammenfasste. *E peithein ē peithesthai*, »den anderen überzeugen oder sich von ihm überzeugen lassen«, dieser Grundsatz des Sokrates hatte sich mir tief eingeprägt. Das hieß: keine Willfährigkeit, kein Abbruch des Gesprächs, keine Flucht in die Abstimmung und vor allem keine Entscheidung *ex kathedra*. Das war meine Antwort auf den Faschismus und sollte die Antwort »meiner« Schulen sein.

19. Schulmacher

»Schulgründer« – das war ein Singular mit vielen unentbehrlichen Helfern. »Schulmacher« ist nicht anders als im Plural denkbar – und ich war nur einer von denen, die nun die Früchte der langen, unerwartet schwierigen gemeinsamen Planung ernten sollten. Da ich meine Lebensgeschichte schreibe und nicht ein Buch über die Laborschule, wird der Leser mit Nachsicht hinnehmen, wenn die nicht nur unklare, sondern auch unschöne Überschrift dieses Kapitels gleichwohl immer wieder mich meint, dass es also um meine Wahrnehmung, meine Lust und meine Not beim Machen des Geplanten geht. Die anderen sind immer sichtbar dabei, aber sie wählen die wiedergegebenen Ereignisse nicht mit aus, und ihr Urteil spricht allenfalls in den Konflikten mit. Der Gründer, der auch der Macher sein wollte und der dabei Erstaunliches erfahren hat, gibt dies hier dem Leser preis. Der *muss* dieses von verstörenden Erfahrungen handelnde Kapitel nicht lesen, er *darf*.

Am Montag, dem 9. September 1974, dem ersten Tag des neuen Schuljahrs in Nordrhein-Westfalen, wurden die Schulprojekte mit einem nüchternen Akt auf Feld 3 im Oberstufen-Kolleg eröffnet. Eltern, das Rektorat, Vertreter der Regierung, die Architekten, die Baulöwen, die Herrn von der VW-Stiftung, die Kollegen von der Fakultät Pädagogik, die Laborschul- und Oberstufen-Kolleg-Lehrer füllten den Raum. Die Neugier der weiteren Öffentlichkeit hielt sich in Grenzen. Unsere Kollegiaten, Schülerinnen und Schüler hatten wir auf den kommenden Montag bestellt. Die Lehrer sollten wenigstens ihren Arbeitsplatz eingerichtet haben und ausgiebige, ungestört erste Konferenzen halten können, bevor das Abenteuer begann. Ich selber war (zum vorletzten Mal) mit dem Kaïki in der Ägäis umhergesegelt und hatte die letzte Augustwoche und die erste Septemberwoche mit dem Lippitt-Curriculum verbracht. Das sollte vor Schulbeginn fertig sein. Meine Eröffnungsrede wurde in der Frankfurter Allgemeinen Zeitung abgedruckt – dort interessierte sich in der Nachfolge der trefflichen Brigitte Beer nun die nicht weniger treffliche Sabine Gerbaulet für die Schulreform, ihr Wanken und ihren Wandel.

Die Lehrer und Lehrerinnen von Haus 1, das die Fünf- bis Siebenjährigen mit einer durch viel Holz warm und wohnlich gemachten Großraum-Welt im Kleinen auf den Beton-Großraum im Großen vorbereiten sollte, baten mich, ihren Vorschuljahrgang zu begrüßen. Dies habe ich seitdem jedes Jahr bis zu meiner Emeritierung mit zunehmendem Anspruch an mich selbst getan. In dieser Schule wollte ich jedes Kind kennen, gab jedem der Winzlinge einzeln die Hand, hieß es mit seinem Namen und einem improvisierten Satz willkommen und erklärte dann allen in wenigen, einfachen Worten, wer »wir« seien und was sie »hier« erwarte. Ich wünschte mir, dass sie diesen Augenblick als, wenn schon beängstigend, dann doch als wichtig und ungewöhnlich in Erinnerung behalten würden. Ich inszenierte ihn also. Einmal trat ich als »Schirm-Herr« auf (mit einem großen eindrucksvollen Schirm aus Ostasien), einmal in dem von König Saud geschenkten Gewand als »Scheich«, was, wie ich sie wissen ließ, nichts als »alter Mann« heiße, einmal mit einem gewaltigen indonesischen Gong, der ihnen beim Verklingen nachdrücklich vermittelte, was »Stille« ist; einmal schenkte ich ihnen ein Ozelot-Fell mit einem Schussloch, und einmal gab ich an der Tafel mit bunter Kreide in drei Minuten die erste Schreib-und-Lese-Stunde – einen Zipfel der Zauberkunst, etwas mitzuteilen, ohne zu sprechen und ohne dass der Adressat anwesend sein muss. Die Lehrerinnen und Lehrer von Haus 1 hatten die Aufnahme ihrer Schüler von vornherein als Teil ihres pädagogischen Programms sorgfältig geplant. Hier begann, was Langeveld »Die Schule als Weg des Kindes« genannt hatte.

Die Schule nahm im ersten Jahr die Nuller (so der liebevolle Name für die Angehörigen des in den Planungsakten mit der schnöden Ziffer Null versehenen Vorschuljahrs), die Fünfer und die Siebener auf, also je sechzig Fünf-, Zehn- und Zwölfjährige, um die Schüler nicht aus den Einheiten der anderen Schulen herauszureißen. In Haus 1 wurden daraus fünf Gruppen, im großen Haus 2 je Jahrgang drei Gruppen, also sechs. Die Schule brauchte noch vier Jahre, bis sie in dieser Weise voll wurde. Wir hatten ja auch weiterhin – bis 1978 – neue Lehrer einzustellen. Jede Stammgruppe bekam eine Farbe, die sie bis zum Ende der gesamten Schulzeit behielt, und hatte im ersten Jahr drei Betreuer; am Ende der Ausbauzeit würden sie je nur einen haben. Jürgen Funke, Helga Schuhe und ich waren die Betreuer der roten Fünf. Betreuer sollten mindestens sechs Stunden in ihrer Stammgruppe unterrichten. Diese Forderung erfüllte ich nicht, wollte aber von dieser vermutlich wichtigsten Funktion des Laborschullehrers nicht ausgeschlossen sein. Die Berechtigung meines Wunsches sollte sich schon am ersten Tag zeigen.

Ich führte ein »Wochenbuch« (ein Tagebuch schaffte ich nicht). Aus diesem (nach 40 Seiten abbrechenden Text) zitiere ich fünf Passagen:

1. Woche
Überraschend geglückter Anfang auf den Großflächen: zweimal drei Stammgruppen auf Feld 2 und 3 (die blaue, rote, gelbe 5, die violette, orange und grüne 7) mit je drei Betreuern. Die Möbel stehen ungeordnet am Rand, das Feld ist frei, die drei Gruppen beraten je für sich – irgendwo auf dem Boden sitzend –, wie sie sich neben/mit den anderen auf der Fläche einrichten wollen. Eine, wie mir scheint, von vornherein angstfreie, selbstbewusste Diskussion, die Kinder zeigen, was sie sich vorstellen, schreiten die Flächen ab, machen sich gegenseitig Einwände. Äußerste Konzentration. Noch möchte keiner irgendetwas versäumen. »Dabeisein ist (hier tatsächlich!) alles.« Nach zwei Stunden sind die ersten Ordnungen erkennbar – und alle sind verschieden: offene Tischgruppen, Hufeisen, Stuhlkreise ohne Tische, mit Regalen gegen die anderen abgegrenzt oder durchlässig; Absprachen mit den anderen Gruppen sind fast nicht nötig: Es gibt offenbar genug Platz.
Der Raum ist unerwartet bekömmlich: die Akustik gedämpft, aber nicht »gemuffelt«, überall genügend und angenehm diffuses Licht, die Luft für mein Empfinden weder zu trocken noch zu feucht. Es ist der erste Raum seit Jahren, in dem ich überhaupt nicht an Temperatur denke, weil sie mir immer richtig erscheint. Auf meinem Arbeitsplatz – auf einer Kommandobrücke ohne Kommando – fühle ich mich wohl und glaube, die anderen tun es auch. Es ist gut, sich gegenseitig zu sehen, mühelos fragen, um eine Schere bitten, sich nach einem Kind erkundigen zu können. Es wird gelegentlich am Arbeitsplatz Kaffee getrunken, meist bei Frau Costin vorn im Büro, wo die

Erwachsenen rauchen dürfen. Man sieht viel Zweierarbeit: Kinder kommen vorbei und grüßen, fragen, wer man sei und was man tue. Später machen einige förmliche Interviews: Auf diese Weise sollen sie die Personen und deren Funktionen kennen lernen. Die Fragen sind reichlich stereotyp. Aber wozu wären wir da, wenn sie das auch schon könnten! [...]

3. Woche
Man ist der Eröffnungsphase etwas leid. Alle sind froh, dass der Unterricht beginnt. Die Wahl der Wahlfächer steht an. In den Stammgruppen haben sich die Fächer vorgestellt – in 10 bis 20 Minuten oder länger.
Latein: eine Sprache, die fast niemand mehr spricht. Etwas, was vergnüglich sein kann. Etwas, das einen vieles, was man schon weiß oder kennt, verstehen lässt. Etwas, mit dessen Hilfe man andere Sprachen leichter lernen kann.
Bei euch gibt es ein Mädchen, das heißt Ursula, ein anderes Renate, ein anderes Sabine, ein anderes Juliane, ein anderes Undine. Bei euch gibt es Felix, Viktor, Paul. – Wisst ihr, was diese Namen bedeuten? Was heißt Sinalco? Laborschule? Mensa? Audi? etc.? & Co.? Prost? Prima, was ihr alles wisst! – Servus, ich gehe jetzt zu den anderen.
Auf Feld 1 gibt es am Mittwoch eine »Ausstellung« aller Fächer und der sie erteilenden Personen: einen richtigen Markt. Motorenteile bei Technik, einen Bauchredner bei Theater (der die Stimme gibt, sitzt unterm Tisch), erste Fotos von den Kindern und Lehrern bei Fotolabor, giftgrüne, giftgelbe Chemie in Reagenzgläsern und Glaskolben über Bunsenbrennern. Bei mir: mein kleinstes Buch, eine Elzevierausgabe von De officiis 3 x 5 cm und ein schweinsledergebundener Folioband, Struwwelpeter auf Latein und ein Modell von Rom, dazu eine Wandzeitung: Wer weiß, was das heißt? Schreibt die Lösung dahinter: Pro & contra / Numerus clausus / MCMLXXIV / Mobile / etc. Bei »Mensa« stand die Antwort: »billiges Essen«, bei »Numerus clausus« nichts. Welche Chance für die LS!
Alle Kinder haben einen Bogen mit erster, zweiter und dritter Wahl. Eine ganz kleine Person fragt mich: »Wer sind Sie?« »Was lehren Sie?« »Was macht man da?« »Latein? – Was ist das?« O Gott, mit

allem hatte ich gerechnet, aber nicht damit! Ich fange wieder mit der Sprache an und zeige auf die Bücher. Im Dionys von Halikarnass, dem Folioband – griechisch-lateinische Ausgabe aus dem Jahr 1703 – ist das Griechisch obendrein mit Ligaturen gedruckt. »Ah, ich verstehe: Latein ist so was wie Kurzschrift!« [...]

8. Woche
In dem, was bei uns »freie Projekte« heißt, helfe ich den Kindern beim Kochen. Ein freies Projekt ist etwas, was einzelne Kinder oder Gruppen sich ausdenken und wofür es im Stundenplan Zeit und für alle zusammen einen Koordinator gibt. Gut ist's, wenn ein Erwachsener am Anfang dabei ist und weiterhin »zur Verfügung« steht. [...] Als nur Mädchen sich für Kochen in unserer Schulküche interessierten, habe ich mich als Helfer bereitgestellt und bei den Jungen geworben. Jetzt sind wir dreizehn. Sechs Jungen und sechs Mädchen und ich. Wir arbeiten mal in drei, mal in vier Gruppen. Wir kaufen zusammen ein, kochen, essen und planen beim Essen, was wir beim nächsten Mal kochen. Es gibt drei Grundmuster:
1. Elementarregeln (von Vorher-Hände-Waschen bis Wie-macht-man-eine-Mehlschwitze, von Herdbedienung bis Salatspülen, von Ei-Aufschlagen und Eigelb-von-Eiweiß-Trennen bis Messbecher-Benutzen, von Zwiebel-fein-Schneiden bis: Was heißt »dünsten«, »kochen«, »backen«, »schmoren«, »grillen« ...?);
2. Natur gegen Industrie, also Suppen aus richtiger Knochenbrühe und richtigem Gemüse oder aus der Oetker-Tüte, Kartoffelpuffer aus geriebenen Kartoffeln oder von Pfanni);
3. Spezialitäten: Gülsa kocht Türkisches nach einem Rezept ihrer Mutter und stellt uns alle an, Ines Gobetto bringt uns fünf verschiedene Pizzasorten bei, und ich versuche es mit einem mexikanischen Maisgericht.
Wichtig ist auch, wen wir einladen: die verdiente Schulleiterin, den gerade in Bielefeld weilenden Referenten aus dem Ministerium, die Italienerkinder aus Haus 1 ...
Die pädagogische Hauptkampflinie: Streitschlichten zwischen Thomas und Uwe, die beide zugleich die Mehltüte aufmachen wollen, zwischen Uta und Susanne, von denen keine die Kartoffelschalen

wegräumen will, weil jede schon etwas anderes getan hat. Meist kochen wir nicht miteinander, sondern – wie es scheint – gegeneinander. Aber das ändert sich allmählich, zumal wenn ich nur Jungen oder nur Mädchen habe. Dann deckt Axel – ich trau meinen Augen kaum – den Tisch und faltet sogar die Servietten kunstvoll zu kleinen Hoteltischwundern, und mit dem Essen wird gewartet, bis alle Untergruppen ihre Sache fertig haben. Alle teilen ihre Besonderheiten mit allen. Vor allem Missratenes findet größtes gegenseitiges Interesse, z. B. die gefrorenen Pommes frites, die nicht braun werden wollten und sich dann als Kohlrabi herausstellten – eine »dufte« Erfindung, wie man dem Einkäufer bestätigte.
HvH entkorkt seinen Rotwein und die Kinder kriegen Johannisbeersaft, damit es »genauso« aussieht und eine Verwechslung der Gläser oder Flaschen wirklich »aus Versehen« passieren kann. Thomas, mit seinen allzu langen Gliedern, seiner allzu lauten Stimme, seinem Ungestüm sonst zu wenig Gemeinschaftsarbeit nütze, verwaltet umsichtig und expert die Spülmaschine, und Ira hilft wirklich, bis die Küche wieder blank und alles fortgestellt ist. HvH: »Man merkt dir richtig an, dass du zu Hause ordentlich mitarbeitest.« »Zu Hause? da darf ich nie!« *Such is life – and such is virtue: compensation*!

12. Woche
Umgang von Erwachsenen mit Kindern und von Kindern mit Erwachsenen:
Ein Fünfjähriger kommt in mein Arbeitszimmer und fragt meine Sekretärin, Frau Dolt: »Wo ist der Mann, der hier wohnt?« Frau Dolt sagt, der sei auf einer Sitzung im Oberstufen-Kolleg. »Was ist das?« »Eine Lehrerversammlung da drüben bei den ganz Großen.« »Dann will ich ihm einen Brief schreiben.« Er erbittet Papier und Filzstift, setzt sich an meinen Arbeitsplatz und schreibt FRANꓘ, dann, weil es ihm noch nicht gefällt: ein zweites Mal FRANꓘ; das K steht auch jetzt noch verkehrt herum. Er lässt sich versichern, dass ich den Brief bekommen werde, und geht wieder. Natürlich schreibe ich ihm eine kleine Antwort.
Andreas Budde, zwölfjährig, hat sich eine Minibude eingerichtet, in der nur zwei Personen Platz haben. Er klopft bei mir an: »Haben Sie

Zeit? Kann ich dich zu einer Tasse Tee einladen?« (Du und Sie gehen ihm nicht versehentlich durcheinander; er möchte das eine und muss – nach seiner Vorstellung – noch das andere.) Andreas ist ein Sonderling und einsam. In meinem Lateinunterricht produziert er aus lauter Bedürfnis nach Zuwendung pausenlos die fantastischsten Antworten, Fragen, Einwürfe. Latein hat er noch nicht viel gelernt. Aber in seinem Zustand kann er gar nichts lernen. Er muss sich erst angenommen, als Person sicher fühlen. Ich unterbreche also meine Arbeit und gehe mit. Er hat ein Geschirr von zu Hause mitgebracht und sich, wieder auf seine fantastische Weise, Kochgerät und elektrische Schnur organisiert. Er hat sorgfältig gedeckt und ist glücklich. Nur der Zucker fehlt noch, den er gleich bei Frau Dolt »ausborgt«. Wie wir da so sitzen, kann ich ihn auch fragen, warum er nicht im Unterricht sei. Alles, was er mit hochrotem Kopf sagt, läuft darauf hinaus, dass er Angst hat. Ich komme beiläufig auf sein letztes Referat bei mir zurück: Er hat die Rede des Cäsar für die Catilinarier gegen seinen Rivalen Jörg, genannt Flavus, gehalten, der Catos Rede vortrug. Cäsar war unterlegen. Ich kann ihm versichern, dass mir seine Rede besser gefallen hat, weil er sie ganz frei gehalten habe, und dass er wohl nur deshalb im Urteil der anderen unterlegen sei, weil seine Argumente komplizierter waren und junge Leute gerne eindeutige, radikale Argumente hören. Andreas gießt mir noch einmal ein, und in zwei weiteren Minuten sind wir auf dem Weg zu seinem Unterricht. Auf halbem Wege sagt er: »Du musst mich nicht begleiten, das schaff ich schon selber.« In drei Jahren wird uns dieser Junge verlassen, um ans Oberstufen-Kolleg zu gehen – nicht von sich selbst »geheilt«, sondern zu sich selbst befreit und bestärkt: wenn wir so weitermachen können.

15. Woche

[...] Beim Schwimmen: Der Swimmingpool ist zehn Minuten entfernt. Kein Sprungbrett (mit einem solchen braucht man einen Bademeister!), dafür ein Dutzend Schwimmbretter, Ringe, Wasserbälle und zwei Dutzend Flossen. Die Kinder toben sich im Wasser aus. Alle 20 der gelben 5 (Zehnjährige), die ich hier betreue, können schwimmen. Was sie nicht können, ist: sich unbefangen aus- und anziehen, sich duschen, ihre Zeit einteilen, ihre Sachen zusammenhalten. Hier hat also die Schule deutlich ein Stück Erziehung, ein Stück Familienpensum zu übernehmen. Auffällig die Kontaktbedürfnisse. Roger, ein sportlicher rauer Wildling, schwimmt mich an, umklammert mich von hinten und verlangt, dass ich sein »Schlachtschiff« bin. Mit diesem Schlachtschiff geht er sehr zärtlich um. Später gibt er diesen Vorwand auf und hängt nur so an mir herum und genießt es, andere eifersüchtig zu machen.

Wenn die Zeit um ist, sind es immer dieselben, die im Wasser bleiben. Dass ich mich fünf oder zehn Minuten mit ihnen beschäftige, um sie herauszutreiben, zu locken, zu tragen – das ist für sie die eigentliche Lust, der befriedigende Ertrag der Schwimmstunde. Sie gehen dann lebhaft plaudernd mit mir zur Schule zurück und haben vorher noch eifrig beim Wegordnen der Flossen geholfen. Und allen Kindern muss ich unter dem Föhn die Haare rubbeln.

Was wüsste ich von der Laborschule und ihren Kindern, wenn ich nicht dies alles mitmachte und wenn es nur »Unterricht und Pause« gäbe wie an anderen Schulen? Und wie kommen und gehen, wie kumulieren und verändern sich dabei die Hypothesen! Wie blind ist die Schreibtischwissenschaft mit ihren validen und reliablen und signifikanten Untersuchungsergebnissen, ihren – von der amerikanischen Forschung – vorgegebenen Fragen und Bestimmungsgrößen, ihren einengenden Verfahren!

Dies hier alles sammeln, prüfen, im Gespräch mit den Kollegen vorläufig klären und gewichten – und das zwei Jahre lang, bevor wir unsere eigenen Forschungsdesigns machen –, das ist eine andere Sache, und es ist mir gleichgültig, unter welche Bezeichnung, welches »Handlungsforschungsmodell« man dies bringt: Es ist notwendig und vernünftig.

Die Unterschiede der im Kollegium vertretenen pädagogischen Konzepte wurden jetzt erst wirklich sichtbar; bisher hatte man sie nur geahnt oder gefürchtet. Meine Hoffnung, dass sie fruchtbar sein könnten, schwand in dem Maß, in dem Seelenfang mit ins Spiel kam – »meine Schüler« gegen »deine Schüler«. Das beklagte Wechselbad von straff geführtem zu Selbständigkeit voraussetzendem, von arbeitsintensivem zu gelassenem, von fachlich-sachlichem zu einem von Abschweifungen belebten Unterricht konnte ich nicht schädlich finden, im Gegenteil, es gab unterschiedlichen Kindern je ihre Lernchance und erschwerte die Ausbildung eines »angemessenen« und deshalb für beide Seiten bequemen Schülerverhaltens. Damit die Unterschiede zu solchem Vorteil gediehen, mussten in erster Linie die Lehrer tolerant sein; sie durften die Schüler nicht für eine Einstellung tadeln, die diese beim Kollegen gelernt hatten. Eine Versuchsschule freilich musste wenigstens für dieses Prinzip ein gemeinsames Konzept haben, und für bestimmte Beobachtungs- und Experimentalgegenstände brauchte sie sogar ein einheitliches Vorgehen. Da man weiß, dass Pedanten und Schlawiner einander auf die Nerven gehen, erst mit Hochmut und am Ende mit Verachtung aufeinander blicken und also eine gemeinsame Laborschulpädagogik mit ihnen wohl nicht zu machen sein würde, durfte es beide nicht geben. Nicht ihre Unvereinbarkeit war freilich falsch, sondern beide sind je schon für sich genommen an unserer Schule schlecht brauchbar. Aber was für Federfuchser, was für Hallodris hatten wir! Auf einmal ergab sich eine ganz andere »Front«, die mit den politischen Ideologien, mit »alt« und »neu«, mit Seelen-, Gruppen- und Einzelarbeitern nichts zu tun hatte.

Dass Klaus Heidenreich nicht nur zu den starken Personen, sondern auch zu den eifrigen Pädagogen zählen würde, war nicht leicht vorherzusehen und wurde nun offenbar. Er arbeitete an seinem Curriculum, war pünktlich und fesselte seine Schüler. Beliebt war er nicht. »Dieser Ayatollah!«, hörte ich einen Buben aus seiner Gruppe fluchen, dem er, ich weiß nicht was, auferlegt hatte. In der Tat herrschte in seinem Unterricht eine starke Anspannung – im Großraum wird so etwas schnell spürbar –, die ihm sicher mancher Kollege neidete. Da wir uns so gut wie aller Sanktionsmöglichkeiten beraubt hatten, musste der Unterricht selbst die disziplinierende Wirkung tun, also interessant sein, oder man verlor seine Schüler – nicht nur ihre Aufmerksamkeit, sondern auch ihre Anwesenheit. Sie gingen einfach weg – in die Universität, wo es Läden und Cafés gab und wo man die Fahrstühle durch das Drücken möglichst vieler Knöpfe blockieren oder in den Tausenden von Schließfächern nach Pfandmünzen suchen konnte, die die Benutzer zu entnehmen vergessen hatten. Der Großraum erlaubte zwar den

Schülern nicht, ihre Lehrer zu quälen – das »öffentliche Auge« zivilisiere den Menschen, war meine bei Jane Jacobs gelernte These –, aber er erlaubte auch den Lehrern nicht, ihre Schüler anzuschnauzen oder festzuhalten oder gar ihnen nachzulaufen, was ja alles gegen die liberale Pädagogik verstieß, zu der sie sich stets bekannt hatten.

Der Großraum bescherte uns auch andere Überraschungen. Schon in der ersten Woche hatten sich einige Schüler auf leeren Flächen Schuppen oder Buden gebaut – aus dem Verpackungsmaterial der Möbel oder auch aus den vielen noch nicht genutzten Tischen. Die hatten einen möglichst geheimen Eingang und waren auch gegen Einsicht von oben geschützt. (Der Leser muss wissen: Die Architekten hatten nicht auf jegliche Gliederung des Großraums verzichtet, sie hatten in der Laborschule wie im Oberstufen-Kolleg drei große Felder gebildet, indem sie um diese herum in Schulterhöhe Stege oder Galerien geführt hatten; stand man auf einem dieser »Wich« genannten Erhöhungen, übersah man den ganzen Raum »von oben«.) Die Großraum-Kritiker hatten sofort eine Erklärung für den Budenbau: Die völlige Offenheit nach allen Seiten zwinge die Schüler zu dieser »Notwehr«. Man könne auch umgekehrt argumentieren, wandte ich ein: Endlich habe man einen Raum, der gestatte, was andere verhindern, nämlich darin ein Haus zu bauen, in das man sich zurückziehen könne, ohne sich vom übrigen Geschehen zu isolieren. Im Klassenraum geht das nicht, man muss ihn, um allein zu sein, verlassen. Es konnte auch ein uns Menschen von Urzeiten her eigenes Höhlenbedürfnis am Werk sein, das man in unserer städtischen Welt sonst nur selten befriedigen kann. Der Großraum hätte dann nichts verursacht, er hätte nur etwas ans Licht gebracht.

Wie sollten wir reagieren? Mussten wir überhaupt reagieren? – Es gab jedenfalls einen Grund, mit den Schülern darüber zu reden: Sie hatten alsbald Clane oder Gangs gebildet, die bestimmten, wen sie in ihrer Bude zuließen und wen nicht; sie befehdeten einander; und sie hatten Chefs. Manche von diesen Machos hatten das Sagen gleich in drei Buden und sorgten dafür, dass die »Dettos« keinen Zugang fanden. – Das war unser *polis*-Problem.

In der roten Fünf machte ich den Vorschlag: Wir könnten eine größere Bude für unsere Gruppe bauen; sie sollte gemütlich, natürlich auch von oben uneinsehbar und – das war das Neue! – auseinandernehmbar und anders zusammensetzbar sein. Schon im nächsten Jahr gebe es ja die freien Felder nicht mehr; da müssten wir einen anderen Ort im Hause finden; die verwendeten Tische würden schon jetzt oft anderwärtig gebraucht und seien sperrig und ungeeignet für diesen Zweck. Wie ich mir die »Zerlegbarkeit« vorstelle? Ich wisse das auch nicht genau, aber es gebe ja Firmen, die genormte Teile für Bücherregale, Schrebergartenbuden und sogar richtige Häuser lieferten – deren Angebot sollten wir studieren. Das setzte eine Diskussion in Gang, und auf den Wichen sammelten sich Zuhörer und Zuschauer aus anderen Stammgruppen. Auf die wies ich hin: In unserer Bude könnten wir unbeäugt und unbelauscht eben dieses Gespräch führen. Ob man da auch Musik machen könne? Ja gewiss, aber nicht zu laut. Lampen? Ja, Lampen seien sicher nötig, wenn wir die Bude oben zumachten. Auch eine richtige Stalllaterne? Ja, warum nicht. Auch Kissen? Ja, aber doch bitte erst die Bude bauen! Die Anregung fand freundliche Zustimmung, und weil ich auch sonst unsere Betreuungszeit produktiver nutzen wollte und weil wir eine so schöne Werkstatt hatten, legte ich schon in der nächsten Sitzung einen Bauplan vor: 16 Stellwände 1.80 x 90 Zentimeter; an zwei Ecken mit einem Loch, an den zwei anderen mit einem festen Tau versehen, so dass man sie dort miteinander verbinden könne. Das Modell wurde akzeptiert – mit einer Abänderung: 1.80, das sei zu hoch; in einer Bude dürfe man nicht stehen können, also lieber 1.60 x 80 oder gar 1.50 x 75. Ich ließ mir von einem Waldbesitzer einen Baum schenken; ein Sägewerk in einem Bielefelder Vorort zersägte ihn vor unseren Augen (es war freilich ein anderer, schon abgelagerter) in handliche Bretter, die wir in der Werkstatt sorgfältig mit Querleisten verschraubten (viel Bohrarbeit!) und schließlich zusammensetzten. Mit Hilfe einer Schablone wurde jedes Teil mit einer ordentlichen roten 5 versehen. Wir feierten den Einzug, und die anderen hatten etwas zu staunen.

Ob diese Bude Schule machen würde? Würde so etwas den Budenwildwuchs einschränken? Vor allem aber: Würde das Budenabenteuer dabei nicht durch Budenpädagogik erstickt werden? Noch während wir uns das fragten, schleppte eines Tages die Heidenreich-Stammgruppe Bretter und Balken herbei, die sie auf dem Baugelände der Universität gesammelt hatte, dazu alte Fußbodenbelage, Teppiche und Tücher, sägte und hämmerte einen ganzen Nachmittag und war noch zugange, als alle anderen die Schule verließen. Als ich am nächsten Vormittag um 11.30 Uhr in die Schule kam – ich hatte an dem Morgen Senatssitzung gehabt, und um 12 Uhr stand Kochen auf meinem Plan –, brummte das Haus vor Erregung. Es war eine neue Bude auf dem freien Mittelfeld entstanden, sah aus wie ein Piratenschiff, hätte Friedensreich Hundertwasser neidisch gemacht und verlangte, sofort von mir besichtigt zu werden. Ein Eingang war nicht zu entdecken – erster Pluspunkt; »sie ist für die ganze Stammgruppe!« – zweiter Pluspunkt; die Erbauer dampften vor Stolz – dritter Pluspunkt; und es war genau die Bude, in die ich als Zehnjähriger gerne eingezogen wäre – vierter Pluspunkt! Ich gratulierte, hatte aber die Ursache der Erregung noch nicht gehört: Es sei ein Sicherheitsbeauftragter der Universität hier gewesen und habe die Schulleitung aufgefordert, die Bude innerhalb der nächsten vierundzwanzig Stunden zu beseitigen: Feuergefahr für das gesamte Gebäude, kein Notausgang, zu viele heraussstehende Nägel, spitze Bretter in Augenhöhe ...

Der stellvertretende Schulleiter hatte die Anordnung an Klaus Heidenreich weitergegeben, und der hatte sie seinen Schülern mitgeteilt – den auf Kampf gegen Unrecht getrimmten; diese hatten die böse Nachricht allen auf Freiheit gestimmten weitergegeben. Was wird der Schulgründer und Wissenschaftliche Leiter tun? Das war die Frage aller an diesem Vormittag.

Ich beschloss, die Bude und mit ihr das Beobachtungs- und Experimentalfeld Laborschule zu verteidigen, bat die Schulleitung, ihrerseits nichts zu unternehmen, was die Erregung weiter steigern könnte, und meldete mich bei dem harten Herrn in der Universität an, der auch noch Herr Moll hieß.

Der hatte einen Termin für mich – am anderen Morgen um acht Uhr. Ich begann mit einem Dank für die uns bezeugte Fürsorge und bekundete meinerseits volles Verständnis für sein Amt und seinen Standpunkt. Ich wünschte mir seine Mithilfe bei einer Lösung, die sowohl Sicherheit als auch Einsicht hervorbringe. Das angeordnete Einreißen der Bude gewähre diese gewiss nicht. Er möge bitte verstehen, dass die Laborschule ja eigens – und für viel Geld – errichtet worden sei, um einerseits die Verhaltensweisen von Kindern in Schulsituationen zu beobachten und besser zu verstehen und zweitens Antworten darauf zu finden, die dauerhafter seien als Gebot und Verbot, die man ja seit

Jahrtausenden kenne. Dazu hätte es einer wissenschaftlichen Einrichtung nicht bedurft. Wir hätten den Budenbau sofort als eine »interessante Erscheinung« ins Auge gefasst und versuchten nun mit verschiedenen Alternativen darauf zu reagieren. Ich schilderte ihm die meine und die von Heidenreich als eine klassische Vergleichsanordnung: genuines *Labor*-Arrangement.

Alles das habe ich ohne Imponiergehabe, aber doch eindringlich vorgetragen; es war dem Herrn Moll völlig neu, und es passte gar nicht in seine Kategorien, bis ich ihn um Folgendes bat: Er möge den Ukas zurücknehmen, uns zwei Tage Zeit geben, um mit den Schülern über die Sicherheitsfragen zu reden und selber die Gefährdungen zu beseitigen, die sich so beseitigen ließen; ob das gelungen sei, möge er dann beurteilen. Das Wichtigste sei freilich, dass die Schüler die Gefährdungen selber verstehen – die Rauchentwicklung, die unberechenbaren Strömungen, die giftigen, möglicherweise betäubenden Gase, die beim Verbrennen von so viel Kunststoff entstehen können, und so fort. Wenn er uns einen Experten, am besten einen Feuerwehrmann in Uniform schicken könne, der das tue, dann habe nicht eine »böse Obrigkeit«, sondern die Vernunft gesiegt. All dies gestand Herr Moll mir zu, dankte für die ihm zuteil gewordene Erklärung unserer seltsamen Einrichtung und fand am dritten Tag in der Tat ein wohlgetrimmtes, mit zwei Notausgängen versehenes Gebilde vor, das nicht mehr Risiko darstellte als das Gebilde des Herrn von Hentig auf dem Nachbarfeld, das niemand beanstandet hatte. Dass die Bude stehen blieb, machte mich in diesen Tagen zum »Helden« der Schule. Die Schulleitung »grummelte«. Und Klaus Heidenreich erklärte den Schülern, nun sei die Bude nichts mehr wert. Das fanden die Schüler dann auch, und innerhalb einiger Wochen war sie ganz verschwunden.

Manch einer wird den Kopf schütteln über den Wissenschaftlichen Leiter einer Einrichtung mit einem komplizierten, gänzlich neuen Auftrag und erheblicher Tragweite, mit in Bälde über 1600 Personen, darunter 160 Erwachsenen, sämtlich studiert und zum Teil promoviert, der in seinem sechsten Jahrzehnt mit Fünfklässlern Eierkuchen bäckt, Wasserspiele treibt und Buden baut. Ich kann dies auf zwei Weisen, zusammengenommen also doppelt begründen:

(1) Ich tat gut daran, als Urheber der Schulprojekte und ihres an-

spruchsvollen Programms an den Folgen teilzuhaben, die diese für die darin Arbeitenden hatten. Ich unterwarf mich also *allen* Zumutungen – Unterricht im Großraum, mit diesen Kindern, ohne Lehrbuch, ohne Zensuren (statt derer »Berichte zum Lernprozess«), ohne Strafen, mit wöchentlicher Konferenz von mehreren Stunden, mit dem Schreiben und schlimmer noch dem Lesen von Protokollen und aller Berichte von allen an alle – freilich bei einem halben Unterrichtsdeputat von acht Zeitstunden.

Da im Stellenplan nur zwei Lateinlehrer vorgesehen waren, lag es nahe, dass ich den Lateinunterricht gleich im ersten Jahr übernahm, um das in Tübingen entwickelte Curriculum zu vervollkommnen, fortzuführen und meinen Kollegen darin einzuarbeiten. Das geschah zunächst jedoch nicht mit den Zehnjährigen, denen ja noch die erste Fremdsprache Englisch fehlte (an der Laborschule sollte man mit ihr schon im dritten Schuljahr beginnen), sondern mit den Zwölfjährigen: Anfängern, weil man an der Laborschule zweimal die Chance hat, Latein zu wählen, und Fortgeschrittenen, die an einer anderen Schule schon Latein gehabt hatten. Ich musste also notgedrungen eine extreme Form der »Binnendifferenzierung« praktizieren. Im zweiten Jahr sollte dann der zweite Lateinlehrer mit der neu erlernten Methode die nächsten Jahrgänge übernehmen. Er musste also jetzt schon bei mir hospitieren. Dieser zweite war Maria Rieger, unsere Schulleiterin und Romanistin. Wir waren fast gleich alt, gleich gesonnen, gleich junggesellig und also ungehemmt einsetzbar. Aber Maria Rieger zeigte sich für die zu meinem Unterricht notwendigen Histrionik völlig unbegabt. (Hier bahnte sich ein Problem an, zumal der Lateinkurs ebenso wie der parallele Französischkurs mit je zwanzig Schülern bis auf den letzten Platz besetzt war; die restlichen zwanzig hatten die Wahl zwischen Förderkursen – so die neue Bezeichnung für die alte »Nachhilfe« – oder wechselnden Kursen praktischer Art). Das Bedürfnis, die Schüler nicht nur in dem vorwiegend mit dem Kopf zu leistenden Fach zu unterrichten, sie vielmehr auch in anderen Tätigkeiten zu erleben, erfüllte ich mir mit dem Unterricht im Kochen, im Schwimmen und in der Betreuung und das tat unserer gegenseitigen Beziehung gut.

Dass ich an allen Konferenzen teilnahm, war damit gegeben: an den Stufen- und Jahrgangskonferenzen (sie vereinigten alle Lehrer mit gemeinsamen Lerngruppen – horizontal durch die ganze Schule), an den Erfahrungsbereichs-Konferenzen (alle Lehrer mit gemeinsamen Gegenständen – vertikal durch die ganze Laborschule), der Schulkonferenz (Schulleitung, gewählte Lehrer, gewählte Schüler, gewählte Eltern, die gemeinsam über Ordnungen, Personal und Mittel entschieden) und die Pädagogische Konferenz (in ihr erörterten alle Lehrer unter meiner Leitung jeweils anfallende oder bevorstehende Probleme mit einer einzigen Maßgabe: Es werden keine Entscheidungen getroffen. Dadurch sollten taktische Rücksichten und vorgängige Kompromisse vermieden werden; die Ergebnisse, wenn es welche gab, sollten über die Personen in den Schulalltag oder in die anderen Entscheidungsgremien Eingang finden).

Die Themen aller vier Konferenzen waren für den Wissenschaftlichen Leiter von größter Bedeutung. In den Konferenzen wurde die Entwicklung der Schule sichtbar, vollzog sich – *neben* viel störenden Auseinandersetzungen oder auch *durch* sie – die Selbstwahrnehmung der Laborschule, ihre Selbstkorrektur durch Selbstaufklärung. »Konferenz« – das ist Lehrerfortbildung, Schulentwicklung und, zumal an einer Versuchsschule, eben auch Handlungsforschung in konzentrierter Form. Mein Eintrittsbillett in dieses Panoptikum war nicht meine Funktion als Wissenschaftlicher Leiter, sondern meine stetige und ungeschützte Teilnahme am Schulleben.

Das war an sich schon ein zweihundertprozentiger Beruf. Hinzu kamen das Oberstufen-Kolleg und die Vertretung beider Einrichtungen nach außen und oben: in der Universität, in der Fakultät, gegenüber den beiden zuständigen Ministerien und in der Öffentlichkeit.

Das Oberstufen-Kolleg nahm es verständnisvoll, vermutlich sogar erleichtert hin, dass ich dort nur im Eilschritt zur Universität durchlief, zu den Sitzungen des Curriculumrats/OS (CROS) erschien, dem ich vorsaß und der alle vierzehn Tage von nachmittags bis nachts tagte, wie als Gast zur Hauptkonferenz und zu den ebenso häufig wie unregelmäßig einberufenen Vollversammlungen. Einen Griechischunterricht hätte ich dort gern gegeben, aber außer bei der schon kleinen Klientel der Theologen gab es hierfür keinen Bedarf, und davon durfte ich den vorhandenen Altphilologen nichts wegnehmen. Im Frühjahr und Herbst 1981 habe ich je einen Ergänzungsunterricht erteilt, um vorzuführen, wie ich ihn mir gedacht habe. Ich habe ihn mit den gleichen Themen (»Gemeinsame Regeln des Handelns« und »Gemeinsame Formen des Erkennens«) und anderen Gegenständen unmittelbar nach meiner Emeritierung wiederholt. (Beide Kurse sind in meinem Buch »Wissenschaft / Eine Kritik«, München 2003, Hanser, ausführlich dargestellt.)

(2) Aber das alles ist nur die eine Begründung für meine Konzentration auf die Laborschule. Die andere, ja der Grund für den Zwölf- bis Vierzehnstundentag in dieser war, dass ich *Lehrer*, genauer: Pädagoge war und nicht *Professor* für Pädagogik. Mein Leben hatte mich zwanzig Jahre hindurch dazu gemacht. Das Göttinger Interim vermochte dies nicht zu ändern. Mein Umgang mit Kindern vollzog sich in »interesselosem Wohlgefallen« (wie Kant unser Verhältnis zum Schönem definiert: ohne »Begehr«, ohne »Rührung«, ohne Verbindung mit »Zwecken«)[1], in lebhafter Neugier für diese Geschöpfe, in Freude an der Hilfe und dem Widerstand, den ich ihnen bot, in nicht nachlassender Anteilnahme an ihrer jeweiligen Eigenart. So gut wie nie war ich ernstlich, gar anhaltend über sie verärgert. Ein Hentig-Biograph könnte das in der Formel zusammenfassen: Er hatte ein »professionelles« Verhältnis zu Kindern. Eins scheint dieses sonst blasse Wort immerhin auszudrücken: dass mich Schüler im Kindesalter kaum je aus der Fassung zu bringen vermochten.

Den Kollegiaten hingegen bin ich wie meinen Studenten direkt ausgesetzt gewesen – als Mensch, der seine Erkenntnisse, Lebenserfahrung, Vorlieben und Abneigungen mit ihnen teilt. Ich hatte zwar als ihr Dozent und Prüfer eine Funktion, aber es lag an ihnen, ob sie annahmen, was die »Person HvH« ihnen entgegenbrachte. Ich spürte meine Abhängigkeit und in dieser mein Interesse. Ich konnte ihr Freund oder ihr Gegner oder einfach eine Auskunftsperson sein, die man für sie bereitgestellt hatte. Die am Oberstufen-Kolleg von mir und anderen

1 So meine Erinnerung. Mein Bedürfnis nach Vergewisserung erbrachte, dass Kant vom »Wohlgefallen ohne alles Interesse« und von »uninteressiertem Wohlgefallen« spricht, was nach Gelangweiltsein, Gleichgültigkeit klingt. Er wehrt dies in einer Fußnote ab: uninteressiert heiße nicht, dass der Gegenstand des Wohlgefallens nicht doch »sehr interessant« sein könne. I. Kant: Kritik der ästhetischen Urteilskraft; Werke in sechs Bänden, hg. von Wilhelm Weischedel, Darmstadt 1970, Wissenschaftliche Buchgesellschaft, Band V, S. 280, 281, 288, 298 und 306.

Lehrern erwartete Wissenschaftspropädeutik galt es in erster Linie durch die Auswahl, die Aufbereitung, die Umgestaltung des Gegenstands und durch verständliche Vermittlung, kluge Übung und wohldosiertes Lob zu leisten. Wollte ich so etwas wie geistige Leidenschaft in ihnen erwecken, wurde die Sache gleich sehr anstrengend und sehr riskant. Immer ging dies ja in einem Kollektiv vor sich. Mich auf Einzelne einzulassen, habe ich selten gewagt. Tat ich es, hat es sich gelohnt. »Professionell« war das Verhältnis dann freilich nicht.

An meinem Bruder Roland, Lehrer für Biologie am Oberstufen-Kolleg, habe ich mit Bewunderung und ein wenig Neid erlebt, dass solche Zweisamkeit doch auch in einer beruflichen Beziehung gedeihen kann. Wenn man nur diesen einen Beruf und nicht noch zwei andere hat, die darunter leiden, ist sie ein großes Glück. Ich aber hatte mindestens zwei weitere Berufe zu erfüllen und beschloss, mich auf diese zu beschränken: ein passabler Wissenschaftlicher Leiter zu sein und ein allenfalls davon beeinträchtigter Laborschullehrer, der eben auch Buden baut.

Nach eineinhalb Jahren war deutlich zu erkennen, wo unsere Stärken lagen und wo unsere vermutlich bleibenden Schwächen. Vom Vater hatte ich einen auch von ihm für verallgemeinerbar gehaltenen Satz aus der Kriegsführung gelernt: In der Not – alle Kräfte an die stärkste Stelle! Zustimmung ist dem Satz wohl vornehmlich dadurch gesichert, dass die Menschen es in der Regel umgekehrt halten. Sie flicken an ihren schwachen Stellen herum, verlieren die Nerven und die Zuversicht und meinen im Nachhinein, es wäre alles gutgegangen, hätten sie jene Weisheit der Feldherren gekannt und angewendet.

Wenn ich hier die Erfolge der Schulprojekte, vor allem der Laborschule, voranstelle, dann hat das freilich mit »Strategie« nichts zu tun, nicht einmal mit einer literarischen (»Was sichert mir die Aufmerksamkeit meiner Leser?«), vielmehr geht es bei ihnen in der Tat um das, was die Bielefelder Pädagogik noch heute auszeichnet. Die Mängel sind hingegen seither überwunden worden oder haben in einer dritten Kategorie Platz gefunden – bei den weiterlebenden, weiter gehegten Erwartungen. Damals haben sie mich geschmerzt, und nicht mich allein! Weil wir an unseren Schwächen gelitten haben und weil wir an dieser Einrichtung niemand anderem als uns selbst die Schuld an ihnen geben konnten, ist die Laborschule heute nicht nur *besser* als andere Schulen, sie ist *gut*. Sie ist es vornehmlich aufgrund der Prinzipien und Strukturmerkmale, die das Kollegium nicht aus der Selbstkritik entlassen, sondern zu immer neuen Anstrengungen und Anläufen genötigt haben.

Der Leser wird nachdrücklich gebeten, die Zeitangabe in den drei Zwischenüberschriften dieses Kapitels während der Lektüre fest im Auge zu behalten. Ich schildere im Folgenden nicht die gegenwärtige »LS«, sondern meine damaligen freudigen oder verstörenden und in beiden Fällen antreibenden Wahrnehmungen. Den heutigen Zustand der Schule – ihre überragenden pädagogischen Leistungen unter der Leitung von Susanne Thurn und ihrem Team – wiederzugeben und zu beurteilen bin ich nicht befugt: Ich habe die Schulprojekte vor 20 Jahren mit meiner Emeritierung verlassen.

In der Wiedergabe meiner Beobachtungen aus den Jahren 1974 bis 1977 erlege ich mir Zurückhaltung auf, indem ich mich auf je zehn Beispiele zu Wohlgelungenem, zu noch Unfertigem und zu dauerhaft Mühseligem beschränke, jedenfalls bei der Laborschule. (Beim Oberstufen-Kolleg – ihm widme ich mich in Kapitel 20 – zähle ich nicht; ich verfahre einigermaßen summarisch und dadurch weniger ausgewogen.)

Beobachtungen an der Laborschule vor über dreißig Jahren: Auf Anhieb Wohlgelungenes

Haus 1. Wir haben Menschenkinder bekommen – nicht Schüler. Das Glück, das dies für den Pädagogen bedeutet, ist bei uns durch die Tatsache gesteigert, dass diese Menschenkinder nicht alsbald zu Schülern gemacht werden müssen. Die »Nuller« (s. o. S. 341) haben einen neuen Lebensraum betreten – der leitet sie an, der ordnet ihr Verhalten, der fordert sie, nicht Lehrpläne und Lehrer, die diese vollstrecken. Das Rahmencurriculum hatten zwei höchst verschiedene Frauen geschrieben, die sich wunderbar ergänzten – Johanna Harder und Elke Callies. Es ist eine *Parva charta parvorum* und entsprach nicht nur seinem literarischen Genus, sondern auch der mir vorschwebenden neuen Schulpädagogik in vollkommener Weise. Wer eine Schule gründen und von unten her aufbauen will, sollte diesen Traktat lesen (und die Laborschule sollte ihn in ihrer Schriftenreihe IMPULS wieder zugänglich machen!). Das Wechselbad von wärmender Vision und kühler Rationalität wird ihm für seine Absicht nützlicher sein als alle Ratgeberliteratur zusammen.

Der Lebensraum besteht hier in der Tat zunächst aus einem Großraum für 180 Kinder, den Ludwig Leo durch Flächen auf unterschiedlicher Höhe genial gegliedert und Johanna Harder mit ihren hohen Ansprüchen an das Material und an die Ästhetik zu einem anregenden und zugleich bergenden Ort gemacht hat: Jedes Ding hat seinen festen Platz in Holzkästen und Fächern; diese sind durch kräftige Farben unterschieden; Stühle und Tische bestehen aus gediegenem Holz; eine Fülle von anziehendem und lehrreichem Spiel-Zeug steht bereit; dazu der Auslauf direkt in den Garten; je Großfläche eine Küche, in der das zweite Frühstück und die Nachmittagsjause eingenommen werden. Zum Lebensraum gehören sodann der Stammgruppenlehrer und die zwölf Kinder der eigenen Stammgruppe, weiter die Kinder aus anderen Stammgruppen, mit denen man die Klos und die Waschräume, die Garderobe und die Schuhablage, die Ruhe und den Lärm, den Gang zur Mensa und zum Schwimmbad, die Orientierungs- und Verständigungsprobleme teilt – jedes zehnte Kind stammt aus einer Ausländerfamilie. Zum Lebensraum Schule gehört vor allem, dass man etwas erkunden, machen, ausprobieren, beobachten kann – und »weil wir viele sind und einander dabei nicht stören sollten«, plant man das gemeinsam. Die drei R … (s. o. S. 300), nein, die werde ich später gesondert darstellen!

Die fehlenden Wände ersetzt die Person des Lehrers – so lautet Johanna Harders treffende Beschreibung ihrer eigenen Funktion. Sicherheit, Trost, Ordnung hat sie zu gewähren und macht dadurch selbständiges Lernen möglich. Johanna Harder ist noch viele Stunden nach Schulschluss in ihrem »Revier« und bereitet die »Dinge« (les choses) für den nächsten Tag vor, die »wohlgeordnete Freiheit« (Rousseau), die wirksamer erzieht als alle Mahnungen. Jedes Ding nach Gebrauch wieder an seinen Ort – diese Regel, die das Wegschließen von Kostbarkeiten und das Bangen um Eigentum überflüssig macht, ist das von ihr solchermaßen sichtbar unterstützte Pensum, das die Kinder willig annehmen: einen Zipfel einer guten Welt.

In den ersten Wochen hat der Wissenschaftliche Leiter Hentig am meisten in Haus 1 »gelernt«, wie er absichtlich statt »beobachtet« und

»geforscht« sagt. Die Kinder kommen – so ist es vorgesehen – zwischen 8.30 und 9.00 Uhr hereingetröpfelt und können vom Lehrer, von der Lehrerin, von den anderen schon anwesenden Schülerinnen und Schülern begrüßt werden. Die erste Aufgabe: sich in ein Buch eintragen, auf der aufgeschlagenen Seite, auf der in schönster Schrift und bunten Buchstaben zu lesen ist: HEUTE IST FREITAG, DER 6. DEZEMBER / NIKOLAUSTAG. Alle haben in der Runde die Namen der anderen gehört und gelernt – und auch gesehen. Die Lehrerin hat sie an die Tafel geschrieben. »So sieht das aus, wenn man deinen Namen schreibt.« Diese Gebilde versuchen die Kinder im Buch wiederzugeben. Am Anfang reicht wohl ein E für ERNST, wenn es keinen EGON oder keine EMMA in der Gruppe gibt, was freilich den Kindern selber nicht genügt. Man setzt sich danach in einer Runde um die dafür zusammengestellten Tische, erzählt den anderen, was man gestern Nachmittag noch erlebt hat und lernt dabei, mit der Zeit hauszuhalten; man bespricht, was man heute machen wird. Am Nikolaustag hält man sich an das, was man vor einer Woche für ihn vorzubereiten begonnen hat.

Als eines Morgens die Welt mit Schnee zugedeckt ist, diktiert dieser einen Großteil des Tagesplans, nicht nur draußen mit Schneemann, Schlitterbahn und Schneeballschlacht, sondern auch drinnen: Was ist Schnee? Wodurch entsteht er? Was heißt »gefroren«? Wo liest man ab, wie viel »Grad« wir heute haben? Was ist »null«? Plus? Minus? Die Zahlen nach oben und die Zahlen nach unten? Kann man Schnee auch kochen? – Das ist »Gesamtunterricht«, wie er meist nur im Buche steht. Man fragt, antwortet, findet etwas selber heraus, lernt, ohne zu wissen, dass man lernt.

Der Erfahrungsbereich »Umgang mit dem eigenen Körper«. Das Rahmencurriculum hierfür hat Jürgen Funke geschrieben, den ich an unserer mühsamen Auswahlprozedur vorbei gleichsam im Handstreich in die letzte Aufbaukommissions-Phase eingeschleust habe. Nun kann ich ihn mit unseren drei Anfangsjahrgängen in seinem Geräteparadies beobachten, wenn ich über die Galerie zum Oberstufen-Kolleg hinübergehe. Befreundung mit dem eigenen Körper – das ist der Leitgedanke des »EB Sport«, wie dieser Erfahrungsbereich in der Alltagsabkürzung leider heißt. Das leistet er durch Verführung zu lustvoller und kunstvoller, zu ausdauernder und fortschreitender Bewegung. Die Funktion des Lehrers ist hier die des Mut machenden, Rat gebenden, wo nötig sichernden Helfers.

Ich sehe Jürgen Funke mit einem zaghaften elfjährigen Mädchen auf dem Trampolin; er hat sie an beiden Händen gefasst; er gibt ihr Halt auf dem wankenden Boden und – mit seinem Körpergewicht – den sich von Sprung zu Sprung steigernden Aufschwung, den das leichte Wesen allein nicht erzeugen könnte; nach fünfzehn Sprüngen lässt er sie los; er springt weiter mit ihr und lässt das intensive Körperdrama allmählich ausklingen, indem er sie wieder mit den Händen sichert. – Das ist Laborschulpädagogik *in nuce*.

Die Versammlung und vorsorgliche Übereinkunft. Die Schule begann und beginnt in Haus 1 täglich, in Haus 2 mindestens einmal wöchentlich damit, dass die Stammgruppen ohne Unterricht zusammenkommen. Die Schüler sitzen im entlegensten Winkel ihres Reviers auf dem Fußboden, um möglichst nah beieinander zu sein, und besprechen ihre Angelegenheiten (»die die anderen Stammgruppen nichts angehen«). Ein Streit zwischen Uwe und Tankred wird der Gruppe unterbreitet und hat meist schon dadurch seine Schärfe verloren, vollends können sie nachgeben, wenn beide Verständnis bei anderen gefunden haben; man plant etwas für den kommenden Donnerstag, was am vergangenen Donnerstag nicht gelungen ist; Angelika kann mitteilen, dass ihre Katze gestern vier Junge bekommen hat und sie drei davon abgeben muss – möchte einer sie haben? Und nicht zuletzt: Dirk hat heute Geburtstag – jeder sage ihm, was er ihm besonders wünscht! – Eine kleine Lerngemeinschaft ist besser, wenn sie auch eine Lebensgemeinschaft ist. Sie kann den Sachen gelassener nachgehen, wenn die Personen zu ihrem Recht gekommen sind. Roger muss nicht nacheinander allen zwanzig Mitschülern irgendwann sein neues Taschenmesser zeigen und vorführen, wie scharf es ist; er kann das auf einmal erledigen und eine richtig gute »Show« daraus machen. Wäre der Großraum überhaupt erträglich, wenn es nicht solche Ventile und vor allem die Volle-Stunden-Einteilung gäbe – mit gleitendem Übergang vom einen Unterricht zum anderen nach jeder vollen Stunde und ohne Klingelzeichen? Jeder hat heute eine Uhr – nach der richtet man sich, nicht nach den »Bahnhofszeiten« der alten Schule: 8.00 Uhr bis 8.45 Uhr Religion, 8.50 bis 9.35 Sport, 9.40 bis 10.25 Latein und so fort.

Der Schulzoo. 1975 ist eine Stelle vorübergehend frei geworden, und Maria Rieger besetzte sie mit Alisa Fuß. Diese hatte mir aus Israel geschrieben – ich glaube, es ging um einen Aufsatz, den sie in der Neuen Sammlung veröffentlichen wollte –, und sie kam im Verlauf eines Besuchs in Deutschland bei uns »vorbei«. Maria und ich empfingen sie und waren von der erdnahen, der Aufklärung verschriebenen, im Vergleich zu vielen unserer Kollegen angenehm »erwachsenen«, obendrein friedensbewegten Frau so angetan, dass wir sie baten, die »Lücke« zu füllen. Sie konnte das ermöglichen. Aus ihrem Interim wurden zwei ganze Jahre. Ihr Fach war Biologie, und wie alle meine jüdischen Freunde verstand sie sich vorzüglich auf die Seelenbedürfnisse, -stärken und -nöte von Kindern. Seelen*ärztin*/ Psych*iater* hätte sie sich nie genannt – es galt doch weniger zu heilen als zu helfen, ja wenn man andere »heilen« will, macht man sie doch meist erst krank.

Alisa hat sich auf dem zweiten Wich etabliert, umgibt sich mit seltsamen Dingen – Seeigelhüllen, Kristallen, Versteinerungen, Ammonshörnern, Donnerkeilen, Amuletten und *apotropaia*, die sie aus ihrer neuen alten Heimat mitgebracht hat, und erklärt sie den fragenden Kindern. Die hören der »alten« Frau – sie wird etwa sechzig sein – aufmerksam zu und bringen nun ihrerseits ihre Fundstücke von zu Hause mit: Schmetterlingslarven, verlassene Wespennester, schöne Federn und hohle Vogeleier, groteske Wurzeln, Schneckenhäuser, Galläpfel. Sie werden alle ausgestellt, beschriftet, durch Bilder und Berichte erklärt und ergänzt. Innerhalb eines Monats ist »von allein« ein umfangreiches Naturalienkabinett entstanden, das sich buchstäblich sehen lässt. Es dauert nicht lange, da brauchen die Fuß-Schüler ein Terrarium für ihre Salamander, Molche, Schildkröten und Ringelnattern, und Alisa setzt sich mit unserem Werkmeister in Verbindung, der den Schülern dabei hilft, sachgerechte Habitats aus Holz und Glas zu bauen. Nach einem halben Schuljahr gibt es auf Wich 2 einen Zoo mit Meerschweinchen, Hamstern, Mäusen, Kaninchen, Wellensittichen, Kanarienvögeln; es gibt Kinder, die sie kundig und nach strengen Regeln versorgen; es gibt Kästen mit Futter, Körbe mit frischem Gemüse, Säcke mit Heu; es geht gelegentlich ein heftiges Zetern unserer lahmen Dohle durch den Raum, und die geschäftig lärmende Schule wird für ein paar Augenblicke ganz still; es weht gar nicht nur gelegentlich ein süßlicher Kaninchenstall-

Geruch durch den Sprachunterricht (it smells so funny; grave olet; ça pue!); es gibt hier und da dunkle Flecken auf dem Teppichfußboden mit einem Gruß von den Meerschweinchen – und also auch Beschwerden vom Hausmeister, von Eltern und »doofen« Schülern, die zu Konferenzen und Konsequenzen führen, am Ende zu einem von der Baukommission der Universität genehmigten veritablen Zoogebäude auf einer der wenig genutzten Außengalerien. Hier erhalten die Schüler auf Antrag ein Tier für ein oder zwei Jahre zugesprochen; hier verwalten sie ihren eigenen Zooverein; hier lernen sie durch Beobachtung, wie sich die Tiere verhalten; hier tragen sie Verantwortung für ein geliebtes Wesen; hier finden sie Trost bei einem kleinen felligen Freund, wenn die übrige Welt wieder einmal »gemein« ist.

Elternabende. Wenn man nach Schulschluss in der Laborschule bleibt, um noch in Ruhe einen Vorgang zu bearbeiten, muss man schon Glück haben, wenn dort kein Elternabend auf irgendeinem der Felder stattfindet. Jede Stammgruppe veranstaltet ihn einmal im Monat – man kann sich leicht ausrechnen, wozu das führt: Das große Haus beherbergt 24 Stammgruppen! Und an dieser Schule kommen die Eltern auch zu den Elternabenden! – zu seltsam sind die Dinge, die ihnen ihre Kinder berichten und ihnen nicht erklären können. Die Eltern sitzen erst im Kreis wie ihre Kinder, stellen ihre Fragen und besprechen sogenannte Vorkommnisse in der Stammgruppe, die sich im Laufe des Monats angesammelt haben. Schon nach den ersten Sitzungen freilich überwiegen die Themen, die sie aus ihrem eigenen Leben, aus der Stadt, aus der Politik mitbringen. Vor allem aber entdecken die Eltern sich gegenseitig. Die Italiener haben damit begonnen, Pasta, Rotwein und Blumen mitzubringen; die Deutschen und die Türken machen es ihnen auf ihre Weise nach. Ihre Gespräche sind lebhaft und vergnügt, und ihre Kinder spielen derweil wilde Versteckspiele in dem weitläufigen dunklen Gebäude von LS und OS. – Endlich eine Schule, die nicht nur Schule ist, sondern ein kleines Gemeindezentrum: *polis*!

Die Bibliothek. Wenn Besucher kommen und nicht unser Besucherdienst, sondern ich sie führe, ist einer der dramaturgischen Höhepunkte der Austritt aus dem wuseligen und geräuschvollen Großraum in die völlige Stille der Bibliothek. Auch den Schülern scheint dieser Effekt zu gefallen. Sie nutzen die »Bibi« oft und gern, und sei es nur, um ein Weilchen für sich zu sein. Wenn sie etwas nachzuschlagen oder nachzulesen oder nachzuweisen haben, finden sie sich in dem von Ilse Botzenhardt klug eingerichteten System schnell zurecht. Einen besonderen Leckerbissen hat man erwischt, wenn »Botzi« gerade eine frisch in Haus 2 einziehende Stammgruppe in die Benutzung der immerhin 20 000 Bände einführt. Sie lässt die Schüler das System gleichsam selbst erfinden, indem sie ihnen aufträgt, einen bunten Haufen Bücher einzuordnen: »Wo würdet ihr das hinstellen?« Sie übt sie nicht nur im Auffinden einzelner Informationen, sondern im Erkennen des Ordnungsprinzips.

Die Konferenzen. Dienstags ist die Laborschule am Nachmittag unterrichtsfrei. Es tagen die Konferenzen. Dienstags, weil ein Teil der Schüler im Konfirmandenunterricht ist. In den ersten Wochen ist die Agenda nicht nur für die Lehrer – und in der eigentlichen »Schulkonferenz« für Eltern- und Schülervertreter – brisant, das Gremium bietet auch den übrigen Schülern ein ungewohntes Schauspiel. Sie erleben etwas ihnen ganz Neues: Erwachsene, die sie kennen, reden und streiten über Fragen, die die Schüler betreffen und die sie verstehen, in geordneter Form und mit einem fassbaren Ergebnis: Wie weit soll/darf Koedukation beim Sport gehen? Brauchen wir eine Hausordnung – ja oder nein? Was machen wir gegen die Diebstähle, gegen die Zerstörung unserer Hütten auf dem Bauspielplatz durch Kinder aus der Nachbarschaft, gegen die Benutzung der Laborschule als Durchgang zum Oberstufen-Kolleg und zur Universität? Darf Latein in der Frühstunde (7.30 bis 8.30 Uhr) in der Bibliothek stattfinden? – Die Köpfe der vom Wich aus zuschauenden Schüler gehen hin und her wie im Stadion von Wimbledon. – Das ist *polis* nicht nur als Zustand, es ist *polis* als Vorgang.

Die Intensivphasen. Erst im Frühjahr 1975 haben Lehrer, Schüler und Eltern begonnen, dieser Erfindung mit einiger Erwartung entgegenzusehen. Die Schule selbst war bisher Abenteuer genug. Es gab wenig Anlass, aus ihr ausbrechen zu wollen. Auch weckte die von den Planern ausgedachte Bezeichnung keine besondere Vorstellung. Es sollte um das Aussetzen des Stundenplans und aller anderen Regularien gehen, damit die Stammgruppe sich einem ihr wichtig scheinenden Vorhaben widmen kann. Und diese Intensivphasen/IP stehen zweimal für je zwei Wochen auf dem Jahresplan – einmal weniger, als ich mir ausgedacht hatte.

Meinen roten Fünfern habe ich einen Aufenthalt in einem mittelalterlichen Turm von Schloss Rheda vorgeschlagen – mit drei Themen: Ein Vergleich von zwei nur durch die Autobahn und den Bahndamm getrennten Städten, die nach dem Krieg verschiedene Wege gegangen sind – in die Moderne die eine, in die Restauration ihrer romantischen Altstadt die andere. Sodann: Die Folgen der Flussregulierung im Emsland. Und schließlich: Was sind eigentlich Fürsten? – ein nicht nur für meine Proletarierkinder rätselhaftes Phänomen. Das war alles mit Hilfe der Fürstin Sissi und des Fürsten Moritz Casimir zu Bentheim-Tecklenburg, der beiden Bürgermeister und ihrer Fachleute sorgfältig vorbereitet – und doch voller Überraschungen.

Als wir im Schlosshof einfahren, erwartet uns dort die Gastgeberin schon. Die blonde Dame in dem hellen Kleid da vorn an der Treppe sei die Fürstin, habe ich den Kindern noch sagen können, bevor sie aus dem Bus stürzten, Martin Dorka, Sohn eines Polizisten, vorneweg. »Wo ist hier die Pommes-Bude?«, begehrt er von der Dame zu wissen. Die Fürstin versteht nicht, nicht nur, weil Martin nuschelt, sondern wohl, weil sie das Wort noch nie gehört hat. Als Martin seine Frage beim dritten Mal mit aller Seelenkraft herausbrüllt, bin ich zur Stelle und kann der Fürstin erklären, was er meint. *A clash of cultures*! Das Thema war offenbar gut gewählt – für beide Seiten.

Im Turm hat der Fürst eigens für uns eine Wasserleitung legen und zwei Klos einbauen lassen; wir versorgen uns selbst mit Hilfe von Kochplatten und Einkäufen im Supermarkt. Nach vierzehn Tagen sind dann die Kartoffelpuffer, die die fürstliche Küche zum Abschluss reichlich für uns bäckt, ein dreifaches Fest – ein kulinarisches, ein geselliges, ein thematisch-pädagogisches –, nur knapp überboten durch das Schießen mit zwei Kleinkalibergewehren unter Aufsicht des fürstlichen Försters am Ende eines für die zehnjährigen Stadtkinder ungewohnten Marsches durch den Herzebrocker Forst, die abwechslungs- und lehrreiche Erwerbsquelle des Fürsten.

Die alljährliche »Skireise« des Jahrgangs 7 ins Hochgebirge ist ein besonders geglücktes Beispiel für die Einheit von Leben und Lernen. Wo andere von »ganzheitlicher Pädagogik« sprechen, sage ich nur »Damüls«, das ich 1977 miterlebt habe.

Feste. Dass und wie Schulen feiern, ist ein solides, wenn auch nicht ganz untrügliches Kriterium für ihre Qualität. (Beide Schulprojekte waren darin von vornherein Spitzenklasse.) Mein fünfzigster Geburtstag fällt auf den Anfang unseres zweiten Jahrs. Nicht nur ich kämpfe in jener Zeit mit meiner Enttäuschung und Erschöpfung und um meine Fassung – wir alle tun es und sind nicht geneigt, uns durch ein »Fest« versöhnen zu lassen. Kam in den Wochen vorher jemand mit Plänen für ein solches, winkte ich unwillig ab. Aber dann haben die Kinder davon gehört und kommen in Haus 1 mit ihrem an der Laborschule kultivierten Sinn für Improvisation den verdrossenen Erwachsenen in die Quere. Ich bin zu 17 Uhr dorthin eingeladen und werde mit freundlichen Gesten – Liedern, zeremoniell überreichten Zeichnungen und anderen Werken ihrer kleinen Hände – in die alte Zuversicht zurückgefeiert. Und viele Kollegen auch! Man feiert gleichsam die Feier, und das ist ein richtiges Prinzip. Wenn ich mit meinen Schülern eine Aufführung vorbereite, fragen die Schulleitung und die Kollegen und natürlich auch die Schüler, »für welche Gelegenheit« wir das eigentlich planen. Ich entgegne stets: Wenn das Stück Spaß macht, wenn es gut sitzt, wenn wir alle damit zufrieden sind, dann ist das ein ausreichender Anlass für ein Fest. So ist es mit »The Yellow Submarine« gewesen und so mit meiner Zigeuner-Komödie oder der *Fabula de musicis bremensibus*, die ich mit meinen Lateinern geschrieben und einstudiert habe und die mit der *Fabula de Nocte Sancta* sogar den Weg in den Klett-Verlag gefunden und sich auch anderwärts bewährt hat. Die Festfreudigkeit und Festfähigkeit hat sich von Jahr zu Jahr gesteigert, und das Beste daran ist, dass dies ganz von allein geschieht: kein Forschungs- und Entwicklungsplan, keine Satzung, kein Grünes Buch hat uns das vorgeschrieben!

Die humane Schule. Fragte man mich in den ersten Jahren nach der Eröffnung, welches die erfolgreichsten Erneuerungen der Laborschule seien (»Was habt ihr besonders richtig gemacht?«), da habe ich stets geantwortet: dass wir die Gruppen klein gehalten haben – in Haus 1 nicht über zwölf, in Haus 2 nicht über zwanzig Kinder; dass wir mit den Kindern höflich umgehen – freundlich mit ihnen sind und sie ernst nehmen, ohne Betulichkeit und ohne Schmus; dass wir niemanden ausschließen – mit einer verträglichen Quote von Sonderschülern, Behinderten und Ausländerkindern. Dies sind die drei Fundamente dessen, was uns gelingt.

Im Laufe der Jahre habe ich der Laborschule auch andere Auszeichnungen erteilt: Eine Schule, an der Unterschiede wahrgenommen und bejaht werden / Eine Schule, an der man selbständig wird, weil nicht alles vorgängig von den Erwachsenen geregelt ist / Eine Schule, an der man lernen darf und nicht dazu gezwungen werden muss / Eine Schule, an der jedem Kind seine ihm gemäße Lernzeit zugestanden wird / Eine Schule als *polis*. Jedes dieser Etiketten scheint mir die Laborschule eher zu verdienen als die meisten anderen guten Schulen, die ich kenne, und jedes von ihnen verrät vor allem meinen eigenen Ehrgeiz. Hätte ich nur eines dieser Etiketten zu wählen, es wäre das letzte – und dieses Bekenntnis gibt mir die Gelegenheit, den oben (S. 358) abgebrochenen Satz über »die drei R« fortzusetzen:

Die drei R – sich *R*egeln geben, die gemeinsames Planen ermöglichen / *R*eviere bilden, die die Grenzen der Zuständigkeit definieren / *R*ituale einhalten, die sich bewährt haben und einem ersparen, die Ordnungen immer wieder neu zu erfinden – kann man in Haus 1 besonders augenfällig erleben. Wir sind in einer der ersten Wochen nach der Eröffnung. Die Kinder sitzen in der großen Pause im tiefer gelegenen Frühstückstrakt und trinken ihren Kakao. Oben auf der Fläche haben sie alles Mögliche gebaut – aus Holzklötzen oder Lego –, und einige sind besorgt, dass der starke Hans ihnen den noch nicht verbrauchten Materialvorrat wegnimmt, wenn er jetzt allein auf die Spielfläche geht. Sie bitten Johanna Harder, sie solle ihn nicht hinauflassen. Johanna Harder: »Ihr seht, ich muss dem Frieder einen Knopf annähen. Ich kann nicht auch noch hinter Hans herlaufen. Regelt eure Angelegenheiten selber.« Eine Stunde lang erlebe ich nun, wie die Kerlchen nach einer Regelung suchen, die dieses Problem löst. Nicks Vorschlag: Ein Verbot, auf die Spielfläche zu gehen, während die anderen noch frühstücken und ihr Revier also nicht selbst verteidigen können. – Und wenn einer sich daran nicht hält? Erste Zusatzregel: Dann muss er durch einen Aufpasser, der am Zugang zur Fläche steht, daran gehindert werden. – Wenn der aber zu schwach ist …? Also eine zweite Zusatzregel: Es muss der Stärkste von uns sein. – Aber das ist doch der Hans! Also dritte Zusatzregel: Es müssen zwei Aufseher sein, die jedes Mal von uns neu gewählt werden. – Und wann können die frühstücken? Wer will sich zu so etwas wählen lassen? – Ratlosigkeit. Güls neuer Anlauf: Wenn wir alle sowieso wählen sollen, dann können wir auch alle aufpassen, dass keiner den Tisch verlässt, bevor alle fertig sind und wir gemeinsam hinaufgehen können. – Und wenn einer auf dem Klo gewesen ist oder sonst wie nicht weiß, ob jetzt noch Frühstückszeit ist? Lisa weiß Rat: Dann stellen wir ein Schild her, auf dem steht: »Jetzt kein Zugang.« – Aber es können noch nicht alle lesen? Rolf: Dann malen wir ein Bild wie auf einem Verkehrsschild; da ist auch nichts drauf geschrieben; wir müssen nur lernen, was das heißt. – Hans, der nicht nur stark, sondern auch schlau ist, stellt einen Stuhl auf die Zugangstreppe und sagt: »Der genügt für heute.« Die Gruppe war am Ziel und zufrieden, und vollends war ich es, denn diese Gruppe hatte vor meinen Augen den »Gesellschaftsvertrag« für sich erfunden und vollzogen: Wir *alle* sind für die Einhaltung *unserer* Regeln verantwortlich.

Die Regelung mit dem Stuhl hat ein ganzes Jahr gehalten, bis die neuen Nuller kamen. Dann aber brauchte man sie nicht mehr: Aus der Regel war eine Gewohnheit geworden, eine, die man den Neuen mit großer Selbstverständlichkeit weitergab. »Hier macht man das so ...!«, das war der meistgehörte Satz am Anfang des zweiten Jahres, als die nun Sechs- und Siebenjährigen die neuen Fünfjährigen einführten: »Die roten Türen führen zu den Mädchenklos, die blauen zu den Jungensklos. Wenn wir da rauskommen, waschen wir uns hier die Hände. In diesen Kästen sind Papierhandtücher. Bevor wir die in den Klappeimer werfen, wischen wir damit noch das Waschbecken aus ...« So wird es nicht immer sein, aber die Regel sitzt. Ist das nicht das Paradigma des antiken und christlichen Abendlandes: Gesetze und Ideale gelten auch, wenn man sie nicht befolgt!? Vor allem aber: Wir geben sie von Generation zu Generation als unsere Gesetze und Ideale weiter. An der Laborschule tut man dies bewusst. Die – wo immer möglich – verwirklichte Altersmischung und der offene Raum sorgen dafür, dass alle alle und alles beobachten können, dass man nicht nur von Lehrern und aus ihren Büchern lernt, dass jeder dafür seine Zeit braucht und dass Unterschiede im Wissen und Verhalten etwas Natürliches sind. So kommen die oben aneinandergereihten Etiketten in dem Letzten zusammen.

Beobachtungen an der Laborschule vor über dreißig Jahren: Noch Unfertiges

Das Beurteilungssystem. Manche Dinge *sind* nicht unfertig, sie *werden* es erst, indem sie sich als mühsam erweisen – nun scheut man vor ihnen zurück. Dass wir mit den »Berichten zum Lernvorgang« der schädlichen und verlogenen Benotung durch Ziffern ein Ende gemacht haben, zählt zu den wichtigsten Unterscheidungsmerkmalen der Laborschul-Pädagogik vom »herkömmlichen System«, das Lehrer, Schüler und Eltern auf falsche Vorstellungen von Bildung, Leistung und Gerechtigkeit festlegt. Aber selbst wer das wusste und wollte, hatte seine Not damit, die handliche Eins-bis-sechs-Messlatte durch eine wirklich fördernde Diagnose zu ersetzen. Die einen Laborschul-Lehrer zeichneten seitenlange Seelenerkundungen auf, die anderen waren schon nach einem Jahr bei Bögen mit anzukreuzenden Urteilssätzen. Und in der Mitte zwischen beiden passierte es immer wieder, dass Regina eine wortgleiche Darstellung ihres Verhaltens und ihrer Leistungen erhielt wie Franziska. Das kränkt nicht nur, das entwertet das ganze System. Dem Wissenschaftlichen Leiter stellte sich hier eine fast unlösbare, jedenfalls höchst undankbare Aufgabe. Wie gut, dass er selber alle sechs Monate vor dem gleichen Problem stand wie seine Kollegen und dass seine Beurteilungen jedermann zugänglich waren wie die aller anderen auch. – Als mich im Sommer 1975 Herr Zinkann, der Chef des Gütersloher Miele-Konzerns besuchte und etwas früher eintraf als verabredet, so dass ich ihn nicht am Eingang in Empfang nahm, stießen er und seine Frau auf einige Laborschüler. Man kam ins Gespräch, und die Gäste fragten, wie die Schüler denn ihre Schule fänden. »Eine Explosion von Begeisterung!«, erzählte mir Herr Zinkann später. Er habe sie dann gefragt, was sie denn besonders gut fänden. Dass es keine Notenzeugnisse gebe, war die erste Antwort. »Wie denn, eure Leistungen werden gar nicht beurteilt?« Doch, man bekomme ja Lernberichte. Wie diese sich von den Noten unterschieden? Eigentlich, sagten die Kinder, seien die Berichte auch Noten, nur sehe man das nicht so genau. – Das war eine gute Belehrung für den Wissenschaftlichen Leiter. Die Befreiung des Lernens von falscher Angst und falschem Ehrgeiz war eine erhebliche Verbesserung, deren Rückkehr in verdeckter Form eine erhebliche Gefahr.

Die Laborschule hat seither, man kann wohl sagen, unermüdlich mit dem Problem der Beurteilung gerungen und davon ordnungs- und auftragsgemäß der Öffentlichkeit berichtet, zuerst durch ihren Wissenschaftlichen Leiter in drei aufeinanderfolgenden Heften des Jahrgangs 1982 der Neuen Sammlung: die widersprüchlichen Erfahrungen für diesen Zweck aufgeräumt. Sodann in der Form einer genauen Darstellung und Analyse der eigenen Beurteilungstätigkeit durch eine Laborschullehrerin, Heide Bambach, die ihrem fast zwanzigjährigen Bemühen den programmatischen Titel »Ermutigung. Nicht Zensuren.« (1994) gab. Nach weiteren acht Jahren erschien ein Forschungsbericht von Wiltrud Döpp, Annemarie von der Groeben und Susanne Thurn über die Wirkungen, die das nun an der Laborschule herrschende und gut beherrschte Beurteilungsverfahren auf die Eltern, die Schüler und letztlich auch auf die Lehrer hat – »Lernberichte statt Zensuren« (2002). Fast gleichzeitig gaben Felix Winter, Annemarie von der Groeben und Klaus-Dieter Lenzen einen Sammelband zum Thema »Leistung sehen, fördern, werten« (2002) heraus, in dem sie die Bielefelder Lösungen systematisch in die theoretischen Überlegungen und praktischen Versuche einordnen, die anderwärts angestellt werden. Unfertig bleiben sie freilich schon deshalb, weil die Laborschule mit immer neuen Einstellungen und Erwartungen in der Gesellschaft und im eigenen pädagogischen Umfeld zu rechnen hat. Vollends aber, weil auch für die Laborschule die *delicate balance* zwischen »Wir messen dich an deiner eigenen Leistungsmöglichkeit« und »Wir sagen dir, wo du stehst« immer wieder neu hergestellt sein will.

Der Großraum. Mir ist schnell klar geworden: Der Großraum ist ein großer Erzieher, wenn wir richtig mit ihm umgehen. Die ärgerliche Tatsache, dass die Gestaltung des unseren in letzter Minute den Architekten des Oberstufen-Kollegs übertragen worden ist, die über die Laborschul-Pädagogik nicht nachgedacht hatten, und die unverzeihliche Tatsache, dass ich Grundrisse nicht lesen kann, hat dem Gebäude der Laborschule ein paar elementare Mängel beschert. Als ich es das erste Mal betrat, war ich nicht nur überrascht – mir wurde bange. Ich verbarg dies, indem ich die Architekten scheinbar launig fragte: »Und in diesen drei ausgelassenen Bassins sollen wir schwimmen lernen?« Die Assoziation der drei Felder mit Trocken-Schwimmbecken bin ich lange Zeit nicht losgeworden. Wie diese sind auch unsere Felder oder Flächen von allen vier Ecken zugänglich, so dass man, wo immer man sich befindet, das Gefühl hat, dem »Durchgangsverkehr« ausgesetzt zu sein. Das ist in Haus 1 anders, wo man das Feld nur an einer Seite betritt und, je tiefer man in den Raum hineingeht, sich umso mehr vom »Verkehr« entfernt; ja, weil einem das schräge Dach entgegenkommt, hat man das Gefühl, aus einer offenen Halle in eine bergende Hütte zu gelangen. In den ersten zwei Jahren war der Großraum in Haus 2 zu groß, zu zugig, danach war er zu gedrängt, zu stickig. Erst der Jubiläumsanbau vom Jahr 2004 hat die notwendige Entzerrung gebracht. Seither gewährt er das, was er von vornherein gewähren sollte: Beteiligung an dem, was die anderen tun, Schutz vor offenem Unrecht, die Wahrnehmung des gemeinsamen Raums als gemeinsames Gut, nicht als gemeinsame Belästigung. Die Fachräume, die ein Drittel der Flächen ausmachen, waren den Architekten dermaßen missglückt, dass nicht einmal die hochkarätige Ausstattung und die in ihnen gegebene Ruhe imstande waren, den Großraum spürbar zu entlasten: Man blieb dort, wenn man irgend konnte.

Die Altersmischung. Die Einteilung der Schüler nach Altersjahrgängen und also nach einem damit ungefähr gegebenen »Lernstand« hat manche praktische Vorteile; niemand wird diese ernstlich leugnen. Aber man begibt sich mit ihr vieler Vorteile, die die Altersmischung – die Mischung unterschiedlicher Menschen überhaupt – für das Lernen hat. Immerhin ist Lernen eine Ausgleichsbewegung unter Ungleichen. In Amerika habe ich nebenbei den Satz gehört und mir zu eigen gemacht: »Mixed systems are best.« Ich bin darum auch für die Mischung von »Mischung mit Nichtmischung«. Eine totale Aufhebung der Altersgruppierung war nie mein Ideal und nie Ziel der Laborschule, die ja als empirische Unterstützung einer theoretisch begründeten und administrativ eingeführten Schulreform gedacht war. Die Laborschule darf ihren Abgängern jeden denkbaren Vorteil gewähren, aber keine Nachteile gegenüber Abgängern anderer Schulen zumuten. Wo quantitative Kriterien die weitere Laufbahn bestimmen (soundso viele Jahre Latein für das kleine Latinum / Physik unter Einschluss der Gebiete X und Y / Mathematik bis zum Niveau M oder N / Abschlüsse auf Hauptschul- oder Realschulniveau / mit oder ohne Qualifikation für die gymnasiale Oberstufe), muss die Laborschule am Ende mit den anderen Schulen gleichziehen. Das kann sie nur leisten, wenn sie an ihrem Ende auch die gleiche Jahrgangsstruktur hat. Die ausnahmslose Altersmischung gab es an der Laborschule in den ersten drei Jahrzehnten allein in Haus 1, danach nur in Wahlkursen. Im vierten Jahrzehnt dehnt man nun das System von Haus 1 auf die Jahrgänge 3, 4 und 5 (»Stufe II«) aus. Ob es dann »fertig« ist, weiß man vielleicht nach zehn Jahren.

Die Entschulung der Mittelstufe. Dass man im Pubertätsalter besonders ungern erzogen und belehrt wird, weiß die Menschheit von alters her. Die geordnete und kollektive Beschulung der Kinder und Jugendlichen seit dem Ausgang des 18. Jahrhunderts hat uns manche Lösung dieses Problems wegschieben und vergessen lassen. Im antiken Sparta überließ man die 12- bis 15-Jährigen den Eirenen, den 16- bis 20-Jährigen; im alten England gab man die Jungen noch früher aus dem Haus in den Dienst von Freunden, wo sie in Erfüllung praktischer, oft sehr harter Aufgaben ihren Mann stehen mussten; John Locke und Jean-Jacques Rousseau schickten ihre gedachten Zöglinge für zwei Jahre auf Reisen; in Teilen Afrikas verbannt man weiterhin die zehnjährigen Knaben in den Zauberwald, wo sie bis zur Geschlechtsreife unter sich leben. Wir hingegen halten die 12- bis 15-Jährigen im Klassenzimmer, an den gleichen Tischen, in denselben Ordnungen fest wie die Jahrgänge vor ihnen und nach ihnen, speisen sie mit errechneten gleichmäßigen Wissensportionen ab und prüfen die erreichten Kopf-Kompetenzen in regelmäßigen Abständen. Die PISA-Studie hat sich hierfür die 15-Jährigen vorgenommen – aus vielerlei forschungstechnischen und administrativen Gründen. Der Entwicklungs(zu)stand spielte für das Konsortium keine Rolle.

An der Laborschule sollte es für die 13- bis 15-Jährigen andere als die üblichen *paper-and-pencil*-Aufgaben geben, ein Lernen vornehmlich durch tätige Bewährung in der Gemeinschaft. Die Gedanken zu diesem Teil des Laborschulprogramms hatten schon in den Aufbaukommissionen keinen Anwalt und also auch keine mit der Prüfung, geschweige denn Implementierung dieses Vorhabens befasste Kommission. Keines der vierzehn Rahmencurricula der Laborschule sucht auch nur eine Annäherung an diese Idee. Ich habe sie in den Beratungen über den Strukturplan noch einmal nachdrücklich vertreten, sie hat aber das Gehege der 1976 eingesetzten Strukturplan-Kommission nicht verlassen. Immerhin gab es in deren Produkt ein von mir verfasstes und mit »Entschulung der Mittelstufe« überschriebenes Kapitel. In der späteren Fassung von 1988, also nach meinem Fortgang, ist dieses einfach entfallen.

Die Lehrerschaft fühlte sich offensichtlich schon mit den anderen Reformvorhaben der Laborschule überfordert. Sie hielt die »Entschulung« für eine Marotte des Schulgründers; sie sprach einfach nicht mehr darüber. Ich hingegen war überzeugt, wir seien nur »noch nicht« so weit. Dieser pädagogische Auftrag sei nicht aufgegeben, ja nicht aufzugeben, sondern als unerledigt aufzubewahren, bis wir die Kraft dafür hätten. Das Haupthindernis liege darin, dass die meisten Lehrer keine konkreten Vorstellungen davon hätten. Sie seien eben nie in Kanesatake gewesen. (s. Bd. I, S 337 f.)

In den frühen Achtzigern habe ich in einem öffentlichen Vortrag unter anderem dargestellt, wie Jungen und Mädchen zwischen 13 und 15 anders und besser lernen könnten. Eine Woche später bot mir einer meiner Hörer einen alten Kotten im Teutoburger Wald an – ein ideales Objekt für die Erprobung der Idee. Als sich auch noch ein junger Zimmermann aus der Familie Bohnenkamp an dieser entzündete, sah ich die Stunde ihrer Wiederkehr gekommen und stellte meinerseits der Schule 20 000 DM als Anfangskapital zur Verfügung. Es wurde die Stunde der Wahrheit: Der damalige Schulleiter lehnte die Unterzeichnung des Pachtvertrags, der uns den Kotten für 500 DM im Jahr gesichert hätte, blank ab; der junge Zimmermann ging andere Wege; das Geld blieb auf dem Konto des Fördervereins – bis ich beim Verlassen der Schule einer Umwidmung zustimmte. Aus Anlass meines 80. Geburtstags habe ich mich der »unfertigen Sache« erneut zugewandt.[2] Auf 105 Seiten habe ich (neben einem »Sozialen Dienst«) die Entschulung der Mittelstufe als eine Herausforderung an alle Schulpädagogen dargestellt. Wenn die Laborschule bei der Verwirklichung voranginge, wäre das *ihre* »Bewährung«.

Der Garten. Die Werkstätten. Der Bauspielplatz. Alle drei darf man als Momente der Umwandlung der Unterrichtsschule in einen Lebens- und Erfahrungsraum ansehen, als Gegengewicht zu deren Akademisie-

2 Hartmut von Hentig: Bewährung oder Von der nützlichen Erfahrung, nützlich zu sein, München 2006 (Carl Hanser).

rung, als Teil ihrer Entschulung. Alle drei hatten bei der Eröffnung der Schule das Wichtigste noch nicht gefunden: einen Erwachsenen, der diese Lerngelegenheiten so ernst nahm wie seine Ausbildung und seinen Beruf als Fachlehrer. Die Entschulung der Schule muss mit der Entschulung der Lehrer beginnen. Im Garten bin ich mit einem von mir gegründeten Gartenclub eingesprungen, hockte wie einst am Birklehof einen Nachmittag in der Woche mit meinen Getreuen in dem großen umzäunten Geviert, jätete Unkraut, half den Schwächeren beim Umgraben des schweren Lehmbodens, verteilte Samen aus einer von mir erlogenen Gabe eines »reichen Freundes« und wurde dafür bestraft, indem die Jungen von Hentigs »Samenspende« sprachen. (Belohnt wurde ich später durch die Tatsache, dass einer der Buben, der zarte Reinhard Borbonus, ein starker und glücklicher Gärtner wurde.) Tatsächlich geschenkt bekam ich einen Kirschbaum, als ich 1978 nach dem großen Buchkonflikt (s. u. S. 432 ff.) zu bleiben beschloss. Den Bleibekirschbaum und den Bleibepullover, den mir eine Schülermutter strickte, gibt es beide heute noch.

Anfang der achtziger Jahre übernahm ein rumäniendeutscher Lehrer, Erwin Thot, die Betreuung des Gartens und machte daraus nicht nur die Tautologie »Gartenparadies«, er machte ihn zu einem Garten Eden der Pädagogik.

Auch die Werkstätten fanden mit dem Werkmeister Rücker die sie belebende Seele erst nach einigen Jahren, ja, bei Rücker lief die Entwicklung andersherum: Als die Schulleitung diesem trefflichen Handwerker in zähem Ringen mit der Regierung den Status eines Lehrers erkämpft hatte, wurde er vollends ein Musterbeispiel des Entschulungsprogramms.

Die Erfindung des Bauspielplatzes erfüllte mich in den ersten Jahren mit mehr Stolz als seine Wirklichkeit. Es war mit Händen zu greifen, dass die Kinder in unserer ausgezirkelten Welt ein Stück Rohgelände brauchen, auf dem man noch alles machen und auch alles alsbald wieder weg-machen kann. Ein solches haben wir um eine sich mit Wasser füllende Baugrube herum so bestehen lassen, wie es uns die abziehenden Bautrupps vererbten. Auf dem knietiefen Teich schwamm bald ein Floß; ein Zementbrocken diente als Rückwand für einen Ofen, der – aus zusammengetragenen Steinen errichtet – ebenso dramatische wie dauerhafte Feuer ermöglichte; der einzige, noch mickrige Baum bildete den *stronghold* für die ersten Holzbuden. Aber wenn am Abend unsere Schüler heimgegangen waren, zogen hier die Nachbarkinder ein, vandalisierten die seltsamen Bauten, plünderten das angesammelte Material oder verfeuerten es ihrerseits. Es hat fast fünf Jahre gedauert, bis die Universität als »Schulträger« einsah, dass dieses Brachland mit dem kostbaren Unrat durch einen hohen und soliden Zaun geschützt werden musste, bis einer der Sozialpädagogen diese Domäne für sich entdeckte und bis genug Gebüsch gewachsen war, um den Ort vor dem Einblick der Schulleitung und des Wissenschaftlichen Leiters zu sichern. In den ersten Jahren führte ich (der Leser weiß es schon) die Besucher der Laborschule zur Krönung des Rundgangs in die Bibliothek; in den achtziger Jahren führte ich sie auf den Bauspielplatz. Dass man dabei an dem von Jürgen Funke kundig ausgerüsteten Spiel-Spielplatz vorbeikam, auf dem nicht nur die Knaben »gewagt« wurden, sondern (gegen Herbart) auch die Mädchen, erhöhte die Wirkung. – Ein Garten, eine Lehrwerkstatt, ein Walden-Pond müssen »unfertig« bleiben.

Die Praktika. Mit ihnen konnten wir erst im zweiten Jahr einsetzen – sie waren für die drei letzten Schuljahre vorgesehen, in die unser Jahrgang 7 ja erst hineinwuchs. Dieser dreiwöchige Bestandteil des »Erfahrungsbereichs Sozialwissenschaften« (dessen neuerlicher Name passte hierzu noch weniger als der von mir vorgegebene »Umgang mit Menschen«) nahm die Stelle einer der drei Intensivphasen ein und brauchte zwei Durchgänge, bis wir wirklich für alle Schüler geeignete Praktikumsstellen gefunden hatten. Aber schon beim ersten Mal – welch ein Durchbruch! Wenn der eher *overprotected* Jörg einem Tierarzt eines Nachts helfen darf, ein Kalb aus dem Mutterleib zu ziehen; wenn die ehrgeizige Gabriele die ersten Erfahrungen in ihrem Traumberuf als Zahnärztin mit dem Reinigen von Zahnprothesen macht; wenn die schüchterne Sandra beim Herstellen von glänzenden Werbefotos für einen Warenhauskatalog assistiert, dann bekommt das Lernen einen neuen Zug, den man am besten berlinisch Zuch ausspricht! Die Einbuße an Unterrichtszeit wirft einen enormen Gewinn an Lerneifer und heilsamer Ernüchterung aus. Sieht man, wie selbstverantwortlich und konzentriert die Laborschüler ihre Praktika absolvieren, versteht man nicht, dass andere Schulen meinen darauf verzichten zu können. Ein weiterer

Gewinn sollte darin bestehen, dass die Lehrer, die ihre Schüler am Arbeitsplatz mindestens einmal in der Woche besuchen, nun selber die »Arbeitswelt« kennen lernen, auf die sie doch vorbereiten sollen. In dieser Hinsicht schien mir das Praktikum »noch unfertig«.

Mathematik als Bestandteil des Sachunterrichts. Mathematik beherrscht unsere Welt – aber sie bleibt uns fern; sie ist das erfolgreichste und imponierendste Abstraktionssystem, das die entlegensten und komplexesten Erkenntnisgegenstände verbindet wie sonst nur die Sprache und für den Gläubigen einst die Religion – aber sie wird vom allgemein-gebildeten Zeitgenossen als Instrument von Spezialisten angesehen und deshalb zwar hochgeachtet, jedoch für ihn selbst als entbehrlich betrachtet; es lohnt nicht die Mühe, sie zu verstehen. Mathematik waltet in unserer Zivilisation als eine höhere Magie.

Meine Wahrnehmung an mir selbst, dem »mathematisch begabten« Schüler des Französischen Gymnasiums, und meine Erfahrungen als Griechischlehrer am Birklehof und am Uhland-Gymnasium (dass man die Mathematik in Platons Schriften kunstvoll umgeht und die großen mathematischen Autoren der Antike einfach ignoriert) haben in mir eine andere Vorstellung von allgemeiner Bildung entstehen lassen. In ihr gehört Mathematik nicht nur »dazu«, in ihr soll sie erhellend, einigend, ja selbstverständlich enthalten sein – als Mittel des Verstehens statt als Gegenstand, gar als Mühsal des Lernens. Ich habe das abkürzend »integrierten Mathematikunterricht« genannt. Beide Schulprojekte sollten an der Entwicklung einer solchen Bildung arbeiten, vor allem aber die Laborschule. Hier sollten die Grundlagen gelegt werden – erfolgreicher als in der Mengenlehre, aber mit ähnlich elementarem Anspruch. Alles lässt sich in einer Quantität fassen, alles enthält Proportion, alles steht zu etwas in einem »Verhältnis«. Darum kann man die Kunst der »Quantifizierung und Relationierung« auch an allem bewusstmachen, kann überall die dafür benötigten Instrumente, Verfahren, Begriffe bereitstellen: die Größen, die Zahlen, die Grenzwerte, die geometrischen Figuren, das Messen, das Konstruieren und nicht zuletzt die Inkommensurabilität. Dieser Erkenntnisvorgang sollte »Mathematisierung« heißen – das, was wir an den Gegenständen messend und vergleichend vornehmen. Dabei sollte man den Gründen nachgehen, warum das »geht«.

Die Geschichte der Mathematik ist im großen Ganzen die einer solchen Mathematisierung – von den alten Ägyptern über Aristarch, Archimedes, Heron von Alexandria bis zu Kepler, Galilei, Leibniz und Piaget, Weizenbaum, Heisenberg.

Freilich war ich auch hier für *mixed systems*. Es gibt ja seit den alten Griechen – seit Pythagoras, Platon, Euklid – die reine Mathematik, eine Lehre von gedachten Größen, Formen, Verhältnissen, die sich gegenseitig definieren und einen systematischen Aufbau haben. Diese *mathemata* – Ergebnisse geistiger Operationen, nichts, was man an den Dingen einfach »ablesen« kann – nötigen uns, das Denken selbst auszubilden. Freilich habe man, gesteht Platon (Nomoi 818 c-d), um den Kindern die *logismoi*, die Kalkulationen, angenehm zu machen, allerlei Belehrungsmittel »erfunden«: Äpfel, Reifen, Münzen, sogar die Marschordnungen der Truppen, und das stürze uns hinsichtlich des wichtigsten Gegenstandes der Mathematik in schändliche Unkenntnis, nämlich der mathematischen Gesetze all dessen, was die *Möglichkeit* des Messens und die Unmessbarkeit betreffe. Diese Mathematik sollte es auch bei uns an den Schulprojekten geben, die wagenscheinsche, die er uns am Radius demonstriert hatte, der sich genau sechsmal auf dem Kreisumfang abbilden ließ (s. o. S. 329 f.), und die wir auch bei Thales erleben können: In der halbkreisförmigen Sitzreihe eines Amphitheaters steht an beiden Enden je ein Mensch. Ein Dritter hat in derselben Reihe irgendeinen Platz eingenommen und wendet den Blick von einem zum anderen: eine Viertelumdrehung, wo immer er in der Reihe sitzt. (Bei Wagenschein nimmt so etwas natürlich die Form von Fragen an: Ist das wirklich so? Und »genau«? Wenn ja, wie sieht das mathematische Gesetz dazu aus?) Wir sehen diese Mathematik auch bei den Pythagoräern, die uns den Begriff der Quadratzahl beschert haben – wieso und was das heißt, kann der Leser bei Oskar Becker oder bei Nikomachos auf Griechisch oder in »meinem« Kitto (s. o. S. 51) selber nachlesen.[3]

Neben dieser »reinen«, wenn auch in »unreiner« Form eingeführten philosophischen Mathematik und der »Mathematisierung« gibt es eine

3 Oskar Becker: Grundlagen der Mathematik in geschichtlicher Entwicklung, Freiburg/München 1954 (Carl Alber), S. 35; Nikomachos: Einführung in die Arithmetik, wiedergegeben in Ivor Thomas: Selections Illustrating the History of Greek Mathematics, 2 Bde., London 1947 (The Loeb Classical Library), Bd. I, S. 95.

dritte Form von Mathematik: diejenige, die in unseren Schulen gelehrt wird und die eine graduelle Annäherung an die Theorien und Operationen der mathematischen Fakultät darstellt. Sie ist heute in verschiedenen Ausformungen unerlässlich zum Verstehen der Physik, der Biologie, der Ökonomie, der Statistik, der PISA-Pädagogik – aber auf der »Höhe« immer nur für die interessant und zugänglich, die sich darauf spezialisieren; unterhalb davon genügt es, den Computer benutzen zu können, der hier der alten Allgemeinbildung zu Hilfe kommt.

Diese dritte Mathematik sollte an den Schulprojekten dem Oberstufen-Kolleg vorbehalten sein, das ja auf die normalen Studiengänge an der Hochschule vorbereitet. Die beiden anderen habe ich der Laborschule vorbuchstabiert. Einer meiner Mathematiklehrer, der mich verstand, konnte sich den Kindern nicht verständlich machen und schon gar nicht den Kollegen, die nun in ihren Gegenständen plötzlich so etwas wie Mathematik entdecken sollten. Ein anderer Lehrer, der *das* gekonnt hätte, verstand mich nicht. Er lehrte mehrere Jahre sehr erfolgreich die dritte Form, die schulübliche, bis er ernüchtert davonging. Vielleicht wäre ihm die Erfindung der »Mathematisierung« als Schulfach gelungen, hätte man ihm und den Kollegen eine Trainingszeit dafür zugestanden. Die hatten wir nicht. Übrig geblieben ist von dem Reformvorhaben der Abdruck meines Entwurfs im Anhang des Strukturplans der Laborschule von 1988 (3. Auflage 1997). Dass man ihn überhaupt dort aufgenommen hat, verstehe ich so: Ein noch unbehauenes Stück Urgestein der Laborschule wird aufbewahrt für später, ist nicht untauglich, wohl aber unfertig. – Es gab anders begründete Vorstellungen für einen ebenfalls in den übrigen Unterrichtsgegenständen aufgehenden (integrierten) Deutschunterricht: Unsere Sprache, ihre Möglichkeiten und Gesetze sollten ständig Gegenstand unserer Aufmerksamkeit sein, nicht nur in der Literatur; sie würden so bewusstgemacht und geübt. Dieses Vorhaben hat in seiner radikalen Form das gleiche Schicksal gehabt wie der integrierte Mathematikunterricht. Immerhin bringt eine Regel die Laborschule dem ursprünglichen Integrationsgedanken nahe: Deutschlehrer geben immer auch Sachunterricht in der gleichen Stammgruppe; in ihm können sie auf den genauen sprachlichen Ausdruck und das Verhältnis von Sprachlogik und Sachlogik achten – »exemplarisch« gleichsam.

Ein bekömmliches Verhältnis zum Oberstufen-Kolleg. Viele Lehrer haben jahrelang gemeinsam an den beiden Schulprojekten geplant; einige haben sich erst spät für die eine und gegen die andere Einrichtung entschieden; gemeinsame Prinzipien, gemeinsame organisatorische Vorkehrungen und nicht zuletzt ein gemeinsames Gebäude einten die Einrichtungen. Aber statt »zusammenzuwachsen«, glitten sie nach der Eröffnung auseinander. Die in den Laborschülern entfesselte Erkundungslust, unsere Duldung ihres Bewegungstriebs und ihrer Mitteilsamkeit, die verführerische Gelegenheit, sich im »Nachbarhaus« dann und wann dem pädagogischen Blick ihrer Lehrer zu entziehen, ließ die Laborschüler dem OS bald als Plage erscheinen. Ja, man war dort zeitweise geneigt, die »Schulstraße«, die sich vom Eingang der Laborschule an der Voltmannstraße bis zum Ausgang des Oberstufen-Kollegs an der Universität erstreckte und von den Architekten ausdrücklich als »verbindende Achse« gedacht war, vor oder hinter der gemeinsamen Turnhalle einfach zu schließen.

Die Kollegiaten durften in ihrer Cafeteria rauchen und kamen sich sehr fortschrittlich vor, wenn sie die Laborschüler übersahen, die sich mit brennender Zigarette unter sie mischten. Die Pädagogen am Oberstufen-Kolleg erkannten das Problem, fanden es aber unpädagogisch, den Kollegiaten, die bei ihnen doch die bessere Pädagogik studieren sollten, als Erstes beizubringen, wie man ein ungewolltes Verhalten durch Verbieten oder Verpetzen verhindert; sie machten sich stattdessen mit ihren Kollegiaten daran (ich vermute, in der Projektphase, die am OS »Gesamtunterricht« heißt), die Spielbedürfnisse der ganz Kleinen erst zu erkunden und dann deren durch ein Gebüsch abgeschirmten Auslauf in einen fantasievollen Abenteuerspielplatz zu verwandeln – mit unterirdischen Höhlen, Schwingbalken, Kletterfelsen. Eine andere Gruppe entwarf bald darauf mit den Siebenjährigen ein riesiges Gemälde, das auf der 36 mal 12 m messenden Rückwand der Sporthalle entstehen sollte, organisierte die Gerüste und die notwendigen Sicherheitsmaßnahmen und vollendete das Werk mit den Laborschülern unter viel Applaus und mit viel wetterfester Ölfarbe. Meine Anregung, den Kollegiaten, die Pädagogik als Fach gewählt hatten, die Führung der vielen Besucher zu übertragen, die sich für die Laborschule interessierten – was hätten sie da alles über »unsere« Pädagogik lernen können und müssen! – fand keinen Widerhall. Ich weiß nicht, warum. Wohl aber haben Kollegiaten an der Laborschule ihr Praktikum gemacht und Patenschaften für einzelne Laborschüler übernommen. Umgekehrt gab es für diese im Jahrgang 10 die Möglichkeit, die weiterführenden Schulen zu beschnuppern, und viele von ihnen entschieden sich für das bequem gelegene Oberstufen-Kolleg mit der vertrauten Atmosphäre. Die Schauergeschichten davon, wie es auf der »herkömmlichen« Schule zugehe, ließen viele Lehrer an beiden Einrichtungen fürchten, die Laborschüler würden das Oberstufen-Kolleg überschwemmen; sie hatten, damit das nicht geschehe, vorher eine Quote festgelegt: Von 60 Abgängern der Laborschule sollten 20 auf jeden Fall vom OS übernommen werden. Die Quote wurde in den Jahren 1978 bis 1983 jedoch nie überschritten, obwohl ein weitaus größerer Prozentsatz der Laborschüler weiterführende Schulen zu besuchen vorhatte als der Durchschnitt des Altersjahrgangs und dies in der Abgängeruntersuchung damit begründete, dass Schule doch »Spaß« mache. (An diesem ärgerlichen Wort waren sie nicht schuld, es stand so im Fragebogen.) In den folgenden Jahren wuchs der Anteil derer, die die Oberstufe der Gesamtschule Schildesche oder das Gymnasium in Bethel dem Oberstufen-Kolleg vorzogen. In der Abgängeruntersuchung wurde nach einem halben Jahr gefragt, ob sie die gleiche Anschluss-Schule »heute« wieder wählen würden: Bei denen, die ans Oberstufen-Kolleg gegangen waren, überwog die Ablehnung. Selbständigkeit hatten sie doch schon in der Laborschule gelernt; die für die Zugänger aus anderen Schulen ausgedachte Einführungsphase wurde von den Laborschülern als »Ringelpietz mit Anfassen« geschmäht; jetzt waren sie aus der »Schule« raus, jetzt wollten sie gefordert werden. Beliebt machte sie das nicht, und darunter wiederum litten die »Gelungenen« unter ihnen. – Es war abzusehen, dass das Oberstufen-Kolleg darauf richtig zu reagieren lernen würde. Da die Schulprojekte einen gemeinsamen Wissenschaftlichen Leiter und seit Juni 1985 auch einen gemeinsamen Wissenschaftlichen Rat hatten (als Nachfolger des Curriculumrats OS und des Curriculumrats LS), nahmen sie die beiderseitigen Probleme wahr und auf; auch wurden sie durch gemeinsame Bedrohung von außen immer wieder zusammengeschweißt.

Die Darstellung der Laborschule nach außen. An Wochenenden haben Bielefelder die Wahl, ob sie mit ihren Familien einen Ausflug nach Olderdissen in den idyllischen Zoo mit allerlei heimischem Getier machen oder ob sie zur Universität mit ihren exotischen Schulen pilgern. Um diese kann man ganz herumgehen und seine Nase an den niedrigen Scheiben platt drücken. Was man sieht, sieht nicht wie Schule aus. Mit ihrem Sheddach, das man sonst nur von Fabriken kennt, der leuchtend roten Farbe, den an der Außenwand lokalisierten Werkstätten, der Bibliothek, den Büroräumen erregen sie Staunen und geben Mutmaßungen statt – und ihr eigentliches Innenleben auf den Feldern nicht preis. Nur das Haus 1, das wie ein Kinderparadies aussieht, der aufregende Bauspielplatz, das unheimliche Laufkarussell (»Das ist doch viel zu gefährlich!«, heißt es, nachdem man sich einmal darauf versucht hat) sprechen öffentlich und deutlich unsere pädagogische Sprache.

Eine von Aufklärung und Demokratie, von Offenheit und Verantwortung gegenüber der Polis geprägte Einrichtung darf den Bürgern nicht ein Rätsel bleiben. Sie muss Kontakte zu anderen Schulen suchen, ein möglichst normales (nicht herablassendes, kritisches, gar besserwisserisches) Verhältnis mit ihnen anbahnen, eine einfache Darstellung ihrer Absichten, Strukturen, Verfahren und nicht zuletzt ihrer Ressourcen geben, das Letztere vor allem, um den abenteuerlichen Vorstellungen über ihre »Privilegien« zu begegnen.

Diese Aufgabe haben wir, da wir mit unserer Arbeit genug zu tun hatten, lange Zeit vernachlässigt, vermutlich auch unterschätzt. Mit dem geduldigen Aushalten der Neugier des Publikums und der Öffnung unseres Hauses allein war diese *public-relations*-Aufgabe nicht zu bewältigen. Dass die Rundfunk- und Fernsehleute sich für uns interessierten, konnte uns gefallen, war aber höchst zweischneidig. Sie wollten ihren Zuschauern und Zuhörern Kitzeliges, Ungewöhnliches, Anstößiges – also das von einer »solchen« Schule Erwartete! – bieten. Das ist auch sonst so. Ein Film über Salem muss Jünglinge unter der Dusche zeigen, an der Odenwaldschule kleine Buben mit Zigarette, an der Laborschule Schüler, die auf Schränken oder unter Tischen liegen. Wenn sie es leider gerade nicht tun, hilft der Kameramann ein bisschen nach. (Gerold Becker erzählte mir, dass man seinen Odenwald-Schülern fünf Mark fürs Rauchen vor der Kamera geboten hat.) Dass die Medien zunächst zu mir kamen, war mir zwar lästig, aber zunächst durchaus recht, weil ich glaubte, ihnen die falschen Vorstellungen mit einiger Autorität austreiben und durch sowohl treffendere als auch unterhaltsamere ersetzen zu können. Das gelang natürlich nur in Grenzen, und so mischte sich in den Ärger der Kollegen über den »Personenkult« auch der Verdacht, ich sei mitschuldig an den misslichen Ergebnissen. Journalisten vom Kaliber des Hayo Matthiesen, der Frau (Luc) Jochimsen und der Frau Vohland gingen im Übrigen recht selbstbewusst mit dem »Herrn Professor« um.

Schon im Jahre 1974 habe ich angeregt, einen kleinen Besucher-Prospekt zu machen, daneben eine ausführlichere, gut lesbare Schilderung des Alltags und schließlich einen Video-Film. Mit deren Herstellung sollte die Kommission »Öffentlichkeitsarbeit« betraut werden. Die ersten »Flyer«, wie man das heute nennen würde, waren so unansehnlich, so lieblos und so anstrengend, dass ich sie meinerseits nie ausgegeben habe. Der Informationsbogen, den Maria schon vor der Eröffnung für Bewerber »und andere Interessenten« verfasst hatte – ein typisches Produkt ihrer Redlichkeit –, ließ sich, von mir gekürzt und überarbeitet, bei schriftlichen Anfragen verwenden, machte aber so wenig von uns her, dass unser rühriger Mäzen Herbert H. Bernhardt aus Sorge um uns einen Film zu finanzieren beschloss. Dieses Vorhaben scheiterte an unserer Beteiligungsideologie. Die aus Lehrer- und Schülereinfällen zusammengeschusterten Entwürfe erschreckten den Geldgeber so, dass er das Geld zurückzog. Er schrieb mir tadelnd: »Nur wenn Sie den Film selber machen, steht es wieder zur Verfügung.«

Die Damen von »KomÖff« und die zeitweilig von mir dafür gewonnenen Schülerinnen und Schüler taten sonst nicht nur »ihr Bestes«, es war gut und tat gut. Den leibhaftig vor einem stehenden Besuchern zeigt man sich von seiner schönen Seite. In den schriftlichen Vorlagen hingegen kotzten sie ihren Unmut aus.

Es war höchste Zeit, dass wir uns dieser Aufgabe zuwandten. Nicht nur wurde sie von Jahr zu Jahr schwieriger, weil die Erwartungen wuchsen und die Nachsicht mit »Unfertigem« schwand; auch uns selbst wurde immer deutlicher bewusst, wie wenig von unseren kühnen und hehren Gedanken hinter den unvollkommenen Erscheinungen zu erkennen war. Diese Einsicht brachten uns nicht zuletzt unsere Schüler ins Haus.

Unser Image in der Öffentlichkeit war: Chaoten, Radikal-68er, kommunistische Kaderschmiede. Diesen Ruf hätten die Schulprojekte auch ohne die DKP-Mitglieder gehabt, die es bei uns tatsächlich gab. Wir hatten nach dem sogenannten Radikalenerlass von 1972 mehr »Überprüfungsfälle« als irgendeine andere Schule in NRW – und in allen war die Regierung durch die Tatsache gehemmt, dass wir sämtlich Mitglieder der Universität waren. In offiziellen Anhörungen und sogar vor Gericht gab meine Stimme als die des Wissenschaftlichen Leiters den Ausschlag – zugunsten der Betroffenen und mit gutem Gewissen meinerseits. Schwieriger war es, mit den untergründigen Anfeindungen fertig zu werden. Ein Erlebnis setzte mir besonders zu:

Die Schulen waren noch nicht eröffnet, da erhielt ich eine Einladung von Rudolf August Oetker und seiner Frau Maja zu einem Abendessen mit anschließendem geselligen Beisammensein, bei dem sie hofften, etwas mehr über unsere »interessanten pädagogischen Vorhaben« zu erfahren. Die Anfahrt von der Brackweder Straße zum Oetkerschen Anwesen in Sennestadt war atemberaubend. Kein amerikanischer Film führt den Gast eines Mr. Hearst oder Morgan oder Rockefeller durch einen so großzügigen Park zu einem so noblen Herrenhaus. Selbst die kindliche Erinnerung an den Landsitz der Frau von Pannwitz musste sich geschlagen geben. Zu meiner Überraschung waren etwa 60 Personen geladen. Darin, dass mir nicht bange wurde, als Herr Oetker mich bat, seine Frau zu Tisch zu führen, offenbarte sich meines Vaters Erziehung. Ich plauderte mit meiner schönen Gastgeberin über die Kinderjahre in Bogotá (sie selber stammte aus Argentinien), erzählte vom Kotten in Enger und von den Tieren, mit denen ich dort lebte: von den Eseln des Nachbarn, vom Damhirsch Tobias, der nächtens mit seinem Abbild in der großen Thermopanescheibe des Wohnzimmers kämpfte, von der Eule im Kamin, von der majestätischen Kröte im Weinkeller – und genoss nebenbei das superbe Mahl. Nach dem Essen ging man in einen großen Salon, in dem die Stühle schon in lockerem Halbkreis aufgestellt waren, Herr Oetker verkündete, er sei hocherfreut, heute Abend Herrn Professor von Hentig, den man ja niemandem mehr vorstellen müsse, »unter uns zu haben«, und dass dieser sich dankenswerterweise bereitgefunden habe, heute die neuartigen Schulen vorzustellen, die hier in Bielefeld nach seinen Plänen entstünden. Das hatte ich *nicht* getan, konnte aber unmöglich ausweichen und gab eine etwa dreißigminütige Darstellung von Laborschule und Oberstufen-Kolleg, der ein einstündiges Verhör folgte. Unter den Gästen waren auch die Rektoren der örtlichen Gymnasien, Herren von der Industrie- und Handelskammer und etliche Lokalpolitiker. Der Tenor der weitgehend rhetorischen Fragen war: Eine Schule ohne Klassenräume, ohne Zensuren, ohne Versetzungen, ohne Klingelzeichen, ohne die »Fächer« der herkömmlichen Schule dürfte es schwer haben, mit dieser Schritt zu halten. Wie sich denn die von mir reklamierte Selbstregulierung der Schulprojekte mit dem Schulgesetz vereinbaren lasse? Ja, man dürfe doch mit Kindern keine Experimente machen – oder? Gesittet, wie man sich dem Gast des Hauses zeigen wollte, wurde dieses und jenes durchaus anerkannt, zum Beispiel die Umkehrung der Figur, dass kleine Kinder in großen Klassen, große Schüler in kleinen lernen. Aber – wollte man das verallgemeinern – wer könne das bezahlen? Wo nähme man die Lehrer dafür her (wir hatten wieder einmal bundesweit Lehrermangel!)? Wie lasse sich die – für die Oberstufe geforderte – Vielfalt des Unterrichts mit den gegebenen Klassenfrequenzen vereinbaren? Vor allem aber: Man habe doch nach 1968 erlebt, wohin die »Pädagogik vom Kinde aus«, die Emanzipation, das *laisser-faire* in der Pädagogik führe! Zu den oben aufgezählten Etiketten der Schulprojekte waren nun weitere hinzugekommen: Hochstapelei, Unverantwortlichkeit, Wolkenkuckucksheim – eine Professoren-Chimäre. Dass ich zehn Jahre lang Lehrer gewesen war und durchaus wusste, wie die Praxis aussieht, verhallte über dem nun lebhaft bei erlesenen Getränken weiter brodelnden Gespräch.

Als ich einige Jahre später bei meinen vermögenden Bekannten, also auch bei Frau Maja Oetker, um eine Spende für einen bestimmten, mir nicht mehr erinnerlichen humanitären Bedarf der Laborschule bat, schrieb sie mir zurück: Ich werde doch nicht im Ernst erwarten, dass sie nach der Entführung ihres Sohnes Richard ausgerechnet der Laborschule Geld zu geben bereit sei. Mit anderen Worten: Sie brachte die Laborschule mit jenem schändlichen Akt in Verbindung.

Dazu wird möglicherweise die Tatsache beigetragen haben, dass ich in den von Heinrich Böll, Freimut Duve und Klaus Staeck herausgegebenen rororo-Bänden mit »Briefen zur Verteidigung der Republik« das Berufsverbot/den Radikalenerlass und den Hamburger Ukas gegen das Tragen von Anti-Atomkraft-Plaketten kritisiert hatte. Die öffentliche Meinung war damals in einer Weise politisch gereizt, dass solche

Kurzschlüsse zu erwarten waren. Kaum hatte ich meine Zweifel an der Richtigkeit der allgemeinen Maßnahmenzuversicht (fälschungssichere Autoschilder und Führerscheine, strengere Registrierpflicht in Hotels, Aufhebung des Rechts der Strafgefangenen auf die Wahl ihres Verteidigers) geäußert, war ich schon eingeordnet. »Sie und Ihresgleichen« hieß es in einem Brief an mich – »Sie und Ihre Gesinnungsgenossen«. Seither war sicher, dass ich sagte und meinte, was diese sagten und meinten. Ich war für viele Menschen seit jener skeptischen Äußerung ein »Sympathisant« der Terroristen. Aus dessen Schule kann nur Schlimmes kommen.

Wer suchte sie auf und sah sie sich selber an? Was taten wir, um sie von unseren Absichten zu überzeugen? – Wir taten, wie ich fest glaube, aus lauter Anstand nichts: Wir bauten keine Potemkinschen Dörfer! Wir hatten auch nichts zu verbergen.

Ein Besucherbuch – ein kostbar gebundenes –, das ich der Schule in den ersten Wochen schenkte, ist nie benutzt worden. Das war ein bourgeoises Relikt. *Ich* durfte es schon gar nicht verwalten – das hätte mich zum Gastgeber gemacht, der ich nicht sein durfte und wollte. Die Gastgeber waren die Lehrer und Schüler. Die Letzteren gewöhnten sich leichter an die fremden Zuschauer. Sie hatten ihre eigene Art, mit ihnen umzugehen. Gefiel ihnen ein Besucher, fragten sie ihn: »Wirst du hier Lehrer?« Mochten sie ihn nicht, fragten sie: »Bist du ein Minister?«

Meine Freunde haben die Schulprojekte alle besucht: die Konservativen: Ernst Klett, Golo Mann, Hermann Heimpel mit seiner zweiten Frau; die Revolutionäre: Ivan Illich, Rupert Neudeck (dieser mitten im großen Konflikt, um sichtbar an meine Seite zu treten), Danilo Dolci; die Hocharistokratie (von der so etwas wie eine gesellschaftliche Absolution ausging): Sissi Fürstin zu Bentheim-Tecklenburg, Herzog Peter von Schleswig-Holstein, Rudolf Prinz zur Lippe; die großen liberalen Geister: Jean Améry, Richard von Weizsäcker, Marion Gräfin Dönhoff (die am Oberstufen-Kolleg ausgebuht wurde, weil sie einen Vergleich zwischen unserem Widerstand gegen die Landesregierung mit dem Widerstand ihrer Freunde gegen die Nazis schlechthieß); die Dichterfürsten: Hilde Domin, Max Frisch, Sten Nadolny; die Kampfgenossen: Ludwig von Friedeburg, Carola Stern, Hellmut Becker; die bedeutenden Meinungsmacher: Brigitte Beer, Carmen Thomas (die mit ihrem

Ü-Wagen hinter Haus 1 Aufstellung nahm), Robert Jungk (der seine Eindrücke in »Mein Lesebuch« bewegend geschildert hat); die selteneren deutschen Kollegen: Heinrich Roth, Horst Rumpf, Hans-Günter Rolff (drei große »R«!), Andreas Flitner, Fritz Bohnsack, Dietrich Goldschmidt, Leonhard Froese, Bernhard Hassenstein; die Kollegen aus dem Ausland: Michael Young, George Allan, Ian Lister aus England, die drei großen B aus USA: Jerome Bruner, Urie Bronfenbrenner und Bruno Bettelheim neben den schon erwähnten John Holt, Ronald Lippitt, Erich Jantsch, Torsten Husén aus Schweden, Hannes G. Pauli und Marcel Müller-Wieland aus der Schweiz, welch Letzterer die folgende Episode darüber hinterließ:

> Persönliche Offenheit und zugleich die Anerkennung der entfalteten Persönlichkeit sollte schon im Kindesalter tief erlebt und vielfältig erfahren werden. Alle Anbiederung der Pädagogen wie auch die mangelnde Ehrfurcht vieler Jugendlicher vor dem unmittelbaren Erlebnis der entfalteten Persönlichkeit verkennen dieses Ziel. Als mich einmal Hartmut von Hentig in Bielefeld durch seine Laborschule begleitete, begegnete uns ein kleiner Knabe. Er mochte ein Erstklässler sein. »Guten Tag, Herr Professor,« sagte das Kind. »Nanu,« fragte Hentig, »seit wann sagst du Herr Professor zu mir?« Das Kind aber blickte ihn an mit einer Mischung von Hochachtung und Freundschaft und sagte: »Weil ich auf dir reiten will!« Und er hob es auf die Schulter und freute sich über die Vielschichtigkeit der kindlichen Zuwendung.[4]

Die Besucherliste, die ich aus der Erinnerung wiedergebe, lässt sich sehen! Aber wessen Verdienst war sie?

Wenn die Universität oder die Stadt »großen« Besuch hatte, war die kuriose Schule allemal ein gutes Ziel – für den Kultusminister von Nicaragua, Carlos Tünnermann, für eine Gruppe hochrangiger Bildungspolitiker aus Japan und zuletzt, kurz bevor ich Bielefeld verließ, für den Staatspräsidenten von Estland, Lennart Meri.

Solche Besuche bereiteten den Schülern Vergnügen; die Kollegen er-

4 Marcel Müller-Wieland: Gewalt und seelische Verschüttung / Erzieherische Grundlagen der Friedenserziehung, Hildesheim/Zürich/New York 1995 (Olms), S. 227

trugen sie mit Gleichmut. Elisabeth von der Lieth, jahrzehntelang im Vorstand des deutschen Philologenverbandes und also eigentlich im »anderen Lager«, kam aus pädagogischem Interesse und Zutrauen zu meiner Person; Kurt Biedenkopf, Chef des Landesverbandes der CDU von Westfalen-Lippe und Fraktionsführer in Düsseldorf, kam auf meine Einladung, obwohl sein Kollege, der CDU-Abgeordnete (und Konsistorialrat) Rödding jahraus, jahrein die Abschaffung der Bielefelder Schulprojekte im Landtag beantragte (dass er uns dadurch vermutlich das Leben rettete – nun musste die SPD-Regierung uns halten, obwohl sie uns genauso wenig liebte –, ist ihm und den meisten von uns wohl nie klar geworden). Biedenkopf ließ sich fast drei Stunden lang von mir allein die Schulprojekte erklären und beendete fortan die »Hexenjagd«, wie er das Verhalten seiner CDU-Kollegen nannte. Er riet mir kollegial, Herrn Rödding so einzuladen wie ihn, der werde gewiss kommen. So ist es geschehen. Rita Süssmuth, die mich zweimal zu einem Gespräch in Bonn gebeten hatte, nachdem sie das Bundesministerium für Jugend, Familie und Gesundheit übernommen hatte, ließ sich ihrerseits nach Bielefeld bitten. Ihre Landung mit dem Hubschrauber auf dem Laborschulgelände war in den Augen der Schüler ein absoluter Höhepunkt meiner Laufbahn als Wissenschaftlicher Leiter.

Curriculumwerkstatt. Das ist unser fettester Brocken – oder unser schwerster. »Curriculum« war seit den sechziger Jahren ein Wort für einen umfassend geplanten Unterricht – nicht mehr nur Stoff (nach Lehrplan) in der Form eines Schulbuchs, das »durchgenommen« und vom Lehrer mit diesem oder jenem Anschauungsobjekt, mit dieser oder jener Kontrollfrage begleitet wird. Ein Curriculum gibt die Voraussetzungen seines Gelingens, die Ziele und seinen Platz im Zusammenhang der Bildung, die Verfahren, Mittel und didaktischen Prinzipien, die erwartbaren Schwierigkeiten, möglichen Überprüfungen und sinnvollen Alternativen an.

Die Voraussetzungen waren bei uns sorgfältig geplant, über die Ziele herrschte so viel Einigkeit, wie sich theoretisch erreichen ließ, und wo nicht, hatten wir ein deutliches Bewusstsein von den Divergenzen. Mit dem 9. September 1974 begann die Erprobung der von den einzelnen Lehrern auf ihrem Gebiet gedachten »Lernvorgänge« und »Lerngelegenheiten«, wie sie bei uns statt »Unterricht« hießen.

Ging man in den ersten Jahren durch das Haus, erlebte man wenigstens viererlei: erstens etwas, was wie geordneter (alter) Unterricht aussah – zum Beispiel Maria Riegers Französisch- und Eva Meinerts' Deutsch- oder Geschichtsunterricht, die tapfer gegen die dafür ungeeigneten Zustände im Großraum erteilt wurden; im Physikraum, den Karlheinz Osterloff selber eingerichtet hatte, hielt dieser einen durchaus nicht »üblichen«, hochintelligenten Physikunterricht, kämpfte aber eben darum mit einer widerständigen Schülerschaft: Er war ihnen zu penibel. Sodann: etwas noch nicht recht Erkennbares – Biologie bei Günther Sönnichsen oder Arbeitsunterricht bei Helga Schuhe, seltsamerweise auf der Stammfläche; auch eine Mathematikstunde im Sitzkreis bei Gerd Spilgies erregte beim Beobachter Staunen (machen die alles im Kopf?). Weiter: etwas, was Unterricht sein wollte und es gewiss nicht war – Oberschicht-, Mittelschicht-, Unterschicht-Kinder – tanzten vereint einem Apostel des sozialen Lernens auf dem Kopf herum, so dass er einem leid tun musste. Schließlich (und viertens): ganz Neues – Hans Knopffs geniale Dekonstruktion von Waschmaschinen, Eisschränken und ganzen Autos, die bis in die letzten Teile zerlegt wurden (die Schüler sortierten diese und setzten daraus im Laufe eines weiteren Jahres ein veritables Auto-Mobil neu zusammen); Klaus Heidenreichs taylorisierte Anfertigung von Briefumschlägen im erfolgreichen Wettbewerb mit der Einzelanfertigung (das Produkt wurde an uns gutwillige Kollegen verkauft) oder seine Großdemonstration von Verhütungsmaßnahmen im Sexualverkehr (das Feld 3 war in ein Amphitheater mit ansteigenden Sitzreihen verwandelt, und alle Schüler des Jahrgangs 8 wirkten mit); oder Margret O'Doherty's Englisch mit Drittklässlern (Margret konnte kein Deutsch und hielt mit ihren Achtjährigen *teatime* – freundlich, bewegt konzentriert zugleich), übertroffen nur von Ulrike Kraag, die 1977 mit den Drittklässlern unser »Frühenglisch« begann; oder Hentigs dramatischer Lateinunterricht auf Feld 1 (lebhafte lateinische Dialoge: *Quid nunc faciunt*? *Avolant*! *Et nunc – ubi sunt*? *Sub tabula latent*! – von seltsamen Zeigegesten begleitet).

Das alles machte neugierig, manches machte auch nachdenklich, und einiges machte besorgt. Was taten die schwung- und geräuschvollen Erneuerer den Konzentration Suchenden und Brauchenden an? »Was für ein Chaos!«, dachten die einen. »Die alte Lehrer-geleitete Langweile!«, dachten die anderen. Wenn ich meinen Lateinern »Sprachen« erklärte – ihre Funktion, ihre Verschiedenheiten, ihre Kuriositäten, ihre Verwandtschaften, wenn ich ihnen Proben der vielen Lautschriften vorführte, die es gibt, wenn also auch uns der Lärm der anderen störte, konnte es sein, dass Udo (er war der Größte und Stärkste in der Gruppe) aufstand und fragte, ob er mal »dahinten bei den Violetten« für Ruhe sorgen solle; bevor ich – ungern – einwilligte (»Sei aber höflich!«), wandte Juliane ein: »Ich kann das von hier aus sehen, die machen gerade eine Abstimmung, so etwas ist nun mal laut und geht schnell vorüber.« War man einander einigermaßen wohlgesonnen, gab es Lösungen.

Aber wir misstrauten einander, wir wussten nicht, was die Kollegen im Ganzen geplant, sahen nicht, was sie im Einzelnen für heute vorbereitet hatten, und meinten: entweder »gar nichts« oder »zu viel«.

»Zu viel«, um alsbald ein Curriculum daraus zu machen, war es jedenfalls bei mir. Ich bin der Einzige, der das weiß; umgekehrt weiß ich nicht, wie es bei anderen aussah. In meinem Archiv stehen heute noch zwölf Leitzordner und vier Kartons, prall mit meinen Vorbereitungen zum Lateinunterricht gefüllt (wenn ich die Duplikate entferne, wird es wohl nur noch die Hälfte sein): Hunderte von *fabulae*, die gespielt worden sind; Hunderte höchst unterschiedliche Aufgabenbögen; Mappen voller Bilder, die wöchentlich auf der *tabula docta* ausgewechselt wurden (Realien, Grundrisse, Landkarten); Zeitungsmeldungen, die die Alte Welt betrafen, die auf einer *tabula menstrua* ausgehängt wurden; Wiebke-Fotos (Wiebke war die Schülerin, die diese *tabula* verwaltete), die irgendetwas Lustiges zeigten und zu denen wir lateinische Unterschriften erfanden; Zusammenfassungen der Funktionen der Tempora; eine schülergerechte Kasus-Lehre; Modell-Eintragungen in die Grammatica Nostra oder in unser Wörterverzeichnis (es enthielt vorn die »Vokabeln«, die wir für die *fabulae* brauchten, und hinten einen zweiteiligen Anhang »Proverbia et dicta« – von *nomen est omen* über *pecunia non olet* bis zu *veni, vidi, vici* – wie sie gerade vorkamen; in der Mitte des Heftes, wo es sich so leicht aufschlägt, notierten wir »Lateinisches im Deutschen«: Manuskript, Vademecum, Senat bis hin zu Bismarcks *Id mihi farcimentum est*; es gab für meinen Unterricht ja kein Buch, was uns das Prinzip »Selber lernen durch selber schreiben« nahelegte); Listen mit Themen für Semesterarbeiten oder zur Verteilung von »Expertenschaft« für einen Besuch im Kölner Römisch-Germanischen Museum. Nachmittagelang habe ich mit zwei Schülern eine »Geschichts-Zeittafel« angefertigt: Auf zwei mal drei Metern führte eine Zeitlinie von oben links kammförmig bis unten rechts, am einen Ende das Jahr 2000 *ante Christum natum*, am Ende das Jahr 2000 *post Christum natum*, alle drei Zentimeter eine Jahresunterteilung, neben der man bequem ein dahin gehörendes Ereignis eintragen konnte. Kam im Unterricht die Frage auf: »Wann war das?«, trug man es an der im Lexikon ausgemachten Stelle ein. Die Zeittafel füllte sich im Laufe der Zeit mit »Gegebenem«/Data von »sieben fünf drei, Rom kriecht aus dem Ei« über die Iden des März 44 a. Chr. n. und »als ein Dekret vom Kaiser Augustus ausging« im Jahre 0 bis 1974, dem Jahr »Gründung der Laborschule in Bielefeld«. Auf einem von mir eroberten Stück Wand wurde diese Tafel aufgehängt – geschützt durch ein sorgfältiges Mäandermuster, das sie umrahmte: Schönes tastet man nicht an.

Nichts habe ich in der Zeit so gründlich vorbereitet wie die einmal in der Woche eine halbe Stunde lang gemächlich erzählte Geschichte Roms – vom Trojaflüchtling Äneas bis zu Konstantin dem Großen.

Als ich im Jahre 1983 nach dem dritten erfolgreichen Durchgang des lateinischen Anfangsunterrichts den »Erfahrungsbereich Sprache« dazu überredete, einen halbjährigen Kurs »Grammatik für alle am Latein« im Jahrgang 5 abzuhalten, habe ich ein Unterrichtstagebuch geführt – voller Kritik an dem fast schon zur Routine gewordenen Arrangement. Also erneute Revision! Und ständige Mahnungen: »Wenn vorwiegend Struktur, dann möglichst regelmäßiges Material; darunter aber leiden die *fabulae.*« Oder: »Nicht nur *viva voce* [mündlich]. Mehr an die Tafel schreiben und von den Schülern abschreiben lassen. Wir tun's beide ungern – es verschluckt so viel Zeit.« »Außerdem sagt Heide Bambach, die ich gebeten habe, meinen Unterricht zu beobachten, die Laborschüler hätten nicht gelernt, von der Tafel abzuschreiben. Das hätte ich selber bemerken sollen.« – So blieb selbst meine Lehrweise in Bewegung und »unfertig«. Wie gern, sagte ich mir, verließe ich dereinst die Laborschule mit der Behauptung: Solange ich da war, haben auch die »Proletarier« ein halbes Jahr lang Latein gelernt und daran verstanden, wie Sprache funktioniert. Diese Hoffnung erlaubte mir, weiterzumachen.

Das alles gehörte zu meinem Curriculum. Es zu ordnen und verständlich aufzuschreiben, es also »exportfähig zu machen«, hätte ein von anderen Pflichten freies ganzes Jahr benötigt. Eine »Evaluation« zu nennende Überprüfung durch andere wäre darin noch nicht enthalten. Ja, die Frage, ob andere Lateinlehrer es mir würden nachtun wollen und können, schien schon durch die Kollegen im eigenen Haus verneint. »Magister trans sellam saltat« hatte, wenn ich den Schlusssprung erfolgreich vollzog, einen beträchtlichen Effekt bei den Schülern – Hentig-Nachfolger hingegen waren bei dieser Methode nicht leicht zu finden. »Pilam trans tabulam iactat«, praktisch vollzogen, konnte dem Prinzip genügen, war aber überflüssig.

Weil ich das Jahr zum Schreiben meines Curriculums nicht hatte, gibt es dieses auch nicht. Und so wird es den anderen auch gegangen sein. Wie hätte ich meinen Kollegen etwas abverlangen können, was ich selbst nicht leistete! Ich konnte freilich erwarten, dass sie ihren »Gegenstand« der vereinbarten Laborschul-Pädagogik täglich, so gut sie konnten und von Mal zu Mal besser, dienstbar machten. Für den, der kundig und neugierig durchs Haus ging, sollte es im Laufe der Zeit mehr Beobachtungen der vierten Art (s. o. S. 387) geben!

Dass meine späteren Nachfolgerinnen sich vollständig von meiner Didaktik abgekoppelt haben, ist darum eine vernünftige Entscheidung. Ihr auch gedruckt vorliegendes Curriculum »Omnibus« kann eine Laborschul-Latein-Tradition begründen und Lehrern wie Schülern Sicherheit geben, Sicherheit vor allem hinsichtlich der Anforderungen, die in den Richtlinien, an anderen Schulen und in Schulleistungs- oder Einstufungstests gestellt werden. Die stehen zwar den Prinzipien meiner Didaktik oft diametral entgegen, bilden aber ein stimmiges Ganzes, in dem »lebensnahe und altersgemäße Situationen« mit den »wichtigsten Informationen aus der antiken Welt« und beides mit einem »sprachlichen Grundinstrumentarium« verbunden werden. Wenn die Autorinnen einen »isolierten Grammatikunterricht« in ihrer Begründung für den Lehrer ablehnen, werden sie wohl meinen Unterricht im Sinn gehabt haben; er ist der einzige in Deutschland, den man unter dieses Rubrum bringen kann. »Grammatik« ist die Beschreibung der Gesetze, denen eine Sprache folgt. Diese Gesetze sollten meine Schüler verstehen, ja erfahren. War das gelungen, konnten sie sie auch selber richtig beschreiben. »Omnibus« beginnt hingegen mit der grammatischen Nomenklatur: »Die wichtigsten Begriffe [dieser Lektion sind] Neutrum und Adjektiv«; in dieser Lektion lernen die Schüler, dass es »männliche, weibliche und sächliche *Wörter*« gibt; unterschieden wird in der dritten Lektion zwischen Substantiven, Verben, Adjektiven und Partikeln = »kleine Wörter«, ein Sammelsurium, zu dem *ad*, *me*, *solum* und *sed* gehören; in dieser Lektion lesen die Schüler: »Es gibt fünf verschiedene Endungen der lateinischen Grundform des Verbs: visit-are, hab-ēre, esur-ire, lud-ere, cup-ere.« Das heißt: Die Aufmerksamkeit wird auf die äußerlichen Erscheinungen gelenkt, nicht auf die sprachlichen Funktionen. Wie man die so gegebene Formenfülle des Latein in der begrenzten Zeit von drei Wochenstunden und bei unseren vergesslichen Kindern »hinkriegt«, bleibt abzuwarten, und welches »Bildungsziel« damit angestrebt wird, fraglich. Dass die Lernformen dieses Curriculums der Wissensform der Tests entspricht, die fragen: »Bei welcher Form handelt es sich um einen Genitiv Plural: A manum / B ducum / C equum / D murum?«, kann ich nicht für einen Vorteil halten.

Da hatten wir dreieinhalb Jahre lang geplant, wie ein Ort auszusehen und wie er ausgestattet zu sein habe, damit man darin brauchbare neue »Möbel« herstellen könne – Möbel, die nicht nur ihren Zweck besser erfüllten als die üblichen, sondern die die potentiellen »Käufer« zur Veränderung ihrer Lebensgewohnheiten veranlassen würden. So die Metapher. (s. o. S. 329) Es kam umgekehrt: Wir werkelten an unserem Gehäuse, stritten untereinander um seine Nutzung, bekamen ständig neue Auflagen vom Eigentümer – und behielten die alten Möbel bei. Ich fürchte, außer mir, der ich in Tübingen zwei Jahre praktisch und drei Jahre denkend und schreibend an einem Curriculum gearbeitet hatte, machte sich keiner eine Vorstellung davon, wie viel Zeit und Mühe dies fordert. Auch die Lippitt-Übung (s. o. S. 324 ff.) war weitgehend theoretisch vor sich gegangen. Keiner von uns Mitautoren hat auch nur eine einzige Detto-Lektion selber unterrichtet. Einer der Lippitt-Bearbeiter, in dessen Erfahrungsbereich dies fiel, probierte unser Werk nicht etwa aus, er schrieb es um, ließ seinen Text – wir hatten ja Sekretärinnen! – in kleinen Einheiten zwischen zehn und vierzig Seiten abschreiben, vervielfältigte es in teuren Weißdrucken und wagte das natürlich weder dem Curriculumrat noch dem Wissenschaftlichen Leiter zu gestehen. Wie hätte er dies als ein Produkt der Curriculumwerkstatt Laborschule ausgeben können? Wie es dem Auftraggeber, der Regierung, erklären? Wie wäre der zu erwartende Rechtsstreit mit dem Klett-Verlag zu bestehen gewesen?

Wenn ich durch die Schule ging, sammelte ich Papier auf, weil es mich störte. Handelte es sich um Unterrichtsmaterial, hob ich es auf, weil es mich interessierte. So erfuhr ich vieles über unseren Unterricht, was sich nicht schon beim Gang durch die Schule erkennen ließ. Hospitationen durch den Wissenschaftlichen Leiter wären als Beaufsichtigung empfunden worden; sie kamen nur unter Freunden in Frage und natürlich nur nach vorhergehender Absprache. Gegen Unterrichtsbesuche durch die Schulleitung oder die Herren vom Oberschulamt setzte man sich gewerkschaftlich und gerichtlich zur Wehr, weil für einen Laborschul-Unterricht doch erst Beurteilungskriterien vorliegen müssten. Der Wissenschaftliche Leiter war also auf die Berichte am Ende des Semesters, auf Beobachtungen aus dem Augenwinkel und durch Papierfunde angewiesen. Ich sah an den Letzteren, mit welchem Pfusch sich viele meiner Kollegen begnügten, machte mir Sorgen über die Wirkung, die es auf Kinder habe, wenn sich ihre Mappen mit Blaudrucken füllten, die ihnen schon übermorgen nichts mehr sagten (»Miss den gezeichneten Winkel«), weil das Warum-und-wozu fehlte, das ein Lehrbuch immerhin bewahrt; dazu noch und noch Blätter, auf denen die gekrakelten eigenen Lösungen standen. Ein Gedicht von Conrad Ferdinand Meyer, abgelichtet, trug die Anweisung: Unterstreiche alle Adjektive. Dazu also war das Gedicht / das Blatt da – und zum Hinterher-Wegwerfen.

Unter meinen Funden ungezählte Arbeitsbögen von der Art:

Einigt euch darauf, wo ihr bei einer Sauberkeitsregelung *unter keinen Umständen* nachgeben wollt!
Warum nicht?

....

Wie könnt ihr eure Bedürfnisse und *Interessen durchsetzen*?

....

Findet heraus, welche Leute oder Gruppen (die im Spiel beteiligt sind) ihr *zu Verbündeten gewinnen* könntet?
Wodurch?

....

Stellt fest, wer *eure Gegner* sind!
Warum?
Wodurch könntet ihr die eventuell umstimmen?

....

ein handgeschriebener Ankreuz-Bogen, der fragt, ob Frauen durch Männer unterdrückt werden: »weil sie mächtig sein wollen« / »aus Spaß« / »weil sie selber früher nie richtig angenommen wurden«?; ein ebensolcher zu der Frage, ob Jugendliche in einem bestimmten Alter lustfreundlich oder lustfeindlich seien; ein aus einem Buch kopierter Bogen mit einer Weltkarte, auf der die Nationen im Umriss eingetragen sind: »Gib an, welche unter diesen Industrieländer und welche Entwicklungsländer sind«; gleichfalls als Ablichtung: Textinterpretation in vier Schritten mit je vier Zwischenschritten; ein kopiertes Bild: »Complete the drawing«; ein kopiertes Gespräch: »Questions on everyday realia«; eine »Anonyme Befragung« darüber, wie gern die Schüler zum Konfirmandenunterricht gehen; ein Schreibauftrag zu einem Gerichtsverfahren, in dem ein Mann wegen Unzucht mit Kindern angeklagt ist: Antworte auf die Argumente des Staatsanwalts ... Alles dies aus der Mappe eines einzigen Schülers aus einem einzigen Monat! Vermisst hat er die Mappe offensichtlich schon nach einer Woche nicht. Warum sollte er!

Brauchte man dazu eine Curriculumwerkstatt? Waren das die »neuen, tauglicheren Möbel«? Nein, das waren oft nicht einmal alte Möbel, das war Sperrmüll. Der mochte im Unterricht noch gute Dienste leisten; als Produkt eines kostspieligen und anspruchsvollen Labors taugte er nicht. Einzelne Lehrer und Lehrerinnen brachten Bewundernswertes, die Erfahrungsbereichs-Konferenzen unterschiedlich Gutes hervor; für den »WL« war es jedoch in den ersten Jahren schwer, diesen wichtigsten Auftrag der Laborschule zu verteidigen – gegen die Zweifel der Kritiker und den Unmut in der eigenen Seele.

Beobachtungen an der Laborschule vor dreißig Jahren: Dauerhaft Schwieriges

Stärken hat man – und sie stärken. Schwächen hat man – und sie schwächen; man darf stolz sein, wenn man sie aushält; sie in Stärken zu verwandeln ist eine große Leistung und bleibt die Ausnahme. Eine, nicht die erste und auffälligste, aber die nachhaltigste Schwäche der Schulprojekte war die Zusammensetzung der beiden Kollegien. Darum beginne ich mit ihr:

Personalauswahl. Wie berichtet, war sie nicht nur ein besonders sorgfältig vorbereiteter Akt, sie war auch eine einsame Errungenschaft der Schulprojekte. Erst in der jüngsten Zeit beginnen die Schulverwaltungen den Schulen die Auswahl ihrer Lehrer zu überlassen – begünstigt durch akuten Lehrermangel und eine zu begrüßende allgemeine Autonomisierungstendenz, die sich freilich auch fragwürdigen Motiven verdankt. Einer Schule, die neben dem Unterricht auch Schulforschung und Curriculumentwicklung treiben sollte, *musste* man erlauben, was man anderen um der Versorgung auch abgelegener und unbeliebter Standorte willen hartnäckig versagte. In der Wahrnehmung der uns eingeräumten Ausnahme sind wir Opfer unseres Ehrgeizes geworden – einer Fehleinschätzung unserer Aufgabe. Unausgesprochen ging man bei der Entscheidung für oder gegen einen Bewerber davon aus, dass der »Lehrer-Forscher«, den es hier geben sollte, beiden Wortteilen im gleichen Maß und von vornherein genügen müsse. Meine Vorstellung war eine andere: Gute Lehrer sollten in den Schulprojekten die Notwendigkeit erkennen und die Gelegenheit haben, ihre Erfahrungen systematisch zu beobachten, zu prüfen und mitzuteilen. Wir alle waren zunächst zu neunzig Prozent Lehrer und zu allerhöchstens je fünf Prozent Handlungsforscher und Hersteller didaktischer Systeme. Als ich merkte, dass bei der Auswahl die Fähigkeit, den Jargon der Wissenschaftler und Reformer zu reden, mehr ins Gewicht fiel als die Persönlichkeit und pädagogische Eignung, habe ich bei sich gebender Gelegenheit gegengehalten. Der vitale Hans-Joachim Knopff (er sah schon aus wie Gargantua), der kauzige Ire Geroid O'Muiris (er ließ nebenbei einen Löffel-Trick über die Bewerber-Bühne gehen und konnte hinreißend zur Laute singen), der sonnige Günther Sönnichsen erhielten meine Stimme. Waren sie wirklich für diese auf Rationalität und Konsens angewiesene Einrichtung die richtigen Personen? Als uns später Lehrer aus dem Reservoir des Landes zugeteilt wurden, war die Zahl der Treffer nicht geringer. Und vor allem: Wenn sich jemand in der Praxis als untauglich erwies (»Wie eigentlich und vor wem?«, wurde im Kollegium sofort solidarisch gefragt), kannten wir die Reaktion des Ministeriums schon: »Den/die habt ihr euch doch selber ausgesucht – da seht ihr zu! Wir haben keine Verwendung für ihn oder sie.« Und das war vor allem dann endgültig, wenn wir ihn oder sie in einem anderen (»feindlichen«) Bundesland gefischt hatten. Sehr bald lernte ich: Es ist in Deutschland sehr schwer, gute Lehrer zu gewinnen – es ist unmöglich, schlechte wieder loszuwerden. Schon in meinen Tübinger Jahren (s. o. S. 93 ff.) hatte ich die Beamtung des Lehrers für einen einst zwar bedeutenden Akt der Befreiung dieses Standes gehalten (»Der Hofmeister« von Lenz/Brecht und meine eigene Abhängigkeit am Birklehof hatten dies bezeugt), nun aber – in unserer Zeit, mit mehrfacher Sicherung durch Gesetz, Beamtenbund oder Gewerkschaft – war daraus ein sachwidriges Privileg geworden. Ein ernsthaftes Probejahr wäre ungleich nützlicher.

Die Mensa. Die Schule als Lebens- und Erfahrungsraum beginnt mit der Beachtung und Pflege der ganz normalen Verrichtungen: des gemeinsamen Tagesbeginns, der gemeinsamen Mahlzeiten, des gemeinsamen Gesprächs, der geordneten (pünktlichen!) Anwesenheit, des Interesses aneinander, der Rücksicht aufeinander. Die Mittagsmahlzeit ist in den meisten Ganztagsschulen (und Internaten) eine Abfütterung. Sie sollte ein geselliges Ereignis sein – jenseits ihrer biologischen Notwendigkeit. Leider war schon der Mensaraum völlig missglückt: hoch und hallig, mit schwarzem Gummifußboden ausgelegt, wie man ihn von Flughäfen kennt, mit klitzebuntem Plastikgestühl bestellt, das beim geringsten Verrücken einen Höllenlärm verursachte. Das Essen wurde an einem Tresen ausgegeben und kam aus der Küche der Universität, in der täglich 15 000 Mahlzeiten bereitet werden – weit entfernt vom Ort und Zeitpunkt des Verzehrs und ebenso weit entfernt von dem, was Kindern zwischen 5 und 16 schmeckt und bekommt. Es musste in zwei Schichten gegessen werden – und nie war der Platz sauber, an den man sich mit seinem Freund setzen wollte. Die Lehrer wichen in die kleine Mensa des Aufbau- und Verfügungszentrums aus oder in eins der Lokale in der Universitätshalle; dort war es auch nicht viel ruhiger, aber sie fühlten sich außer Dienst. Durften sie das? Sie meinten: ja! Bitte nicht auch noch beim Essen Kindergeplapper anhören müssen, nicht auch jetzt noch erziehen und auf Formen und Regeln achten! Alle Elterninitiativen, dies zu ändern, blieben ergebnislos oder kamen nach einem halben Jahr zum Erliegen. Erst ein Umbau der Mensa nach zwanzig Jahren hat diese zu einer der Lebens- und Lerngelegenheiten der Laborschule gemacht: eine Chance für Lehrer und Schüler, ganz unpädagogisch miteinander zusammen zu sein. Das Wort Mensa kommt in dem gesamten Strukturplan der Laborschule nicht vor – außer in meiner Begründung unserer Stunden- und Pausenordnung, die man im Anhang abgedruckt hat und die die »Zwischenräume« bedenkt, deren Bedeutung für eine gesunde Entwicklung ich bei Bruno Bettelheim gelernt habe. »Bedenkt« – das Wort ist bewusst gewählt: Es wird über sie so gut wie nie nachgedacht. »Pause« ist für die Schule hinreichend als »Nicht-Unterricht« definiert – als die Zeit, in der man auf die Toilette gehen, den Raum wechseln, sich umziehen, sich kurz auslüften kann und, wenn sie länger als fünf Minuten dauert, sich »erholt« oder austobt oder beruhigt. Danach kann der nächste Lehrer guten Gewissens mit voller Kraft einsetzen; in der Regel hat er den Kollegen, den er ablöst, gar nicht getroffen, hat ihn also auch nicht fragen können, wie denn die Schüler heute bei ihm waren. An der Laborschule löst einer den anderen ab; es gibt so viel Übergang und Übergabe wie nötig und zwei deutliche Unterbrechungen; die eine findet von 10.30 bis 11 Uhr statt und heißt Pause, die andere von 13 bis 14 und heißt Mittagszeit. In der ist man nicht gezwungen, in der Schulmensa zu essen – anders als im Internat gibt es für hartnäckige Verweigerer reichlich Ausweichmöglichkeiten. Wenn die Schüler dafür gewonnen werden sollen, muss dieses Ereignis erfreulich und das Essen gut sein. Essen die Lehrer nicht mit, trifft beides meist nicht zu.

Der Religionsunterricht. Eine Lizenz, von diesem als selbständigem Fach, von seiner konfessionellen Gestalt und von seinem Umfang abzuweichen, konnte die Regierung uns nicht erteilen. Sie war selbst durch alte Staatsverträge mit dem Vatikan und der Evangelischen Kirche gebunden. Wir hatten darum bei der Auswahl der Lehrer eine Kollegin mit der *missio canonica* und einen Kollegen mit der entsprechenden evangelischen *vocatio* ausgewählt. Ein Rahmencurriculum zu schreiben, das keine Anwendung finden würde, schien beiden unzumutbar. Als die ersten Stundenpläne gemacht wurden, weigerten sie sich, den Religionsunterricht zu übernehmen und gleichzeitig den von ihnen geplanten Unterricht im Erfahrungsbereich »Umgang von Menschen mit Menschen« (Sozialwissenschaften) anderen zu überlassen – was die Konsequenz gewesen wäre. Ihre Deputate reichten nicht für die von ihnen zu unterrichtenden zwei Wochenstunden in den acht Altersjahrgängen von Haus 2 aus. Den »Religions-Unterricht nach Vorschrift« mussten also Vertragslehrer erteilen, die weder ihre vielen Schüler wirklich kennen lernen konnten noch die Laborschule mit ihrem eigentümlichen Leben, ihren vielen Konferenzen, ihrem pädagogischen Dauergespräch. Was für sie unbefriedigend war, war es erst recht für die Schüler. Gefiel diesen einer der häufig wechselnden Lehrer nicht, erwirkten sie bei ihren Eltern eine Befreiung vom Religionsunterricht (im Jahre 1985 gehörten von diesen gerade ein Viertel noch einer Glaubensgemeinschaft an!). Mit Erreichung des 14. Lebensjahrs, der sogenannten Religionsmündigkeit, war nicht einmal das mehr nötig. So war der Bedarf an Religionslehrern an der Laborschule nie mit Sicherheit vorherzuberechnen. Die Stunden für den Religionsunterricht legte man damals vorsorglich an den Rand und schaffte damit einen weiteren Grund für die Schüler, sich auszuklinken. Wer wollte drinnen sitzen bleiben, wenn die anderen fröhlich auf den Sportplatz zogen! – Ein verhängnisvoller Kreislauf von Widrigkeiten!

Eine Schule, die sich nicht mit den Fragen der Religion befasst, war alles andere als wünschenswert. Sie blieb den Gläubigen wie den radikalen Aufklärern ein – auf den verschiedenen Altersstufen unterschiedliches – Bewusstsein ihres Zustands und Anspruchs schuldig, den ersteren auch ein Verständnis für das, was sie voneinander trennt, den letzteren auch die Einsicht in die Abhängigkeit vom Faktischen, in die eine auf die Sinnfrage verzichtende Weltsicht sie bringt. Die großen Religionen und unter ihnen vornehmlich das Christentum haben dem Menschen erlaubt, sich auf ein allgemein und unbedingt geltendes Recht, eine über den irdischen Gewalten stehende Macht, einen bleibenden Lebenssinn zu berufen, vor denen die behauptete Gerechtigkeit, die herrschende Macht, die gegebenen Zwecke anfechtbar erscheinen. Die

Kirche als institutionelle Verkörperung der Religion konnte und kann darum eine »Gegengesellschaft« sein, ein Rückhalt gegen Willkür und sich verselbständigende Systeme, eine Chance der Erneuerung und der Freiheit. Religion und Kirche konnten und können freilich auch das Gegenteil sein. Aber das hebt ihre Möglichkeit zum anderen nicht auf.

Ich war von vornherein nicht nur entschlossen, diese Möglichkeit der Religion und die historische Prägung unserer Kultur durch sie zu Merkmalen einer an der Laborschule zu erwerbenden Bildung zu machen – die wissenschaftliche Beobachtungs- und Experimentalstation sollte hier den unterschiedlichen Voraussetzungen und Folgen unterschiedlicher Darbietungen der religiösen Fragen nachgehen. Welche Wirkung die bürgerliche Kultur auf Kinder hat, die in nichtbürgerlichem Milieu aufgewachsen sind, – sowohl auf ihre soziale Stellung, ihre Ausbildungs- und Leistungsfähigkeit, ihre sprachliche Tüchtigkeit als auch auf ihre Bereitschaft, sich auf die Gesellschaft einzulassen, in der sie leben – dies ist eine der großen Unbekannten der heutigen Schule. Sie weiß auch nicht, was sich in den Kindern ereignet, wenn die schwer ergründbare, sehr persönliche »Beziehung zu Gott« oder der »Sinn des Lebens« oder seine bloße »Naturgesetzlichkeit«, also seine »Sinn-losigkeit« von einer Einrichtung mitverwaltet und mitbestimmt wird, die sonst Schreiben, Lesen, Rechnen und höchst pragmatische Fertigkeiten lehrt. Eine Curriculum-Werkstatt muss erkunden, welche Vorstellungen das Kind hierzu mitbringt, nicht nur registrieren, zu welcher Glaubensgemeinschaft sich seine Eltern bekennen; ob es darüber reden will; und wenn nicht, warum nicht. Wie schützt sie diesen empfindlichen Innenraum vor Überwältigung und Neugier ebenso wie vor Auszehrung – durch ihre eigenen Lehren, Denkformen, Maßnahmen? Und das heißt doch vor allem: In welcher Reihenfolge führt sie die Begegnung mit den Glaubensfragen ein?

Ich habe die Empfehlungen der Schulbehörde zum Religionsunterricht beider christlicher Konfessionen sorgfältig geprüft und fand sie in hohem Maß verständig. Da sie in nur wenigen Punkten voneinander abwichen und diese in Anwesenheit der Kinder anderer Konfession schadlos, ja besser, weil mit größerer Spannung behandelt werden konnten, sollte es im Interesse eines ordentlichen Religionsunterrichts und unserer wissenschaftlichen Beobachtungen möglich sein, an der

Laborschule einen interkonfessionellen Religionsunterricht abzuhalten. (Die Beteiligung von Kindern jüdischen und islamischen Glaubens konnte später mit diesen und ihren Eltern besprochen und in ein Verhältnis hierzu gebracht werden, wenn wir erst einmal damit zurechtkamen.) In einem Antrag an die Regierung mit neunzehnseitiger Begründung bat ich um die nötige Genehmigung. Die Regierung verwies mich an die Beauftragten der Kirchen für den Religionsunterricht – und beide lehnten kategorisch ab.

Es blieb bis 1985 bei dem oben geschilderten zweckwidrigen und unwürdigen Gewurschtel. Zwei Jahre vor meiner Emeritierung habe ich mich selber der Sache noch einmal angenommen. Ich konnte keine »strukturelle« Lösung herbeiführen, wohl aber einen Stimmungsdurchbruch. In einem Jahrgang 3 habe ich am Donnerstagnachmittag, in der verpönten Zeit von 14 bis 16 Uhr, einer ganzen Stammgruppe (Protestanten, Katholiken, Atheisten, Muslimen, wenn es sie gegeben hätte) das Alte Testament von Anfang bis Ende erzählt – je 25 bis 30 Minuten lang einen wohldurchdachten Abschnitt aus der biblischen Geschichte. Im Anschluss an meine »performance« habe ich die eine Hälfte der Gruppe das eben Gehörte für die andere Hälfte nachspielen lassen, dann umgekehrt; danach wurden die Geschichte und das Spiel mit ihnen besprochen. Die nächste Stunde begann mit der Wiederholung des vor einer Woche Erlebten und einer sich daraus ergebenden Deutung – mit Gesprächen über »letzte Dinge«, wie man sie mit niemandem so ernst, so offen, so direkt führen kann wie mit 8- bis 10-Jährigen. Keines der Kinder hat sich von diesem Unterricht abgemeldet, keines über die späte Stunde im Stundenplan geklagt, keines irgendein anderes mit seinen Vorstellungen bedrängt oder übergangen. Die Eltern waren eingeladen zuzuhören. Einige kamen auch, hatten doch die Kinder von diesem wunderlichen Ereignis erzählt, das, ohne sich so zu nennen, offenbar Religionsunterricht war. Vor allem, wenn es um in den Augen der Eltern Anstößiges oder Unverständliches ging, waren sie zugegen (Gott verlangt von Abraham das Opfer seines Sohnes Isaak / Jakob betrügt Esau um Isaaks »Segen« und bleibt gesegnet / Potiphars Weib verführt Joseph). Eine bekennende atheistische Mutter kam auffallend häufig – anfangs deutlich aus Misstrauen gegen mich und die Religion, am Ende, glaube ich, weil die Geschichten sie faszinierten. Im folgenden Jahr habe ich das Neue Testament in der gleichen Weise erzählt und fünf Jahre danach »meinen Religionsunterricht« in dem Buch »Glaube / Fluchten aus der Aufklärung« (1992) geschildert. Weitere fünfzehn Jahre später bleibt hierzu nachzutragen, dass ich in meinem ganzen Berufsleben nichts Beglückenderes erfahren habe. – Könnte ich es auch mit Allah aufnehmen?

Ich höre, dass Annemarie von der Groeben eben jetzt einen Unterricht für Schüler aus den Jahrgängen 8 bis 10 erteilt, der, wie ich es nenne, »Letzte Fragen« behandelt – auch ohne »fachliche Befähigung« (welche wäre das?) und ohne die »behördliche Erlaubnis«. Auch sie hat das Gefühl, dass ihr da etwas besonders Wichtiges mit den Schülern gelingt. Von einem Curriculum Religionsunterricht sollte man vielleicht lieber gänzlich Abstand nehmen, ihn vielmehr denen überlassen, die als *Person* das darstellen, wozu sie die Schüler anleiten wollen: das Suchen und Fragen, das Hinhören und Sichmitteilen, und die die großen verfügbaren Anlässe dazu kennen: in der Literatur, der Geschichte, den Religionen.

Querfunktionen. Das ist schon ein verqueres Wort! Im Jargon der Planer waren damit die Mitarbeiter gemeint, die nicht einen Gegenstand unterrichten, sondern einen allen Lehrern zugute kommenden Dienst leisten – und die in der Stunden-, also Personalbilanz der Einrichtung eine erhebliche Rolle spielen: der Schulpsychologe, der Unterrichtstechnologe, die »PR-Leute«, die Betreuer der Labors, die Schüleraufnahme-Kommission, sogar die »Didaktische Leitung« auf den verschiedenen Stufen. Auch die Sozialpädagogen gehören hierzu, sind aber sowohl durch ihre Zahl als auch durch ihren Auftrag ein Problem für sich und werden im nächsten Abschnitt behandelt.

Dass eine »Reformschule« nicht nur aus Lehrern und Leitung besteht, die gleichsam nach Plan arbeiten, sondern einen Pannendienst braucht, wurde uns von vornherein mit Selbstverständlichkeit unterstellt. Dass dieser von einem Psychologen verrichtet werden sollte, war nicht ganz falsch – enthält doch seine Bezeichnung als Hauptbestandteil *psyche*/Seele, also einen Hinweis auf das, was in abendländischer Tradition die lebendige, individuelle, leid- und freude-empfängliche Instanz im *homme machine* bezeichnet, der materiellen Gesetzen und den Reiz-Reaktions-Mechanismen gehorcht. Aber als Wissenschaftler hält sich der Psychologe an das Allgemeine, die Gesetzmäßigkeit, den Zusammenhang. Der unsere verband dies obendrein mit einer konfliktfreudigen Version des »strategischen Lernens und Handelns in antikapitalistischer Absicht«, die H.-G. Rolff und Klaus-Jürgen Tillmann im März 1974 publiziert hatten, wozu ihnen die Pädagogik von Gerold Becker und Hartmut von Hentig als zu vermeidendes Gegenmodell diente. Die Querfunktion »Schulpsychologischer Dienst« (die selbstironische Hausabkürzung lautete: SCHULD) wurde von einem Kollegen wahrgenommen, der statt eines RAC (s. o. S. 322 ff.) Arbeitspapiere zur Evaluation der LS – einer weiteren Querfunktion vorgelegt hatte. Diese verlangte sozialwissenschaftliche und psychologische Kompetenz (für Test-Konstruktion z. B.), enthielt aber kein Konzept für den schulpsychologischen Dienst. Niemand hatte bis zu seiner Einsetzung ein solches beraten oder beschlossen. »Wie an anderen Schulen, an denen es ihn gibt«, war die Vorstellung. Der Kollege X, der ihn bei uns übernahm, setzte seine Kompetenz ausschließlich kollektiv und bewusst »politisch« ein. Er weigerte sich, einzelnen schwierigen oder strauchelnden Schülern zu helfen oder sich mit aufsässigen und abwesenden Schülern zu befassen. Er setzte sich vielmehr in eine Stammgruppe und gab dieser Ratschläge – die mir nicht bekannt geworden sind und außer den Beratenen wohl auch sonst niemandem im Kollegium; das gehörte zu seinem Konzept. In seinen ihm schließlich von der Schulleitung abgenötigten Protokollen las man beispielsweise: »Eine Betreuungsstunde wird über das Thema ›Stehlen‹ in der grünen Acht geführt, um der Gruppe [...] den Ernst und die Ausmaße des Problems zu verdeutlichen und mit ihr über Sanktionen zu sprechen.« Der Einrichtung und ihrer apolitischen Grundhaltung wurde gleich im folgenden Satz eins übergezogen: »Die Sanktionen sind relativ zu sehen zu institutionellen Verursachern wie ausfallenden Stunden, Zwischenstunden, mangelnder Anwesenheitskontrolle«, worin »eine Verleitung zum Stehlen« bestehe. (Mir fiel dazu die bei der Deutschen Wehrmacht verwendete Figur vom Straftatbestand »Verleitung zum Kameradendiebstahl« ein.) Der Schulpsychologe nannte das »Systemberatung«, aber auch »Unterrichtsforschung« und »Lehrerberatung«, wofür er von allem anderen freigestellt werden müsse.

Ein zunächst vom Individuum absehendes Verfahren kann durchaus sinnvoll sein – aber es fordert nicht einen Psychologen für eine Laborschule, sondern einen für jede Stammgruppe. Die vom SCHULD ausgewählten (ich sage nicht »bevorzugten«) Gruppen kamen mit ihm zurecht, andere mussten sehen, wie sie mit ihren Schwerenötern allein fertig wurden. Er beanspruchte einen eigenen Raum und völlig freie Verfügung über seine Zeit. Der Notenwechsel zwischen ihm und der Schulleitung, die ihn in seinem Raum so gut wie nie antraf, weil er sein Werk »ambulant« erledigte, und ihn für ihre Notfälle (Gewaltakte, Diebstähle, Schwänzen) nicht zu fassen bekam, füllte einen ganzen Ordner: Kollege X übernimmt keine Vertretungsstunde / Kollege X kommt nicht zu anberaumten Terminen / Kollege X nimmt nicht an Konferenzen teil / Kollege X lehnt es ab, die Stillarbeit zu beaufsichtigen wie die anderen Lehrer / Kollege X legt weder Pläne noch Berichte vor (etwa darüber, welche »Unterrichtsforschung« er wie unterstütze) und so fort. Umgekehrt verlangte er, allen immer wieder nötigen Auswahlkommissionen qua Querfunktionär anzugehören; bot der »überlastete« Kollege X den wissenschaftlichen und technisch-administrativen Mitarbeitern des Hauses immer wieder gruppendynamische Kurse und autogenes Training an; gab es Dutzende von Mitteilungen »an alle« (oft in der Form wüster Beschimpfungen) darüber, welches Unrecht ihm von der Wissenschaftlichen Leitung und der Schulleitung angetan worden sei oder welche Gerüchte bekämpft werden müssten. Dafür hatte er Zeit. Es mehrten sich empörte Briefe von Eltern, die ihr Familienleben durch die Fragebögen des Schulpsychologen ausspioniert sahen – vermutlich zu Unrecht, aber doch mit der Wirkung, dass ich eine Liste von zehn Regeln für das gesamte Kollegium meinte aufstellen zu sollen, die uns vor solchen Verdächtigungen bewahren. Regel Nr. 8 lautete beispielsweise: »Die Behandlung von sozialpsychologischen Themen sollte nie zur direkten Aufklärung von Situationen/Fällen in der Gruppe angesetzt werden. Sozialpsychologie sollte ihre Wirkungen indirekt – über die Erkenntnis – tun, nicht über die ›Betroffenheit‹. Unterbewusstes darf nicht zum Gegenstand von Unterricht gemacht werden. ›No stirring up‹ sagen die Amerikaner – nichts aufrühren, nur das behandeln, was von allein ans Licht gekommen ist.« Ich hatte sehr wohl Gründe, die Eltern auf diesem Weg zu beschwichtigen.

Nicht der Kollege X ist hier das Thema, sondern die Querfunktionen. Die aber ermöglichten ihm, nein, beauftragten ihn geradezu, Hentigs pädagogisches Konzept als »Anleitung zur bürgerlich-individualistischen Lebensplanung« zu bekämpfen, die »unpolitisch erscheint und gerade dadurch politische Wirksamkeit entwickelt« – wie es H.-G. Rolff und Klaus-Jürgen Tillmann formuliert hatten (»Strategisches Lernen in der Gesamtschule«, S. 78). Wie anderen in den endsechziger und Anfang siebziger Jahren ging es dem Schulpsychologen in seiner Funktion als Querfunktionär darum, die »affirmative Erfahrung« und das mit ihr gegebene »falsche Bewusstsein« bei den Schülern auszuhebeln. Lasen die systemkritischen Zeitgenossen bei Gerold Becker, ein Ziel des sozialen Lernens sei »Achtung vor dem Eigentum anderer«, dann tadelten sie: »In dieser uneingeschränkten Formulierung wird mit diesem Lernziel jedoch auch das Eigentum von Produktionsmitteln nicht ausgeschlossen«, ja dieses Beispiel mache deutlich, dass sich hier eine »zutiefst bürgerliche Anthropologie einnisten« und die angeblich fortschrittlichen Lernziele »zum heimlichen Schrittmacher bürgerlicher Ideologie werden« konnten. (Rolff/Tillmann S. 79) Mit Lippitt und seinen Hier-und-jetzt-Problemen beging Hentigs Schule die gleichen Fehler wie Gerold Becker, denen sich quer entgegenzustellen Kollege X sich berufen fühlte.

Andere Querfunktionen waren offenkundig in erster Linie Mittel, »Deputat zu schinden«. (Die typische Einlassung lautete: »... habe ich mich gegenüber den LS-Konferenz-Vorsitzenden zur Übernahme der X-Querfunktion unter der Bedingung bereiterklärt, dass ich dafür eine Stundenermäßigung erhalte.«) Die für Unterrichtstechnologie ist in den achtziger Jahren einfach abgeschafft worden, und ihre Apparate werden seither von einem wirklichen Techniker für die Laborschule segensreich verwaltet. Die Didaktik der Stufen hat fortbestanden, jedoch als Teil der kollektiven Schulleitung; die Entlastung von zwei Kolleginnen brachte eine Entlastung aller; sie minderte freilich auch die Nötigung des »gemeinen Lehrers« zu eigenen didaktischen Anstrengungen.

Sozialpädagogen. An der Laborschule sollten Leben und Lernen zwar unterschiedene, aber nicht voneinander getrennte Vorgänge sein. Alle Lehrer waren hier nicht nur Forscher – was schwierig genug zu verwirklichen war –, sie waren auch »Sozialpädagogen«. Man musste ihnen nur die dafür nötige Zeit geben – und den Auftrag! Besondere

Personen, die »Sozialarbeit« leisten, brauchte man hier nicht nur nicht, sie schleppten vielmehr die für schädlich gehaltene Trennung wieder ein, indem ein Lehrer auf ihrem Gebiet und in ihrer »Zeit« nichts zu suchen hatte. – So einfach war meine einsame Vorstellung.

Der Dissens hierüber hatte sich schon beim Schulpsychologischen Dienst bemerkbar gemacht: Ein Laborschullehrer musste mit den gedachten Anlässen für dessen Intervention in der Regel selber fertig werden: mit Störungen, Rivalitäten, Gewalt, den bekannten Schülerdelikten vom Klauen bis zum Schwänzen. Weil die Lehrerausbildung das einstweilen noch nicht einschließt, sollte es der Lehrer hier »am Fall« lernen, und *ein* geschulter *Psychologe* genügte mir für die ganze Einrichtung – einer, der es *den anderen Lehrern* »vormacht«.

Aber die Verhältnisse, die sind nicht so! Es gab an der Laborschule absichtlich zahlreiche Lerngelegenheiten, die die Schüler in den Pausen, vor Unterrichtsbeginn und nach Schulschluss nutzen können sollten; dort musste es aus schulrechtlichen und Versicherungs-Gründen eine Aufsicht geben, und die sollte sich auf Kinder und die jeweilige »Sache« verstehen: Schulzoo, Teestube, Werkstatt, Sporthalle, Schulgarten, Computerraum, Bauspielplatz, Disko und mit Einschränkung die Werkstätten. Es gab außerdem Clubs und Arbeitsgemeinschaften, und es gab Behinderte und Schüler mit Lernschwierigkeiten, denen wenigstens zeitweilig ein Erwachsener beistehen sollte. Und all dies ging über die Leistungskraft, oft auch den Leistungswillen der Lehrer hinaus.

Die Regierung, die uns nicht erlaubte, Referendare auszubilden (sie würden bei uns ja für die normale Schule nur untauglich gemacht), sah den »Lebens- und Erfahrungsraum Laborschule« als geeigneten Ort und willkommene Gelegenheit, Sozialpädagogen und Sozialarbeiter hier das vorgeschriebene Anerkennungsjahr absolvieren zu lassen, und schickte uns deren gleich achtzehn. Einige gab es in Haus 1 schon. Die Fortsetzung dieser Annehmlichkeit war dem Kollegium nur recht, und so beschloss es zugleich mit der Einführung einer neuen Stufe 2 (die Jahrgänge 3 und 4), jeder Stammgruppe einen Praktikanten zuzuteilen – und löste damit sofort die Reaktion aus: »Wenn die einen zusätzlichen Erwachsenen kriegen – warum wir nicht auch!?« Die Konferenz schlug meinen Antrag nieder, die achtzehn auf höchstens zwölf zu reduzieren – Entlastung war wichtiger als das pädagogische Prinzip.

Die Rolle der Sozialpädagogen im Gesamtgefüge blieb unklar. Es gab keinen für sie ausgewiesenen Mentor; sie wurden einem einzelnen Lehrer zugeordnet; sie fühlten sich aber diesem »untergeordnet«, mussten sie doch tun, wozu er sie einsetzte, und fragten meist mit Recht, wie das wohl ihre Ausbildung fördere. Nach meinem Verständnis hatten die Lehrer von ihnen zu lernen, nicht umgekehrt. Sie wählten den Gewandtesten unter sich zum Sprecher, einen schneidigen Graf Hunsbroich, der ihre Ressentiments vergnüglich schürte, was ihnen jedoch nichts nutzte und mich zu einer Grundsatzerklärung herausforderte, die es irgendwo in den Akten geben muss. Sie sollte meiner Erinnerung nach in den Strukturplan aufgenommen werden, woran sich aber der Widerstand nur umso heftiger artikulierte. Um sich die oft besonders netten Helfer zu erhalten, dachte man sich während meiner Abwesenheit 1981/1982 (ich war damals Fellow im Wissenschaftskolleg zu Berlin) sogar einen zusätzlichen »Erfahrungsbereich Freizeit« aus, den man als zur Laborschule passend ausgab: Sie verfüge als Ganztagsschule ja über viel Freizeit, und in dieser seien »sozialpädagogische Maßnahmen notwendig«. Der förmliche Antrag hierzu wurde mir in Berlin bekannt und alarmierte mich. Das »soziale« Verhalten unserer Schüler war in der Tat nicht immer befriedigend; aber daraus folgte nicht, dass sie einen Verhaltensspezialisten brauchten, und schon gar nicht, dass Sozialpädagogen diese Funktion erfüllen könnten. Die Rücksichtslosigkeit, der Vandalismus, die nervende Unruhe konnten durch falsche Unterrichtsmethoden erzeugt sein, auf die die »SozPäds« nun wahrhaftig keinen Einfluss hatten. Ich bat also meinen Stellvertreter, die Entscheidung hierüber, weil sie die Rahmenbedingungen der Institution betreffe, bis zu meiner Rückkehr auszusetzen, – und ich tat dies, weil mich seit langem Fehlentwicklungen in unserer Gesellschaft beunruhigten, denen nicht ausgerechnet die Laborschule Vorschub leisten durfte: Unter Anführung modischer Freizeit-Pädagogen und einer werbewirksamen Freizeit-Industrie wurde auch sonst in unserem Land die Freizeit zu einem eigenen »Erfahrungsbereich« gemacht, der seinerseits den »Erfahrungsbereich Arbeit« im Zustand unbeeinflussbarer, stumpfsinniger Unselbständigkeit beließ (man »kompensierte« ja dafür!) und den »Erfahrungsbereich Politik« verdrängte. Meine These war seit Jahrzehnten (»Freizeit als Befreiungszeit«, 1969, und »Freizeit heute, Freizeit morgen, Freizeit wozu«, 1973), dass die erwerbsfreie Zeit nicht unser Privateigentum sei, sondern dem Gemeinwesen geschuldet. Freizeit war eine Gabe der technischen Zivilisation, die dafür unsere Beteiligung an ihrer vernünftigen Ordnung – durch Politik – verlangte. Wenn man es richtig verstand und richtig machte, gab es sie gar nicht.

Hier stand und steht weiterhin eine Annehmlichkeit der Lehrer und der staatlichen Verwaltung einer unbequemen Überzeugung der Pädagogik entgegen.

Der Aufnahmeschlüssel. Dass das Ärgernis der Chancenungleichheit einen beträchtlichen Teil meiner bildungspolitischen Motivation ausmachte, war in den sechziger und siebziger Jahren jedermann erkennbar. Dass die Schulprojekte als Wissenschaftliche Einrichtungen ihre Klientel kunstvoll zusammenstellen mussten, damit ihre Ergebnisse »valide« waren, stand nicht nur für Außenstehende fast immer im Schatten dieser Absicht. Der Gesichtspunkt, dass eine Versuchsschule eine durchschnittliche Schülerschaft brauchte, musste aber (wie oben S. 331 ff. dargelegt) genauso ernst genommen werden, ja er musste umso strengere Beachtung finden, als vornehmlich bildungsbewusste Eltern zur Laborschule drängten und den Platz für ihr Kind nur ungern unter dem Titel errangen, sie seien »unterprivilegiert«. Da wir nach Einkommen nicht fragen durften, war für das auswählende Computerprogramm der Besitzer einer Brotfabrik von einem kleinen Bäcker nicht zu unterscheiden, wenn der Erstere sich – wahrheitsgemäß – ebenso nannte, außer über seinen Bildungsstand. In den achtziger Jahren hatte sich der Anteil derer, die das Abitur hatten, vervierfacht, und gerade unter den (nennen wir sie: die) »Neu-Gebildeten« versuchten viele ihr Kind bei uns unterzubringen. Heute haben über 50 Prozent der Laborschuleltern die höhere Schule absolviert. Die Schule unterläuft somit ihre eigenen Kriterien und tut dies, obwohl sie den Aufnahmeschlüssel weiterhin gewissenhaft anwendet. Er ist, seitdem er in der Aufbaukommission beschlossen wurde, zweimal den tatsächlichen Verhältnissen angepasst worden. In meiner Geschichtstafel habe ich im Frühjahr 1974 eine Eintragung vorgenommen und meine Lateinschüler wissen lassen: Dieses Jahr sollte in die Geschichte unserer Industriegesellschaft als dasjenige eingehen, in dem die Zahl der Arbeiter zum ersten Mal unter derjenigen der anderen Erwerbstätigen liege – der Beamten, Angestellten und Freischaffenden. Wir verringerten bald darauf die Quote der »Unterschichtenkinder« von 60 Prozent auf 50 Prozent. Ich weiß nicht mehr, wann die nächste Angleichung vollzogen wurde. Sie fiel in die Zeit nach dem Buchkonflikt, und alle Beteiligten waren ermüdet. Das ursprüngliche Einzugsgebiet – wir wollten nicht, dass Schüler von weither kamen und sowohl ihre Schulfreundschaften wie ihre Nachbarschaftsbeziehungen darunter litten – musste erweitert werden, um unsere Quoten halten zu können; ein Bus sammelte hinfort die entfernt wohnenden Schüler ein; eine Zoneneinteilung wurde eingeführt; 10 Prozent der Plätze wurden bevorzugt an Gastarbeiterkinder vergeben; Kinder von Flüchtlingen, Asylbewerben und Spätaussiedlern wurden unabhängig von Zone und Schicht aufgenommen wie – *enfin!* – nun auch die Geschwister. Die im Februar 1984 festgelegte Aufnahmeordnung war eine Mischung aus AKanischer Stringenz und praktischer Lässigkeit, aus Sozialpolitik und (normaler) Menschlichkeit. Eines freilich ist mir gewiss: dass die neue Aufnahmeordnung den Andrang und das Eindringen der bildungsnahen gesellschaftlichen Gruppen nicht gehemmt, den Zugang von »Unterschichtenkindern« und Migranten nicht gefördert hat. Die Arbeiter und Zuwanderer melden ihre begabten Kinder an einer Realschule oder an einem Gymnasium an, wenn es so weit ist – auf Schulen, die als solche den Aufstieg versprechen –, und lassen sie vorher auf die örtliche Grundschule gehen, an der die ihnen gewohnte Disziplin waltet: »Keine zusätzlichen Risiken, bitte! Unser Los ist als solches schwer genug.« Der Aufnahmeschlüssel, so habe ich gelernt, ist ohnmächtig gegen den Elternwillen. Einsetzen müssen wir ihn trotzdem.

Sozialwissenschaften als Instrument der Emanzipation. Keine akademische Disziplin kam dem in der Gesellschaft keimenden Bewusstsein von ungerechter und unnötiger Ungleichheit und dem Bemühen, dies zu verändern, so selbstverständlich entgegen wie die Sozialwissenschaften, jedenfalls die der sechziger Jahre des vorigen Jahrhunderts. Die Biologie lehrt, wie der Daseinskampf vor sich geht, »the survival of the fittest« (man hat sie deshalb eine faschistische Disziplin genannt); die Geschichte lehrt, dass auch die guten Systeme korrumpiert werden, die Entartung auch der Revolutionen, die dies korrigieren wollen (sie ist eine entmutigende Disziplin); die empirische Psychologie und die Verhaltensforschung lehren, dass das Einzelwesen von Natur egoistisch ist (sie verheißen nichts und können froh sein, wenn man sie nicht »zynisch« nennt); die Tiefenpsychologie lehrt, wie listig wir uns selbst betrügen – um der eigenen Sicherheit, des eigenen Lustvorteils, der eigenen Angst willen (sie stärkt den Starken, sie schwächt den Schwachen). Es ist – blickt man mit einigem Abstand auf die zweite Hälfte des vorigen Jahrhunderts – durchaus verständlich, dass die Sozialwissenschaften zur Leittheorie der Gesellschaft wurden, als die Menschen – teils durch den Untergang des Faschismus, teils durch die globalisierten Medien – zu politischem Bewusstsein erwachten. Zeitweise gesellte sich sogar die Linguistik zu ihnen, die die Vermittlung von Sinn durch Strukturen und deren Verästelung erklärte. Eine »Synergie« von Noam Chomskys Transformationsgrammatik und Basil Bernsteins Soziolinguistik verschaffte den Emanzipationslehren vorübergehend eine fast metaphysische Weihe, eine Universalität, wie sie bisher nur der Marxismus beanspruchte. In den siebziger Jahren gelang es den gescheiten Leuten überall auf der Welt, geradezu jegliche Disziplin in eine Sozialwissenschaft zu verwandeln. Dies konnte man missbilligen; aufhalten konnte man es nicht. Schon gar nicht an den Schulprojekten, die ja selbst ein Produkt dieser Entwicklung waren.

Worin lag eigentlich die »befreiende« Wirkung dieser Wissenschaften? Letztlich bestand sie in der Botschaft: Es gibt keinen erkennbaren Grund, warum bestimmte Gruppen von Menschen anderen, meist kleineren Gruppen dienstbar (oder ihnen gegenüber benachteiligt) sein müssen. Was die einen über die anderen erhebt, ist eine Tautologie. Wenn man sie bewusstmacht, kann sich das ändern. Dieses »Bewusstmachen« ist Aufgabe aller Lehrer auf allen Stufen. An der Laborschule und am Oberstufen-Kolleg ergriff man diese Möglichkeit mit Überzeugung und Eifer – und das mit Recht. Freilich machte dies gegen alle anderen Gründe für Ungleichheit und alle anderen Möglichkeiten, sie zu bekämpfen, eigentümlich blind.

Das bevorzugte Mittel der Emanzipation war die Befragung, die ihrerseits durch »Hinterfragung« gesteigert werden konnte. Dieses Wort hat, wenn man es richtig benutzt, einen Preis als »besonders treffende Sprachschöpfung« verdient. Es meint ja: die Fragen stellen, die der Befragte/das Befragte zu stellen versäumt hat und womöglich gar nicht mehr zu stellen in der Lage ist; es meint das Unbefragte hinter den Fragen. Was auch immer geantwortet wird, es erledigt die Fragen nicht. Der erste mir bekannte Hinterfrager war gleich ihr Meister: Sokrates. Es handelt sich um ein potentes Mittel der Aufklärung.

An der Laborschule wie auch im übrigen politischen Leben wurde diese buchstäblich eindringliche *in-quisitio* nicht beansprucht, dafür die simple Be-Fragung extensiv benutzt, sowohl diejenige, die etwas aus den Schülern herausholt, um das Ergebnis im Unterricht zu erörtern, als auch diejenige, mit deren Hilfe die Schüler andere Personen befragen sollten. Beides kann einen Unterricht erfreulich beleben und beides kann zur Emanzipation beitragen: Man sieht im einen Fall plötzlich, dass man mit seiner Meinung allein steht oder dass sie – umgekehrt – ganz unoriginell ist; man erkennt im anderen Fall vielleicht, wie extrem unterschiedlich die Menschen ein und dieselbe Sache beurteilen oder – umgekehrt – wie erschreckend konform. Diese Besinnung fördernde Erfahrung macht man freilich nur, wenn die Antworten nicht schon vorgegeben und nur noch anzukreuzen sind und die eigene Antwort dabei gar nicht zur Wahl steht. »Aus welchem Grund gehst du zum Konfirmandenunterricht? (A) aus christlicher Überzeugung, (B) wegen der Konfirmationsgeschenke, (C) weil meine Eltern mich dazu gezwungen haben, (D) weil meine Freunde auch dorthin gehen.« Die befreiende Wirkung bleibt auch aus, wenn man sich die Frage nicht zu eigen gemacht hat. »Sind Jugendliche [sexuell] hinreichend aufgeklärt?« – eine Antwort hierauf sollten die zwölfjährigen Laborschüler ihren Verwandten oder Freunden oder wem auch immer, der sie zu geben bereit war, entlocken, einem gemischten »sample«. Das lässt mich rätseln, wie der dazugehörige Unterricht ausgesehen hat. Was machen Lehrer und Schüler mit einer anonymen Erhebung im Unterrichtsverband zu der Frage, wie oft er bete? Was gibt ein Befragungsbefund zu einem solchen Sachverhalt her? Was gar über die Tauglichkeit des Erhebungsinstruments, wenn es so naiv, so »unhinterfragt« eingesetzt wird? – Der mehrere hundert Seiten umfassende Lehrerband zum »Lippitt« war umsonst geschrieben, wurde im Hause der Autoren nicht zur Kenntnis genommen und schließlich auch vom Klett-Verlag nach wenigen Jahren aufgegeben. »Sozialwissenschaften« als Mittel der Emanzipation – das ist offenbar ein zu anspruchsvolles Programm für die Schule. In unserer

Version des »Lippitt« kam ich nicht nur ohne das Wort »Wissenschaft«, ich kam auch ohne ihr Gebaren aus, zwischen »Mein Problem« und »Unser Werkzeug« war es entbehrlich.

Ich nahm bekümmert wahr: Die Äußerung der eigenen (?) Meinung, das Selber-Herstellen einer Sache, die vom Einzelnen zu verantwortende Bewertung oder Entscheidung – diese starken Momente einer emanzipierenden Didaktik – ergänzten nicht die großen Geschichten und wichtigen Tatsachen, die Wahrnehmung von Maßgeblichem, die Begründung des Urteils, sie schienen sie größtenteils zu ersetzen.

Es ging nicht nur im Erfahrungsbereich »SoWi« um das »richtige Bewusstsein«, um die Aufdeckung von Widersprüchen und struktureller Gewalt! Will man die Arbeitswelt verstehen, kommt man um den Hinweis auf »Abhängigkeit im Betrieb« und »autoritäre Strukturen« wohl nicht herum, ja selbst die gefügige Feststellung der »repressiven Toleranz« ist hier in Ordnung; man hat genug Anlass, das »kritische Potential« zu schärfen, die »Wahrnehmung kollektiver Interessen« anzuregen und die »Handlungskompetenz« zu entwickeln. Aber auch überall sonst Systemkritik als »Unterrichtsprinzip«? – so wie Politik oder Deutsch oder Mathematisierung? Im Literaturunterricht – »High Noon« als Vorlage für eine Outsider-Insider-Soziologie? Ein Ausflug in die Umgebung – zur Beobachtung »Wie die Reichen wohnen« versus »Wie die Armen wohnen«? Im Musikunterricht – das Thema »Krieg und Frieden«? (Der kann durch dieses Rubrum einen interessanten Leitfaden bekommen – von Mozarts »Idomeneo« bis Bob Dylan; die Herstellung selbst erdachter Instrumente kann das Wunder einer klassischen Geige besonders nachdrücklich erfahren lassen; vollends kann es befreiend wirken, wenn auch der Lehrer sagt: »Mit den Beatles oder mit Bartók oder mit Bach kann ich nichts anfangen«, und genauer: »Seine Wiederholungen ermüden mich« oder »ich erkenne keine Struktur« oder »das ist mir zu abstrakt«. Aber der Musikunterricht muss den Schülern in erster Linie Musik entgegenbringen, ihnen Gelegenheit geben, zu singen oder in einem Orchester mitzuspielen, ihnen zumuten, ein Werk zu Ende anzuhören, ja, wenn nötig, ein zweites oder drittes Mal.)

Emanzipation kommt nicht durch »reden über …« zustande. Wer auch hier wieder entweder »die Bedürfnisse« der Schüler bedient (mit dem, was der *walkman* 24 Stunden am Tag ohnedies liefert), wer nur

»Was meint ihr ...?« fragt, wer nur Texte analysiert und schlimme Absichten entlarvt, trägt zur Verarmung der Schüler bei, befreit sie von nichts und zu nichts.

Demütigend waren die Briefe, in denen Eltern ihre Kinder aus Enttäuschung hierüber abmeldeten – Eltern, die ihre Kinder doch von der Langweile, den mechanischen Ordnungen, den autoritären Gebaren der bisherigen Schule befreien wollten. Nun mussten diese Kinder von der mechanischen Unordnung, von ihren »Zwangsbeglückern« und »Zwangsaufklärern« (wie ich sie damals zwanglos nannte) und wiederum von Langweile befreit werden!

Gottlob versuchten unsere Schüler dies schon selber: »Sehr geehrte Schulleitung. Wir beantragen einen Lehrertausch; wir möchten in Mathe statt XY bitte AB haben, denn wir haben festgestellt, dass wir bei XY nichts lernen. Außerdem ist der Unterricht bei ihm sehr langweilig und muss so nicht sein. Wir können das beurteilen, weil wir bei AB Vertretungsstunden gehabt haben.« In schönster Schrift geschrieben, von sechzehn Schülern signiert, trieb mir dieses kleine Dokument einen Kloß in den Hals.

In einem anderen Fall kamen mir die Tränen der Wut und der Scham: Ende 1974 teilte Maria Rieger in der Leiterrunde mit, Herr Eduard Delius – er war Chef der Firma Seidensticker und vermutlich einer der reichsten Männer in Bielefeld – habe ihr in einem handschriftlichen und durchaus freundlichen Brief mitgeteilt, Gustav (ein angenehm unauffälliger Bub unter unseren ersten Zehnjährigen) werde nach den Weihnachtsferien nicht an die Laborschule zurückkehren. Beherzt habe sie bei Herrn Delius angerufen und gefragt, was die Schule falsch gemacht habe. Vater Delius habe versichert, dies geschehe auf Gustavs Wunsch. Maria beharrte: Gustav müsse ja einen Grund genannt haben. Er werde, so lautete die Antwort, wegen seines Elternhauses schlecht behandelt. Die Delius-Eltern hätten ihn uns anvertraut, weil es ihnen richtig schien, dass ihr Sohn mit Arbeiterkindern zusammen lerne und Freunde unter ihnen finde. Es sehe jedoch so aus, als verhinderten die Botschaften des Unterrichts, dass sich die anderen Kinder mit dem »Kapitalistenkind« einließen. Ihr Sohn leide unter der unverschuldeten Ächtung. Sie würden ihn nun auf ein Bielefelder Gymnasium schicken.

Der Leser spürt: Noch immer wirkt ein Zorn nach, den ich damals entweder ganz hätte unterdrücken müssen oder voll herauslassen. Als Wissenschaftlicher Leiter hatte ich nicht nur die Gelegenheit, ich hatte den Auftrag, dem Missbrauch entgegenzuwirken. Aber womit? Das Gegenbeispiel (der »Lippitt«) hatte nichts bewirkt, die unzähligen geduldigen »papers« des Wissenschaftlichen Leiters verhinderten allenfalls, dass meine Freunde mich für einen feigen Esel hielten; in der Pädagogischen Konferenz – sie fand unter meiner Leitung statt, war freiwillig und versagte sich, wie berichtet, Entscheidungen, denen man durch Vorabsprachen entgegengewirkt hätte – erreichte ich überhaupt nur die schon Überzeugten. Dabei hatte das ganze Kollegium gemeinsame Themen und Nöte!

Zwei Jahre nach der Eröffnung galt es, den Übergang der ersten Kleinen aus Haus 1 in das große Haus 2 vorzubereiten. Sie waren unter Johanna Harders behutsamen und zugleich kühnen Vorkehrungen wunderbar gediehen. Was würde mit ihnen in den Verhältnissen geschehen, die ich damals unumwunden als von »Verwahrlosung« heimgesucht bezeichnete? Ich hielt den Kollegen meine Sicht von dieser – in zehn Punkten gerafft – vor:

1. *Unsere Schule* ist nach 2 ½ Jahren *nicht so gut*, wie wir sie alle haben möchten.
2. Hierfür geben wir im Kollegium verschiedene *Gründe* an. Einige davon sind auch dann für alle triftig, wenn nur einige sie so sehen: z. B. dass unsere Klientel schwieriger ist als vorgestellt; dass wir selber weniger können, als wir von uns erwartet haben; dass wir uns zu viel auf einmal vorgenommen haben; dass wir unterschiedliche Ziele verfolgen.
3. Es gibt einige *Hoffnungen*, u. a. vor allem diese: dass die Schüler, die nach unserem Gesetz herangewachsen sind, die Freiheit meistern, die wir den anderen bisher nur geschenkt haben – und dass sie tatsächlich mehr und freudiger lernen, woran viele Lehrer, Schüler und Eltern heute zweifeln.
4. Wir müssen zugleich *fürchten*, dass die Kinder aus Haus 1 die Fehler des Hauses 2 eher übernehmen als die eigenen Tugenden durchhalten.

[…]

7. Wir dürfen dabei unsere Verhältnisse – jedenfalls vor uns selbst – *nicht beschönigen*.
8. Zählen wir uns nüchtern die *Merkmale* unserer Haus-2-Situation auf, die unserem eigenen Anspruch an eine »humane« Schule widersprechen, sagen wir Sätze wie:
   - die meiste Zeit des Tages können sich Menschen in der Schule nur schreiend verständigen
   - es wird mehr über Sozialität geredet als verwirklicht
   - es wird noch nicht gelernt, wie man selbständig arbeitet

[...]

Ich habe auch Antworten darauf gegeben – im doppelten Umfang. Sie begannen mit:

1. Erwachsene halten sich selber an die allgemeinen Regeln (pünktlicher Unterrichtsbeginn, Nichtrauchen, Wiederherstellung der vorgefundenen »neutralen« Ordnung auf dem Feld);
2. sie vermeiden Verschwendung von Material, machen durch ihren sorgfältigen Umgang mit diesem deutlich, dass unsere Ressourcen knapp sind;
3. sie achten darauf, dass die Schüler die vereinbarten Regeln einhalten [...]; sie fragen sie nach ihrem Stundenplan oder Auftrag, wenn sie sie während der Unterrichtszeit ganz woanders antreffen;
4. sie essen möglichst in der Mensa und kümmern sich dabei um die Kinder;
5. sie sind anwesend, solange es geht (das heißt: es sich mit ihren anderen Arbeiten und Pflichten vereinbaren lässt); [...]

und mündeten in praktischen Vorschlägen von der Art:

[...]

2. die Möbel werden in einer Intensivphase unter Beteiligung aller Schüler neu verteilt, so dass die Stühle und Tische in Zahl und Größe zu den Schülern und zueinander passen;
3. die Möbel werden sichtbar und sauber markiert; [...]

7. die Reinigung der Reviere erfolgt nicht mehr durch das Reinigungspersonal, sondern durch die Schüler selbst [...];
8. wir bauen die Angebote für Schülerbetätigungen energisch aus [es folgt eine ausführliche Aufzählung];
9. die Raucherecken und Lottergrüfte im Treppenturm werden aufgelöst;
10. der Ständerling wird wieder eingeführt. [Bei diesem handelte es sich um eine tägliche Versammlung des gesamten Hauses 2 auf Feld 1, bei der wichtige Ansagen gemacht werden konnten – vom Zehnjährigen, der seine rote Pudelmütze vermisst, bis zur Kommission Öffentlichkeitsarbeit, die erklärt, wer uns heute Nachmittag aus welchem Grund besuchen werde – dort und dort. Diese nützliche und verbindende Einrichtung war durch Kollegen, die sie als Big-Brother-Veranstaltung missbilligten, sabotiert worden, indem sie selber unbekümmert weiterschwatzten, nachdem der Gong ertönt war und man der Schulleitung das Wort erteilt hatte. Sollte die doch sehen, wie das ist, »wenn die Masse brodelt«! Das Mikrophon habe ich damals ein einziges Mal benutzt, um zu verkünden, dass unter diesen Umständen der »Ständerling« eben nicht stattfinden könne.]

In der Tat waren etliche Kollegen und Kolleginnen, die die Gesellschaft aus ihrem individualistischen, gewinnsüchtigen und gewissenlosen *Catch-as-catch-can-Verhalten*, kurz: aus dem kapitalistischen Sumpf befreien wollten, unempfindlich für die Sozietät, in der sie und ihre Schüler täglich acht bis zehn Stunden lebten. Sie organisierten »Solidarität« mit dem revolutionären Nicaragua, aber sie nahmen Unmenschliches, das sich im eigenen Hause ereignete, nicht wahr. Drei Monate lang hat sich ein elfjähriger, leicht verwachsener Junge vor Schulbeginn eingefunden und im Kriechkeller unter Feld 1 versteckt – vor den Hänseleien seiner proletarischen Mitschüler. Er kam erst eine Stunde nach Schulschluss wieder heraus, wenn alle Schüler und Lehrer fort waren und die Putzkolonnen ans Werk gingen. Er schickte gefälschte Entschuldigungen an die Stammgruppenlehrer (»Adrian ist leider noch immer bettlägerig ...«) und erfand zu Hause für seine Eltern rührende Geschichten: was man heute alles Wunderbares gemacht und gelernt habe.

Seine Eltern hatten ihn dieser Schule anvertraut, weil sie meinten, hier würde man seine Not erkennen und ihn beschützen, und Adrian wollte die Erwartung seiner Eltern nicht enttäuschen. – Es bedurfte des Spürsinns der Maria Rieger, dies alles herauszufinden. Noch heute ergreift mich Entsetzen, dass so etwas an »meiner« Schule geschehen konnte.

Als ich eines Tages – es wird noch im ersten Jahr gewesen sein – durch die Schulstraße zum Oberstufen-Kolleg eilte, sah ich einen schmalen, ebenfalls elfjährigen Buben, dem die Tränen über die Wangen liefen. Ich unterbrach meinen Lauf, fragte ihn, wie er heiße, reichte ihm ein Tempotaschentuch und fragte: »Was hast du?« »Die machen dauernd alles kaputt!«, schluchzte er. Frank liebte seine neue Schule und ertrug nicht, wie die Rabauken mit ihr umgingen. Die meisten Lehrer ertrugen es. Sie griffen nicht ein, wenn auf den Trommeln nicht getrommelt, sondern geprügelt wurde, wenn die Klos mit Obszönitäten gegen Schüler und Lehrer vollgesprayt waren, wenn die Schüler ihre Pappbecher in die Gegend warfen – neben die zahllosen Mülltonnen. Der Reinigung der Laborschule durch Schüler, die eine gute Belehrung in sozialer Rücksichtnahme gewesen wäre, wurde in der Konferenz mit der Mehrheit der »Gewerkschaftler« abgelehnt: Man nähme ja damit den armen Türken ihre Jobs weg. Die in den Kloschüsseln veranstalteten Papierfeuer und was diese an Schmutz hinterließen, die waren dem türkischen Personal zumutbar! (Ich gestehe, dass mir ein Bestandteil unserer Schulausstattung so verhasst war, dass ich einem Laborschüler, dem es gelungen wäre, sein Exemplar endgültig zur Strecke zu bringen, gerne noch fünf Mark draufgezahlt hätte: die Schülerschränke aus postgelbem Blech, die beim Auf- und Zuschließen einen hundsgemeinen Lärm machten und das schon nicht verwöhnte Auge beleidigten, zumal wenn sie verbeult waren. Das waren die meisten, weil die Schüler, wenn sie ihren Schlüssel vergessen oder verloren hatten und den Hausmeister nicht gleich fanden, die Tür entweder eintraten oder aufbrachen. Nach zehn Jahren hat man dieses Marterwerkzeug durch stabile Schließfächer aus Holz ersetzt – Herrn Moll, meinem Buden-Freund, sei's gedankt!)

Natürlich ging auch vielen meiner linken Kollegen das Chaos auf die Nerven. Ihren Zorn entluden sie aneinander: »Der Lärm, den deine Gruppe macht, weil du sie nicht richtig beschäftigst, stört meinen Unterricht!«, wurde der Kollegin über einen Blaudruck (in allen Fächern!)

mitgeteilt. Die Blaudruck-Antwort: »*Mich* stört der Lärm nicht.« Wirksamer, aber gänzlich inkonsequent waren die Aufforderungen an die Schulleitung: »Betr.: Schwere Störung des Unterrichts durch Mehmed K.«. Nach der Darstellung des Sachverhalts hieß es in dem Schreiben: »Mehmed muss klargemacht werden, dass er sein Verhalten unbedingt ändern muss. Schreiten Sie ein!« Plötzlich wurden Hausordnungen verlangt, Verbotslisten und Sanktionskataloge entworfen und in Umlauf gesetzt. Die Antiautoritären klagten in den begleitenden Schreiben das unverantwortliche Stillhalten der Verantwortlichen an, der damals so bezeichneten »Scheißliberalen«. Stillhalten! Für die »Stillarbeitsstunden« wurden Arbeitsbögen produziert – zugegebenermaßen »nicht selbst erstellt« (dazu hatte ein überlasteter Laborschul-Lehrer keine Zeit) –, auf denen die Meldung von Fußball-Siegen in der BILD-Zeitung, der Frankfurter Rundschau und der Abendpost verglichen werden sollten: »Welche Äußerungen zielen darauf, dass der Leser durch den Sieg der Fußballer mit Nationalstolz erfüllt wird?« Das war bestenfalls gut gemeint; ein Sedativ wäre wirkungsvoller und seine Folgen vermutlich weniger schädlich gewesen.

Unzählige Sitzungen haben die Kollegen mit der Einrichtung von Team-Kleingruppen an der Laborschule verbracht. Dieses Modell (kurz: TKM) hatte man in einer niedersächsischen Mammut-Gesamtschule erfunden, in der 1200 Zwölf- bis Sechzehnjährige in einem Gebäude vereinigt waren: vier Jahrgänge im schwierigsten Alter in vielen Parallelgruppen, um ein vielfältiges Kursangebot nach der Vorstellung des Deutschen Bildungsrats machen zu können. Diese Gesamtschule hatte damit notwendigerweise ein großes Problem – ständig wechselnde Kursfachlehrer, eine von den Schülern und der Lehrerschaft noch weiter entfernte zentrale Verwaltung, die Nutzung der Mensa, der Sporthalle, der Pausenbereiche in Schichten. Also: »kleine Schulen« in der großen bilden, beständig zusammenarbeitende Teams einrichten, die mit ihren je zweihundert Kindern allmählich »warm« werden und zurechtkommen. Dieses Problem hatten wir nicht. Aber jene Gesamtschule galt als Schrittmacher in der Gesamtschul-Bewegung außerhalb Hessens und Berlins – und war nicht von HvH erdacht. Der tadelte daran nicht, dass die Gesamtschule in X diese Notlösung für sich ersann, sondern dass man eine solche Teilmaßnahme nun als Heilmaßnahme verabsolutierte.

An einer kleineren Einrichtung, an der man die Jahrgänge 5 bis 10 anders vereinigt – 240 Schüler (6 x 2 x 20) – und nur 20 Lehrer braucht, wäre man hierauf nie verfallen. Es handelte sich um einen typischen Fall von »Maßnahmen werden zum Schutze von Maßnahmen ergriffen und verselbständigen sich dann«.

Die Gesamtschule der siebziger Jahre litt nicht an ihrer Idee, sondern an ihrer Ideologie, und das meint: an ihren Abwehr- und Rechthabergesten, die im Übrigen auch die andere Seite kennzeichneten. Es herrschte bei vielen meiner Kollegen zu wenig Sinn für unsere Aufgabe an unserer Schule in unserer Personengemeinschaft. Wenn die Laborschule einen Betriebsausflug machte, entschuldigten sich ausgerechnet die Kollegen, denen der »Erfahrungsbereich Umgang von Menschen mit Menschen« oblag oder die sich sonst für die Beseitigung von Hierarchien und Privilegien einsetzten. Die trugen in die nachträglich zirkulierende Liste ein: »dienstlich verhindert« oder »mein Forschungstag«. Ich habe die Liste aufbewahrt, weil sie mich mehr empört hat als pädagogische und didaktische Fantasielosigkeit und Inkompetenz. Sie bewies die nun nicht mehr vermutete, sondern erfahrene Umdeutung unserer Pädagogik in Verneinung: gegen Bürgerlichkeit, gegen herkömmliche Institutionen, gegen Leistung, gegen die Pflicht zur Rechenschaft und gegen jegliche Überprüfung außer zum Zweck der Höherstufung. Typisch hierfür war der Leitfaden, den diese Lehrer sich für die Unterschichtenwerbung ausgedacht hatten. Den positiven allgemeinen Zielen der Laborschule waren je die Negationen vorangestellt:

- keine Versetzungen: Verminderung der Schulangst
- keine Einteilung in Leistungsklassen, dadurch keine Abstempelung ganzer Schülergruppen
- keine Noten, sondern Information, welche Lernerfolge der Schüler im Einzelnen erzielt
- keine Hausaufgaben; die Schule beutet Eltern nicht als unbezahlte Aushilfslehrer aus
- nicht Anpassung, sondern Mut zum eigenen Standpunkt
- nicht Hinnehmen, sondern Hinterfragen
- nicht Vereinzelung, sondern gemeinsames Handeln und Lernen in Gruppen

- nicht Konkurrenz, sondern Zusammenhalt
- nicht der eigenen Welt entfremden, sondern in der eigenen Welt lernen (Wohn-/Arbeitswelt der Eltern) [...]

Emanzipation beginnt in der Tat mit der Verneinung ungerechtfertigter Herrschaft und einengender Bindungen. Aber Freiheit wird daraus erst, wenn man den Anlass vergessen darf. Die Laborschule war als ein Ort der Selbstbestimmung gegründet und gesichert. Setzte man *in* ihr den Kampf fort und diesen an die Stelle der sich selbst regelnden *polis*, vergab man ihre große Chance. Man verwickelte sich mutwillig in »dauerhaft Schwieriges«.

Die Wissenschaftliche Einrichtung. Weil es an der Laborschule 1976 über doppelt so viele Lehrer gab wie am Eröffnungstag, musste der Wissenschaftliche Leiter den Auftrag und die Merkmale der Wissenschaftlichen Einrichtung erneut in Erinnerung rufen: Sie sei zugleich ein Instrument zur Steuerung der Schulprojekte und ein Mittel, die Erziehungswissenschaft zu ergänzen, indem hier neben der Schreibtischforschung (Typus Josef Derbolav) und der Feldforschung (Typus Helmut Fend) eine schulpädagogische Experimentalstation eingerichtet worden sei. Diese Wissenschaftliche Einrichtung war nicht »frei« wie die Grundlagenforschung, sondern an die Aufgaben der beiden Schulen gebunden, und sie unterlag, wie alle Wissenschaft, der Kontrolle durch wissenschaftliche Peers. Zumal als Handlungsforschung (s. o. S. 286 f.) musste sie sich »strenge Regeln für die interne Trennung von Handeln und Erkennen« geben: durch Arbeitsteilung (keiner beforscht sich selbst), durch deutliche Periodisierung der Handlungs- und Beobachtungsabschnitte und durch Schaffung oder Wahl unabhängiger Kontrollinstanzen. Die ersten Auflagen, die wir uns selber machten, waren: regelmäßige Berichte, die von Kollegen »gegengelesen« worden sein mussten, bevor man mit ihnen in die Öffentlichkeit ging, die Schaffung eines Gremiums, das dies organisierte (das waren die Curriculumräte Laborschule und Oberstufen-Kolleg – CRLS und CROS) und schließlich die mindestens ganztägigen, in regelmäßigen Abständen abzuhaltenden Curriculumentwicklungs-Tagungen, die das gesamte Kollegium mit der Gesamtlage vertraut machten und mit dem Fortgang bestimmter Forschungsfragen befassten. Unklar war die Rolle des Wissenschaftlichen Leiters – nach zwei Jahren noch immer so dürftig bestimmt wie am Tag der Eröffnung – und blieb danach so bis zu meinem Ausscheiden. In der Verwaltungsordnung von 1980, einem Ersatz für eine »Satzung«, die man für ein Projekt der Hochschule zu kühn, zu anspruchsvoll fand, erhielt der Wissenschaftliche Leiter ein Initiativrecht beim Wissenschaftlichen Rat; außerdem »beanstandet er Beschlüsse der Organe der Laborschule und des Oberstufen-Kollegs, wenn sie den wissenschaftlichen Zweck der Einrichtung gefährden«. Seine Beanstandung hatte freilich nur aufschiebende Wirkung. Der Wissenschaftliche Rat (WR) konnte sich, nachdem er sie geprüft hatte, über sie hinwegsetzen. Der Wissenschaftliche Rat war der Ersatz für die Curriculumräte von Laborschule und Oberstufen-Kolleg. Er bestand aus zwei Professoren der Universität, drei Professoren aus dem Oberstufen-Kolleg, zwei sonstigen Lehrern aus dem Oberstufen-Kolleg, drei sonstigen Lehrern aus der Laborschule – und mir als dem Vorsitzenden. Die WR-Mitglieder aus der Laborschule und dem Oberstufen-Kolleg wurden von diesen für zwei Jahre gewählt, der Wissenschaftliche Leiter und die Universitätsprofessoren für drei Jahre vom Senat. – Weiter entfernt konnte dieses Gremium von der Laborschul-Wirklichkeit kaum sein, wenn es überhaupt eine Verbindung mit ihr haben sollte. Diese Distanz war beabsichtigt und eine Folge der bedenklichen Nähe des dem Wissenschaftlichen Rat voraufgehenden Curriculumrats zu seiner »Wählerschaft« einerseits und des automatischen Rücklaufs einer Beanstandung in diesen andererseits. Die Schwächen waren im ersten Konflikt über den ersten Einspruch offenbar geworden, den der Wissenschaftliche Leiter zu einem Vorhaben von vier Laborschul-Kollegen zu machen hatte. Rektorat und Regierung waren sich fortan einig, dass mir *dies* nicht noch einmal zugemutet werden durfte:

Am 27. Januar 1975, vier Monate nach der Eröffnung der Schule, legten vier Kollegen dem Curriculumrat der Laborschule einen umfassenden Antrag auf »Ausdehnung eines Integrierten Curriculums Naturwissenschaften (CUNA) auf weitere Schulen« vor. Der »Schwerpunkt« des Projekts lag bei etwas, was sich Lehrerfortbildung und »Dissemination« nannte. Das personalintensive Vorhaben sollte von der Stiftung Volkswagenwerk unterstützt werden. Die Kollegen hatten auf deren

Ausschreibung reagiert und ihren Antrag im letzten formal möglichen Augenblick – am 27. Dezember 1974 – dorthin abgesandt, weshalb er dem CRLS nicht vorher vorgelegt werden konnte, ohne Gegenlesung geblieben war und mit der »Eile« erklärte Widersprüche und Unklarheiten enthielt. Das Antragsvolumen lag über einer halben Million DM. Das Rektorat, das die Drittmittel der Universität verwaltet und über das der Antrag hätte laufen sollen, wusste von alledem nichts. Es beschuldigte mich, als es davon erfuhr, meine Aufsichtspflichten nicht zu erfüllen, und verlangte wenigstens nachträglich ein Urteil des Wissenschaftlichen Leiters über die Sache, nicht nur eine Erklärung des fehlgelaufenen Verfahrens. Die oben zitierte Verwaltungsordnung und den Wissenschaftlichen Rat gab es, wie gesagt, noch nicht, nur die von uns selbst beschlossene Verfahrensordnung, der zufolge der Wissenschaftliche Leiter die Schulprojekte wissenschaftlich leitet und der Curriculumrat über die Projekte entscheidet. Ich gab also zunächst diesem meine Stellungnahme zur Kenntnis:

- Dissemination können wir vornehmen, wenn wir Curricula haben, die bei uns entwickelt und unter kontrollierten Bedingungen sorgfältig erprobt sind;
- nicht einmal diese Bedingungen freilich beherrschen wir in der gegenwärtigen Situation;
- die Wissenschaftliche Einrichtung Laborschule hat als solche bisher nichts mit dem beantragten Projekt zu tun gehabt – wie kann es unter ihrem Namen laufen, wie kann sie es verantworten?
- der Außenstehende muss den Eindruck haben, wir könnten unsere ureigenste Aufgabe, nämlich die der Curriculumentwicklung, nicht ohne erhebliche zusätzliche Mittel erfüllen;
- der im Antrag beschriebene Versuch ist auf eine bestimmte Schülergruppe (die »Unterschichtenkinder«) ausgerichtet – was geschieht in unserer integrierten Gesamtschule derweil mit den anderen?
- eine Verbindung der vier Teile des Antrags untereinander ist nicht erkennbar.

Dass das Projekt die einen Laborschul-Lehrer entlastete und bevorzugte (Grafiker, PC-Fachleute, Statistiker, Schreibkräfte sollten ihr Produkt vervollkommnen helfen) und die anderen belastete (weitere Personen im Haus beanspruchten Platz, Vervielfältigungsgerät, Kinderaufmerksamkeit) – diesen Einwand sprach ich nur nebenbei aus. Er sah wie Stimmenfang aus.

Der Curriculumrat lehnte auf mein Votum hin eine pauschale Befürwortung des Antrags ab, scheute sich aber, den Kollegen den Weg gänzlich zu verlegen, und beschloss, sich zum Antrag so lange nicht zu äußern, bis die Stiftung Volkswagenwerk entschieden habe; wenn diese ablehnte, könne man »intern« weitersehen.

Die Herren von der Volkswagen-Stiftung haben von unseren Querelen entweder nichts gewusst oder waren froh über den Karpfen, den sie da im eigenen Teich zu fangen im Begriff waren (sie hielten die Laborschule für ein Gütezeichen und die Laborschule selbst für ihr Werk). Sie bewilligten den nach meiner »Gegenlesung« kaum veränderten Antrag im Direktverkehr mit den Antragstellern. Die Wissenschaftliche Einrichtung Laborschule gab es für sie nicht. Deren Leiter wurde das Bewilligungsschreiben von den Antragstellern erst im Januar 1976, ein halbes Jahr, nachdem sie die ersten Gelder abgerufen hatten, zur Kenntnis gegeben, und dies nur auf ausdrückliche Anforderung. Die wiederum war nötig geworden, als sich die Frage stellte, wer berechtigt sei, die auswärtigen Projektmitglieder auszuwählen und einzustellen. Keiner von diesen hätte sich mit einem Vertrag, unterzeichnet von den Personen A, B, C, D, begnügt. Den sollte nun doch bitte wieder die Wissenschaftliche Einrichtung oder die Universität mit ihnen schließen. Obendrein hatten sich ein Antragsteller und ein Kollege aus dem Erfahrungsbereich Naturwissenschaften um einen der (bequemen) Posten beworben und wollte sich für die Zeit des Projekts von der Laborschule beurlauben lassen!

Dieselben Kollegen benutzten die CUNA-Affäre als Beweis dafür, dass der Hentig Kontrollfunktionen ausübe, die ihm nicht zustünden, und über Gegenstände entscheide, die er nicht beurteilen könne; dass er keine Selbständigkeit im Hause dulde; dass er wissenschaftliche Initiativen sofort ersticke, wenn sie nicht seinem Ruhme dienten; dass die Freiheit der Wissenschaft doch nur ein Privileg der Professoren sei.

Ich begnügte mich damit, eine Publikationsordnung anzumahnen und legte einen Entwurf dafür vor. Wäre ich doch entschiedener gewesen! Meine Zurückhaltung, mein Konsens-Optimismus waren spätestens durch diese Affäre erledigt – und doch stritt ich weiter mit dem wohlwollenden Justitiar, dem Kanzler und dem Rektor für den »Lehrer-Forscher«, schrieb Kampfschriften für die Wahrung des letzten Restes unseres Forschungsdeputats, verfasste jahraus, jahrein den Forschungs- und Entwicklungsplan (von 1978 an vornehmlich für die Laborschule), der mit mühsamen allgemeinen Sentenzen diese hinkende Gestalt ordentlich einzukleiden sich bemühte.

Dies war insofern zu einem großen Teil Spiegelfechterei, als die »Forschungszeit« so gut wie ganz den Einsparungen zum Opfer gefallen war. Die Planung der Schulprojekte hatte noch vorgesehen, dass die Laborschul-Lehrer ein Drittel ihres Deputats als »Forscher« ableisten. Nun waren es nur noch zwei Wochenstunden, die ich realistisch als notwendig vermehrte Unterrichtsvorbereitung und notwendige Konferenzzeit abbuchte. Es kamen Modelle auf, wie man die Forschungszeit kumulieren könne (*pooling*, auch »puhlen« genannt), oder Rotations-Verfahren, wenn denn verhindert werden sollte, dass immer dieselben forschen und dieselben Unterricht halten. Aber das war nicht nur so, das wollten die Kollegen auch. Die allen eingeräumte »Schreibzeit«, in der sie ihre Berichte publikationsfertig machen sollten, führte immer seltener und bei nur immer weniger Kollegen zum gewünschten Ergebnis. Am Ende war allen klar: Hentigs Schule als Wissenschaftliche Einrichtung war eine Utopie – eine Kopfgeburt.

Dass Lehrer etwas über ihren Beruf Wichtiges zu sagen haben, dass dies oft für ihresgleichen hilfreicher ist als das, was die auf sie angesetzte Wissenschaft hervorbringt, bleibt hiervon unberührt. Allein dass an der Laborschule und am Oberstufen-Kolleg rund 200 Kollegen erwarteten, dass da etwas kommt, hat dazu geführt, dass die Schulprojekte in den ersten drei Jahrzehnten mehr publiziert haben als irgendeine mir bekannte Bildungseinrichtung. Unter den Ergebnissen finden sich einige Werke, die mit denen wissenschaftlicher Institute mühelos konkurrieren. – Aber das machte die Laborschule noch nicht zu der Einrichtung, die die Schulpädagogik in eine Erfahrungswissenschaft verwandelt, wie ich es mir – im Kielwasser von John Dewey – vorgestellt hatte.

Noch vor meiner Emeritierung erfuhren wir das deutlich, als die Fakultät Pädagogik die Untersuchung über das weitere Schicksal der Laborschul-Abgänger übernahm. Diese waren schließlich unser eigentliches Produkt. Die Prüfung, wie sie sich bewährten, musste von anderen, nicht gerade vom Reformkritiker Hitpass (den die Regierung hierfür vorgesehen hatte), wohl aber von einer hierfür ausgewiesenen unabhängigen Instanz durchgeführt werden. Klaus Hurrelmann von der Fakultät PPP fand sich bereit. Seine Abgänger-Untersuchung von 1980 erfasste diejenigen, die 1974 als Zehnjährige bei uns eingetreten waren (erst 1985 waren die ersten Total-Laborschüler dran!) – ein halbes Jahr nach ihrem Abgang. 1983 wurden die gleichen Abgänger noch einmal befragt, und beide Befragungen wurden mit einer vorgängigen Erhebung (ein halbes Jahr vor Verlassen der Laborschule) konfrontiert – die gründlichste Überprüfung, die es je von einer Schülerschaft gegeben hat (und deren dritter Teil weiterhin für jeden Jahrgang wiederholt wird).

Die Laborschul-Lehrer bemühten sich, ihre Fragen und vor allem ihre Interpretation der Interviews zur Geltung zu bringen. »Hut ab!« vor diesem Lehrer-Mut vor Professoren-Thronen. Sie waren nicht zufrieden, wenn die Praktika oder die Intensivphasen oder die Versammlungen mit dem Ankreuzen von »ich wurde davon entscheidend beeinflusst«, »ich wurde davon teilweise positiv beeinflusst«, »ich wurde davon kaum positiv beeinflusst«, »ich wurde davon teilweise negativ beeinflusst«, »ich wurde entscheidend negativ beeinflusst« erfasst werden sollten, und sie haben vor allem bei der Aufstellung der Fragebögen und der Kategorien für die Auswertung (insbesondere der mündlichen Aussagen) die Sicht der praktischen Pädagogen zur Geltung gebracht. Auch wenn ein Laborschul-Abgänger seine Abneigung heftig und oft wiederholt hatte, blieb sie doch eine subjektive Äußerung und musste deshalb statistisch entsprechend anders bewertet werden. »Wir kennen Anna – die Untersuchung kennt nur den Aussagenbefund.«

Bei einigen meiner Mitarbeiter war die Lehrer-Erfahrung wie erwartet »mündig« geworden; der Mehrheit machten der Anspruch und die Aufmerksamkeit der Wissenschaft Angst; einer Minderheit stieg sie zu Kopf.

Die Steuerung der Laborschule durch die Wissenschaft ist nach wie vor richtig. Meine Vorstellung, dass alle von uns ausgewählten Lehrer ihre Wahrnehmungen und Erfahrungen für die Wissenschaft erschließen, hat sich bis zu meiner Emeritierung nicht verwirklicht. Mein Hauptirrtum war nicht die Unfähigkeit der Lehrer zur Forschung, sondern ihre Unwilligkeit. Die besten Laborschul-Lehrer wollten an dieser schönen Schule zunächst gar nichts weiter sein als gute Lehrer. Forschung konnte ihrer Meinung nach allenfalls dem Schutz der Einrichtung dienen – zu einer besseren Qualität konnte sie in den ersten Jahren so gut wie nichts beitragen. Vor allem aber muss ich mir vorwerfen, die hierfür notwendige Anleitung nicht gegeben zu haben. Ein dazu im Rahmen meiner Lehrtätigkeit an der Universität – gemeinsam mit Theo Schulze und Harm Paschen – angebotenes Seminar (»Wie macht man aus Erfahrung Wissenschaft?«) wurde von nur drei Lehrern der Schulprojekte besucht und bewies im Übrigen allen, die es noch nicht wussten, dass auf diesem Wege jedenfalls der Lehrer-Forscher nicht entsteht.

Heute beforschen die Herren und Damen von der Universität die »Schulmacher« wie eh und je, jedoch in einer durch Gewohnheit und gegenseitiges Vertrauen befriedeten Symbiose mit diesen. Einem Abordnungs-Modell (dem ich mich stets widersetzt hatte!) gelingt es gegenwärtig, eine immer größere Zahl von Laborschul-Lehrern an dieser vom neuen Wissenschaftlichen Leiter Klaus-Jürgen Tillmann verantworteten Forschung zu beteiligen.

Dokumentation. Die folgende Beobachtung schließt sich äußerlich eng an die voraufgehende an, aber sie sollte nicht unter sie subsumiert werden. Wissenschaftliche Erkenntnis ist das Ergebnis einer gigantischen Kooperation über die Zeiten hinweg: Ansammlung und Einarbeitung oder, zünftig ausgedrückt, Akkumulation und Integration von Wissen, was nur bei strenger Beachtung rationaler Prinzipien und unter Befolgung geeigneter Methoden der Aufzeichnung und Vermittlung gelingt. Eines der Prinzipien lautet: *Ex nihilo nihil fit.* Wir verstehen einen Sachverhalt nicht, wenn wir nicht sagen können, wie es zu ihm gekommen ist. Die Schulprojekte – eine Anhäufung von Gedanken und Maßnahmen – brauchen schon jetzt Archivare und Historiker, um sie den Zeitgenossen richtig zu verdolmetschen. Ein weiteres einschlägiges Prinzip: Es gibt keinen Fortschritt ohne Bezugspunkt.

Wer mit den ständig anbrandenden Problemen eines unsicheren Alltags kämpft, ist froh, wenn er sie halbwegs bewältigt; er kümmert sich nicht auch noch um die Aufbewahrung der Lösungsformeln, um die Dokumentation davon, wie man sie gebastelt hat. Die Flut der Protokolle, Mitteilungen, Erst-, Zweit-, Drittentwürfe, der Anfragen, Erlasse, Berichte, die in der Form von DIN-A4-Bögen über uns kamen, versuchte jeder auf eine ihm dienlich scheinende Weise zu kanalisieren. Es gab in beiden Schulprojekten Dutzende von Kleinarchiven und zwei große – im Arbeitszimmer der Schulleitungssekretärin und beim Wissenschaftlichen Leiter. Als ich Bielefeld verließ, habe ich Hunderte von Leitz-Ordnern an die Laborschule, das Oberstufen-Kolleg und die Universität abgeliefert. Behalten habe ich, was meine Sekretärinnen von 1975 an unter »HvH-Papiere« in eigenen Ordnern abgelegt haben. Diese besitze ich heute noch; aber ohne die »Papiere« der anderen, auf die sie reagieren oder die sie ausgelöst haben, sind sie beispielsweise für eine Geschichte der Schulprojekte von sehr begrenztem Wert. Wollte ich mein Berufsleben, das des »Schulgründers« und »Schulmachers«, aus ihnen rekonstruieren, wäre genau das mein Problem. Ich kann mich beim Schreiben dieser Erinnerungen gelegentlich eines Datums oder eines Beschlusses anhand der vier prall gefüllten Ordner versichern; vor dem Versuch einer systematischen Nutzung hüte ich mich; er triebe mich – durch die völlige Echolosigkeit meiner gesammelten Äußerungen – in Verzweiflung.

Die Wissenschaftliche Einrichtung muss aus Anlass einzelner entweder schwierig oder fruchtbar gewordener Merkmale und Entwicklungen auf deren Ursprung zurückgehen können, muss den neuen Mitarbeitern sagen, warum was wie geregelt ist, und muss dies notfalls beweisen. Die großen Legenden – »Institutionsziel-Debatte«, »Buchkonflikt«, »OSPO/Prüfungsordnung für das Oberstufen-Kolleg«, »Überführung der Laborschule/des Oberstufen-Kollegs in den Amtsbereich des Kultusministers« – verhallen nicht nur mit der nächsten Generation, sie bleiben, auch wenn sie fortbestehen, die Erklärung der schwierigen Kompromisse schuldig, aus denen sich die Folgen zusammensetzen. Wenn das PISA-Konsortium im Jahre 2004 uns und die Öffentlichkeit mit der Feststellung überraschte, dass sich die Schülerschaft der Laborschule weit über dem Durchschnitt aus den »privilegierten Schichten« rekrutierte, während viele von uns meinten, eine Pädagogik für die unteren Schichten zu treiben, ist sorgfältiges Lesen der Dokumentation angesagt – wenn wir sie denn haben. Geht man diesem doppelten Konditionalsatz nach, landet man bei einem überfüllten Aktenkeller im Oberstufen-Kolleg, den Archiv zu nennen mir nicht einfiele.

Archiv, das ist Raum auf Vorrat und eine kompetente Person, die das darin angesammelte Material zugänglich macht. Beides fehlt. Von den Aktenordnern, die ich den Schulprojekten vererbt habe, heißt es, die Nachfolger hätten sie gesichtet und das Entbehrliche ausgeschieden. Das kann seinerseits nur eine »Legende« sein. »Sichten« und »Ausscheiden« sind titanische Aufgaben; die konnten die in anstrengende Umwandlungsprozesse verstrickten Wissenschaftlichen Leiter von Oberstufen-Kolleg und Laborschule so wenig nebenher leisten wie ich. Sollte man in Düsseldorf tatsächlich an eine Auflösung des Oberstufen-Kollegs denken, hätte ich einen, wenn schon zynischen, so doch praktischen Rat bereit: Es könnte einige unkündbare Mitglieder des Kollegiums mit der Aufarbeitung seiner Geschichtsmasse beauftragen. Was sich vom Aktenmaterial der Laborschule hat retten lassen, ließe sich in der Fakultät für Pädagogik gut zwei Jahrzehnte lang für Examensarbeiten verwenden. Den Kandidaten, die jetzt in ganz Deutschland an Themen über die Laborschule arbeiten und die mich um Auskunft oder Hilfe bitten, werde *ich* diesen Dienst nicht mehr lange leisten.

Die Schule als Polis. Dies dürfte das Schlagwort sein, das Kennern als Erstes bei der Erwähnung meiner Pädagogik einfällt. Die Laborschul-Lehrer haben es sich nicht zu eigen gemacht – wer von ihnen hatte schon Kittos »Griechen« gelesen und darin die alles andere als verklärende, jedoch höchst verführerische Darstellung dieser Lebensform kennen gelernt, die meiner Verwendung des Wortes *polis* zugrunde lag. Aber sie haben es auch nicht verneint oder kritisiert. Solange wir die Laborschule als sich selber regelnde Lebens- und Lerngemeinschaft verstanden, war dem Gedanken Genüge getan. Dass *polis* nicht nur eine andere Vorstellung von Schule, sondern eine andere Vorstellung von Politik bedeutete, kam freilich nicht zur Geltung: Politik, das sollte die Kunst sein, in einer größeren, eben nicht mehr biologischen Gemeinschaft produktiv und friedlich miteinander zu leben. Die Politik, die in den Hauptstädten von einer bestimmten Kaste gemacht wird, die sich von Wirtschaft und Kultur absetzt, die im vorderen Teil der Zeitungen behandelt wird, über die die Parteien streiten und Max Weber »als Beruf« nachgedacht hat, ist davon sowohl zu unterscheiden als auch zu trennen. Zugleich – so lautete meine Hypothese – bereitet die eine auf die andere vor, die elementare auf die komplexe und spezialisierte.

Man lernt in der ersten, dass man in der Gemeinschaft oft von sich selbst absehen können muss, bevor man in der zweiten lernt, seine Interessen »politisch« wahrzunehmen; man lernt in der ersten, dass Regeln, die für alle gelten, meist auch »mir« nützen; man lernt Verantwortung zu übernehmen, Rechenschaft zu geben und, was es heißt, für Folgen zu haften. In der zweiten Politik überdecken Macht und Geschichte, Vorteil und Erfolg die Wahrnehmung dieser Prinzipien.

An der Laborschule herrschte noch das eine, am Oberstufen-Kolleg schon das andere. In der Laborschule wurde die Politik von den Schülern für sich erfunden. Sie kümmerten sich um gemeinsame Angelegenheiten und verbesserten sie. Es entstand unter ihnen ein Klima gegenseitigen Interesses – es entstand Öffentlichkeit. An diesem Stichwort »Die Schule als Polis« lässt sich noch einmal und deutlicher als an den voraufgehenden erkennen, was mit »Dauerhaft Schwieriges« gemeint ist: Was auch immer einer pädagogischen und wissenschaftlichen Einrichtung wie der unseren auf diesen Gebieten gelingt – es wird schwer verwaltbar und mühsam bleiben. Aber in der Unberechenbarkeit und Mühsal scheint schon der Lohn auf. Andere Schulen, die von der Laborschule lernen wollen, werden sich als Erstes zugeben müssen, dass die »LS« ihnen hierin schon durch die unerbittliche Offenheit voraus ist, mit der die »Schwierigkeiten« auftreten und, wenn sie nicht gelöst worden sind, wiederkehren. Vollends durch die dabei gefundenen Antworten!

Für die »Schule als Polis« gebe ich hier Beispiele aus meiner unmittelbaren Umgebung wieder; Lehrer, die den Schülern näher waren als der Wissenschaftliche Leiter, haben gewiss noch eindrücklichere.

Da wurde, wie schon berichtet, an der Laborschule »gestohlen«. Man wusste nicht, von wem. Es mischten sich Kinder und Jugendliche aus der Nachbarschaft unter die unseren. Waren sie die Diebe? Durfte man sie ohne Beweis verdächtigen? Sollten wir sie einfach »vorsorglich« ausschließen – oder ihnen auflauern? Bernd Schweiger, ein nachdenklicher zwölfjähriger Bub in meiner nunmehr roten Sechs, kam zu mir, um sich mit seinem Betreuungslehrer darüber auszusprechen. Das Ergebnis unserer Unterredung lag wenige Tage darauf schriftlich in meinem Fach mit der Frage, ob Bernd das vervielfältigen dürfe und ich ihm dazu den Raum mit der Kopiermaschine aufschließen könne:

Fahrräder – und wie man sie vor Beschädigungen und Diebstahl bewahrt.

Von Bernd Schweiger (rote Sechs)

Das ist wirklich ein Problem an unserer Schule, wie Ihr ja alle wisst. Jede Woche, jeden Tag ist etwas kaputt oder weg: Die Ventile sind abmontiert, sogar die Kette ist manchmal nicht mehr da. Die Schulleitung weiß gar nicht mehr, wo sie das alles aufschreiben soll. Und manchmal fehlen ganze Fahrräder.
Ich bin damit zu meinem Betreuungslehrer, Hartmut von Hentig, gegangen und habe ihn gefragt, wie das weitergehen soll. HvH hat zurückgefragt: Was wir selber wohl tun könnten? Ich habe gesagt: Die Burschen erwischen und hart bestrafen.
HvH war anderer Meinung. Er sagte: Das ist nicht die Lösung – das ist das Problem! nämlich: wie man die »Burschen« erwischt. Das sei ja noch niemandem recht gelungen. Er machte dann einen anderen Vorschlag. Wenn ich's zusammenfasse, dann sind wir gemeinsam auf Folgendes gekommen:

1. Nicht Polizist spielen
2. Die Fahrradständer an einen Ort verlegen, an dem sie im »Schutz der Öffentlichkeit« stehen (zum Beispiel auf dem Hof zwischen Haus 1 und Haus 2)
3. Unter den Radfahrern einen Dienst organisieren, der kontrolliert, ob die Fahrräder auch angekettet sind; nicht angekettete Fahrräder nimmt er in Gewahrsam
4. Wer sein Fahrrad nicht angekettet hat, wird auf die Liste der Kontrollgänger gesetzt.

Bernd Schweiger hatte eine Skizze des Ortes und der Anlage des Ständers gemacht und beigelegt.

Im Streit um die Benutzung meines Mah-Jongg-Spiels kamen Peter Dietrich und zwei weitere Jungen aus der nunmehr roten Sieben und borgten sich das Spiel aus – nicht, um damit zu spielen, sondern um es zu kopieren. Sie haben in den folgenden Wochen aus hartem Buchenholz die nötigen 144 »Steine« mit einer Feinsäge und einer Präzisionsvorrichtung gesägt, geglättet, bemalt und lackiert – der Werkmeister half ihnen, und ich begleitete ihre Arbeit mit täglichem Durchhalte-Segen.

Da ich viele Aufgaben hatte, musste ich – vermutlich öfter als andere Lehrer – Termine, die ich mit den Schülern vereinbart hatte, absagen; ich tat dies in der Form eines Briefes. Daraus entwickelte sich unversehens eine Korrespondenz mit etlichen Zehn- und Zwölfjährigen, auch ohne besonderen Anlass. Das Schreiben machte ihnen nicht zuletzt deshalb Spaß, weil meine Sekretärin ihnen erlaubte, ihre Antwort an meinem Schreibtisch zu schreiben, und sie dazu mit Papier und Schreibstift versorgte. Sie gaben sich hierfür besonders große Mühe, übten sich dabei im Schreiben und nutzten – meine Sparsamkeit kennend – das ihnen gestiftete Papier gründlich aus. Eines Tages fand ich ein lustiges Bild von einem Mann mit Fliege und seltsamen Gliedmaßen auf meinem Tisch. Darunter stand: »Wer ist das?« Es gab drei kleine Felder zum Ankreuzen und drei Antworten zur Auswahl: CHRISTIAN oder HERR VON HENTIG oder EINE WITZFIGUR. Ich kreuzte das Feld bei HvH an und schrieb dazu: »Wegen der ▷◁. Aber meine Ohren sind nicht behaart!« Ich hatte falsch geraten und so ging die Korrespondenz auf dem recht großen Bogen weiter – in einem förmlichen Ritornell:

CHRISTIAN: »Eine Witzfigur« ist richtig – Sie sind nicht gemeint. Die Ohren glühen – das sind keine behaarten Ohren.

HENTIG: Fußballfüße habe ich auch nicht – daran hätte ich es merken müssen.

CHRISTIAN: Das stimmt! Ein Problem: Ich möchte den Zettel nun auch gerne haben. Aber ich will ihn Ihnen auch gern schenken. Was soll ich tun?

HENTIG: Wir können ihn ablichten. Ich habe einen Schlüssel für den Xerox-Apparat. (Xerox ist ein Vervielfältiger.)

CHRISTIAN: Das ist eine sehr gute Idee. Noch ein Problem: Soll ich Sie duzen?

HENTIG: Das darfst Du. »Sollst« – nein.

CHRISTIAN: Dann duze ich. Du weißt immer einen Ausweg. Das ist sehr gut.

HENTIG: Jetzt brauche ich keinen Ausweg mehr.

CHRISTIAN: Wie meinst Du das?

HENTIG: Ich habe mich nicht richtig ausgedrückt. Du sagtest, ich hätte immer einen Ausweg. Jetzt habe ich keinen, weil ich keinen brauche.

CHRISTIAN: Ach so! Noch eine Frage: Was soll ich werden? Ich habe [bisher] in Deutsch eine 2, in Bio eine 2, in Sport eine 2, in Musik eine 2. Ich habe noch in anderen Fächern eine 2. Aber das sind meine Lieblingsfächer. Ich wollte einmal Tierforscher werden.

HENTIG: Was *tust* du denn am liebsten? Das muss ja nicht das Schulfach sein, in dem Du die besten Noten hattest.

CHRISTIAN: Unterrichten (Deutsch), Sport: laufen und springen. Auch: untersuchen (Tiere, Detektiv spielen). Das alles tue ich gern.

HENTIG: Dann werde Detektiv in einem Zoo.

CHRISTIAN: Das ist wohl ein Witz – Ende!

Mit »Ende« hatte er Recht – der Bogen war vollgeschrieben.

Die Schüler schrieben auch untereinander Briefe. Ein offizieller kam von der Violetten in Haus 1 an unsere rote Sechs. Die Kleinen hatten unsere Jungen in Verdacht, ihre Kartoffeln im Schulgarten geerntet und gebraten zu haben; sie führten allerlei Anhaltspunkte dafür an – und ergreifende Kinder-Klagen über die von ihnen gehabten Mühen und die von ihnen gehegten, nun zerstörten Hoffnungen. Die rote Sechs antwortete so:

Liebe Violette in Haus 1
Wir haben Euren Brief vom 18. September in der Betreuungsstunde gelesen und besprochen. Wir finden es gemein, dass man Euch die Kartoffeln weggenommen hat. Und weil einige von uns ein Kartoffelfeuer gemacht haben, verstehen wir auch, warum Ihr meint, dass wir es waren. Aber die Jungen von uns, die das Kartoffelfeuer gemacht haben, haben sich ihre eigenen Kartoffeln mitgebracht. Da heute nicht alle da sind, können wir das nicht vollständig klären.
Ira hat aber einen Vorschlag. Sie meint: Inzwischen könnt Ihr Euch vielleicht mit den Tomaten trösten von unserem Beet 4 B. Sie sind zwar noch grün, aber wenn Ihr sie jetzt erntet und bei Euch auf die Fensterbank in die Sonne legt, werden sie nachreifen.
Viele Grüße Eure rote Sechs

Was für eine »urbane« Schule! *Urbs/urbanus* sind doch nur lateinische Wörter für *polis/politikos*.

Am deutlichsten manifestiert sich diese Eigenschaft der Einrichtung in der Freude, mit der ehemalige Laborschüler an ihre Schule zurückdenken, in dem Eifer, mit dem heutige Laborschüler für sie Partei ergreifen. Nicht alles gefällt ihnen, und schon gar nicht macht alles »Spaß«. Aber wo immer ich Laborschüler treffe und wann immer ich die Laborschule besuche, strahlt mir eine ganz ungewöhnliche Zuversicht entgegen: Dies war und ist der beste Ort für *mich*; hier nimmt man mich ernst, hier traut man mir etwas zu, hier erwartet man eine Leistung von mir, ohne zu drängeln, hier sind mein Urteil, mein Einsatz, meine Selbständigkeit willkommen. Fragte man sie nach Hentigs Schul-Polis, sie wüssten nicht, wovon die Rede ist. Die Lebens- und Lerngemeinschaft, in der Selbständigkeit *und* Einsatz für die anderen gefragt sind, versteht sich doch von selbst!

20. Rechthaber und Realist

Unter den Lehrern sah es anders aus – wie Bürgerkrieg. Es handelte sich nicht von vornherein und immer nur um Rebellion gegen die »tyrannische« Schulleitung und den Über-Vater HvH. Aber als die eine Bürgerkriegspartei mich offiziell fragte, ob ich die von der anderen Partei angestrebte Schule noch für die meine, bei der Gründung vorgesehene halte, brach ich mit meiner mühsamen »Neutralität« und stellte mich auf die Seite der dreizehn Kollegen, die mich dies gefragt hatten.

Der Anlass war die Kandidatur von Karlheinz Osterloff für die Stelle eines Stellvertretenden Schulleiters. Er war der Gegentyp zu den bärtigen Revolutionären: ein Mathematiker, liberal gesinnt, mit steiler, exakter, filigraner Schrift und von ebensolcher Denkart. Sein Gegenkandidat hatte mich vorher aufgesucht und gefragt, ob ich ihn unterstützen würde. Ich meinte auf diese offene Frage auch offen antworten zu sollen: dass ich meine Stimme dem Kollegen Osterloff geben, mich aber vorher jeder öffentlichen Äußerung enthalten werde. Dieser Kollege machte meine vertrauliche Mitteilung publik und ließ mir nur den Weg einer verhaltenen sachlichen Begründung: Es gehe mir darum, dass die Schulleitung die Unterstützung bekomme, die sie am meisten brauche, einen in Verwaltungsdingen erfahrenen Mann, mit dem sie auf vielerlei Weise schon gut zusammengearbeitet habe. (Osterloff war als Mathematiker von vornherein der Stundenplanmacher in unserem Haus.) Herr Heidenreich nannte die bloße Kandidatur des Kollegen Osterloff eine »Kriegserklärung«, vollends aber meine »Parteinahme«, und setzte sich bei den angesetzten Anhörungen der Kandidaten über die vereinbarten Regeln (keine Plädoyers unsererseits, nur Fragen an die beiden Konkurrenten) in der Manier von Politikern der »zweiten Art« (s. o. S. 426 f.) geschickt hinweg (»Stimmen Sie mir zu, wenn ich sage ...«). Die Laborschule sollte ein Modell für eine andere, bessere politische Lebensform, nicht für solches Machtgerangel sein, das im Englischen »politics« heißt. Ich setzte mich also hin und notierte meine Gründe, um sie den Kollegen und dem Laborschul-Konvent (das war die außerordentliche Versammlung der gesamten Schulgemeinde) ordentlich vortragen zu können. Ich berief mich auf die Grundgedanken der Schulgründung und auf unsere Verfahrensregeln, auf die allgemein vorausgesetzte vernünftige Rede und guten Willen, auf die Untauglichkeit von Rigorismus, Rechthaberei, Formaldemokratie und Majoritäten für unsere allein durch Konsens geschützte Einrichtung. Ich zählte die Beispiele für die Letzteren aus den letzten drei Monaten seit der Eröffnung auf.

Ich nannte dem Konvent nun meinerseits vier Kollegen, die im Begriff waren, die Laborschule zu verlassen, und als Grund die Unverträglichkeit mit Klaus Heidenreich angaben.

Widersprüche gehören zum Leben in einer pädagogischen und politischen Gemeinschaft. Aber wenn die Widersprüche vorherrschen, wird die Gemeinschaft daran kaputtgehen. Mein vorletzter Satz lautete: »Ich stelle mich ausdrücklich auf die Seite der 13 Kollegen und bitte Sie, Herr Heidenreich, mit Ernst und Bestimmtheit die Folgen, die sich für Sie aus alledem ergeben, zu überlegen.« Im letzten Satz forderte ich Karlheinz Osterloff auf, seine Kandidatur aufrechtzuerhalten.

Diese Rede wurde mir als Amtsmissbrauch ausgelegt und der ganze Akt als eine Existenzbedrohung der neun Kollegen, die sich um Heidenreich geschart hatten, bezeichnet. Ich habe gleichwohl Klaus Heidenreich um eine Unterredung gebeten. Wir trafen uns in der Bibliothek; er hörte mich eine Stunde lang an, sagte fast nichts und ließ am anderen Tag das Kollegium wissen, der Hentig habe ihn »kaufen« wollen; das sei ihm aber nicht gelungen. – Hätte ich gewusst, wie man einen beamteten deutschen Lehrer »rausschmeißt« (das war der Ausdruck, mit dem die Heidenreich-Gruppe mein Bekenntnis belegte), jetzt hätte ich es getan. Weil mir in Bielefeld niemand (auch nicht im Rektorat) sagen konnte, wie das geht, bat ich einen auswärtigen Ratgeber ins Haus: Knut Nevermann, einen der Köpfe der Studentenrevolution, inzwischen als promovierter Jurist am Max-Planck-Institut für Bildungsforschung in Berlin tätig. Er hatte Ansehen, gar Vertrauen bei den »Linken« und sollte sich mehrere Tage an der Laborschule aufhalten, uns beobachten und mit möglichst vielen Kollegen aller Couleurs reden. Dies war sein uns auch schriftlich hinterlassenes Vermächtnis:

Neben absichtlich zurückhaltendem Lob für diese »wirkliche und in Europa wohl einmalige Alternative zur uns gewohnten Schule« äußerte sich Knut Nevermann zu vier Themen: zur gegenwärtigen Konferenzarbeit, zur Funktion des Wissenschaftlichen Leiters, zum strittigen Politikbegriff und zur Fraktionierung.

Die Konferenz ersticke in der Fülle der jetzt tatsächlich zu bewältigenden Detailfragen. Das Konferenz-Kollektiv sei nicht in der Lage, diese sachlich zu verarbeiten. Nevermann empfahl: Delegation der Klärung und Entscheidung vieler Sachverhalte an dauerhafte und dadurch kompetente Ausschüsse – ungeachtet der Gefahren, die auch dies hat. Gegenwärtig habe die Laborschule keine andere Wahl.

Der Wissenschaftliche Leiter (WL) sei entweder abzuschaffen oder mit Kompetenz auszustatten. Wie solle er ein progressives und linkes Projekt in der rechts gestimmten politischen Landschaft repräsentieren und leiten ohne irgendeine Befugnis? Er habe ja nicht einmal ein Veto [ein Mittel, das in den Ohren der Kollegen stets wie »geballte Macht« klang] und auch kein Beanstandungsrecht [das zur Auseinandersetzung zwingt; ein solches wurde erst im folgenden Jahr formuliert]. »Sind Diskussionsbeiträge in Konferenzen das einzige Mittel der Einflussnahme des WL, sind diese als solche schon zu beargwöhnen.« Jedes Räuspern des WL erscheine dann als Politikum. Nevermann empfahl: eine Zweiteilung der Agenda – einerseits Grundsatzfragen, in denen der Wissenschaftliche Leiter ein Veto hat, andererseits die Fragen, in denen man seine Meinung ungerührt oder zustimmend anhören kann.

Der Politikbegriff von HvH sei viel politischer, als er sich gebe. Er lasse zum Beispiel eine Fraktionierung nicht zu, diese aber sei eingetreten und könne nicht wie in der übrigen Politik funktionieren, weil sie verpönt sei. Nevermann hierzu: Dies ist Realitätsverschleierung.

»*Fraktion*«, so habe er festgestellt, werde in beiden Fraktionen als »Schimpfwort« empfunden. HvHs Fraktion bleibe offenbar bei dieser Einschätzung; die andere sei im Begriff, sich selbst, den Konflikt, das Ganze zu »politisieren« – unter Rückgriff auf 1968 und danach. Die Politisierung der 68er aber habe ein Kampfziel gehabt: die Zerschlagung der Ordinarienuniversität. Wer politisiere, müsse sagen können, »was er zerschlagen will«! Nevermann hierzu: Ihm sei kein Argument denkbar, das Politisierung an den Schulprojekten rechtfertige. (Ein Verbot derselben – in einem Ortsverein durchaus denkbar – sei bei uns vermutlich aussichtslos.) Vollends dürfte die Politisierung nicht auf die Schüler übertragen werden. Sie dürften nicht zu Schiedsrichtern oder auch Vermittlern zwischen den streitenden Lehrern gemacht werden. Nevermann hierzu: Die Schüler aus den Gremien herausnehmen, schon gar die zehnjährigen! Insgesamt plädierte Nevermann für die Zulassung der Fraktionen innerhalb des Hentigschen Politik-Verständnisses. (Neu war für mich im Übrigen die zutreffende Beobachtung, dass es zwischen »Gremienarbeitern« und »grauen Mäusen« eine schon beträchtliche Entfremdung gab, eine nicht geringere und jedenfalls nicht weniger gefährliche als die zwischen Alten und Neuen, zwischen Liberalen und Linken.)

Weiser – und banaler! – konnte das Urteil nicht ausfallen. Es beruhigte mich und meine Freunde hinsichtlich unserer Forderungen. Es beruhigte auch die anderen, indem »Fraktion« legitimiert wurde; aber es bedrohte sie auch: mit einer Rationalisierung des Streites zum Zweck der *polis*. Und das auch noch unter Einführung eines Vetos für den »WL«, einer Möglichkeit, die insbesondere das Oberstufen-Kolleg heftig bekämpfte!

Für Fraktionierung war ich nicht nur durch meine Funktion schwerhörig und durch mein Alter unbegabt – ich hatte gerade meinen 50. Geburtstag hinter mir! –, sie war vor allem mit meiner von Rousseau geschärften Vorstellung von Demokratie unvereinbar: Das Gemeinwohl steht nicht fest, ist in keinem heiligen und keinem wissenschaftlichen Buch nachschlagbar. Es muss in offener *deliberatio* ermittelt werden. Fraktionen treffen Vorabsprachen, an die sie sich zu halten haben, was immer die anderen vorbringen. Es hat mich sehr erstaunt (und befremdet), wie selbstverständlich die »Gewerkschafts-Gruppe« der Kollegen sich am Vorabend der Gremiensitzungen traf, um ihre Entscheidung festzulegen. Wozu dann noch Überzeugungsprozesse?!

Was Nevermann in den vier Tagen seines Besuchs und durch die Brille eines Organisations-Prüfers nicht wahrnehmen konnte, war die unterhalb dieser Struktur- und Kompetenzfragen wirksame Mutwilligkeit einzelner Personen. Was bedeutete es, wenn der Kollege Sönnichsen die Lehrer, Schüler und Kollegiaten dazu aufforderte, einen »Tag der Einheit von LS und OS« zu begehen; es gebe ein Podium, Musik, Milch und Sprudel; und wenn er diesen Aufruf auf einem adretten Bogen mit dem alten Briefkopf der Aufbaukommissionen von Laborschule und Oberstufen-Kolleg der Universität verbreitete, unterschrieben von der Schulleiterin und ihrem Stellvertreter – und diese beiden wussten nichts von alledem? Was wird auf diesem Treffen geschehen, geredet oder auch versäumt? Was soll den beiden mit diesem Urkundenschwindel angetan werden? Es gibt Rätsel, die mehr beunruhigen als Kränkungen.

Da ist auf Feld 2 mit Farben hantiert worden; auf dem Teppichboden sind große Flecken zurückgeblieben; Tische und Stühle sind bekleckert. Eigentlich gibt es doch für solche Arbeiten eine eigene Projektfläche (die entsprechend aussieht)! Die Schulleitung wartet zwei Tage, dann fordert sie die Lehrer, in deren Verantwortung dies geschehen ist, auf, »einen zumutbaren Zustand wiederherzustellen«. Die Antwort lautet:

> Für uns ist dieser Boden – als Schulfußboden – zumutbar, so, wie er jetzt ist. Wir meinen, auch für viele Lehrer und erst recht Schüler. Wir möchten Sie bitten, Ihren Satz so zu ändern, dass darin entweder nur Ihre Meinung über Zumutbares ausgesprochen wird oder Sie sich – was wir besser fänden – unserer Argumentation anschlössen, das heißt den therapeutischen Zweck und die Folgen solcher Aktivitäten nach außen mit verteidigen.

Die Schulleitung wird von Kollegen darauf aufmerksam gemacht, dass andere – immer die gleichen – Kollegen den Nachmittagsunterricht immer häufiger eine halbe Stunde früher abbrechen – möglicherweise aus gutem Grund. Aber der lärmende Abbruch störe ihren Unterricht auf dem Nachbarfeld. Nun muss die Schulleitung der Sache nachgehen. Gereizte Reaktion. Gelogene Ausreden. Hass. Und alles nur, weil die Kollegen nicht mehr miteinander reden, oder einfach: weil wir keine *polis* sind, sondern feindliche Nutzer derselben Anlage.

Der tägliche Notenkrieg könnte gelegentlich ironisch gemeint sein. »Rundumschlag von XY an alle. Betr.: Hackordnung im Kollegium ...« Die dann folgenden zwei Seiten sind dafür reichlich ernst und entlocken kein Schmunzeln, nur einem anderen Kollegen den Blaudruck: »Von: Gac An: Alle Gacgacks Betr.: Gagagagagagagagagagagack« und so fort – was leider nichts gegen die giftigen, obszönen, fäkalischen Hausmitteilungen ausrichtet, die periodisch und anonym in den Fächern liegen. Ich habe davon Exemplare aufgehoben und mit einer ohnmächtigen Aktennotiz versehen, die ich im Fall der Aufdeckung des Schmierfinken aktiviert hätte. Zu der ist es nicht gekommen.

Aktennotiz/14.11.75
Am Dienstag, den 13.11.1975, haben mir Kollegen einen sogenannten Weißdruck gegeben, der am Montag, den 12.11., in den Fächern aller Mitarbeiter der Laborschule gelegen hat – nicht in dem meinen. Er ist mit »Laufmasche« betitelt. Es handelt sich meines Erachtens um das Machwerk eines kranken Gemüts. Gehalt und Gestalt des anonymen Schriftwerks vermag ich nur durch eine Metapher zu fassen: stinkender Müll. Wer dergleichen in seinem Kopf herumträgt, ist ungeeignet, Kinder zu erziehen. Es ist für die Lehrer der Laborschule unzumutbar, mit einem Menschen zusammenzuarbeiten, der von seinen Kollegen in so verächtlicher Weise denkt und schreibt. Es muss die Laborschule in schwere Bedrängnis bringen, wenn die »Laufmasche« außerhalb der Einrichtung bekannt wird und wenn die Schule auf diese Pestbeule nicht reagiert hat. Darüber denke ich nach.
Der Verfasser ist dem Kollegium unbekannt. Es kann sich nicht mit NN auseinandersetzen. Es ist jedoch zu wünschen, dass es erklärt: Der Autor dieses Pamphlets – wer immer es sei – ist für die Schule untragbar.

Der »Buchkonflikt« an der Laborschule

Das Jahr 1976 begann ich mit dem »Versuch einer positiven Bilanz« – sie war ein Neujahrsgeschenk an die Mitarbeiter, die Eltern, falls diese sie erbaten, und notfalls für das Rektorat, das das Ausschlüpfen des Kuckuckseis »Schulprojekte« besorgt beobachtete. (Die Fakultät nahm von uns keine Notiz.) Nach fünf Seiten, auf denen in der Tat viel Gutes zusammenkam, darunter vor allem die beglückende Tatsache, dass unsere Schüler so gern in ihre Schule gingen, während überall sonst Schulangst, Schulfrust, Schulhass beklagt wurden – mündete die Bilanz in fünf Seiten mit Anregungen, wie wir uns Fortschritt und Zuversicht erhalten könnten: Schulterschluss mit verwandten Einrichtungen, mehr Geselligkeit untereinander, stetige und sorgfältige Arbeit an unserem Unterricht. Es tobe, schrieb ich, noch zu viel ungebundene und ungeordnete Kraft von Schülern in der Schule herum. Ein anderes Mittel hierzu sei der Ausbau der Schülerselbst- und Mitverantwortung; ihrer Mitsprache in den Gremien fehle die Gelegenheit einer gemeinsamen Meinungsbildung. Meine in diesem Punkt recht detaillierte »Anregung« war eine verdeckte Erinnerung an ein Planungsversäumnis. – Ich habe keine einzige Reaktion auf diese zehn Seiten bekommen, gewiss auch, weil sie »an alle wissenschaftlichen Mitarbeiter« und nicht an ein bestimmtes Gremium gerichtet war, vor allem aber, weil man sie für eine *pep-speech* hielt. Das war dieser Blaudruck wohl auch – ein Pfeifen im dunklen Keller zu einer besonders schönen Melodie.

Vier Wochen darauf wurde im Satzungskonvent – er hatte den Auftrag, die vorläufige Verfahrensordnung der Schulprojekte durch eine wie auch immer genannte juristisch haltbare *Grundordnung* abzulösen, auf die sich der Senat der Universität, die beiden zuständigen Ministerien und wir uns würden einigen können – beschlossen, zunächst einmal Erfahrungsberichte von den bisher verantwortlichen Organen der Schulen einzuholen. Der Bericht des Wissenschaftlichen Leiters geriet zu einer 71 Seiten langen *Grundbesinnung* auf sein Amt, ja auch zu einer »Mischung aus Analyse, Mahnung und Trauerarbeit«, wie ich sie im Begleitschreiben an die Kollegen bezeichnete. Beim Abstieg aus der Oberstube der Satzungsformeln in das Parterre unserer Alltagsaufgaben und zu den Kellergespenstern unserer persönlichen Beziehungen habe ich wahrgenommen, wie weit meine Skepsis, ja mein Unmut inzwischen gediehen war. Dies meinte ich nicht verbergen zu dürfen. Es musste mehr als eine Neuregelung der Funktionen und formalen Verantwortungen her – wir mussten unser aller Verhältnis zur ursprünglichen Aufgabe »neu denken«. Ich habe weder vorher noch nachher etwas diesem Text in Anschaulichkeit und Grundsätzlichkeit Vergleichbares über die Schulprojekte geschrieben. In ihm versammeln sich die großen Themen meines Lebens – Verantwortung für Kinder, die unvollendete Aufklärung, die missverstandene Demokratie. In ihm werden die »Innenseiten des Krieges« (Otl Aicher), in den ich mich eingelassen hatte, sichtbar.

Hier treffen die Herausforderungen meines Lebensberufs mit den Schwächen und Stärken meiner Person aufeinander.

Dass die Schulprojekte einen Wissenschaftlichen Leiter nicht entbehren könnten, war nicht Trotz, sondern wegen der aufgezeigten Schwierigkeiten meine Überzeugung. Ich deklinierte damals mehrere mögliche Lösungen durch:

- HvH nimmt einen ein- oder zweijährigen unbezahlten Urlaub und gibt den Schulprojekten damit die Möglichkeit, ohne Rücksicht auf seine Person (seine Meinungen, Bindungen, Äußerungen) eine neue Satzung auszuhandeln;
- der Wissenschaftliche Leiter wird neu gewählt, dazu die Stelle ausgeschrieben und ihre Besetzung terminiert;
- damit sich der Wissenschaftliche Leiter wirksamer der zur Bewährung stehenden Wissenschaftlichkeit der Einrichtung widmen kann, werden ihm bessere Arbeitsbedingungen eingeräumt, er erhält beispielsweise einen Assistenten aus dem »Mittelbau« der Fakultät für Pädagogik;
- der Wissenschaftliche Leiter könnte sich auf eines der beiden Schulprojekte zurückziehen und die Regierung dadurch veranlassen, dem anderen eine weitere H4-Stelle zur Verfügung zu stellen; freilich dürfte sie in dem Fall eher dekretieren, dass die Laborschule eben nur »Schule« sei, und den Wissenschaftlichen Leiter dem Oberstufen-Kolleg mit seinem Grundstudienanteil und Hochschulcharakter zuschlagen; dort sei der »Prof.« unerlässlich;
- es könnte auch aus anderen Gründen sinnvoll und notwendig sein, die Schulprojekte voneinander zu trennen, das heißt: Die Gründe für ihre Gemeinsamkeit müssen sehr sorgfältig und unvoreingenommen geprüft werden;
- eine »radikale« Antwort auf die an die Wurzeln gehenden Probleme der Laborschule könnte die Auflösung der Stufen II und III sein – mit der Begründung, die Laborschule könne bei der drastischen Reduktion ihres Spielraums für wissenschaftliche Selbstkontrolle die Verantwortung für ihre außerordentlichen Innovationen nicht mehr tragen; Haus 1 könne zu einer Grundschule eigener Prägung ausgebaut und fortgesetzt werden.

Im Satzungskonvent standen sich zwei Modelle gegenüber: eines, das im Ministerium von einem Referenten namens Fonk ausgearbeitet worden war, und eines, das der Bielefelder Verfassungsjurist Ernst-Wolfgang Böckenförde für uns entworfen hatte. Beide hatten – neben dem Karlsruher Urteil über die notwendige Professorenmehrheit in wissenschaftlichen Fragen – eine Stärkung der wissenschaftlichen Leitung im Sinn (unter anderem durch ein Veto-Recht des »WL«) und zugleich eine Entlastung. Bei Böckenförde hieß das: die vorhandenen drei Professoren (alle im Oberstufen-Kolleg) bilden mit mir ein Leitungsgremium – die Wissenschaftliche Leitung oder »WLg«. Diese kollegiale Verantwortung wurde vom Rektorat und den *nolentes volentes* Schulprojekten dem Satzungsentwurf des Regierungsbeamten vorgezogen, der einen »Institutsleiter« mit erheblich vermehrten Kompetenzen vorsah und damit die Besorgnis auslöste, hiermit würden die Mitgestaltungsmöglichkeiten der Mitarbeiter vollständig gekappt. Schon von meiner schwachen Position hatte man dies stets befürchtet. Ich hingegen drängte im Wesentlichen auf Entlastung durch einen Assistenten einerseits und einen entscheidenden Einfluss auf die Wahl meines Stellvertreters. Meine Denkfigur war:

– die wissenschaftliche Leitung kann nicht durch das Pochen auf Weisungsbefugnis und Sanktionen vor sich gehen; sie geschieht durch Aufklärung und Überzeugungsprozesse, durch öffentliche Kritik und diskrete, beratende Hilfe;
– die schulische Leitung repräsentiert die Ordnungen der Institution, hat Sanktionsgewalt; sie fordert die geschuldete Dienstleistung mit anderen Mitteln ein als eine wissenschaftliche Leitung die erwarteten wissenschaftlichen Arbeiten;
– da es sich um die gleiche Personengruppe und verschiedene Aufgaben an der gleichen Sache handelt, ist die Dienstgewalt nur bei der Schulleitung nötig und wäre bei der wissenschaftlichen schädlich;
– es ist wichtig, dass die Schulleitung und die wissenschaftliche Leitung durch ein hohes Maß an gegenseitigem Vertrauen verbunden sind; die Wahl des Schulleiters ist mithin vom Wissenschaftlichen Leiter mitzubestimmen, zumindest solange es noch keine Wissenschaftliche Leitung (mit großem »W«) gibt, in der die Schulleitung vertreten sein sollte.

Mein Argument gegen ein Veto lautete: Ein Veto kann nicht garantieren, dass das Richtige geschieht, sondern verhindert allenfalls eine von niemandem verantwortbare Torheit; der musste man anders beikommen. Ich habe darum dem Minister das Veto meinerseits nie empfohlen; ich konnte es nur für hinnehmbar erklären. – Später habe ich doch um ein Veto gekämpft: bei der Bestellung des Stellvertretenden Wissenschaftlichen Leiters. Die Erfahrungen mit dem mir vom Kollegium bewusst in den Nacken gesetzten Gegen-WL waren zu frustrierend (s. u. S. 479 ff.).

Zwei Monita des Berichtes müssen an dieser Stelle hervorgehoben werden. Eine Publikationsordnung (1), die ich zusammen mit dem Kollegen Theo Schulze im Curriculumrat eingebracht hatte, war »aus eingestandener Furcht vor ›Zensur‹« permanent blockiert worden; es musste von anderen eine andere Regelung vorgeschlagen und möglichst bald in Kraft gesetzt werden; und (2) »wer jetzt noch auf völlige Selbständigkeit seiner Arbeit pocht und sich nicht diszipliniert in den von den Gremien beschlossenen Forschungs- und Entwicklungsplan einfügt, der muss sich schleunigst nach einem anderen Arbeitsplatz umsehen«. Die Missachtung beider Monita gedieh zum Brandherd des sogenannten Buchkonflikts.

Auf den Bericht des Wissenschaftlichen Leiters gab es weder vom Adressaten, nämlich dem Satzungskonvent von Laborschule und Oberstufen-Kolleg, noch von den im Bericht angesprochenen Gremien noch von Einzelpersonen irgendeine öffentliche Reaktion. Ich konnte dennoch sicher sein, dass man sich seither ernste Gedanken über unsere inneren Verhältnisse machte, was die einen hinter eifrigen Auseinandersetzungen über die Technikalia der Satzung verbargen und was bei anderen, wie sich bald zeigte, zur Planung eines Gegenstreichs gedieh.

Im Frühsommer 1977 habe ich John I. Goodlads Aufsatz »What Goes On In Our Schools« gelesen (Educational Researcher, 6/März 1977). Noch nie hatte ich eine so ernste Kritik eines Schulreformers an der Schulreform um der Schulreform willen gelesen. Sie berührte mich durch die Ähnlichkeit unserer Wahrnehmungen. Goodlad konnte, anders als ich, auf umfassende »surveys« zurückgreifen und auf eine Entwicklung, die in Amerika vor eineinhalb Jahrzehnten (mit dem Sputnik-Schock) begonnen hatte. Er schrieb, er habe sich bei seinen Untersuchungen von der Vorstellung leiten lassen, dass in all der Zeit bahnbrechende curriculare und organisatorische Veränderungen Platz gegriffen hätten; herausgekommen sei, dass die gepriesene Reform schlicht nicht stattgefunden habe: Sie sei ein »non-event« gewesen und habe entweder aus leerer Rhetorik oder erfolgreicher Anpassung an das Gegebene bestanden, ohne dass die Richtung oder der Charakter des Schullebens sich geändert hätten. »Wir wissen jetzt, dass weder ein neues, von den besten Köpfen der Zunft erdachtes Curriculum noch eine Umstrukturierung aufgrund sorgfältiger wissenschaftlicher Planung ausreichen, um eine Veränderung herbeizuführen. Beides muss vielmehr mit einer unmittelbaren realistischen Kenntnis von Schulen, wie sie sind, verbunden und in Kooperation mit ihnen verwirklicht werden.«

Wir teilten zwar die »falschen« Reform-Erwartungen, erfüllten aber auch die von Goodlad genannten Voraussetzungen für die »richtige« Reform. Es kam darauf an, sie als Anreiz für die weitere eigene Verbesserung zu nutzen. In zwei Jahren würden wir unser fünfjähriges Bestehen feiern, und die ersten »Nuller« würden den Jahrgang 5 erreicht haben, die Schule also »komplett« sein. Ein Buch von uns über uns zu diesem Zeitpunkt wäre gut – und musste jetzt geplant werden. Und so wünschte ich es mir: Es sollte ein würziges, wohlbekömmliches Buch sein – menschlich, selbstironisch, unter keinen Umständen wehleidig, gar anklagend; es sollte zwar für die Schule werben, aber nicht aufdringlich, es sollte mit Grundsatz und Pointe aufwarten, aber nicht dogmatisch; es sollte nicht den Ehrgeiz haben, die Welt eines Besseren zu belehren, es sollte vielmehr andere an unseren Wahrnehmungen, an unseren Erkenntnissen beteiligen und nachdenklich machen, also möglichst wenig verallgemeinern und politischen Bekenntnissen nur so viel Raum geben, wie sich mit Tatbeständen argumentieren ließ. Unsere noblen Überzeugungen konnten wir für uns behalten, bis wir wieder in der Lage waren, Forderungen zu stellen. Mit diesem Buch galt es in erster Linie, Freunde zu gewinnen – neue und möglichst viele. Das schließt Aufrichtigkeit nicht etwa aus, es fordert sie. Ich hatte schon ein Motto bereit

> Nie half ein Begriff. Erzählen Sie etwas von / Leiterwagen, Bohnenstangen und Lauch / für Ihre soziologischen Kinder.
>
> Jürgen Becker

Ich schrieb meine Gedanken zu Aufgabe, Aufbau und Umfang nieder und sogar eine Art Ablauf-Plan und gab diesen »Entwurf« Frau Remmert, meiner Sekretärin, zur Abschrift. Einen an dem Tag zufällig beisammen sitzenden Gesprächskreis von einem halben Dutzend Laborschullehrern erzählte ich erleichtert davon. Als ich die Anwesenden um Rat fragte, in welchem Rahmen ich den Plan dem Kollegium am besten vorstellen solle, und ihn darum etwas genauer schilderte, unterbrach mich die hochschwangere Kollegin Rosenbohm kreidebleich und erklärte: Ein solches Buch gebe es schon – von einer Gruppe von Kollegen, zu denen sie gehöre, geschrieben; es werde noch in diesem Herbst bei Rowohlt erscheinen. Man habe sich zum Schweigen verpflichtet, um die Publikation vor Einwänden und Eingriffen zu bewahren. Sie habe in der gegenwärtigen Situation das Schweigen hierüber jedoch nicht mehr ausgehalten. Sie werde sich nun anderntags vor ihren Kollegen zu rechtfertigen haben. Die Namen der Mitautoren und weitere Auskünfte bat sie nicht geben zu müssen – um der genannten Übereinkunft willen. Sie nahm für sich in Anspruch, aus »Angst« geschwiegen zu haben – aus Angst vor den sonst zu erwartenden Auseinandersetzungen. Frau Rosenbohm verließ nach kurzem Wortwechsel die Gesprächsrunde, die sich unmittelbar danach betroffen auflöste. Das war am 31. August 1977. Am 2. September 1977 stand im Mitteilungsbuch, das im Lehreraufenthaltsraum auslag:

> Liebe Kolleginnen und Kollegen,
> wir freuen uns, Euch mitteilen zu können, dass in Kürze ein gemeinsames Buch von uns erscheint. Der Titel heißt: Die Laborschule Bielefeld – Modell im Praxistest. Die Verfasser sind: [es folgten neun Namen]

Wenige Tage später wurde die Angelegenheit als Punkt 2 auf die Tagesordnung des Curriculumrats gesetzt. Von den Autoren des Buches waren Frau von Alten als Mitglied des Gremiums und Ekkehart Naumann als Gast zugegen. Nach fast zweistündiger Diskussion wurde das Vorgehen der Autorengruppe vom Curriculumrat mit drei Stimmen gegen eine verurteilt; es gab eine Enthaltung. Außerdem wurde beschlossen, den Autoren in der folgenden Sitzung die Möglichkeit zu geben, sich zu der Sache zu äußern, und umgekehrt den Curriculumratsmitgliedern die Möglichkeit, diese zu befragen.

Der Wortwechsel mit den Autoren des Rowohlt-Buchs (ARB) sah dann so aus:

ARB: Wir haben nicht »verheimlicht«, wir haben nur nicht zur Kenntnis gegeben.

CRLS: Wie man es nennt, ist so lange gleichgültig, wie es bewusst, mit Berechnung geschehen ist. Dies ist nicht bestritten worden und nicht zu bestreiten.

ARB: Wir wollten nur einer Lähmung entgehen, die uns angesichts der vorhersehbaren Auseinandersetzungen ergriff. Wir fühlten uns in einer schwächeren Position, die wir nur durch den Vollzug unserer Absicht ausgleichen konnten.

CRLS: Das Argumentieren mit der eigenen Schwäche zerstört nicht nur die Politik und ersetzt sie durch gruppendynamische Erpressung, es ist im Sinne seiner eigenen Prämissen sinnlos. Hätte man die Schwierigkeit sofort vorgebracht und gebeten: »Lasst uns das Buch erst in Ruhe fertig schreiben«, dies wäre gewährt worden (*alle* waren doch gruppendynamisch infiziert), und man hätte es immer noch dem Verlag übergeben können – im Konflikt mit den Gremien.

ARB: Die Möglichkeit eines Austrags von Konflikten und institutionalisierte Kritik sind zwar die Theorie dieser Schule, aber nicht ihre Wirklichkeit. Das Buch ist eine Folge dieses Zustands, seine Autoren haben keine »politische« Strategie verfolgt. Man hat sich nur den Verhältnissen überlassen.

CRLS: Umso schlimmer, wenn man nun nicht einmal verantworten und begründen kann, was man getan hat. So gibt es keine berechtigte Hoffnung, dass dies nicht wieder »passieren« werde.

ARB: Man würde sich für eine Publikationsordnung einsetzen, jedoch nur, wenn sie nicht auf diesen Fall angewendet werde.

CRLS: Das sei zwar juristisch korrekt (Gesetze haben in der Regel keine rückwirkende Kraft), zeige aber, dass man die Regelung eigentlich nicht wolle.

Dieser – beiderseits – unbeholfene Wortwechsel spiegelt, wie unvorbereitet wir »trotz allem« auf dieses Ereignis, diesen Fund einer scharfen Bombe waren; noch waren wir in der Angelegenheit nicht geübt; noch suchten vor allem die Verteidiger unserer Ordnungen nach einer einfachen und klaren Linie. Sie erinnerten sich, welche Vorhaben und Vorlagen just von den Autoren des Rowohlt-Buchs abgelehnt worden waren: eine Teiluntersuchung zum integrierten Religionsunterricht, eine Hospitationsordnung (mit dem Einwand, hier wollten die Wissenschaftliche und die Schulische Leitung Dossiers über die Kollegen anlegen), die Publikationsordnung, die Mitarbeit am Forschungs- und Entwicklungsplan, die Beteiligung an der Pädagogischen Konferenz als Diskussionsforum ohne Entscheidungskraft und -last.

Erst in der dritten Curriculumratssitzung – diesem Gremium, dem die Steuerung der Wissenschaftlichen Einrichtung oblag, saß der eher biedere Naturwissenschaftler Kurt Liebenberg vor – fand man zu den notwendigen harten Fragen, die sich nicht mehr an unserem Erschrecken abstrampelten, an »Wie konnte es dazu kommen?«, an »Was hat das zu bedeuten?«. Am zehnten Tag danach notierte ich mit spürbarer Neigung zum Drama: »Wenn hier nicht einfach eine kapitale kollektive Torheit begangen worden ist, die sich vermutlich noch reparieren ließe, dann hat – in meiner Wahrnehmung – eine große und potente Gruppe von Lehrern ihre Mitarbeit an der gemeinsamen Wissenschaftlichen Einrichtung Laborschule aufgesagt.« – War das so?

Dies galt es zu prüfen. Von nun an ging es um Richtungsentscheidungen, für die wir klare Aussagen der Autoren des Rowohlt-Buchs/ARB brauchten. Ich hatte die Fragen für den Curriculumrat am 20. September 1977 vorbereitet:

(1) Seid Ihr bereit, den Titel des Buches so zu ändern, dass es nicht mehr ein Buch über *die* Laborschule zu sein scheint, das die Evaluation *des* Gesamtmodells und den Ausblick auf seine Zukunft aufgrund *der* Erfahrungen zu geben verspricht?

(2) Seid Ihr bereit, der prinzipiellen Zuständigkeit der Schule durch ihr Organ CRLS für die Beurteilung der Wirkungen einer solchen Publikation zuzustimmen?

(3) Seid Ihr bereit, die Anwendung dieses Prinzips auf die gegenwärtige Publikation zuzulassen?

Zu allen drei Fragen gab es Anmerkungen. Zur ersten Frage: Falls die ARB zustimmten, werde erwartet, dass sie sich unverzüglich um eine Titeländerung kümmern; zur zweiten Frage: Sie impliziere, dass es eine Publikationsordnung geben sollte – und es werde sie geben, gleich, was die Autoren antworten; zur dritten Frage: »Der CRLS wird die Publikation dieses Buches nicht verhindern und nicht versuchen, von sich aus in den Text einzugreifen. Er erwartet, dass ihm die Autoren den Text vorlegen.« Dienstrechtliche und anderweitige juristische Maßnahmen zur Verhinderung oder Überprüfung der Rowohlt-Publikation wollte ich nicht ergreifen und empfahl sie auch niemandem. Das hieße Verantwortung für eine Sache übernehmen, die ich nicht kannte und die kaum zu ändern sein würde.

Die Antwort der ARB kam sechs Tage später schriftlich. Unsere Kollegen mussten sich ja in allem miteinander absprechen und konnten das in der laufenden Sitzung nicht. Man werde – hieß es zur ersten Frage – beim Verlag auf eine Änderung des Titels hinwirken; der solle nunmehr lauten: »Laborschule Bielefeld/Modell im Praxistest«, im Untertitel: »Reformschule – Zehn Kollegen ziehen ihre Zwischenbilanz«. Sie hatten schlicht den Artikel »die« weggelassen und einen von mehreren im Curriculumrat gemachten Alternativ-Vorschlägen als Untertitel hinzugefügt. Die zweite Frage beantworteten die Autoren klausuliert: »Vorausgesetzt, der Curriculumrat ist ein Gremium, in dem Kommunikation und gegenseitige Information in offener Weise gleichberechtigt unter Respektierung unterschiedlicher Standpunkte stattfindet, und vorausgesetzt, es besteht dadurch die Gewähr, dass er als ›Sachwalter des Gemeinwohls‹ der Laborschule tätig ist, erkennen wir seine Zuständigkeit für Publikationen an, wenn diese die Laborschule direkt betreffen.« Zur dritten Frage ließen sie uns wissen: Sie würden dem Curriculumrat noch vor der Publikation des Buches ein »Doppel« vorlegen und seien bereit, darüber zu diskutieren; der Curriculumrat könne aber nicht erwarten, dass eine solche Diskussion zu einer Änderung der Texte führe; die Autoren wollten der Öffentlichkeit schließlich *ihre* Erfahrungen mitteilen.

Der Curriculumrat gab sich mit dem neuen Titel nicht zufrieden, legte die vage Antwort auf die Frage nach der Zuständigkeit des CRLS als Zustimmung zu dieser aus und bekräftigte noch einmal die im Kommentar enthaltene »Nichteinmischung«; er bestehe aber auf der Vorlage des Textes.

Heute – die Protokolle nachlesend – wird mir klar, woran ich damals schier verzweifelt bin: an der Plastizität aller Reaktionen – sie fassten sich an wie Kitt. Die zuletzt wiedergegebene war beispielsweise so formuliert: »Der CRLS möchte von der Autorengruppe einen präzisen und nicht sehr weit entfernt liegenden Termin genannt haben, zu dem ihm die Texte der Publikation vorliegen können.« Eine Handvoll Kollegen – Jürgen Funke, Annemarie von der Groeben, Luitbert von Haebler, Otto Herz, Eva Meinerts, Maria Rieger, Helmut Schmerbitz – vertraten eine deutliche Linie. Das übrige Kollegium vermied alles, was »Klärung durch Härte« gebracht hätte, aus erst unausgesprochener, dann unverhohlener Angst um den Arbeitsplatz. Der war in der Tat gefährdet – der individuelle, wenn man selber Konsequenzen aus dem unleugbaren Befund zog, dass hier Nicht-zusammen-Gehöriges getrennt werden musste, der kollektive, wenn die leichtfertig oder mutwillig ausgelösten Konsequenzen über die Einrichtung hereinbrachen.

Immer wieder habe ich mich gefragt, ob diese zermürbenden, die Schüler verstörenden, uns alle und vor allem die Schule schwächenden Auseinandersetzungen nicht einfach hätten vermieden werden können. Hätte ich nicht am 27. September 1977, also in der nächsten CRLS-Sitzung, einen Beschluss herbeiführen können und sollen, der alle von diesem Alptraum befreite, indem er ihn eben dazu erklärte: zu einem Alptraum? Wacht auf! Zurück an die Arbeit! Und: Rüsten wir uns gegen die Folgen – gegen die Schadenfreude unserer Gegner, gegen die Vorwürfe unserer Freunde, gegen das kränkende eigene Bewusstsein von unserem Sturz! Ich habe mir ebenso oft antworten müssen: Nein, die Auseinandersetzung war notwendig. Ihre Ursachen lagen nicht in dem ärgerlichen Vorfall. Der machte sie nur sichtbar; ja, dass sie so lange verdrängt worden waren, machte die eigentliche Krise aus. In den Monaten von September 1977 bis Januar 1978 kreisten die Argumente, Zweifel, Anschuldigungen mit Recht immer wieder um die gleichen sechs Kernprobleme. Danach waren diese nicht gelöst, aber man wusste genau: Hier ist die Einrichtung anfällig – hier seid auf der Hut! Außerdem haben sich in den ausgedehnten, von Empörung, Betroffenheit, »das-muss-doch-endlich-mal-gesagt-sein« getragenen Debatten, in der

Gremien-Seligkeit, in der entnervenden Rekapitulation der Argumente viele Nebenursachen offenbart: banaler Opportunismus und hochentwickelte Rationalisierungskunst, Herdentrieb und Volkstribunentum, intellektuelle Eitelkeit und die Wonnen der Beschwichtigung.

Die sechs Kernprobleme hatten verhängnisvollerweise mit meiner Person, ihrem Ansehen, ihren Ansprüchen, ihren Ansichten zu tun, weshalb ihre Wiedergabe in einer Autobiographie durchaus angebracht ist. Im ersten der seither vergangenen (fast) drei Jahrzehnte bin ich immer wieder gebeten worden (und auch verführt gewesen), den Buchkonflikt darzustellen. Ich wehrte ab: »Später, wenn es einmal *sine ira et studio* geschehen kann, werde ich es tun.« Im zweiten und dritten Jahrzehnt hatte ich keinen Anlass für eine solche *recherche d'une cause perdue*. Erst jetzt, bei dem Versuch, mir selber auf die Spur zu kommen, stellt sich ein gewisser Eifer ein, mit dem ich mich über die erhalten gebliebenen, arg vergilbten Zeugnisse beuge, und sogar ein wenig Zorn – Zorn freilich über mich selbst, über die demokratische Demut, die ich mir damals auferlegt habe, die Geduld, mit der ich die Pöbeleien der Gegner ertragen, die Zurückhaltung, die ich den wackeren Freunden gegenüber an den Tag gelegt habe. Immerhin bin ich den peinvollen Sachverhalten nicht ausgewichen. Mein Vater, der dies alles mit großer Anteilnahme miterlebt hat, verstand wenig von unserer Demokratie, umso mehr von gesellschaftlichem Anstand. Er erwartete, dass ich für die Aufgabe, für mein »Amt« kämpfe; wenn ich dabei reüssierte, war der Preis, den die »Person« dafür zahlte, gerechtfertigt.

Dies waren die *pièces de résistance*, an denen auch ich fast zum Zeloten geworden bin:

Person und Amt. Die Öffentlichkeit, die allgemeine wie die fachliche, nahm und nimmt vielfach noch die Laborschule als die Hentig-Schule wahr. Was immer an dieser geschieht, man rechnet es mir zu. Es hatte keinen Sinn, diese Tatsache zu leugnen; es wäre Torheit, sie nicht zu nutzen. Die Autoren waren ihrerseits Nutznießer davon. Als ich den Cheflektor von rororo, Michael Naumann, um Intervention bat, war er höchst erstaunt, dass das Buch nicht von mir »komme«; das habe er als »doch selbstverständlich« vorausgesetzt und sich deshalb gefreut, als man ihm meldete, da sei dem Verlag ein umfängliches Buch über die Bielefelder Laborschule angeboten worden. (Er bedaure: In dieser Angelegenheit sei jetzt nichts mehr zu machen, aber ich möge doch ja *mein* Buch über die Laborschule bei ihm abliefern.) Dass meine Auftritte für die Schulprojekte auch mir selber zugute kamen, wurde dadurch aufgewogen, dass ihre Schwächen und Fehler ebenfalls auf mich zurückfielen. Sprach ich gelegentlich und unversehens von »meiner Schule« (was mir die Kollegen verübelten), dann nicht, wie einer »mein Hut« oder »mein letztes Buch« sagt, sondern wie einer von seiner Stadt oder seiner Zeit spricht. Ich drückte nicht Besitz und Verfügungsgewalt aus, sondern Zugehörigkeit. In diesem Buch ist stets von »unserer Schule« die Rede. Das entspricht meiner inneren Wahrnehmung und einem Wunsch. Andere sehen das anders.

Wenn Mitarbeiter diese Schule unglaubwürdig machten, machten sie mich unglaubwürdig. Die Kollegen mussten das wissen; sie hatten mir eine faire Chance einzuräumen, ihre Äußerungen zu kennen und mich auf die Reaktionen vorzubereiten. Ich musste schon als Person darauf bestehen, dass das Buch mir vorgelegt wurde.

Heute denke ich: Es hätte nicht unbedingt vor der Publikation sein müssen. »Antworten« konnte ich auch hinterher. Jeder Versuch, das Buch zu verhindern, jede Forderung, es abzuändern, wäre einem Selbstmord gleichgekommen und war schon deshalb von mir als Allererstes ausgeschlossen worden. Aber die bewusste jahrelange Geheimhaltung des Buchvorhabens war etwas anderes: Sie diskreditierte öffentlich das Prinzip, auf das ich die Schulprojekte als Wissenschaftliche Einrichtung gegründet hatte. Die Forderung an die Autoren, das Buch unverzüglich vorzulegen, war eine Möglichkeit, diese Blamage wenigstens zu vertuschen.

Die Wissenschaftliche Einrichtung. Für viele Institutionen dient diese Bezeichnung der Einordnung in eine bestimmte Region der bestehenden öffentlichen Verwaltung. Für die Schulprojekte bedeutete sie das Recht, vom Schulgesetz abzuweichen, um eines nur so zu erzielenden Erkenntnisgewinns willen. Die Laborschule hatte mehr Selbstverwaltungsrechte als irgendeine andere Schule in Deutschland, und dies allein, weil sie als verfasste Wissenschaftliche Einrichtung die Kontrolle dessen übernahm, was an ihr geschah, und mit der Kontrolle die volle Verantwortung dafür. Die horizontale »Aufsicht« trat in unserem Fall an die Stelle der vertikalen. Eine prekäre Konstruktion!

Eine Schule ist ein Ganzes, alles hängt mit allem zusammen, kein Element steht für sich – weder die Bibliothek noch die Sportanlagen, weder die Aufnahme von Behinderten noch die zeitliche Dauer der Unterrichtseinheiten, weder die Curricula noch die Sitzordnung. Und weil dies so vielfältig ist, kann es gar nicht zentral, dauerhaft und mechanisch geregelt werden, es sei denn, man habe nicht Pädagogik, sondern die »Abrichtung für den Zweck« im Sinn. Diese Vielfalt und Beweglichkeit muss darum in erster Linie möglichst allen Mitwirkenden bewusst und bekannt sein. Die (unschönen) Schlüsselwörter für die Sicherung dieses Bewusstseins heißen: Kommunikation und Transparenz. Nur sie machten eine Rechenschaftslegung nach außen und eine Kritik im Inneren möglich. Treten Gegensätze auf – und die Eltern, die Schüler, die Öffentlichkeit wissen nicht, was hier eigentlich »gilt« –, muss die Einrichtung in sich Konsens suchen. Der bei der Be-Gründung der Laborschule übernommene Reformauftrag und die »Konsens-Theorie« waren meine einzige Legitimation gegenüber der Landesregierung, der Universität und der Stiftung Volkswagenwerk gewesen: Es muss in Konfliktfällen Übereinstimmung gefunden werden – oder die Einrichtung fällt in die gegebene staatliche Schulordnung zurück.

Wurde von einer substantiellen Mitarbeiter-Gruppe nicht nur in einem Buch behauptet, sondern durch dessen Existenz bewiesen, dass es Kommunikation und Transparenz gar nicht gab, konnten die argwöhnische Öffentlichkeit, die skeptische Universität und die verantwortlichen Ministerien die Laborschule nicht mehr sich selbst überlassen.

Die Autoren entzogen sich dieser Logik, indem sie die Konsens-Theorie für untauglich, eben weil unwirksam erklärten. Sie lehnten die Kontrollfunktion des Curriculumrats als illegitime Bevormundung durch eine kleine Gruppe (»immer dieselben bekommen die Aufträge«) ab. Sie zitierten die Satzung: »Der CRLS entscheidet in Fragen der Curriculumentwickung und -forschung; insbesondere koordiniert er die Begleitforschungsprojekte.« Und: »Dem WL [Wissenschaftlichen Leiter] und dem SWL [Stellvertretenden Wissenschaftlichen Leiter] obliegen die Wissenschaftliche Leitung der Einrichtung nach Maßgabe der Satzung. Dabei arbeiten sie eng mit den Curriculumräten zusammen.« Hieraus folgerten sie: »Eine Fachaufsicht seitens des WL, CRLS, CROS und des Wissenschaftlichen Beirats über die wissenschaftlichen Produkte ist nach der gegenwärtig geltenden Satzung satzungswidrig. Eine mit dieser Begründung aufgestellte Forderung nach Vorlage der Manuskripte ist daher ebenfalls satzungswidrig.«

Das war, als Widerruf der eigenen Kooperationsbereitschaft, verblüffend – und falsch. Der Curriculumrat und der Wissenschaftliche Leiter haben nie eine »Fachaufsicht« beansprucht oder ausgeübt; sie mussten jedoch, um über die Curriculumentwicklung »entscheiden« und Projekte aufeinander abstimmen zu können (zu »koordinieren«), Kenntnis von dem haben, was vor sich geht und was nach außen getragen wird. Vollends musste dies der Wissenschaftliche Leiter, der der Satzung zufolge die Schulprojekte »gegenüber den Organen der Universität vertritt«. (Verwaltungsordnung für die LS und das OS, 1970). Der Vorwurf, den Mitarbeitern werde hier ein Maulkorb umgebunden, war schnell zur Hand und wurde unbefangen wiederholt, obwohl doch die Autoren des Rowohlt-Buchs selber den Wildwuchs unserer Publikationstätigkeit tadelnd geschildert hatten.

Der Buch-Titel. »Die Bielefelder Laborschule – Modell im Praxistest« erweckte den Eindruck, es gehe um eine Bewertung der Einrichtung als solcher. Der Zusatz, die der Curriculumrat den Autoren abgerungen hat (»Zehn Kollegen ziehen *ihre* Zwischenbilanz«), relativierte dies, und die dem Curriculumrat nach dem 13. September 77 vorgelegte Kopie der Einleitung enthielt in der Tat das Bekenntnis zur Subjektivität, das von ihnen erwartet wurde: Sie seien eine Gruppe, »die nicht repräsentativ für das Gesamtkollegium ist, die vom Gesamtkollegium keinen Auftrag hat, die gar nicht die Einschätzung und Meinung des Gesamtkollegiums widerspiegeln *will*« (Hervorhebung durch die Autoren). Aber eine »Bilanz« welcher Art auch immer ließ sich nur im Blick auf das gegebene Ziel der Institution geben, und eben diesem Ziel widerstritten sie. Das Wort »Bilanz« hätte durch das Wort »Bericht«, genauer »Berichte« ersetzt werden müssen, denn die Vorstellung, es könne eine das ganze »Modell umfassende« Bestandsaufnahme geben, noch bevor die Laborschule auch nur ihren Aufbau beendet hatte, war schlicht irreführend. Da der Verlag – der uns seinen zuständigen Lektor ins Haus schickte – den Titel zu ändern bereit war, dies verständlicherweise aber nur im Einvernehmen mit den Autoren tun konnte, musste hinter dem hartnäckigen Festhalten an der anspruchsvollen Formulierung

eine (bildungs-)politische Absicht stecken. Auch die stand in der uns überlassenen Einleitung: »Um strategischem antikapitalistischem Lernen eine breitere Wirksamkeit zu verschaffen, sind weitere berichtende Veröffentlichungen nötig
- über gelungene Projekte
- über misslungene Vorhaben unter Analyse der Ursachen des Misslingens.«

Hiermit übernahmen die Autoren eine Formulierung von Carl-Heinz Evers und bekräftigten: „Unser Buch soll beides sein.« Der Wissenschaftliche Leiter und der Curriculumrat bestritten, dass es das sein konnte: Das Projekt war weder gelungen noch misslungen, sondern *in the making*.

Das Ziel der Einrichtung. Es ließ sich in drei Sätzen zusammenfassen:

> Die Laborschule und das Oberstufenkolleg sind vom Land NW als Einrichtungen einer durch Wissenschaft angeleiteten Reform der Bildung und Ausbildung errichtet worden.
> [...]
> Ihren Auftrag erfüllen sie durch unmittelbare Erprobung der Ergebnisse ihrer Forschung und Entwicklung in der Ausbildungspraxis.
> [...]
> Die Laborschule erforscht und entwickelt in Zusammenarbeit mit den Fakultäten und Einrichtungen der Universität Bielefeld neue Lernziele, Unterrichtsinhalte, Lehrverfahren, Lernvorgänge, Verfahren der Leistungsbeurteilung und unterrichtsorganisatorische Strukturkonzepte im Bereich der Primarstufe mit Eingangsstufe und der Sekundarstufe I.

So steht es in der Grundordnung. Die Laborschule hatte eine öffentliche Dienstleistung zu erbringen. Ihr erster Experimentalauftrag war, eine Gesamtschule zu entwerfen und zu erproben, die die bestmöglichen Lernbedingungen für alle Kinder eines »durchschnittlichen« Wohnbezirks des Landes bietet. Die Autoren vertraten in dem uns erst vom 18. November 1977 an (über die Buchhandlungen!) zugänglichen Buch eine andere Auffassung: »Die Entwicklung und Erprobung unterschichtspezifischer Curricula muss den Vorrang vor allen anderen sonstigen sogenannten Forschungsproblemen haben. Die Laborschule hat nur dann als kostspieliges Reformprojekt eine Existenzberechtigung, wenn sie einen entscheidenden Beitrag zur Unterschichtenpädagogik leistet. Diese Leistung steht aus.« (S. 394) Sie arbeiteten an einem parteilichen Unterricht für Arbeiterkinder (S. 325). Insbesondere Ekkehart Naumann übertrug die Vorstellungen, was das heiße, aus gewerkschaftlichen Schulungsveranstaltungen auf die LS: Arbeiterkinder müssen

> Selbstbewusstsein gegenüber dem Klassengegner entwickeln, d. h. emotionales Klassenbewusstsein und die Fähigkeit zur theoretischen Klassenanalyse erwerben; [...] Immunität gegenüber Normen, Wertvorstellungen und »Spielregeln« des Klassengegners entwickeln, sofern sie den Zielen des Klassenkampfes im Weg stehen, d. h. sich nicht auf scheinlogische oder moralische Auseinandersetzungen einlassen, wenn es um Machtfragen geht, oder sich fremdgesetzten Sachzwängen fügen; die Anwendung der Gesetze, Normen und »Spielregeln« beherrschen und die Funktionsweise des kapitalistischen Wirtschaftssystems kennen, d. h. sie gegen den Klassengegner einsetzen und die Widersprüche des Wirtschaftssystems ausnutzen. (S. 344)

Naumann beklagte den »heimlichen« Lehrplan unserer Schulwirklichkeit als »stark gesellschafts- oder besser herrschaftskonform« (wobei er sich auf Klaus-Jürgen Tillmann berief) und resümierte: »Erst wenn die Wert- und Normenvorstellungen der Arbeiter zur Grundlage des Sozialisationsvorgangs werden, kann hier eine grundlegende Änderung eintreten.« (S. 345) Mit diesem Ziel vor Augen konnte Naumanns Bilanz der Laborschule nur negativ ausfallen.

Die Schul-Republik. Die Laborschule nahm ihre Selbstverwaltung durch bestimmte, in der Satzung definierte Organe wahr, nicht durch Individuen oder individuelle Gruppen. Soviel Sympathie man für zivilgesellschaftliche Verfahren haben kann – zu den Aufgaben einer durch Wissenschaft gesteuerten Versuchsschule passen sie nicht. Unsere Laborschul-Demokratie war republikanisch – eine politische Ordnung, in der die Befugnisse getrennt und lokalisiert sind. Diese Vorstellung war strenger als die von den meisten 68ern bevorzugte basisdemokratische, der zufolge alle für alles zuständig sind. Vollends strenger war meine Vorstellung von dem, was unter Demokratie zu verstehen sei: die Sicherung von Überzeugungsprozessen, durch die eine Annäherung an den Konsens ermöglicht wird. Die Autoren des Rowohlt-Buchs waren nicht nur »anderer Meinung«, sie gingen anders vor. Ekkehart Naumann vertrat in der ersten Sitzung des CRLS zum Tagesordnungspunkt »Buchkonflikt«, in der die Autoren Rede und Antwort stehen sollten (es war eine Jubiläumssitzung: die fünfundsiebzigste) am 13. September 1977 dezidiert die Auffassung: »... nicht Diskurse können unsere Angelegenheiten lösen, sondern nur Mehrheiten.« Er verstand mich einfach falsch: »Der Grundfehler der Konsenstheorie ist, dass sie, statt Mehrheitsbeschlüsse im politischen Interessenkampf gelten zu lassen, die Einmütigkeit aller Lehrenden fordert.« Er hatte sich an dem Wort »Konsens« verschluckt. In »Die Wiederherstellung der Politik« (1973), wo die Konsenstheorie entfaltet und begründet wird, hätte dieser schärfste Denker unter den Autoren des Rowohlt-Buchs auf den Seiten 153 bis 200 lesen können, dass Mehrheitsbeschlüsse natürlich notwendig sind, aber doch erst, wenn die Überzeugungs- und Einigungsprozesse gescheitert sind.

Ich unterwarf mich, wie jedermann an den Schulprojekten – außer den Rowohlt-Buch-Autoren – den Mehrheitsbeschlüssen. Der Buchkonflikt war gepflastert mit Hentigs Abstimmungsniederlagen. Ich beugte mich aus allgemeiner politischer Einsicht, aber auch um der Laborschule willen, die ein Modell für die Polis sein sollte, zu der sie erzog. Der Schule als pädagogischem Versuch war mit »Mehrheit ist Mehrheit« nicht gedient, wenn sie die Minderheiten nicht mitnahm. Schon gar nicht bekam es der Schule, wenn eine Minderheit der Mehrheit einfach auswich. Minderheiten sollten ihren Widerstand innerhalb der Satzung leisten, nicht außerhalb.

Hentig als Bedrohung. Ich weiß, es ist nicht immer leicht, zwischen Ansehen, öffentlicher Geltung, persönlichem Einfluss und »Macht« zu unterscheiden. Da mein Amt mir keinerlei Machtinstrumente gab, blieb ich – wie jeder andere im Hause – auf die Macht des Wortes angewiesen. Diese hatte man in den endsechziger Jahren als »Definitionsmacht« zu stigmatisieren gelernt und schlug sie mir nun um die Ohren. Die Autoren des Rowohlt-Buchs schrieben am 19. September 1977 über mich:

Er definiert »richtiges« politisches Verhalten, [...] stellt fest, dass unsere Meinung und Handlung davon abweichen und schon sind wir unpolitisch. Umgekehrt geht es auch, nur haben wir nicht die Macht des »Initiators«, unsere Vorstellungen als die Idee der Institution zu definieren und die LS für gescheitert zu erklären, wenn die Idee der Wirklichkeit nicht entspricht.

[...]

Er definiert wissenschaftliches Verhalten, [...] stellt fest, dass wir dem nicht entsprechen, und schon sind wir unwissenschaftlich. Umgekehrt geht das auch, nur haben wir nicht die Macht des Wissenschaftlichen Leiters, unsere Vorstellung als wissenschaftliches Prinzip der Institution zu definieren und die LS für unwissenschaftlich zu erklären, wenn die Wirklichkeit vom gesetzten Wissenschaftsbegriff abweicht.

[...]

Hentigs Argumentation bestärkt uns in unserem Verdacht, dass nicht die fehlende Information über ein sonst frei zu schreibendes Buch die Auseinandersetzung bestimmt, sondern die Tatsache, dass 10 Autoren es geschrieben haben, die weder seinen politischen noch seinen wissenschaftstheoretischen Standpunkt teilen, und dass sie es ohne ihn schrieben.

Dass er hierüber bereit ist, die Institution Laborschule für gescheitert zu erklären und damit praktisch die Existenz einer politischen Reformeinrichtung von der Zustimmung zu seinen persönlichen Anschauungen abhängig macht, zeigt, dass er sie zu wenig ernst nimmt als eine sich selbst weiterentwickelnde Einrichtung.

Hatte diese Argumentation – sie stammte wohl im Wesentlichen von Ekkehart Naumann und Klaus Heidenreich – noch den Charakter einer rationalen Kritik, gegen die man sich zur Wehr setzen kann (z. B. mit dem Hinweis, dass die entsprechenden Beschlüsse von gewählten Gremien und in ihnen natürlich von Mehrheiten gefasst waren), so entzogen sich die Berufung auf das Sich-bedroht-Fühlen und der Rückzug in die Notgemeinschaft der »emotional« Gleichgestimmten jeglicher Auseinandersetzung. Das war ein seltsamer Pakt von sonst Nicht-Beachteten, die erstaunlicherweise »darum« in die Öffentlichkeit gehen mit solchen, die umgekehrt die Geheimhaltung brauchen, weil eine öffentliche Diskussion ihr Vorhaben »gefährdet« hätte. »Wir fühlen uns zu schwach dafür« ist nicht widerlegbar – und der, der einen so fühlen lässt, ist schuld und kann von da an nichts mehr richtig machen: Er darf den anderen nicht aufheben, das ist Herablassung; er darf nicht weiter streiten und weiter fordern, das setzt die Überlegenheit fort; er kann sich nicht einmal demütig in die Schar der Leidenden einfügen, er verdürbe damit ihre Rolle. Ich habe im vorvorigen Kapitel (S. 320 ff.) meine Ablehnung der Gruppendynamik in meinem Lebensbereich begründet. Jetzt erfuhr meine Abwehr ihre überzeugendste Bestätigung: Hier sollte die Gruppendynamik die Politik ersetzen. Ekkehart Naumanns Marxismus war eine seltsame Ehe mit dem psychologischen *soft-talk* eingegangen, der Klassenkampf mit der Gruppentherapie. Das allein machte mir die Autorengemeinschaft zutiefst unheimlich.

Wo Großes auf dem Spiel steht, müssen große Lösungen her – heroisches Scheitern oder ein Deus ex machina. Das Scheitern hätte ich auf mich nehmen müssen – ich zögerte noch. Nur wenn die Fortführung der Laborschule in ihrer gegenwärtigen Zerrissenheit ein größeres Übel war als ihr Ende, durfte ich an dieses überhaupt nur denken. Den Deus ex machina hätte der zuständige Minister spielen müssen – und der zögerte erst recht. Wo man es mit der Versetzung von 54 beamteten Lehrern zu tun hat, mit Eltern, die entschlossen sind, vor Gericht zu gehen, mit einer zu jeder Aufwallung bereiten Civitas Academica, sieht »Scheitern« ja nicht wie ein grandioser Schiffbruch aus, vielmehr wie ein langwieriges und kostspieliges Abwracken, etwas, was man seit 1989 »Abwicklung« zu nennen gelernt hat. – Es kam also nur zu einer kleinen Lösung – kleinmütig, wechselvoll, unbefriedigend.

Zunächst erhielt die ARB-Seite Auftrieb durch eine Routinehandlung des Rektorats. Karlheinz Osterloff hatte schon im Sommer 1977 die Laborschule im Zorn verlassen, und Frau Rosenbohm bewarb sich seitdem auf die von ihm geräumte Stelle des Stellvertretenden Schulleiters/der Stellvertretenden Schulleiterin. Ihre Berufung in dieses Amt, für das sie durchaus geeignet war, wurde vom Rektorat zurückgestellt, bis der »Gremienstreit« an der Laborschule seine Lösung gefunden habe. Daraufhin forderten 37 der 54 Laborschul-Lehrer und -Lehrerinnen die Schulleitung auf, »gegenüber dem Rektorat umgehend eine positive

Stellungnahme für Veronika Rosenbohm abzugeben«. Die Mehrheit zeigt Solidarität, wenn es um Stellen geht. Geht es um andere Fragen, gibt es sie nicht.

Nachdem die ARB den Beschluss des Curriculumrats für »satzungswidrig« erklärt hatten (s. o. S. 451), entschloss sich dieser, das Kollegium zu befragen:

> Der Curriculumrat hat seine Funktion so verstanden, dass ein Buch von Mitgliedern der Laborschule über die Laborschule ihm vor der Veröffentlichung zur Diskussion und Beurteilung vorgelegt werden muss.
> Stimmen Sie dieser Interpretation zu ☐ Ja ☐ Nein

Hierauf gingen von über 60 Stimmberechtigten nur 24 Antworten ein – 20 davon mit »Ja«, 3 mit »Nein«, 1 ungültig. Der Curriculumrat wertete das Ergebnis als Bestreitung seiner Auffassung und empfahl dem Satzungskonvent seine Auflösung. Wortführer der »Opposition« legten das so aus: Der Konflikt interessiere die Mehrheit der Laborschullehrer eben nicht; man solle zur Tagesordnung übergehen. Der Konvent lehnte den Auflösungsantrag ab, den ich noch einmal mündlich und schriftlich begründet hatte, stellte sich gleichzeitig hinter die Forderungen des Curriculumrats und trat für die Wahl der Frau Rosenbohm zur Stellvertretenden Schulleiterin ein. Das war die Tat eines tapferen Schneiderleins im Märchen: drei Fliegen auf einen Streich! Am Tag nach dieser Sitzung lag das Rowohlt-Buch in den Buchhandlungen aus.

Der Curriculumrat reagierte mit einer Presseerklärung von einer Schreibmaschinenseite. Dem Konvent, der nun zu einer Sondersitzung am 1. Dezember 1977 einberufen wurde, lag ein Antrag auf Absetzung der Debatte über den Buchkonflikt vor; dieser forderte die »Rückkehr« zum Alltag, zur Diskussion um die »tatsächlichen Probleme« der Laborschule – um Regeln, Unterschichtdidaktik, einzelne Curriculum-Bestandteile. Innerhalb dieser Diskussion sei auch eine Auseinandersetzung mit einzelnen Passagen des Rowohlt-Buches möglich. Ein anderer Antrag von Helmut Schmerbitz und Erich Heine sah vor:

– Es werden keine dienstrechtlichen Maßnahmen ergriffen (dies war die vierte offizielle Versicherung dieser Art!).

- Die Satzung ruht, bis die Autoren ihr Verhalten bedauern und sich verpflichten, künftig die Beschlüsse der Gremien einzuhalten.
- Solange die Satzung ruht, übernehmen die Schulleitung und der Wissenschaftliche Leiter die Aufgaben der Laborschul-Konferenz und des Curriculumrats.

Auch ich hatte einen Antrag vorbereitet, der unter der Ziffer 7 den Satz enthielt: »Er [der Konvent] fordert die Autoren des Rowohlt-Buchs auf, die Laborschule zu verlassen und sich ein ihren Vorstellungen von wissenschaftlicher und politischer Zusammenarbeit zugängliches Wirkungsfeld zu suchen.« Als ich ihn der Vorsitzenden des Konvents vor der Sitzung übergab, bat sie dringend, den Text zurückzuhalten, bis sich die Autoren geäußert hätten; es sei zu erwarten, dass diese eine Erklärung abgäben, die meinen von ihr als zu hart empfundenen Antrag überflüssig machte. Die Erklärung wurde in der Tat an diesem 1. Dezember 1977 vorgetragen und eine schriftliche Fassung in Aussicht gestellt, die am 9. Dezember 1977 vorlag und so aussah:

> Erklärung der Autoren des Rowohlt-Buches
> Wir stehen hinter den Selbstverwaltungsprinzipien der Laborschule. Wir werden weiterhin in Gremien mitarbeiten und uns an die Gremienbeschlüsse halten.
> Unserer Meinung nach ist unsere Satzung in Bezug auf Publikationen nicht eindeutig. Deshalb sehen wir in unserem Verhalten keinen Verstoß gegen die Satzung.
> Die Entwicklung des Konflikts zwang uns allerdings zeitweise, an den Gremienbeschlüssen vorbeizugehen. Dies bedauern wir.
> In der sicheren Empfindung, wir könnten während der Entstehung der Manuskripte über diese nicht offen diskutieren, ohne das Vorhaben überhaupt zu gefährden, haben wir das Buch ohne Vorankündigung im CRLS verfasst. Dies bedauern wir.
> Wir sind an einer verbesserten Kommunikationsstruktur in unserer Schule ernsthaft interessiert und fordern alle Kollegen auf, daran mitzuarbeiten.

Luitbert von Haebler erklärte dies für unglaubwürdig und jedenfalls gegenwärtig nicht hinnehmbar. Er hatte das Buch inzwischen bis zum schlimmen Ende gelesen und zitierte aus diesem das Bekenntnis, die Gruppe habe eine bewusste Strategie befolgt: Erst Tatsachen schaffen, dann diskutieren. »Handeln in kleinen Gruppen zwingt den Rest zum Nachziehen« (S. 402) und: »Dass man immer die Strategie einhalten muss – ›erst Gremien und dann …‹ –, halte ich für falsch. Ein Fakt ist ein Fakt.« (S. 406) Wenn die Laborschule den Konflikt hiermit beendige, meinte von Haebler, sei diese Strategie in Erfüllung gegangen. Das, was die Autoren angeblich bedauerten, mit diesem Erfolg zu belohnen, sei inkonsequent. Man habe nun schwarz auf weiß gelesen (S. 57), dass die Autorengruppe schon 1972 in den Untergrund gegangen sei und sich an der Gremienarbeit absichtlich nicht mehr beteiligt habe – »erfolgreich«, denn wir anderen hätten das nicht gemerkt. Die zahlreichen Bekenntnisse zu einer völlig anderen Schule mit völlig anderem Auftrag könnten nicht mit einer nachträglichen friedfertigen Diskussion der Alltagsprobleme aus der Welt geschafft werden.

Ich schloss mich seiner Ansicht an und ließ meinen Antrag verteilen. Durch Geschäftsordnung wurde erreicht, dass über den Antrag von Schmerbitz und Heine zuerst abgestimmt wurde. Der bekam eine große Mehrheit, womit die anderen Anträge »vom Tisch« waren, darunter der meine. Von der Seele war er damit nicht. In ihm war die Möglichkeit einer Trennung zum ersten Mal offen ausgesprochen worden.

Weil die Autoren des Rowohlt-Buchs die Gremien ins Leere hatten laufen lassen, bis Gewissheit herrschte, dass das Buch ausgeliefert war und keiner der Beteiligten aus dieser Strategie ausscheiden konnte; weil dies jederzeit wieder möglich war, schon gar, nachdem die Autoren ihr »Bedauern« nur unter dem Druck des Konvents ausgesprochen und ihr Ausweichen in den Untergrund stets damit begründet hatten, sie hätten sich vor »äußerem Druck« schützen müssen; weil sogar noch in ihrer »Erklärung« die Formulierung beibehalten wurde »Die Entwicklung des Konflikts *zwang uns …*«; weil sich die Unvereinbarkeit der Standpunkte im Austrag des Konflikts erst in ihrem vollen Ausmaß gezeigt hatten; und nicht zuletzt weil Kollegen im Begriff waren, die Schule zu verlassen, Kollegen, die von der Einhaltung der Gebote der politischen Selbstverwaltung zermürbt und von der Vergeblichkeit dieses Bemühens enttäuscht waren, konnte ich nicht an eine gründliche und schnelle Heilung (die wir brauchten!) glauben. Ich hielt also meinen Antrag aufrecht. Es kam zu einer Sondersitzung des Konvents am 13. Dezember 1977. Nach heftiger Diskussion stellte Frau Minow, die erst seit kurzem bei uns tätig war, den Antrag auf »Nichtbefassung« mit dem Antrag Hentig und fand die Zustimmung von 24 Konventsmitgliedern gegen 22 bei zwei Enthaltungen. Der Konvent akzeptierte die »Bedauernserklärung« und sah damit den Konflikt um die »Verletzung der Satzung und die Missachtung von Gremienbeschlüssen als beendet an«. Die Laborschule beschloss, ihren Konflikt lieber nicht zu haben. Statt dessen beraumte sie einen Curriculumentwicklungs-Tag im neuen Jahr an, auf dem es um »Bestandsaufnahme und Perspektiven für eine konstruktive Weiterentwicklung« gehen sollte.

Von diesen Entscheidungen und vor allem von dem Rowohlt-Buch nahm am 29. Dezember 1977 als erste Instanz der Kreisverband der CDU Kenntnis und stellte in der örtlichen Presse scheinheilige Fragen. Dann brach ein Taifun von öffentlicher Neugier, Häme und Besserwisserei über uns her. Kurt Liebenberg, der Curriculumrats-Vorsitzende, spielte Technischen Notdienst und gewann damit das Zutrauen des gesamten Kollegiums. Wir vereinbarten, nur über ihn der Außenwelt Auskünfte zu unserem Streit zu geben. Die Presse wurde auf die Zeit nach dem Curriculumentwicklungs-Tag und auf die frühere Stellungnahme des CRLS verwiesen. Konrad Adam von der FAZ hat mir nie verziehen, dass ich mich, selbst in dieser Lage, vor die Schule gestellt, ihn nicht empfangen, seine publizistische »Hilfe« nicht angenommen habe.

Am 7. Januar 1978 habe ich den Minister für Wissenschaft gebeten, mich von der Wissenschaftlichen Leitung der Schulprojekte zu entlasten – ich wolle damit einer zwischen ihm, der Universität und der Fakultät auszumachenden Lösung den Weg ebnen. Diese Bitte war mit einer anderen verbunden: bis zum Abschluss des Curriculumentwicklungs-Tages Anfang Februar seinerseits *nichts* zu unternehmen. Diesen Brief habe ich gründlich bedacht und meine Gedanken dazu aufgezeichnet. Die Schule habe ich über meinen Brief, der über das Rektorat nach Düsseldorf ging, zehn Tage danach in der großen Pause informiert. Sie glich von da an einem Hexenkessel. Die Schüler brachen ihren Unterricht ab. Man sah weinende Kinder. Die Wände waren hunderte Male mit »Hentig soll bleiben« vollgesprüht. Um des Chaos' Herr zu werden, bat ich im Einvernehmen mit der Schulleitung die »Großen« –

Jahrgänge 8 bis 10 – in die Mensa. (Die Kleinen – Jahrgänge 3 bis 7 – suchte ich je für sich auf ihren Feldern auf; die ganz Kleinen konnten wir in Haus 1 aus der Sache weitgehend heraushalten.) Ich erklärte ihnen die Lage so »neutral«, wie man in guten Familien einen Ehestreit erklärt, kam aber bald in Bedrängnis, als die empörten und gewitzten Laborschüler aus der deutlich gewordenen »Unvereinbarkeit« der Standpunkte unisono den Schluss zogen: »Dann sollen *die* doch gehen!« Ihre drängenden Fragen – »Was haben die vor?«, »Wieso glauben die, sie könnten über uns schreiben, was sie wollen?«, »Warum machen die deine Schule kaputt?« – konnte ich an die anwesenden Autoren Ekkehart Naumann, Veronika Rosenbohm und Gerd Büttner weitergeben und machte ihnen auf dem Tisch Platz, von dem aus ich gesprochen hatte. Aber die mochten nicht. Ekkehart Naumann erklärte: Die Gruppe habe sich verabredet, nur gemeinsam Stellung zu nehmen. Nach diesem Satz, der in einem großen Hohngeheul unterging, hätten sie sagen können, was sie wollten, sie hätten die Laborschüler nicht mehr erreicht.

Zwei Tage später kam der Staatssekretär angereist und erklärte mir im Namen des Ministers klipp und klar: Die Laborschule werde nicht weitergeführt, wenn *ich* keine Einigung im Kollegium erreichen könne; weder werde man einen anderen Wissenschaftlichen Leiter suchen, noch werde sich jemand finden lassen, der die Schulprojekte in dieser Verfassung übernehme. Ich bat ihn um eine Woche Bedenkzeit, in der die gesamte Linke Deutschlands auf mich einschlug – von der Zeitschrift »betrifft: erziehung« (in ihr der 1973 von mir mit dem Pfaff-Preis ausgezeichnete Horst Speichert) über sämtliche gewerkschaftlichen Organe bis hin zur Marxistischen Studentenzeitung, die wusste (wenn so krauses Zeug mit »wissen« bezeichnet werden kann):

> … weil die Reaktionen der Kinder auf die Art und Weise, in der an ihnen herumgemacht wird, – »Zerstörung von Mobiliar, Türen und Wasserhähnen … massive Verschmutzung von Unterrichts- und Allgemeinflächen« / Neue Westfälische –, unschwer darauf zurückzuführen sind, dass ihnen das Dasein als Versuchskaninchen auch nicht mehr Freude bereitet als der herkömmliche Stress an einer Wald- und Wiesenschule, bedarf es der ständigen gemeinsamen Versicherung der Pädagogen, dass sie schon auf dem rechten Weg seien. […] In so

einem Fall wird der Ruf nach der Verwaltung erhoben, die so lange nicht selbst an der Laborschule einzugreifen braucht, wie deren Mitglieder für ein ordentliches Funktionieren des Experiments sorgen: Durch die (wie auch immer geartete) staatliche Maßregelung der zehn Autoren wird die Selbstverwaltung an der Laborschule wieder ins rechte Lot gerückt, womit von Hentig von seiner Sorge entlastet wäre.

Wenn also der Chef verkündet: »Als Wissenschaftlicher Leiter ziehe ich daraus die Konsequenzen für meine Person«, so ist das für 10 andere Personen ungemütlich und ein Irrtum der Schüler des Oberstufen-Kollegs aufgeklärt, die einen »Rücktritt des Wissenschaftlichen Leiters« (Stellungnahme der Kollegiaten) bedauern wollen.

In der mir eingeräumten Woche bat ich die 14 Kollegen, auf deren Überzeugungen, Können und Loyalität (nun doch) »meine« Laborschule beruhte, in meinen Kotten, erklärte ihnen, es laufe nunmehr alles auf »weiter so« oder »gar nicht« hinaus, und fragte am Ende jeden Einzelnen, ob er bereit sei, mit mir zusammen auszuziehen und eine neue Schulgründung zu wagen. Ich habe vierzehnmal ein vernehmliches »Nein« gehört. Richtigerweise hingen alle *diese* Lehrer an dem von ihnen mühsam geleisteten, kaum irgendwo sonst in der Welt zu wiederholenden Werk.

Am Ende der Woche gab ich auf, teilte dem Wissenschaftsminister mit, ich würde am Curriculumentwicklungs-Tag teilnehmen und dessen Ergebnisse abwarten. Die *renonce* der alten Bundesgenossen, ein Brief von Golo Mann (»Sie müssen zu Ihrer Sache stehen!«) und eine schluchzende elfjährige Laborschülerin haben meinen Stolz gebrochen. Sie haben mich den Widerwillen, ja Ekel vor der als Vernunft verkleideten Feigheit, der Mehrheitsseligkeit, der Mediokrität, dem Wandel von Tätern zu Opfern überwinden lassen. Ich erklärte zu »Nebenerscheinungen«, was der Hauptgrund meiner Empörung, ja meines Unglücks war.

Die »Curriculumentwicklungs-Tage«, also die Veranstaltungsart, innerhalb derer die beschlossene große Aussprache vor sich gehen sollte, fanden am 3. und 4. Februar, einem Freitag und Samstag, statt. Ich habe mich den Debatten in der von einem Ausschuss vorbereiteten Gliederung zwanzig Stunden lang ausgesetzt wie jeder andere – und dies sogar mit einer mich selbst überraschenden Unbefangenheit. Ich musste nun auf niemanden und nichts mehr Rücksicht nehmen, hatte nichts mehr zu verlieren, konnte nur noch manches und manchen gewinnen. Die härtesten Dinge waren ja alle schon gesagt. In der Mensa der Universität lagen die Flugblätter der »Fachschaft der Fakultät für Pädagogik« aus. Die Überschrift »Hentigs Erpressungsversuch oder: Wie man sich selbst als Geisel nimmt« wurde darin von auswärtigen Untersuchungsrichtern expliziert. Hier, im Hause, mussten mir die Gegner ins Auge sehen, wenn sie so etwas sagten.

Der erste Tag verging mit dem Anhäufen von Wörtern, die den Konflikt zudecken sollten, mit dem Anpassen immer neuer Masken, mit einem bemühten *quid pro quo* (aus »politischer Parteilichkeit für die Unterschichtenkinder« wurde »den Unterschichtenkindern helfen«, aus »Immunität gegen die Spielregeln des Klassengegners« wurde »Kritikfähigkeit«), mit Beschwichtigung auf der ganzen Linie. Subjektlose Sätze: »Die Kommunikationsstrukturen an der Laborschule sind kaputt.« Das absolute Minimum: »Gremien werden anerkannt.« Heuchelei: »Hospitation ist selbstverständlich.« Bagatellisierung: »Das Rowohlt-Buch – ein unbedachter Anfangsfehler.« Grobe Missdeutungen: »HvH versucht, die ARB zu Verfassungsfeinden zu machen«. (Ich hatte zwei Modelle der politischen Sozialisation einander gegenübergestellt: »Klassenkampf« und »Interessenausgleich« nach Regeln, für die man gerade nicht ›immun‹, sondern ›empfindlich‹ sein müsse und die man fair anwende, d. h. gegen sich selbst wie gegen andere, und hatte hinzugefügt: »Nur das Letztere entspricht unserer verfassten Gesellschaft«.) Und immer wieder: »Wir mussten uns schützen – wir fühlten uns bedroht.«

Am zweiten Tag – man hatte sich vernünftigerweise in fünf Gruppen aufgeteilt, so dass in jeder zwei Autoren des Rowohlt-Buchs ihre Sache vertreten konnten und nirgends mehr als zehn Kollegen um ihren Redeanteil kämpfen mussten – habe ich in meiner Gruppe eingangs gefragt: »Glauben Sie, dass ich mit den gestern niedergeschriebenen Arbeitsgruppenberichten vor den Minister treten und ihm sagen kann: ›Hiermit geht es an der Laborschule doch gut weiter – die skeptischen Analysen, die ich auf 31 Seiten vorgelegt habe, sind ungültig, die Zukunft ist klar und gesichert‹?«

Man versuchte es nun mit Vorschlägen zu einzelnen Sachfragen – mit Maßnahmen wie: Was die X-Konferenz entscheiden, wo der Wissenschaftliche Leiter noch mitarbeiten, wie das Kollegium die Benachteiligten besser unterstützen könne. Dies alles antwortete nicht auf das, was man uns am folgenden Montag fragen würde, nämlich: Habt ihr euch geeinigt – seid ihr ein arbeitsfähiges Kollegium?

Nur eine einzige Autorin des Rowohlt-Buchs bekannte: »Ich will auf einer neuen Basis beginnen.« Bei den anderen: Keine Absage an die fortgesetzten unflätigen Wandzeitungen, an die bösartigen Eintragungen in das Mitteilungsbuch, an die neurotische Aggressivität der Rowohlt-Publikation. Keine neuen Verfahrensprinzipien für Konflikte – außer einem von Otto Herz vorgeschlagenen »Vertrauensausschuss«, in dem man die »Wahrheit« sagen können sollte, ohne dass sie dem anderen zum *show-down* gerate. (Uff!) Keine Einigung und keine Reinigung.

Meine Bilanz der Tagung war entsprechend pessimistisch: Ich könne nicht sicher sein, dass, wer die Missachtung der Gremien als bloßen *faux pas* ansehe, das heißt: sie so wenig ernst nehme wie die Mehrheit der ARB noch immer, nicht morgen mit gleicher Leichtigkeit die schwachen Abreden von heute ebenfalls breche. Ich könne niemandem die Angst vor einer »Bedrohung« nehmen, die ich selber nicht wahrnehme. Ich könne niemandem Entlastung für seine wissenschaftliche Arbeit versprechen – der Minister werde mir doch entgegenhalten: Kraft und Zeit zum Schreiben eines solchen Buches habe man ja offensichtlich! Ich sei nicht unversöhnlich, aber wie solle unsere Verständigung gedeihen, wenn die Standpunkte objektiv unverträglich seien und keiner den seinen auch nur einen Millimeter weit verlasse.

Jürgen Funke hatte am ersten Tag geäußert: »Dieser Betrieb ist offenbar ein verzeihender – ich bin es nicht.« War ich es? Dass mein Iolaos, der wackere Gewerkschaftler Otto Herz, den das Kollegium als neutralen »Koordinator« (heute würde man sagen »Konfliktmanager«) eingesetzt hatte, im Laufe der Tagung sein Amt zur Verfügung stellte, weil die Selbstreinigung nicht stattgefunden habe, ließ mich am Ende noch einmal kühn werden: Wenn die heilsame Trennung jeweils den Auszug einer großen Gruppe von Lehrern bedeute, ohne die die Laborschule nicht fortgesetzt werden könne, sollte doch wenigstens der »Kern« der einen oder der anderen Seite gehen. Den habe ich dann auch – mich selbst überrumpelnd – beim Namen genannt: Der Kern der einen bestehe aus Funke, von Haebler und von Hentig (nachdem Osterloff, Schuhe und Rieger schon gegangen seien); der Kern der anderen aus Kollege X und Naumann. Heidenreich nannte ich nicht – aus Respekt vor dem »Überzeugungstäter«.

Über dieser eigentlich allen bekannten, nun endlich ausgesprochenen Tatsache verstummte das gesamte Kollegium. In dieses Schweigen verkündete ich: Das, was der Curriculumentwicklungs-Tag gebracht habe, müsse ich noch bedenken. Heute keine Entscheidung über mein Bleiben!

Die Entscheidung habe ich nach einem Gespräch mit meinen engeren Freunden noch am selben Abend getroffen, sie am folgenden Sonntag aufgezeichnet und am Montag, den 6. Februar 1977 der Lehrervollversammlung mitgeteilt. Hier die Essenz im Wortlaut:

> Es ist wichtig, dass die Schule weitergeht – um der Kinder willen, die hier sind.
> Es ist auch wichtig, dass sie eine Wissenschaftliche Einrichtung bleibt, weil sie sonst ihre entscheidenden Merkmale verlöre. Das Überleben als »Schule« genügt nicht – sie muss zugleich ihren fordernden und schützenden Forschungsauftrag bewahren.
> Ich will und darf nicht ausschließen, dass ein anderer Wissenschaftlicher Leiter dies alles statt meiner ermöglicht. Eine solche Lösung ist jetzt nicht wahrscheinlich. Für die nächsten drei oder vier Jahre werde ich für diese Einrichtung geradestehen müssen.
> Die Tagung hat eine Fülle von Schwächen der Schule ans Licht gebracht. Die meisten gehen auf eine nicht geleistete Koordination und Kommunikation zurück. Der Wunsch nach Beratung, Anleitung, Antwort, Stützung, Ermutigung ist groß. Er geht nicht immer, aber oft an den Wissenschaftlichen Leiter.
> Ich werde dem Minister für Wissenschaft und Forschung meine Bereitschaft erklären, mein Amt fortzuführen. Ich stelle niemandem eine Bedingung – auch ihm nicht. Aber ich werde meine Erwartungen verdeutlichen, Notwendigkeiten und mögliche Folgen vortragen.
> Die Regierung kann in der gegenwärtigen Lage keine Wunder voll-

bringen. Die Erweiterung der Wissenschaftlichen Leitung wird nicht sofort, nicht ausreichend, nicht ohne erneute Einbuße an Verfügbarkeit des Wissenschaftlichen Leiters im Hause vor sich gehen. Vollends darf man damit nicht die Forderung nach Entlastung des Lehrdeputats der Lehrer verbinden. Wir werden vermutlich Schwerpunkte der Forschung bilden und Rotationsverfahren einführen müssen.

Ich bitte Otto Herz inständig, in seinem Amt zu bleiben. Ich bitte alle Kollegen, die sich aufgrund des Vertrauensbruchs und der mutwilligen Umgehung und Obstruktion unserer verfassten Gemeinschaft durch die Buchautoren und/oder die sogenannte Fraktion entschlossen haben, die Schule zu verlassen, mit mir zu bleiben.

Was die Zerstrittenheit des Kollegiums betrifft, so ist meine Bilanz vorsichtig. Die Mehrzahl der Autoren hat mich während der Klausurtage durch ihr Verhalten überzeugt, dass »ein neuer Anfang auf neuer Basis« möglich ist. Einige Kollegen haben angesichts von harten Alternativen und Kritik Zuflucht zu Interpretationen ihres Verhaltens und ihrer im Buch und anderswo gemachten Äußerungen genommen. Einen eindeutigen Widerruf haben sie nicht vollzogen. Ihre Absichten und Auffassungen sind mir unklar geblieben.

Ein richtiger, die Laborschule kennzeichnender Gedanke, nämlich der besonderen Hilfe für die besonders Benachteiligten, ist von ihnen in eine *Pädagogik des Klassenkampfes* verwandelt worden – und die Mehrheit der Kollegen hat dies aus unkritischer Solidarität geduldet.

Ich werde, solange ich Wissenschaftlicher Leiter und Mitglied der Schulprojekte bin, diese mit der Idee der Laborschule unverträglichen Vorstellungen und Verfahren mit allen Mitteln der internen politischen und geistigen Auseinandersetzung bekämpfen, die mir zu Gebote stehen, ganz gleich, welche Person sie vertritt.

Die Autoren des Buches waren und bleiben aufgefordert, den von ihnen in die Öffentlichkeit gesetzten und dort weitergetragenen falschen Vorstellungen von den Absichten und Prinzipien dieser Schule ihrerseits deutlich entgegenzutreten, auch wo diese von ihren Bundesgenossen kommen.

Diese Erklärung gab ich in der strategischen Hoffnung ab, dass die harten Gegner an unserem Kompromiss mehr leiden würden als meine harten Freunde. Ich täuschte mich. Im Laufe der nächsten vier Jahre haben ebenso viele meiner Paladine wie Autoren des Rowohlt-Buchs die Laborschule verlassen. Nicht immer war der Fortgang mit dem Buchkonflikt begründet, aber in ihm war in beiden Gruppen ein Grundzutrauen zu dieser Einrichtung zerstört worden. Einige der Buchautoren blieben bis zur Pensionierung, unter ihnen Kollege X, der einen großen Teil seiner Arbeitszeit mit Streit um diese verbrachte und sonst nicht weiter auffiel – wie die anderen »Rebellen«. Ekkehart Naumann bewarb sich noch während des Konflikts auf eine Stelle am Oberstufen-Kolleg; seine Ablehnung dort legte er als ein Komplott von meinem Bruder und mir aus; eine Niederlage war dies für ihn gleichwohl. (Roland saß als Biologielehrer am Oberstufen-Kolleg in der Auswahlkommission für die Stelle, die Naumann begehrte.)

Als Klaus Heidenreich 1981 die Laborschule verließ – ich greife hier dem Gang der Dinge noch einmal vor –, um wieder Pfarrer zu werden, wartete ich seine letzte Unterrichtsstunde ab, um ihm wie jedem scheidenden Kollegen Dank und Adieu zu sagen. Als ich an seinen Platz kam, sagten mir die umherstehenden Schüler, er sei vor drei Minuten durch den hinteren Ausgang verschwunden. Ich holte den schweren und also langsam gehenden Mann kurz vor dem Parkplatz ein, rief ihn dreimal an – er hat sich nicht umgewendet. Er wollte mir die Hand nicht geben, und ich konnte das verstehen. »He just faded away« wie General MacArthur. (s. Bd. I, S. 378)

Der Minister und das Rektorat waren erleichtert, dass *ich* blieb. Also keine Beendigung der Einrichtung, was so unabsehbar gewesen wäre wie die Beseitigung eines defekten Atomkraftwerks. Die erbetene »Hilfe« war man entschlossen uns durch eine gestraffte Satzung zuteil werden zu lassen, gegen die die Gremien beider Schulprojekte alsbald heftigen Widerstand anmeldeten und die sie in den nächsten Jahren zäh bekämpft haben. An die Formulierung klarer Aufträge und an eine Zuweisung von entlastenden Stellen an die Wissenschaftliche Einrichtung dachte niemand.

Die CDU machte sich den Laborschul-Konflikt zunutze und die an der Laborschule zu leistende Forschungs- und Entwicklungsarbeit zum

Gespött: »Die Kinder müssen [an der Laborschule] ihre Eltern beobachten und ihre Beobachtungen schriftlich festhalten, zum Beispiel: Wann kommen Vater und Mutter nach Hause, worüber unterhalten sie sich und vieles andere mehr. Eine wahrhaft teuflische Erfindung!« Das bekundete die Bundestagsabgeordnete und Landesvorsitzende Ursula Benedix in einem Vortrag im Landkreis Holzminden. Sie hatte die Laborschule kurz vorher besucht und reklamierte deshalb Authentizität für das, was sie sagte. Sie »wusste« auch, dass die Laborschüler »fast ausschließlich aus Studenten- und Akademikerkreisen« stammten; dass die »Schulversuche Fässer ohne Boden seien«; dass der Professor von Hentig »die Geister, die er rief, eben nicht loswerde«. Zu so etwas schweigt die Regierung lieber. Der Hentig hingegen musste – wenige Wochen nach dem Konflikt – in der alten ihm angelasteten Funktion tätig werden und die notwendigen persönlichen und öffentlichen Abwehrbriefe schreiben:

> […] Ihr politisches Urteil ist Ihre Sache. Aber wenn Sie dieses Urteil auf Beobachtungen zu gründen behaupten, die Sie an der Laborschule gemacht haben, dann sagen Sie, mit Verlaub, nicht die Wahrheit und haben die Gastlichkeit und Offenheit, mit der wir Ihnen das Haus geöffnet haben, missbraucht. Denn die Urteile müssen Sie schon mitgebracht haben. In den anderthalb Stunden, in denen Sie in der Schule waren, kam weder *in verbo* noch *in re* ein Kind vor, das zwei Eimer Wasser über die Tafel ausgießt, ›weil es frustriert ist und einfach das Bedürfnis hatte‹; es ist in dieser Zeit und auch zu keiner anderen und in keinem Schriftwerk von mir gesagt worden, man mache ›Kinder glücklich, indem sie lernen, Ansprüche zu stellen und durchzusetzen, dass sie gleich verwirklicht werden‹; es ist ganz sicher an der Laborschule vorgekommen, dass Kinder ihre Eltern über ihre Meinungen oder Gewohnheiten befragen – aber stets im Einverständnis mit den Eltern, die an der Laborschule (anders als an Normalschulen) an der Aufstellung solcher Aufgaben und an der Auswertung ihrer Ergebnisse mitwirken und die sehr lebhaft protestieren, wenn Dinge geschehen, die ihnen unklar sind oder missfallen.

Ich beschwichtigte also meinerseits, aber ich hatte gute Gründe dafür und ich schlug auch zurück:

> Wir haben uns der Öffentlichkeit und Offenheit verpflichtet und werden uns durch Enttäuschungen, wie Sie sie uns bereiten, nicht davon abbringen lassen. Wir werden uns im Gegenteil um Besucher aus Ihrer Partei bemühen, die nicht nur kommen, um ihre Voreingenommenheiten zu bestätigen. Ich werde unter Hinweis auf Ihren Besuch Herrn von Weizsäcker bitten, mir dabei zu helfen.

Richard von Weizsäcker war damals Stellvertretender Fraktionsvorsitzender der CDU im Bonner Bundestag.

Die notwendigen Arbeiten – der Forschungsbericht über das vergangene Jahr für die Universität, der Forschungs- und Entwicklungsplan für das kommende Jahr für den Minister – mussten diesmal mit besonderer Umsicht erledigt werden (der eine wie stets unter 20 Seiten, der andere wie auch sonst nicht unter 60 Seiten); im Strukturplan mussten die zunehmenden Erwartungen und die ebenfalls zunehmenden, auf Aufzeichnung drängenden Ergebnisse mit den uns auferlegten Stellenkürzungen von 1976 in Übereinstimmung gebracht werden – eine Quadratur des Kreises –, die brauchbaren Anregungen aus dem Curriculumentwicklungs-Tag zur Geltung kommen, die offenbar gewordenen Widersprüche oder Gegensätze einen belastbaren Ausgleich finden. Auch hatte ich in diesem Jahr meine ersten Lateiner zum Abschluss zu führen und nach einem weiteren Jahr mit dem ersten hauseigenen Jahrgang 5, der im dritten Schuljahr mit Englisch begonnen hatte, den »eigentlichen«, in Tübingen entwickelten Lateinunterricht zu geben. (Dies habe ich oben, S. 353 und S. 388 ff., um des sachlichen Zusammenhangs willen vorweggenommen.)

Unserem ersten Abgangsjahrgang bereiteten wir einen heiteren und würdigen Abschied. Ich hatte einen schwarzen Anzug angezogen: Der Tag sei mir so wichtig wie ein Staatsakt in Bonn. Die Kleinen sangen Lieder: »Warum sind die Schlümpfe klein? – Wir wollen gar nicht größer sein!« Klaus-Dieter Lenzen und ich führten die Szene mit dem Kleinen Mönch aus Brechts »Leben des Galilei« auf: »Aber wenn sie nicht in Bewegung kommen und *denken* lernen, werden ihnen auch die schönsten Bewässerungsanlagen nichts nützen« – diesen Satz habe ich, ins Publikum blickend, mit Nachdruck noch einmal wiederholt.

Das alles bekam mir gut, verjagte die Alpträume des Konflikts; Arbeitsschweiß trat an die Stelle von Angstschweiß.

Besonders heilsam war in dieser Lage die »Abschluss-Reise«, die wir seit Monaten für unsere Abgänger und mit ihnen vorbereitet hatten. Die »Franzosen« und »Lateiner«, also insgesamt 40 Schüler, sollten im Juni in die Provence fahren – angeleitet durch die Französischlehrerin Annemarie von der Groeben und den Lateinlehrer HvH. Zwei Wochen römische Vergangenheit und französische Gegenwart – Geschichte wahrnehmen, Architektur (Arenen, Aquädukte, Straßen) bestaunen, die Landschaft wahrnehmen, Lieder singen, ausgewählte Bücher (vor-)lesen, über das Erlebte sprechen, den Tag planen, zelten, einkaufen, kochen (in Vierergruppen, die sich vorher gebildet hatten und ihre Versorgung autonom planten), Gemeinschaft erfahren, das an der Laborschule gelernte *politeuein* bewähren. Wir hatten einen geräumigen Bus und einen verständigen Fahrer. Die Route: Ronchamp, Vaucluse, Mont Ventoux über Vaison la Romaine, Avignon, Pont du Gard, Nîmes, Aigues-Mortes, Les Saintes Maries de la Mer, Camargue, Arles, Les Baux, Sénanque, Ronchamp, Colmar, Straßburg. Auf der Themenliste, die die Lateiner vorbereiten sollten, standen: Theater/Spiele, Götter/Tempel, Verwaltung, Wasserversorgung, Bildung, Kleidung, Militär, Geld/Münzen/ Markt/Gewerbe, Straßenverkehr, die Geschichte der romanischen Sprachen, Cäsar und Vercingetorix, römische Provinzialverwaltung am Beispiel der Provincia Gallia Narbonensis. Die Franzosen hatten eine entsprechende Liste: Was isst, was trinkt man in Frankreich? Weinbau, französische Lieder (zum Anhören und zum Selbersingen), Languedoc, Avignon und die Päpste, die französische Romanik, die Hugenotten, Lavendel und Boule, Mistral und wilde Pferde, van Gogh und Arles, Cézanne und seine Farben, Daudet und sein Tartarin, Pagnol und seine Welt. Beide Gruppen belehrten einander: die Aussprache des Französischen, wiederkehrende Schilder (»rappel«), französisches Geld im Austausch für römische Zahlen, wiederkehrende Abkürzungen (a. D., a. C. n., S. P. Q. R.), die antike Mythologie.

Die Wirklichkeit war dann noch viel aufregender als das Vorgedachte: Ronchamp – hier hat Le Corbusier nicht nur alle Konventionen des

Sakralbaus gesprengt, er hat den Lichteinfall so kunstvoll inszeniert, dass man zu jeder Tageszeit eine andere »Kapelle« betritt. Dass man sich in einer Kirche anders verhält als auf einem Bahnhof, ist vielen unserer Sechzehnjährigen unbekannt. Einige zünden Kerzen an; am Ende wollen dies alle. Vor dem Zubettgehen wird aus Volkmann-Leanders »Träumereien an französischen Kaminen« vorgelesen – und auch das hat ein großer Teil unserer Schüler noch nie erlebt. Anderntags im Bus streitet man über die Musik. Jörg B. leitet die Abstimmung meisterlich: Das klassische französische Chanson, Elektronisches, die Stille – alles kommt zu seinem Recht. Das Gespräch hierüber ist so lebhaft, dass jeder Musiklehrer auf diese Situation neidisch werden müsste. Es bilden sich Paare. Ein Hauch von Zärtlichkeit legt sich über das Ganze.

Annemarie hat einen wunderbaren »Standort« in Bollène ausgemacht: im Park einer Gründerzeit-Villa im verkitschten Henri-Quatre-Stil; es gibt genug Wasserhähne, saubere Klos, eine freundliche Herbergsmutter.

Vor dem Triumphbogen in Orange vier Fragen: Was ist das? Woran erkennt man seine Funktion? Was ist in den Reliefs dargestellt? Ist das »schön« oder nur »alt«? Im römischen Theater bringen die Lateiner den Franzosen eine Szene aus dem Miles Gloriosus dar. Als wir den Berg über der Stadt besteigen, stoßen wir auf richtigen, nicht nur steinernen Akanthus! Tournus – was eine Basilika ist, braucht fortan keine Erklärung mehr. Cluny müssen wir rechts liegen lassen. Nach so viel »Bildung« drängt es die einen, in unserem Park noch Fußball zu spielen – danach ein langes Gespräch hierüber mit allen; die anderen gehen im Mondschein spazieren, möchten gern Lieder singen und, *hélas*!, können es nicht – auch darüber ein langes Gespräch mit allen. Immerhin: »Der Mond ist aufgegangen« lernen sie an diesem Abend und staunen darüber, dass Annemarie und ich alle Strophen können. »Habt Ihr *so was* in euren Schulen gelernt?«

Im Schlossgarten von Avignon erzählen Annemarie und ich im Wechselgesang die Geschichte des Papsttums und des Schismas, und die Schüler hören aufmerksam zu – von der Legende des Brückenbaus bis zum Manichäertum. Nach getaner Aufmerksamkeitsarbeit folgt die täglich neue Freude am frischen Weißbrot, an Oliven und Käse. Dass man eine eigene Haushaltskasse hat, macht die Gruppen »prudents/

prudentes«. Bei der Aufteilung in Vierergruppen sind Hans Peter, ein dicklicher lieber Außenseiter, Annemarie und ich übrig geblieben. Wir bilden eine höchst erfolgreiche *ménage à trois* – und Hans Peter darf an unserem Weinprivileg teilnehmen, will aber nicht. Die anderen haben striktes Alkoholverbot. Die »Abrede« lautet: Wer trinkt, wird nach Hause geschickt. Dafür »besaufen« sich die Jungen am nächtlichen Geschwätz im Zelt. Die Störung wird am dritten Morgen zum Anlass einer heftigen Auseinandersetzung zwischen den umsonst Ermahnten und mir. Ich drohe mit Abbruch der Reise. Mein Grund: *Ich* halte das nicht aus – ich brauche ein paar Stunden Schlaf in der Nacht. Das war in der Tat so. Aber wenn dies ein Lehrer sagt, ist es ein pädagogischer Akt, dessen Folgen er sich gut überlegt haben muss. Die Schüler halten ihm entgegen: »Als Pädagoge musst du doch wissen, dass so etwas auf Fahrten passiert!« Als es in der Tat wieder »passiert«, mache ich die Drohung nicht wahr. Schlimm, schlimm für einen Musterpädagogen! Aus meiner peinlichen Inkonsequenz erwächst eine peinliche Konsequenz: »Wenn ihr nicht – dann eben ich!« Ich schäme mich alsbald dieser mir offenbar naheliegenden Figur. Einer »Delegation« – in ihr vor allem der Sabine, Tochter meiner Sekretärin – gelingt die Versöhnung. Außerdem ist nicht nur Jörgs Geburtstag – Jörg ist der Hauptübeltäter! –, es steht auch einer der Höhepunkte unserer Reise bevor, der Pont du Gard: Ihn von weitem sehen, hinaufsteigen, darüber gehen, tapfer sein, runterspucken und danach im Fluss baden lässt allen Ärger vergehen.

Les Baux möchte man, nachdem man die Felsenstadt bestiegen hat, künftig anders schreiben: Les Beaux. In Fontvieille, am Fuß von Daudets Mühle, lesen wir »Monsieur Séguins Ziege« und »Dombalaguère«, warten den grandiosen Sonnenuntergang ab, lassen Gerald die Flügel der nun unbewachten Mühle besteigen.

Das Amphitheater in Arles machte allen den erwarteten großen Eindruck, vollends die Vorstellung, dass dieses riesige Oval im Mittelalter mit Wohnhäusern angefüllt war. Ich erzähle von den Circenses und den Kampfarten, von Nero und der Christenverfolgung, von Petrus und »Quo vadis Domine?« Eigentlich hatte einer der Schüler dieses Thema vorbereitet, aber das Ergebnis seiner Arbeit war so beflissen und trocken, dass ich mich der Zuhörer und der großen Geschichte erbarme und sie selber erzähle. Es haben sich zwei Gruppen herausgebildet – die unentwegt Beteiligten und die bloßen Mitläufer –, und sie sind bemüht, einander nicht zu stören. Vor dem Portal von St. Trophime machen sich die Ersteren daran, die biblischen Szenen zu erkennen und zu benennen. Aber selbst um raten zu können, ist ihr Wissen zu dürftig. Das Jüngste Gericht sagt ihnen nichts. Mit dem Erkennen der drei Erscheinungsformen Christi (als Kind: Hoffnung der Menschheit, als Gekreuzigter: ihr Erlöser, als Weltenrichter: ihr Herr) werden auch religiös Gebildete Probleme haben. Dass eine so saftige Geschichte wie die von Samson und Dalila unerkannt bleibt, weil sie unbekannt ist, gibt dem Schulgründer zu denken.

Les Saintes Maries de la Mer – auf der Stelle wortlose Übereinstimmung: Dies ist die schönste Kirche, die es gibt. »Und das liegt auch am Meer«, sagt einer meiner Wortspieler. Wir baden lustvoll in der noch kalten und völlig unbewegten See. Beratung über den Marsch durch die Camargue: Man muss um 4.30 Uhr aufstehen in noch völliger Finsternis und tut es ohne Murren. Bei Sonnenaufgang sieht man die ersten Flamingos. Keine wilden Pferde – oder doch? Einige behaupten ...

In Aigues-Mortes streicht meine Hand über das von Marie Durand während ihrer 37-jährigen Gefangenschaft in den Stein eingeritzte RECISTER (sic), von dem der Schüler des Französischen Gymnasiums geschworen hätte, es befinde sich in La Rochelle: *Se détromper de l'erreur*! Komplizierte Entscheidung über einen zweiten Marsch durch die Camargue auf Kosten von Sète mit seinen Grotten. Eine Minderheit setzt sich durch mit dem Argument: »Immer werden wir überstimmt«, was ein langes Gespräch über Mehrheitsbeschlüsse in Fragen des Lebensgenusses und der Lebensformen nach sich zieht – und über »moralische Erpressung« durch die Übergangenen, die sich dieses Arguments bedienen. (Auch das eine bekannte Figur!) Die zweite Wanderung durch die Camargue bringt immerhin eine Begegnung mit einem wilden Stier. Zwei, die nicht für den Marsch gestimmt haben, räumen den Platz auf und leisten dem Fahrer Gesellschaft.

Nîmes – ein letztes Mal Antike. Die Maison Carrée erfüllt ihre Aufgabe aufs anmutigste. Die Fontaine de Vaucluse schüttet uns (und den sich dort etablierenden Büttenpapier-Herstellern) so viel kristallklares Wasser entgegen, wie wir es nie wieder sehen werden. Unter Cézannes lichtblauem Himmel und durch seine ocker- und mattgrüne Landschaft gelangen wir nach Roussillon auf und aus leuchtend rotem Sandstein. »Das ist ja noch schöner als alles Bisherige!«, ruft einer, und ein anderer im Fußballjargon: »Mittelalter schlägt Antike zwei zu eins!« Im verlassenen und doch so gut erhaltenen Kloster Sénanque (Sana Aqua – erklären die Lateiner) sind dann alle sprachlos. Eine Gruppe setzt sich im Mittelschiff der romanischen Basilika auf den Fußboden und verharrt dort eine ganze Stunde in völligem Schweigen. Laborschüler! Andere gehen mit mir im Kreuzgang, Runde um Runde, und lassen sich gebannt von klösterlichem Leben erzählen; immer wieder kommen neue Fragen auf, in denen Befremden und Anziehung sich mischen. Auf der Weiterfahrt sagt einer: »Da würde ich leben wollen.« »Als was?« »Als Mönch, natürlich!« Da täuscht er sich – und rührt mich. Die Sehnsucht nach dem, was wir nicht sind und nicht können, ist auch ein Teil dessen, was wir sind und was wir können. Am Abend Longo Mai (oder Mongolei?). Dann die lange Strecke zur letzten Übernachtung wieder in Ronchamp. Unterwegs gelingt es mir, den SPIEGEL zu kaufen, und ich stelle, wie schon bei meinen Reisen nach Griechenland fest: Nichts versäumt!

In der Herberge werden Annemarie und ich von Madame kühl empfangen. Es falle ihr schwer, sagt sie, Menschen zu beherbergen, denen sie misstraue. Nach unserer Abreise vor dreizehn Tagen hätten etwa 30 Francs im Opferbecken der Kapelle gefehlt – die durchschnittliche Tageseinnahme. »Unvorstellbar, dass unsere Schüler das getan haben!«, sagen wir. Aber da Madame das so fest behauptet, werden wir die Sache mit den Schülern besprechen. Wir bitten alle zur Versammlung. Zwei Schüler fehlen. Wir müssen sie suchen, es sollen ja alle dabei sein! Annemarie geht zur »Kapelle« hinauf, ich zum Bus hinunter. Nach zehn Minuten sind wir alle wieder vollständig im Gemeinschaftsraum – Annemarie mit den Schülern X und Y. Ich gebe bekannt, was Madame gesagt hat. Große Empörung – das sei alter Deutschenhass, pure Willkür, es kämen doch so viele Menschen in die Kapelle! Mitten hinein Annemarie: Sie habe eben X und Y in flagranti ertappt. Ich falle in einen Abgrund von Scham. Die Schuldigen geben beides – die damalige Tat und die heutige Absicht – zu, beteuern aber sofort, es seien höchstens sieben Francs gewesen, und: »Wir haben uns nichts dabei gedacht!« »… und *denken* lernen!«, donnere ich in der wohl unsinnigen Hoffnung, dass sie sich dieses Brecht-Worts noch erinnern. Jetzt helfe nur eins:

sofort zu Madame zu gehen, die Wahrheit zu sagen und Buße zu tun. Eine Mütze wird herumgereicht (»Es müssen wenigstens 30 Francs darin sein!«), zwei Schüler, die Französisch können, sind zu wählen, die mich zu Madame begleiten und sich für uns entschuldigen. Ich frage die beiden Sühneprinzen: »Wisst ihr, was ihr sagen wollt, und braucht ihr Hilfe?« Nein, sie brauchen keine. Madame nimmt die drei leider falschen, aber dadurch aufrichtig klingenden Sätze entgegen (»Nous vous regrettons ...«); dann sagt diese einfache Frau: Herumliegendes Geld sei eine Verführung; und viele junge Leute wüssten ja heute nicht mehr, was eine Kirche sei. Aber eines wüssten sie doch: dass das Geld nicht ihnen gehöre. Zu »bedauern« sei nicht sie, zu bedauern seien wir. Gut, dass der Abbé verreist sei. Sonst hätten wir was erleben können!

Als wir in den Gemeinschaftsraum zurückkehren, herrscht dort schon wieder geräuschvolle Fröhlichkeit.

Nach dem Abendessen lese ich Rilkes Cornett vor. Wieder kann einer während der halben Stunde seinen Mund nicht halten, ein Pechvogel: derselbe, um dessentwillen die Reise zweimal auf dem Spiel stand.

Im hinteren Teil des Busses hat eine Gruppe den »Faust« für sich entdeckt, im mittleren bin ich an »Madame Bovary« verloren, im vorderen »pennen« fast alle.

Colmar beschert uns ein großes Frühstück, Straßburg ein Gegenerlebnis zu Sénanque. Ich habe Mühe, den Interessierten die Gotik zu erklären.

Bevor wir um 15 Uhr den Bus für die letzte Etappe besteigen, lade ich alle zu einem Glas Wein ein – man darf auch Coca-Cola trinken. Um 21 Uhr sind wir pünktlich auf dem Vorplatz der Laborschule. Begrüßung und Abschied. Als Letzter kommt der Störer, der Schwerenöter und Dieb auf mich zu und umarmt mich: »Ich war ein Arschloch!«, sagt er und dicke Tränen laufen über sein Gesicht.

Die Fahrt hat vor allem mich gestärkt. Ich wusste nun wieder, wie schön es ist, Lehrer zu sein – und dass Konflikte dazugehören. Es kommt darauf an, mit wem man sie hat.

Wenn ich weniger über das Oberstufen-Kolleg schreibe als über die Laborschule, dann liegt das nicht zuletzt daran, dass sich die beiden in vielem gleichen. Wiederholungen des Ähnlichen sind ebenso ermüdend wie Differenzierungen und sollten dem Leser erspart bleiben. Dass mein Verhältnis zu der größeren und »erwachseneren« Einrichtung rationaler und distanzierter war, half mir, sie in einem freundlichen Licht zu sehen. Hinzu kam, dass ich damals am Oberstufen-Kolleg kaum Unterricht gab, mich also vornehmlich zu Besprechungen oder Konferenzen dort aufhielt; ich habe einfach weniger vom OS wahr- und an dem wenigen nicht ernstlich Anstoß genommen. Andererseits hat mich der dort herrschende sachliche Umgangston unter den Lehrenden beeindruckt; diese waren weniger aufeinander angewiesen; sie rivalisierten nicht täglich und stündlich um die Aufmerksamkeit ihrer »Schüler«. Die komplizierten Fragen der Selbstverwaltung an dieser originellen, jedenfalls beispiellosen Institution meisterten alle Beteiligten wort- und formgewandt. Im Kollegium gab es eine stattliche Zahl außergewöhnlicher Köpfe – so selbstbewusst fand man sie selten an einer Schule, so jung und lebendig selten an der Hochschule.

Natürlich hatte ich auch mit dem Oberstufen-Kolleg Schwierigkeiten. Warum achteten immer nur dieselben wenigen auf ein wohnliches Haus, auf entlastende Ordnungen, ein dem Auftrag angemessenes Arbeitsklima? Ich umging die schmuddelige und verrauchte Cafeteria. Es störte mich, dass die Lehrenden sich ein eigenes, abschließbares Klo vorbehielten und die Klos der Kollegiaten mieden, obwohl die dort auf die Kacheln geschmierten Parolen und Obszönitäten nicht nur witzig, sondern auch für die Vorgänge im Haus aufschlussreich waren. Die Bibliothek, die ich den Besuchern der Schulprojekte gerne zur Veranschaulichung der Funktion des Oberstufen-Kollegs zeigte – als ein »Mittleres« zwischen Schule und Hochschule –, kränkte mich dadurch, dass sie so sichtbar nicht ein »gewohnter« Arbeitsplatz der Kollegiaten war, aber ich musste ja nur meiner eigenen Behauptung glauben, das sei wohl »heute« so, weil sich woanders gerade das und das ereigne.

Die schriftlichen Produkte des Oberstufen-Kollegs waren selten nach meinem Geschmack: viel New Age, viel Marxismus, viel mir unnütz scheinende, schwer verständliche »wissenschaftliche Auswertung« der Tätigkeiten durch »Ufos« (Unterrichtsforscher). Manchmal kam es zu Auseinandersetzungen über Sachfragen, vornehmlich mit den bedeutenderen Kollegen, beispielsweise mit dem Philosophen Claus von Bormann. In einem in den frühen Achtzigern von mir gewünschten und von den OS-Kollegen freudig eingerichteten philosophischen Kolloquium gerieten wir regelmäßig in Streit. Ich hatte in diesem Gesprächskreis einer alten Forderung näher kommen wollen: Die Wissenschaften müssten wieder philosophisch werden. Ich fand mich an einer ganz anderen Front wieder: Dazu müssten die Wissenschaftler zunächst verständlich zu sprechen lernen. Claus von Bormanns Sprache – es war die seiner bevorzugten Zeugen Lacan und Foucault – war es nicht; sie schien es mir gar nicht sein zu wollen. Die bewährte Probe: »Sag es noch einmal anders« verweigerte mir von Bormann stets. Auch mit dem Wirtschaftswissenschaftler Jürgen Schülert, der sich Niklas Luhmann zu Hilfe holte, klappte die Verständigung nicht. Schon gar nicht mit den gelehrten Kollegen, die die Welt mit Hilfe der Sozialkritik auf den richtigen Weg bringen wollten.

Bei meiner Vorbereitung auf einen Vortrag vor Fremdsprachendidaktikern, in dem es um »Fremdsprachen in Schule und Gesellschaft« gehen sollte, stieß ich auf ein jüngst veröffentlichtes Buch mit dem Titel »Bestandsaufnahme Fremdsprachenunterricht«. Das sollte mich auf den Stand der Diskussion unter den Neusprachlern bringen. Ich habe mich alsbald heftig über einen Beitrag in diesem Buch geärgert – über die Verstiegenheit seiner Sprache nicht weniger als über seine Thesen: Die »Relevanz ästhetischer Produkte« lasse sich »aus ihrer gesellschaftlichen Funktion bestimmen«. Die herrschende Klasse »plausibilisieren sich« durch Literatur, wobei der einzelne Autor ständig genötigt sei, seine »Klassenerfahrungen zu einem Ganzen zu verarbeiten« und dabei die vorfindlichen »Widersprüche zu umgehen oder umzudeuten oder zu verkleinern«. Literaturunterricht sie folglich »nur als ein kritischer« gerechtfertigt.

Mühelos zählte ich erst mir selber, dann meinem gedachten Publikum bürgerliche Autoren auf, die die Kritik an ihrem Stand und an ihren Lebensverhältnissen schon selber gründlich besorgten. Jeder kannte sie – eine kurze Erinnerung an Büchner, Heine, Flaubert, Zola, Hauptmann, Camus, Böll hätte den Unfug beenden sollen. Ich prangerte die unkritische Redeweise dieser »kritischen Theorie« an und grollte: Leute wie X wollten also den Lehrern beibringen, wie man in heutigen Schulen Sprache und Literatur unterrichtet – und bestätigten sich doch nur gegenseitig, dass sie die Denk- und Wortfiguren der Bourdieu und Habermas und Chomsky zu handhaben wussten. Kein Wort über Auswahl und Reihenfolge der Texte, mit denen sie die jungen Menschen in Literatur einführen könnten oder sollten; kein Wort über die Interpretationsmittel, ihre Tauglichkeit, die Kriterien ihrer Bewährung; schon gar kein Wort über den Genuss, den Dichtung doch auch bereiten will. Stattdessen der Gestus der großen Deutung:

> Indem der Leser sich das Werk aneignet, baut er es für sich um [...] Zugleich aber gilt: Indem er das Werk für sich umbildet, verändert er auch sich selbst [...] Die rezeptionsästhetische Tätigkeit ist ein Vorgang, der sich in der Einheit dieser grundsätzlichen Bestimmungen vollzieht.

Nun blätterte ich doch zurück, um mich zu vergewissern, wer so etwas schreibt, und entdeckte, dass es aus dem eigenen Hause stammte. Den Beitrag hatte ein Kollege des Oberstufen-Kollegs geschrieben, ja er war sogar der Herausgeber des Bandes.

Ich habe ihm nicht nur mein Manuskript vor dem Vortrag zu lesen gegeben, sondern ihn dann auch gefragt, ob er dergleichen tatsächlich – und in der Form – am Oberstufen-Kolleg lehre. Er bestätigte es strahlend. Am Ende unseres Gesprächs drückte er mir offen seine Sorge aus: »Herr von Hentig, Sie tun sich mit Ihrem Vortrag keinen Gefallen. Wenn ich Ihnen raten darf: Halten Sie ihn nicht – Sie ruinieren Ihr Ansehen!« Dieses Urteil hat mich erleichtert, hatte ich mir doch innerlich vorgehalten, ich müsse *ihn* schonen. – Das Publikum applaudierte mir mäßig; es hatte wissenschaftlich imponierendere Sätze erwartet.

Im Ganzen gab das Oberstufen-Kolleg wenig Anlass zu »fachlichem« Streit. Auch hier hatte ich es mit einem eigenwilligen Religionslehrer zu tun, dessen Fortschrittseifer ich bremsen musste, mit einer romantischen Kunsthistorikerin, die ihr weites Herz für ebenso romantische

Kollegiaten öffnete und auch dies als Wissenschaftspropädeutik ausgab, mit einem genialen »Gesundheitswissenschaftler«, für den ich gerne ein zweites Oberstufen-Kolleg *neben* diesem hier erfunden hätte. Zwischen solchen urbanen Kollegen und mir ließ sich leicht ein *modus vivendi* finden.

Nicht so mit den kämpferischen Kollegen von der Linken wie der Renate Kerbst oder dem Wolfgang Stroh, meinem Stellvertreter. Man hatte ihn mir bewusst ins Nest gesetzt, damit er mir auf die Finger sehe. Aus diesem Auftrag zu kritischem Ausgleich wurde ein Auftrag zu systematischem Misstrauen, ja zu anhaltender Obstruktion.

Einen Entwurf für den jährlichen Forschungs- und Entwicklungsplan (FEP) vorzulegen oblag fraglos der Wissenschaftlichen Leitung und wurde von allen als ein willkommener »Dienst« entgegengenommen. Kritisieren, zerrupfen, abändern und ablehnen konnten ihn die Kolleg-Konferenz und der Curriculumrat dann immer noch, und das umso leichter, je ordentlicher, straffer und vollständiger er vorlag. Also wartete auch mein neu gewählter Stellvertreter Anfang 1975 erst einmal ab, was ich aufschreiben würde. Dann legte er nach – mit einem »Richtung gebenden Vorwort«. Es sollte und wollte die von uns übernommenen Aufgaben einem großen Auftrag unterstellen und dadurch klären. Damit hatte er meine Zustimmung. Auch ich hatte den Adressaten – den Ministern für Wissenschaft und Schule/Bildung – Hilfen zum Verständnis unserer Absichten zu geben versucht und dazu in einem kurzen Vorwort die beiden Hauptfunktionen des Oberstufen-Kollegs als College und Versuchsschule/Curriculumwerkstatt noch einmal dargelegt: Es sollte ein Prototyp für eine neue Tertiärstufe sein, genauer: ein Institut, in dem man besser auf das wissenschaftliche Studium vorbereitet wird und zugleich seine allgemeine, auf die Teilhabe an unserer Kultur (d.i. an unserer *polis*) gerichtete Bildung fortsetzt. Ich hatte also »unser« (wie ich meinte) Verständnis von Wissenschaft, Politik und Pädagogik kurz resümiert. Die drei Absätze begannen gleichförmig:

> Wissenschaft ist die Bezeichnung der Verfahren, mit deren Hilfe wir gemeinsame, nachprüfbare Erkenntnis gewinnen und verfügbar machen …

> Politik ist die Bezeichnung der Verfahren, mit deren Hilfe Menschen gesellschaftliche Macht regulieren, ihre unterschiedlichen Wünsche und Tätigkeiten miteinander vereinbar machen, ihre gemeinsamen Ziele und Bedürfnisse sichern ...
> Pädagogik ist die Bezeichnung der Maßnahmen, die unselbständigen Menschen helfen, selbständig zu werden, wobei Selbständigkeit nicht absolute Unabhängigkeit bedeuten kann, sondern immer nur die in dieser Gesellschaft mögliche Autonomie ...

Das fand Wolfgang Stroh nicht falsch, aber ungenügend. Bei ihm wurde aus dem Vorwort ein loderndes politisches Manifest. Er zählte auf: Es gehe mit dieser Einrichtung (und mit ihrem folgenden Arbeitsplan) um die »längerfristige objektive Verbesserung der materiellen und kulturellen Lebenssituation der Mehrheit der Bevölkerung«, um das »Erkennen der Gesetzmäßigkeit der ökonomisch-politischen Abhängigkeit von Wissenschaft« (gemeint war: die Abhängigkeit der Wissenschaft von den ökonomischen und politischen Verhältnissen), um die »Entwicklung, Unterstützung und politische Durchsetzung von demokratischen Alternativen«. *Dies* nannte er unsere »Institutionsziele« – unbekümmert um die Unterscheidungen, die wir einst für die Schulprojekte vorgenommen hatten (s. o. S. 279). Ich versuchte zu ordnen: Man erfindet in der Tat eine Schule nicht um ihrer selbst willen, man verbindet mit ihr Hoffnungen, man gibt ihr Perspektiven; die kann man, wenn sie von allen Mitgliedern der Institution bejaht werden, voranstellen. Sodann gibt es Ziele, die die Benutzer der Einrichtung zu erreichen lernen sollen. Hierfür hat man ihr drittens vorläufig unveränderbare Merkmale gegeben; wir nannten sie »Strukturmerkmale«.

Strohs Ziele könne eine politische Partei verfolgen; an eine Einrichtung mit den Merkmalen des Oberstufen-Kollegs seien sie nicht gebunden und dieses nicht an sie. Anders gesprochen: Warum eine Einrichtung, die jenen Global-Zielen dienen wolle, nicht eher wie die Kollegschule NW oder wie die Sekundarstufe II des Bildungsrats aussehe, sondern u. a. ein privilegiertes Studium der Medizin mit einem nochmals privilegierten Zugang zur Hochschule (außerhalb des ZVS-Verfahrens) anbiete, sei mit Strohs Bestimmungen nicht zu erklären.

Ich räsonierte weiter: Es habe keinen Sinn, einer Institution Ziele zu setzen, die zu erreichen sie nicht in der Hand habe (zum Beispiel die Durchsetzung demokratischer Alternativen – wozu übrigens?). Es habe sehr wohl einen Sinn zu sagen: Menschen, die am Oberstufen-Kolleg arbeiten, müssen sich fragen lassen, warum sie dies tun. Und wenn einer antwortet: um die Herrschaft einer bestimmten Klasse zu erhalten oder das kapitalistische System oder die Privilegien der Gebildeten, dann wird man ihn hier nicht brauchen können, weil die Institution anders begründet und gegründet worden ist. Es scheine mir jedoch weder vernünftig noch redlich, den Schulprojekten im Nachhinein Absichten zu unterstellen, die sie nicht gehabt hätten und die, wenn jemand sie gehabt hätte, zu anderen Merkmalen geführt hätten.

Ich hielt es für falsch, das Oberstufen-Kolleg mit der Erwartung zu belasten, *in seiner Folge* könnten die Lebensbedingungen der Mehrheit der Bevölkerung verbessert werden. Mit den Schulprojekten sollten vielmehr die Schulen besser werden. Ja, ich bezweifelte die Tragfähigkeit der Vorstellung von einer immer wieder ins Feld geführten Benachteiligung *der Mehrheit* der Bevölkerung; vielmehr ging es einigen Minderheiten unverdient, um nicht zu sagen unverschämt gut. Mir war jedenfalls die Entmündigung der Menschen durch die Komplexität, die Indirektheit und Abstraktheit ihrer Lebensbedingungen das umfassendere und dringlicher zu lösende Problem. Auch ich wollte ja, dass es dem Gastarbeiter bei uns besser gehe, auch mich empörte die Ausbeutung von Tonio Schiavo. Aber im Rahmen des von mir gewählten Berufs und dieser Einrichtung brachte ich das nur in einen ganz allgemeinen Sinn in Anschlag. Als ich die Schulprojekte entwarf, hatte ich mehr als ein »edles Gemüt« (Karl Marx) mit etwas polit-ökonomischer Schulung. Ich hatte eine bestimmte, mit dieser Institution direkt verbundene Absicht. Die im Vorwort des Forschungs- und Entwicklungsplans zu wiederholen war ich bereit, fand dies aber nicht nötig. Die von Bertolt Brecht so genannten »Verhältnisse« waren durch die Laborschule und das Oberstufen-Kolleg nicht zu ändern, sondern immer nur das Bewusstsein der Menschen davon. Ich war darum gegen die Aufnahme der Strohschen Ziele in unseren Forschungs- und Entwicklungsplan und schon gar in die erhoffte Satzung. Sie waren entweder nichtssagend oder anmaßend und waren vor allem niemandem aufzunötigen, der schon hier war, bevor Wolfgang Stroh uns dies alles vorbuchstabierte.

Die Bejahung der marxistischen Theorie als Aufnahmekriterium für Mitarbeiter am Oberstufen-Kolleg lehnte ich ab.

Damit hatten wir unseren »Institutionsziel-Streit«.

Die Auseinandersetzungen mit meinem Stellvertreter hätten ja auch Spaß machen können. Jedenfalls haben sie die Gegensätze ans Licht gehoben und nicht in den Keller gedrückt wie an der Laborschule. Den politischen Zündeleien freilich musste ich ständig öffentlich entgegentreten, wenn sie unseren Auftrag und unser Ansehen gefährdeten. Und das war nicht nur lästig, es war zwiespältig. »Stoppt Strauß«-Kampagnen und Aktionen gegen Pershing II und Cruise Missiles wollte ich gewiss nicht bekämpfen; aber sie durften nicht mit Mitteln und in den Räumen der Einrichtung vorbereitet und im Unterricht ausgetragen werden. An den Friedensdemonstrationen 1983 auf dem Marktplatz in Bielefeld und an Blockaden in Mutlangen und Bremerhaven 1985 habe ich selber teilgenommen – als der Bürger Hentig –, zusammen mit zwei Dutzend anderer Bürger, die sich dazu aus den beiden Lehrerkollegien und der Kollegiatenschaft zusammengefunden hatten. Wir haben sogar auf meinem Gelände neben meinem Kotten den gewaltlosen Widerstand trainiert. Das Oberstufen-Kolleg und die Laborschule sollten sich als pädagogische Einrichtungen in der Bildung von politischen Meinungen und in den Verfahren eines demokratischen Austrags von Meinungsverschiedenheiten üben, aber als Institution durften sie keine bestimmte politische Position vertreten, lehren, gar durchsetzen wollen. Wenn Frau Kerbst das Kollegium aufforderte, eine Resolution des MSB SPARTAKUS zu unterstützen, dann sollte sie dies tun, aber nicht mit Hilfe unserer Sekretärinnen, Kopiergeräte und Verteilungsapparate. Und weil sie *dies* tat, gerieten wir aneinander. Vollends durfte sich nicht ausgerechnet das Oberstufen-Kolleg an der Gründung einer »Demokratischen Gegenuniversität« beteiligen. Es beglückte mich, wenn der Kollegiat Nikolaus von Halem, ein s. v. v. aristokratischer Demokrat, in den aufgebrachten Vollversammlungen unbeirrt dafür kämpfte, dass man, wenn man Offiziere der Bundeswehr zu einem Gespräch über »Frieden schaffen ohne Waffen« einlade, um *et alteram partem* zu hören, sie auch gastlich behandle, sie nicht ausbuhe und dauernd unterbreche – womit er Erfolg hatte. Jeder Laborschüler, der die Erlaubnis der Schulleitung, an der Demonstration gegen den »Doppelbeschluss« von Helmut Schmidt teilzunehmen (»Wenn der Gründer dieser Schule auf dem Marktplatz zu Tausenden von Bielefeldern spricht, ist es unnatürlich, wenn seine Schüler ihn nicht hören dürfen«), nicht wahrnahm und lieber in der Schule weiterarbeitete, hatte meine Bewunderung – und die Schule meine Zustimmung, an der es so zuging.

Ging es bei uns tatsächlich und immer so zu? »Verführung ist Macht«, heißt es in der »Emilia Galotti«. Wie viel mehr ist es das laute, einschüchternde Gebaren von Massen und Gruppen, und wie gut gedeiht sie in der Isolierung einer weitgehend unöffentlichen Institution! Wir waren öffentlicher als andere Schulen, aber nicht entfernt öffentlich genug, um vor innerem Anpassungsdruck sicher sein zu können. Es gab viel Mut an unseren Einrichtungen, aber er kostete zu viel! Kritik von außen ließen wir uns schon gar nicht gefallen. Das erfüllte mich mit Sorge: Wie lange würden wir von den Folgen dieser Selbstabschirmung verschont bleiben? Die Rede davon, dass wir »kaputt« gemacht werden sollten, und die schnelle Verteufelung des jeweiligen Gegners, ob Minister oder Justitiar oder Oberstudiendirektor Krauthausen (s. u. S. 487), war nicht nur »schlechter Stil« (also nicht »Stil des Hauses«), sondern vor allem politisch unwirksam, ja schädlich. Wir übertrieben, wir machten uns wichtig, wir verhielten uns wie die Nibelungen und kämen doch besser durch, wenn wir uns wie Schweijk verhielten.

Den politischen Mutwillen, die politischen Eitelkeiten, den politischen Unbedacht konnte man am Oberstufen-Kolleg, das mit Kontroversen gut umzugehen verstand, in der Regel schnell ausmachen und ausschalten. Schwieriger war es, den irrationalen Stimmungen zu begegnen, die sich in die Formeln der Kulturkritik, die Schlagwörter des Zeitgeistes kleideten und ihrerseits fundamental-»politisch« zu sein behaupteten. »Verbannt Fabrikzucker aus der Cafeteria!« war keine unrechte Forderung, aber sie und etliche ihresgleichen verschlangen viel Zeit und Eifer, die unserer Wissenschaftspropädeutik abgingen.

Ein besonderes Feld für derartige Aktivitäten waren der Gesamtunterricht und der Ergänzungsunterricht. Im Gesamtunterricht sollten die in den Wahlfächern erworbenen Spezialkenntnisse und -fähigkeiten an einem praktischen Auftrag angewendet werden; der ist ja selten von einer einzigen Disziplin zu bewältigen, zwingt also zur Kooperation mit anderen, die andere Kenntnisse und meist eine andere Ausdrucksweise haben. Hier boten nun meine Kollegen Kurse in »Makrobiotischer Küche« an (aus der Ankündigung: »Der Rüstungswettstreit zeigt, dass ganze Völker verblendet sind. Heute können wir die Erde mehrmals zerstören! Die Ursache hierfür liegt in einer falschen, einseitigen Ernährung. Tiere und Eingeborene – in ihrer natürlichen Umwelt belassen – leiden weder an Karies noch an Diabetes noch an Egoismus.«) oder im »Wünschelrutengang« (aus der Ankündigung des Kurses »Reizende Erde«: »Dieser Gesamtunterricht hat das Ziel zu zeigen, dass jeder den Gang mit der Wünschelrute lernen kann.«) oder über »Wilhelm Reich und Orgon«, der in lustvolle Konkurrenz zu einem Kurs über »Lebendiges Lernen – Methoden und Inhalte der humanistischen Psychologie« trat.

Im Ergänzungsunterricht sollten die Kollegiaten eigentlich mit den »gemeinsamen Regeln des Handelns und den gemeinsamen Formen der Erkenntnis« vertraut gemacht werden und also ebenfalls in gemischten Gruppen lernen. Kollegen machten aus »nichtspezialisiert« und »nichtdisziplinär« schlicht nichtwissenschaftlich und boten Meditationsübungen, Erfahrungen mit Mahayana, Kurse über »Bhagwan« oder »Yin und Yang« und jede denkbare Variante von Yoga, Atemgymnastik, »Körperhaltung zur Geistesstärkung« an. Ein Dunkelraum wurde eingerichtet, mit Matratzen ausgestattet und mit Sphärenharmonie beschallt.

Nichts gegen solche Erfahrungsmöglichkeiten – aber unsere Einrichtung sollte in die Wissenschaft einführen und dies verständiger und philosophischer leisten als die Hochschulen, an denen die Kollegiaten erfolgreich weiterstudieren sollten. Würde die unsere Absolventen überhaupt aufnehmen, wenn sie mit solchen Müsli-Lehren gespeist worden waren? Gottlob regte sich im Kollegium Widerstand gegen die als »wissenschaftsfeindlich« erkannten Lernangebote, so dass ich nicht eingreifen musste. Auch schienen mir die Kollegiaten die eher obskuren Erfahrungen nicht sonderlich ernst zu nehmen. Sie ruhten sich dabei aus, schrieben Protokolle, die als »Leistungsnachweise« gewertet wurden und stellten darin sachlich fest: »Auf Alfreds Frage [Alfred war der Lehrer], was bei den Meditationen erlebt wurde, kamen folgende Antworten in Frage: ›Eingeschlafene Füße‹, ›Verkrampfungen des Rückens‹, ›Schmerzen im Kreuz‹, ›Bin fast eingepennt‹, ›Konnte mich nicht – wie empfohlen – auf die Atmung konzentrieren‹. Alfred beruhigte: Es gehe darum, ›etwas zu spüren und *darauf* zu achten; Sensationen seien nicht zu erwarten.‹« Wer da nicht schmunzelte!

Neben den Institutionszielen und der Politisierung einerseits und der Romantisierung des Oberstufen-Kollegs andererseits standen ganz praktische Fragen auf der Tagesordung: *der Aufnahmeschlüssel* (nach Schichtzugehörigkeit, nach Geschlecht, nach Berufserfahrung, nach bisherigem Schulbesuch) – er musste schon nach vier Jahren verändert werden, weil wir gar nicht die vorgesehenen Kontingente bekamen; *das System der Leistungsnachweise, Credits und Prüfungen* – es wurde zum eigentlichen Zankapfel zwischen Bewahrern und Befreiern; unter diesen vor allem die *schriftlichen Prüfungen* und die *Gruppenarbeit* – die Ersteren wurden von den Kollegiaten als »Klausur« und als »das alte Herrschaftssystem« vehement bekämpft, die Letztere misslang fast durchweg und bewies damit zunächst vor allem eins: wie nötig eine systematische Übung in Kooperation ist; das BAFöG – die Kollegiaten waren noch nicht Studenten, aber auch nicht mehr »Schüler«, ja manche von ihnen waren fünfundzwanzig Jahre alt oder gar älter; *das »strategische« Wählen der Wahlfächer* – man schrieb sich bei der Anmeldung für Latein oder Religion ein, um dann aber von dem Recht auf Fachwechsel Gebrauch zu machen und Psychologie oder Ökonomie zu studieren, und vermied so die vom Computer ausgespuckte Ablehnung; in der Folge davon die Einführung einschränkender *Bedingungen* in die zunächst völlig *freie Fächerwahl* – nun schrien die Kollegiaten auf; die Regeln für die *Studienzeitverlängerung* – eine große und, wie sich bald zeigte, zunehmende Zahl der Kollegiaten überschritt die vier Jahre, ja einige schienen gar nichts anderes vorzuhaben, als sich vier Jahre in der gemütlichen Wartestube Oberstufen-Kolleg (»BAFöG-Asyl«) aufzuhalten und ohne irgendeinen Abschluss wieder in die Welt hinauszugehen; Überlegungen zur *Überprüfung der Motive* beim Eintritt in das Oberstufen-Kolleg – hierbei kam es vor allem auf die Verfahren und Formen dieser Maßnahme an.

Die freilich größte Not hatte das Oberstufen-Kolleg mit seinen erfolgreichen Kollegiaten, nämlich dann, wenn eine Fakultät (sogar eine der Universität Bielefeld oder des Landes Nordrhein-Westfalen!) sie nicht aufnahm. Dramatisch zeigte sich das am Fall von vier Kollegiaten, die Gesundheitswissenschaften am Oberstufen-Kolleg studiert hatten und sich für das Wintersemester 1978 an der Universität Münster einschreiben wollten – wie vorgesehen: im zweiten Studienjahr. Diesen Kollegiaten wurde nicht nur der »Seiteneinstieg« im dritten Semester verweigert, sie wurden unbesehen abgewiesen, weil sie kein »Abitur« hatten. Ein solches war in der Ausbildungsordnung für Mediziner ausdrücklich vorgeschrieben, um einen Zugang über einen Fachhochschulabschluss auszuschließen, der damals schon mehr als einem Viertel aller Studierenden die Tore der Universität öffnete. Mit diesem Bescheid der Münsteraner Quästur kamen die vier Kollegiaten halb entgeistert, halb empört nach Bielefeld zurück, standen vor meiner Tür und verlangten – mit Recht –, dass ich »etwas« tue. Ich unterrichtete den Wissenschaftsminister Jochimsen in einem kurzen telefonischen und längeren schriftlichen Bericht über den Fall. Der Minister ließ sich die Matrikel aus Münster nach Düsseldorf kommen – es handelte sich offenbar um ein richtiges »Buch« –, trug eigenhändig die vier Namen der Kollegiaten ein und schrieb dem Rektor: Wenn er meine, dies tun zu müssen, solle er gerichtlich gegen ihn, den Minister, vorgehen. Die Kollegiaten dürften nicht Opfer »falscher« staatlicher Planungen werden. Mich bat er zu einem Gespräch, in dem er mir zwei Fragen stellte: (1) Können Sie eine »Prüfungsordnung« für das Oberstufen-Kolleg ausarbeiten, die den Forderungen des Abiturs prinzipiell genügt, das Oberstufen-Kolleg aber in seinen Merkmalen unbeschädigt lässt? Wenn ja, (2) kann diese Prüfungsordnung innerhalb eines Jahres vom heutigen Tag an gerechnet (er blickte auf seine das Datum anzeigende Uhr) vorliegen? So lange werde ein zu erwartender Prozess der Universität Münster dauern, und die Kollegiaten könnten derweil unbehelligt studieren. Gelinge mir dies nicht, sei er zu drastischen Eingriffen in die Studiengänge, Leistungsbewertungen und andere Strukturmerkmale des Oberstufen-Kollegs genötigt. Ich sagte ihm eine Oberstufen-Kolleg-Prüfungsordnung auf der Stelle zu.

In Bielefeld ließ ich mich vom Kanzler von allen Pflichten außer meinen vier Lateinstunden entbinden; mein neuer Stellvertreter übernahm meine Funktionen als Wissenschaftlicher Leiter, was er sich zutraute, gerade weil sie noch immer nicht klar definiert waren; und ich ging an die Arbeit. In sieben Monaten schrieb ich mein dickstes Buch: 825 großformatige Seiten, 381 davon Theorie einer Prüfung, die die allgemeinbildenden Momente unserer drei Unterrichtsarten herausstellen, 274 Seiten mit Prüfungsbeispielen, 170 Seiten Anhang mit einschlägigen Briefwechseln, Erlassen, Kursdokumentationen, Ergebnissen der mit den einzelnen Fakultäten erzielten Übernahmevereinbarungen.

An dem Tag, an dem mir der Minister diesen Auftrag erteilte, hatte man am Oberstufen-Kolleg den Atem angehalten. Allen war klar: Hierbei geht es um *das* Oberstufen-Kolleg – nicht mehr nur um den Modus der Schulleitung. Um diesen hatte es ein halbes Jahr vorher einen heftigen, halb komischen, halb tragischen Krawall gegeben. Die entscheidenden Herrn im Hause des Wissenschaftsministers (damals noch Johannes Rau) misstrauten unseren ohnedies umstrittenen Abschlussprüfungen und entsandten einen kommissarischen Schulleiter, der die Prüfungen überwachen, die Zeugnisse unterschreiben und dann auch gleich alle anderen Funktionen eines Schulleiters wahrnehmen sollte: Konferenzen leiten, die Hausordnung durchsetzen, die Anträge der Kollegen auf Beförderung mit seinem Urteil versehen. Das Sprecher-System des Oberstufen-Kollegs sollte »endlich ein Ende« haben. Dass Oberstudiendirektor Krauthausen alsbald im Anklang an »Hentig« »Krautig« genannt wurde, gab mir zu wissen, in welche Kategorie von Menschen ich im Hause gesteckt wurde. Immerhin war ich, gemeinsam mit dem Rektor, gut genug, Johannes Rau, der eigens nach Bielefeld kam, zu überzeugen, dass die in seinem Haus erdachte Lösung für das Oberstufen-Kolleg nicht taugte.

Eine Prüfungsordnung wollte man sich so wenig oktroyieren lassen wie einen Schulleiter. Aber nun staunte das Oberstufen-Kolleg doch, wie ich es in meinem Entwurf herausgeputzt hatte: mit lauter von mir erdachten Prüfungsbeispielen auf all unseren Lehrgebieten. In ihnen hatte ich listig meine Korrekturen an den verschwommenen Heilslehren angebracht, beispielsweise eine Aufgabe zum Komplex »Wissenschaftlichkeit und Methode«, die ich als Nachgang zu einem Ergänzungsunterricht »Körperlichkeit und Bewusstsein« ausgab: Zu einem Text aus Wilhelm Reichs »Die Entdeckung des Orgons / Der Krebs« waren kritische Fragen zu beantworten. Konnte man es, stimmte der Kurs.

Aus dem Haus kam kein Widerspruch, und so konnte ich dem Minister meine Arbeit termingerecht schon in der Form der wirkungsvollen Druckfahnen des Klett-Cotta-Verlags vorlegen. Der Verlag hatte mir zugesagt, die Oberstufen-Kolleg-Prüfungsordnung Anfang 1980 als Buch mit dem Titel »Die Krise des Abiturs und eine Alternative« herauszubringen. Wer dieses Werk im Wissenschaftsministerium gelesen hat und wie gründlich, habe ich auch künftig niemanden gefragt. Der Minister war durch das imponierende Volumen der Schrift gedeckt. Weder seine klugen Mitarbeiter noch unsere Gegner – das war mir gewiss – würden sich mit dem Herrn Professor über die Stichhaltigkeit dieses Konstrukts öffentlich rechten wollen. Die Erarbeitung einer »OSPO« (Oberstufen-Kolleg-Prüfungsordnung) blieb dem Kultusminister und seiner tüchtigen Frau Sebbel und einer OSPO-Kommission unseres Hauses überlassen. In den folgenden zwei Jahren bin ich entweder mit der OSPO-Kommission oder der Satzungskommission wenigstens einmal in vier Wochen nach Düsseldorf gefahren und habe im Kultusministerium mit Frau Sebbel, im Wissenschaftsministerium mit Herrn Röhrs über Einzelheiten verhandelt – begleitet von zwei Lehrenden, zwei Kollegiaten und einem juristischen Beistand aus dem Rektorat; gelegentlich kam der Kanzler selber mit. Ich habe in diesen Situationen die sonst immer nur beschimpften Beamten schätzen, ja bewundern gelernt: Sie haben ihren Auftrag, nämlich die vom Gemeinwesen benötigten und gewollten Erneuerungen mit den bestehenden Regelungssystemen vereinbar zu machen, gewissenhaft und kundig erfüllt und sich dabei doch stets aufmerksam auf unsere Bedenken und Wünsche eingelassen. Die ungestümen und struppigen Kollegiaten, die mit mir anreisten, müssen ihnen dabei zunächst eine schwere Anfechtung gewesen sein. Aber die Mitsprache der stämmigen und burschikosen MN und des verschlagenen XY, der seine Baskenmütze, seine Brille und sein Grinsen nie absetzte, war Teil des auch von ihnen bejahten demokratischen Prozesses, um den es hier ging. Man zahlte diesen Exoten also anstandslos die Reise (wenn wir nicht mit dem Mercedes des Rektorats kamen), speiste sie im Kasino des Ministeriums und hört sie mit Ernst und Geduld an. Das veränderte auch deren militantes Auftreten. Das »soziale Lernen« braucht solche Erfahrungen – und wird gelegentlich mit Niederlagen bezahlt. Bei Tisch neben XY sitzend sah ich, wie er zwischen dem Hauptgericht und dem Nachtisch das Edelstahlbesteck, mit dem er gegessen hatte, erst auf seinen Schoß und von dort in seine Aktentasche gleiten ließ. Im Vorraum des Kasinos habe ich ihn dann gestellt: »Legen Sie das Besteck unauffällig hier ab. Wenn Sie in Bielefeld keines haben, werde ich Ihnen dort eines beschaffen.« Mit der Herausgabe seiner Beute entledigte sich der junge Mann auch eines Stückes seiner politischen Arroganz. Er hatte gelernt: Man ist nicht schon weil für ein Kollektiv streitend und als »unterprivilegierter Kollegiat« ein besserer Mensch und »im Recht«.

Die OSPO kam notwendig bald zustande und der Aufnahmestopp, den die Regierung zum Schutze der neu eintretenden Kollegiaten vorübergehend verfügt hatte, konnte aufgehoben werden. Die Auseinandersetzung über das neue Prüfungswerk ging freilich noch lange weiter. »Vorleistungen«, »Klausuren«, die akademische »Vorprüfung« bzw. deren Entsprechung in der OSPO waren beständige Reibungspunkte. Ich plädierte für Realismus, und das war mehr als ein »Kompromiss«.

Zu Vorleistungen: Wer die parlamentarische (nicht die pädagogische) Auseinandersetzung über die gymnasiale Oberstufe in Nordrhein-Westfalen verfolgt hatte, musste wissen, welches Gewicht diesen in den Jahrgängen 11 bis 13 zugemessen wurde – es war völlig illusorisch zu hoffen, man werde dem Oberstufen-Kolleg jeglichen objektivierenden Leistungsnachweis in diesen Jahrgängen erlassen.

Zu den verpönten Klausuren: Sie seien nicht lernfördernd – so wurde am OS argumentiert –, seien schlechter als die von uns bisher entwickelten Mittel des Leistungsnachweises, seien prinzipiell abzulehnen, auch als Einübung in die später an der Hochschule zu erwartenden Klausuren. Ich entgegnete: Klausuren in unserem Verständnis simulierten eine reale Bewährungssituation. Ein Richter müsse gelegentlich innerhalb kurzer Frist, das heißt ohne noch einmal eine Bibliothek aufzusuchen, entscheiden, sein Urteil begründen und niederschreiben. Für einen Arzt, einen Journalisten, einen Lehrer, einen Ingenieur gebe es ähnliche Situationen. Wir müssten unsere »Klausuren« entsprechend gestalten, also die in diesen Problemfällen zugänglichen Hilfsmittel zulassen. Klausuren könnten keine sinnvolle Prüfungsform sein, wenn sie keine sinnvolle Lehr- und Arbeitsform seien; wir müssten sie zu einer solchen machen. Jedenfalls sei es widersinnig, am Oberstufen-Kolleg irgendetwas zu lehren, was es nur in der Prüfung und sonst nicht gebe. Wir sollten uns daran gewöhnen, in »Klausur« ein KMK-gemäßes Wort für einen Leistungsnachweis der von uns gewählten und begründeten Art zu sehen. Ein Leistungsnachweis habe bei uns nicht nur den Zweck, eine Leistung zu dokumentieren, er diene dazu, einen Lernprozess auszurichten und zu regeln.

Zur Vorprüfung: Auch ich lehnte sie oder eine Analogie zu ihr ab. Gottlob gab es wenigstens diese Gemeinsamkeit.

An die Kollegen gewandt fügte ich hinzu: Klausuren verändern auch den Lehrenden. Wenn es Klausuren in meinem Verständnis sind, dann werden sie ihm seine didaktische Aufgabe und die Strukturbedürftigkeit seines Unterrichts bewusster machen. Ich unterschlug auch nicht die Frage: Wieso sollten Kollegiaten sich einer vernünftigen Beurteilung unterziehen, wenn ihre Lehrer sich mit Händen und Füßen gegen Hospitation und Unterrichtsbesichtigung sträubten.

In der Satzungsfrage kam es freilich erst 1985 zu einem erträglichen Kompromiss. Die Regierung akzeptierte eine kollegiale Leitung auf Zeit, und das Oberstufen-Kolleg akzeptierte die Steuerung der »Entwicklungs-und-Forschungsarbeit« durch einen Wissenschaftlichen Rat, in dem die »Karlsruher« Professorenmehrheit durch vom Senat entsandte Ordinarien gesichert wurde.

Den zehnjährigen Geburtstag – am 9. September 1984 – freilich feierten wir noch in Ungewissheit. Uns lag daran, den neuen Kultusminister Hans Schwier, den Nachfolger von Minister Jürgen Girgensohn, weiter auf unserer Linie zu halten – als Parlamentarier hatte er uns stets unterstützt. Also lud ich eine illustre Runde nach Bielefeld ein, die mit ihm und dem Leiter des zuständigen Oberschulamts in Münster, Peter Geldschläger, über »Versuchsschulen als Mittel der Bildungsreform« diskutieren sollte: einerseits Hellmut Becker, Ludwig von Friedeburg und Ludwig Huber, andererseits den CDU-Kultusminister von Niedersachsen, Werner Remmers, den Vertreter des Philologenverbandes Bernhard Fluck und den Vorsitzenden der Gewerkschaft für Erziehung und Wissenschaft, Dieter Wunder. Allein dass die Bielefelder Schulprojekte ein so hochkarätiges Podium zusammenbrachten, gab der Düsseldorfer Regierung und ihrem ebenfalls anwesenden Chef, mittlerweile Johannes Rau, ein deutliches Zeichen: Mit diesen Einrichtungen müsst ihr rechnen! – Unabhängig davon, dass keiner der Podiumsteilnehmer die Rolle der Versuchsschulen bestreiten würde und alle zugeben mussten, dass die Laborschule und das Oberstufen-Kolleg vorerst die einzigen in ganz Deutschland waren. (Sonst gab es damals nur Schulversuche.)

Wir hatten uns zwar nicht auf ein Motto einigen können, aber immerhin auf ein »Markenzeichen«: einen Stempelabdruck, über dessen linke Rundung eine Schnecke aufwärts kriecht. Dieses langsame (von Günter Grass zum Wappentier aller Reformen erkorene) Wesen hatte den listigen Igel verdrängt, der ebenfalls »im Rennen« lag. Vor allem aber hatten wir gemeinsam beschlossen, Marion Dönhoff als Festrednerin einzuladen. Die treue Freundin kam – und bereitete nicht allen Freude (s. o. S. 384). Nicht einigen konnten wir uns auf den von mir vorgeschlagenen Logos zum Logo: »Die Menschen stärken, die Sachen klären«. Die Konferenzen lehnten ihn ab – das klinge ja nach Würstchenbude, lautete die Begründung. Ich habe meinen Vortrag trotzdem mit ihm geschmückt und unter ihm dreizehn Lerngelegenheiten für eine gute Schule untergebracht. Das Reclam-Bändchen mit diesem Titel verbreitete diese Kurzformel meiner Pädagogik und machte sie zum häufigsten Hentig-Zitat.

Vor die Festversammlung trat ein Zehnjähriger und ließ die hohen Gäste, nachdem er sich als das heutige Geburtstagskind vorgestellt hatte – seinen/ihren »größten« Geburtstagswunsch wissen: »Es wäre schön, wenn ihr mich mal ein ganzes Jahr einfach in Ruhe lassen würdet. Ich meine: nicht immer alles vorschreiben, nicht alles kontrollieren, euch nicht immer wahnsinnig aufregen, wenn's ein bisschen anders kommt, als ihr euch das gedacht habt.« (Pause) »Wenn man zehn Jahre alt ist, kann man vieles schon sehr gut alleine!« Dann verteilte das Geburtstagskind »Negerküsse« und gestand: »Wenn ich genug Geld hätte, könnte ich jedem einen geben und würde es auch – is' doch klar! So bekommen nur die in der ersten Reihe einen.« Es war vergnüglich zu sehen, wie die Minister, Oberbürgermeister, Rektoren und Professoren mit dem ungewohnten großen klebrigen Happen fertig zu werden versuchten. Sie *mussten* es – wohin sonst mit ihm?

In meiner Dankrede sprach ich eine Zukunftserwartung aus: Das nächste Jubiläum bitte erst feiern, wenn die Schulprojekte 50 Jahre alt werden. Wiedersehen könne man sich ja schon vorher, aber nicht zu früh: »Lasst die Schnecke noch ein wenig vorankommen!«

Nun, das nächste Fest wurde schon ein Jahr später gefeiert. An meinem 60. Geburtstag hatten wir Gründe dazu: eine neue Satzung, einen Strukturplan, gute Erfahrungen mit der OSPO, keine großen Konflikte.

Es gab ein wunderbar buntes Gemenge von Großen und Kleinen, von geistvollen Darbietungen und genussvollem Schmausen. Die Schulprojekte feierten sich selbst. Sollte tatsächlich jemand die Geschichte der Laborschule und des Oberstufen-Kollegs schreiben – hier haben sie begonnen, das zu sein, was sie immer sein wollten.

Im Jahr 1984 gaben wir die Ergebnisse der zweiten Studie über die Absolventen des Oberstufen-Kollegs heraus. Die erste war 1981 abgeschlossen worden, zwei Jahre nachdem die ersten Jahrgänge von Kollegiaten das Oberstufen-Kolleg verlassen hatten. Nun hatten wir ihre Ausbildung drei Jahre weiter verfolgt – mit teils erfreulichen, teils deprimierenden, teils rätselhaften Ergebnissen. Dieses komplizierte, meiner Kontrolle längst entglittene Werk wechselnder Unterrichtsforscher hinterließ der Wissenschaftlichen Leitung zentnerweise Daten zur Ordnung und Interpretation. Peter Böhning, Godehard Franzen (beide waren nacheinander meine Stellvertreter), die »hauseigene« Unterrichtsforscherin Gabriele Glässing und ich hatten dieses in eine lesbare Form gebracht – aber wurde es dadurch auch brauchbar? Was bedeutete es, wenn die Kollegiaten, denen das Oberstufen-Kolleg eine »rationale Studien- und Berufswahl« ermöglichen sollte, ihre Studienfächer auch danach noch mehrfach wechselten und wenn sie ihr Studium häufiger abbrachen als »normale« Studenten? Das konnte man als Versagen der Einrichtung auslegen: Sie hatte weder die nötigen Kriterien und die nötige Klarheit geliefert noch die nötige Ausdauer. Man konnte auch sagen: Ihre Absolventen hatten einen selbstbewussten Gebrauch von ihrer Einsicht und Freiheit gemacht. Ja: Vielleicht hatten sie andere Gelegenheiten erkannt und geschickt genutzt. Aber diese Frage – und die Frage, warum sie nicht mit Hilfe der Studie beantwortet werden konnte – gehören nicht in die Lebenserinnerungen des HvH, sondern in die Hände eines Historikers des deutschen Bildungswesens. Hier nur so viel:

Diese Studie setzte eine sehr ernste Selbstprüfung des Oberstufen-Kollegs in Gang – und nunmehr offene Zweifel der Universität und der Regierung am Nutzen dieses Instituts. Die Erstere finanzierte sogar noch einen »Großen Ratschlag« – eine Art Supervision, die mit einer zweitägigen öffentlichen Aussprache endete. Die Regierung hätte gerne gehört: Macht den Laden dicht. Die professionellen Kritiker aber sagten dies nicht, sondern schütteten einen Sack voll unnützer Einzelempfehlungen über uns aus. Ich hingegen sagte: Das Oberstufen-Kolleg leide vor allem daran, dass niemand (außer den Kollegiaten) etwas von ihm erwarte. Es gebe in über zwölf Jahren keinen einzigen Arbeitsauftrag der Regierung, und so sei es denn nicht verwunderlich, wenn hier jeder das tue, was ihm selber am wichtigsten sei.

Ich habe das Oberstufen-Kolleg stets für die interessantere meiner beiden Erfindungen gehalten und musste mich fragen, ob ich mehr zu seiner Klärung und Stärkung hätte tun können, wenn ich mich vornehmlich ihm und nicht vornehmlich der Laborschule gewidmet hätte. Die Regierung hatte nach der Krauthausen-Niederlage erwogen, mich zum Kollegleiter zu machen – in Personalunion mit dem Wissenschaftlichen Leiter. Der ehemalige Studienassessor HvH hätte nur zum Oberstudiendirektor befördert werden müssen – beamtenrechtlich war das durchaus zu machen. Der Plan scheiterte nicht nur an der Frage, wo ein Wissenschaftlicher Leiter für die Laborschule herzunehmen sei, sondern auch an mir, der ich der Regierung keinen Vorwand liefern wollte, die Wissenschaftliche Einrichtung Laborschule auf diesem Weg zu kassieren.

Es wäre gut, wenn *ich* die Schuld an der inneren Uneinheitlichkeit und an den enttäuschenden Ergebnissen der Absolventen trüge – und daran, dass das Oberstufen-Kolleg auch unter den Händen meines überaus tüchtigen Nachfolgers keine Wirkungen über sich hinaus getan, sondern an sich selbst herumgedoktert hat. Was einer verschuldet, können viele andere wiedergutmachen. Nein, das Oberstufen-Kolleg war eine unzeitgemäße Einrichtung und verdient in zehn oder zwanzig Jahren neu erprobt zu werden. Ich habe meine dazu im Laufe der Jahre sorgsam gehegten Gedanken in dem Buch »Wissenschaft / Eine Kritik« (2003) versammelt. Mit diesem meinem Vermächtnis zum heute so genannten Bologna-Prozess kann man dereinst neu beginnen. Dass das gegenwärtig auf eine Gymnasiale Oberstufe besonderer Art reduzierte Oberstufen-Kolleg hierzu nützliche Vorarbeiten leisten kann, ist denkbar, nicht freilich, wenn man das gar nicht vorhat und die Forschungs- und Entwicklungstätigkeit auf schulische Themen wie Durchlässigkeit, Heterogenität der Schülerschaft, individuelle Förderung beschränkt. In den neunziger Jahren war immerhin noch von Wissenschaftspropädeutik und deren Lehrformen die Rede. Das heutige »OS« hat Chancen, eine sehr gute Schule zu sein – ich wünschte freilich, es legte sich einen anderen Namen zu und löste sich von jeglicher Verbindung mit dem meinen.

Jedes Jahr habe ich die neuen Kollegiaten mit einer Ansprache begrüßt und die abgehenden mit einer ebensolchen verabschiedet. Vor 25 Jahren konnte sie noch Gedanken wie diese enthalten:

> Abschied nehmen kann man nur von Menschen, die man kennt. Ginge es um einen Abschied zwischen Ihnen und mir – dies wäre eine höchst überflüssige Veranstaltung. Es geht um Ihren Abschied von Ihrer Einrichtung, die Ihnen etwas versprochen hat: die Einführung in Wissenschaft und Politik, sinnvolle menschliche Arbeitsverhältnisse, eine Gemeinschaft. Als Sie mich baten, hier zu reden, wusste ich: Man meint nicht dich, sondern die Repräsentanz dieses Versprechens.
>
> Freiheit und Leistung sind füreinander Grenze, werden uns aneinander bewusst – und sie nicht allein! So geht es mit Menschlichkeit und Aufklärung, mit Gerechtigkeit und Individuation, mit Genuss und Askese, mit Persönlichkeit (Subjektivität) und Sachlichkeit (Objektivität) – und eben auch mit Prüfung (Bewährung vor anderen) und Selbstorientierung (Bewährung vor mir selbst), mit Klausur und Wahl des Leistungsnachweises, mit Bewertung und einem bloßen *pass or fail*.
>
> Wissenschaft heißt, die eigenen Vorurteile und Empfindungen bewusst beiseite stellen können, eine Bemühung, die Sache zu sehen, wie sie von sich aus ist. Mit Recht soll bei uns nicht so sehr »für die Wissenschaft«, sondern »an der Wissenschaft« gelernt werden: an dem gemeinsamen Erkenntnisvorgang und seinen Regeln. Dies wiederum ermöglicht, dass man sich den Forderungen anderer aussetzt, nicht immer nur den eigenen Maßstäben, Vorstellungen, Wünschen und Ängsten folgt. Das momentane Wohlbefinden ist nicht das entscheidende Maß.
>
> Misstrauen wir darum den Weltbeglückern! Glück ist nicht herstellbar – ist kein Gut, kein Zustand, sondern ein Übergang von Entbehrung zu Erfüllung, von Schwäche zu Stärke, von Leid zu Leidlosigkeit, von Spannung zu Entspannung. Alles jeweils Folgende ist

schon wieder unheilträchtig. Keine Generation weiß besser als die unsere, dass mit steigendem Wohlstand auch die Quellen des Missvergnügens zunehmen. Nur wenn man diese Dialektik erkennt, nämlich

- dass Anstrengung zugleich die Befriedigung steigert *und* die Nervosität,
- dass das Risiko ängstigen *und* das Selbstwertgefühl heben kann,
- dass die Sicherheit, die man nicht sich selbst verdankt, sondern anderen (Behörden, Wissenschaftlichen Leitern, den USA, der Katholischen Kirche etc.) zutiefst unsicher machen kann,

darf man hoffen, das Glück überhaupt wahrzunehmen.

Haben Sie sich diese Dialektik hier aneignen können? Haben Sie mit dem Anspruch an andere auch den Anspruch an sich zu stellen gelernt, mit dem Arbeiten auch das Feiern, mit der Kritik auch die Konstruktion, mit der Gemeinschaft auch die Selbständigkeit?

Es wäre schön, wenn Sie hinausgingen in die Fakultäten der Universitäten und von diesen Balancen und Grenzen zwar nicht redeten, sie aber hätten und vorlebten: nicht immer die Ersten sein wollen, aber auch nicht verkümmern, nicht von der besten Schule kommen, aber doch auch ein selbstbewusster Botschafter der hier geltenden Grundsätze sein; zeigen, dass Bescheidung das modernere Prinzip ist, aber doch auch genießen, was es gibt; nicht rechtbehalten wollen – und schon gar nicht mit Hilfe von Blaudrucken; keine Kraftmeierei, aber dafür wirksames Partisanentum, Zusammenhalt und individuelle Gelassenheit.

Ich habe keine Erinnerung daran, wie das aufgenommen worden ist.

Meine letzte »gute Tat« für die Schulprojekte bestand darin, dass ich durch meine um zwei Jahre vorgezogene Emeritierung beiden Einrichtungen je eine Stelle für einen eigenen Wissenschaftlichen Leiter eingehandelt habe.

Zu meinen Amtspflichten gehörte meine Mitgliedschaft in der Fakultät für Pädagogik und im Senat der Universität. Über beide am Ende dieses Kapitels darum ein kurzes Wort:

Die Beziehung zur Fakultät erkaltete bald nach der Eröffnung der Schulprojekte. Die Fakultät war nicht deren eigentlicher Träger und

Nutzer – ein Schulforschungsinstitut eigener Prägung –, sie wurde vielmehr eine der reichhaltigsten Einrichtungen zur Ausbildung von Diplom-Pädagogen aller Art und bot, zumal nach der Integration der Pädagogischen Hochschule, ein vermutlich in Deutschland einmalig intensives Begleitstudium für künftige Lehrer der verschiedenen Schularten. Das beschäftigte sie ganz und hielt sie von den schwierigen und irregulären Schulprojekten ab. Forschung durch Fakultätsmitglieder an der Laborschule ließen wir nur noch in unserem Auftrag zu, nachdem ein junger Erziehungswissenschaftler an Laborschülern etwas herauszufinden versucht hatte, was mit uns nichts zu tun hatte, und dabei nur unser Chaos vermehrte. Heute stellt die Fakultät die Wissenschaftlichen Leiter für beide Schulprojekte und organisiert die Forschungs- und Entwicklungsarbeit an der Laborschule. Der Lehrer-Forscher, wie ich ihn mir ausgedacht hatte, ist beidem – seiner Überlastung und seiner Überschätzung – zum Opfer gefallen.

Meine Arbeit im Senat war nicht nur intensiv, sie machte Freude. Ich war als ständiges Mitglied mit der Partitur vertraut. Karl Peter Grotemeyer war ein begnadeter Dirigent, und die Studenten traten in diesem Orchester mit immer neuen Virtuosen auf. Das lag wohl daran, dass hier zwei Jahrzehnte lang eine Neue Musik erfunden wurde. Der Aufbau einer sich als Instrument der Reform verstehenden Universität verlangt grundsätzliches Denken und oft ungesicherte Entscheidungen, wo etablierte Einrichtungen mit Gewohnheit auskommen. Für die bin ich nicht sehr begabt.

Zu meiner Abtrittsvorlesung füllte sich das Auditorium Maximum – und überfüllte sich. Hoffentlich nicht nur, weil der Bundespräsident, Richard von Weizsäcker, dazu erschienen war. Meine letzten amtlichen Worte an meiner fast zwanzigjährigen Wirkungsstätte lauteten:

> Der Zahnmediziner, der Wirtschaftsjurist, der Alttestamentler sollen sich klarmachen, dass sie nicht nur ihre Forschung an der Sache treiben, sondern ein bedeutendes und gefährdetes abendländisches Prinzip vertreten. Wir verlieren im Laufe der Zeit und mit zunehmender Routine das Bewusstsein davon. Die Pädagogik – eine schwache Wissenschaft – gewinnt dieses Bewusstsein […] durch die tägliche schmerzliche Wahrnehmung ihrer Grenzen, ihrer Unsicherheit, ih-

rer Bodenlosigkeit. Darin ist sie den in ihrem Selbstbewusstsein und ihrem Bestand gesicherten Wissenschaften voraus. Ihr setzen die Anfechtungen des Lebensalltags zu; sie ist dauernd in Politik verstrickt; ihre Wechselfälle sind geeignet, sie zynisch oder – hoffentlich – philosophisch zu machen; und das wiederum könnte den anderen zum Beispiel dienen.

21. Auch als Zeitgenosse noch »im Dienst«

In den zwei Jahrzehnten, denen die voraufgehenden Kapitel gewidmet sind, haben sich »in der Welt« große Dinge ereignet. Hätte ich meine Wahrnehmung von und meine Teilnahme an ihnen in den Bericht über die Bielefelder Schulgründungen eingeflochten, ich wäre weder diesen noch meiner Zeit noch mir selbst gerecht geworden. Das umgekehrte Verfahren oder wenigstens die umgekehrte Reihenfolge gäbe das Verhältnis richtiger wieder: die Darstellung meines beruflichen Lebens als Bestandteil und Folge von Ereignissen der Zeitgeschichte und von Begegnungen mit Personen, die diese für mich bereithielt. Die politischen Herausforderungen, die beispielsweise mit den Daten 1968 oder 1975 oder 1989 bezeichnet sind, verlangen ein historisches Urteil und dieses wiederum historische Analysen, zu denen ich nicht mehr fähig bin. Ich setze lieber die in der Festschrift für Golo Mann mit »1968« abbrechende Übung fort und rufe meine damaligen Erlebnisse und den heutigen Widerhall auf sie unter den Daten ab, die die Chroniken schon jetzt bewahrenswert finden. Der Zeitgenosse HvH wird so zum Zeitzeugen, ohne dass er sich dadurch zum Zeitgeschichtler aufspielt. Das mir vom Vater gleichsam als sittliche Pflicht eingepflanzte Interesse an der Politik ist nie erloschen; es mündete durch meinen Beruf nur auf einem anderen Wirkungsfeld.

Dieses habe ich stets auch als ein politisches angesehen und mich deshalb auch jenseits von Bildungs-Politik *proprement dite* an politischen Fragen entzündet: des Friedens und der Abrüstung, der Umwelt und der Freizeit, der Medien, der Kunst, der Ästhetik, des Sports – deren Wucherungen und ihren weit über sich hinausreichenden Wirkungen. Dass diese alle mit Pädagogik zu tun haben, muss weder begründet noch ausdrücklich bestätigt werden. Eher meinte ich vor der Vorstellung warnen zu sollen, die Pädagogik könne die auf diesen Gebieten auftretenden Probleme lösen – durch je spezialisierte Friedenspädagogik, Freizeitpädagogik, Medienpädagogik, Kunstpädagogik, Sportpädagogik. Sie alle können die Sachverhalte klären, Kriterien für deren Beurteilung bereitstellen, Vergleiche ermöglichen, zu eigener Erfahrung anleiten – die »Lösung« bleibt der (späteren) Politik überlassen. Pädagogik ist eine große Verführung für alle Gesellschaften, ihre Probleme dort zu beseitigen, wo die Erwachsenen sich am wenigsten ändern müssen: in der Belehrung und Abrichtung ihrer Kinder. Bald war dies meine Rolle in der Öffentlichkeit: die flinke Einsatzbereitschaft der Spezialisten meiner Zunft zu bremsen. Das hatte ich in Nürnberg (s. o. S. 231 ff.) begonnen und setzte es in Zeitschriftenartikeln, Rundfunkvorträgen, Fernsehrunden, Kirchentags-Auftritten, in der Humanistischen Union, in Akademien und Stiftungen fort. Ich war also auch dort stets »im Dienst«.

Dass ich – noch in Göttingen – in die »68er-Bewegung« hineingezogen wurde, ist ein gutes Beispiel für dieses Wirkungsverhältnis: Was mit diesen Namen bezeichnet wurde (übrigens schon sehr bald, nach zwei Jahren!), war zunächst das Aufbegehren der Studenten und Schüler in eigener Sache. Sie fanden alsbald drei Dinge heraus. Erstens: Schule und Hochschule waren undemokratisch, ungerecht, unmodern – »muffig«. Zweitens: Diesen Zustand teilten sie mit vielen anderen Bereichen unserer Nachkriegsgesellschaft – der Familie, der Sexualmoral, der öffentlichen Verwaltung, der Politik. Drittens: Die Vertreter der »geltenden« Ordnungen und überkommenen Einrichtungen wichen erschrocken zurück, wenn man ihnen entschlossen und geschlossen entgegentrat. Wo sie dies nicht taten, sondern zurückschlugen, waren sie noch schlechter dran: Sie waren »entlarvt«, sie hatten ihr »wahres Gesicht« gezeigt, ihre »autoritäre Struktur«, ja ihre »faschistische Gesinnung«.

Wie musste man sich verhalten, wenn man nun einmal zum Establishment zählte? Im Jahr 1969, in dem sich die Studentenrevolte voll entfaltete, saß ich im Hörsaal der Frankfurter Universität auf einem Podium einer Gesellschaft zur Gründung einer neuen Universität. Die Veranstaltung wurde von der Frankfurter Studentenschaft nicht unter-, sondern überlaufen. Man musste in einen riesigen Hörsaal wechseln und sollte – von den Studenten über Megaphone dazu aufgefordert – über die Freilassung bestimmter Kommilitonen statt über das angesetzte Thema reden. Magnifizenz, der Hausherr, Walter Rüegg zog sich unter Hinweis auf die von den Wänden prangenden Beleidigungen zurück: »Mit einem solchen ›Knallkopp‹ werden Sie doch nicht reden wollen!« Ein Podiumsveteran und ehemaliger KZ-Häftling schlug donnernd auf den Tisch, er lasse sich nicht von naseweisen Knaben erklären, was faschistisches Verhalten sei. Ein weiterer Professor willigte grinsend und ohne weiteres in die Nötigung ein. Der Verhandlungsleiter versuchte mit kalter List, wenn schon schwitzend, die Lage durch die Regeln der Geschäftsordnung in den Griff zu kriegen ... Der Saal war außer Rand und Band, als das Wort – der Reihe nach – an mich erging. Ich zögerte und sagte dann ins Mikrophon und in den vor der Neugier zurückebbenden Lärm: »Ich habe Angst ...« Auf dieses Wort, nein, auf die sich selbst mitteilende Angst hin trat vollkommene Stille ein, und ich konnte, ich musste mich weiter erklären: »... nicht davor, dass Sie mir etwas tun [es waren mehrere Eier geflogen und hatten auch Podiumsmitglieder getroffen], aber davor, dass ich dieser Lage nicht gewachsen bin. Ich bin überzeugt, dass Sie das Falsche tun, aber ich muss fürchten, dass Sie meine Überzeugung und ihre Begründung nicht hören werden, weil ich sie nicht frech und schneidig und unbekümmert genug vortrage.« Man hat mich zu Ende reden lassen, acht bis zehn Minuten lang. Dann fiel man wieder über die anderen her, und die Versammlung wurde abgebrochen. »... ganz gleich, wie radikal sie sind« – dieses mir in Hannover entschlüpfte Wort (s. o. S. 225) schlug jetzt gegen mich zurück.[1]

Dass es sich bei diesen Turbulenzen um eine internationale Erscheinung handelte, war beunruhigend und entlastend zugleich – »beunruhigend«, weil es sich um etwas noch Unbekanntes handelte, nicht um ein bloß deutsches Versäumnis, das es jetzt endlich in der vorgeschriebenen Weise aufzuarbeiten galt; »entlastend«, weil offenbar notwendig und zukunftsgewandt. Wir erlebten im gleichen Jahr 1968 den Mord an Robert Kennedy und Martin Luther King, den Prager Frühling des Alexander Dubček und seine Niederschlagung durch die Sowjetmacht, den atavistischen Völkermord in Biafra und die erste Umrundung des Mondes durch eine bemannte Raumkapsel. Die Welt war nicht mehr

1 Diese Darstellung entnehme ich meinem Aufsatz »Geschichtetes Leben – gelebte Geschichte« aus der Festschrift für Golo Mann: »Was die Wirklichkeit lehrt«, hg. von Hartmut von Hentig und August Nitschke, Frankfurt 1979 (S. Fischer), S. 50 f.

mit der Diplomatie eines Fürsten Metternich oder der Fleißarbeit von Historikern oder dem Bürgerlichen Gesetzbuch oder einer sogenannten Bildungsreform in Ordnung zu halten. Notstandsgesetze, Massendemonstrationen, Polizeieinsätze und vollends Attentate waren längst nicht mehr Antworten auf den krisenhaften Wandel – sie waren kaum mehr als galvanische Reflexe darauf. Obwohl man überall die begrifflichen Instrumentarien von Marx und Freud wiederentdeckte und sie allseits intensiv benutzte oder befehdete, griffen auch sie nicht. Rudi Dutschke, den man, weil er ein Revolutionär war, für einen Kommunisten hielt, bediente sich beider Lehren zwar geschickt, aber sachwidrig: Er machte aus Deutungen »Strategie« – ein Handlungsrezept für eine neue Elite. Die nahm in kurzer Zeit die Plätze der alten Elite ein, änderte den Lauf der Dinge nicht und erkannte – im Vollbesitz des »richtigen Bewusstseins« – keineswegs, was auf der Agenda der Geschichte stand: 1970 die Reise von Willy Brandt nach Erfurt; 1971 das Berliner Abkommen und in der Folge davon die Ostverträge, der Grundlagenvertrag – die Möglichkeit einer neuen Ostpolitik; 1972 der Bericht des Club of Rome und Carters »Global 2000« – die Notwendigkeit eines radikal anderen Umgangs mit den Ressourcen der Erde; 1973 die Ölkrise – das Auftreten einer dritten Weltmacht OPEC außerhalb des Rüstungsgleichgewichts. Das waren Mahnzeichen auf dem Weg in eine neue Ära, während die Anklage gegen Amerikas unseligen Vietnamkrieg, die Entmachtung der Ordinarien, die sexuellen Befreiungsschläge, die Gründung von Kommunen und die Besetzung von leerstehenden Häusern der Beendigung der alten Ära galten.

In einer Liste von zwanzig Büchern, die ich kürzlich für mich aufgestellt habe, um unter ihnen eines für einen Festschriftbeitrag auszuwählen – »Ein Buch, das mein Leben verändert hat« lautete der Schreibauftrag –, befindet sich das eben genannte Werk »Limits to Growth«, das Dennis L. Meadows für den Club of Rome geschrieben hat. Es hat mir, wie unzähligen anderen, unsere Verantwortung für den Planeten vor Augen geführt – und mich seither angetrieben, in der unbezweifelbaren gemeinsamen Verantwortung die viel schwerer fassbare eigene auszumachen. Selbst in unserem wasserreichen Deutschland, in dem die Flüsse öfter überfließen als versiegen und unser *know-how* innerhalb von wenigen Jahren dazu geführt hat, dass man auch in marodesten ostdeutschen Städten wieder »aus dem Hahn trinken« kann, spare ich Wasser (und Energie), als lebte ich in der Sahelzone, gieße die Blumen mit dem Inhalt meiner Wärmflasche, wasche das Geschirr von Hand und immer erst dann, wenn sich genügend für die beiden Becken angesammelt hat, nutze die Stufenspülung meines WC bewusst. Ich drehe das Licht aus, wenn ich den Raum verlasse; ich stelle einen Topf mit Wasser auf die nachwärmende Herdplatte und habe immer schon eine Verwendung dafür im Sinn. Als ich beim Festessen im Frankfurter Hof nach der Verleihung des Friedenspreises des Deutschen Buchhandels an den Club of Rome 1973 eine Zeitlang neben Aurelio Peccei saß, der den Preis entgegengenommen hatte, erzählte ich ihm spaßeshalber von meinem seltsamen Gebaren und erklärte es aus einem Zusammenwirken von preußischer Erziehung, den im Krieg angenommenen Gewohnheiten, der Armut des Studenten danach, die mich selbst im reichen Amerika begleitete. In all der Zeit sei meine Tugend – die ich immer etwas verschämt verborgen hätte – eine Folge von Zwang und Notwendigkeit gewesen. Mit der Botschaft des Club of Rome sei jedoch daraus eine freudig bejahte Lebensform geworden. Peccei ergriff spontan meine Hand und sagte in seinem etwas artifiziell klingenden Englisch: Das sei das Schönste, was er an diesem wortreichen Tag gehört habe; alle Redner hätten von globaler Gefahr und fataler Zerstörung, von immensen Anstrengungen und unvermeidbaren Einschränkungen, von kaum einholbaren Versäumnissen und uneingestandenen Abhängigkeiten geredet; man habe geradezu »the grinding of their teeth« vernommen. Und nun komme einer aus dem Lande Immanuel Kants und bekenne: Für ihn sei durch den Bericht des Club of Rome aus leidiger Pflicht glückliche Neigung geworden. »I call that: No limits to hope!«

Die Auszeichnung des Club of Rome ging auf eine Anregung von Ernst Klett zurück, der 1971 zum »Vorsteher« des Börsenvereins des Deutschen Buchhandels gewählt worden war und sich in dieser Rolle auf das glänzendste bewährte – und scheiterte! Dem Chef eines Panzerregiments, der er im Krieg war, dem mit den Erfolgen seines Hauses gesättigten und gelangweilten Verleger, dem allem Schlendrian, aller Betriebsfaulheit, allem leeren Gepränge abholden Schwaben öffnete sich hier ein Feld, auf dem er seine Energie, seine hohe Bildung, seinen Bürgersinn voll einsetzen konnte. Nie vorher und nie nachher hat man so knappe, so geistvolle, so genau gearbeitete Reden zur Eröffnung der Festakte in der Paulskirche gehört wie von ihm (ich habe seit 1972 keinen einzigen versäumt!), nie so originelle und wohldurchdachte Vorschläge für die Preisverleihung (Korczak, Club of Rome, Frère Roger Schütz und Paul Flora), nie auch so weitreichende und weitblickende Entwürfe für die Reform des Vereins. Aber eben darum, sagten mir Insider später, blieb ihm in diesem Amt Erfolg versagt. Ernst Klett war zu idealistisch und zu ehrgeizig für die Mehrheit der Buchhändler und Verleger, die sich einen Interessenvertreter, keinen »Kultusminister« wünschten.

Mir kam Kletts neues Amt zugute. Er bat mich, die Rede auf Janusz Korczak zu halten, den er durch mich kennen gelernt hatte (durch meinen SPIEGEL-Artikel über »König Hänschen«) und der 1972 den Friedenspreis erhielt. Klett bestand eisern auf Verständlichkeit meiner Rede – auf »Höflichkeit gegenüber dem Hörer«, wie er es nannte. Diese war vor allem durch die Fülle der Gedanken bedroht, die die Lektüre des gesamten bis dahin auf Deutsch vorliegenden Werkes auslöste und die ich durch Verdichtung doch noch unterzubringen hoffte. In letzter Minute kam eine weitere Komplikation hinzu, die ich nicht einfach übergehen durfte. Wem sollte der Preis und die damit verbundene Geldsumme übergeben werden? Eine polnische Korczak-Gesellschaft war ausersehen und eine Dame aus Warschau anvisiert, die das Geld und das Dokument entgegennehmen sollte. Aber es gab Juden, die in Korczak in erster Linie und mit Recht einen jüdischen Märtyrer sahen; er war als Vorsitzender des jüdischen Waisenhauses und mit jüdischen Kindern in den Tod gegangen, nicht als Pole. Ich wollte und durfte in dieser Frage nicht richten, konnte die Schwierigkeit nur redlich zu beschreiben versuchen: Korczak – ein Pole, mit dessen Land wir in diesem Jahr ein neues Verhältnis suchen; ein Jude, an dem wir dreißig Jahre danach immer noch wiedergutzumachen bemüht sind, was nicht gutzumachen ist; ein Sozialist, aber ein skeptischer und »individueller«; ein fortschrittlicher Erzieher, aber doch, gottlob, kein radikaler; und vor allem ein Toter, vor dessen Todestat sich alle beugen und dem man nicht übelnehmen kann, dass er vor dreißig Jahren nicht unsere Probleme und unsere Lösungen im Sinn hatte. – Damit kehrte ich in meinen Gedankengang zurück:

Der Fortschritt, mit dem unsere Zeit ihren tödlichen Problemen zu enteilen sucht, wird durch das rückständige Bewusstsein der Menschen aufgehalten. Wir setzen darum alle Mittel der Pädagogik, der Wissenschaft, der Organisationskunst, des Managements darauf an, den Bewusstseinsstand (welch ein Wort!) auf die ›Höhe‹ unserer Entwicklungen zu bringen. Korczak hätte das nicht nur barbarisch – einen Beweis von Nichtachtung – gefunden, sondern für einen unnötigen Irrtum gehalten. [...] Angesichts unserer Optimierungsprogramme, unserer komplexen Schul- und Laufbahnsysteme, der Forderungen und Maßnahmen unserer Erfolgsgesellschaft hätte er das Recht des Kindes auf Scheitern proklamiert.

Ich erzählte den Hörern, dass ich »König Hänschen« zum ersten Mal auf dem Arbeitstisch von Elisabeth Heimpel gesehen hätte. Beim Blättern sei ich auf das letzte düstere Bild gestoßen, auf dem das verurteilte Kind abgeführt wird. Ich durfte das Buch mit nach Hause nehmen. Von allem, was es mir sagte, hat mich damals das »Scheitern« des Kinderkönigs am meisten beeindruckt und bestärkt: In einer Welt erlogener oder erzwungener Erfolge war es eine noble Möglichkeit. Es gehörte dazu, wenn man sich selbst treu bleiben wollte. »Scheitern« – das hatte meine Generation nicht gedurft, und das ist ihr nicht gut bekommen. Heute meine ich: »Scheitern« war das falsche Wort. Aber Zweiter oder Dritter, ja auch Letzter sein können, ein guter Verlierer und gelegentlich auf abschüssiger Bahn ist in Ordnung.

Im gleichen Jahr: ein Scheitern, das schrecklicher und kränkender nicht sein konnte. Deutschland ist Gastgeber für die Olympischen Spiele – 27 Jahre nach der Beendigung des Zweiten, des Deutschen Weltkriegs. Es beginnt heiter in Günter Behnischs und Frei Ottos anmutigem Olympia-Zelt und endet mit der Erschießung von erst zwei, dann – bei einer missglückten Geiselbefreiung – von neun weiteren israelischen Sportlern, dazu von fünf arabischen Terroristen, die sich »Schwarzer September« nennen, und einem deutschen Polizisten. Das Internationale Olympische Komitee beschließt die Spiele fortzusetzen.

Die Laborschule gab es damals noch nicht. Als am 22. November 1963 John F. Kennedy ermordet worden war, hatte ich überlegt, was ich wohl als Lehrer an einem solchen Tag mit meinen Schülern machen würde. Reden? Worüber? – solange man so wenig wusste. Schweigen? – mit Kindern ist das unnatürlich. Unterricht wie vorgesehen? – das kann nicht funktionieren. Etwas vorlesen, was die entfesselten Gefühle aufnimmt? – keiner der Texte, die mir in den Sinn kamen, versprach das zu leisten. Vielleicht Musik? Schuberts Neunte? – nicht mit heutigen Kindern. Eher einen Berg besteigen, einen langen anstrengenden Marsch nach X und zurück machen, viel Holz für ein großes Feuer zusammentragen und es abbrennen, ein Fußballspiel! Vielleicht hätten die Kinder Rat gewusst.

Die Unruhe dieser Jahre ist mir als heftiger, zerrender und zehrender in Erinnerung als die der späteren Jahrzehnte, deren Katastrophenkalender nicht weniger gedrängt ist. Das kann mit dem eigenen Lebensalter zu tun haben, aber auch damit, dass mit der Ölkrise und dem Wüten der Roten Armeefraktion/RAF tatsächlich die Periode des stetigen und stets wundersamen Aufstiegs der Bundesrepublik seit der Währungsreform zu Ende ging. Wir erlebten nicht nur sonntags leere Straßen, sondern auch alltags leere Staatskassen, und wir nahmen wahr, dass ein gutes Grundgesetz nicht nur schützt, sondern auch geschützt werden muss – vor unerklärlich hasserfüllten Feinden wie vor allzu eifrigen Freunden.

1972 siegte nicht nur die Koalition von SPD und FDP, von Willy Brandt und Walter Scheel. Wieder hatte ich, von Günter Grass angestiftet und von Klaus von Dohnanyi angeheuert, zu meinem Teil daran mitgewirkt (damals konnte ein Politiker im Landkreis Landau/Pfalz sich Stimmengewinn durch den Auftritt eines parteilosen Professors der Pädagogik versprechen, der für Gesamtschulen eintrat!). In dem Jahr kam es auch zum sogenannten Radikalen-Erlass, den man nur aus der Koalition heraus wirksam kritisieren und bekämpfen konnte. Tat man es, riskierte man, als »Sympathisant« beschimpft zu werden. Wollte man das nicht, musste man argumentieren wie Antigone, nicht wie Werner Maihofer. Nach einem Vortrag über Erziehung zur Demokratie – ich weiß nicht mehr, ob es in Hildesheim oder in Herford war – ging es in der anschließenden Aussprache um außerparlamentarische Opposition, zivilen Ungehorsam und also letztlich um das Verhältnis von beweglicher Politik und unbeweglicher Verfassungstreue, von Demokratie als politischem Prinzip und Demokratie als Gesetzgebungsapparat. Ich vertrat ein unbequemes »Sowohl-als-auch« und erklärte dies an einem ausgedachten Fall, der mir damals schlaflose Nächte bereitete. Angenommen, die flüchtige Ulrike Meinhof klingelt nachts an der Tür meines abgelegenen Kottens und bittet um Aufnahme für die Nacht. Ganz ausgeschlossen war das nicht; sie hatte als Sozialpädagogin gelegentlich mit Elisabeth Heimpel zusammengearbeitet; unsere Namen standen beide unschuldig in deren Adressbuch; so gut wie Ulrike Meinhof bei Elisabeth Heimpel auftauchen konnte, konnte sie auch in Enger erscheinen; wir »Intellektuellen« und »Gutmenschen« kamen für einen solchen Dienst eher in Frage als die ja ebenfalls observierten politischen Gesinnungsgenossen. »Ich würde sie einlassen,« gestand ich meinem Publikum, »ihr mein Gastzimmer anweisen, ihr etwas zu essen anbieten und dazu Folgendes sagen: ›Sie können hier 48 Stunden bleiben und sich ausruhen. Danach werde ich weitere 24 Stunden vergehen lassen und mich dann selbst der Polizei stellen. Keine Gespräche in dieser Zeit. Ich will wahrheitsgemäß sagen können: ›Ich weiß nichts.‹«

Von meinem Vater hatte ich jene elementaren Verhaltensgrundsätze gelernt (s. Bd. I, S. 228), zu denen auch gehörte: »Bittet dich einer um Asyl, gewähre es ihm.« Man liefert einen Menschen nicht aus, der einem sein Leben anvertraut hat. Für »Gerechtigkeit« kann man hinterher immer noch sorgen, das kann vor allem die moderne wohlgerüstete Demokratie. Das Gebot, den *xenos*, was zugleich Fremder und Gast hieß, unbefragt aufzunehmen, ist uns aus der Antike vertraut – und gilt bei Indianern, Eskimos und Südseeinsulanern gleichermaßen. Die Gesetze unserer Republik schützen mich; ihr Bestand ist mir wichtig; ich sorge dafür, dass sie Geltung behalten, indem ich mich dem Gemeinwesen ausliefere. Mein Verstand sagt mir, dass meine Tat dieses nicht gefährdet – nicht mehr jedenfalls, als es ohnehin gefährdet ist. Findet es mich dennoch schuldig, dann um einer Menschlichkeit willen, die ihm nicht weniger wichtig sein sollte als mir.

»Würden Sie dies auch Ihre Schüler lehren?«, wurde ich gefragt. »Nicht lehren, wohl aber als meine Entscheidung für mein Verhalten wissen lassen.«

Der Radikalenerlass hat die Ära Brandt nicht lange überlebt. Brandt selbst hat ihn als Fehler bedauert. Warum ist es nicht gelungen, ihn überhaupt zu verhindern? Was machte die Ministerpräsidenten und den

Bundeskanzler ausgerechnet in dieser Frage so einig? Von 1972 an gehörte ich einem kleinen Beraterkreis von Willy Brandt an: Günter Grass, Günter Gaus, Gerhard Gründler (ich glaube, er war damals Chefredakteur des »Vorwärts«) und Hartmut von Hentig. Brandt hatte das Bedürfnis und die Klugheit, regelmäßig die Stimmen von Nichtpolitikern zur »Lage« zu hören. Wieso gerade von uns Vieren, blieb sein Geheimnis. Man kam alle acht Wochen im Kanzleramt in Bonn bei Mineralwasser und ohne Plan oder Protokoll zusammen – und wurde der Reihe nach gebeten, Beobachtungen, Sorgen, Anregungen mitzuteilen. Das dauerte in der Regel dreieinhalb Stunden, während derer Brandt nichts sagte, von gelegentlichen kurzen Fragen oder Vergewisserungen abgesehen. Dann teilte er uns in etwa zehn Minuten mit, was er den Darstellungen entnommen habe, ermunterte noch einmal zu Kritik an seiner bewundernswert wohlgeordneten und knappen Zusammenfassung und endete meist mit dem Satz: »Wir haben noch fünfzehn Minuten, da sollen sich die beiden Günters noch mal ordentlich raufen, während die Drinks kommen. Danach gehen wir zum Essen.« In der Tat gerieten Grass und Gaus geradezu automatisch in eine scharfe Auseinandersetzung, die sich später in der Hausbar (gab es so etwas?) zu einem lautstarken Streit steigerte. Ich habe, weil ich noch nach Bielefeld zurück musste, dessen Ausgang nie miterlebt.

Was in unserer Runde über den Radikalenerlass gesagt worden ist, weiß ich nicht mehr, erinnere mich aber des unangenehmen Gefühls, dass sich alle in dieser Frage um Schonung bemühten, was doch der Funktion dieses Kreises widersprach. – Der wurde übrigens nach einem Jahr erweitert und verlor dadurch an Reiz und Dichte. Ich hatte bis dahin alles, was ich einem Bundeskanzler über Pädagogik, Schule, Hochschule, Jugend glaubte sagen zu müssen, gesagt. Ich verabschiedete mich nach dem fünften oder sechsten Treffen in meinen eigenen Dienst.

Zweimal hat Walter Scheel als Bundespräsident meinen Rat erbeten – einmal in einer Frage, die mit Sprache zu tun hatte (nein, gewiss nicht mit Rechtschreibung!), und einmal in einem etwas größeren Kreis über Bildung. Für einen von ihm herausgegebenen Band (»Die andere deutsche Frage«, 1981, Klett-Cotta) erbat er sich neben einem Beitrag ein Gespräch, das Hellmut Becker und ich über »Die Zukunft des deutschen Bildungswesens« führen sollten. Das haben wir getan – wie auch

Raymond Aron und Hans Mayer oder Hermann Rudolph und Hildegard Hamm-Brücher über andere Problemzonen im Verhältnis von Kultur und Politik, in dem Scheel jene andere deutsche Frage sah. Mir hat die Figur dieser Art von »Politik-Beratung« gefallen: Der zu Beratende lässt zwei (allenfalls drei) Experten über die zur Entscheidung anstehende Frage streiten und bildet sich daran sein Urteil.

Wie und wozu Scheel die jeweiligen Anregungen verwendete, die er aus solchen Gesprächen gewann, habe ich vergessen – nicht hingegen die ungewöhnliche Vielseitigkeit seiner Interessen und Kenntnisse, nicht den Witz und die natürliche Würde, mit denen er das Zusammensein ausstattete. Helmut Schmidt ging mit seinen jeweiligen Ratgebern nüchterner um. Einmal wollte er hören, was Experten der öffentlichen Meinung zu einem ihm vorschwebenden – vom Bürger frei zu wählenden – »fernsehfreien Sonntag im Monat« sagen. Als »Experten« hatte er sich Elisabeth Noelle-Neumann, einen Rundfunkintendanten und mich ausersehen. Die beiden anderen rieten ihm dringend ab; ich riet ihm zu und ergänzte seinen Gedanken um mir notwendig scheinende Zusatzmaßnahmen. Auch Helmut Schmidt hörte, wie Brandt, gut zu, gab jedoch keine »Rückmeldung« und verließ uns nach einer Stunde scheinbar unbeeindruckt so pünktlich, wie er erschienen war. Es stand ein Kaffee für uns bereit, den niemand anrührte, weil er nicht angeboten wurde – und ja auch gestört hätte. Später bin ich gebeten worden, Gedanken aus meinem Arbeitsfeld – aber auch darüber hinaus – für eine Regierungserklärung von Helmut Schmidt aufzuschreiben. Es mögen zwölf bis fünfzehn Seiten geworden sein, die ich ablieferte. Einen einzigen darin enthaltenen Gedanken habe ich in seiner Rede wiederentdeckt – er war in sein genaues Gegenteil gewendet. (Ich hatte geschrieben: Die Bundesregierung werde Maßnahmen prüfen, durch die verhindert werden könne, dass die Rationalisierung in Wirtschaft und Verwaltung zu Lasten der Ausbildung und Arbeit suchenden Jugendlichen gehe; sie werde sich nicht scheuen, öffentliche Dienstleistungsmöglichkeiten für Jugendliche zu schaffen, die mit privaten nicht konkurrierten, weil sie keine unmittelbaren und nennenswerten Profite abwürfen. Dies lehnte Helmut Schmidt in seiner Rede »ausdrücklich« ab. Seine Reaktion auf meinen 2006 veröffentlichten Vorschlag eines allgemeinen sozialen Dienstjahres kann ich mir leicht vorstellen.)

Auch für Willy Brandts Reden habe ich Schriftliches verfasst – mit geringfügig größerem Erfolg. Am meisten Gehör habe ich bei Johannes Rau gefunden, dessen kundige Referenten mich gleich zu fünft verhörten. Da musste ja etwas hängen bleiben! Als mich neulich Horst Köhler ebenfalls zu sich bat, hielt ich dies für das Werk seines Präsidialamts. »Oh nein!«, versicherte er: »Das verdanken Sie meiner Frau. Sie hat Pädagogik studiert und dabei Hentig zu lesen bekommen; den müsse ich, hat sie gesagt, anhören, wenn ich mich überhaupt zur Schule äußern wolle.«

Das Jahr 1974 hatte ich auf der Geschichtskarte meiner Lateiner (s. o. S. 389) wegen eines gesellschaftlichen Wandels hervorgehoben (s. o. S. 406), den die Öffentlichkeit vermutlich gar nicht wahrgenommen hat. 1975 hingegen wird eine im Ploetz fett gedruckte Zahl bleiben: In dem Jahr ging der Vietnamkrieg zu Ende. Als die USA ihre Kampfhandlungen im Januar 1973 beendeten, hatte eine vietnamesische Frau gefragt: »Welcher Krieg ist zu Ende?« und gleich selbst geantwortet: »Eurer, nicht unserer – der geht weiter.« Es gibt sicher Statistiken, die wissen, wie viele von den 220 000 Südvietnamesen, von der einen Million nordvietnamesischer Gefallenen, von den zwei Millionen nordvietnamesischer Zivilopfern in den 29 Monaten getötet worden sind, die der Krieg den Waffenstillstand überdauert hat.

So schrecklich die Zahlen sind, um ihretwillen allein wird man den Vietnamkrieg nicht in Erinnerung behalten, sondern vornehmlich wegen der Folgen, die der zehnjährige Kampf, nicht nur sein peinliches Ende, für Amerika hatte und bis heute hat. Die Niederlage machte die 58 000 gefallenen Amerikaner zu einem weitaus schlimmeren Verlust als die 259 000 Gefallenen im siegreichen Krieg gegen Hitler, die nicht »umsonst gefallen« waren. Nun haderten viele Amerikaner, vor allem auch ehemalige Vietnamsoldaten, mit ihrem Land, weil es sich auf die Übernahme dieser sinnlosen Erblast der französischen Kolonialmacht eingelassen hatte. Sie rechneten mit ihm ab – in Filmen, Büchern, Prozessen. Wenn man ohnehin verloren hat, kann man auch Unrecht einräumen, ja es selber anklagen. In Europa hat man wacker Gericht über die Gräuel des Zweiten Weltkriegs gehalten; es gibt gleichwohl wenig, was den Filmen »Coming Home« oder »Platoon« oder »Apocalypse Now« in Härte und Bitterkeit gleichkommt, und naturgemäß nichts, was die Schärfe der öffentlichen Kritik am noch laufenden Vietnamkrieg durch Politiker vom Rang der Robert S. McNamara, J. William Fulbright und Telford Taylor erreicht.

Der Vietnamkrieg war für die USA niederdrückend. Uns Deutsche stürzte er in einen unlösbaren Zwiespalt: Amerika hatte uns von dem Naziungeheuer befreit, hatte unseren Wiederaufbau ermöglicht, hatte uns Demokratie gelehrt, war jahrzehntelang unsere Schutzmacht – und führte nun einen »schmutzigen« Krieg mit Napalm und My Lai (auch das war 1968 geschehen!), einen »Stellvertreter-Krieg« anstelle des nicht führbaren mit der kommunistischen Vormacht. Washington erlebte die größte Demonstration, die es in der amerikanischen Hauptstadt je gegeben hatte – 250 000 Protestler! Aber wir mit unserer Geschichte – durften wir als Lehrmeister oder gar Richter auftreten? Wir, fernab der Gefahr und der Verantwortung für ein Land, das unter dem Schutz der USA stand wie Westdeutschland jahrzehntelang auch? Ich meinte: Wir *mussten*, gerade wenn wir Amerika liebten. Es gab treffliche Gründe zu sagen: Man hätte nie dort hingehen sollen – wie man später sagen wird: Man hätte nie in den Irak gehen sollen (George F. Kennan). Auch Konjunktive haben Geltung. Und: Krieg ist keine Lösung, Krieg ist das Problem. Im Frühjahr 1971 sind Gerold und ich zu Vorträgen für das Goethe-Institut in Indien und danach in Tokio gewesen (s. o. S. 241 f.). Von Indien aus überflogen wir Vietnam. Unter uns dehnte sich ein unendlicher Dschungel, durchzogen vom glitzernden braunen Band des Mekong. Nichts, aber auch gar nichts verriet den dort wütenden Kampf und die angerichteten Zerstörungen. Die grüne Hölle verschluckte die Kriegshölle. Der Mensch ist weniger als ein Ungeziefer auf der riesigen Erde. Wir schwiegen.

1975 hatte ich Schüler – ich musste und wollte mit ihnen darüber reden. Ich erzählte ihnen die Geschichte, die ich bei dem Wirtschaftswissenschaftler Fritz Baade gelesen hatte: Die großen Observatorien auf unserer Erde empfangen eines Tages einen Funkspruch aus dem Weltall von einem interplanetarischen Rat, der die Entwicklung auf unserem Planeten seit langem mit Besorgnis beobachtet. Man wolle, hieß es in dem Funkspruch, die Erde nunmehr, bevor ihre Bewohner Schaden im Universum anrichten, schmerzlos austilgen; man gebe den Menschen jedoch noch die Chance einer Bewährung. Sie sollten drei Fragen an den Planetenrat richten dürfen. Von der Formulierung dieser Fragen hänge ihr Schicksal ab. Die Menschen beschließen nach langer Beratung, erst zu fragen: »Glaubt ihr an Gott?«, dann: »Wie seht ihr uns?«, und schließlich: »Was ratet ihr uns?« – Die Fragen machen einen günstigen Eindruck auf den Planetenrat, er lässt die Erde bestehen und gibt Ratschläge. – Die ersparte ich meinen Schülern. Es ging mir um etwas anderes: Warum berühren die Fragen der Erdenbewohner den Planetenrat so sympathisch? Ich hatte, wie das bei Lehrern so ist, natürlich eine Antwort bereit und hatte die Geschichte ja auch deshalb erzählt: »Weil sie eine Unsicherheit ausdrücken.« Wer so fragt, wird die Wasserstoffbombe vermutlich nicht bauen und das Universum jedenfalls vorläufig nicht gefährden. Zu fürchten ist der, der sich ganz sicher ist, das Richtige zu wissen und zu tun, der sich »im Recht« fühlt und darum auch weiß, dass der andere, der sich ihm in den Weg stellt, im Unrecht sein muss.

Auf dem oben (S. 230) erwähnten Kirchentag 1967 in Hannover hatte ich nicht nur diese Geschichte schon einmal benutzt, ich hatte vor allem vor der moralischen Gewissheit gewarnt, mit der die Menschen ihre Kriege führen. Es ist ja wahr: Etwas so Ungeheuerliches wie einen Krieg kann man gar nicht führen, wenn man nicht »gute« Gründe hat. Er ist *ultima ratio* und darf nie *ad ultimam finem* geführt werden. Bekehrung zum wahren Glauben, Beglückung mit der richtigen Lebensform, die Herstellung des endgültigen Friedens sollte man aus schierer Klugheit bleiben lassen. »Niemals begeht man das Böse so gründlich und so freudig, wie wenn man es aus gutem Gewissen tut«, habe ich einmal bei Pascal gelesen. Wer dazu einer Veranschaulichung bedurfte – und die meisten Amerikaner gehörten nach dem Zweiten Weltkrieg in diese noch unschuldige Gruppe –, bekam sie nun im Vietnamkrieg.

Hat man – wenn man schon meint, weiterhin Kriege führen zu müssen – wenigstens diese Inbrunst der militärischen Lösung, den Kreuzzugsgedanken, zu fürchten gelernt? Es scheint, dass die Wirksamkeit des schlechten Gewissens über die missachtete Lektion die des guten Gewissens noch übertrifft. Jeder seither geführte Krieg hat diesen pathologischen Befund bestätigt. Mit jedem hat die Weltgeschichte uns Nachhilfestunden zu geben versucht, und jedes Mal sind wir »sitzengeblieben«.

Unter meinen wahrlich vorsichtigen Thesen von 1967 fehlte eine, die mir bei der Lektüre von Max Frischs Schriften aufging. Ich war bei Golo Mann im Tessin zu Besuch, als uns (»Bringen Sie Ihren Gast mit«) eine Einladung vom Nachbarn Frisch erreichte. Dieser hatte ein altes Tessiner Steinhaus mit umliegenden, ebenfalls aus Steinen geschichteten »stallas« zu einem bequemen, ästhetisch vollkommenen Feriensitz ausgebaut (er war ja Architekt gewesen!) – auf einem weitläufigen, verwunschenen Grundstück mit Boccia-Bahn und einem Swimmingpool von 10 mal 4 Metern unter gewaltigen Edelkastanien. Golo ging nicht gern zu Frisch; man sitze da an dem gewiss großartigen Kamin, bekomme auch guten Wein, müsse aber den maulfaulen Gastgeber unterhalten und finde sich oder, was man gesagt habe, dann in Frischs nächstem Roman wieder. Das störte mich nicht nur nicht, es verlockte mich, und so sagte Golo mir zuliebe zu. Es wurde ein Bilderbuch-Abend: »Schöner wohnen« plus »Edles trinken« plus »geistvoll plaudern«, wobei Golo sich bemühte, in Frischs nächstem Roman eine gute Figur zu machen und Frisch durchaus nicht nur einsammelte.

Er lud mich schon am zweiten Tage danach zu einer Bergtour ein, hatte einen Rucksack mit köstlichem Proviant gepackt – Marthas frischem Weißbrot, Käse, Wein, Obst – und überließ mir bald die Führung, hatte ich doch im Lauf von drei Aufenthalten in Berzona mehr Berge und Täler, Brücken und Pfade erkundet als Frisch in vielen Jahren. Unser Gespräch war lebhaft und von vornherein auf Freundschaft gestimmt. Diese gedeiht auf dem Boden gegenseitiger Neugier und findet Sicherheit da, wo man sie mit einem »Das ist Ihnen sicher auch vertraut« oder »Sie werden verstehen, wenn ich hierzu schweige« bedient. Er bot mir sein bewundertes Haus für den Fall an, dass Golo mich einmal nicht aufnehmen könne – und ich hatte zweimal acht Tage lang Gelegenheit, es zu bewohnen, zu erforschen, aufzuräumen und die Kastanienblätter aus dem Swimmingpool zu fischen. (Tat man es nicht täglich zweimal, musste man tauchen und sie vom Grund auflesen.)

Anfang 1976 erreichte mich die überraschende Bitte, die Laudatio auf ihn aus Anlass der Übergabe des Friedenspreises des Deutschen Buchhandels in der Paulskirche zu halten. Die Jury des Börsenvereins hatte dafür Peter Wapnewski vorgeschlagen. Max Frisch wollte es anders – und ich hatte nachzudenken, wo in Max Frischs Werk der Beitrag zum

»Frieden« steckte. Ich bekam von Suhrkamp eine vollständige Ausgabe zugeschickt, lehnte eine Einladung nach Berzona und ein »vielleicht hilfreiches Gespräch« ab und las auf der Wildenburg, deren Pfortenhäuschen ich im Sommer 1975 von Graf Hatzfeldt gepachtet und bezogen hatte, alle sieben Bände in einem Zuge durch – eigentlich längst wissend, was ich zur Pointe meiner Rede machen würde: Max Frisch übt uns im Rütteln an der eigenen Gewissheit. Das ist auch sonst wichtig, vor allem aber, wenn es um Krieg und Frieden geht. Wehe, wenn wir da nicht wahrhaftig sind, nicht dem redlich ins Auge sehen, was uns unfriedlich macht, uns über das täuschen, was uns der Friede kosten wird, uns nicht eingestehen, wie und warum wir uns um ihn betrügen. Max Frisch legt das nicht nur in seinen Gestalten und deren Schicksal nahe, er stellt eine Methode bereit – eine Methode zur Zerstörung falscher Sicherheit. Ich habe das »Wahrheitsarbeit am Frieden« genannt. Als ich nach vier Wochen mit der Rede fertig war, lud ich Max Frisch auf die Wildenburg ein. Er kam und blieb drei Tage. In den ersten zwei Tagen zog er sich stundenlang zurück, las die Rede mehrmals, machte sich Notizen. Am dritten Tag sagte er: »Das ist gut. Es trifft zu. Es ist vollkommen anders, als ich mir's vorgestellt habe. Ändern Sie nichts!«

Heimgekehrt nach Bielefeld habe ich meinen Schülern erst die Geschichte von »Biedermann und die Brandstifter« in meiner Sprache erzählt – davon, wie einer die Gefahr nicht »wahrhaben« will; dann die Geschichte von den Leuten in Andorra, die meinen, »die Wahrheit« genau zu wissen. Es sind zwei großartige, gegenläufige Geschichten, die manchen meiner Schüler gewiss zu einem späteren Leser von Max Frisch gemacht haben. Mir schien damals: Gleich in welchem Alter meine Schüler jetzt waren – nach diesen Geschichten konnte man sie auf Max Frischs Prüfungskunst einlassen. Ich habe also aus dem ersten Fragebogen seines »Tagebuchs« einige Fragen – nein, nicht vorgelesen, sondern – gestellt, also aus dem »Sie« ein »du« gemacht und auch sonst einiges vereinfacht:

Frage 1: Bist du sicher, dass dir die Erhaltung der Menschheit auch dann wichtig ist, wenn du und alle deine Bekannten nicht auf dieser Erde wären – zum Beispiel auf einem anderen Planeten?

Frage 2 (eine positive Antwort arglistig voraussetzend): Warum?

Frage 20: Liebst du jemanden?

Frage 21 (wieder eine positive Antwort voraussetzend): Woran erkennst du das?

Frage 22: Gesetzt den Fall, du hast nie einen Menschen umgebracht – wie erklärst du dir, dass es nie dazu gekommen ist?

Es gibt Fragen, deren Sinn darin besteht, dass sie beantwortet werden. Es gibt Fragen, deren Sinn darin besteht, dass sie gestellt werden. Max Frischs Fragen waren von dieser Art. Günter Grass hat kürzlich Fragen der anderen Art gestellt: »Wer hat den Krieg gewollt? Welche Lügen haben seinen Zweck verschleiert? Wem bringt er Gewinn? Welche bösen Werte steigert der Krieg? Wer hat wem jene Waffen geliefert?« – Fragen eines Untersuchungsrichters, die der letzten Frage zuarbeiten: »Wer hat Schuld?« Die können Schüler nicht beantworten; wenn sie sie ernsthaft fragen, macht es sie zu Historikern. Max Frischs Fragen machen sie zu Selbstprüfern, Menschenforschern, Philosophen. Ich weiß nicht mehr, was und wie meine Laborschüler geantwortet haben, weiß nur noch, dass der nachfolgende Lehrer ungeduldig darauf drängte, nun endlich seinen Unterricht beginnen zu können.

Das Jahr 1979 wird sich kein Schulkind merken müssen. In ihm wurde in Westberlin gewählt, und die SPD behauptete sich gemeinsam mit dem kleineren Koalitionspartner FDP in der Regierung, die sie seit 1946 – seit Ostrowski und Reuter – innehatte. Mir aber haben sich dieses Jahr und die mir in ihm erteilte politische Lehre eingeprägt: Im Januar hatte mir Marion Dönhoff eine Ablichtung eines Artikels von Richard von Weizsäcker im TAGESSPIEGEL geschickt, der die Überschrift »Argumente für einen Machtwechsel / Über die Aufgaben der Parteien in Berlin« trug. Sie hatte mich wie auch Golo Mann aufgefordert, unsererseits Richards Bewerbung um das Amt des Regierenden Bürgermeisters schreibend zu unterstützen. Ich kleidete mein Plädoyer in die Form einer Auseinandersetzung mit ihm und gewann damit die Zustimmung des Chefredakteurs, der Marion (und auch Golo Mann) erklärte: Während des Wahlkampfs keine Beiträge »von dritter Seite«, sofern sie für eine der im Wahlkampf liegenden Parteien werben! Von den mir eingeräumten fünf Kolumnen befassten sich vier mit dem Ohnmachtsgefühl der Bürger angesichts der sich ihnen präsentierenden Politik: Energiekrisen, Inflationen, Lehrer- oder Schüler-Berge, Umweltschäden, die Neurotisierung der Jugend, die Automatik von Rüstung und Gegenrüstung, die Gesetzeslawine, die Arbeitslosenziffer, der Dollarkurs – dies alles komme über uns wie das Tief über Island. Es gebe keine Reformen und schon gar keine Tendenzwenden, die sich von einer Partei oder einer Regierung termingerecht herbeiführen ließen. Die Zahl der tüchtigen Lehrer, der gesunden Kinder, der mutigen und kompetenten Journalisten, der wirklichen Erfinder und Forscher, der in den Städten vorhandenen Quadratmeter Spielfläche, der Bäume, der Seeufer, der Wehrdienstwilligen ... herauf- oder herabzusetzen liege nicht in der Hand einiger Politiker. In unseren kurzen Legislaturperioden, von denen die Hälfte auch noch durch Wahlkampagnen aufgezehrt werde, ließen sich nur kleine Schritte in die an ihnen gar nicht ablesbare „richtige Richtung" tun. Man habe nicht einmal einen richtigen Feind, einen Schuft oder Bösling, den man für das bisher falsch Gelaufene verantwortlich machen könne, allenfalls einen in Widersprüchen verstrickten, durch eine Affäre geschwächten Konkurrenten. Man schaffe sich also einen Drachen, um ihn mit Bravour abzustechen.

In einer solchen Lage horche man auf, wenn einer erstens nicht behaupte, er habe allein die sicheren Lösungen, und zweitens den Gegner nicht beschimpfe. Die Stärke von Richard von Weizsäckers Wahlkampfposition bestehe darin, dass er den Sachverhalten zu Sichtbarkeit und Geltung verhelfe und den von ihm selbst zitierten »Machtwechsel« in den Hintergrund stelle. Ich nannte das einen »Stilwechsel« und traute diesem zu, die Lust der aufmerksamen Bürger an der Politik wiederzubeleben. Mein Text enthielt kein einziges kritisches Wort über die SPD und die Regierung Stobbe.

Der TAGESSPIEGEL gab Peter Glotz, einem Mitglied der Berliner SPD-Regierung, die Möglichkeit einer Ant-Wort – nicht etwa Richard Löwenthal oder Eberhard Lämmert, die das weniger gereizt und darum wohl wirksamer erledigt hätten. Seine Erwiderung gab Glotz als wohlwollenden Rat eines in der Sache stehenden Politikers an einen wirklichkeitsfernen, melancholischen Dilettanten aus. Mit »Lieber Herr von Hentig ...« begann die herablassende Belehrung und endete mit freundlicher »Vorfreude« auf ein »Forum Zukunft«, zu dem mich die Bundes-SPD geladen hatte. Dazwischen viel feines und unfeines Gift: »geistreich-unentschieden«, »nobel-ungenau«, »Lebenslüge gebildeter Bürger«, »müde wissende geschichtsphilosophische Attitüde eines

Spengler oder Benn«, »Sie haben – und dies bezeichne ich als einen intellektuellen Trick – ein resigniert-abgeklärtes Bild von der deutschen Politik gezeichnet, vor dem sich ein kultivierter Konservativer vorteilhaft abhebt«. – Nun, das mochte ich nicht auf mir sitzen lassen. Es musste ein *rebuttal* geben, und dies erschien einen Tag vor der Wahl. Glotz hatte den Politiker in mir geweckt, indem er ihn leugnete. Nun hagelte es harte Fakten, ich zitierte Glotz' eigene Eingeständnisse und konnte am Beispiel des hilflosen Umgangs meiner SPD-Landesregierung mit den Bielefelder Schulprojekten authentische Erfahrung, also die vermisste Realität ins Spiel bringen. Meine Hiebe verteilte ich auf beide Seiten, den letzten und eigentlichen freilich versetzte ich Peter Glotz: Er habe meinen Artikel schlecht für seine Partei genutzt. Vor zwei Jahren, als er das Amt des Wissenschaftssenators antrat, hätte ich das gleiche Lob eines nicht nur noblen, sondern auch politisch wirksamen Stils über ihn schreiben mögen wie nun über Richard von Weizsäcker. In seinem offenen Brief an mich habe jetzt er den Stil gewechselt – um einen Machtwechsel zu verhindern. Mit der Überschrift seiner Erwiderung (»Der Stilwechsel ist nicht gelungen«) hatte Peter Glotz somit Recht behalten. Richard von Weizsäcker verlor die Wahl, und ich gratulierte ihm, dass ihm dieses »schlimme Amt« erspart bleibe. Zwei Jahre später übernahm er es doch, und ich habe zwei Jahrzehnte später auf einem Kirchentag in einer Auseinandersetzung mit Wolfgang Schäuble sagen können, warum unsere Politik in der Tat nicht mehr gegen die »Sachzwänge« ankomme – wie sich unsere Demokratie ändern müsse, um diesen gewachsen zu sein. Das zu sagen bin ich Peter Glotz und dem TAGESSPIEGEL damals tatsächlich schuldig geblieben.

In der Folge des Vietnamkrieges lernten wir eine neue Variante des Flüchtens aus Not und politischer Drangsal kennen: die der Boatpeople. Es dauerte noch drei Jahre, bis die ersten dieser Menschen zu uns kamen, und zehn Jahre, bis man den kühnen Retter Rupert Neudeck vom Deutschen Komitee Not-Ärzte mit dem Theodor-Heuss-Preis auszeichnete. Seine schier unglaubliche Tatkraft, seine unbeirrbare Menschlichkeit, sein Sinn für das jetzt Not-Wendende hatten mit Demokratie, Grundgesetz, Zivilgesellschaft, freiheitlicher Grundordnung – den für die Theodor-Heuss-Stiftung kennzeichnenden Begriffen – nur mittelbar zu tun. Aber Hildegard Hamm-Brüchers Honoratiorenverein hat deutlicher als andere, hierfür eher in Frage kommende Preis-Vergeber erkannt, dass unser Gemeinwesen vor allem eines braucht: Beispiele dafür, wie man ohne Staatsmacht und Verwaltungsapparat, diesseits von Tarifvertrag und Etatposten, jenseits von Parteifarbe und Fachzuständigkeit unmittelbar hilft, wo Hilfe nötig ist. Dass in der Demokratie alle für das Gemeinwesen und sein Wohl verantwortlich sind, ist meist eine ärgerliche Leerformel. Wo einer diese Forderung aber ernst nimmt, hat sie den Rang der Botschaft vom »Barmherzigen Samariter«. Es kommt darauf an, seine Verantwortung »wahrzunehmen«, hinzusehen auf den am Wegrand Liegenden und von Räubern Geschlagenen. 1985 habe ich die Laudatio auf Rupert Neudeck und Karlheinz Böhm gehalten. Im selben Jahr wurde mir der Lessing-Preis der Stadt Hamburg zuerkannt. Als er mir im folgenden Jahr übergeben wurde, habe ich die Preissumme aufgeteilt: Die eine Hälfte bekam ein *boat-boy*, Vu-An Truong, den Neudecks Cap Anamur auf hoher See aufgelesen hatte und der in Hamburg sein Abitur zu machen im Begriff war – er sollte mit dem Preisgeld sein Studium beginnen können; die andere Hälfte bekam Süleyman Avci, der noch in der Türkei lebende jüngste Bruder eines in Hamburg aus Fremdenhass auf offener Straße zu Tode geprügelten Türken, Ramazan Avci. Eine »dritte Hälfte« habe ich aus eigener Tasche dazugelegt – für einen jungen Deutschen, den ich auf dem Kirchentag in Düsseldorf 1985 kennen gelernt hatte. Er hatte beschlossen, in einem italienischen Heim für gestörte Kinder ein freiwilliges Dienstjahr abzuleisten, lernte dabei fließend Italienisch und setzte seine Suche nach Wahrheit fort.

Süleyman habe ich 1989 in Anatolien aufgesucht. Er diente als Knecht für alles bei seinem Vater, der eine kleine Apfelplantage besaß und ein Haus mit drei Stockwerken: Im unteren wohnte die Familie fast ohne Mobiliar; das zweite war nur für ganz festliche Gelegenheiten da – voller Prunkstücke, Plüschdecken, Plastikblumen; im dritten waren ausgediente Eisschränke und Waschmaschinen aus dem deutschen Sperrmüll gelagert – ein Nebengeschäft der Familie, die noch zwei Brüder in Deutschland hatte. Und dies fand ich vor:

Der scheue, seinen Vater überragende Junge, dem meine Reise gilt, läuft nur am Rande der ehrfurchtsträchtigen Veranstaltungen der gastgebenden Eltern mit. Die gesamte Familie wird mir vorgestellt, das kleine Anwesen und das Dorf mit seiner Moschee und Dorfschule gezeigt und allen vor den Cafés sitzenden, rauchenden und Brett spielenden Dorfpaschas erklärt, welch bedeutenden Gast aus Deutschland man zu Besuch habe. Derweil haben Mutter und Großmutter gekocht. Als ich mich über den süßen Hirsebrei freue, wird Süleyman geschickt, mir ein Säckchen Hirse abzufüllen; als ich die zum Nachtisch gereichten Äpfel lobe, muss Süleyman einen Korb voll von der Plantage herbeiholen, damit ich sie mitnehme; der Geschmack des vor dem Zubettgehen eingenommenen Tees interessiert mich: Er kommt mir bekannt vor, aber ich kann ihn nicht benennen, und schon muss Süleyman wieder traben und kommt mit einem Plastikbeutel voll getrocknetem Salbei zurück. Die Dolmetschkünste des deutschen Lehrers Rolf Kruczinna, der mich mit seinem Wohnmobil hierher gebracht hat, werden aufs äußerste strapaziert, aber ein Wort mit Süleyman zu wechseln gelingt uns nicht. Erst antwortet der Großvater, dann der Vater, dann die Mutter, womit »alles gesagt ist«. Am zweiten Tag wollen wir mit Süleyman in die benachbarten und, wie es heißt, »weltberühmten« Rosenfelder fahren, aber mein Schützling wird gebraucht, denn am dritten Tag ist im Dorf Beschneidung, und alle Verwandten des kleinen Beschneidungsprinzen müssen etwas zur Bewirtung des übrigen Dorfes beisteuern. Das Fest ist eine einzige Orgie: Musik, Palaver, Essen – alles in einem Übermaß, wie es sich nur arme Leute leisten. Am vierten Tag müssen wir die zweitägige Rückreise antreten. Am Abend davor verkünde ich der Familie, was ich in meinem *megalētor thymos*, meinem »großherzigen Sinn« (Homer), beschlossen habe: Ich lade Süleyman ein, nach Deutschland zu kommen, wo er bei seinen zwei Onkeln in Hamburg wohnen könne und bei Hauni in die Lehre gehen; für diese, für die Hin- und Rückreise sowie ein angemessenes Taschengeld stünde ich gerade. Die lebhafte Familie ist plötzlich völlig verstummt und bricht erst wieder in ein aufgeregtes Geschnatter aus, als ich sage: Die Entscheidung sollten sie sich in den nächsten Wochen genau überlegen, auch mit Süleymans Onkeln darüber »korrespondieren« (was wohl auf »telefonieren« hinausläuft) und mir bis Weihnachten Bescheid geben.

Vor dem Frühstück verstauen wir das Gepäck und die freundlichen Gaben im Auto und richten es so ein, dass wir dabei mit Süleyman alleine reden können: Ob ihm die Ausführung des Planes gefallen könne?

Aus dem Hin und Her zwischen ihm und Kruczinna entnehme ich zweierlei: Nach Deutschland zu reisen sei sein Traum; und: Die Eltern würden ihn nie gehen lassen, sie brauchten ihn doch!

Er sollte sich wundern: Beim Frühstück erklärt der Vater feierlich, die Familie nehme das große Geschenk dankbar an und hoffe, ihr Sohn werde ihr keine Schande bereiten. Das sei keine leichte Entscheidung angesichts dessen, was Süleymans Bruder widerfahren sei; vor allem die Mutter bange um den verbliebenen »Einzigen«. Aber eben weil ich, der Herr Doktor, mir dies doch als ein Zeichen der Wiedergutmachung ausgedacht habe, dürfe er es nicht ausschlagen. Das sei ein altes Gesetz in seinem Land: Wer Sühne nicht annimmt, verdient sie nicht. Die Frauen weinen noch ein wenig, dann steht die Mutter beherzt auf und sagt mit fester Stimme: »Ich übergebe dir mein Kind – es ist deins, solange es in Deutschland ist.«

Ich habe Süleyman 1990 vom Flughafen Frankfurt abgeholt. Staunend, stumm und unbeholfen folgte er auf der Autofahrt den Zeichen meiner Zeigehand. In Bielefeld halfen gegenwärtige und ehemalige türkische Laborschüler bei der Verständigung. In den drei Wochen, bis seine Onkel ihn übernahmen, habe ich alle Leiden der Verpflanzung eines Menschen aus einer Kultur in eine andere mit ihm und an mir durchlitten. Da er nicht gelernt hatte, Briefe zu schreiben, gingen die meinen ins Leere. Zweimal habe ich ihn in Hamburg getroffen; dann verlor sich die Beziehung. Die mit Vu-An hingegen erneuert sich immer wieder. Er ist ein erfolgreicher Geschäftsmann, ein glücklicher Familienvater und ein Wohltäter für sein Heimatdorf in Vietnam geworden. Mein deutscher »Stipendiat« hat mich – meine Zuwendung und meinen Widerstand – mehr gebraucht als das Geld. Er ist ein Lebenskünstler besonderer Art – anspruchslos, angestrengt und anmutig, auch dann, wenn er mal wieder einen dichten Bart trägt.

Der Lessing-Preis hat mir drei nachhaltige Befriedigungen beschert und drei Menschentypen vereint, denen ich mich mein Leben lang verbunden fühle: Flüchtlinge, Fremde, Freiwillige.

Es gab auch andere »Typen«, an denen meine Seele leicht hängen blieb: wilde Gesellen (unter meinen Assistenten war so einer!), alte Juden, Außenseiter.

Als Wolf Biermann 1976 aus der DDR ausgebürgert wurde, habe ich den ganzen langen Liederabend, den das Fernsehen aus Köln übertrug, vor meinem kleinen Schwarz-Weiß-Gerät hockend mit tiefer Erregung und Befriedigung erlebt. Da war so ein wilder Kerl, ein Ungestümer, ein Raubein mit Gefühl, ein verwegenes Genie. Ich rühme mich, ihn dem erweiterten Präsidium der Deutschen Akademie für Sprache und Dichtung für den Büchner-Preis 1991 vorgeschlagen und den Vorschlag auch in dem sympathisch uneinheitlichen, umständlichen, ebenso flatterhaften wie von Bedenken geplagten Gremium durchgesetzt zu haben. Biermanns Dankrede deckte auf, dass »Wir sind das Volk« aus Büchners »Danton« stammt: »schlecht abgeschrieben« und von diesen »ewig Verkürzten« zurechtgestutzt, denn so geht es weiter: »... und wir wollen, dass kein Gesetz sei; ergo ist dieser Wille das Gesetz, ergo im Namen des Gesetzes gibt's kein Gesetz mehr, ergo totschlagen.« Biermann erbrach seine Bitterkeit: »Totgeschlagen wurde kein einziger Folterknecht, kein Schießbefehler, kein Menschengroßhändler, kein Denunziant, kein Milliardendieb.« Hätte er das leiser vorgetragen, man hätte vielleicht das »Scheitern« vernommen, das in seiner Anklage lag. Marcel Reich-Ranicki hatte es in seiner Laudatio zitiert: »Das Gelingen ist langweilig, das Scheitern interessant.« Ikarus, Büchner, Biermann – so klingt die Kadenz. Der Letzte wusste, in welcher Reihe er stand, und »gemessen an diesem frühgestorbenen Riesen [Büchner] sind wir alle nur langlebige Zwerge.«

Manche andere politische Äußerung von ihm (etwa die zum ersten Golfkrieg) hätte ich mir anders gewünscht – nicht die Person, seine Lieder, seine Sprache. Diese war wie der Auswurf eines Kraters – unerhört, wuchtig, unfein – und konnte doch ganz zart und schmiegsam, ganz volkstümlich und mutterwitzig sein. Wo wir uns zum ersten Mal begegnet sind, ließe sich an unserer Korrespondenz rekonstruieren. Spontan fällt mir ein Abend in einer Dorfkneipe in Enger oder Herford ein, jedenfalls ganz in »meiner Nähe« – und seine bezaubernde Frau Pamela war dabei. Er schenkte mir an dem Abend eine CD mit seinen Liedern und kritzelte auf der Hülle herum. Ich konnte, was sein Kuli hinterließ, zu seiner Befriedigung nicht lesen. Es war die in Spiegelschrift geschriebene Widmung: »Für Hartmut von Hentig in Hannes' Pennerland [?] 18. Oktober 1991«. Die Bewandtnis ist mir entfallen, die große Botschaft dieses Schelms nicht: »Nur wer sich ändert, bleibt sich treu.«

Dem Typ »alter Jude« galt mein Vorschlag für den Büchner-Preis im darauffolgenden Jahr: George Tabori. Ich hatte im Gorki-Theater in Berlin »Mein Kampf« gesehen. In diesem genialen Stück teilt sich Tabori in zwei Personen auf, den Herbergsinsassen Schlomo Herzl und den Koscher-Koch Lobkowitz, der sich für den Gott Abrahams, Isaaks und Jakobs hält. Er »teilte sich auf«, weil kein Einzelner der geballten Ganzheit aus menschlicher Trauer und theologischem Trotz, aus Lebensweisheit und Aberwitz standhielte – kein Schauspieler und kein Zuschauer! Ich habe jede Gelegenheit benutzt, dieses Wunderwerk des Autors, des Dramaturgen und der Schauspieler wiederzusehen – nicht weniger als sechsmal. Die Erschütterung, die Oberflächenkomik, die Tiefenpoesie ließen nicht nach, sie steigerten sich von Mal zu Mal. Ich war überzeugt: Nur die Dichtung, die solche Wirkungen tut, darf sich mit dem Lorbeer »Büchner-Preis« schmücken. Peter Wapnewski unterstützte meinen Vorschlag. Die anderen Kollegen, die vermutlich nie ein Tabori-Stück gesehen oder sein schmales Œuvre gelesen hatten, zauderten. Ich war entschlossen, diesmal nicht aufzugeben, wie vor einigen Jahren bei Jurek Becker, der schon für ein einziges Werk – für »Jakob der Lügner« – Deutschlands höchste literarische Auszeichnung verdient hätte. Damals wandte man ein: »Wer das Drehbuch für die Fernsehfolge ›Liebling, Kreuzberg‹ schreibe, kommt für diese Würde nicht mehr in Frage.« Diesmal wandte man ein: »Tabori ist kein Deutscher.« Erwiderung: Also seien auch Franz Kafka, Manès Sperber, Thomas Bernhard, Paul Celan, Elias Canetti vom Büchner-Preis ausgeschlossen. »Jedenfalls hat Tabori nicht, möglicherweise sogar nichts auf Deutsch geschrieben.« Erwiderung: Dann sollten wir ihn und seine Frau, die die deutsche Fassung mit ihm hergestellt habe, gemeinsam auszeichnen. »Kann man das? So etwas hat es noch nie gegeben! Dann lieber George Tabori allein.« – So kam es.

Nach der Lesung am Vorabend der Verleihungsfeier stand George Tabori – dem Applaus und den Signierpflichten entronnen – vor der Darmstädter Orangerie, umgeben von drei Damen – offensichtlich ratlos, wie er von hier wegkomme. Ich stellte mich als einen der beiden Vizepräsidenten vor, sagte, die anderen Akademiemitglieder warteten auf den Bus, der sie in ein gutes Weinlokal brächte. Ich könne ihm aber auch ein Taxi besorgen. »Ach, ja: Das bitte!« Und dann: »Wohin?« Ich wusste es auch nicht, versicherte, in dem »Weinmichel«, zu dem die anderen führen, sei man nicht nur im besten Lokal des Orts, man sitze in gegeneinander abgeschirmten Kojen, und den Rest der Isolierung besorge der Lärm. Wir trafen dort vor den anderen ein und konnten uns einen bergenden Platz aussuchen – an einem Tisch, der leider auch Platz für einen Sechsten hatte. Der fand sich alsbald ein. Tabori hätte nun gern mit seinen Täubchen getrunken und geturtelt, und ich hätte mich damit begnügt, dem hübschen Schauspiel zuzusehen: dem schönsten alten Mann, den ich je gesehen habe, mit drei schönen jungen Frauen. Aber der Sechste, ein bedeutendes Akademie-Mitglied, erlaubte das nicht, zog alle Register seiner Gelehrsamkeit und fing am Ende auch noch an – Taboris Gesicht wurde immer trauriger – jüdische Witze zu erzählen. Den einen kannte ich gut, hatte ich ihn mir doch Dutzende Male von einer Platte mit Fritz Muliar angehört. Die aufdringliche Nummer 6 versetzte ihn in ein anderes Milieu und verdarb ihn vollkommen, indem er stracks auf die Pointe zuging. Ich kochte vor Zorn, memorierte innerlich die Muliar-Version und verkündete, als ich ihrer ganz gewiss war, wie von ungefähr: Ich hätte da auch einen jüdischen Witz, »den Fritz Muliar so erzählt«. Alle erkannten alsbald, gegen wen und was ich den Streich führte, und Tabori sagte mit einem Schimmer im hellblauen Auge: »Jetzt fühle ich mich wieder wohl.«

Eine wie törichte Kühnheit dazugehörte, in Taboris Gegenwart einen jüdischen Witz zu erzählen, musste jedem Literaten klar sein. Auf der Frühjahrstagung der Akademie in Budapest, 1998, fand dies seine endgültige Bestätigung. Zur Abschlussveranstaltung im prunkvollen alten Rathaussaal war auch Tabori eingeladen. Nach Imre Kertész sollte er das Finale mit seinem Beitrag bestreiten, dem alle mit Spannung entgegensahen. George Tabori war erst in letzter Minute eingetroffen, saß in würdiger Ruhe vor uns auf einer Art Thron und hörte sich die gelehrten Ausführungen des Kollegen interessiert an. Nun war er an der Reihe. Er sei gern hergekommen – wer komme nicht gern in diese wunderbare Stadt, zudem, wenn sie auch die eigene Heimatstadt sei. Er danke der Akademie für diese Gelegenheit. Als er heute – sehr früh – in Amsterdam eingecheckt sei, habe er zwei fast gleich große Koffer gehabt, einen leichteren mit Wäsche und Toilettengegenständen, einen schwereren mit Büchern und Manuskripten. Einer sei abhanden gekommen – der schwerere natürlich! Es habe sich bei der Ankunft nicht klären lassen, wo und wie. Darin sei sein für diesen Tag vorgesehener Vortrag gewesen. Den könne er nicht ohne den Text halten, leider. Er werde uns statt dessen eine Geschichte erzählen.

Ich werde nun »einen Teufel tun« (woher wohl kommt diese Redewendung?!), Taboris Geschichte hier wiederzugeben – das kann man nicht: die leise, zu größter Aufmerksamkeit zwingende Altmännerstimme, das kunstvolle *understatement*, die unschuldigen Abschweifungen und schließlich die in dem langen Anlauf, im scheinbar nebensächlichen Detail lauernde, dann plötzlich dreinschlagende Pointe. Ich kann nur verraten, wovon die Geschichte handelt: Eine den Nazis entronnene, in New York lebende alte Jüdin hat Kinder in Europa und seit drei Jahren auch einen Enkel. Sie möchte ihn sehen. Sie ist zu alt, um nach Europa zu reisen. Sie bittet flehentlich, ihr das Kind zu schicken. Man beschließt, ihr den Wunsch, wenn irgend möglich, zu erfüllen. Ein Jahr später hat man jemanden gefunden, der ihr den kleinen Mosche bringt. Sie ist überglücklich. Sie kauft für das Kind ein – neue Kleider, wie man sie hier trägt, Spielzeug, wie man es hier hat, aber auch einen Badeanzug, Schaufel und Eimer und eine kleine Sonnenmütze, wie sie es von früher kennt, denn sie will mit ihm an den Strand in Long Island. Da sitzt sie nun, liest die Zeitung, und Mosche geht ans Wasser. Da kommt eine große Welle, schnappt das Kind und nimmt es mit sich fort. Es ist weit und breit nicht zu sehen. Mosche ist ertrunken. Die Großmutter beginnt zu schreien. Sie verflucht Gott, der immer nur Schlimmes mit ihr und ihrem Volk vorgehabt hat – sie zählt alle Leiden auf – und der ihr nun grausam das letzte späte Glück raubt. Er sei ein Un-Gott; sie kehre sich von ihm ab; sie werde nie wieder beten, nie wieder in die Synagoge gehen ... Kaum hat sie Gott dies angedroht, kommt eine zweite große Welle und spuckt Mosche wieder aus. Die Großmutter stürzt sich auf das Kind, zerrt es weit auf den Strand, schüttelt es und sagt: »Und wo ist die scheene Mitze?«

Es ist eine uralte jüdische Geschichte. Mit dem Thema der Tagung hatte sie nichts zu tun. Den zweiten Koffer wird die Fluglinie ebenfalls wieder ausgespuckt haben. Ein Vortrag wird darin nicht gewesen sein, so wenig wie die Mütze auf dem Kopf des Kindes. Wir alle wissen das, und wir alle lieben George Tabori.

Natürlich ist er kein »Typ« – er ist ein völlig einmaliges Original. Aber er hat »Brüder«. Einer, Fritz Kortner, ist mir nur auf der Leinwand begegnet und in köstlichen Anekdoten, die Klaus Schultz, ehemaliger Intendant des Münchner Staatstheaters, trocken und treffend zu erzählen weiß. Im Frühjahr 1969 fragte man in der deutschen Öffentlichkeit allen Ernstes, ob die ARD eine Verfilmung des »Kaufmanns von Venedig« mit Kortner in der Hauptrolle (in »seiner Rolle«!) ausstrahlen dürfe. Man beschloss: Ja, unter den nötigen Vorsichtsmaßnahmen. Joachim Kaiser sollte eine vorbeugende Einführung geben, und kluge Leute sollten dem Zuschauer nach der dreistündigen Aufführung sagen, was er davon zu halten habe. Die klugen Leute waren: die Schriftsteller Günter Grass, Paul Schallück und Rudolf Krämer-Badoni, der Regisseur Peter Stein, ein jüdischer Rabbiner und ich – unter der Leitung des Kölner Intendanten Claus Helmut Drese. Die Frage lautete: »Wie wirkt dieser Ghetto-Shylock auf das deutsche Publikum von heute?« Einer von ihnen zitierte gleich Walter Kiaulehn: Es sei mit dem Dritten Reich und Hitlers Krieg so viel kaputt gegangen, warum sollte nicht ein Stück von Shakespeare auch dabei sein? Krämer-Badoni nannte den »Kaufmann von Venedig« schlicht ein »dummes«, weil vor der Aufklärung erdachtes Stück, und fast alle meinten, man sollte es in Deutschland nicht wieder spielen, fürchteten, es sei zu sehr geeignet, die Vorurteile gegen die Juden zu bestätigen, fragten besorgt: »Darf Shylock wieder böse sein?«, als sei das eine Frage des Zeitpunkts. Günter Grass traute dem deutschen Zuschauer ein besseres Urteilsvermögen, Peter Stein der Schauspielkunst Kortners eine aufklärende Wirkung zu. Ich allein trat für Shakespeare und Shylock ein, von dessen Gestalt ich so ergriffen und über dessen Schicksal ich so empört war, dass ich zum Angriff überging: Wer befürchte, dass dieser Film Antisemitismus auslösen könne, sei ein unbewusster Antisemit. Er gönne den Juden offenbar nicht, was Shakespeare/Kortner hier für sie leiste, nämlich eine bündige Belehrung der Menschheit darüber, wie aus Misshandlung Hass entstehe. Habe man denn nicht hingesehen, nicht hingehört? Alles, was man als »typisch jüdisch« verächtlich oder aufreizend finde – der prüfende Singsang der Stimme und das vom Schicksal zermarterte Gesicht, der krächzende Eigensinn und das unbeirrbare Gottesvertrauen –, mache Shylock zu der einzigen wirklich schönen Person auf der Leinwand. Alle anderen seien jung, reich, unbedeutend, frivol, ja gemein und ganz und gar unchristlich. Ich sei in Gefahr, durch diesen Film zum Antivenezianer, zu einem Feind der Christen zu werden. Ihre Wohlanständigkeit sei eine Farce; es gehe ihnen um Buchstaben, nicht um Recht, um den Ruf des Standes und der Stadt, nicht um Überzeugungen; ihr Sieg komme durch juristische und philologische Spitzfindigkeit zustande.

In mir hatte der Film etwas ausgelöst, was in der hier geführten Sprache nur »Philosemitismus« genannt werden konnte. Man liebt, was man versteht, was der Liebe bedarf, was leidet und nicht zu leiden verdient, was ungewöhnlich und stark zugleich ist – und uns vertraut und menschlich. Wer in diesem »Venedig« ist uns innerlich vertrauter als Shylock? Um zu ihm zu stehen, brauchen wir dieses Lehrstück – nicht Verdrängung, nicht Verkitschung und schon gar nicht eine Bestätigung unserer Wächterrolle, eine Versicherung, dass wir es in der Bekämpfung von Vorurteilen doch schon recht weit gebracht haben!

Mich wird man nach diesem Ausbruch für verrückt gehalten haben, und jedenfalls fand man mich, wie die vielen Briefe beweisen, die danach eingingen, belehrungsbedürftig. Ich habe an dem Ereignis gelernt, dass meine Vorliebe für Juden zwar ein vor mir selbst unleugbarer, aber nicht vor anderen »verwendbarer« Tatbestand war. Liebe darf man empfinden; ob man sie öffentlich bekennen soll, muss man sehr genau prüfen. Dieses Bekenntnis kann nicht nur aufdringlich, es kann auch kränkend sein.

Einen alten Juden, den man in Berlin in der Tat gelegentlich mit George Tabori verwechselt, habe ich 1981 »kennen gelernt«. 1981 ist eines der Jahre, die im Ploetz des 20. Jahrhunderts stehen sollten, nicht weil in diesem Jahr etwas Epochales eingetreten ist, was auch nicht hätte eintreten können, sondern weil in ihm die Ambivalenz eines sich schon vollziehenden Wandels bewusst wurde – jedenfalls in Deutschland. 1981 lud der Berliner Senator für Wissenschaft, Peter Glotz, zu einem Kongress über die Neuen Medien ein, auf dem sich die Politik, die Wirtschaft und die Wissenschaft in schwelgerischer Einmütigkeit zusammenfanden, um den Beginn des Medienzeitalters in Deutschland auszurufen. Das hatten zwar Herman Kahn und Antony Wiener in Amerika längst getan (»Ihr werdet es erleben«, 1967), und Marshall McLuhans provokantes Wort »The Medium is the Message« wurde auch bei uns schon fleißig, wenn auch falsch zitiert (nämlich als eine kritische Aussage über unsere medienselige Zeit; in Wahrheit erinnerte McLuhan nur daran, dass es schon immer so war: starke und massenhaft verwendete Mittel verselbständigen sich, man braucht sie am Ende um ihrer selbst willen, sie prägen das gesamte Leben – die Schrift und das gedruckte Wort, das Auto und das Radio, das Erdöl und die Synthetik, die Medizin und die Psychoanalyse). Nun sollte auf dem Berliner Forum unter dem Titel »Neue Medien – neue Macht?« die Praxis der deutschen »Wissensgesellschaft« im Feuer amerikanischer Philosopheme (»All forms of employment become ›payed learning‹ and all forms of wealth result from the movement of information«, so in McLuhans »Understanding Media«, 1966, S. 65) zurechtgeschmiedet werden. Als Höhepunkt der Veranstaltung war ein Podium in der großen Messehalle am Funkturm geplant. Da saßen in gerader Front zum Publikum nebeneinander achtzehn Personen und konnten schon deshalb auch nur nebeneinander, nicht miteinander reden – die großen Wort- und Sachwalter des *electronic age* vom Bundespostminister Schwarz-Schilling, der hierfür die geforderte Hardware in Gestalt der Breitbandverkabelung zu liefern versprach, über Alfred Grosser, der die nötige Begeisterung einbrachte, bis zu Edzard Reuter, der die politischen Voraussetzungen und Folgen der »Telematik« darstellte. (Das aus dem Französischen übernommene Wort vereinte in sich die Telekommunikation mit der Informatik; es fehlte in ihm nur ein »h«, um auch *mathein*, »Wissen und Lernen«, einzubeziehen.) Und natürlich waren etliche Informations-Wissenschaftler und Informations-Techniker vertreten. Einer von ihnen sollte Joseph Weizenbaum sein, der 1976 präzise vorhergesagt hatte, wohin die Reise gehen werde: »From judgement to calculation«.

Da die Sache mit Schule und Lernen zu tun hatte, war auch ein Pädagoge gefordert. Ich war damals gerade Fellow am Wissenschaftskolleg zu Berlin und wurde gebeten, den Part zu übernehmen. Vom Gegenstand wusste ich kaum mehr, als was uns damals durch die Zeitungen vermittelt wurde – den Sirenengesang der Medientheoretiker und die schöne Geschichte von ELIZA, einem Computerprogramm, das Joseph Weizenbaum erdacht und erstellt hatte. Mit seiner Hilfe konnte ein Psychiater ein Gespräch mit seinen Patienten führen, ohne dabei zu sein – und zahllose amerikanische Seelenärzte waren »darauf abgefahren«, also

»darauf reingefallen«. Eines freilich wusste ich mit Sicherheit: Diesen wunderbaren Ironiker, diesen wirklichen Kenner der Sache hatte ich auf meiner Seite – auf der Seite des Sokrates.

Ich saß als Vorletzter auf dem linken Flügel des Podiums, hatte mir vier oder fünf »pädagogische« Sätze zum Thema zurechtgelegt, die mich als Skeptiker, nicht aber als Schwarzseher ausweisen sollten und jedenfalls keine Gewissheit usurpierten, die ich nicht haben konnte: Lernen sei aus gutem Grund ein langsamer Vorgang / Das Speichern von Information an ein Gerät abgeben zu können, sei sicher eine Erleichterung – die Auswahl des Wichtigen und Richtigen aus dem solchermaßen mechanisch angesammelten Datenreichtum werde freilich erschwert / Das telematische System lehre gerade das nicht, was man zu seiner Bewältigung brauche: Urteilskraft / Wo und wie erwerbe man diese Fähigkeit? – das müsse, bitte, gleich und vor allem mitbedacht werden / Mir scheine, wenn ich auf die Wirrnis unserer politischen Probleme blicke, dass wir statt der »informatisierten« Gesellschaft eine »deliberative« brauchten. Im Übrigen musste ich nur gut zuhören, was die Herren Vorredner alles versprachen, ohne dafür bürgen zu können, und das Publikum auf das aufmerksam machen, was es auf diesem Podium *nicht* gehört hatte: die Verben verstehen, nachdenken, überschauen, wahrnehmen, bezweifeln, überprüfen, bewerten. Man tat so, als gebe es vornehmlich eine Aufgabe: das sich erfreulich explosiv vermehrende Wissen einzufangen und zugänglich zu machen.

Es traf sich, dass mein Nachbar zur Rechten eben gerade leuchtenden Auges verkündet hatte, man werde in allernächster Zeit schon in der Lage sein, das gesamte Wissen unserer Zeit auf einer Kassette von der Größe einer Streichholzschachtel unterzubringen – triumphierend hielt er eine solche hoch. Man könne es bei sich tragen und brauche seinen Kopf damit nicht zu belasten. »Und diese Kassette, Herr Kollege«, übernahm ich das Wort von ihm, »werde ich kaufen und in den nächsten Gully werfen – nicht aus Missachtung dieser technischen Leistung, sondern um zu beweisen, dass weder mir noch der Welt dabei etwas verloren geht. Nur was ein Mensch weiß, und das heißt: sich angeeignet hat [hier hätte ich Hegel zitieren können!], darf sich ›Wissen‹ nennen. Alles andere sind angehäufte Daten, die erst durch Anstrengung des denkenden Menschen tauglich gemacht werden.«

Das Publikum – ermüdet von den entweder unverstandenen technischen Ausführungen oder den enthusiastischen Leerformeln (»endlich erreichte Informations-Demokratie« / »nun erst verwirklichte offene Kommunikationsgesellschaft«) oder bloßen Behauptungen (größte Wachstumsbranche / globaler Wettbewerb / dringender Bedarf der Wirtschaft / Revolutionierung des Klassenzimmers) – applaudierte heftig zu dieser ihm halbwegs vernünftig erscheinenden Äußerung und hätte noch viel lieber Joseph Weizenbaum gehört, von dem die Gesprächsleitung eingangs gesagt hatte: Man habe ihn im Messegelände gesehen, aber »hier oben« sei er leider noch nicht erschienen. Als einen schlauen Verweigerer, der sich nicht vereinnahmen lässt, dem auch *publicity* wurscht ist, habe ich damals die Person Weizenbaum wahrgenommen. In den folgenden zwei Jahren stand er mir mit seinen luziden Argumenten bei, als ich meine Kampfschrift »Das allmähliche Verschwinden der Wirklichkeit« (1984) schrieb. Ich glaubte so wenig wie er, dass die Computerei aufhaltbar sei, und lernte ja auch täglich, welche Wunder sie zu vollbringen vermag; aber man musste doch wissen, welchen Preis man zahlte und welche Gefahren eine unbedachte, eine übereilte Hingabe an die Neuen Medien in sich barg. Persönlich begegnet bin ich Joseph Weizenbaum erst 1989. Davon erzähle ich, wenn dieses große Jahr ansteht. – Übrigens hat sich Ernst Klett ein letztes Mal über ein Buch von mir wirklich gefreut, obwohl es schon nicht mehr in seinem Verlag erschien, und hat an dem Titel mitgebastelt, der sich schamlos an Neil Postmans »Das Verschwinden der Kindheit« anlehnte. Im dritten Jahrtausend angelangt habe ich das Buch neu geschrieben – es ist meine letzte große systematische Bemühung zur Pädagogik unserer Zeit und trägt den programmatischen Titel »Der technischen Zivilisation gewachsen bleiben« (2001).

Das Jahr 1985 steht in meinem Kalender für eine politische Anstrengung, die viele Deutsche sich buchstäblich abgerungen haben – aus Einsicht die einen, aus Angst die anderen und beide aus bürgerschaftlicher, also demokratischer Verantwortung. Just diese ist ihnen freilich bestritten worden – mir beispielsweise von meinem verehrten Freund Ernst Klett. Eigentlich geht es um das Jahr 1979, an dessen Ende, am 12. Dezember, der NATO-Doppelbeschluss gefasst wurde, der uns Bürger und Rand-Politiker ein ganzes Jahrzehnt beschäftigt, nein umgetrieben hat. Ihm zufolge sollte auf europäischem Gebiet mit weiteren Mittelstreckenraketen nachgerüstet und zugleich der Sowjetunion ein Angebot zum Abbau des nuklearen Waffenarsenals gemacht werden. Diese im Wesentlichen von Helmut Schmidt erwirkte Entscheidung kam 1983 zum Austrag. Viele Europäer, vor allem viele Deutsche sahen darin weniger den politischen Schachzug als vielmehr eine jener »Zwangsläufigkeiten«, durch die der Friede und die Bevölkerung mehr gefährdet als geschützt wurden. Mittelstreckenraketen in Deutschland mussten im Ernstfall den Erstschlag auf sich ziehen, oder sie dienten dazu, ihn »unsererseits« zu führen. Längst wusste jeder: Nur wer das Letztere tat, hatte eine Chance zu überleben. Allein die Androhung massenhafter Vernichtung von Zivilisten ist unverantwortlich. Eine Drohung nutzt ja nichts, wenn man sich nicht entschlossen zeigt, sie wahr zu machen. Die fürchterliche Logik machte uns, die wir sie immer neu prüften, zu entschlossenen Gegnern der eigenen Regierung und ihrer Verbündeten. Da der zweite Teil des Beschlusses nicht zur Wirkung kam, sondern selbst zu einem neuen Mittel der alten Konfrontation wurde, meinten wir ernst machen zu müssen. Im März 1983 kam Präsident Reagans Anordnung hinzu, ein weltraumgestütztes Raketenabwehrsystem (SDI) zu errichten, und gleichzeitig die Empfehlung an seine eigene Nation, Bunker zu bauen. Die NATO-Politiker glaubten ganz offenbar selbst nicht an eine friedliche Lösung – und wir nicht mehr an unsere Protestmärsche und Plakate: In einer nach dem Dorf Pödinghausen benannten Gruppe von vornehmlich Oberstufen-Kolleg-Lehrern hatten wir ein Jahr lang über unsere Eingriffsmöglichkeiten diskutiert; wir hatten unter uns pfiffige Künstler, die treffliche Slogans und dazu passende Grafiken entwarfen; wir hatten einige große Reklameflächen gemietet und malten an Wochenenden unsere Botschaften darauf: »Ohne Dings kein Bums«, dazu eine A-Bombe / »Die Nulllösung – 3 Prozent weniger Raketen = 3 Prozent weniger Krieg?«, dazu 100 aufgereihte Raketen, von denen drei rot durchgestrichen waren / »*S*TOPPT *D*EN *I*RRSINN – SDI«, darunter mit entsprechend proportionierten Bomben die Vermehrung der Rüstungsausgaben Amerikas jetzt und in Zukunft / »Ent-rüstet euch!« / [in der Weihnachtszeit] »Unfriede auf Erden – Krieg ist ein Mordsgeschäft«, dazu ein kriegerisch geschmückter Weihnachtsbaum. Nein, das war wohl doch eher Selbstbefriedigung, und die befriedigte eben nicht.

Ich habe erzählt (s. o. S. 482), dass unsere Gruppe in meinem Garten »gewaltlosen Widerstand« übte (die einen setzten sich ins Gras und verhakten sich ineinander, die anderen spielten Polizei und räumten die Ersteren ab), wobei wir uns vornehmlich mit den Gefühlen der Beamten vertraut zu machen suchten. Wir haben Lieder gelernt, sogenannte »Transparente« gemalt, und zwei hatten sich kundig gemacht, wie man im Mittelalter die Trommel rührte, um vor der Pest zu warnen. 1985 waren wir so weit. Am Tag vor Heiligabend »besetzten wir die Zufahrt« zum amerikanischen Raketendepot in Mutlangen. Die Polizei, die uns schon beim Anmarsch hätte abfangen können, trat den längst gewohnten Abräum-Dienst erst an, als wir uns niedergelassen und damit den Tatbestand der »Nötigung« vollzogen hatten. Ordnungsgemäß wurden wir vorher aufgefordert, den Platz zu räumen – routinemäßig dreimal hintereinander. Als zwei Polizisten auf mich zuschritten, löste ich mich von meinem Nachbarn, stand auf und folgte den jungen Diensttuenden – wozu sollte ich ihnen das Forttragen eines erwachsenen Mannes (63,5 Kilogramm) zumuten? –, es ging doch um eine symbolische Handlung, nicht um »Erschwerung«, gar »Verhinderung« der *dislocation* von Pershing II und Cruise-Missiles. Die Blockade war nur der Anlass für unsere eigentliche »Tat« – die sollte vor Gericht in Schwäbisch Gmünd folgen.

Zwei Jahre zuvor hatten wir die »Einfuhr« der Raketen in Bremerhaven – damals zusammen mit Hunderten von anderen – blockiert. Ich saß mit meinen Kollegen aus der Laborschule und dem Oberstufen-Kolleg unmittelbar vor dem Stacheldraht. Er und drei Meter Zwischenraum trennten uns von den mit Helm, Visier und Plastikschild bewehrten Ordnungshütern. Wir saßen, sangen, teilten unsere Stullen, lösten uns in Schichten ab – sechs Stunden Widerstand (wer eine schwache Blase hatte, war hierfür nicht tauglich), sechs Stunden Schlaf (unsere Schlafsäcke warteten auf uns im Haus eines evangelischen Pastors). Ich hatte den »Peloponnesischen Krieg« von Thukydides mitgebracht und las daraus »Die Belagerung von Plataä« vor – Buch II, Kapitel 1–7 und 70–78, Buch III, die Kapitel 20–24 und 52–68. Ich gebe dem Leser meiner Erinnerungen die Stellen des Textes an, damit er sich selbst eine Vorstellung von diesem ungeheuerlichen Vorgang mache, den Thukydides durch die sorgfältige Darstellung der Einzelheiten zu einem schier erwürgenden Erlebnis steigert. Ich las erst für die neben mir lagernden Bielefelder Freunde; bald verstummten die Gespräche im näheren Umkreis; von weiter her kamen Zurufe »Bitte lauter!«, denen ich gerne folgte. Ich richtete mich auf und konnte, wenn ich die Stimme hob, von etwa achtzig Personen gehört werden. Nach zwanzig Minuten nahmen die ersten Polizisten auf der anderen Seite des Drahtverhaus ihre Helme ab, um besser hören zu können: Sie waren die Belagerten und langweilten sich. – Was für eine Szene und was für ein Dienst des großen griechischen Historikers an der Nachwelt! In den folgenden zwei Schichten war man bereit, auch das Strafgericht der Athener an den Mytilenern und den Dialog mit den Meliern anzuhören, in dem es um »Bundesgenossenschaft mit einer imperialen Macht« geht. Am liebsten hätte ich 1987 den Richtern in Schwäbisch Gmünd dies alles noch einmal vorgelesen – als Zeugnis der uns vorgeworfenen »Nötigung«.

Das Gericht verurteilte am 25. Mai 1987 die vorletzten vier aus unserer neunzehnköpfigen Gruppe nach vierstündiger Verhandlung, die im Wesentlichen aus unseren Plädoyers bestand, zu einer Geldstrafe von 20 »Tagessätzen«, was in meinem Fall 3000 DM betrug. (Um genau zu sein: 3065 DM; es kamen eine »Urteilsgebühr« von 60 DM und 5 DM für die »Postzustellung« hinzu.) Der Einzelrichter Ziemer hatte, wie er selber einräumte, »auf eine Fließbandtat mit einem Fließbandurteil« reagiert, obwohl ein Bundesverfassungsgerichtsurteil vom 11. November 1986 die Richter auch in diesen sich wiederholenden Fällen (bis zu dem unseren waren es in Schwäbisch Gmünd über 2000) anhielt, »den Einzelfall zu prüfen« und die Motive bei der Strafzumessung in Anschlag zu bringen. Verschiedener als wir vier – Annemarie von der Groeben, Hans Frieder Dietz, Veronika Engel und ich – konnte man die gleiche Tat nicht begründen, heraus kamen dennoch der gleiche Strafsatz und die wortgleiche Belehrung: Wir Akademiker hätten andere Mittel gehabt, unsere Meinung kundzutun, als just unseren »Hosenboden«. Der Strafbefund lautete »Nötigung«, und diese war »verwerflich« – unbeschadet der Beweggründe.

Meine Mitwiderständler sind wegen dieser und anderer Mängel in Revision gegangen. Ich nicht. Ich hatte keinen Streit mit der Justiz, sondern mit der Regierungspolitik, und in diesem Streit war das Martyrium ein starkes Mittel: »Seht, dies ist mir meine Überzeugung wert.« Noch deutlicher hätte ich das durch das Absitzen einer Gefängnisstrafe ausgedrückt, aber die wurde mir trotz des ausdrücklichen Antrags verweigert wie den anderen auch.

Der Zufall wollte es, dass mir das am 17. Februar des Jahres vom Bundespräsidenten verliehene Große Verdienstkreuz des Verdienstordens der Bundesrepublik Deutschland am Tag nach dem Prozess von der Ministerin für Wissenschaft des Landes Nordrhein-Westfalen, Anke Brunn, in Düsseldorf überreicht werden sollte. (Das Bundesverdienstkreuz erster Klasse hatte ich von Bundespräsident Carstens erhalten – zusammen mit Bernhard Vogel, Walter Wallmann, Gabriele Wohmann, O. W. Fischer, Maria Schell und, zu meinem großen Entzücken, Ruth Leuwerik. Wir saßen während des Festessens nebeneinander, und ich landete scheu mein Lob für ihre »Effi Briest« – die trefflichste, die es je gab! – und für ihre Renate Müller in »Wen die Götter lieben«. Sie nahm meine Huldigung ebenso scheu auf.) Am Morgen des 26. Mai 1987 las die Ministerin meine Verurteilung in der Zeitung und rief besorgt beim Bundespräsidenten an, ob sie die Auszeichnung »unter den gegebenen Umständen« noch übergeben dürfe. Das möge sie getrost tun, sagte der Bundespräsident – es war Richard von Weizsäcker; ich bekäme sie ja nicht wegen Mutlangen. Im Übrigen habe auch er schon mal gegen ein Gesetz verstoßen. – Da sage einer etwas gegen den Geist unserer Republik! Die dem Orden und der Urkunde beigegebene »Gebrauchsanweisung« konnte da nur noch ironisch wirken:

> Der Orden kann im Original bei allen besonders feierlichen Anlässen angelegt werden. Eine bestimmte Kleidung ist dafür nicht vorgeschrieben, sie soll [...] der Würde des Ordens entsprechen.
> Die Ordensminiatur sollte – anstelle des Originals – bei allen anderen Gelegenheiten getragen werden. In Betracht kommen insbesondere Veranstaltungen des Staates, der Kommunen, der Kirchen, der Sozialpartner, von Verbänden und Vereinen, kulturelle Ereignisse und Feste im Familienkreis.
> Die Ordensminiatur kann in diesen Fällen auch zur Alltagskleidung getragen werden.
> Das Ordensband wird am Hals unter dem Kragen des Oberhemdes getragen. Die Halterung des Kreuzes muss auf dem flachgebundenen

Krawattenknoten oder unter dem Querbinder auf dem Oberhemd aufliegen. Es empfiehlt sich eine einfarbige Krawatte oder ein einfarbiger Querbinder. Beim Frackhemd liegt das Band auf dem Kragen. Die Miniatur wird auf der oberen Hälfte des linken Revers oder im Knopfloch getragen.

Frauen tragen das Große Verdienstkreuz etwa eine Handbreit unterhalb der linken Schulter; dasselbe gilt für die Miniatur.

Für Uniformträger gelten besondere Bestimmungen, insbesondere die Anzugsordnung der Bundeswehr (ZDv 37/10).

An Mänteln oder Umhängen werden Orden oder deren Miniaturen nicht getragen.

Der STERN druckte meine Verteidigungsrede unter der Überschrift »Nötigung zum Denken« ab. In meinem unmittelbar nach dem Urteil erschienenen Buch »Erziehung zum Frieden« schließt mit ihr eine Reihe von neun »Übungen im Überwinden der Resignation«. Diese letzte galt dem »Geben und Fordern von Rechenschaft«. Eitel fügte ich hinzu: »Ich folge dem Sokrates.« Das Beste an diesem politischen Lebens-Examen war, dass mein Freund Ernst Klett mir buchstäblich »beistand«: Obwohl er den Ungehorsam gegenüber der gewählten Obrigkeit missbilligte, kam er nach Schwäbisch Gmünd gereist, hörte ohne Zeichen von Ungeduld zu und murmelte hinterher: »Das mit dem Sokrates muss noch genau geprüft werden.« Die Prüfung fand Jahre später im Rahmen eines Treffens unserer »Fünferbande« in Berlin statt – anhand des unseligen Buches »Der Prozess gegen Sokrates« von I. F. Stone und Nietzsches verächtlichen Anmerkungen zu meinem Helden. Sehr überzeugend war mein umständliches Plädoyer wohl nicht: Der sonst streitbare Freund ging danach ohne die geringste Erwiderung zum nächsten Thema über.

Ich habe um der Geschichtsdaten willen meine Darstellung der anderen »Typen« unterbrochen, an die ich neben den drei »F« – den Flüchtlingen, den Fremden, den Freiwilligen – mein Herz zu verlieren pflege: an wilde Gesellen, alte Juden und Außenseiter. Ein Beispiel für die Letzteren fehlt noch in meinem Bericht, und das von mir gewählte passt gut hierher.

Meine Mutter hat, wie meine Schwester Helga, zeitlebens die merkwürdigsten Gestalten mit den seltsamsten Schicksalen angezogen. Auch in meinem Leben gab es und gibt es sie – freilich nicht entfernt so zahlreich und vor allem meist nicht gut »erzählbar«. Es sei freimütig gestanden: Ich war im Umgang mit ihnen nicht begabt. Ich konnte ihnen zuhören und raten – sie befriedigen konnte ich selten; ich meinte, sie zu verstehen, aber was ich verstand, machte mich ungeduldig; am Ende dauerten sie mich mehr als sie mich interessierten. Schon deshalb kann ich nicht so von ihnen berichten wie meine Mutter und meine Schwester, denen jeder ihrer Sonderlinge erst zum Schutzbefohlenen und dann zu einem Paradiesvogel geriet bzw. gerät. Ich würde die meinen »bloßstellen«. Meine »Originale« waren entweder wirklich krank oder so vom Leben gekränkt, dass sie eines guten Psychiaters bedurft hätten. Nur in einem einzigen Fall habe ich gewagt, einem dieser Leidenden den Gang zu einem solchen zu empfehlen. In allen anderen Fällen wäre dies just die Schwächung, just der Verrat gewesen, vor dem sie doch zu mir geflohen waren. Ein gemeinsames Merkmal ihrer Sperrigkeit war, dass sie zwar meist auch Geld brauchten, ihnen damit aber nicht wirksam zu helfen war. Sie suchten einen Ankergrund für ihr treibendes Schiff, und der sollte ich sein, meine Person. Hatte ich mich ihrer angenommen, waren sie auch mit noch so vielen Gesprächen, mit noch so vielen Briefen nicht zu sättigen; sie wollten stets mehr mitteilen, als ich aufnehmen konnte. Auch eine entschiedene Zurückweisung vermochte das Verhältnis nicht zu beenden. Ich musste mich hüten, von ihnen verschlungen zu werden – oder gesteinigt.

Anders war das im Fall des Studenten Christoph Bausenwein, und deshalb kann ich von diesem Außenseiter erzählen. »Vermittelt« hatte ihn mein Bielefelder Kollege, der Mathematiker J. Mennicke, der ein Magnet für Unangepasste, für gesellschaftliche *misfits* war. 1978 hatte Bausenwein den Militärdienst verweigert. Sein Gesuch wurde abgelehnt, weil »der Antragsteller ... nicht sein Gewissen, sondern seinen Intellekt sprechen« ließ. Das Gericht attestierte ihm:

> Der Angeklagte hat sich in der Berufungshauptversammlung als ein kühler, außerordentlich logisch denkender junger Mann erwiesen, dessen Argumente [...] intellektuell durchaus interessant zu hören waren, für eine Gewissensnot in dem beschriebenen Sinn jedoch nichts hergaben.

Gegen seine Verurteilung legte Bausenwein Widerspruch ein und bekam Recht, beschloss aber nach Antritt des von ihm gewählten Zivildienstes, auch diesen zu verweigern. Er wurde nun wegen »Dienstflucht« verurteilt und dies in der Folge mehrmals, weil er sich bei jeder neuen Einberufung erneut verweigerte, ja gegen die Bestrafung – unter Berufung auf den Grundsatz *ne bis in idem* – jedes Mal Widerspruch einlegte, bis ihm ein Gericht schließlich »das Privileg [!] des Verbots der Doppelbestrafung« absprach und ihn nun gleich zu drei Jahren Haft verurteilte. Seine letzte Berufung strandete auf dem Satz: »Die Totalverweigerung ist für den Angeklagten nur Mittel zum Zweck, eine von ihm gewählte Taktik im Kampf gegen die geltende Wehrverfassung.«

Im achten Jahr dieses gerichtlichen Gerangels reichte der Bielefelder Gefangenenbeirat ein Gnadengesuch bei der Bayerischen Staatsregierung ein und erhielt vom zuständigen Staatsminister für Justiz die Antwort: Man habe »die persönliche Glaubwürdigkeit, insbesondere die Erwartung eines straffreien Lebens geprüft«, jedoch »keine hinreichend tragfähigen Gnadengründe« gefunden; Bausenwein habe die ihm gebotenen Chancen »vorsätzlich vertan«. Diese Sprache weckte in mir die Erinnerung an die Rede- und Denkweise von »Hitlers schrecklichen Juristen«. Ich setzte ein neues Gnadengesuch auf, das mit dem Zweifel begann, ob Bausenwein überhaupt an einer Begnadigung gelegen sein könne – auch sie lasse sich als ein Mittel der Beschwichtigung und als Teil des »Systems« auslegen. Wenn meine sechs Mitunterzeichner und ich um Gnade für Bausenwein bäten, gehe es uns um das Ansehen des Rechtsstaats und um eine Gruppe von Personen, die zum Schutz vor empfindlicher Strafe ihre Überzeugung entweder als Gebot ihres Gewissens ausgeben oder sie ablegen müssten. Der buchstäblich gnadenlose Umgang mit dem, was sie für ihre Lebenswahrheit hielten, die weder mit dem historischen Gesetz übereinstimme noch sich auf außerhistorische, metaphysische Instanzen berufen könne, scheine uns dem Rechtsstaat nicht bekömmlich.

Was das Gesetz einem Menschen wie Christoph Bausenwein nicht abtrotzen kann, weil er es nicht anerkennt, ist ihm vielleicht durch Gnade nahezubringen. Stets hat mich die Möglichkeit eines solchen Umgangs mit »Totalverweigerern« beschäftigt; ich habe mich darum diesen Menschen – der Antigone, dem Michael Kohlhaas, der Ulrike

Meinhof – intensiver zugewandt, als ich sonst zu rechtfertigen vermöchte. Sie bringen uns dazu, über unsere mechanischen Ordnungen nachzudenken und damit über uns, die wir ihrer bedürfen. Das Thema »Ordnung und Unordnung« – der Leser weiß es (siehe z. B. oben S. 31) – hat mich immer wieder neu beschäftigt und musste irgendwann ausdrücklich angegangen werden (s. u. S. 601).

Vier Monate später wurde Bausenwein aus der Haft entlassen – unter Berufung auf die Möglichkeit, einen Häftling nach Verbüßung von zwei Dritteln der Strafe auf freien Fuß zu setzen, und unter Vermeidung eines Gnadenerlasses. Ich habe weder von ihm noch von der Justizbehörde je wieder etwas gehört.

Zwei eindrucksvoll starrsinnigen Lehramtskandidaten habe ich mit Gutachten zu helfen versucht. Die »Normen setzende Normalität« ist in unserem Geschäft tödlich. Pädagogen, die nicht nur kühn und fantasievoll die Schablonen des Musterunterrichts durchbrechen, sondern im gegebenen Fall auch von dem eigenen Lehrproben-Entwurf abweichen, haben schon deshalb meine wohlwollende Aufmerksamkeit – vollends, wenn sie sich nicht einfach unter das Urteil der behördlichen Prüfer beugen und notfalls ihr Recht einklagen. Dass auch der prominente Professor ihnen dabei nicht helfen konnte, war konsequent und insofern befriedigend: Sie scheiterten nicht, weil sie noch unscheinbar und ohne »Status« waren, sondern weil sie mit dem Vorwurf recht hatten, das System sei bis zur Sinnlosigkeit verhärtet und dadurch pädagogisch untauglich. Ebenfalls konsequent, aber nicht befriedigend war, dass der eine von ihnen nach einem zweijährigen Rechtskampf (in dem das Gericht mein Gutachten einfach abwies, weil ich nach eigener Aussage den Kandidaten gar nicht kannte und mich ausschließlich auf die schriftlichen Unterlagen stützte) den Plan, Lehrer zu werden, aufgab.

Ein schadlos vorzeigbarer Außenseiter war Benjamin Kiesewetter, ein Berliner Gymnasiast, der sich weigerte, den bis dahin erfolgreich genossenen Chemieunterricht auf der Oberstufe fortzusetzen. Er wies kundig nach, dass er »genug« Chemie gelernt habe und dass das noch ausstehende Pensum weder seine allgemeine Bildung noch seine akademische Ausbildungsfähigkeit steigern könne. Da er in Chemie eine Eins hatte, wusste er, wovon er sprach. Seine Schilderung des ihm zuteil gewordenen Chemieunterrichts war kabarettreif. Ein Fragebogen mit vier Wissens- und zwei Meinungsfragen, den er zwanzig seiner Lehrer vorlegte – solchen, die nicht Chemie unterrichteten – ergab: zur Bildung dieser Damen und Herren gehörte der Stoff des Chemieunterrichts jedenfalls nicht. Nur ein Einziger hat die Wissensfragen richtig beantwortet. Die Meinungsfragen lauteten: Haben Sie derartige Kenntnisse in Ihrem Leben und Beruf benötigt? Und: Soll man Schüler zwingen, sich solche zu erwerben? Nur ein Viertel der Befragten hat dies bejaht.

Als Reaktion auf Benjamins Weigerung fiel der Schule nichts Besseres ein als der Rausschmiss und die Erteilung der Note Sechs im Versetzungszeugnis. Dieser Beschluss wurde mit 43 zu 4 Stimmen gefasst. Daraufhin verklagte Benjamin die Schule und fand sich alsbald in einem Strudel von komplexen juristischen Fragen und politischen Konflikten. Sein Anwalt verfolgte die juristisch aussichtsreichste Strategie: Bei Religionsunterricht und neuen Fächern (Mengenlehre, Sexualkunde) habe sich in der Rechtsprechung der sogenannte Gesetzesvorbehalt durchgesetzt, das heißt, dass die Fächer und Stoffe durch ein Gesetz im Parlament beschlossen werden müssen. Das erfordere seinerseits eine Güterabwägung zwischen dem staatlichen Erziehungsauftrag aus Art. 7, Abs. 1 GG und dem Erziehungsrecht der Eltern beziehungsweise dem Recht auf Glaubensfreiheit oder dem Recht auf freie Entfaltung der Person. Da müsse dann *das Interesse des Gemeinwohls* in Anschlag gebracht werden. Im Lande Berlin fehle eine gesetzliche Grundlage für das Fach Chemie. Mithin sei auch die Prüfung des Interesses des Gemeinwohls am Chemieunterricht nicht vorgenommen worden.

Vor dem entscheidenden Gerichtstermin hatte Benjamin Kiesewetter zu einer Pressekonferenz im Roten Saal der Volksbühne am Rosa-Luxemburg-Platz eingeladen und verband damit die Hoffnung auf eine positive öffentliche Stellungnahme des Freundes von Ivan Illich, John Holt und David Gribble zu seinem Fall. Ich sagte zu, kam, hörte Benjamins witzige, klare, belesene Ablehnung von Schulpflicht und Lernzwang – und war selber plötzlich »dran«. Die wenigen eifrigen Journalisten, das kampflustige, an diesem Vormittag offenbar die Schule schwänzende junge Volk und der das Ganze tragende Verein K. R. Ä. T. Z. Ä. (Kinderrächtszänker) sahen einem Spektakel entgegen. Ich stolperte in die erwartungsvolle Stille mit: »Also *ich* bin für die Schulpflicht – und ich habe nichts gegen Chemieunterricht. Er muss freilich gut sein, aber das muss jeder Unterricht, wenn man ihn Kindern und jungen Menschen zumutet.« Im Übrigen würden diese einen Chemieunterricht ganz schnell und laut einfordern, wenn er *nicht* auf dem Lehrplan stünde. Ich hörte sie schon höhnen: »Die Herren Chemiker wollen wohl bei ihrer Weltvergiftung unbeobachtet bleiben. Das könnte ihnen so passen!« Zu tadeln sei vor allem – fuhr ich fort –, dass dem Chemielehrer und in seiner Folge den anderen Lehrern an Benjamin Kiesewetters Schule offenbar eine überzeugende Begründung für ihren Gegenstand fehle. Dem Benjamin Kiesewetter sei vorzuwerfen, dass er nicht angeboten habe, in den zwei gesparten Chemiestunden Jurisprudenz oder Pädagogik oder Ökonomie zu lernen. Warum man die eigentlich nicht in der allgemeinbildenden Schule führe!? – Nun kam Unmut auf, den ich damit dämpfte, dass ich sagte: Ich hätte damit vor allem an die Denkträgheit von Systemen gemahnen wollen. Ich selber sei Reformer nicht aus Leidenschaft, sondern aus Leiden – Leiden daran, wie peinlich und pompös die Schule ihre doch eigentlich ganz gute Sache verfehle. »Schulpflicht«, kam ein Zwischenruf, »das ist grauer Eintopf mit Esszwang!« »Ich will Ihnen sagen, warum ich für Schulpflicht bin«, nahm ich die Herausforderung auf: »*Erstens*: Ich habe in sehr armen Ländern der Dritten Welt gelebt. Auf den Straßen von Bogotá oder von Djakarta streunten Hunderttausende von Kindern umher, bettelten, stahlen, hungerten vor allem und hatten nichts gelernt, womit sie sich gegen ein Schicksal der Armut und Ausbeutung wehren konnten. Das lernt man in einer solchen Millionenstadt nicht ohne Anleitung, und da die Erwachsenen selber nichts haben und nichts können, lernen die Kinder nur Verelendung oder Gewalt oder Prostitution. Hier muss der Staat, das verfasste Gemeinwesen, um seiner selbst willen etwas organisieren und ... Jetzt werden Sie sagen: ›... anbieten, nicht aufzwingen‹. Richtig! So wird es anfangen. Aber dann kommt mein *Zweitens*: Es ist mir zu gefährlich, mit nichtgebildeten Menschen in einer Demokratie und in der technischen Zivilisation zusammenzuleben. Nichtgebildet heißt, nicht mit den gemeinsamen Regeln des Handelns vertraut und der gemeinsamen Formen des Erkennens nicht mächtig. Positiv ausgedrückt: Der gebildete Mensch hat der Vernunft zu folgen und der Aufklärung zu trauen gelernt, hat ein sittliches Bewusstsein und versteht, dass und warum er in einer Gemeinschaft lebt, der gegenüber er verantwortlich ist. Es nützt nun nichts, wenn nur einige dies können und andere, vielleicht sogar sehr viele andere, nicht. Im Straßenverkehr kann ein Einziger, der die Straßenverkehrsordnung nicht kennt oder sein Fahrzeug nicht beherrscht, großes Unglück anrichten. Wir lassen darum niemanden an ihm teilnehmen, der nicht nachgewiesen hat, dass er das kann.«

Das ging so weiter – ein kleines Kolleg, das begründete und veranschaulichte, warum Bildung keine Privatsache und der Antipädagogik, dem Credo der radikalen Kinderrechtler, ja auch dem Programm von K. R. Ä. T. Z. Ä. zu widersprechen sei. Ich konnte, weil es niemanden gab, der noch etwas sagen wollte, vor allem keine Gegner von Benjamin Kiesewetter, dies alles ungestört ausbreiten. Benjamins Lehrer waren samt und sonders ausgeblieben und nicht einmal sein Anwalt war erschienen. Ob ich auch Bedenken gegen dessen Verfahren äußern dürfe, fragte ich Benjamin Kiesewetter. Der bat darum und musste sich anhören: Der von seinem Anwalt ins Spiel gebrachte Gesetzesvorbehalt werde ihm, Benjamin Kiesewetter, möglicherweise helfen, seinen Prozess zu gewinnen. Aber seine Sache werde er damit verlieren. Gerade er müsse bei seiner kritischen Einstellung zur staatlichen Schulpflicht und also zur Pflichtschule doch darauf bedacht sein, dass man diese allmählich, zumal in den Oberstufen, in eine Art Vertrag zwischen Lernenden und Lehrenden umwandle, zumindest in eine verständige Einigung: »Ich brauche das, was du kannst; bring es mir bitte bei!« Wie auch umgekehrt: »Wenn ich dir das beibringen soll, dann in der Weise, die ich für richtig halte – also Chemie zum Beispiel nur in Verbindung mit Ökologie; wenn du das nicht willst, musst du dir einen anderen Lehrer suchen.«

Die Folge des Verfahrens »Benjamin Kiesewetter gegen das Land Berlin« werde doch in jedem Fall sein, dass die Schulbehörde das Parlament auffordert, die gesetzlichen Grundlagen für den Chemieunterricht nachzuliefern. Schon jetzt bange ihr vor Nachahmungstätern oder Trittbrettfahrern! Ich zweifle keinen Augenblick daran, dass das Parlament diese Forderung erfüllen werde – und dann werde Benjamin Kiesewetter, wenn er weiter vom Chemieunterricht fernbleibe, keine Ordnungswidrigkeit begehen, sondern einen Gesetzesbruch.

Ob Benjamin Kiesewetter das einzusehen vermochte, weiß ich nicht.

Er war damals erst sechzehn, sehr jung und sehr gern eigensinnig. Es hat mich befriedigt zu hören, dass er später Jurist geworden ist: Da gehört diese unabhängige Intelligenz hin!

1984 entwickelte der Mikrobiologe R. C. Gallo einen Test, durch den man das Immunschwäche-Virus HIV feststellen konnte. Erste Fälle waren 1981 bekannt geworden. Nun konnte man die Krankheit Aids bis in die 50er Jahre zurückverfolgen. »Jede Zeit hat die Krankheiten, die sie kennt«, soll der Arzt Otto Binswanger gesagt haben. Wir hatten Gelegenheit, neu darüber nachzudenken. 1989 schrieb mir Mark Ellingboe, den ich als Neunjährigen mit seiner liebenswürdigen Familie in Cuernavaca kennen gelernt und als Zwölfjährigen 1975 mit nach Griechenland genommen hatte, er sei »positiv«. Besorgt und neugierig habe ich ihn ein Jahr darauf in Chicago besucht, passenderweise von Ivan Illich kommend. Ich traf einen gesund aussehenden, starken jungen Mann – den perfekten amerikanischen Athleten; er hatte sich ein »loft« ausgebaut, in dem er mit seiner Krankheit in scheinbar unbekümmerter Distanz lebte – in »lofty space«, wie ich zu scherzen versuchte; er war erfolgreiches Model bei Calvin Klein und selber Fotograf. – Ich kenne mehr Menschen, als einem Einzelnen zusteht. Wie kommt es, dass nur einer von ihnen – ein Einziger! – diese Krankheit hat, von der in Deutschland fast jeder Tausendste betroffen ist? Der Fluch, der über ihr liegt, verblasst allmählich; sie ist nicht grausamer als Krebs, sie entstellt weniger als Lepra, sie verhält sich nicht tückischer als Kinderlähmung und kommt nicht so verheerend daher wie die Pest im Mittelalter. Aber sie hat die sich in der zweiten Hälfte des 20. Jahrhunderts aus uralten Verkrampfungen befreiende Sexualität und mit ihr die Liebe wieder in die Fesseln der Angst geschlagen. Nachdem die Geschichte das Jahr Orwells eingeholt und Big Brother in die Mythologie versetzt hatte, legte sich ein anderer Schrecken über dieses Datum.

Diesem Schrecken war allein durch Aufklärung zu begegnen, und das heißt mit deutlichem Aussprechen der Sachverhalte – kein schamhaftes Wegsehen, keine Prüderie, keine Humanitätsduselei! Meine Altersgenossen haben das, wenn überhaupt, erst als Erwachsene gelernt. Mir hat dabei vor allem Alex Comfort geholfen, dessen Buch »Der aufgeklärte Eros« 1964 vom mutigen Gerhard Szczesny herausgebracht wurde. Die deutsche Übersetzung bewies, dass auch wir über Sexualfragen »normal« reden können, nicht notwendig in poetischer Verschleierung, nicht im Abrakadabra der Mediziner, nicht im Landserjargon.

Aufklärung sagt freilich nur, »was ist«, nicht, »was sein soll«. Damals hatte man in der öffentlichen Diskussion die Wahl zwischen zwei aufgeklärten Positionen – der harten des Peter Gauweiler (Zwangstests in den Risikogruppen, Registrierpflicht, Ausgrenzung) und der humanen, die Rita Süssmuth vertrat (Beratung, Freiwilligkeit, Integration). Sie war 1985 Bundesministerin für Jugend, Familie und Gesundheit und gewann meine Hochachtung durch das, was sie hierzu sagte, so dass ich ihrer Einladung nach Bonn zu einem Zweiergespräch über »Was wir unserer Jugend schulden« erwartungsvoll folgte. Wir haben es mehrfach fortgesetzt – bis heute.

Die drei überragenden Ereignisse des 20. Jahrhunderts sind gewiss der Erste Weltkrieg, die zwölfjährige Hitlerei und die durch Gorbatschow herbeigeführte »Wende« im kommunistischen Machtbereich, die uns die Wiedervereinigung des geteilten Deutschland und der Welt das Ende des Kalten Krieges bescherte. Die Daten 1914–1918, 1933–1945 und 1989 bezeichnen einen tragischen Irrtum, ein schreckliches Verbrechen und einen notwendigen, ersehnten, aber doch unverhofften Streich der Geschichte. Dass der Letztere allein ein Streich der politischen Vernunft hätte sein sollen, werden gerade vernünftige Menschen nicht fordern. Wie sehr diese unabhängigste Instanz in uns listig und langmütig daran mitgewirkt hat, können die Geschichtswissenschaft, der Geschichtsunterricht und die Erinnerungsarbeit derer, die diese Zeit miterlebt haben, bekräftigen. Das täte der Menschheit gut.

Weil die »Wende« nicht am 9. November 1989 aus dem Munde eines unbedachten DDR-Funktionärs und schon gar nicht »vom Himmel« fiel, weil sie in der Tat eine längere Geschichte hat, in der Namen wie Willy Brandt und Lech Walesa, Abkürzungen wie KSZE und INF, Vorgänge wie die Montagsdemonstrationen und die massenhafte Flucht von DDR-Bürgern in die Prager und Budapester Botschaften der Bundesrepublik vorkommen, kann auch ein gerade emeritierter Professor der Pädagogik in Bielefeld sich an ihr beteiligen.

Meine private Unterminierung der Ost-West-Spaltung Deutschlands und der Welt nahm ihren Ausgang von meines Vaters Kritik an der Politik Adenauers. Dessen strikte »Westorientierung« bestätigte die von der Sowjetunion gewollte Teilung Deutschlands und ließ unsere Landsleute im Osten mit den härtesten Folgen des Hitler-Krieges allein. Sie wurde konkret mit den Berlinfahrten, die ich mit meinen Tübinger Schülern unternahm (s. o. S. 107 ff.).

1978 reiste ich mit Ernst Klett und seinem sechzehnjährigen Enkel Balthasar nach Ostpreußen und von dort über Warschau nach Auschwitz – hin und zurück durch die streng feindliche DDR. Vor unserem Nachtquartier in Allenstein/Olsztyn wurde unser Volkswagen-Passat von zwei jungen Burschen ausgeräumt. Während der ältere den ersten Teil der Beute in Sicherheit brachte, betrank sich der jüngere an unserem für Warschauer Freunde mitgebrachten Wein, wurde vom Hotelpersonal ertappt (die Concierge hielt ihn für einen Hund, den diese verrückten Deutschen in ihrem Auto gelassen hatten) und vermasselte so nicht nur den Raubzug, sondern seiner deutschstämmigen Familie die Ausreise, die ihr eben nach jahrelangem Kampf mit den Behörden genehmigt worden war. Wir verloren dabei neben unseren Geschenken und dem wichtigen großen Atlas mit den deutschen Ortsnamen unsere gesamte Camping-Ausrüstung und also auch unser Kochgerät. Ich hatte Ernst Klett ein Pfifferlingsmahl versprochen, das wir in den masurischen Wäldern selber zusammensammeln würden. Nun stapften wir mehr verwirrt als verdrossen durch diese einsamste und schönste Landschaft, die meine Seele kennt, und waren gerade noch unschlüssig, ob wir schwimmen oder weiterwandern sollten, als wir auf ausgedehnte Pfifferling-Beete stießen. In Westdeutschland war diese Delikatesse so gut wie ausgestorben, war unbezahlbar, ein Gegenstand nostalgischer Begierde geworden – und nun sollte ich daran einfach vorübergehen? Da wir, außer durch mein Taschenmesser, für das Sammeln nun nicht mehr gerüstet waren – nicht einmal eine Plastiktüte hatten wir dabei –, zog ich kurzerhand mein Hemd aus, verknotete Kragen und Ärmel und hatte diesen »Sack« unter Kletts höhnischem Kommentar bald gefüllt. Mit »Die Pfifferlinge haben wir, den Koch werde ich finden!« quittierte ich Kletts Nörgeln. Auf der Weiterfahrt durch menschenleere Dörfer – abends um sechs sind die Leute im Sommer noch auf dem Feld oder beim Vieh –, an Vorgärten vorbei, die sich mit ihrer Dahlien-Flut über die verrotteten Zäune stürzten, dann und wann einer Gans oder ein paar Hühnern ausweichend, gelangten wir im Ort Grabowo an den Gemeindebrunnen, an dem eine Frau gerade ihre Eimer füllte. Ich bremste, stieg aus und rief dem kopfschüttelnden Klett zu: »Unsere Köchin!« Diese war inzwischen in ihrem Haus verschwunden und kam erst nach mehrfachem heftigen Klopfen heraus. Ich sagte mein angelerntes *dzień dobry*, winkte sie zum aufgeklappten Heck unseres Passat und führte – auf die Pilze und uns drei Männer zeigend – eine kleine Pantomime auf, die deutlich die Momente Braten / Essen / Zahlen enthielt. Als die Frau nicht reagierte, wiederholte ich dies mit viel eingestreutem *prosze*. Eben wollte ich es ein drittes Mal probieren, da hörte ich ein kräftiges »Na, dann kommt man rrinn!« Die etwa fünfzigjährige Frau ergriff die Pilze und stieß die Tür zu ihrem winzigen Häuschen auf. Die Küche war so klein, dass Klett und Balthasar fortgeschickt wurden. Ich durfte die Pilze säubern, Frieda Tafel, unsere Gastgeberin, machte Feuer im Herd, ging in den Keller und werkelte an einem großen Stück Speck. Genau eine Stunde nach unserem Eintritt stellte sie das köstlichste Pilzgericht, das wir je gegessen haben, auf den wackeligen Holztisch, schnitt dazu Brot vom Laib und nötigte uns zu ihrem kühlen Johannisbeersaft. Sie selber stand dabei und erzählte von Grabowo beim Einmarsch der Russen, von der geordneten Übernahme durch die Polen und davon, dass jedes Jahr die ausgewanderten Deutschen mit ihren Wohnwagen zurückkämen, um am See zu kampieren. Ihr Sohn habe wegen seiner polnischen Freundin damals für Polen optiert. Diese sei dann mit einem polnischen Soldaten durchgegangen, und so habe sie selber bleiben müssen, denn ohne Frau – wie soll denn das gehen: der Garten, die Hühner, die Kuh, das Haus …!

Ich habe fast zehn Jahre lang zu Weihnachten und Ostern ein Paket für Frieda Tafel gepackt und von ihr sorgfältig in Sütterlinbuchstaben gemalte Dankesbriefe bekommen. Als diese viermal ausblieben, habe ich nachgefragt. Eine Antwort kam nicht mehr.

In Warschau empfing uns die polnische Übersetzerin meiner Korczak-Rede, Bozenna Lewandowska. Es hatte sich eine angenehme Korrespondenz mit dieser kultivierten Dame entwickelt – ich freute mich darauf, sie persönlich kennen zu lernen, auch ohne die ihr zugedachten Mitbringsel. Sie hat uns mit unaufdringlichem Stolz und ebensolcher Scham an die wichtigsten Stätten ihrer Stadt geführt. Die Scham galt dem polnischen Antisemitismus, den man gerne verschwieg, weil man ihn weder leugnen noch ändern konnte. Auch sonst war das Verstummen die wichtigste Form des Einverständnisses. Unsere verhalten kritischen Beobachtungen zum Zustand ihres Landes schienen ihr wohlzutun, weil sie sie teilte und ihrerseits nicht äußern durfte. Das Bewusstsein hiervon wiederum kränkte sie, weil es ihr eigentlich zu reden gebot. Aber was konnten diese Westdeutschen schon davon wissen, was es heißt, als Pole ein gefügiger Vasall Sowjetrusslands zu sein!

In der Tat habe ich das erst am Wissenschaftskolleg zu Berlin in seinem ganzen Ausmaß verstanden, wo unter den ersten achtzehn Fellows gleich vier Polen waren. 1981 errichtete General Jaruzelski seine Militärdiktatur, nannte dies »Kriegszustand« und versetzte unsere polnischen Kollegen in Sorge und Zwiespalt: War Jaruzelski ein schlauer Patriot, der Schlimmes von seinem Land abwendete, oder ein perfider Machthaber? Würden sie, wenn man sie zurückrief, dem »Ruf« folgen? »Durften« oder »mussten« sie aus der Position der Freiheit protestieren? – Gegenüber diesen Polen wie gegenüber Frau Lewandowska habe ich zwei Regungen gezeigt: Zuversicht – »ihr, wenn irgendein Volk auf dieser Welt, werdet das bestehen«. Und: Nachsicht – »niemand ist zum Heldentum verpflichtet, auch ihr Polen nicht!« Nur einen von ihnen habe ich nach der Wende wiedergesehen, den Breslauer Professor Krystof Zielnica, und konnte ihn fragen: Was sind wir euch damals schuldig geblieben? Er, den ich stets den »traurigen Polen« genannt habe, war zehn Jahre danach nicht fröhlicher geworden, aber freier zu sagen, was er im Berliner »Exil« empfand: »Dass Sie jeden Tag nach dem Essen zu uns Polen gekommen sind, um zu hören, wie es um uns und unser Land steht – das allein schon werde ich Ihnen bis an mein Lebensende danken.« Und nun erinnerte er sich, dass ich ihnen, den vier polnischen Fellows, das Gedicht von Bertolt Brecht mit der Überschrift »Politische Betrachtung« vorgelesen hatte, in dem einer dem Kahnfahren der Leute mit Ekel zusieht: in so einem Staatswesen – dass das überhaupt geduldet ist! Dann aber denkt dieser Mann: »Nur so weitergemacht noch einige Jahre. Die Assyrer und Babylonier sind ja auch Kahn gefahren.« Man sei sich untereinander nicht einig gewesen, wie man das verstehen dürfe. Ihm aber, dem Krystof, habe das geholfen, die Wende abzuwarten.

Als ich 1981 bis 1982 Fellow am Wissenschaftskolleg in Berlin war, habe ich von dort aus Christel Freiwald (»Tante Christel«, s. Bd. I,

S. 94 ff.), nunmehr Christel Dulke, im Ostseebad Ahlbeck besucht. Sie hatte von 1936 bis 1937 meine jüngeren Geschwister betreut und den elfjährigen Hartmut gleichsam in die „Arbeitspädagogik« eingeführt. Am Grenzübergang in Spandau wurde mir mitgeteilt, ich dürfe das im Fond des Autos liegende Fahrrad nicht mitnehmen, ungeachtet der Auskunft, die ich beim Bürgermeister von Ahlbeck dazu eingeholt hatte. Außerdem wurden die drei Hentig-Bücher, die ich Tante Christel mitbringen wollte, »einbehalten«: »Paff, der Kater«, »Was ist eine humane Schule?« und »Die entmutigte Republik«. Ich fragte nach dem Grund. Die müssten erst überprüft werden, hieß es. Und so lange würde ich ja wohl nicht warten wollen. Die Herren hatten schon fast zwei Stunden damit verbracht, die beiden Kartons mit Südfrüchten und anderen Lebensmitteln Stück für Stück mit den Angaben in der von mir ausgefüllten Liste zu vergleichen; ich war in der Tat »genervt«, wollte ich doch vor Dunkelheit ankommen, und fragte zurück: Was man denn von einem Katzenbuch, einer Darstellung der von mir gegründeten Schule und meiner geballten Kritik an der Bundesrepublik fürchte. Nichts, war die Antwort, man erfülle nur die Vorschriften; im Übrigen gebe es Ansichten, die man in der Deutschen Demokratischen Republik nicht gerne haben wolle. Ich: Dann dürften sie vor allem nicht den Autor der verdächtigten Bücher in ihr Land lassen; was ich in mir trüge, entziehe sich der Kontrolle. Sie: Die Befolgung meiner Anregung sei durchaus zu erwägen. Ich: … und damit ein Fall für den Ständigen Vertreter der Bundesrepublik in der DDR. Ich hatte eine ordnungsgemäße Einreisegenehmigung – und sie wollten doch »die Vorschriften« einhalten!

Ich beschloss, ihnen das Druckwerk »zur Prüfung« zu überlassen, brachte mein Fahrrad nach Dahlem zurück, nahm neue Exemplare der drei Bücher auf und versteckte sie unter den schon kontrollierten Lebensmitteln. Als ich nach zwei Stunden an der Schranke vorfuhr, winkte man mich höflich durch. In Ahlbeck löste »Paff« harmlose Freude bei Tante Christel aus, das politische Buch gefährliche Begeisterung beim Schwiegersohn, das pädagogische verständliche Unsicherheit bei der Tochter, die Lehrerin war.

Die beiden Aufsätze über meine früheren Erfahrungen mit der DDR lasen alle mit größter Spannung und Zustimmung: »Wie gut du das alles durchschaut hast!« – so wirkte schon mein oberflächlicher, aber eben unbefangener Blick auf ihre Verhältnisse. Meinen positiven Beitrag zur »Wende« vollbrachte ich dadurch, dass ich Tante Christels vierzehnjährigem Enkel Steffen zu Weihnachten 1987 einen Computer Commodore 64 schenkte. Es war sein größter Schritt in die »Freiheit« und brachte ihn gleich an die Spitze seiner Altersgenossen in der DDR, in der die Computer-Entwicklung »ganz oben« stand, wie er mir mit seinem neuen Gerät schrieb. Es hatte ihn mit seiner Umwelt in Übereinstimmung gebracht und zugleich emanzipiert.

1988 folgte ich der Einladung einer Evangelischen Akademie Turow. Turow war ein aufgelassenes romantisches Wasserschloss der Familie von Ferber, und die Evangelische Akademie nach meiner Wahrnehmung ein Verein christlicher Eltern, denen es darum ging, ihre Kinder und sich vor sozialistischer und atheistischer Drangsalierung zu schützen. Sie bauten aus eigener Kraft das vom Arbeiter- und Bauernstaat dem Verfall anheim gegebene Gebäude aus dem 17. Jahrhundert zu einer Tagungsstätte aus und retteten dadurch nicht nur das alte Gemäuer, sondern auch die Idee und Wirklichkeit der christlichen Urgemeinde. Hier trafen sich Gleichgesinnte zu pädagogischen und theologischen Themen, zu gemeinsamen Feiern und Mahlzeiten, zu Gesang und Gebet – behutsam angeleitet von ihrem eindrucksvollen Stralsunder Pfarrer Bernd-Dietrich Krummacher. Der hatte sich für eine Zusammenkunft seiner Getreuen ausgedacht, an einem Wochenende im März einen hohen Funktionär aus dem Berliner Ministerium für Volksbildung und einen westdeutschen Pädagogen über Grundfragen der Erziehung und Bildung miteinander reden oder auch streiten zu lassen. Die Pädagogik der DDR hatte ein starkes Selbstbewusstsein und handhabte nicht nur ihre Theorie mit Sicherheit, sie hielt auch ihre Schul- und Ausbildungspraxis für der westlichen hoch überlegen. Als der von den Stralsunder Christen durchaus geachtete Funktionär hörte, dass ihm in Turow ausgerechnet der Hentig gegenübertreten sollte, zog er seine schon gegebene Zusage zurück: Mit der Einladung Hentigs werde deutlich, dass die Akademie kein pädagogisches Fachgespräch, sondern Politik im Sinne habe. Ich gab ihm innerlich Recht, und Pastor Krummacher wohl auch. Dass wir uns dann – ohne den Vertreter der offiziellen DDR-Pädagogik – drei volle Tage hindurch offen, intensiv und erfreulich konkret über unsere wirklichen Probleme »austauschen« konnten, war ungleich ergiebiger als ein Wortwechsel zwischen einem, der das »Gesicht wahren« musste, und einem, der an den eigenen Unvollkommenheiten auch öffentlich leiden durfte. Auf der Rückfahrt von Turow zum Bahnhof von Stralsund im klapprigen Wartburg sagte Krummacher: »Es gibt zwei Gruppen von Personen, denen unser Staat das Rückgrat bricht – die Pastoren und die Pädagogen. Sie müssen in der Erfüllung ihres Amtes lügen, und sie wissen das. So etwas überlebt man nicht.« Nie vorher und nie nachher habe ich so viele unerwartete Wahrheiten über die Menschen da »drüben« – ihre wahre Not und ihre wahre Lebenskunst – gehört wie in den drei Aufenthalten in Turow, und nie habe ich so viel Dankbarkeit für das verspürt, was ich mit ihnen teilte: Erfahrungen mit Kindern, trächtigen oder unnützen Schulgegenständen, hilfreichen oder unheilsamen Ordnungen, Kollegen, Eltern, Behörden und den zwei »G«, die sich unabhängig von der jeweils herrschenden Ideologie so deutlich gegeneinander profilieren: Gesellschaft und Glaube, was man auch als »ein Leben nach den Verhältnissen« und »ein Leben nach der Vorstellung« übersetzen kann.

Turow wirkte über die Wende hinaus. Ich weiß nicht, ob das Gebäude noch steht und genutzt wird. Aber Pastor Krummacher brachte eine Initiative »Dienst vor Verdienst« auf den Weg, die der Arbeitslosigkeit in seiner Gemeinschaft durch Bereitstellung von Arbeitsaufträgen entgegenwirkte. Der Lohn war sehr gering und wurde durch Spenden ergänzt, die der Verein (im Grunde also Pastor Krummacher) eintrieb – eine mecklenburgische Vorwegnahme des »Kombi-Lohns«. Der eigentliche Pfiff war jedoch, dass Niedrig-Lohn die Arbeit nicht erniedrigte, weil sie ja ein Dienst an den Werken, Aufgaben und Personen der Gemeinde war, die dies organisierte.

Auch die Turower Pädagogik hatte 1989 eine Fortsetzung: Eine freie christliche Schule kam in Greifswald zustande und machte sich berechtigte Hoffnung, von Klasse 4 an eine »Laborschule der Greifswalder Universität« zu werden. Zahllose Entwürfe, Gespräche, Verhandlungen haben Annemarie von der Groeben und andere Freunde auf dieses Projekt verwendet, und auch ich bin noch einmal als »Ordner« der in Unordnung und Widerstreit geratenen Ideen aufgetreten. Umsonst! Das Unternehmen scheiterte an den in einem so armen Land einfach nicht aufzubringenden Kosten. »Privat« blieb dort noch lange nach dem real existierenden Sozialismus ein Wort für »unmöglich«, ja für »unverantwortbar«.

Manchmal ist das Gehen wichtiger als das Ankommen. Das lehrten mich auch andere Versuche, aus Gorbatschows Wende eine für die Pädagogik in Ost und West zu nutzende Chance zu machen. In den ersten zehn Monaten danach habe ich wenigstens zwanzig Vorträge in den neuen Bundesländern gehalten, beginnend in Leipzig, wohin mich ein junger DDR-Sportpädagoge eingeladen hatte. Es folgten Karl-Marx-Stadt (bald wieder Chemnitz), Ostberlin, Magdeburg, Potsdam, Friedrichsfelde, Wittenberg. Überall waren der Zulauf und das Staunen groß – und überall habe ich stets drei Mahnungen ausgesprochen, wie auch immer mein Thema sonst lautete:

(1) Denkt gründlich über die Funktion der Schule in unserer Zeit nach – und dann erst über die Gestalt, die Gegenstände, die Gebaren. Nie war die Gelegenheit hierzu größer seit Wilhelm von Humboldt. 1945 waren wir alle in den Händen unserer Sieger.

(2) Prüft sorgfältig und ehrlich, was ihr in euren Schulen tut und habt, werft nichts zu schnell weg, nur weil es aus der DDR-Zeit stammt (Gesamtschule, polytechnischer Unterricht, katechetischer Religionsunterricht, nicht-beamtete Lehrer).

(3) Nehmt euch Zeit, lest gründlich, bereist die »alten Bundesländer«, schaut euch um – vor allem nach Unterschieden/Unterschiedlichem – und nutzt die Möglichkeit, die die Kulturhoheit der Länder und die Zuständigkeit der Gemeinden in der neuen Republik euch bieten, etwas ganz Eigenes aufzubauen.

Mit alledem habe ich weniger erreicht, als damals möglich zu sein schien. Auch ich musste lernen, dass politische Wenden sich nicht an Ludwig Uhlands »Frühlingsgedicht« halten: »Nun muss sich *alles*, *alles* wenden.«

Meine deutlichste Beteiligung an der Wende von 1989 ging zwar von diesem Datum aus, hatte aber zunächst etwas anderes im Sinn, nämlich die 50. Wiederkehr des Tages, an dem Hitler den Zweiten Weltkrieg mit dem Überfall auf Polen begonnen hatte. Wann und womit meine Mitarbeit in der Martin-Niemöller-Stiftung anfing, weiß ich nicht mehr. In meinem Taschenkalender taucht dieser Name zum ersten Mal im Februar 1986 auf. Eugen Kogon hatte 1984 den Vorsitz dieser noch zu Niemöllers Lebzeiten (1977) gegründeten Einrichtung übernommen; er dürfte mich bald danach gebeten haben, mitzumachen. Deutlich erinnere ich mich an unsere Zusammenkünfte im Frankfurter Dominikanerkloster, die durch den dunklen Raum und die mir unbekannten Menschen – viele mit unaussprechlichen Namen aus Osteuropa – das Aussehen einer Verschwörung annahmen. Spätestens von 1987 an wurde hier ein großes internationales Ereignis geplant: ein Friedensforum mit dem Titel »Eine Welt oder keine / Wege in die Vernunft«, auf dem die zerstrittenen Sieger des Zweiten Weltkrieges, die Besiegten und die Nachgeborenen Bilanz ziehen und Antworten auf die noch immer ungelösten Friedens-Fragen suchen (?), finden (?), erstreiten (?) sollten. Unter dem Namen Martin Niemöller war es möglich, so etwas wenigstens zu versuchen, konnten Menschen aus so verschiedenen Lagern ohne Gefährdung ihres Ansehens zusammenkommen wie Egon Bahr und Kurt Biedenkopf, Heinrich Graf Einsiedel und Horst Ehmke, Hildegard Hamm-Brücher und Christine Hampe (ZK der SED), Robert Jungk und Walter Jens, Petra Kelly (MdB-Grüne) und Karlheinz Koppe (Pax Christi), Pawel Naumow (UdSSR) und Wilhelm Nordin (Vizeadmiral a. D., DDR), Nikolai Portugalow (UdSSR) und Philip Potter (Weltkirchenrat), Johannes Mario Simmel und Dorothee Sölle, George Wald (Nobelpreisträger, USA) und Ellen Weber (Stellvertretende Vorsitzende der DKP). Einhundertfünfzig große Geister folgten der Einladung, die von fünfundzwanzig nicht kleineren Geistern unterzeichnet war, beginnend mit Franz Alt und endend mit Antje Vollmer.

Mir fielen gleich drei Aufgaben zu: ein Eingangsreferat zu der Frage zu halten »Haben wir die Lektion gelernt?«, sodann ein Podium zu leiten, auf dem Klaus von Bismarck, Milan Dobrosielski (Polen), Helmut Spengler (Kirchenpräsident von Hessen-Nassau) und Herbert Schnoor (Innenminister von Nordrhein-Westfalen) über eben diese Frage diskutierten, und am Ende der Tagung einen Ausblick auf die praktischen Aufgaben und Möglichkeiten zu geben, die vor uns lagen. Ich nannte meinen Aufruf: »Perestrojka darf nicht sterben«. Man hatte mir hierfür viel Zeit eingeräumt; ich nutzte sie, um von einer eben mit meiner Russisch sprechenden Schwester Helga unternommenen Reise nach Leningrad und Tallinn zu berichten. Die Befunde waren anschaulich und schlimm.

Wie konnte das heil werden und was können wir zur Heilung beitragen? Mir schien: Während sich das große, bisher auf Rüstung ausgerichtete, auf zentraler Planung basierende, gänzlich bürgerferne Produktions- und Verteilungssystem allmählich zu einem primitiven Markt umwandelte und solange nationaler und imperialer Stolz sich aneinander entzündeten, konnten wir versuchen, wenigstens die Alltags-Leiden zu mindern. Wir konnten und mussten auch zeigen, was wir aus unseren Problemen gelernt haben: dass mehr Freizügigkeit notwendig mehr Fremdes an fremden Ort bringt, zu mehr Konflikt führt, mehr Toleranz fordert; dass Selbständigkeit und Subsidiarität sich ergänzen; dass unser Reichtum eine mühselige, nicht immer glorreiche Geschichte hat. Wir mussten unsere Literatur, unsere Zeitungen, unsere einschlägigen Filme und Fernsehsendungen zugänglich machen. Da ich kein Ökonom, kein Völkerpsychologe und kein Kenner Osteuropas bin, konnte ich nicht sagen, was *hier* möglich oder unerlässlich war. Es hatte Vorschläge gegeben, einen Marshallplan für die Länder Osteuropas ins Leben zu rufen; andere meinten, ein langfristiger Pacht- und Leihvertrag (wie ihn die USA während des Zweiten Weltkriegs erst mit England und dann auch mit Russland geschlossen hatten) sei hier angebracht; *joint ventures* schossen schon überall aus dem Boden – leider nicht immer für die wirklich wichtigen Dinge. Man sollte alles prüfen. Mir lag die CARE-Paket-Figur näher. Staatliche Hilfe mochte wirksamer sein, aber sie bediente sich eben dessen, was man in der Sowjetunion loswerden wollte. Und auch für uns war es wichtig, dass nicht wieder ein Regierungsprogramm anonym ausgedacht und anonym in Kraft gesetzt wurde mit Geldern, die alle gegeben haben und darum keiner.

Ich stellte mir also vor, dass Schüler, Studenten, junge Arbeitslose, Zivildienstleistende, die nicht gleich eingestellt werden konnten, sich in Gruppen unterschiedlicher Größe und Art zusammentun, Ideen haben, Rat einholen, Konten einrichten, Geld eintreiben, Pakete packen – wie damals bei der Friedlandhilfe. Dazu sollten hochmögende und vermögende Gönner Geld spenden, und eine überparteiliche Schirmherrschaft würde für diese »große europäische Jugendbewegung zugunsten von Perestrojka« bürgen. Ich improvisierte: bestehend aus Hildegard Hamm-Brücher, Rita Süssmuth, Antje Vollmer und Hertha Däubler-Gmelin. Junge Leute zwischen 15 und 25, gegen die niemand Misstrauen oder Ressentiments hegen konnte und deren Arglosigkeit sie vor Taktlosigkeit bewahrte, sollten die Arbeit tun – freiwillig, auf Zeit und hoch geehrt.

Diese ersten Gedanken haben sich innerhalb der nächsten Monate geläutert, sind praktisch und wirklich geworden. 1990 gründete ich den Verein HOPE/*H*ilfsorganisation *Pe*restroika. Bielefelder, Hamburger, Göttinger Studenten, die schon »russische Kommilitonen« kannten, kamen in Enger zusammen; Tom Weihe, der eben Abitur gemacht hatte (und dessen kluge Abschiedsrede von seinem Mainzer Gymnasium ich in der Neuen Sammlung hatte abdrucken lassen) wurde zum Geschäftsführer des Vereins gewählt, in dem die vier Großen Damen der vier Bundestagsparteien, meine Schwester Helga, Ernst Ulrich von Weizsäcker und Günter Schweigkofler als ökonomischer und vereinsrechtlicher Fachmann die sieben vom Vereinsrecht vorgeschriebenen Mitglieder ausmachten. Es sollte unbürokratisch zugehen – bitte keine Hindernisse durch nicht erfüllte Anwesenheitsquoten!

1991 reisten die ersten 30 Studenten in die GUS-Staaten, verteilten sich auf verschiedene Regionen und brachten ungewöhnliche »Wunschlisten« mit – statt Nescafé, Babynahrung und Damenstrümpfen enthielten sie folgende Bedürfnisse: Eine jüdische Gemeinde wollte eine Synagoge zurückhaben, in der aber die einzige Bäckerei des Ortes untergebracht war; eine Frau, die bei den Kapitulationsverhandlungen zwischen der Sowjetarmee und General Paulus in Stalingrad gedolmetscht hatte, wollte ihre bedeutenden Erinnerungen daran festhalten, war aber zu alt dafür und bat um jemanden, der ihre Mitteilungen aufnahm und aufschrieb; den Germanistikstudenten in Samara fehlten Bücher und Schreibmaschinen; die von ihnen zu gründende Partnergruppe brauchte, um mit HOPE weiter geordneten Kontakt zu halten, ein Faxgerät – und so fort, eine lange Liste überzeugender Notwendigkeiten. Unsere Aufgabe in Deutschland war es, Menschen zu finden, die diese zu erfüllen bereit und in der Lage waren. Wir konnten so gut wie alle befriedigen. Die Bäckerei zum Beispiel erhielt neue Maschinen und Öfen, die ein Zehntel des Platzes einnahmen, so dass sie woanders unterkommen und die Synagoge wiederhergestellt werden konnte.

Drei Jahre lang war dies gleichsam mein Hauptberuf, bis die jungen Leute immer selbständiger wurden – vor allem bei der Organisation eines geregelten »Austauschs«: Drei Dutzend deutscher Studenten gehen einmal im Jahr nach Samara (oder St. Petersburg), erhalten von russischen Kommilitonen eine stramme und hochgerühmte Sprachschulung; ebenso viele russische Studenten bekommen dafür eine Einladung in eine deutsche Familie und ein (in ihrer Studienordnung vorgeschriebenes) Praktikum bei einer Einrichtung, in der ihre Sprachkenntnisse gefordert und gefördert werden – in der Redaktion einer großen Wochenzeitschrift, in einem Reisebüro mit Osttourismus, im Archiv des Konzentrationslagers Neuengamme, in dem russische Dokumente zu erschließen sind. Im Kern: 30 junge Deutsche (zu 90 Prozent Studenten), 30 Familien, 30 Betriebe, 300 Geldspender und 3 Menschen, die die Vereinsarbeit machen, nämlich Tom Weihe, Günter Schweigkofler und ich. Bei uns ist Perestrojka nicht gestorben! Als der Verein sich im Jahre 2001 auflöste, hatte er seine Aufgabe erfüllt: Er hatte sich überflüssig gemacht.

In einem Projekt lebt HOPE weiter. Der am meisten geäußerte Wunsch bei unserem ersten »Bedürfnis-Fischzug« war: Wir wollen wissen, wie ihr Deutschen lebt. Ihr, unsere einstigen Kriegsgegner und Besiegten, nun unsere Partner. Ihr Kapitalisten, die ihr nicht Amerikaner und uns, dem russischen Volk und der russischen Regierung, freundlich zugewandt seid. Was sollten wir von euch lernen und was, nach eurer Ansicht, lieber nicht? Wie erklärt ihr euch anderen? Was sind die euch beschäftigenden Ereignisse, Vorstellungen, Grundbegriffe? Wie steht ihr zu eurer Geschichte?

Ich habe hieraus eine Themenliste gemacht und meine Kollegen von der Deutschen Akademie für Sprache und Dichtung gebeten, je eine kurze Geschichte zu einem dieser Themen zu schreiben. »Deutschland in kleinen Geschichten« erschien 1995 bei dtv und verdiente, indem die Autoren auf ihr Honorar verzichteten, die Übersetzung und den Druck einer deutsch-russischen Ausgabe in der Reihe dtv-zweisprachig. Die Hälfte der Übersetzungen stammte übrigens von HOPE-Partnern. Deutsche Gemeinden mit russischen Partnerstädten, die großen »Mittlerinstitute« (Goethe-Institut und Inter Nationes) sorgten für die Verteilung von insgesamt fünf Auflagen zu einem Drittel des Preises (das zweite Drittel kam vom Verlag und den Autoren, das dritte Drittel zahlte HOPE als Zuschuss). Seit 2004 gibt es einen Nachfolger-Band »Deutsche Gestalten«, der seit 2006 wiederum zweisprachig vorliegt. Das erste Exemplar von »Deutschland in kleinen Geschichten« ging an Michail Sergejewitsch Gorbatschow »mit Dank für Hoffnung von HOPE«.

Das Friedens-Forum der Martin-Niemöller-Stiftung bescherte mir die Bekanntschaft und schließlich Freundschaft mit Joseph Weizenbaum. Die Begegnung habe ich in meinem Buch »Die Schule neu denken« (1993) geschildert. Ich wage nicht, sie »neu zu dichten«. Sie sei also von dort hierher übernommen, wie sie ist:

> In der Pause fiel mir ein Mann auf, der etwas abseits stand und aus dem Fenster blickte. Er kam mir bekannt vor. Ich fragte meinen Nachbarn, wer das sei, und erhielt die Antwort: Das sei doch der Joseph Weizenbaum, der Computer-Professor vom MIT. Den hatte ich seit langem [s. o. S. 526 f.] kennen lernen wollen. Ich nahm also zwei Tassen Kaffee und ging auf ihn zu, glücklich, dass er noch allein war. Ich stellte mich ihm auf Englisch vor, entschuldigte mich, dass ich seine Meditation unterbrochen hätte. Ich sei ein begeisterter Leser seiner Bücher, und wenn es ihm recht sei, würde ich gerne den Rest der Pause, die nächsten zwanzig Minuten, mit ihm und diesem Kaffee verbringen. »Dann setzen wir uns doch gleich hierhin«, sagte er auf Deutsch mit starkem amerikanischem Akzent und fügte auf Englisch hinzu: »By the way, what are you doing?« »Ich bin Lehrer.« Mit einem Seufzer »Och, schon verloren!« fiel er ins Deutsche zurück. Meine Irritierung wird sich wohl in meinem Gesicht gespiegelt haben, jedenfalls bemühte er sich sofort, mich zu beschwichtigen: »Sie wissen doch, was ich so schreibe. Vor der Tür Ihrer Schule macht die Welt alles kaputt, was Sie drinnen mühsam den ganzen Vormittag aufgebaut haben. In meiner Stadt [also in Boston] versucht jedes fünfte Kind jedes sechste umzubringen – bang bang bang –, denn so macht man das, so hat es das abends im TV gesehen, und jedes vierte Kind oder so kommt drogengefährdet auf die Welt, weil schon die Eltern Drogen nehmen. Da haben Sie mit Ihrer Erziehung doch keine Chance!« Ich hatte mich inzwischen wieder etwas erholt und erwiderte: »Aber das ist genau der Grund, warum ich Lehrer geworden bin. Als Schiffskapitän – das war mein Kindertraum – oder als Weltbankdirektor könnte ich dagegen nichts tun und auch nicht als Pro-

fessor für Informatik am MIT!« Weizenbaum blickte freundlich auf und sagte: »Ja, wenn Sie wissen, wie man das macht ...«

Was sagt man in einem solchen Augenblick, in dem man plötzlich seine ganze Pädagogik in einem einzigen Satz abliefern soll? Mein Vater war Kavallerist und hatte uns Sätze wie diesen gelehrt: »Wenn das Pferd vor der Hürde bockt – das Herz rüberschmeißen, dann springt das Pferd von alleine nach.« Ich warf also »mein Herz« über die Hürde – einen Satz, den ich seither aus dieser Situation »abschreibe«, wenn ich auf den Punkt bringen will, was uns fehlt. Es ist der, den ich auch in diesem Buch »abgeschrieben« habe, wenigstens zum Teil: »Eine Gesellschaft, die ihre jungen Leute bis zum 25. Lebensjahr nicht braucht und sie dieses wissen lässt, indem sie sie in ›Schulen‹ genannte Ghettos sperrt, in eine Einrichtung, die nichts Nützliches herstellt, an der nichts von dem geschieht, was die Menschen für wichtig halten [Geldverdienen, Arbeiten, Politik], die sich nicht selbst erhält und die man nicht freiwillig besucht – eine Gesellschaft, die ihren jungen Menschen dies antut, wird sie verlieren, ganz gleich, wie reich, wie demokratisch, wie aufgeklärt sie ist und wie verlockend sie dies darstellt. Die Jugend wird darauf pfeifen, nein, darauf spucken [...]. – Aber das kann ich doch zuwege bringen, dass in dieser Schule jedes Kind, während der 10 oder 12 oder 13 Jahre, die es an ihr verbringt, erfährt: Ich werde gebraucht, ich mit meiner Fähigkeit und Lust zum Aufräumen; Marlies mit ihrem Mut voranzugehen und ihrer Kraft, andere zu führen; Klaus mit seiner bedächtigen Art zuzuhören und selbstlos zu raten; Anna mit ihrer Musikalität (und totalen Sperre gegen Mathematik); Michael mit seiner Gabe, ein Problem schnell zu erfassen und verständlich zu erklären ...«

Joseph Weizenbaum hat mir auf die Schulter geklopft und geschwiegen. Er schien mir zu sagen: »Die Antwort hat mir gefallen, aber ich glaube nicht, dass das geht.«

Was ich bisher in diesem Kapitel mitgeteilt habe, zeigte, wie ein Bürger an der großen Geschichte teilhat, die sich in der Welt vollzieht. Sosehr sein pädagogischer Beruf ihn ausfüllt, sein Leben geht nicht in diesem auf. »Im Schatten der Geschichte« hätte darüber stehen können. »Im Dienst der Gegenwart« könnte heißen, was hier folgt, wobei oft die eine

Tätigkeit oder Aufgabe aus der anderen hervorging und sich darum manches als »Im Räderwerk des Getriebes« oder auch »Im Sog der Ereignisse« ausnimmt. Diesem allen lasse ich am Ende des Kapitels persönliche Begegnungen, private Unternehmungen, die vom öffentlichen Leben ausgenommenen Erinnerungen folgen, die noch zu diesem Vorruhestand gehören.

Die Gründung der Universität Bielefeld und die Erwartungen an die von mir erdachten pädagogischen »Projekte« brachten mich in Berührung mit den Einrichtungen, in denen sich damals die Vorstellungen von Schule und Hochschule artikulierten, die Entwicklungen gefördert oder gar gesteuert wurden. Dass ich als Senator in der Deutschen Forschungsgemeinschaft saß (s. o. S. 234 f.) oder die Stiftung Volkswagenwerk beriet (sie also nicht nur schröpfte), lohnte sich allenfalls als Akt der Reviersicherung: Hier gibt es mich auch! Weil anderen ebenfalls daran lag, ihre »claims« zu behaupten, wirkte man dabei vornehmlich an einer Gleichförmigkeit der Bewegungen oder gar an der Unbeweglichkeit des Ganzen mit. Auf der Villa Hügel präsent sein und mit ein paar eigenwilligen Formulierungen im Protokoll des Stifterverbandes für die Deutsche Wissenschaft stehen durfte getrost bei den gleichen Adiaphora verbucht werden. Immerhin habe ich dabei das imposante Gebäude und die Verbandsfürsten der 70er und 80er Jahre kennen gelernt – und ausgezeichnete Buffets.

Gewinn zog man richtigerweise dort, wo man Arbeit investierte, nicht nur Anwesenheit und Einfälle. Das tat ich in der Deutschen Gesellschaft für Erziehungswissenschaft (DGfE) und beim Deutschen Bildungsrat, nicht immer zur Freude der Pädagogen, die in dieser Disziplin groß geworden waren. In der DGfE aber hatte ich den Beistand von Heinrich Roth und im Bildungsrat bewahrte mich Hellmut Beckers souveräne Liberalität (mehr als seine Freundschaft!) vor Ungemach – und vor Fehlern. Dass ich in Salzburg 1974 die Einführung in das Kongressthema vortragen durfte, war die Folge meiner ausdauernden und eifrigen Mitarbeit im Vorstand der DGfE. Ein neues Wort war aufgekommen: »Sozialisation«. Es erzeugte Hoffnung und Furcht (man kennt das Paar aus Goethes Faust II) – Hoffnung auf größere Wirksamkeit der Pädagogik, Furcht vor dem größeren Einfluss anderer Wissenschaften auf unserem Terrain. Ich begann meinen Vortrag so:

> Von Abraham Lincoln wird erzählt, er habe einen Jungen gefragt: »Wie viel Beine hat diese Kuh hier?« »Vier.« »Und wenn wir nun den Schwanz der Kuh ein Bein nennen – wie viel Beine hat sie dann?« »Fünf.« »Falsch, mein Junge. Indem man einen Schwanz ein Bein *nennt*, wird er noch kein Bein.«

Ich denke, das hat man auf Anhieb verstanden. Ich, der ich an den Auseinandersetzungen in meiner Zunft doch erst lernte, was meine »Disziplin« ausmacht, hatte es leichter mit der Einschätzung der neuen Begriffe und ihrer Folgen als diejenigen, die seit Jahrzehnten in die Grabenkämpfe der pädagogischen Nomenklatur verstrickt waren. Seit Anfang der 60er Jahre war Bewegung in die Fronten gekommen; aus Verdun wurde Marneschlacht und die neuen Tanks erzwangen überall »Durchbrüche«. Zunächst kamen auch auf dem Salzburger Kongress die alten Kategorien und Gegensätze wieder zu Wort: Curriculum oder Umwelt? Schulpädagogik oder Sozialpädagogik? Intentionale oder funktionale Erziehung? Dass das nicht Alternativen sein durften, sondern dass beides sein musste, war den gescheiten Kollegen klar. Aber wenn man »Pädagogik« und »Sozialisation« einander gegenüberstellte, dann ging es doch um eine Entscheidung. Damals siegte die »Sozialisation« – vermöge der in ihr enthaltenen Leichtigkeit der Generalisierung. Die in der »Pädagogik« immer mitgeführte Vorstellung eines auch individuellen Vorgangs sperrte sich gegen immer weiter gehende Verwissenschaftlichung und die mit ihr verbundene Hoffnung auf seine »Beherrschung«. Die empirische Forschung schien zu sagen: Wenn wir mehr Daten haben, werden wir besser verstehen, wie die so vielfältig beeinflusste Entwicklung des jungen Menschen, nun »Sozialisation« genannt, tatsächlich vor sich geht – in der Familie, in der Peergroup, durch die öffentliche und private Sprache, durch die Kultur im Ganzen (Mode, Meinung, Medien, Technik, Ästhetik, Diätetik); wir können nun endlich wirksam planen und wirksam institutionalisieren. – Noch wurde das Verbum »sozialisieren« nur im Passiv gebraucht. Ich sei gespannt, ließ ich vernehmen, wann der erste deutsche Pädagoge sagen werde: »Ich sozialisiere dich« – und wer das sein werde. (Als Beschreibung waren »Sozialisationsagenten« und »Sozialisationsinstanzen« ja schon längst im Gebrauch.) Dass das Befürchtete nicht eingetreten ist, schreibe ich der Wachsamkeit einer Minderheit unter den damaligen Pädagogen zu: dem alten Otto Friedrich Bollnow, Andreas Flitner, Günther Bittner, Fritz Bohnsack, Herwig Blankertz, Horst Rumpf, H. J. Heydorn ...

In der DGfE habe ich vor allem an zwei Aufgaben mitgewirkt und beide Male »bremsend«: an der Diplom-Pädagogen-Ordnung schon gleich nach der Konstituierung unserer Vereinigung und an der Planung eines periodischen Bildungsberichts der DGfE – parallel zu dem Wirtschaftsbericht der sogenannten Fünf Weisen. Der Gedanke eines solchen Berichts gefiel mir – beim Aus-Denken der realen Möglichkeiten kamen mir Bedenken, die ich im März 1978 ausführlich vortrug, und zwar anhand der »Null-Nummer« eines ähnlichen Vorhabens des Max-Planck-Instituts für Bildungsforschung. Dessen Mittel (Systembeschreibung / vornehmlich auf quantitativer Basis / Entwicklungstrends) *konnten* politisch wirken, aber doch nur, wenn man es wollte. Wo und wie wird in der Wissenschaft ein »Wille« gefasst? Die 1980 erschienenen zwei Bände »Daten und Analysen« zum deutschen Bildungssystem sind ein eindrucksvolles Kompendium (das auch ich häufig benutze), verfehlen aber die Politik. Wer Einfluss auf die Einführung von Normenbüchern oder Berufsstudiengängen, auf den weiteren Verlauf der Oberstufenreform oder die Entwicklung der Hauptschule zur »Restschule« nehmen wollte, musste diese Probleme knapper und zugespitzt darstellen. Vielleicht – so gab ich zu bedenken – sollten es gar nicht vornehmlich die Probleme sein, um die sich die verschiedenen Interessengruppen schon ausgiebig stritten, vielmehr solche Themen, die unser Bericht der öffentlichen Diskussion neu oder erneut zuführen würde: Verkehrstote im Kindes- und Jugendalter / Bundesverfassungsgerichtsurteil zum Sexualkundeunterricht / Medien / Spielplätze / Schulbau / Lehrerbedarfsplanung / Gastarbeiterkinder etc. Damit stellte ich eine »Sozialisations-Agenda« anderer Art her. Wenn das alle zwei Jahre mit je anderem Schwerpunkt geschah, konnte unsere Vereinigung in die Gesellschaft hineinwirken, noch bevor die Politiker und Verwalter daraus ihren Knetteig machten. Das war den Kollegen der DGfE freilich unheimlich. Es ist nie ein Bericht auch nur versucht worden. Ich fürchte: Mein Ehrgeiz hat den guten Gedanken umgebracht.

Immerhin ist es mir gelungen, die DGfE dazu zu bringen, Ivan Illich zum 7. Kongress der Vereinigung einzuladen. Seinem schwierigen, ja fast unverständlichen Vortrag sollte eine Podiumsdiskussion folgen, an der er aber nicht teilnehmen wollte. Er setzte sich ins Publikum und hörte genüsslich zu, wie drei deutsche Pädagogik-Professoren sich über die kleinen Differenzen unter sich statt über die großen zwischen ihm und dem Publikum stritten – eine meine Zunft entlarvende Situation und ein für den Veranstalter HvH totales Fiasko mit Buhrufen und Saalflucht. Das war eine mir ungewohnte Erfahrung.

Die für mich zugleich lehrreichste und anstrengendste Mitarbeit war die in der OECD. Sie war mit sechs Reisen nach Paris verbunden, wo man über Pluridisziplinarität und Interdisziplinarität redete und damit Fragen der praktischen Wissenschaftsorganisation im Sinne hatte, für die die OECD zuständig ist. Diese Fragen aber zogen alsbald solche der Wissenschaftstheorie nach sich, von der die klugen Leute in Paris zwar auch viel verstanden, für die sie sich aber nicht wirklich interessierten. Unsere abschließende Sitzung hielten wir in Nizza ab – in einem hoch über dem gleißenden Meer gelegenen Hotel, dessen klimatisierte Räume gut zu der Künstlichkeit unserer Erörterung passten. Da man auf Wunsch einiger Berater hierzu auch Jean Piaget eingeladen hatte, verlor sich unser mühsam erarbeiteter Gegenstand in der dünnen Luft von dessen Epistemologie, und keiner wagte von der durch den großen Meister vorgezeichneten Höhenkurve abzuweichen – außer jener Hentig aus Bielefeld. Der bat dringend um Rückkehr auf den Boden unserer Vorarbeit und nannte ein halbes Dutzend Begriffe und Denkfiguren, unter deren »spell« (die Verhandlung wurde auf Englisch geführt) wir »seit heute Morgen« stünden. Das zog mir Piagets Unmut zu, wirkte aber befreiend auf die übrigen Konferenzmitglieder. Mich selber haben die OECD-Gedanken zu meinem ambitioniertesten Buch »Magier oder Magister?« (1971) veranlasst.

In der OECD habe ich den Schutzraum meiner Sprache verlassen und den Anspruch auf Eigenart und Nuance aufgeben müssen, dafür aber eine Festigung des Gedankens eingetauscht; ja, ich habe verstanden, warum Bücher und Aufsätze von mir wohl nie in den Strom der internationalen Diskussion einmünden werden: Immer muss bei meinen Äußerungen mehr gedacht werden, als gesagt ist. Im Gespräch machte das nichts aus – im gedruckten Text dagegen sehr viel. Für die OECD-

Leute war jemand, der nicht im Konferenzjargon redete, eine erfreuliche Abwechslung. Sie kamen mir freundlich entgegen und, wenn nötig, zu Hilfe. Vielleicht war es auch meine gern bekundete Sympathie für ihren Internationalismus, die sie mir gewogen machte. Die meisten anderen Berater – wo immer sie herkamen – versuchten die Interessen und Vorzüge ihres Landes zur Geltung zu bringen. Die OECD-Beamten hingegen hatten sich – wie auch die UNO- und UNESCO-Leute, die ich in New York kennen gelernt habe – aller nationalen Vorlieben völlig entkleidet und blickten darum ganz anders auf »die Sache«.

Eine besondere Beziehung verband mich mit Monsieur Duguet, der uns in seine romantische Wohnung »sous les toits de Paris« in St. Germain einlud; er war es auch, dem ich immer neue Einladungen in die Rue André Pascal verdankte, zum Beispiel zum Thema »Participation«. Es kam plötzlich in Mode – diesseits und jenseits des Atlantik – und wurde von uns gründlich durchdekliniert. Schon in Göttingen freilich hatte ich von der »guten Schule« verlangt, sie möge »Belehrung so weit wie möglich durch Beteiligung« ersetzen. Das war meine pädagogische Faustregel und bedurfte weder des Fremdworts noch der angestrengten wissenschaftlichen Festlegung, die es mit diesem erfuhr. In Paris aber ging es um Mitsprache, um ein »politisches Motiv«. In einem ehrgeizigen Referat habe ich dies 1973 miteinander verbunden. »Planning Participatory Planning« – der Titel drückte schon aus: Hier wird es um *topsy-turvy* gehen. Ich gab dem Ganzen ein skeptisches Motto: »Participation makes sense only if there is something to participate in. To participate in the work of a committee that has nothing to say is more frustrating than being excluded altogether«, von dem ich heute weiß, dass es von Hellmut Becker stammt, nicht aber, wo es in welchem Text steht.

1978 wurde ich einer der vier »Examiners«, die die OECD jedes Jahr auf ein anderes der 24 Mitgliedstaaten ansetzt. Diesmal ging es um die Überprüfung der »national policies for education« der USA. Die drei anderen Mitglieder der Kommission waren Torsten Husén (Schweden), Peter Karmel (Australien) und Lord Michael Young (United Kingdom/England). Wir waren vier Wochen in den USA unterwegs, eskortiert, aber keineswegs gegängelt von ausgezeichneten Experten aus dem Office of Health, Education and Welfare, in dem die beschränkten Kompetenzen der amerikanischen Bundesregierung in Bildungsfragen zusammenlaufen. Meine drei Kollegen hatten wenig Erfahrung mit dem, was sie »education on the classroom-level« nannten, also schlicht mit der Schulpraxis, so dass sie sich schnell einigten, mir die Beobachtung auf diesem Feld zu übertragen, während sie sich in die rechtlichen, finanziellen und institutionellen Fragen teilten. Es würde ein eigenes Buch füllen, wollte ich über diese faszinierende Reise all das berichten, was mir von ihr noch als »bedeutend« in Erinnerung geblieben ist. 90 Seiten füllte allein unser immer weiter geraffter schriftlicher Bericht, weitere 20 Seiten eine Zusammenfassung des ganztägigen »review meeting« in Paris ein halbes Jahr darauf. Mein ursprünglicher Beitrag zum ersten umfasst allein 107 Seiten und gehört zu den fünf wichtigsten Texten, die ich geschrieben habe: »wichtig« durch die Tatsache, dass ich zum ersten Mal in meinem Leben ausschließlich Beobachter war und dies in einem mir sprachlich und sachlich zugänglichen, aber sonst gänzlich neuen, mich ausschließlich durch sich selbst interessierenden pädagogischen Feld. Michael Young war Schüler in Dartington Hall gewesen und wurde just in »unserem Jahr« zum Lord Young of Dartington erhoben. Mit ihm, wie mit Torsten Husén, verband mich seither eine wirkliche Freundschaft. Wir haben einander gegenseitig besucht, wann und wo immer wir konnten; er hat mir sogar zu dem einzigen großen Kunstwerk in meiner Wohnung verholfen, einer Kopie eines Marmorreliefs aus dem British Museum – so etwas kann ein Lord! Michael wollte meinen Bericht als Buch publizieren. Es eile nicht, sagte er: »It's a classic, after all!« Über dieser schmeichelhaften Einschätzung ist er im Jahr 2002 gestorben. In dem Jahr, in dem ich dies schreibe, habe ich einen besonderen Grund, an all dies mit einem Seufzer zu denken: Ich stelle verwundert fest, dass ich damals auf den Seiten 88 ff. meines OECD-Berichts schon alles gewusst und geschrieben habe, was ich heute über »Entschulung der Mittelstufe« und den »Sozialen Dienst« zu sagen habe (s. o. S. 371 f. das Manifest »Bewährung«).

Ob eine Bitte des Europarats, ich möge in Straßburg ein Referat über »Die Vorbereitung junger Menschen zwischen 14 und 19 auf das Leben« halten, mit meinen OECD-Tätigkeiten zusammenhing, weiß ich nicht, vermute es aber. Nikolaus Sombart, der damals dort in ich weiß nicht welcher Funktion tätig war, übermittelte den Wunsch, und ich sagte leichtfertig zu. Der Auftrag schloss die Teilnahme an etlichen Konferenzen und die Lektüre von einem Zentner schwerverdaulicher Vorbereitungs-»Papiere« ein – beides gleich überflüssig, außer dass mir daran klar wurde, dass ich hier kein Blatt vor den Mund nehmen müsse. Ich würde zwar in den Köpfen dieser umständlichen »Experten« nichts bewegen, aber es sollte irgendwo in den Protokollen zu lesen sein, was ein Pädagoge von der Sache hielt. Ich nannte meinen Vortrag »A plea for less ›prepraration‹ and for more ›life‹«. Als einer der letzten Redner auf der End-of-Project-Conference (!) verkündete ich der schon arg ermüdeten Versammlung von etwa 200 Personen als erstes, dass ich mich nicht an die Altersbegrenzung des Themas halten werde. Im zweiten Satz ließ ich meine Hörer wissen, dass ich, statt die uns allen gestellte Frage systematisch zu beantworten, zwei im Appendix meines Vortrags untergebrachte »Szenen« aus dem Leben junger Menschen vorführen werde, damit wir auf deren und nicht immer in erster Linie auf unsere Probleme antworten. Eine solche Szene oder Geschichte lässt sich nicht beliebig kürzen; ihre Wiedergabe fraß die mir eingeräumte halbe Stunde auf; danach unterbrach der Vorsitzende die Konferenz zu einer »Pause«; und an deren Ende eilte ich schon davon, um meinen Rückflug zu erreichen. Man wird mich in Straßburg als einen ziemlich unhöflichen Menschen wahrgenommen und meinen Beitrag als leider nicht kompatibel mit dem Auftrag der Konferenz bald vergessen haben.

Umsonst war meine Mühe nicht, weil ich die »Geschichten« und die aus ihnen zu ziehenden (systematischen) Folgerungen anderwärtig weiterverwenden konnte – nicht nur vor unseren deutschen Schulverwaltern und Bildungspolitikern, auf öffentlichen Podien und in wissenschaftlichen Beiräten, sondern auch in Kuratorien und Lehrerkonferenzen deutscher Landerziehungsheime. Ja, hier tat ich es mit besonderer Verve, schien es mir doch unverzeihlich, wenn man dort, wo Pädagogik wirklich möglich war, immer wieder den Systemzwängen (Versetzungsordnungen, vorgeschriebenen Stundentafeln, Anforderungen des Abiturs) nachgab. Hellmut Becker hatte mich 1963, gleich nach Antritt meiner Göttinger Professur, in den Stiftungsrat von Holzminden geholt (»nun, da du doch gleichsam nebenan wohnst«). Kurz darauf veranlasste er den Herzog von Schleswig-Holstein, mich in den Stiftungsrat von Louisenlund zu berufen: Man müsse Erfahrungen in zwei Landerziehungsheimen gleichzeitig machen, wenn man wirklich frei urteilen und wirksam vergleichen wolle. In beiden habe ich viel gelernt – in Louisenlund vom Leiter Hans Lues, einem hochdifferenzierten Mann, der mehr Schwierigkeiten mit Schülern, Eltern und Lehrern hatte, als er verdiente; in Holzminden von Hans Erbe, der mich ja zu seinem Nachfolger hatte machen wollen (s. o. S. 57 f.) und nun nicht von mir, sondern mit mir Rat suchte – in Disziplin-, Unterrichts-, Rekrutierungsfragen und immer noch bei der Besetzung seiner Leiterstelle. Diese hatte er geräumt, und Eberhard Lehmann, sein bisheriger Unterrichtsleiter, hatte sie »vorläufig« übernommen. Nachdem dieser die Verantwortung acht Jahre lang mit ebenso großer Bescheidenheit wie Klugheit, Kompetenz und Umsicht getragen hatte, wollte er sie 1976 endlich ablegen, aber es war noch immer niemand gefunden, der dem Stiftungsrat und einem zuständigen Ältestenrat hierfür geeignet erschien. Wir beschlossen, uns erst über den Typus zu verständigen, der hier und jetzt gefordert war, bevor wir erneut an Personen herantraten. Die Antwort, die wir im erfahrenen, erfreulich heterogenen und in hohem Maß für das Landerziehungsheim am Solling engagierten Stiftungsrat gaben, war so, dass ich an meinen Bielefelder Mitarbeiter Cord Rathert zu denken wagte. Man hatte so viel von der Notwendigkeit einer »gründlichen Erneuerung« geredet, dass dieser buchstäblich *homo novus* plötzlich nicht nur als möglicher, sondern als plausibler Kandidat erschien: jung, ideenreich, unkonventionell, bemerkenswert selbstbewusst. Er wurde eingeladen, ausgiebig verhört (im Schlosshotel Grunewald, in dem 2006 die deutsche Nationalmannschaft wohnte) und gewann die Zustimmung aller, zumal die der alten Herren. Ich wusste und hätte sagen müssen, wo das Risiko lag. »Unkonventionell« – das war bei Cord Rathert ja nicht nur ein Fremdwort für »unbefangen«, also für eine Charaktereigenschaft, es war ein Programm. Solange ich ihn kannte, trug er nur Bluejeans, und das sagte etwa: »Mir geht es weniger um Formen als um Personen, Sachen und Aufgaben.« Aber Formen sind in einer Gemeinschaft wichtig und werden nicht folgenlos übergangen. Jedenfalls hat, statt der Frischluft, die ich mir von Ratherts Einzug versprochen hatte, und dem Durchatmen, das ihr folgt, eher ein Frösteln eingesetzt. Cord Rathert hat darauf vielleicht nicht geschickt reagiert. Er hat – mir sehr begreiflich – mutwillig Stärke gezeigt, wo man ihm Schwäche vermutlich sehr viel eher verziehen hätte. Bevor er in Holzminden 1977 begann, sollte er sich ein Jahr lang an der Odenwaldschule in das Leben in einem Landerziehungsheim einfühlen und Gerold Becker in der Ausübung der Leitung eines solchen Instituts zusehen. Intelligent und ungeduldig, wie Cord war, meinte er nach sechs Monaten genug für sein Amt gelernt zu haben. Nach eineinhalb Jahren gab er es wieder auf. Weil er auf alle, oft geringfügigen Probleme mit seiner ganzen Person antwortete, war er bald ohne Reserven und Spielraum und verlor die Nerven. Dass er aus meinem »Stall« kam, hatte bei der Berufung für ihn gesprochen; jetzt sprach es gegen ihn – und vor allem gegen mich.

Ich hätte mich damals gern selbst aus der Verantwortung für Holzminden zurückgezogen. Aber ich wollte, schon um des Ansehens des Stiftungsrats willen, keinen Fehler einräumen, wo es um etwas Unberechenbares gegangen war.

Als später Maria Rieger meinte, mich im Kuratorium des Landerziehungsheims Neubeuern zu brauchen, gab ich immerhin Louisenlund auf. Man brauchte ja für ein solches Amt zweimal zwei Tage im Jahr mit oft komplizierter Hin- und Rückreise. Drei solcher Berater- und Besorgerstellen gingen über meine Kraft. – In Marias Kuratorium war ich nicht »vorsichtiger« als in Holzminden, sondern, wenn es das Wort gibt, »für-sichtiger«. Marias bewundernswerter Mut in allen Sachfragen und ihr unbedingtes Vertrauen zum Freund erlaubten mir das.

Dass ich in jenen Jahren außerdem noch die von der SPD gestellten Bundesminister für Bildung und Wissenschaft beriet – beginnend mit Helmut Rohde über Jürgen Schmude bis zu Björn Engholm, sei hier erwähnt, weil es hierher passt. Rohde hatte sich einen »Beirat« ausgedacht, als der Deutsche Bildungsrat aufgelöst worden war, und seine Nachfolger haben die löbliche Erfindung beibehalten. Dieser Beirat war aus tatsächlich allen wichtigen »Lagern« der Bildungspolitik besetzt und war mit 16 Personen gleichwohl gesprächsfähig.

Manche dieser Tätigkeiten reichten über das Jahr 1981/82 hinaus, also über meinen Aufenthalt am Wissenschaftskolleg in Berlin, mit dem ich meine Erinnerung an nichtpädagogische Aufgaben in diesem Lebensabschnitt beginne.

Das Wissenschaftskolleg war nach dem Muster eines Institute for Advanced Study gegründet, wie man es aus Princeton oder Stanford oder dem holländischen Wassenaar kennt. Es eröffnete seine erlauchte

Existenz mit 18 Fellows, deren bedeutendste Gershom Scholem, Ivan Illich und Mazzino Montinari waren. Dass diese drei in der deutschen Wissenschaft eine bewegende Rolle gespielt hätten, konnte man nicht sagen – sie waren groß, ja singulär jeder auf seinem Gebiet: der Erforschung der Kabbala, der Auslegung des 13. Jahrhunderts, der gründlichen Wiederherstellung des Werkes von Friedrich Nietzsche. Andere Fellows waren weniger »einsame Spitze« – sie standen in einer gedachten Verbindung oder in einem erkennbaren Gegensatz zu diesen oder anderen Fellows und versprachen dem Kolleg Ansehen, den Kollegen Anregung. Man konnte erwarten, dass James Coleman sich mit Ivan Illich über die »Wirksamkeit von Schule«, Rudolf zur Lippe mit Hartmut von Hentig über »Die Grenzen der Aufklärung«, Dietz Bering mit Helga Nowotny über den Sinn »weiblicher Wissenschaft«, Hans Egon Holthusen mit Bruno Hillebrand über »Politik und Lyrik« auseinandersetzen würden. Aber es kam anders – und wie befürchtet! Wir mussten uns zunächst und vor allem mit der Frage herumschlagen, ob wir eine »Elite-Einrichtung« waren und, wenn ja, mit welchem Recht. Dabei war das Wissenschaftskolleg eine »Erfindung« von Peter Glotz (einem SPD-Mann) und nicht von Wilhelm Kewenig (seinem von der CDU-Regierung aufgestellten, nun amtierenden Nachfolger). »Elite« war noch immer so unzeitgemäß, dass sie sich selbst verleugnete. Auf einem Podium der Arbeitsgemeinschaft Sozialpädagogik und Gesellschaftsbildung (ASG) in Düsseldorf, das sich mit der Frage beschäftigen sollte »Brauchen wir noch Eliten?« und bei dem ich die Gesprächsleitung hatte, überrumpelte ich die Teilnehmer auf dem Podium mit der *Yes-or-no*-Frage: »Gehören Sie der Elite an?« Die »rechten« Teilnehmer Elisabeth Noelle-Neumann, Rüdiger Altmann und Ivan Illich verneinten, die beiden »adligen Linken« Ludwig von Friedeburg und ich bejahten die Frage. Hier in Berlin – wir waren kaum angekommen – nahmen uns die Gewerkschaftler und aufgebrachte Gesinnungsgenossen alsbald ins Verhör, vornehmlich diejenigen unter uns, die sie für ihresgleichen hielten – Nowotny, Montinari, zur Lippe, Illich und mich: Wie konntet ihr nur einen Ruf nach Dahlem annehmen! Wie passen eure Privilegien von heute zu euern kritischen Äußerungen von einst?

Den Rektor des Wissenschaftskollegs, Peter Wapnewski – auch einmal einer der ihren –, hatten sie schon abgeschrieben. Mit Blick auf ihn hatte der SPIEGEL das Wort von »König Artus und seine Runde« geprägt. Dagegen kam ich mit meinem ZEIT-Artikel »Weder Sanatorium noch Gralsburg« nicht an. Im Gegenteil, mein darin auch geäußertes Glück über das allmorgendliche »Erwachen in einen durch nichts bedrohten oder schon besetzten Tag« und meine beiläufige Erwähnung eines Gesprächs mit Uwe Pörksen über einen Internatsroman, den dieser gerade schrieb (ausgerechnet über Louisenlund!), nutzte ein Neider, um der Öffentlichkeit in der nächsten Ausgabe dieser Zeitschrift (auf einer ganzen, damals noch ziemlich klein gedruckten Seite!) zu beweisen, eine wie überflüssige Sinekure hier geschaffen worden sei, in der den deutschen Lamento-Gelehrten nun auch noch öffentliches Geld für das Schreiben von Romanen gezahlt werde.

Womit haben wir uns denn beschäftigt? Gewiss – trotz der vierzehntägigen Kolloquien und der gemeinsamen Mittagsmahlzeiten (Ivan Illich: »Zwangsernährung«!) – zu wenig miteinander, jedenfalls zu wenig mit den Themen und der Arbeit der Mit-Fellows. Wir sollten uns hier ja auch – ausgeruht, unbedrängt und also konzentriert – »unserer eigensten Sache widmen«. Der Platoniker übersetzte das mit: *ta heautou prattein*; es gehe also um etwas, was uns nicht einfach »beschäftigt«, sondern was uns zusetzt, uns umtreibt, uns beglückt. Und das berührte selten das, was die anderen taten. Weil ich nichts dazu beizutragen und für mein Vorhaben nichts daraus zu lernen hatte, konnte ich mich auf Dietz Berings atemberaubende Forschungen über die teuflische Verfolgung des Berliner Polizei-Vizepräsidenten Weiß durch Joseph Goebbels einlassen (Weiß wurde der Vorname Isidor angeheftet, womit Goebbels sich des vorhandenen, nicht erst zu erzeugenden Antisemitismus bediente) – es war wie ein großer Theaterabend. Aber Rudolf zur Lippe auch nur einigermaßen zu verstehen wäre einer Umwidmung meiner Arbeit gleichgekommen. Ich hatte ein Kolloquium zur Wissenschaftskritik angekündigt. Ich meinte, ein »Wissenschaftskolleg« sei der richtige Ort, meine 1977 in Tübingen vorgetragene, aus den Bielefelder Erfahrungen hervorgegangene Variante zur »Handlungsforschung« zugleich weiterzuspinnen und zu verdichten. Auch Rudolf zur Lippe übte Kritik an dem in den Sozialwissenschaften gängig gewordenen Szientismus, und auch zu seiner Botschaft hätte meine, an John Deweys »learning by doing« angelehnte Formulierung »Erkennen durch Handeln«

gepasst. Aber wie weit lagen seine und meine Absichten und Ansichten auseinander! Er entdeckte »Erkenntnis« in sinnlicher Wahrnehmung; seine Bundesgenossen waren Goethe, M. Wertheimer, Viktor von Weizsäcker, Hugo Kükelhaus (und der andere »Rudolf« vielleicht auch?); er konnte unbefangen das Wort »Sinnenbewusstsein« bilden und gebrauchen; den Platz, den beim praktischen Pädagogen HvH *prattein* / das Handeln einnimmt, nahm bei ihm *poiesis* / das Erschaffen ein. Ich hatte Mühe genug, meine Verwendung des Wortes Erfahrung vor Verschwommenheit und vor dem »Ungefähr« zu retten; seine zum Teil mit uns veranstalteten Übungen zur Wiedergewinnung der »Leiblichkeit«, seine Vorliebe für Meditation und bioenergetische Strömungen in uns, Bogenschießen und Pinselstrich widersprachen meiner Bemühung um Rationalität. Ich ging lieber mit seinem zehnjährigen Sohn in die Oper – in »Madame Butterfly« und immerhin »Die Zauberflöte«. Mit anderen Fellows, sofern ihre Themen die Pädagogik und die Wissenschaft überhaupt berührten, hatte ich andere Probleme: mit James Colemans Statistiken, Helga Nowotnys Soziologie der Institutionen, Ivan Illichs damals gerade einsetzenden *Gender*-Studien. Jeder merkte sehr bald, dass die Theorien des anderen die Vollendung der eigenen nur störten. Das ist in späteren Fellow-Generationen anders geworden. Schon Stanislaw Lem, »mein Nachfolger« 1982/1983 (ich nenne ihn so, weil er in meine Wohnung in der Pacelli-Allee einzog) berichtete über fruchtbare Kooperation – wenigstens in seinem Fall.

Ich kann eine größere Arbeit überhaupt nur beginnen (und dann zügig weiterverfolgen), wenn mein Schreibtisch »klar«, das heißt von Unerledigtem frei ist. Aus Bielefeld hatte ich eine Reihe von Aufgaben mitgeschleppt, unter anderem die oben (S. 492 f.) erwähnte Untersuchung über die Absolventen des Oberstufen-Kollegs, deren letzte Befragung gerade abgeschlossen war und der sich eine ungewöhnlich ergiebige Serie von Tiefeninterviews anschloss – eine wissenschaftstechnisch höchst schwierige Angelegenheit, ein Experiment mit dem Experiment »Erkennen durch Handeln«, das durchaus den Titel »Erkennen durch Erleiden« hätte tragen können. Ich sah darin keinen Verstoß gegen die Bestimmung des Wissenschaftskollegs – eher gegen die des Fellow HvH. Die bestand darin, nun doch endlich seinen »Rousseau« (s. o. S. 307) zu schreiben. Ich brachte dazu ein Exposé mit, das ich für ein Stipendium am Woodrow Wilson International Center for Scholars ein Jahr zuvor verfasst hatte. »Reform and Restauration in an age of Empiricism / An essay on the role of Kulturkritik and the limits of Enlightenment by way of historical analysis (Plato, Rousseau, Dewey)« lautete die schematisierende Anzeige. Woran meine Bewerbung an dieser Abteilung des Smithsonian Institute in Washington gescheitert ist, weiß ich nicht mehr. Hier, am Wissenschaftskolleg, war dem Vorhaben auch kein Gedeihen beschert. Zwar *las* ich nun wieder fleißig Platon und Rousseau, aber ich *schrieb* an einem Gutachten für den Hessischen Verwaltungsgerichtshof in Kassel über die Freie Schule Frankfurt – zunächst in der ehrlichen Erwartung, dies in zwei Wochen erledigt zu haben. Der Fall war einigermaßen empörend und fesselte mich mehrere Monate:

Ein Verein von Eltern, die 1967 einen antiautoritären Kinderladen gegründet hatten, stellte im Jahr 1972 einen Antrag auf Genehmigung einer freien Grundschule und begann 1974, als noch immer kein Bescheid vorlag, zunächst mit einer Vorschulklasse. Im folgenden Jahr erfuhr ihr Antrag endlich eine Reaktion – eine Ablehnung. Der Verein focht diese gerichtlich an und scheiterte 1976 vor einem Verwaltungsgericht in Frankfurt. Man ging in Revision beim übergeordneten Hessischen Verwaltungsgericht in Kassel. Dieses beschloss im Frühjahr 1981, einen Gutachter zu bestellen, und einigte sich mit den streitenden Parteien (dem Regierungspräsidium in Darmstadt als Schulaufsicht und dem Trägerverein der FSF) auf Hartmut von Hentig, nachdem andere Gutachter auf Bedenken gestoßen waren. Ich konnte die Schule erst im Herbst aufsuchen, weil davor die Kinder in England waren. Die Wahrnehmung der Schule, das Studium ihres Konzepts, die von den Behörden erhobenen Einwände gaben mir die Gewissheit, einer wichtigen Sache zu dienen, und verhalfen mir zu einer geradlinigen Darstellung des zu verteidigenden Prinzips. Ich schrieb ein Gutachten von 250 Seiten, lieferte es im April 1982 ab, führte die Richter bei einem sogenannten Lokaltermin durch die kleine Einrichtung – und obsiegte in der mündlichen Verhandlung im November des Jahres. Dass es zwei Jahre später noch einmal zu einem erfolglosen Stilllegungsversuch durch die Verwaltung kam, verdient Erwähnung nur deshalb, weil in dem Text des Regierungspräsidenten nun tatsächlich der schon längst erwartete transitive Gebrauch des Verbums »entwickeln« für Menschen auftauchte: »Es geht [...] darum, [...] dem Kind das Notwendige und Angemessene an die Hand zu geben, damit das Kind in seiner Wertwelt positiv weiterentwickelt wird.»

Aus dem Gutachten hat der Klett-Verlag ein Buch gemacht: »Wie frei sind freie Schulen?« (1985). Ich stellte ihm drei Passagen aus Rousseaus »Émile« als Motto voran:

> Man sucht eifrig nach den besten Methoden, das Lesen zu lernen. Man erfindet Lesekästen und Karten; man macht aus dem Kinderzimmer eine Druckerwerkstatt. Locke möchte, dass das Kind mit Hilfe von Würfeln lesen lerne. Wenn das nicht eine geniale Erfindung ist! – Schade drum. Ein viel sichereres Mittel, eines, an das niemand denkt, ist der Wunsch des Kindes, lesen zu lernen. Erweckt diesen Wunsch in ihm, und dann weg mit euren Lesekästen und Würfeln, und jede Methode wird ihm recht sein. Sein gegenwärtiges Interesse ist die große bewegende Kraft, die einzige, die mit Gewissheit zu etwas führt.
>
> Ich bin nahezu gewiss, dass Émile vollendet lesen und schreiben kann, bevor er zehn Jahre alt ist, und das gerade deshalb, weil es mich höchst wenig interessiert, ob er es mit fünfzehn Jahren können wird. Es wäre mir jedoch lieber, er könnte niemals lesen, als diese Kunst mit allem, was sie nützlich macht, um den falschen Preis erkaufen zu müssen: Was nützt es ihm, dass er lesen kann, wenn es ihm für alle Zeiten verleidet worden ist?
>
> Es gibt keine vollkommenere Unterwerfung als die, der man den Schein der Freiheit zugesteht. So bezwingt man sogar den Willen des Zöglings. Ist das arme Kind, das nichts weiß, nichts kann und erkennt, euch nicht vollkommen ausgeliefert? Verfügt ihr nicht über alles, was in seiner Umgebung mit ihm zu tun hat? Seid ihr nicht Herr seiner Eindrücke nach eurem Belieben? Seine Arbeiten, seine Spiele, sein Vergnügen und sein Kummer – liegt nicht alles in euren Händen, ohne dass es davon weiß? Zweifellos darf es tun, was es will, aber es darf nur das wollen, von dem ihr wünscht, dass es es tut.
>
> (Jean Jacques Rousseau / Émile, Zweites Buch)

– ein kleiner, aber würdiger Tribut an mein für die Zeit am Wissenschaftskolleg ursprünglich vorgesehenes Thema!

Wer meint, ich gestünde nun selbst einen Missbrauch meines Fellowships ein, irrt. Hier hatte ich praktischen Rousseau-Dienst geleistet: Ich hatte der in unserer Welt unvermeidbaren Schule das Prinzip der Mathetik (das ist die Kunst des Lernens) wieder zugänglich gemacht, das sie ganz dem Prinzip der Didaktik (das ist die Kunst des Lehrens) opfert – heute hemmungsloser als je zuvor. Man besuche nur eine DIDACTA, die zeitgenössische Lehrmittel-Messe, um zu sehen, wie total wir auf veranstaltete, durch Techniken und Technik gesteigerte Belehrung setzen! Keine Mahnung hat unsere Schule nötiger als die Rousseaus, und nie hätte ich sie ohne die Freistellung von meiner eigenen Schule so konsequent auf das »System« ansetzen können.

Was darf noch als »Leistung« während des Aufenthalts am Wissenschaftskolleg gebucht werden?

Ich habe Goethes »Wahlverwandtschaften« und Thomas Manns »Joseph und seine Brüder« gelesen – genauer: Ich habe sie abends *nach*-gelesen, nachdem Gert Westphal sie morgens im Radio *vor*-gelesen hatte. Ohne seine Hilfe und ohne die Muße von 8 bis 8.30 Uhr wäre ich erst nach meiner Emeritierung dazu gekommen – zum größten deutschen Roman des 19. und dem größten deutschen Roman des 20. Jahrhunderts. Und ohne diese beiden wäre ich in dem noch verbleibenden Abschnitt meines tätigen Lebens ein schlechterer Kenner des Menschen und darum ein schlechterer Pädagoge, Wissenschaftler und Mitbürger gewesen.

Ich habe in der Zeit gesund gelebt, bin nicht Auto gefahren, sondern habe die weiten Strecken in Berlin mit dem Fahrrad, die anderen zu Fuß hinter mich gebracht; ich habe genug geschlafen und mich geregelt ernährt, ja mich an dem guten Essen des Wissenschaftskollegs trotz des nicht dämpfbaren Lärms stets gefreut. Ich war vorher nicht etwa krank oder erholungsbedürftig (brauchte also in der Tat kein »Sanatorium«), aber ich hatte falsch gelebt.

Ich habe Berlin wiederentdeckt und mich auf diese Stadt als meinen Alterssitz festgelegt – eine der drei besten Entscheidungen meines Lebens.

Ich habe Freundschaften geschlossen – mit Dietz Bering, mit Bruno

Hillebrand, mit Rudolf zur Lippe und vor allem mit Peter Wapnewski. Ihm und seinen ebenso wohldurchdachten wie natürlichen Hausregeln, seinem Anspruch an »hohen Stil« habe ich »die Stange gehalten«. (Der Kenner des mittelalterlichen Lebens wird diese Redensart richtig deuten: Eine Art Sekundant für ihn zu sein, war mein Bemühen, das nicht unbeachtet blieb.)

Ich habe mir nicht zuletzt starke Erinnerungen an Gershom Scholem zugelegt. Die anderen beobachteten teils mit Vergnügen, teils mit Neid die Beziehung, die sich zwischen uns entspann. Als er im Januar 1982 nach einem Sturz schwer erkrankte, haben sich die in seiner Nachbarschaft wohnenden Fellows entweder an seinem Bett oder im Nebenzimmer abgelöst – auch nachts, um ihm jederzeit helfen zu können. Wenn meine Zeit um war und die Ablösung bevorstand, konnte er rundheraus sagen: »Schade, dass Sie gehen müssen – wo wir doch noch so gut miteinander plaudern könnten!«, um dann mit Augenzwinkern anzuschließen: »Aber vielleicht haben Sie ja noch etwas Zeit für mich?« Wenn ich bejahte, schickte er den anderen kurzerhand fort: »Es ist besser, wenn der Hentig bleibt.«

Einige Erinnerungen habe ich in einem Brief an eine Nichte festgehalten, Helgas älteste Tochter Nina, die in Chicago Russisch und Jiddisch studierte. Sie hatte mir geschrieben: »Wir – meine Lehrer und *fellow students* – beneiden Dich, dass Du täglich mit Scholem zusammensein kannst und Ihr offenbar Zeit füreinander haben *sollt*, wenn ich das richtig verstehe. Professor K. sagt: ›Es wird wohl nie wieder einer so viel über uns Juden wissen wie Scholem.‹ Die Kabbala traut sich hier keiner mehr zu. Man fragt auch nicht, ob einer die Kabbala versteht, sondern ob er sie erklären kann. Scholem, heißt es, kann das. – Bitte schreib mir alles über Scholem, was sich schreiben lässt.«

Ich bin froh über meinen Brief an Nina, weil, was ich darin mitteile, noch »unbelastet« ist: Niemand von uns hatte mit dem baldigen Tod dieses quicklebendigen Mannes gerechnet. In dem Bericht ist das Bild von dem unbefangen streitbaren, dem schalkhaft weisen, dem betörend direkten, dem widerspenstigen, dem zauberisch-bezaubernden Scholem erhalten – und dem unverkennbaren Berliner: So hell und so helle wird man wohl nur hier. Ich gebe einige Auszüge aus dem Brief wieder:

[…] Und nun zu Scholem: Aus den ersten Tagen des Wissenschaftskollegs gibt es eine Fotografie, die ich Dir gerne schickte, hätte ich sie nicht verschenkt. Sie drückt etwas von der fröhlichen, einschließenden Ehrerbietung aus, die wir für unseren Senior empfinden. Scholem sitzt in der Mitte auf einem thronartigen modernen Stuhl; rechts kniet Ivan Illich, links Dein Onkel; wir scheinen alle drei auf einmal zu reden; jedenfalls tun es unsere Hände; alle drei sind von lebhaftem Vergnügen ergriffen! Dieses gewährt uns Scholem täglich – meist trocken-keck, manchmal melancholisch, immer streng apropos, nie herablassend.
Am Eröffnungstag hat er den Festvortrag gehalten. Sein Thema: Die Stellung der Kabbala in der europäischen Geistesgeschichte. Das meiste habe ich hier zum ersten Mal gehört. […] Was freilich die Kabbala sei, werden nach dem Vortrag wohl nur die sagen können, die es schon vorher wussten: Das ist ja der Sinn von Mystik!
[…]
Da war von einem Isaak Luria die Rede, der sich die Frage stellt, wie denn Gott die Welt habe erschaffen können, als es sie noch nicht und also nur Gott selbst gab. Seine Antwort ist: dass sich Gott zusammengezogen habe, um uns Platz zu machen. Zwar sei diese Welt für Gott »ein Nichts« – und dabei blickt Scholem von seinem Manuskript auf, setzt seine Brille ab und fragt ins Publikum hinein: »Verstehen Sie, was das heißt: ein Nichts? Nicht so viel (er lässt einen Zentimeter Zwischenraum zwischen Daumen und Zeigefinger), nicht so viel (er verkleinert den Abstand), nicht so viel (er hält die schon fest zusammengepressten Finger dicht vor sein Auge), sondern eben nichts (er öffnet Daumen und Zeigefinger und lässt uns – wie ein erfolgreicher Zauberer – *sehen*, dass da in der Tat nichts dazwischen ist).« […]
Wessen Tradition von den Geschichten des Alten Testaments und den Gesängen der Propheten zur nüchternen Kasuistik des Talmud einerseits und der Mystik der Kabbala andererseits reicht, der hat gut reden! Der kann wahrlich stolz sein, ein »Schriftgelehrter« zu sein! »Sie werden die Einhaltung der Gebote predigen«, soll Scholem beim Aufbruch nach Jerusalem zu Ernst Simon gesagt haben, »ich werde Vokabeln lehren. Wollen mal sehen, wo mehr herauskommt.«

(S. 199)[2] – Mich wird er wohl für einen »Nebbich-Philologen« (S. 165) halten, weil ich eine Regel der lateinischen Schulgrammatik (die zugleich ein Satz aus der Theologie sein könnte!) – »Was man nicht deklinieren kann/das sieht man als Neutrum an« – zwar sofort verstand, aber aus Höflichkeit von ihm zum ersten Mal zu hören behauptete. »Das *müssen* Sie doch kennen!«

Scholem ist ... Nein, das sag' ich lieber durch eine Geschichte: Wir stehen in kleinen Gruppen in unserem Clubraum und warten, dass wir zum Essen gerufen werden. Plötzlich drängt sich – wie ein durch die Rasenoberfläche durchstoßender Maulwurf – Scholem in unseren engen Kreis und erklärt: »Ich bin nämlich neugierig!« Er fügt, weil wir respektvoll mit dem Gespräch innehalten, hinzu: »Nun müssen Sie aber auch weiterreden, sonst ist die ganze Neugier umsonst!«

Scholem ist unermüdlich im Ausfragen. Ich muss ihm zum Beispiel alles erzählen, was ich über Salomon Maimon denke und warum ich ihn neu herausgeben will, aber auch alles, was ich über den Mufti weiß, der während des Krieges meinem Vater, Deinem Großvater, anvertraut war – und dann korrigiert er meine Ungenauigkeiten, macht gewiss, was mir ungewiss war. Das Gedächtnis der Alten ist mir staunenerregend, aber nicht immer beneidenswert. Diesem hier wünscht man sich, dass es nicht so viel Unglück und Unrecht aufbewahren müsste. [...]

Wenn ich ihn besuche und etwas Gedrucktes mitbringe, setzt er sich gleich hin und liest mit größter Konzentration. Die Welt könnte dabei untergehen. Danach taucht er auf und erledigt die Lektüre mit drei Fragen, zwei Anmerkungen, einem Urteil und kommt zu einer anderen Sache, die *er* sich für dieses Zusammensein zurechtgelegt hat.

Seine Neugier hat einen ernsten Rivalen – sein Mitteilungsbedürfnis. Er erzählt mir zum Beispiel die Geschichte seiner komplizierten Beziehung zu seinen Brüdern, und ich sehe: auch in seinen Gefühlen herrschen ganz klare Ordnungen.

Sein wichtigstes Thema ist noch immer die Assimilation, die Anverwandlung des Verachteten an den Verächter, an den Herrschenden,

2 Die Seitenzahlen beziehen sich auf Scholems Jugenderinnerungen: »Von Berlin nach Jerusalem«, Frankfurt a. M. 1977 (Suhrkamp).

der jedenfalls nicht der Stärkere ist. Unermüdlich fragt er auch dazu aus: Wie man bei uns Weihnachten gefeiert hat? Wie es am Französischen Gymnasium unter den Nazis zuging? Wann und wieso mir die Griechen wichtig geworden sind? Ob ich noch etwas von der Jugendbewegung erlebt habe? Warum ich Sport treibe? Er fragt, als sei ihm der alte Bundesgenosse des Verderbens – die Verführung – noch immer bedrohlich – auch unter uns –, jener Selbstbetrug der Juden angesichts des liberalen bürgerlichen Selbstbewusstseins: Dieses war gefährlicher als der Antisemitismus, weil es zur Selbstaufgabe verlockte. »Es gab da etwas Atmosphärisches, was aus der Umgebung eindrang …« Gegen den Feind lernte man sich zu wehren. […]

Scholem hört nicht mehr so gut. Das, denke ich, schützt ihn oft vor dummem Geschwätz. Er isst seine Mahlzeiten langsam, mit der gleichen Konzentration, ja Neugier, mit der er liest. »Was ist das eigentlich?« Und: »Wie macht man das?« »Ach, was Sie alles wissen!« Ich leiste ihm dabei gerne Gesellschaft, auch wenn wir dabei nicht viel reden, weil ihn das anstrengt. Ich merke dann: Ich liebe diesen alten Mann. »Wieso? Man weiß nicht!« Du jedenfalls würdest es auch tun!

Als Scholem in Jerusalem verstorben war, veranstaltete das Wissenschaftskolleg eine Trauerfeier und bat mich, die Rede zu halten. Auch dieser kam mein Bericht an die Nichte Nina zugute. Die Frankfurter Allgemeine Zeitung hat den Text im Februar 1983 im Tiefdruckteil abgedruckt.

Was »Kabbala« betrifft – heute bin ich überzeugt, dass es sich um ein jüdisches Wort für Advanced Study handelt.

Fragt man mich, was wir Fellows der ersten Generation schuldhaft versäumt haben, dann dies: mit unseren beiden Damen so umzugehen, dass sie ihre kollektiven und individuellen Verletzungen für zwölf Monate vergessen konnten. Sie haben offenbar leider nicht genossen, dass sie in der Minderheit und schon dadurch herausgehoben waren. Sie gaben dem Wissenschaftskolleg schlechte Noten dafür.

Im Jahre 1982 bin ich in die Deutsche Akademie für Sprache und Dichtung (DAfSD) aufgenommen worden – eine ungewöhnliche Ehre für einen Pädagogen. Außer mir ist sie nur Eduard Spranger, Herman

Nohl und Theodor Litt zuteil geworden, die aber doch alle auch bedeutende Philosophen waren! Immerhin war ich als Kenner von »Sprache« ausgewiesen – wie die anderen Altphilologen, die Eingang in die Akademie gefunden hatten: Walter F. Otto, Wolfgang Schadewaldt, Bruno Snell und Ernst Zinn, der Einzige von ihnen, der 1982 noch lebte und dem ich dort gern wiederbegegnet wäre. Aber Begegnungen mit den Heroen sind in der Akademie ohnehin die Ausnahme. Siegfried Lenz, Wolfgang Koeppen, Martin Beheim-Schwarzbach, Hans Sahl, Wolfgang Hildesheimer, auf die ich neugierig war, und Max Frisch, Hermann Heimpel, Carl Friedrich von Weizsäcker, die wiederzusehen ich mich gefreut hätte, kamen nicht nach Darmstadt (oder entferntere Tagungsorte der DAfSD), und bald verstand ich auch, warum: Die Akademie ist ein Club von »Schriftgelehrten«, die ihre Texte lieben, gerne mit ihresgleichen besprechen und dafür geeignete Konstellationen erfinden, ja die das Gefälle vom Poeten zum Philologen und Kritiker sehr gern umkehren: Auf unseren Tagungen, in unseren Versammlungen regieren sie mit Kenntnis und Fleiß, entscheiden über bedeutende Auszeichnungen, über die Publikationsvorhaben der Akademie, über die Preisausschreibungen und nicht zuletzt über die Zuwahl. Wie froh ist da das »Normalmitglied«, wenn es einem Albrecht Schöne, einem Norbert Miller, einem Ivan Nagel zustimmen oder einer Ruth Klüger, einem Peter Wapnewski, einem Kurt Flasch zuhören oder einem Christian Meier, einem Walter Boehlich, einem Harald Hartung widersprechen kann. Die Dichter hingegen holen sich ihr »Nektar-und-Ambrosia« an anderen Tischen.

1986 wurde mir der Sigmund-Freud-Preis für »gute« wissenschaftliche Prosa zuerkannt und machte mich glücklicher als die anderen ja auch trefflichen, jedenfalls nach höchst sympathischen Personen bezeichneten Preise, die ich erhalten habe: Schiller-, Lessing-, Comenius-, Trapp- und Eugen-Kogon-Preis. Ein Jahr darauf wurde ich einer der drei Vizepräsidenten der Akademie. Deren Tätigkeit war so interessant, dass ich keine der vier Sitzungen im Jahr versäumte. Selbst die oft unbefriedigenden Entscheidungen konnten mir die Freude am Gespräch mit den klugen und kundigen Kollegen nicht verderben. Ich hatte das Gefühl, in einer neuen geistigen Heimat angekommen zu sein, rechtzeitig bevor ich die andere – meine Schulprojekte – verließ.

Unsere wichtigste Entscheidung – die über den alljährlichen Büchnerpreis-Träger – musste in der Regel unbefriedigend sein. »Büchner« – das stand ja nicht nur für hohen Rang wie »Goethe« und »Schiller«, sondern für eine absolute Ausnahmeerscheinung, für poetische und politische Revolution, für einen geistigen Jahrhundert-Kometen. Und nun sollte seinesgleichen so zahlreich herumlaufen, dass wir jahraus jahrein einen Dichter, eine Dichterin sollten finden und präsentieren können – gar ausgewählt aus einer Schar möglicher Kandidaten –, der oder die seinen Namen tragen kann, ohne ihn zu mindern? Mit Ernst Klett war ich mir einig, dass dies gar nicht versucht werden sollte. Schon alle zwei Jahre dürfte die Akademie mit dieser Aufgabe überfordert sein. Alle fünf Jahre hätte sie eine bessere Chance. Aber bei einer solchen Reduktion hätten die Geldgeber – die Bundesrepublik, das Land Hessen, die Stadt Darmstadt – nicht mitgemacht, und auch ich war, wenn die ersten Vorschläge auf dem Tisch lagen, regelmäßig nicht mehr in der Lage zu sagen: Keiner von diesen! Die sieben Büchnerpreis-Vergaben, die ich mitzuverantworten habe, kann ich noch heute gut (wenn auch nicht gleich gut) begründen; bedauern muss ich keine. Vielmehr muss ich bedauern, zweimal meine Hand nicht gehoben zu haben: für Hilde Domin. Sie wurde in den ersten zwei Jahren meiner Präsidiums- und Jury-Zeit vorgeschlagen, in denen ich noch einen verstiegenen Anspruch stellte. Es durfte kein Kriterium sein, dass es vom Büchnerpreis-Kandidaten keine mittelmäßige Zeile gibt, keine nur hübschen oder nur interessanten Kiesel, sondern nur Edelsteine. Mit zwanzig meisterlichen Gedichten kommt Hilde Domin den zwanzig meisterlichen Gedichten von Mörike oder Rilke gleich und schleppt sehr viel weniger Banales mit als der Erste, sehr viel weniger Gekünsteltes als der Zweite. Außerdem war sie eine wenn schon anstrengende, so doch menschlich und politisch »außerordentlich« tapfere Person, in der Hinsicht eine wirkliche Schwester des Darmstädter Namensgebers.

In den Präsidiumssitzungen erlebte ich anfangs neben unserem Präsidenten Herbert Heckmann, einer ungehemmten Frohnatur, noch den Ehrenpräsidenten Dolf Sternberger, einen strengen Denker und genauen Formulierer – und machte mir an seiner Person und seiner Auffassung klar, was die Deutsche Akademie für Sprache und Dichtung sein sollte und bewirken konnte, wenn sie es nur wollte. Sie aber wollte die

Behaglichkeit und Eintracht, die der gefällige, nie verlegene und nie fordernde Herbert Heckmann ihr bescherte.

Dieser war seit 1982 Präsident – erst »geschäftsführend« für den im August verstorbenen Peter de Mendelssohn. In den Jahren 1984 und 1987 wurde er jeweils ohne Gegenkandidaten wiedergewählt. Aus demokratischer Überzeugung, nämlich dass eine Wahl eine Entscheidung zwischen X und Y zu sein habe und nicht die willige Hinnahme des einen Kandidaten, weil es keine Alternative gab, begann ich rechtzeitig vor der (alle drei Jahre fälligen) Wahl im Herbst 1990 die für das Amt in Frage kommenden Mitglieder zu fragen, ob sie sich dafür bereitstellen würden: Albrecht Schöne, Peter Wapnewski, Ivan Nagel. Alle drei hatten Gründe – und zeigten sich entschlossen –, das Amt nicht zu übernehmen, und so wurde Herbert Heckmann zum vierten Mal mehr *nolens* als *volens* unser Präsident. Der Unmut hierüber war groß, aber unnütz, weil er sich nicht ins Offene traute. Ich hielt meinen Freunden im Präsidium zwei Dinge vor: Es sei, erstens, blamabel und eigentlich »unmöglich«, dass die Deutsche Akademie für Sprache und Dichtung überhaupt keinen Präsidentschaftskandidaten habe. Das aber könne der Fall sein, wenn Herbert Heckmann zu seinem Wort stünde: Keine fünfte Amtszeit! Irgendwer, vermutlich Herbert Heckmann selber, würde die Geschäfte kommissarisch weiterführen, könne aber im Ernst nicht für die Akademie auftreten. Zweitens: Angesichts der Vereinigung der beiden deutschen Staaten, der für 1992 zu erwartenden Vollendung des europäischen Marktes und der Demokratisierung des ehemaligen Ostblocks, sei es wichtig, dass sich mit dem Wort »deutsch« nicht nur politische und ökonomische Befürchtungen, sondern auch Vorstellungen von einer vielseitigen, spannungsreichen, fruchtbaren Kultur verbänden, dass also die Deutsche Akademie für Sprache und Dichtung eine neue Rolle zu spielen haben werde und diesen Anspruch mit sehr viel größerer Entschlossenheit vortragen und darstellen müsse als bisher. Diese Gedanken, aber wohl auch ein schlechtes Gewissen aktivierte die Angesprochenen und ließ sie den Spieß umdrehen: »Sie, Hentig, müssen selber kandidieren.« Alle drei waren Mitglieder des erweiterten Präsidiums; sie gewannen Hanno Helbling, der ebenfalls im Präsidium saß, hinzu und zeigten sich entschlossen, mich zu Herbert Heckmanns Nachfolger zu machen. Ich wehrte mich, wusste ich doch, dass ich für die Leitung von großen Sitzungen (selten unter sechzig Personen) unbegabt war, dass der Mehrheit der Mitglieder – mit Recht – nicht danach zumute war, sich ausgerechnet von einem Pädagogen repräsentieren zu lassen, und dass ich vor öffentlichen Auftritten, aus denen das Präsidentenamt vornehmlich besteht, bis zu Schmerzen aufgeregt bin. Aber als auch mein Freund Ernst Klett mir zusetzte, willigte ich ein. – Kaum war dies ruchbar geworden, kam es zu einer Gegenbewegung. Noch bevor das Präsidium mich *una voce* nominierte, erklärte Herbert Heckmann, er sei von vielen Mitgliedern gebeten worden, das Amt doch noch einmal zu schultern. Es war unschwer zu erkennen, dass er sich in seiner Bonhomie dazu bereitfinden würde. Nun wurde er nominiert und nahm an.

Die Verführung, mich unter diesen Umständen meiner Zusage zu entledigen, war groß. Mir blieb eine Nacht Zeit, sie niederzukämpfen und damit meine Auffassung von einer Wahl die Treue zu halten. Mit einer Wahlplattform von fünf Schreibmaschinenseiten gerüstet, meldete ich mich zu Wort und bat – ein absolutes Novum in unserer Akademie – meine Absichten vortragen zu dürfen. Ich forderte, unter Berufung auf unseren Namen, in dem »Sprache« vor »Dichtung« steht, eine stärkere Beschäftigung mit der Ersten an und nannte als Zweites von sechs bisher von uns vernachlässigten Sprach-Themen die uns von den Kultusministern angekündigte Rechtschreibreform. Diese hatte Herbert Heckmann im Einklang mit der Mehrheit im Hause für unter unserer Würde gehalten und nie in die Tagesordnung aufgenommen. (Das sollte sich 1996 bitter rächen!)

Herbert Heckmann erhielt mehr als zwei Drittel der Stimmen. Mein Herangehen an die Aufgaben der Akademie beunruhigte die meisten Mitglieder; es war ihnen zu forsch, und die Themen lagen ihnen tatsächlich fern. Aber das sagte keiner – und so hatten sie es schwer, danach noch unbefangen oder überhaupt mit mir zu reden. Und ich hatte es schwer, meine Erleichterung über den Ausgang der Wahl nicht jedem als Brücke hinzuhalten.

Ein weiteres Nobelinstitut wählte mich im gleichen Jahr 1982 zu seinem Mitglied: das Goethe-Institut. Es ist als Verein konstituiert, dessen etwa fünfzig Mitglieder sich periodisch erneuern und ergänzen. Klaus von Bismarck war damals Präsident und dürfte mich vorgeschlagen,

Hellmut Becker, Marion Dönhoff, Hildegard Hamm-Brücher, Theodor Eschenburg, Hans von Herwarth, Thorwald Risler dürften ihm dabei sekundiert haben. Ich habe seither vier Generalsekretäre und vier Präsidenten als Mitglied überdauert und zähle nun zu denen, bei denen man es dem Lieben Gott oder ihnen selbst überlässt, die Mitgliedschaft zu beenden. Wenn wir – zweimal im Jahr – zusammenkommen, staune ich jedes Mal über die geballte Intelligenz, die sich in München, anfangs im Hotel Vier Jahreszeiten, seit etwa zehn Jahren im eigenen Haus an der Dachauer Straße, mit den großen Linien und mit prekären Einzelheiten der deutschen Kulturpolitik im Ausland befasst – und wie wirkungslos das ist, was wir da treiben. Was im Goethe-Institut wo in welcher Form geleistet wird, bewegen oder verhindern doch wir nicht! Das macht der große, eingespielte Apparat und findet Anstoß und Grenzen allein durch das Auswärtige Amt, aus dessen Etat er gespeist wird. Ein neuer Außenminister tut (sich) gut, bei uns einen Antrittsbesuch zu machen. Alles andere überlässt er einem hohen Ministerialbeamten, einem meist hochgebildeten, sehr höflichen, uns zugetanen Mann, der unsere Sorgen teilt, sein Bestes zu tun verspricht, aber auch nichts ändert. Wirkungen kann der Präsident oder die Präsidentin tun, wenn er oder sie an die Öffentlichkeit tritt. Klaus von Bismarck, Hans Heigert, Hilmar Hoffmann und Jutta Limbach haben das je auf ihre Weise getan – gelungen ist ihnen dabei, was die Zeit zu gelingen erlaubte. Die Mitglieder können sie dabei stärken, aber nicht einmal ernstlich beraten. Die Runde ist zu groß, um bei stets überladener Agenda zu einer Einigung zu kommen. Meist reicht es gerade zur Benennung eines kleinen Ausschusses, der sich ins Nebenzimmer zurückzieht und etwas für die Öffentlichkeit formuliert: nicht zu lang, das bringt keine Zeitung; nicht zu scharf, das geht in der Versammlung nicht durch; nicht zu grundsätzlich, das entzweit uns sofort.

Als ich das Fehlen von »Maßstäben« beklagte, an denen sich die Urteile über die Arbeit des Goethe-Instituts würden messen lassen, bat mich Horst Harnischfeger, der damalige Geschäftsführer (der härteste und wohl beste, den wir gehabt haben), so etwas wie eine Magna Charta der auswärtigen Kulturpolitik durch das Goethe-Institut zu schreiben. Wir hatten gerade einen heftigen Streit über einen Film hinter uns, den ein deutsches Ehepaar – Stipendiaten des Goethe-Instituts –

als Produkt eines einjährigen Aufenthalts in New York abgeliefert hatte und der nun in den Goethe-Instituten rund um die Welt gezeigt wurde. Er hieß »Love Stinks« und wurde alsbald von irgendwem an die große Empörungsglocke gehängt. Die Mitglieder ließen ihn sich vorführen. In dem Begleitmaterial hieß es, der Film wolle das Thema Langweile (hübscher »tristesse«) darstellen, die zwei Menschen in New York befalle: »... die besondere Situation deutscher Künstler in der Metropole New York, in der auch die sexuelle Frustration nicht ausgespart bleibt.« Nach meiner Wahrnehmung war dies nicht der Gegenstand des Films. Ich habe vielmehr langweilige Szenen gesehen – die sogenannten anstößigen waren die langweiligsten –, die nichts über das ja nicht unbedeutende Phänomen Langweile (ihre Entstehung, ihre Bedingungen und Wirkungen, ihre Unvermeidbarkeit) aussagten. Es wurde auch nichts über »sexuelle Frustration« ausgesagt. Das sich selbst darstellende/filmende Künstlerehepaar war sexuell ganz munter. Eine Verbindung zwischen der Stadt und den vorgeführten sexuellen Akten wurde nicht gezogen, jedenfalls nicht gezeigt. Es gab nicht einmal eine Verbindung zwischen den Personen und ihrer Sexualität. Meistens sah man nur Körperteile und hatte sich zu denken, zu wem sie gehörten. Eine mögliche Aussage konnte sein: »New York ist kaputt«. Aber die war nirgends angekündigt. Sie schien das Interesse der »Zielgruppe« nicht gefunden zu haben. »Zielgruppe« war überhaupt das zur Verteidigung des Films am meisten vorgebrachte Wort. Es gebe da eine solche, die sei sehr groß, und »Zielgruppenarbeit« sei schließlich für das Goethe-Institut »vorrangig«. »Sehr groß« ist natürlich relativ, und ob die dafür ausgegebenen GI-Besucher in Sidney oder Saloniki oder Katmandu tatsächlich zu dieser gehören (das heißt: das gleiche Motiv haben), blieb ungeprüft und also fraglich. Zu vermuten war, dass der Titel anlockte: Hier kann man einen Sexfilm sehen – guten Gewissens, weil bei Goethe. Auch das konnte in der uns mitgeteilten »großen Nachfrage« nach diesem Produkt stecken. Gemeint waren jedoch Leute mit Interesse an Experimentalfilmen. Es schien, als sei dadurch *alles* gerechtfertigt. Wirklich? Waren die Besucher hinreichend gewarnt? Wenn sich jemand in meiner Gegenwart in der Nase bohrt, schaue ich weg. Es missbehagt mir. Warum soll ich mit ansehen, wenn jemand – in unserem Film gleich zweimal und über mehrere Minuten – sich seine Mitesser und Pickel ausquetscht? Was soll ich in dem Fall tun? Rausgehen? Kann das dem Goethe-Institut recht sein?

Wir kamen vom Hundertsten ins Tausendste und hatten doch nur eines zu entscheiden: Ist es die Aufgabe des Goethe-Instituts, solche Filme zu finanzieren und zu zeigen? Wenn ja, aus welchem wo festgehaltenen Grund? Meine Ausarbeitung für Herrn Harnischfeger wucherte, wurde immer komplizierter und vor allem nicht fertig. Sie fehlt dem Goethe-Institut noch heute, ja heute mehr als je zuvor. Es hat sich, weil es sparen muss, eine grundlegende »Erneuerung« verschrieben – es schließt, legt zusammen, verschiebt, verhilft zu »Sichtbarkeit«, geht ins Internet, aber es hat noch immer keine klaren unterscheidungsfördernden Sätze über seinen Auftrag.

Ende der siebziger Jahre wurde ich in das Kuratorium der Stiftung Theodor-Heuss-Preis (THP) berufen – und wieder bedeutete dies: Viele bedeutende, beredte, bemühte Menschen aus dem öffentlichen Leben der Republik kommen zweimal im Jahr zusammen. Das große Kuratorium und der kleine Vorstand zimmern von Jahr zu Jahr das Programm der Stiftung. Man beschließt das Thema und die Personen, die ausgezeichnet werden, weil sie sich seiner in beispielgebender Weise angenommen haben. Anders als die Mitglieder des Goethe-Instituts haben die Mitglieder der THP-Stiftung fast uneingeschränktes Initiativrecht. Insofern ist dies der richtige Wirkungsort für einen wie mich. »Denkste!«, sagt der Berliner. In drei Jahrzehnten habe ich mit keinem einzigen meiner Vorschläge Erfolg gehabt.[3] Denn der Vorstand hat immer schon im Voraus beraten und entschieden – satzungsgemäß und nach dem Willen der langjährigen Vorsitzenden. Die Kuratoren können dann dem »Kabinettsbeschluss« zustimmen oder ihn ablehnen. Tun sie das Letztere, muss die Prozedur wieder von vorne losgehen. Einmal habe ich die gemeinsame Sitzung mit dem gleich eingangs gestellten Antrag überrascht: Man möge doch bitte dem Vorschlag des Vorstands ohne Diskussion *tel quel* zustimmen und den Rest des Vormittags auf Stuttgarts überwältigendem Weihnachtsmarkt verbringen. Zustimmung – ja! Aber doch nicht ohne Diskussion, die sei doch hier immer das Beste,

3 Dies habe ich vor der Sitzung im Juli 2006 geschrieben. Auf der fand sich ein Konsens in der Nähe meiner Vorgaben. Mal sehen, was am Ende herauskommt!

dazu komme man doch her! *I beg to disagree*: Das Beste sind die Akte der Preisverleihung in der Alten Reithalle in Stuttgart – geistvoll, human, eine Gelegenheit der Bürgerschaft, sich selbst zu feiern. Das macht man mit, solange man kann.

Mit uneingeschränkter Befriedigung blicke ich auf meine Mitarbeit am Deutschen Evangelischen Kirchentag zurück. Sie bestand von 1983 an aus insgesamt acht Bibelarbeiten, fünf Vorträgen, zwei von mir verantworteten halb- oder ganztägigen Foren und von 1984 bis 2001 in reger Vor- und Nachbereitungsarbeit im Präsidium, in das mich Helmut Simon geholt hatte. Als ich 1988 zusammen mit Jürgen Habermas, Wolf Lepenies und Peter Sloterdijk einem erlesenen Publikum in Baltimore erklären sollte, warum Deutschland »in den vergangenen Jahren« (gemeint war die gesamte Nachkriegszeit) keine bedeutenden »geistigen Strömungen« hervorgebracht habe, widersprach ich der darin steckenden Behauptung nicht, bestritt aber, dass es sich dabei um eine »Leere« handele. Man sei nach dem Hitler-Inferno mit dem notwendigen »Aufräumen des Feldes« beschäftigt gewesen, wobei man einen in unserer Geschichte »uncommon common sense« entwickelt habe. Ich illustrierte dies mit einigen Merkmalen der deutschen Gegenwartskultur, die ein von mir gedachter Amerikaner loben, ja, um die er uns beneiden könne – wie um Hans Küng und Günter Grass, die die Veranstalter ausdrücklich als »Ausnahmen« genannt hatten: die Grünen (als die ernüchterten Erben der 68er-Rebellen), die »Öffnungspolitik« von Willy Brandt, DIE ZEIT und der SPIEGEL, die evangelischen und katholischen Akademien und die Kirchentage. Gemeinsam führten diese vor, dass klare Überzeugungen und offener Dialog nicht nur vereinbar sind, sondern einander voraussetzen. Mein Bemühen, die viertägige Übung großer Mengen vornehmlich junger Menschen im zugleich ernsten und gelassenen Streiten um die großen Fragen der Menschheit als den vermissten Beitrag des gegenwärtigen Deutschland zur Weltkultur hinzustellen, mag in Baltimore an der Johns Hopkins University keinen nachhaltigen Eindruck hinterlassen haben. Mir selbst aber kommen alsbald Bilder in Erinnerung, die mich lebhaft wünschen lassen, dass es doch so sei: Die überwältigende Mehrheit der Teilnehmer des Kirchentags stellt sich auf die Seite der Friedensbewegung: Hannover 1983. Carl Friedrich von Weizsäcker trägt seine Gedanken zu einem Konzil des Friedens vor und schweißt die drei großen Aufgaben zusammen – die Herstellung sozialer Gerechtigkeit, die Überwindung der Institution des Krieges, die Bewahrung der Schöpfung: Düsseldorf 1985. Helmut Simon verteidigt einen Stand auf dem Markt der Möglichkeiten unter Einsatz seiner Person: Frankfurt 1987. Wolfgang Huber bricht eine missbrauchte Kirchentagsveranstaltung ab und verwandelt sie in eine Erörterung über die Störung einerseits und die Notwendigkeit der geplanten Veranstaltung andererseits: Berlin 1989.

Die Kirchentage waren natürlich nicht nur Lektionen in Politik und Christentum; sie waren Glaubensereignisse. Wer wie ich überzeugt ist, dass es dem Glauben gut bekommt, durch das Bad der Aufklärung zu gehen, wird verstehen, warum ich die morgendliche Bibelarbeit – an vier Tagen hintereinander und für alle 100 000 Teilnehmer am gleichen Text – für den Kern der Kirchentage hielt. Darum im gesamten voraufgehenden Jahr das harte Ringen des Präsidiums um die Kirchentags-Losung, der die vier ebenfalls umkämpften Bibeltexte »dienstbar« sein sollten! Mir gefiel schon der Name dieses Kirchentags-Elements: An der Bibel muss »gearbeitet« werden, hier geht es um sorgfältige Prüfung des Wortes, eine Anstrengung des Denkens und Verstehens, die Wahrnehmung des historischen Abstands und das Einnisten der gewonnenen Einsicht in unserer heutigen Erfahrung. Dieser Herausforderung verdanke ich einige meiner besten pädagogischen und literarischen Leistungen. Jedenfalls ging der Philologe in mir mit dem Protestanten in mir eine natürliche Bundesgenossenschaft ein. Die war gelegentlich nötig, um beide vor den ihnen inhärenten Verführungen zu schützen, vor Pedanterie den einen und vor *Sola-fide*-Gewissheit den anderen. Dem Letzteren griff der Zeitgeist schon allzu kräftig unter die Arme. Das große Schweigen, das große Summen, das große Schunkeln sollte den »ganzen Menschen« – seinen Körper und seine Sinne, seine Spiritualität und seine Emotionen – dem erstrebten Pfingsterlebnis zuführen. Die mit Holy Jazz und Synkope, mit Massen-Pop und Tamburin erzielten Wirkungen erhöhten die Anziehungskraft des Kirchentages, hieß es. Unter die 100 000-Marke des voraufgehenden Kirchentags zu fallen löste automatisch Unruhe bei den Präsiden aus. Ich konterte mit einem Programm der drei »k«: kleiner (und wie in der alten DDR an mehreren Orten), konzentrierter (auf wenige Themen beschränkt und nicht in allem und allem »Markt der Möglichkeiten«), konturierter (also tatsächlich an der Losung orientiert) sollten die K-Tage werden. Ich fand Zustimmung vor allem bei dem alten Löwen Heinz Zahrnt und dem (noch immer) jungen Tiger Konrad Raiser, später vor allem bei den Präsidiumsmitgliedern aus den Neuen Ländern, die überhaupt zu den stärksten und erfreulichsten Begegnungen jener Jahre zählen: Joachim Gauck, Marianne Birthler, Reinhard Höppner, Curt Stauss …

Am Rande der Präsidiumssitzungen lernte ich den Mann kennen, ohne den der Kirchentag nicht zu denken war, Hartwig Bodmann. Er organisierte die über 5000 Pfadfinder und »Bündischen«, die die Ordnungsfunktionen an den vier Tagen und in den Wochen davor und danach erfüllten: Einlasskontrolle, Aufstellung der Sitzkartons, Essensverteilung, Abfallbeseitigung etc. Bodmann selber und sein Organisationsstab begannen noch vor der vollständigen »Entsorgung« des alten Kirchentages mit der Vorbereitung des neuen: mit der Erkundung des Standorts und der Veranstaltungsräume, den Verhandlungen über Zuschüsse, Quartiere und Verkehrsmittel mit den Stadtvätern. Mittlerweile einer der beiden Geschäftsführer des Kirchentages schenkt er mir – alljährlich im Sommer – eine viertägige Autofahrt an eine Stätte meiner Kindheit und Jugend. So habe ich im Laufe der letzten Jahre Posen (meine Geburtsstadt) und Neu Temmen, Landin und Langenapel, Heringsdorf und Zandvoort, Naumburg und Coburg, Spindlermühle im Riesengebirge und Neustadt in Schlesien, Marienburg und Quittainen, Jena und Tannroda wiedergesehen. Danach *musste* ich »Mein Leben« niederschreiben. Welche Rolle diese Ort in meinem Leben gespielt haben, erfährt der Leser im ersten Band dieser Erinnerungen.

Hartwig Bodmann hat mich nicht nur in meine Vergangenheit zurückbegleitet, er hat mich auch verjüngt, indem er mich wiederholt in seine »Bündische Akademie« eingeladen hat, in der er Führern von Pfadfinder- und Bündischen Gruppen Anregung und Anleitung für ihre Tätigkeit gibt. Ihnen sollte ich (neben wechselnden anderen) als Gesprächspartner, »resource person« und Vortragender zur Verfügung stehen und habe an ihrem eindrucksvollen Lagerleben, ihrem Musizieren, Spielen, Tanzen, Werkeln nach Kräften teilgenommen – etwas nachholend, was mir die Hitlerjugend vorenthalten hat.

Ereignisse erhoben nicht weniger Anspruch auf mich als Institutionen. 1972 wurde ein Flugplatz in sieben Kilometer Entfernung von meinem Kotten geplant. Mein Verpächter, Herr König, machte die Bauern mobil, konnte ihrer Widerständigkeit aber nicht wirklich sicher sein. Niemand wusste, wie lange es mit der deutschen Landwirtschaft überhaupt noch weitergehen werde. War da nicht der Flugplatz eine Gelegenheit, das Land günstig zu verkaufen? Es mussten also die Städter und unter ihnen die Intellektuellen für den Abwehrkampf gewonnen werden; grüne Argumente mussten für die grüne Sache her; bei den behördlichen Anhörungen tat ein Professor die gewollte Wirkung – und für all dies hatte man den Hentig, der in der Tat seine unvergleichliche Idylle gefährdet sah. Ich trat also in höchst verschiedenen Versammlungen zur Verhinderung von »Nagelsholz« auf (so hieß das Gelände, auf dem der Flugplatz entstehen sollte) und lernte in den einen die Argumente, die in den anderen zu verwenden waren: Folgen für die Lebensqualität und die Umwelt, ökonomische Bedingungen und juristische Möglichkeiten. Ich gab ein Plakat bei einem Studenten der Bielefelder Kunsthochschule in Auftrag und bezahlte es ihm gut. Erfolg hatte am Ende nur ein Argument: dass Paderborn gleichfalls einen Regionalflugplatz plane, so dass ein zwischen Bielefeld und Herford gelegener gar nicht genug »Flugaufkommen« haben werde, um zu bestehen. Von »Nagelsholz« blieb ein Poster: eine friedliche Landschaft mit Kotten, über dem ein fauchendes Ungeheuer von Flugzeug aufsteigt – Pesthauch hinter sich lassend.

1973 lud Eugen Kogon im Namen der hessischen Landesregierung zum Zweiten Hessenforum ein, auf dem es um die heiß umstrittenen Rahmenrichtlinien für Gesellschaftslehre gehen sollte (die für den Deutschunterricht lösten schon gar nicht mehr »Streit« aus, sondern geradezu Bürgerkrieg). Seit längerem verstopften die (immer wieder überarbeiteten oder ergänzten) laminierten Papiere aus der Werkstatt »Modellversuche des hessischen Kultusministers« unser aller zeitliche, räumliche und geistige Aufnahmemöglichkeiten – es war höchste Zeit für eine gründliche Aufhellung, wenn nicht »der Sache«, so doch der strittigen Absichten. Auf dem Podium saßen Eugen Kogon, der die Diskussion zu leiten hatte, die beiden Autoren Ingrid Haller und Hartmut Wolf, der hessische Kultusminister Ludwig von Friedeburg, auf der

»Rechten« Hermann Lübbe, Golo Mann, Bernhard Vogel, auf der »Linken« Hellmut Becker, Jürgen Habermas, Hartmut von Hentig. Aus dem Hessenforum wurde ein hessliches Forum. Nach drei der fünf Stunden, die es dauerte, setzte das Publikum seine Beteiligung durch, und die zwar scharf, aber noch immer geordnet geführte Diskussion mündete in einem erst Rede-, dann Geschäftsordnungsmassaker. Eugen Kogon verließ mit dem Seufzer »Es ist aussichtslos!« den Saal, und Hellmut Becker übernahm die Gesprächsleitung. Aber auch dieser Meister der »Moderation« (das heißt doch »Mäßigung«!) brachte den brodelnden Kessel nicht zur Ruhe. Mein Part war nicht die Verteidigung der Rahmenrichtlinien, sondern die Klärung und Begründung notwendiger Reformen, zu denen die »RR« sich zählten. Ich hatte gerade gesagt, dass, wenn es Konflikte zwischen Erwachsenen und Kindern gebe, es nicht genüge zu trösten: »Ihr werdet auch einmal groß!« Das hätte nur die Folge, dass sie sich, wenn sie groß geworden seien, genauso verhielten wie die Erwachsenen. »Konfliktlösung« – das Reizwort dieses Konflikts – sei darum ein wichtiges Mittel und sei lernbar ... Da unterbrach mich eine Stimme aus dem Publikum: »Sie wollen also Gruppentherapie einführen?« Das mir! Ich gab zornig zurück: Nicht in der Schule, aber in diesem Saal. Hier brauche man sie offenbar. Das dämpfte das dauernde Gejohle für einen Augenblick und erlaubte mir, mein Schlusswort vorzubringen:

> Einer der Herren hat gesagt, um die Kinder zu verderben – »um« ist eine Finalkonjunktion –, werde alles Mögliche getan, was wissenschaftlich nicht zu verantworten sei. Wissen Sie eigentlich, wie unwissenschaftlich die Rahmenrichtlinien, Lehrpläne und Schulbücher sind, mit denen *jetzt* gearbeitet wird? Danach hat keiner gefragt! In ihnen ist kein einziges Lernziel wissenschaftlich bestimmt worden, in ihnen ist kein einziges auf seine Folgen hin untersucht worden. Was dort steht, ist eben gewohnheitsmäßig so, und wir »erleben« die Folgen dann eines Tages in unserer Gesellschaft: die Unruhe der Jugend, den Generationskonflikt, die Tatsache, dass wir unsere Umwelt zerstören, und so fort. [...]

Zu Herrn von Friedeburg gewandt sagte ich:

Ich glaube, der Abend hat bewiesen, dass Sie eine schlechte Elternpolitik gemacht haben (Applaus), wenn auch dies zu einem Applaus eigentlich gar keinen Anlass gibt.

Hellmut Becker beendete das Forum mit der hellsichtigen (oder selbstverständlichen? – manchmal ist es dasselbe) Bemerkung, dass die auf beiden Seiten geäußerte Erwartung an die Wissenschaft sich nicht erfüllen werde. Verteidiger wie Gegner der Rahmenrichtlinien hatten auf »Erprobung unter wissenschaftlicher Kontrolle« bestanden. Hellmut Becker: »Die Diskussion der Wissenschaftler hier auf dem Podium hat dem Bürgerpublikum da unten heute Abend unfreiwillig einen großen Dienst erwiesen: Sie haben ihm die Grenzen ihrer Kunst anschaulich vor Augen geführt.«

Dieses Forum verlangte einen Gegenschlag der »Konservativen«. 1978 veranstalteten sie ein eigenes Forum, gaben ihm den griffigen Titel »Mut zur Erziehung« und vermieden Störungen, indem sie nur geladene Gäste zuließen und von ihren »Gegnern« nur einen: HvH. Nach einer geballten Ladung von Vorträgen der konservativen Elite (Nikolaus Fürst Lobkowicz, Robert Spaemann, Kurt Aurin, Friedrich H. Tennbruck, Hermann Lübbe und Alexander Schwan, der eben die SPD verlassen hatte) und im Reigen der Diskussionsbeiträge von Christa Meves, Hans Maier, Golo Mann, Kurt Sontheimer wird endlich auch dem Hentig das Wort erteilt. Es gehe ihm wie einem Schüler, sagt er, auf den Kaskaden von Daten und Weisheiten niedergegangen seien, und der nun gefragt werde: »Was ist Ihre Meinung?« Das war mein Einstieg in die andere Sicht, die des Objekts unserer Bemühungen. Ich konnte, weil ich täglich zwei Stunden Unterricht gab und als Einziger unter denen, die zu Wort kamen, weitere acht Stunden des Tages unter Kindern und jungen Menschen verbrachte, authentisch davon reden, wie es um sie steht: wie schwer es ihnen fällt, haltbare, dauerhafte Beziehungen zu Sachen und Personen einzugehen, wie unfähig sie sind zu trauern, nämlich das Leid über einen Verlust oder eine Entbehrung auch nur einen Augenblick lang zu ertragen, wie sie sich mit dem Aufschrei »Mir ist unrecht getan worden!« erlösen, den sie von den Erwachsenen übernommen haben und der ihnen nun einen Augenblick Lust bereitet inmitten der Langweile, der Unfreiwilligkeit, des Wehleids und der Angst. »Und darauf wollen Sie mit einem Aufruf ›Habt Mut zur Erziehung!‹ an die Eltern und Lehrer antworten?« Die Nöte, die man mit heutigen Schülern habe, seien zum geringsten Teil durch eine falsche – entweder von Gewohnheit oder Ideologie diktierte – Pädagogik verursacht, sondern eine Folge dessen, was uns die Gesellschaft, die »Verhältnisse« bescheren. Da müsse schon mehr her als »Mut«!

Golo Mann antwortete unmittelbar darauf: Das habe er erwartet, dass ich als »der einzige Praktiker auf der Liste« mit Praktischem auf das hier Gesagte reagieren werde. »Sie [Hentig] haben den Ruf ›Mut zur Erziehung‹ wahrlich nicht nötig [...] Sie haben eine ideal schöne und für Kinder fröhliche und hilfreiche Schule geschaffen. Ich habe mir Ihren lateinischen Unterricht angehört. Ich habe erlebt, wie Sie sogenannte Proletarierkinder für das Lateinische interessieren, ja begeistern konnten [...] Ich glaube aber [...], dass Sie die Verantwortung von Ideologien für unsere Misere unterschätzen. Sie haben den Verhältnissen schuld gegeben. Die also müsse man ändern, dann ändere sich das andere auch. Das ist der einzige Satz in Ihrem Beitrag, der mich erschreckt.« Es hätte Karl Marx befriedigt zu sehen, wie eine schwache Anspielung auf seine Lehre die bürgerliche Welt noch immer aus der Fassung bringt und verkennen lässt, dass in ihr eine Selbstverständlichkeit ausgesprochen wird.

Auch ich war mit meinem Beitrag nicht zufrieden und habe meine geordnete, »bedachte« Antwort im MERKUR (Nr. 361) nachgeliefert. Diesen Text brauche ich heute, um nicht der Wirkung der damals von den Veranstaltern des Forums vorgelegten Neun-Punkte-Erklärung zu erliegen. Was ich im MERKUR geschrieben habe, erinnert mich daran, dass es vornehmlich die Denkfigur ist, vor der man sich hüten muss: »Es ist ein Irrtum ... In Wahrheit ...« Dem letzten der neun Punkte könnte ich heute freilich auch in dieser Form zustimmen:

> Wir wenden uns gegen den Irrtum, optimale Erziehung sei maximal professionalisierte und institutionalisierte Erziehung. – In Wahrheit ist Erziehung in keiner Kultur primär ein Vorgang aus Berufstätigkeit. Denn unsere Schulen können ihren besonderen Beitrag zur Erziehung unserer Kinder nur leisten, sofern auch in ihnen die-

selben kulturellen Selbstverständlichkeiten gelten, in deren Anerkennung wir alle vor und außerhalb der Schule stets schon erzogen sind.

Die 68er hatten den »Konflikt« wiederentdeckt – bei Karl Marx. Der hatte ihn zum eigentlichen Antrieb des Fortschritts erklärt, und das Kommunistische Manifest ließ auch den kleinen Mann an Hegels komplizierter Dialektik teilnehmen. Aber dann hatte die Welt, ermüdet an zwei Weltkriegen, die Lust an dieser anstrengenden Geschichtsdeutung verloren. Weil hierbei das *appeasement* der Welt mit Hitler und später unser *appeasement* mit der eigenen schlimmen Vergangenheit mitspielten, haben die 68er das normale Aufbegehren der Jungen gegen die erfolgssicheren Alten noch einmal mit der These von der Notwendigkeit gesellschaftlicher Konflikte aufzumischen vermocht. Es dauerte keine fünf Jahre, da hatte man mehr davon, als man brauchen und genießen konnte. Man hatte die Alten eingeschüchtert, war nun seinerseits erfolgreich und begann damit, sich just der Institutionen und Verfahren zu bedienen, deren Berechtigung man eben noch bestritten hatte. Aus der »revolutionären Situation« machte man die Sicherung akademischer Rechte – zum Beispiel einen Kampf um die Wahl der Prüfer. Hätte es nicht eigentlich umgekehrt sein müssen: Die Studenten trotzen den vornehmlich an ihrem Prüfungsrecht (»Wer lehrt, prüft«) und an ihren »zweckfreien« Wissenschaften interessierten Professoren einen höheren Anteil an berufstauglicher Lehre ab und erreichen das unter anderem dadurch, dass in ihren Prüfungen auch Vertreter und Kenner ihres späteren, vermutlich lebenslangen Arbeitsplatzes sitzen. Statt dessen spornten die Studenten die Spitzen der akademischen Selbstverwaltung – ihre Präsidenten und Rektoren – in diesem Konflikt an, in den ich durch meine Forderungen nach einer Wissenschaftsdidaktik hineingezogen wurde. »Wissenschaftsdidaktik« war den meisten Professoren ein Ärgernis und den Politikern Hekuba; man hielt sie für einen ebenso radikalen wie überflüssigen Eingriff in die Wissenschaft, für eine Verformung, nicht einmal eine Reform. Irrtum! Wissenschaftsdidaktik stellt eine Urfunktion der Wissenschaft wieder her: Etwas erforschen heißt immer auch, es mitteilbar machen.

Der Fall, um den es ging, war so eindeutig nicht und sei darum kurz geschildert: 1973 focht der Schulsenator Löffler die Praxis der Prüfung für Lehramtskandidaten an den Berliner Hochschulen an. Er misstraute den Hochschulen, sofern ihre Mitglieder eine »parteiliche« Wissenschaft vertraten; er versuchte den staatlichen Beisitzern mehr Geltung zu verschaffen; er wollte bei der Berufung eines Professors in das Staatliche Prüfungswesen ein höchst fragwürdiges Kriterium anwenden: den »Wissenschaftspluralismus«, zu dem sich der Prüfer bekennen sollte. Die Berliner Hochschulen setzten durch, dass vor dem geplanten Gesetzgebungsakt eine Gutachterkommission gebildet und gehört werde. In diese beriefen sie selber die Professoren Wolfgang Iser, Eberhard Lämmert, Peter Schneider, Arnold Stenzel und mich. Erfahrung sagte mir, dass, wer zuerst etwas Schriftliches vorlegt, den weiteren Verlauf bestimmt. Das tat ich. Meine Ausgangsthese war: Wissenschaft sei die Erkenntnisform, die alle jeweils möglichen Einwände berücksichtige und verarbeite. Weil der einzelne Wissenschaftler hierin oft versage, sei die Wissenschaft nur in einem Verbund von Wissenschaftlern zu verwirklichen. Wenn auch dieser versage, bleibe dem Staat nur die Schließung der Einrichtung übrig; er könne nicht selbst an ihre Stelle treten; er bewirke mit der vermeintlichen »Korrektur« an einem sekundären Akt, zum Beispiel der Prüfung, nichts, solange die verfasste Wissenschaft die ihr auferlegte Selbst-Kritik nicht ausübe. Die Kollegen mussten dies als eine »Beschwichtigung« des Konflikts ansehen und konnten sich gleichwohl dem Grundgedanken nicht verschließen. Es setzte eine große Bemühung um die »Feinarbeit« ein. Im Gespräch mit den hochgeschätzten Kollegen aus der Rechtswissenschaft habe ich damals mehr über die Bildungsanstalt Hochschule gelernt als von irgendeinem Historiker und Systematiker meiner Zunft. Wer prüft? Warum darf er das? Was prüft er? Woraufhin wird geprüft? Worin ist das Recht begründet, einen Prüfer zu bestellen? Dies und vieles mehr musste an diesem Novellierungsvorgang alles noch einmal auf festen Boden gestellt werden. Besonders Uwe Wesels (Wesel war damals einer der Auftraggeber) und Eberhard Lämmerts Beiträge zu unserem gemeinsamen Werk fanden in mir einen dankbaren Empfänger. Begegnen wir uns heute, vermag ich freilich ein gewisses Augurenlächeln nicht zu unterdrücken – und entdecke es auch bei den anderen! –, wenn wir auf die »Löffler-Kommission« zu sprechen kommen. Wir haben den redlichen Senator damals weder überzeugt noch besiegt. Unsere beredten Theorien haben seinen und der SPD Gesetzesantrag von ungeschützten Formulierungen oder ungereimten Forderungen befreit und dadurch stabilisiert, allenfalls entschärft. Verändert haben wir ihn nicht – und schon gar nicht verhindert, wie man doch von uns erhofft hatte.

Ein anderer Konflikt – der um die »Funktion ästhetischer Erziehung« – ereilte mich, als ich ihn schon für erledigt hielt, jedenfalls in der Theorie. Praktisch war noch vieles möglich, viel Unsinniges vor allem, wie ich ja an meinen eigenen Schulen wahrnahm. Meine Aufgabe meinte ich erfüllt zu haben, indem ich kräftig dazu beigetragen hatte, aus »musischer Bildung« und »Kunstunterricht« die »Ästhetische Erziehung« zu machen, die nun im Titel dieses »Kunstpädagogischen Kongresses« stand. Der Bund Deutscher Kunsterzieher hielt ihn im Jahre 1980 in Köln ab.

Schon 1966 hatte ich in einem Fernsehfilm »Kinder, Kunst und Kunsterziehung« (s. o. S. 215 ff.) die verlogene Erbaulichkeit, die Isolierung der sogenannten Kunsterziehung von den sie umgebenden Wissenschaften, ihre Gleichgültigkeit gegenüber der Politik getadelt und im Gegenzug das Feld ihrer Gegenstände erweitert, neue Formen der Annäherung und Aneignung ins Spiel gebracht und Wachsamkeit gegenüber dem Missbrauch ästhetischer Mittel zu wecken gefordert. Die Vereinnahmung des »gemeinen Volkes« durch die Ästhetik der nationalsozialistischen Bauten und Feierlichkeiten, die außerordentliche Wirksamkeit der Werbung, die gleichzeitige Abstumpfung durch die Fülle der optischen und akustischen Reizungen – das forderte eine bewusste und ihrer Mittel sichere »Bildung« unseres Wahrnehmungsvermögens. Was ich dazu in »Spielraum und Ernstfall« (1965) (s. o. S. 218 f.) spontan und leidenschaftlich vorgebracht habe, konnte ich in »Ästhetische Erziehung im politischen Zeitalter« (1967) nüchtern und systematisch darlegen: ein Plädoyer *für* eine bewusste Übung der *aisthesis*, der sinnlichen Wahrnehmung, *gegen* die übliche Kunstbetrachtung. Diese nehme die Bewertung schon vorweg und erschwere dadurch beides gleichermaßen: die tatsächliche Aneignung des Kunstgenusses wie das Erkennen des Trivialen, des bloßen Kitzels, des Falschen und des Gefälschten.

Nun wurde ich bei der Vorbereitung auf den Kongress, auf dem ich als Konterpart zu Gunter Otto (dem »Papst« der Kunsterzieher) auftreten sollte, gewahr, dass es eine Kunst-Erziehung gar nicht mehr gab. Sie hatte sich in »visuelle Kommunikation« und »sinnliche Praxis« aufgelöst. Als »Möglichkeit individueller (und individualistischer) Selbstverwirklichung« sei Kunst in den Dienst bürgerlicher (Herrschafts-) Verhältnisse geraten und verschließe sich damit der proletarischen Wirklichkeit. Mit fünfzigjähriger Verspätung entdeckte man Walter Benjamins »Kultur von unten« (Benjamin: »Kunst als Selbstverständigung der Massen«), vereinigte dieses Programm mit Joseph Beuys' gar nicht so menschenfreundlicher Fantasie »Jeder Mensch ist ein Künstler« und endete nicht nur bei »Alles, was man sehen und berühren kann, gehört zu der in diesem Unterricht zu erschließenden Realität«, sondern auch bei einem gespenstisch überheblichen Auftrag an die Schule. Ich zitiere diesen wörtlich aus dem bei Rowohlt erschienenen Buch »Ästhetische Erziehung« von Mayrhofer und Zacharias (1976), dessen Feststellungs-Sprache damals unmittelbar in die Richtlinien einfloss – nicht, um meinen Leser zu plagen, sondern um ihn zu amüsieren:

> Ästhetische Erziehung ist eine Lernorganisation zur Aneignung und Weiterentwicklung soziokultureller Aktivitäten. Ziel der ÄE als pädagogischer Zurichtung von Lernmilieus in soziokulturellen Feldern ist aktives Wahrnehmungsverhalten und interessenorientierte selbstbestimmte Kommunikation in tendenziell autonomen Teilöffentlichkeiten mit Wirklichkeitscharakter. ÄE organisiert Produktionsbereiche für authentische Erfahrung und ästhetisches Lernen mit emanzipatorischer Tendenz und mit der Teilfunktion der Ausbildung gesellschaftlich wirkungsvoller Ausdrucks- und Artikulationstechniken.

Dagegen machte ich auf dem Kongress unversehens und energisch Front – unbekümmert darum, dass mir nun wohl feiger Rückzug, Widersprüchlichkeit und Arroganz vorgeworfen werden würden. Ich bestand darauf, dass wir weiter an der Klärung und Härtung der Maßstäbe für Kunst zu arbeiten hätten und dass Kunst selbst – oder diese Arbeit – eine der wirksamsten (weil obendrein erfreulichsten) Übungen unserer Wahrnehmung seien. Ein Fach ohne Kern und Kontur könne auch den anderen Disziplinen weder Partner noch Widerpart sein.

Es befriedigte mich, den ungewollten Nebenwirkungen der eigenen Tat entgegentreten zu können – das war eine *gute* Folge dieses Ereignisses. Man zürnte mir (mündlich und schriftlich), man geißelte mich mit Habermas-Zitaten und lud mich nie wieder ein – das war die *beste* Folge dieses Ereignisses. Die Kontroverse war damit für mich abgeschlossen. Ich sammelte alle Äußerungen, die ich zu den Themen »Das Schöne«, »Die Kunst«, »Die Ausbildung« der *aisthesis* getan und veröffentlicht hatte, gab dem Ganzen den Titel »Ergötzen, Belehren, Befreien« und schickte das Konvolut dem Klett-Verlag. Dort hatte ein Kurswechsel stattgefunden; der meine Schriften betreuende (mir sympathische und zugetane) Lektor, Herr Kur, war wegen *economic recklessness* entlassen und mein gesamtes Klett-Opus dem Schulbuch-Verlag überantwortet worden, während der von Michael Klett neu gegründete Klett-Cotta Verlag sich zu einem großen, allgemeinen, vorwiegend literarischen Verlag entwickelte. Dorthin gehörten meine Bücher offenbar nicht, so dass sie gar nicht mehr in dessen Prospekten erschienen. Als die Druckfahnen kamen, waren diese so nachlässig behandelt worden, dass es darüber eine leicht gereizte Korrespondenz mit dem mir nicht vertrauten Lektorat gab. Mit diesen kam die Werbung und der Voranschlag für den Preis: 68 DM! Als ich gegen diese »Einsargung« meines Buchs aufbegehrte, teilte mir der Chef persönlich mit: Er verbinde mit dem neuen Buch ebenso wenig Hoffnung wie mit den voraufgehenden »Hentigs«. Von »verzweifelten Versuchen« und einem »stattlichen Vermögen«, die man für sie aufgebracht habe, war die Rede, und darum werde man keine Auflage von 3000 riskieren, woraus sich der hohe Preis ergebe. Wenn ich aber das Buch zurückziehen wolle, möge ich das tun. Ich war im Begriff – zum ersten Mal über Ostern –, nach Griechenland zu reisen, und schrieb Michael Krüger vom Hanser Verlag, was mir da gerade passiere; ich bekam ein beglückendes Telegramm zurück: Übernehme den fertigen Satz vom Klett-Verlag.

Schon 1976 hatte Michael Krügers Vorgänger Christoph Schlotterer einen Vortrag von mir gehört und wollte den »haben«, um ein Buch daraus zu machen. »Da steckt noch so viel drin.« und: »Das muss doch weitergehen!« und: »Womöglich gibt es sogar schon …« Damit hatte er recht. Ich war 1975 gebeten worden, die Kieler Woche mit einem Vortrag zum Thema »Vier Generationen – vier Welten?« zu zieren. Vermutlich erwartete man eine Reflexion über die vier Generationen – zu je 25 Jahren –, die seit der ersten Kieler Woche 1882 gelebt hatten. Ich sah von Kiel und unserer deutschen Geschichte ab und bedachte in meinem Vortrag die allgemeine Rolle, die Urgroßeltern, Großeltern, Eltern und Kinder füreinander hatten und nun haben, um mit einer ausführlichen Charakterisierung heutiger Kindheit zu enden. Das war ein guter Auftakt für eine strenge Prüfung der »Schulkindheit« und ihrer verdeckten, verdrängten, gar unterdrückten Folgen, wobei ich ungehemmt aus meinen Erfahrungen an der Laborschule schöpfte. Eine dramatische Schilderung meiner Beobachtungen hatte ich jüngst einem Kongress von Sozialmedizinern gegeben. Hier schloss sich gut an, was ich der SPD als Leitfaden für ihre Bildungspolitik nahegelegt und was Schlotterer so begeistert hatte: »Eine Schule für heutige Menschenkinder«. Alles zusammen ergab ein handliches, dichtes Hanser-Taschenbuch mit dem zwar kritisch gemeinten, aber wohl unkritisch verstandenen Titel »Was ist eine humane Schule?«, das acht Auflagen erreichte und dem Hanser Verlag das Gefühl gab, das dem Klett-Verlag abhanden gekommen war: Ein Hentig-Buch »geht« doch.

Als Nächstes hat Christoph Schlotterer mir »Paff, der Kater« abgerungen. Ich hatte ihm von diesem wunderbaren Tier erzählt, das mir von seinem fünfjährigen Besitzer für die Zeit seiner Europa-Reise anvertraut worden war und eigentlich »Puff« hieß. Das wollte er lesen – und bestand von da an darauf, auch aus ihm ein Buch zu machen. Drei Jahre hat er gebraucht, um meinen Widerstand zu brechen. Und wieder hatte er recht. Es wurde mein erfolgreichstes Buch überhaupt und das einzige, das sogar ins Amerikanische übersetzt worden ist. Im Deutschen war aus »Puff« notwendig »Paff« geworden. Bei der Rückübersetzung wurde »Poff« daraus, weil es inzwischen in Amerika ein ungeheuer populäres Lied von einem »Magic Dragon« gab, der »Puff« hieß. Nur noch zwei meiner Bücher sind seither bei Klett erschienen. 1990 ging auch die Neue Sammlung zum Friedrich Verlag über. Die Beziehung zu Ernst Klett und seinen beiden Söhnen blieb unbeschädigt, ja zu Ernst Klett erfuhr sie eine Vertiefung, wie sie ein gemeinsames Sorgenkind stiftet: »Hätte ich, als ich Michael den Verlag übergab, doch die ›Neue Sammlung‹ in meiner Obhut behalten – das hätte mir und ihr gutgetan!«, hat Ernst Klett mehr als einmal geseufzt.

Drei öffentliche Ereignisse in diesen noch Bielefelder Jahrzehnten seien mit je einer kleinen Pointe erwähnt, die sie für mich hatten. Der vierzigsten Wiederkehr des Tages, an dem der Zweite Weltkrieg zu Ende ging, wurde in Bielefeld durch zwei Vorträge gedacht – den einen hielt der greise Norbert Elias, den anderen ich. Norbert Elias extemporierte frei stehend die üblichen 45 Minuten mit weit ausholenden Gedanken über Aufstieg und Abstieg von Völkern, über Krieg und Nicht-Krieg, über Hochmut und Demut, über die Wiederkehr des Einmaligen. Die Studenten dankten dem alten Mann mit schier endlosem Applaus. Etwas Würdigeres und Beglückenderes hätte sich die Universität nicht bereiten können – die Gelegenheit für junge Menschen, dem geprüften Alten Ehrfurcht und den Willen zu bezeugen, das zu vermeiden, was er getadelt, das zu befolgen, wozu er geraten hatte. Dass sich der Vorlesungssaal für meinen Vortrag noch einmal füllte (»Asche und kein Phönix« hatte ich ihn genannt), ist mir wie ein Wunder vorgekommen. Heute denke ich: Auch das hatte der alttestamentliche Prophet, der seit Jahren unter uns wohnte, bewirkt.

Die Odenwaldschule feierte 1985 ihren 75. Geburtstag. Richard von Weizsäcker, Vater eines Odenwald-Schülers, und ich, dessen Pate, wurden gebeten, vor dem Festpublikum in Heppenheim ein Gespräch zu führen – über »Erwartungen an die Schule, Erwartungen an den Staat«. Ich erzählte unter vielem anderen, dass meine Schüler mich gefragt hätten: »Würdest du, wenn du aus irgendeinem Grund derjenige wärst, der das zu tun hat, den ›Knopf‹ drücken, der die Atombomben losgehen lässt?« – Ich kann mir keinen besseren Gesprächspartner zu dieser Frage und Begebenheit denken als Richard von Weizsäcker. Unser Thema gedieh zu großer Deutlichkeit und großem Ernst – und hat das heiterste Foto hinterlassen, das es von uns beiden gibt.

Als die Universität Heidelberg 1986 ihr 600-jähriges Bestehen feierte, schmückte sie sich unter anderem mit einer Vortragsreihe mit internationaler Besetzung und internationalem Ausblick: »Tradition und Reform der Universität«. In dieser Reihe traten Redner aus den USA, England, Frankreich, Polen, Israel und Deutschland auf. Ich nutzte die Gelegenheit, das Oberstufen-Kolleg in den hiermit gegebenen großen geschichtlichen Rahmen zu stellen. Das hat mir wohlgetan, aber nichts eingebracht, denn ich habe wie die anderen Englisch gesprochen. Meinen ausländischen Hörern habe ich dabei Selbstverständliches gesagt; meine deutschen Hörer werden das seltsame Bielefelder Institut als in der fremden Sprache gut untergebracht empfunden haben.

Nachträglich ist es oft nicht leicht zu entscheiden, ob mich die glänzenden Ereignisse oder die bedeutenden Themen, über die ich reden sollte, zu der zusätzlichen Anstrengung verführt haben. Unfraglich war dies bei der Aufforderung der Redaktion von Meyers enzyklopädischem Lexikon, für dessen Ausgabe von 1971 den Artikel »Pädagogik« zu schreiben. Diese Neuausgabe enthielt neben den Einzeleintragungen in jedem der 25 Bände fünf bis sechs Essays zu den wichtigsten hierin vorkommenden Themen. In dem Band, der vorwiegend mit »P« beginnende Eintragungen enthält, waren dies: Pädagogik / Parlamentarismus / Philosophie / Physik / Planwirtschaft. Dass der *newcomer* Hentig die »Pädagogik« auf sechs großformatigen Druckseiten gleichsam »maßgeblich für alle Welt« darstellen könne und dürfe, war eine große Herausforderung und Ehre. Dass der erste Abschnitt dann die Überschrift »Der richtige falsche Name« trägt, der zweite »Ein notwendiges Übel«, der dritte »Eine Überbrückungshilfe«, könnte beweisen, wie leicht ich sie nahm und ihrer also unwürdig war. Es kann auch bestätigen, wie genau der Verlag wusste, warum er mich um diesen Beitrag gebeten hatte: Sein Lexikon sollte nicht nur Wissen thesaurieren, sondern zum Nachdenken darüber verführen, das Wissensbedürfnis nicht nur sättigen, sondern Neugier wecken.

Zehn Jahre später bat mich der Chef des Bibliographischen Instituts, Michael Wegner (mein »Helfer« am Birklehof, s. o. S. 24), den ersten Band des neuen Brockhaus aus der Taufe zu heben. In meiner Festrede im Mannheimer Schloss gab ich unter dem Motto »Je mehr wir wissen, umso mehr müssen wir denken« die Anregung des im gleichen Hause erschienenen »Meyer« weiter: Die alphabetisch auffindbar gemachten Einzelinformationen müssten auch gedanklich verbunden werden. In Hermann Hatzfeldts Schlossbibliothek hatte ich die gewaltige Enzyklopädie von Diderot und d'Alembert zum ersten Mal in Händen gehalten und zu meinem Erstaunen festgestellt, dass sie nach Lebensgebieten und Wissenschaften geordnet war und sich in jedem Einzelartikel »philosophisch« und »pädagogisch« verhielt. Sie war in erster Linie ein Lesebuch, erst in zweiter Linie ein Nachschlagewerk. Nicht umsonst hieß sie ja »Encyclopédie« und erklärte dies mit: »Ce mot signifie ›enchaînement‹ des sciences« – Bändigung der Einzelwissenschaften. »Elle ferme le cercle des connaissances« – sie schließt den Kreis der Kenntnisse. Allein der Untertitel »Dictionnaire raisonné« macht es zu etwas anderem als unsere mechanisch ordnenden Lexika. Ein Buch könne dies noch leisten, sagte ich, den Rest solle man dem Computer überlassen.

Das Mannheimer Publikum genoss die kritische Taufrede – für die Herausgeber war sie eine kalte Dusche. Gottlob haben sie sich nicht beirren lassen; sie machten so weiter, wie sie angefangen hatten, und die nächste Ausgabe des Brockhaus von 2001 ist sogar ein Bestseller geworden, ja das Werk, das ich am meisten aufsuche, täglich mehrere Male. Mein dritter Verleger-Michael konnte mir recht geben und *musste* mir doch nicht böse sein.

Ebenfalls eindeutig waren es die Themen, die mich zweimal in Kristof Wachingers Dienst treten ließen. Im Jahre 1978 kam ein mich sofort einnehmender Plan auf, eine Reihe vergessener, entlegener, eigenartiger Jugenderinnerungen zu publizieren. Vermutlich hatte das von mir beigebrachte Manuskript von Leopold von Wiese über dessen Kadettenzeit in Plön diesen Gedanken ausgelöst. Die Witwe von Wieses hatte es mir zur Beurteilung übersandt, und Wachinger nahm die »Kadettenjahre« in seine Reihe TEXTURA auf – mit einem Vorwort von mir. Dieses *document humain et pédagogique* sollte nun Nachfolger haben: die ersten 20 Kapitel aus Salomon Maimons »Lebensgeschichte von ihm selbst geschrieben«, die ersten 35 Kapitel der Lebensgeschichte des Armen Mannes im Tockenburg von Ulrich Bräker, den Lebensbericht von Thomas Platter bis zu seiner frühen Heirat, aber auch ein geeigneter Ausschnitt aus »Meine Jugend« von Wilhelm II., woraus ich im ersten Band (S. 98 ff.) ausführlich zitiert habe. Wir hatten eine stattliche Liste von 20 Autobiographien beisammen, aus denen wir die Kindheit und Jugend in etwa gleich großem, richtiger gleich schmalem Umfang wiedergeben wollten, aber eben dies machte dem Verleger klar, dass er sich hiermit übernehmen würde: Nichts war einfach und gegeben – der Umfang nicht, die Sprache nicht, nicht einmal die Rechte.

Zehn Jahre später trugen wir uns mit dem Gedanken, die großen Philosophen je in einem Band sich selbst darstellen zu lassen – durch eine geeignete Anordnung wichtiger, möglichst ganzer Texte; nur im Ausnahmefall sollte ein solcher weniger als zwanzig Druckseiten umfassen; es durfte aber natürlich mehr sein, wenn sich das ergab. Ich schrieb zunächst so etwas wie ein Exposé des Plans, das dereinst als Einleitung dienen könnte. Mich beflügelte dabei eine Erfahrung, die ich in der Evangelischen Akademie in Bad Boll gemacht hatte. Dort hatte ich ein Seminar über Sokrates und Christus abgehalten. Zwei von den drei Tagen, die es dauerte, gerieten zu einer Einführung in Platons Werk anhand von wenigen, obendrein gerafften Dialogen. Wieder brach das schöne Wachinger-Vorhaben in der Ausführung zusammen. Nun gewahrten wir die Probleme, die einen einzelnen Herausgeber und einen kleinen Verlag überforderten. Keine der vorhandenen Übersetzungen von Platon genügte mir; ich hätte allein ein ganzes Jahr gebraucht, sie selber herzustellen. Auch musste ich mir zugeben, dass der Erfolg von Bad Boll sich daraus erklärte, dass ich den Hörern die Gestalt des Sokrates und nicht die Philosophie Platons vorstellte.

Das mich motivierende Thema hieß eigentlich »Aufklärung«, das ich im Jahre 1985 mit Günter Grass und Odo Marquard in der Berliner Akademie der Künste gründlicher anzugehen begonnen hatte. Welch eine Lust, denkend die Möglichkeiten, Pflichten und Grenzen des Denkens auszumachen – und dabei den großen Vorgängern nachzugehen! Wie notwendig, Aufklärung von Rationalismus zu unterscheiden, der die Grenzen schon vorgängig festgelegt hat! Welch schmerzliche Erfahrung, wenn man die Demokratie an dem stolzen Maßstab der sich selbst prüfenden Vernunft misst! Der radikale Aufklärer ist der radikale Infragesteller – der Sokrates. War die Demokratie Athens im 5. Jahrhundert vor Christus nur hinnehmbar, weil und solange sie einen Sokrates duldete, so dürfte die unsere mit ihrem professionellen Besserwissen und der Weigerung, den Sinn des Ganzen zu prüfen, zum sicheren Untergang bestimmt sein. Die technische Zivilisation ist nicht mit Laienverstand regierbar, und von der Sorge darum, dass unsere Seele so gut sei wie möglich und wir uns wenigstens bemühen, die Wahrheit zu erkennen (nicht nur die Richtigkeit festzustellen), will sie ohnedies nichts wissen. Wollen *wir* es? – In Bad Boll hatte ich absichtlich dem Sokrates von Athen den Jesus von Nazareth zur Seite gestellt, um an ihnen den Unterschied zwischen immanenter und transzendenter Suche nach Heil und Wahrheit auszumachen – und worin wir beide verfehlen. In diesem

Seminar haben 80 schwäbische Lehrerinnen und Lehrer, Pastoren und Laien, Junge und Alte, Gläubige und Ungläubige sich der Prüfung durch die beiden großen Lehrer ausgesetzt, die nicht erst Friedrich Nietzsche durch seine Schmähungen (»Die zwei größten Justizmorde in der Weltgeschichte sind, ohne Umschweife gesprochen, verschleierte und gut verschleierte Selbstmorde. In beiden Fällen *wollte* man sterben …« »Ach Freunde! Wir müssen *auch* die Griechen überwinden!« [nicht nur das Christentum]) zusammengeschweißt hat.

Am Ende wird Sokrates mit seinem tapferen Nichtwissen sie über das schwierige Ergebnis der Prüfung besser getröstet haben als der gütige Jesus von Nazareth mit seinem »Wahrlich, ich sage euch …« Mir ging es jedenfalls so: Jesus kann ich lieben und bewundern, leben und sein wie er kann ich in meiner Welt nicht. Sokrates verstört mich, aber ich kann seinem Vorbild folgen – auch heute.

Fordernde Einrichtungen, einnehmende Ereignisse, verführerische Themen – sie waren nicht alles, was meine Berufstätigkeit ergänzte oder begrenzte. Auch ich hatte noch ein Privatleben – Begegnungen mit Personen, Aufgaben in der Familie, Reisen mit Gefährten. Im Abstand von zwei Jahren kamen Scott und Mark Ellingboe, jeweils als sie etwa zwölf Jahre alt waren, nach Deutschland, um mit mir ihre großen Ferien zu verbringen. (Ich hatte sie in Cuernavaca kennen gelernt.) Der fantasievolle, stets heitere, wunderbar unabhängige Scott war eine große Bereicherung meines sonst der Arbeit verfallenen Lebens. Ich holte ihn am Flughafen in Frankfurt am Main mit dem Auto ab, fuhr absichtlich nicht auf der Autobahn, sondern am Rheinufer entlang und nahm mit Vergnügen wahr, dass er alsbald einen Schreibblock aus seinem Gepäck hervorkramte und stets einen Strich machte, wenn eine neue Burg auftauchte. Sein Gepäck war eines Weltreisenden würdig, der er ja war: zwei gewaltige Koffer voller Wäsche (vielleicht gibt's »da drüben« keine Waschmaschinen), Medikamente (ein Glas mit 1000 Aspirin-Pillen!) und seine Lieblingskuchen in Form von *ready-mix*: »Just add a pint of milk, stir at topspeed and bake 40 minutes.« Damit fing er gleich am nächsten Morgen an. Er versuchte mit trickreichen Fallen die wilden Kaninchen zu fangen, die um mein Haus hoppelten – wochenlang umsonst. Dann, eines Tages, war die Falle zu und ein braunes Jungtier darin gefangen, das sich obendrein auf den Arm nehmen ließ und nicht weglief. Als Scott aus seinem übergroßen Freudenrausch auftauchte, kam ihm selbst die Lösung in den Sinn: Die gleichaltrige Tochter des benachbarten Puppenspielers hatte ihm das am wildesten aussehende Kaninchen aus ihrem Stall da hineinpraktiziert. Nariña nannte er das kleine Nasentier, das von da an mit uns das Haus teilte, mit uns aß, spielte, fernsah – und bei mir blieb, als Scott heimfuhr und es wegen der strengen amerikanischen Einfuhrbestimmungen nicht mitnehmen durfte. Ich lernte nun, dass ein Kaninchen sich wie ein Hund halten lässt, sich auf sein »Herrchen« freut, wenn der abends aus der Schule heimkehrt, Liebkosungen aufsucht und sich stubenrein verhält. Aber Nariña dauerte mich, und dass Scott um ihretwillen wiederkommen würde, war nicht zu erwarten; sie kehrte also zu ihren einstigen Stallgenossen zurück. Mark kam auf eine unserer Griechenlandreisen mit (s. o. S. 171). Von seinem später eingestandenen Heimweh hat er nichts merken lassen und war wie Scott ein *perfect fellow*. Amerika bringt diese zugleich anpassungsfähigen und selbständigen jungen Menschen mühelos hervor. Man muss es darum beneiden.

Nach Marks Abreise bot mir Hermann Hatzfeldt das Pfortenhäuschen auf der Wildenburg zur Pacht an. Ein zweites Haus war der schiere Luxus, war doch mein Kotten schon Refugium genug und konnte nur an Wochenenden wirklich genutzt werden. Aber dem Zauber dieses Häuschens inmitten der Wildenburger Wälder, der mir allein gehörende kleine Burggarten, die dort abends einkehrende absolute Stille und nicht zuletzt die Tatsache, dass es auf halber Strecke zwischen Gerolds Odenwaldschule und meinem Kotten in Enger lag (und wir das gemeinsame Schiff in Griechenland ja nicht mehr hatten!), ließen mich – Luxus hin, Luxus her – zugreifen. Ich habe mit dieser Entscheidung mein Leben verändert, bis zum heutigen Tag. Die schönen Angebote meiner Freunde – im Frühjahr und Herbst in Berzona bei Golo Mann und Max Frisch, im Sommer in Norwegen bei den Geschwistern Heidi und Roland, im Winter in Arosa, wo meine Tübinger Freunde Reiner ein abgelegenes romantisches und zugleich bequemes Hüttli für mich und einen Freund bereithielten – wurden immer seltener beansprucht; die langen Anwege entfielen; der alternde Mann war dort mit den Büchern und der Musik umgeben, die *er* brauchte. Im Pfortenhaus machte ich die Bekanntschaft von »Kaspar«, dem Marder unter meinem Dach, und von

»Joschi«, dem Hund meiner Nachbarin – und habe nicht nur über sie je ein Büchlein geschrieben, sondern ungezählte pädagogische Aufsätze, mehrere »richtige« Bücher und wenigstens die Hälfte auch dieser »Erinnerungen«.

Hierher kam nicht nur Gerold, hierher kamen auch – wie berichtet – Max Frisch, Sten Nadolny, Richard von Weizsäcker, Dietz Bering, Egon Schwarz, Uwe Brinkmann (dieser, um die Sammlung »Meine deutschen Gedichte« einer letzten, drei Tage währenden Vorlese-Probe zu unterziehen) und natürlich Bielefelder Kollegen und Schüler.

Mein liebster Gast war der Labor-Schüler und spätere Oberstufen-Kollegiat Frank Papenbrok, nicht nur weil er sich stets sofort nützlich machte: den Rasen mähte, die mein Gärtchen umgebende hohe und dichte Weißdornhecke stutzte, Holz sägte und hackte, beim Vorbereiten der Mahlzeiten half (er ist bis heute der einzige Mensch, den ich in »meiner« Küche dulde, weil er alles »so macht wie ich«, nur sorgfältiger und gründlicher). Vielmehr weil er, wie kein anderer, den Ort mit mir genoss: die langen Spaziergänge mit Joschi, die dabei geführten Gespräche, das Innehalten beim Ausblick auf »O Täler weit, o Höhen! Du schöner grüner Wald«, das Schauglück beim Beobachten der eleganten Mauersegler, das Aussitzen des Sonnenuntergangs und des langsamen Einzugs des Mondes in den überwältigend klaren Sternenhimmel, die einvernehmliche Wahl einer späten Nachtmusik, die sich in den Schreien der Käuzchen vom Dach der Nachbarin fortsetzte. Es hat mich bekümmert, dass ich ihm bei seinen Schul-, Ausbildungs- und Lebensplan-Problemen kaum helfen konnte; wie wenig habe ich in die dunklen Kammern seines Herzens sehen können, in denen vor allem Selbstzweifel nistete; wie froh hätte ich sein sollen, wenn er diesen in bleichen Zorn über die banale Dummheit und die flagrante Heuchelei dieser Welt verwandelte. Die Bilanz unserer gegenseitigen Wohl-Taten war unausgeglichen – und doch hat das alles meine Freude an diesem jungen Mann nicht trüben können, diesem jüngsten und aufmerksamsten meiner »Gefährten«, mit dem ich nirgends so gut auskam wie hier auf der Wildenburg. Durch ihn – und die ganz wenigen Menschen, mit denen er die Bezeichnung »mein Gefährte« teilt – hat dieses Wort für mich eine tiefere Bedeutung, ein größeres Gewicht bekommen als das Wort »Freund«, das man im Laufe einer langen Lebenszeit auf viele Menschen anwendet. Diese Erinnerungen bezeugen den nachlässigen Gebrauch, von dem ich Frank ausnehmen möchte.

Einen Sommer lang hat Frank Yvonne Kuenheim auf Ischia das Haus geführt, ihren Garten gepflegt, ihre Freundschaft gewonnen. Dort hat er wohl auch Zuversicht zu seinem nun angestrebten Beruf gefasst: Pfleger alter Menschen zu sein. Vielleicht auch eines Tages der meine. Auf der Wildenburg freilich werde ich diese letzte Phase meines Lebens nicht verbringen – dann werden die erhabene Stille und die jetzt noch lockende Einsamkeit des Ortes uns ängstigen, nicht stärken.

Mit der Wildenburg verbindet sich eines der schönsten Feste meines Lebens: mein 60. Geburtstag. Die Schulen hatten ihn schon überwältigend schön gefeiert. Acht Jahre nach dem Konflikt waren alle befreit zur Pädagogik. Um Versöhnung musste man sich nicht bemühen, sie erschien (wie »das Gute« bei Max Scheler) auf dem Rücken der Tat. Die Kollegiaten – einige von ihnen fünfundzwanzigjährig – mischten sich wie selbstverständlich mit den Fünfjährigen der »LS« und verwoben ihre Festbeiträge anmutig mit denen der Kleinen und der Lehrer. Seinen Höhepunkt aber erreichte dieser doch eher unbedeutende Geburtstag in Crottorf, wo mein *landlord*, Hermann Hatzfeldt, eine Trockenbeerenauslese meiner Freunde versammelt hatte: Hellmut Becker und seine Frau Toto, Axel von dem Bussche mit seiner Frau Camilla, Marion Dönhoff, Martin Heisenberg mit seiner Frau Apollonia, George Kennan mit seiner zauberhaften schwedischen Frau, Ernst Klett, Richard und Carl Friedrich von Weizsäcker je mit ihren Frauen und Charlotte von der Schulenburg. In ihrer Gegenwart übergab mir Gerold Becker »Ein Buch für Hartmut von Hentig: Ordnung und Unordnung« – von ihm erdacht, den fünfzig bedeutenden Freunden und Autoren abgebettelt, mit Hilfe von Kristof Wachinger großzügig und geschmackvoll »gekleidet«, im Beltz-Verlag gedruckt. Hellmut Becker und Ludwig Huber zeichneten als Mitherausgeber.

Wie im Titel verheißen, widerstreiten sich in diesem äußerlich so beglückend ordentlichen Band die »unordentlichen« Beiträge, unter deren Gedanken zur Sache sich eine Hommage zur Person mischt, und die »ordentlichen«, ganz dem Thema gewidmeten. Zwanzig Jahre später haben Gerold Becker und Annemarie von der Groeben ein reines Sachbuch daraus gemacht. Ich habe aus diesem Anlass alle Aufsätze wiedergelesen und dabei mit tiefer Befriedigung wahrgenommen, wie geordnete Gedanken der in Unordnung geratenen Seele guttun. Das Umgekehrte kannte ich: dass eine harmonische Seelenbewegung – z. B. durch Musik – auch den Kopf klärt. Ich fühlte mich am Ende sogar gerüstet, einen eigenen Beitrag zum Thema zu schreiben – aus Unruhe über die in der Schule triumphierende PISA-Ordnung und über die in der Politik fahrlässig platzgreifende freiheitsgefährdende Unordnung.

Im Jahr 1980 haben wir die Eltern bewogen, aus ihrem entlegenen Domizil Seibersbach im Hunsrück nach Bielefeld zu ziehen. »Bewogen« ist ein schwaches Wort für die Mischung aus vernünftiger Überredung und List. Roland kaufte in Hoberge bei Bielefeld ein Haus, dessen Zuschnitt dem der Eltern in Seibersbach recht ähnlich war, behauptete aber, er könne wegen einer Mietverpflichtung sein bisheriges Haus noch nicht verlassen. Wenn die Eltern in das neue einzögen, ließe sich viel Geld sparen. So etwas hat meinem Vater stets eingeleuchtet. Vor allem aber würden die Eltern fortan in derselben Stadt leben wie zwei ihrer Kinder und jedenfalls näher an einem dritten. Wir halfen alle bei dem zügigen Umzug, der – man weiß es – erlaubt, sich von viel Überflüssigem zu trennen und manch Verlorengegangenes wiederzufinden.

Ganz glücklich wollten die beiden Alten aber in Bielefeld nicht werden, klagten, dass sie dauernd etwas suchen müssten, und vergaßen, dass das in den letzten Jahren schon immer so war. Sie übersahen auch, dass nun abwechselnd jeden Abend einer von uns oder sonst ein Besucher da war, der sich nie nach Seibersbach verirrt hätte, und dass für die Mutter die Last der Schlafgäste entfiel. Dem Vater schenkten wir ein einfach zu bedienendes Gerät zum Abhören von Tonbändern – ein Danaergeschenk, denn wenn er sich die Stöpsel ins Ohr gesetzt hatte, um sich am Freitagvormittag die gesamte ZEIT und am Dienstag den ganzen SPIEGEL vorlesen zu lassen und dazwischen alle möglichen anderen Hörbücher (seine Augen schafften die Lektüre nicht mehr), war die Mutter von seiner Welt ausgeschlossen. Mit einer sanften Berührung und einem meist dürftigen Vorwand versuchte sie, sich wieder in diese einzudrängen, erzeugte aber nur unmutsvolle Abwehrgebärden. Einträchtig und von der ganzen Gemeinde liebevoll beobachtet, machten sie nachmittags Arm in Arm ihren Spaziergang mit einer Plastiktüte, in die sie Falläpfel sammelten; die Mutter kochte daraus Apfelmus, das ihnen

»viel besser« schmeckte als alles, was das »Essen auf Rädern« ihnen bot. Wurde dieses freilich von einem freundlichen jungen Mann ausgetragen, fanden sie es gleichwohl »ganz gut«.

Als die Mutter sich zu schwach für die Spaziergänge zu fühlen begann, erbot sich Frank, mit meinem Vater zu gehen. Der genoss es, einen gelehrigen Zuhörer zu haben; die Mutter jedoch wurde aus lauter Eifersucht wieder stark und eroberte sich ihren Platz zurück. Die größte Not bereitete ihr der Verlust des Kurzzeitgedächtnisses. Schon die Herstellung des meist sehr einfachen Abendessens gelang ihr nicht mehr. Oft empfing sie mich schon in der Tür: »Wie gut, dass du kommst, Hartmut! Ich habe da etwas in den Topf getan und weiß gar nicht, was und wozu!« So übernahm ich die abendliche Lebensversorgung der beiden. Das begann mit dem mir gierig abverlangten Bericht aus der großen Welt; dazu schenkte ich ihnen einen Cognac ein – eine bisher bei Hentigs unerhörte Sitte, die ihnen aber zunehmend behagte; ich ging dann in die Küche und verarbeitete etwas, was ich mitgebracht hatte. Nach dem Essen wurde ich fürsorglich verabschiedet: Du musst doch jetzt nach Haus und ins Bett, du hast ja so viel zu tun! Eine freundliche Haushälterin wurde sorgsam vergrault; die weniger erfreulichen Nachfolgerinnen gleich am zweiten Tag wieder entlassen. So war ich zwei ganze Jahre ohne eigene Abende, aber ein getreuer Sohn mit einer tief befriedigenden Aufgabe.

Der Vater starb mit 98 Jahren (»Ich stehe vor meinem 99. Lebensjahr«, pflegte er zu sagen – er wäre wohl gern 100 geworden!) – ein Leistungsmensch eben. Aber als er in Norwegen bei meiner Schwester Heidi Kinder und Enkelkinder vergnügt um ihn herumtollen sah, beschloss er: Hier bin ich nicht mehr nötig; es ist ökonomischer, wenn ich verschwinde; und verstarb still in der folgenden Nacht. Nach des Vaters Tod habe ich meine Altenpflege an der Mutter noch einige Wochen in Bielefeld fortgesetzt. Wenn ich abends ankam und die alte Frau in ihrem Taschenkalender blättern sah, wo sie sich vergewisserte, wann der Hartmut heute komme (es konnte nicht immer zur selben Stunde sein), dann auf die Uhr schaute, ob es wohl noch lang bis dahin sei, wollte mir das Herz brechen: Auf diesen Augenblick hatte sie den ganzen Tag gewartet. Das durfte so nicht bleiben. Meine Schwester Heidi nahm sie zu sich nach Norwegen. Sie ist ein halbes Jahr später ihrem Mann gefolgt.

In der Zeit konnte ich kaum Reisen machen, es sei denn, Roland oder ein anderes Geschwister löste mich ab. Mit Frank bin ich nach Irland, mit Gerold nach Israel, mit beiden nach Norwegen über das beglückend schöne Kopenhagen gereist. Die beiden Brüder Hans Wolfram und Roland habe ich nach Vaters Tod und dreißig Jahre nach ihrem ersten Aufenthalt in Indonesien – Vater war dort der erste deutsche Botschafter nach der Beendigung der holländischen Kolonialherrschaft und der japanischen Besatzung – zu einer Wiedersehensreise nach Java eingeladen. Sie war die letzte nach alter Hentig-Art: viel Fußmarsch, viel Improvisation, viele Entdeckungen am Wegrand, manch seltsamer Einkauf (ich schleppte einen gewaltigen javanischen Gong mit nach Hause) – und so gut wie keine europäischen Bequemlichkeiten, Hotels, Taxis, *cold drinks*. Hans Wolfram hatte zwei oder drei Jahre im indonesischen Forstdienst gearbeitet, kannte die Sprache und wusste, wie man in diesem auch in der besten Reisezeit noch sehr heißen Land am vernünftigsten lebt. Meine Aufzeichnungen von dieser Reise harren noch der Transkription.

Dieses Kapitel sollte meine Bielefelder Berufstätigkeit ergänzen und greift dabei über das durch meine Abtrittsvorlesung markierte Ende im November 1987 weit hinaus. Ich habe noch eine Weile in einem Zwischenbereich gelebt, habe am Oberstufen-Kolleg einen Ergänzungsunterricht und an der Laborschule einen Lateinkurs erteilt. Vor allem aber behielt ich meine Sekretärin Gisela Grunwald. Sie sollte noch wenigstens zwei Jahre für mich tätig sein und wir beide in der Zeit »das Buch« über die Schulprojekte schreiben. Uns wurde ein großer Raum in der Universität zugewiesen, der morgens um 7.30 Uhr von GG eingenommen und von HH nur kurz vor dem Postausgang aufgesucht wurde. Frau Grunwald kam mit dem Frühzug aus Bad Salzuflen – der nächste hätte sie erst nach 8 Uhr an den Schreitisch gebracht, für eine gewissenhafte Sekretärin ganz unmöglich. Sie verließ den Raum oft erst um 21 Uhr, weil immer noch etwas zu erledigen war. Manchmal übernachtete sie in einem Bielefelder Hotel, weil die Heimfahrt nicht mehr lohnte. Selten gelang es mir, sie vorher von ihrer Arbeit wegzulocken, zum Beispiel vorm Besteigen des Zuges noch in Vahles Krug mit mir zu Abend zu essen: Bratkartoffeln mit Sülze und Bier mit Malteser. Es freute und reute sie gleichzeitig: Was hätte sie in der Zeit doch noch alles erledigen können! Trotzdem bemerkte sie: Die Menschheit werde nicht, wie die Physiker behaupten, den Kälte- oder Hitzetod sterben, sondern den Papiertod. Urlaub machte sie auf einer südenglischen Insel, immer in derselben Pension und immer in dem Bewusstsein: Sie werde hierfür bei der Rückkehr bestraft, indem in den drei Wochen ja alle Arbeit liegen blieb.

Als ich eines Mittags ins »Amt« kam (so nannte ich meinen Dienstraum, der Gepflogenheit meines Vaters folgend), war sie nicht da. Niemand hatte sie an dem Tag gesehen. Ihr Telefon in Bad Salzuflen wurde nicht abgenommen. Am späten Nachmittag erreichte mich ein Anruf aus dem Franziskus-Krankenhaus: Eine Frau sei eingeliefert worden, bewusstlos nach einem Verkehrsunfall, ihrem Fahrausweis zufolge eine Frau Grunwald. Soeben habe sie sagen können: »Professor von Hentig benachrichtigen.« Ich war sofort zur Stelle. Sie hatte eine zu spät diagnostizierte Gehirnerschütterung und starb drei Tage später, ohne das Bewusstsein wiedererlangt zu haben. Die Polizei berichtete, ein Radfahrer habe sie auf dem Gehweg bei heftigem Regen umgefahren. Ich habe den unglücklichen Mann nach einigen Wochen aufgesucht. Er war im Wortsinn »untröstlich«.

Zwei Kriegskameraden, der Neffe Nikolaus, Gisela Grunwald – das sind die Toten, die meine Seele beschweren. Sie sind zur Unzeit gestorben. Mit dem Tod derer, die ein volles Leben gelebt haben, kommt Trauer; mit dem Tod derer, die ihr Leben nicht erfüllt haben, kommt Bitterkeit. Die Erste lässt sich von Dankbarkeit begleiten, die Letzte macht auch die Dankbarkeit zur Qual.

Im Jahr 1989 starben außer Gisela Grunwald Antoinette Becker, Hermann Heimpel und Martin Bonhoeffer. Es sollte ein Jahr der Abschiede sein.

22. Ein alter Mann in Berlin

Das Alter ist Rückkehr – Rückkehr an den Anfang, in eine kleinere, langsamere, mehr sich selbst gehörende Welt; die Sinne folgen wieder den Objekten, nicht den Vorstellungen, selbst die Sprache schrumpft; die eigenen Ansprüche an die anderen, die Ansprüche der anderen an uns lassen nach; wir sind – endlich! – nicht mehr für so vieles verantwortlich, haben dafür umso mehr geheime Plagen und wohlgehütete Vorlieben. Nahm in den letzten 50 Jahren meines Lebens der Gemeinsinn stetig zu, blüht nun im Alter wie in der Kindheit der Eigensinn. Es wird schon darum fortan nicht mehr viel mitzuteilen sein.

Und doch! Weil in meinem Fall die Rückkehr auch eine – unbewusst ersehnte – Heimkehr ist, kann und soll davon die Rede sein: Ich lebe nun wieder in Berlin – und es ist gar nicht leicht zu erzählen, wie es dazu gekommen ist.

Da war zunächst die Einsicht, dass man als Einzelner nicht auf dem Lande alt werden sollte. Auch vom Auto sollte man rechtzeitig unabhängig werden. Ich musste also in eine Stadt ziehen. Zu Bielefeld habe ich keine Beziehung gewonnen – mein Leben hatte sich tags in der Schule, nachts und am Wochenende im Kotten abgespielt. Unter den anderen Städten kannte ich Hamburg ein wenig (dort hatte der Vater eine Zeitlang gewohnt); vertraut war es mir nicht. München – jahrzehntelang der Wohnsitz meiner Mutter – war wie ein schönes Ausland. Anders stand es mit Berlin; dort war ich zwischen dem 12. und 18. Lebensjahr zur Schule gegangen; in der Zeit wird man der, der man fortan ist. Den Stadtplan Berlins hatte ich mir mit dem Fahrrad, mit der Stadtbahn, zu Fuß einverleibt. Berlinern ist der einzige deutsche Dialekt, den ich einfach reden kann, nicht »aufführen« muss.

Sodann: Die Hentigs waren doch Berliner – unbeschadet des uns eigenen Nomadentums. Dass der Großvater nicht in Berlin geboren war, bestätigte die Feststellung: Alle echten Berliner kommen entweder aus dem Spreewald oder aus Schlesien, und »Opapa«, wie wir ihn nannten, war in Luckenwalde geboren. Die Familie der Großmutter war in Frankfurt am Main ansässig, aber schon meine Urgroßmutter hatte einen »verhungerten Preußen« geheiratet, der es in Berlin zu einer ansehnlichen Ofenfabrik gebracht hatte und früh starb – vier Kinder hinterlassend.

»Omamas« Großmutter zog nun auch nach Berlin, um sich der Waisen anzunehmen. Man lebte in der Friedrichstraße 217. Das Geschäft gedieh, und Onkel Wilhelm übernahm schon als recht junger Mann die Leitung, Onkel Karl die »Gegenvormundschaft«, und Onkel August war in den Erinnerungen meiner Großmutter »die Seele des Ganzen«. Dieses Ganze bestand aus einem riesigen Garten mit herrlichen Nussbäumen, einer Villa und dem angrenzenden Werkgelände mit Stallungen. Man lebte gut im »feindlichen Berlin«. Als der geschäftsführende Onkel Wilhelm plötzlich starb, heiratete Omamas Mutter noch einmal. Der Stiefvater war Kaufmann, und weil sich die Herstellung von Kacheln für Öfen ganz natürlicherweise auf die damals begehrten Zier-Ziegel aller Art, gebrannte Tonreliefs und sogar Stuckarbeiten ausweiten ließ, musste mein Stief-Urgroßvater gar keine besonderen Talente haben, um in dem Bauboom der Gründerjahre ein höchst erfolgreicher Unternehmer zu sein.

Meine Großmutter Marie Dankberg – eine gute Partie – kam mit meinem Großvater Otto Hentig – einem Berliner Staranwalt (vornehmlich im Fürstenrecht bewandert, mithin in Erbschafts- und Vermögensfragen, aber, noch lukrativer, in Patentangelegenheiten) – als Klientin zusammen. Sie heirateten und lebten bis zur Geburt des vierten Kindes in einer mit der Kanzlei verbundenen Wohnung in der Friedrichstraße 62. Nun wurde es zu eng, und man wählte eine große Wohnung in der Hardenbergstraße 24 am Bahnhof Zoo. Zum Haus gehörte ein großer umzäunter Garten. Im zweiten Stockwerk wohnte die Familie des Verlegers Springer mit ebenfalls vier Kindern. Dora – der Leser kennt sie schon als »Tante Dora« (s. Bd. I, S. 104) – war die erste Spielkameradin der beiden ältesten Hentig-Buben. Aus dem »Gartenhaus« kamen die Zwillinge Georg und Hans Hetzel hinzu. Julius Springer, vier Jahre älter als mein Vater, ging schon in die Sexta des Joachimsthalschen Gymnasiums, in dessen Nona Vater angemeldet wurde. Diese berühmte

Anstalt – 1607 vom Kurfürsten Joachim Friedrich in Joachimsthal am Werbellinsee gegründet – hatte (wie in Bd. I, auf S. 109 berichtet) schon der Großvater besucht, freilich noch nicht in dem gewaltigen Tempel aus gelbem Backstein in der einstmaligen Kaiserallee. 1880 ist dieser Prachtbau in Wilmersdorf eingeweiht worden, und die zu ihm führende Straße hieß nun »Joachimsthalerstraße«. Das imposante Gebäude beherbergte später die Hochschule für Musik, heute einige Abteilungen der Hochschule der Künste. Meines Vaters Schulweg führte noch an von Brombeersträuchern überwucherten Zäunen entlang, hinter denen Spargel angebaut wurde. »An der Stelle der späteren Kaiser-Wilhelm-Gedächtniskirche wuchsen Königskerzen«, berichtete er in seinen Jugenderinnerungen.

Nach einem Interim von sechs Jahren in Donaueschingen – der Großvater hatte die Verwaltung der Besitztümer des Fürsten Karl Egon von Fürstenberg übernommen – kehrte die Familie, nun vollzählig mit sechs Kindern, nach Berlin zurück und bezog eine Wohnung am Kurfürstendamm 35. Hier entstand seit den neunziger Jahren eine von der »besseren Gesellschaft« bevorzugte Wohngegend, in der Wohnungen mit zwölf Zimmern »normal« waren und die darum ihren eigenen Hinterhof jedenfalls auf der einen Seite ganz umschlossen – seitlich gegen den nächsten Hof mit gleichem »herrschaftlichem« Anspruch geöffnet. So füllten sich die Wohnblöcke ohne zweite oder dritte Hinterhöfe.

Der Kurfürstendamm, der an der Corneliusbrücke begann, war schon in meines Vaters Kindheit bis Halensee chaussiert, rechts von einem »Sand- und Landweg« begleitet, in der Mitte durch einen Reitweg geteilt, der von Bäumen gesäumt war und zu dessen beiden Seiten auf einem Knüppeldamm die fauchende Dampfbahn fuhr. Sie endete an einem Wildgatter zum Grunewald, das ein Invalide gegen einen Groschen öffnete – die Münze mit seiner Mütze geschickt auffangend. Hier rangierte die Dampfbahn um. So hat es mein Vater geschildert, der auf der »Westeisbahn«, einem freien Platz gegenüber der elterlichen Wohnung, noch Oberst Cody mit einer Indianer- und Cowboytruppe gesehen und Buffalo Bill persönlich die Hand geschüttelt hat.

Dies alles bildete den Hintergrund zu meiner eigenen Berliner Jugend, war mir aber früher weder bewusst noch wirklich wichtig gewesen. Nun, als ich mich entschloss, nach Berlin zu ziehen, fiel es mächtig ins

Gewicht. Gerold Becker, der die Leitung der Odenwaldschule an Wolfgang Harder übergeben hatte, wohnte schon in Berlin. Ich bat ihn, sich in seiner Nachbarschaft nach einer Wohnung für mich umzusehen; wenn sich die nicht finden lasse, solle er zwei möglichst nah beieinander liegende Wohnungen suchen. Hierzu kam ich öfter nach Berlin, das mit den wiederbelebten Erinnerungen ein bis dahin unbekanntes Bedürfnis nach Heimat, nach Ankommen, nach Sesshaftigkeit erzeugte. Jahrelang blieb die Suche vergebens; Thomas Jersch gab Ratschläge; hohe Herren in der Senatsverwaltung bemühten sich; Jürgen Zimmer wäre es beinahe gelungen, mich in die Enklave Steinstücken zu locken – in eine Dornröschen-Existenz weiter entfernt von »meinem Berlin« als Bielefeld; fast hätte ich das Haus von Boris Blacher gekauft und wäre für den Rest meines Lebens Knecht meiner Verschuldung geworden; auch die große Wohnung des Grafen Henckel-Donnersmarck am Hohenzollerndamm wurde mir angeboten – sie hätte mich von meinem gewohnten preußischen Lebensstil getrennt. Der Weg zur Erfüllung meines großen Wunsches hieß »Geduld«, und die hatte mir immer gefehlt.

Anfang August 1991 traf ich an einem Donnerstag in der Cunostraße ein, in der Gerold wohnte, um bestimmte »Angebote« in Augenschein zu nehmen. Die hatten sich inzwischen erübrigt. Am Wochenende wollten wir etwas unternehmen – noch nichts Bestimmtes. Da für Freitag schönes Wetter angesagt war und für Samstag und Sonntag schlechtes, beschlossen wir, unseren Ausflug vorzuverlegen. Wohin? Ich ließ mir Großvater Hentigs Grab einfallen, das uns ja, weil im Ostsektor Berlins gelegen, jahrzehntelang nicht zugänglich war. Es befand sich auf dem Waldfriedhof in Stahnsdorf, der der Westberliner Gemeinde Wilmersdorf gehört. Der Weg führte uns über Teltow, das mit holprigem Kopfsteinpflaster und über die einsame Straße watschelnden Gänsen ein richtiges Ost-Abenteuer verhieß. Im Büro am Haupteingang blätterten zwei ältliche Damen in großen Folianten, um das Grab des Herrn Staatsministers Otto von Hentig zu lokalisieren, dessen Todesdatum und Begräbnistag ich nur ungefähr angeben konnte. Sie teilten uns freundlich mit, der Herr liege im kommunalen Teil im Nordwesten, der von hier aus jedoch nicht zu erreichen sei; man habe ja nur zwei Fräsen, die die einstigen Wege von Buschwerk und Bäumen befreiten. Man werde den für das andere Portal zuständigen Beamten anrufen, der werde uns dort erwarten und hilfreich sein. Wir bestiegen das Auto wieder, fanden den in der Tat weit entfernten anderen Eingang, daneben ein kleines Wärterhäuschen und in diesem einen Mann mit Dienstmütze, der wusste, wo sich der »Jagen Nr. 20« befand. Er ging uns in die verwunschene Wildnis voraus und machte nach 200 Metern halt: »Hier irjendwo muss et sind.« Wir bedankten uns mit einem Zehnmarkschein, kämpften uns durch das Gestrüpp voran und waren schon nach wenigen Minuten fündig: Der übermannshohe Feldstein überragte mit der Bronzeplakette von etwa vierzig Zentimetern Durchmesser – sie zeigte meinen schönen Großvater im Profil – das Unterholz. Er war selber gänzlich mit Efeu überwachsen, den Gerold mit geschicktem Griff beseitigte. Das gab die Inschrift und dem »weitblickenden Staatsmann« die Sicht frei.

Das Finderglück war schneller ausgekostet als das Bedauern, keinen Fotoapparat mitgenommen zu haben. Wir gingen auf dem einen schon gebahnten Weg weiter, gewahrten, dass hier viele bedeutende, jedenfalls vermögende Persönlichkeiten lagen, und beschlossen, wiederzukehren, wenn der Friedhof wieder begehbar war. *What next*? Wir hatten Lust auf mehr vom Gleichen, und da wir beide noch nie auf dem jüdischen Friedhof Weißensee gewesen waren, einigten wir uns schnell auf dieses Ziel, das wir auf nur kleinem Umweg über Gerolds Wohnung (um diesmal mit einem Fotoapparat ausgerüstet zu sein) gegen 14 Uhr erreichten. Obwohl Freitag war, fanden wir den von hoher Mauer umschlossenen Friedhof geschlossen, trösteten uns aber mit dem Gedanken, nun könnten wir, weil schon so weit in Berlins Osten – auch endlich nach Marzahn fahren und uns dieses ansehen. Die gewaltigen Plattenbau-Blöcke standen in gespenstischer Ödnis; auf den »Magistralen« wenige, dafür unsinnig schnell rasende Autos; eine alte Frau buckelte sich mit drei riesigen Plastiktüten vom ehemaligen HO, nun ALDI, nach Hause. Wir kurvten in heißem Sonnenglast und heftigem Wind umher und waren nach einer Viertelstunde marzahnsatt. Der Shell-Atlas verriet mir, dass wir nah am Autobahnring und damit an einer schnellen Verbindung nach Fürstenwalde waren, das seinerseits an der Nordspitze des Scharmützelsees liegt. Der Großvater fiel mir wieder ein. An diesem See hatte er während des Ersten Weltkriegs – er meinte dies seinem neuen Adelsstand zu schulden – ein Gut gekauft, dessen Name und Adresse mich schon als kleinen Buben amüsiert hatten: Radlow über

Pieskow Kreis Beeskow. Das sollte unser neues Ziel sein. Wir gerieten prompt in einen Stau, dem wir durch ein bravouröses Manöver – steil die Böschung hinauf und ein kurzes Stück über den Acker – entkamen, und gelangten in gemächlicher Fahrt durch das Berliner Urstromtal (so hatte ich es in der Schule gelernt) nach Bad Sarow/Pieskow.

Bald hinter Sarow verengt sich der Weg; wir lassen das Auto an einer kleinen Ausweichstelle stehen; ein Kuhstall mit gut hundert Tieren, die ihre gehäckselten Maisstauden kauen – Kindheitslaute, Kindheitsgerüche, Kindheitsstimmung –, deutet die Nähe eines Gutshofs an. Ein in seinem Garten arbeitender Mann reagiert erst misstrauisch auf die Frage nach dem Gutshaus; dann, nachdem ich erzählt habe, dass der Großvater das Gut schon in der Inflation verkauft habe, gibt er bereitwillig Auskunft: »Noch 200 Meter geradeaus – das ›Schloss‹ steht noch, die Brennerei auch, ist aber nicht mehr in Betrieb.« Nach dem Kriege habe zuerst ein Herr Freund im Schloss gewohnt, der sei aber nach Amerika »gemacht«; nun sei es aufgeteilt – wir würden's ja sehen. Ich erkenne auch bald das charakteristische Dach; Dora Hauers Kreidezeichnung hat den Anblick für uns aufbewahrt. Aus den Fenstern hängt Wäsche; zwei Mopeds stehen herum; der große, zum See hin abfallende Rasenplatz ist teils zugebaut (Bootshäuser eines DDR-Betriebes), teils zugewachsen. Es ist sechs Uhr abends; die Sonne sengt nicht mehr; der Wind hat völlig aufgehört; wir setzen uns auf den hölzernen Bootssteg. Irgendwo weit entfernt planschen Kinder im Wasser. Ein Segelboot steht still in der Flaute. Es liegt ein Zauber über dem Ganzen, der den Namen Kindheit-und-Brandenburg trägt. Nach einer Stunde brechen wir auf, kehren zum Auto und nach Berlin zurück – in den noch sehr düsteren und wie ausgestorben wirkenden Ostteil. Ich sehe auf die Uhr. Ob wir noch die Zehn-Uhr-Nachrichten erreichen? Wird Gorbatschow seinem »Urlaubsarrest« auf der Krim entronnen sein? Die Uhr sagt nicht nur, dass es schon 21.20 Uhr ist, sondern auch der 15. August. Das klingt doch nach etwas Bekanntem. Was in aller Welt war am 15. August los? Noch vor den Nachrichten rufe ich Bruder Hans Wolfram an, und der weiß es: »Am 15. August hat Großvater Geburtstag.« Zum Parapsychologen hat mich das nicht gemacht. Freude über »glückliche Zufälle« genügt mir.

Durch einen solchen wurden uns nach zwei weiteren Jahren zwei übereinander gelegene Wohnungen am Kurfürstendamm angeboten. Vom 1. April 1994 an waren sie unser. Die vornehme Adresse war mir zunächst peinlich. Jedermann weiß doch, was hier der Quadratmeter Miete kostet. Zu den feinen Leuten, die sich das leisten können, gehöre ich nicht, und Gerold Becker schon gar nicht. Es musste also immer die Geschichte des »glücklichen Zufalls« hinzuerzählt werden, wenn ich meine Adresse angab: dass wir in einen alten Mietvertrag eintreten konnten, den der Vormieter in den frühen siebziger Jahren geschlossen hatte, als die Wohnung noch eine Ruine war – eine langweilige Geschichte ohne die Details, und für die ist dies nicht der richtige Ort. Das Glück freilich über die unvergleichliche Lage (zwischen Fasanenstraße und Uhlandstraße), über den großzügigen Zuschnitt der Räume, die hohen Decken (ganze vier Meter!) und die gut proportionierten Fenster, die Tatsache, dass wir auf der breiten Südfront in die Gärten des Literaturcafés und der Villa Grisebach schauen, dass dieses Hinterhaus darum also mit Recht den Namen Gartenhaus trägt – dieses Glück muss nicht verschwiegen werden. Schon gar nicht nach der oben wiedergegebenen Familiensaga: Der Kurfürstendamm war mehr Hentig-Straße als die Händelallee und als die nach dem Großvater benannte Straße in Karlshorst, die dort eine Dönhoff-Straße kreuzt. (Die Freunde August Dönhoff und Otto Hentig hatten sich um die Karlshorster Rennbahn verdient gemacht.) Auf dem Kurfürstendamm hatten die Großeltern erst in Nr. 35, das ist schräg gegenüber von meiner heutigen Wohnung, dann in Nr. 176 hinter dem Olivaerplatz und bis zu Großvaters Tod in Nr. 105 kurz vor der Halenseebrücke gewohnt. Während meiner Schülerzeit im Krieg habe ich nicht nur in der Meinekestraße bei Siegfried und Me Lehndorff meine Miete mit Vaters Kaffee-Zuwendungen bezahlt, auf dem Kurfürstendamm für Schokolade auf Zuteilung bei Hamann angestanden, im Savoy Vaters orientalische Gäste abgeholt und zur Händelallee geleitet, ich habe auch »Bal paré« mit Käthe Haack, »Bel Ami« von und mit Willi Forst im Filmhaus Wien und »Le premier rendez-vous«» mit Danielle Darrieux im „Marmorhaus« gesehen. (Hier kann ich eine Anmerkung nicht unterdrücken: »Bal paré« spielte vor dem Hintergrund des Wiener Opernbrandes; aus Vaters Erzählungen kannten wir diesen und seine juristischen Folgen, hatte Vater doch in der Kanzlei Bachrach in Wien die »Todeserklärung« des Erzherzogs Johann Salvator zu erwirken gehabt, der in einem Schiffbruch untergegangen war und nicht beerbt werden konnte, solange es keine Leiche gab – wie bei vielen in dem Brand Verschollenen. Danielle Darrieux wiederum hat sich uns als der Inbegriff französischen Charmes eingeprägt; wir schworen: Das sei »*die* Wunderwaffe« gegen Hitlers Barbarei.)

Wer in Berlin geblieben war, maulte über die vielen Veränderungen; der Heimkehrer entdeckte beglückt, was alles geblieben war, meist mit dem Ausruf: »... noch genau wie damals!« Dass es – und wie tiefgreifende – Veränderungen gegeben hat, fiel dem, der Berlin nach seiner Zerstörung so häufig aufgesucht hat wie ich, nicht nur nicht auf; er war sogar dankbar für das, was in den fünfziger und sechziger Jahren gebaut und verbaut worden war und uns heute jeden Hochmut gegenüber der fantasielosen Ostberliner Architektur verbietet: Es hatte viele Lücken geschlossen und die Tristesse unserer Nachkriegsarmut verscheucht. Man war bescheiden geworden nach so viel ungeheurer Verwüstung. Das liebenswürdige Hansa-Viertel, in dem wir auf der anderen Seite des Tiergartens gewohnt hatten, lebte immerhin in den erhaltenen Straßen, ihren Namen und ihren wieder erwachsenen Lindenbäumen weiter – mich schmerzten die faden Neubauten weniger als Ruinen und Leere. Der Umbau von Berlin Mitte, die neuen Regierungs- und Parlamentsgebäude, sogar der umstrittene Hauptbahnhof scheinen übrigens den umgekehrten Weg zu gehen wie das Neue Berlin, das in den fünfziger Jahren um den Bahnhof Zoo entstand: Sie gewinnen im Laufe der Zeit Charakter und Zustimmung, während es von Jahr zu Jahr schwerer fällt, die Ergebnisse der Interbau 1957, das Europacenter, Düttmanns schwarze Verwurgelung des alten Aschinger auch nur zu dulden.

Der Einzug in die Wohnung am Kurfürstendamm verzögerte sich, weil sich beim Entfernen des Teppichbelags herausstellte, dass die Balken darunter verrottet waren. Neue Balken mussten durch einen besonderen Kran durch die Fenster eingeführt werden. Frank und seine Freunde, die unsere Küchen und Bäder ganz neu ausstatteten, die Beleuchtungen nach unseren Bedürfnissen verlegten, die Malarbeiten durchführten und Regale bauten, campierten und werkelten sieben Monate in den leeren Räumen. Gerold zog im Juni 1994, ich erst im November ein und hatte darum in Enger Zeit, meine Akten zu sortieren – mehrere hundert Leitzordner gingen nach Marbach, die Korrespondenz von 1989 an nach Berlin und ein Vielfaches von beidem in den großen Schredder von Bethel. Ich konnte Helgas 80. Geburtstag noch in meinem Kotten feiern und erlitt dabei einen so schlimmen Schlag meines Trigeminus, dass ich meinte sterben zu müssen. So ein Anfall geht schnell vorbei – nicht schnell genug, um nicht doch einem Gedanken stattzugeben: »Schade! Ich hätte gerne noch drei oder vier Jahre in Berlin gelebt!« Nun sind es schon zwölf geworden. Die Operation nahm ein hierfür berühmter Professor in der Benjamin-Franklin-Klinik vor. Ohne Sten Nadolnys Fürsprache wäre mir diese Ehre wohl versagt geblieben, ja ich hätte gar nicht gewusst, was mir da passiert war. Nadolny hatte für seinen Hermes-Roman einer solchen Feinoperation beiwohnen wollen, Professor Brock ließ ihn bei einer seiner Operationen zusehen, und ich wiederum fasste Vertrauen zu dem buchstäblich horrenden Verfahren: Ein Spezialchirurg schneidet ein Zweimark-Stück-großes Loch ins Cranum und ein anderer platziert ein Millimeter-großes Styropor-Plättchen zwischen den Nerv und die Ader, die beide an derselben Stelle hinter dem Ohr austreten und sich aneinander reiben können. Dies erzeugt den schier mörderischen Schmerz im Gesicht. Vor der Operation hatte man mir alle möglichen Folgen mit der dazugehörigen Statistik vorgelesen. Um von diesen unvorhersehbaren inneren Peitschenschlägen befreit zu werden, hätte ich in alles eingewilligt und unterschrieb, dass ich den Risiken trotze. Als ich nach der Operation erwachte, sah ich Menschen, die lebhafte Mundbewegungen machten, hörte aber keinen Laut. Fast drei Tage danach noch habe ich in der Vorstellung gelebt, nun sei mein Gehör zerstört. Auf der Linken hatte dies der Krieg besorgt, auf der Rechten, auf der ich operiert worden war, nun die ärztliche Kunst. Und mein Doktor war nach Arabien gereist, um irgendeinen bedeutenden Scheich zu bedienen. Meine Hörkraft hat sich gottlob erholt. Nur weil die Akustiker auch mein linkes Ohr wieder etwas belebt haben, komme ich mit den Hörgeräten und der menschlichen Kommunikation einigermaßen zurecht. Alles andere außer der Musik ist seither grausiges Geräusch.

Erinnerungen, die man eben erlebt, ergeben ein Tagebuch, keine »Memoiren«. Mein Ordnungs- und Gerechtigkeitssinn gebieten mir jedoch, die bloßen Beschäftigungen, die Aufgaben und die Annehmlichkeiten meiner alten, gemeinhin als Ruhestand bezeichneten Tage nicht zu verschweigen, nachdem ich für die der voraufgehenden Jahre so viel Aufmerksamkeit gefordert habe. Da sind:

- die Mitarbeit an einem von Torsten Husén geleiteten Projekt »Schooling in Modern European Society«, die mit einer zehntägigen Klausur in Stockholm verbunden war (tagsüber saßen wir in der ebenso bescheidenen wie ehrwürdigen Königlich-Schwedischen Akademie der Wissenschaften; wenn wir sechs Autoren aus Holland, England, Ungarn, Frankreich, Schweden und Deutschland ein Plenum abhielten, fand dies sogar in dem Raum statt, in dem über die Nobelpreise entschieden wird);
- die Entgegennahme eines Ehrendoktortitels von Elizabethtown-College 1991 (Roland begleitete mich dorthin; wir sahen die alten Freunde wieder und litten mit ihnen gemeinsam unter der aufreizenden Unbefangenheit der etwa 200 Absolventen und ihrer Angehörigen, die am Commencement Day mein Publikum waren; der Golfkrieg war seit zwei Monaten beendet, und ich antwortete einem gedachten Befürworter der gegen Saddam angewandten Gewalt mit der Lehre, die ich selbst vor 41 Jahren in Elizabethtown empfangen hatte: »Our endeavour, our phantasy, our sacrifices for a peaceful solution must increase in the same proportion as the means of instrumentalized cruelty and dehumanization have increased«; hier machte sich Unruhe bemerkbar, die mich hinzufügen ließ: »I do not see that mankind is willing to accept this answer«; wie höflich ich war, als ich »mankind« sagte statt »you«, schienen die jungen Leute in *cap and gown* gar nicht zu merken);
- eine Einladung an die Tokai-Universität 1991 in Tokio, vor der ich zusammen mit Konrad Schily über »Kreativität« reden sollte (auf der vierstündigen Autofahrt in klimatisierter Limousine vom Flughafen zum Hotel wurde mir klar, dass man in Japan nicht so sehr »Kreativität« als vielmehr äußerste Disziplin braucht, zum Beispiel um diese Stadt auszuhalten; rätselhaft blieb freilich, woher die Japaner dies wussten, als sie vor 2000 Jahren begannen, diese Tugend auszubilden);
- der Besuch der Olympischen Spiele in Barcelona 1992 als Mitglied eines von Willi Daume zusammengestellten Komitees für Fair Play, zu dem außer mir Olaf Henkel und Richard von Weizsäcker gehör-

ten (dass Fair Play eine Public-Relations-Unternehmung der Sponsoren war, ging mir zu spät auf, der gutmütige Daume hat es wohl nie begriffen; den Sitz in der Ehrenloge habe ich gleichwohl uneingeschränkt genossen);
- ein internationaler Kongress über »Erziehung zur Demokratie« in Jerusalem 1993 (meine Hörerschaft war klein: 20 Personen statt der 200, die andere *keynote speakers* hatten, aber sie bestand aus so wunderbaren alten Juden wie Yehoyakim Cochavi, einem geborenen Berliner, seit 1938 Lehrer in einem Kibbuz, der mir einen ergreifenden Bericht über seinen Retter »Schuschu«, Joachim Simon, anvertraute; ich konnte ihn in der Neuen Sammlung unterbringen);
- ein Jubiläumsvortrag am Humboldt-Gymnasium in Lima 1997 (hier lebten nicht nur zwei Lindenberg-Schwestern mit ihren Kindern, hier lockten mich die fünf Gestalten, die die Brücke von San Luis Rey in den Abgrund riss und die niemand vergisst, der von ihnen in Thornton Wilders Roman gelesen hat: Doña María Marquesa de Montemayor mit Pepita, Uncle Pio mit Jaime und Esteban ohne seinen Bruder Manuel; ich fand keine Spur mehr von ihnen, auch nicht den Palast der Camila Perichole, nur ein Emailleschild an der Mauer einer riesigen Brauerei verkündete, dass hier einst ihr »Haus« gestanden habe);
- die Übersetzung von Elisabeth Siftons Kindheitserinnerung »Das Gelassenheits-Gebet« im Jahr 2001 (es hat mich größere Mühe gekostet, ihr Urteil über meinen Kollegen Theodor Wilhelm zu mildern, als ihren wunderbaren Text ins Deutsche zu bringen).

Dies alles habe ich eher spielerisch absolviert und einiges auch literarisch verarbeitet.

So auch die Wanderung mit meinen Brüdern durch die Mark Brandenburg im Sommer 1998. Mein Verleger Erhard Friedrich hatte mir dazu einen knorrigen Schirmstock geschenkt und der Neffe Roger machte die Quartiere mit Hilfe seines Computers, trug auch den einzigen Rucksack, den wir vier Männer für den vierzehntägigen Fußmarsch brauchten; der führte uns über Landin zum Stechlin-See und weiter nach Templin, Hohenlychen und Neu Temmen und war pure Nostalgie, pure Schau- und Bewegungsfreude. Wo immer wir Pause machten, las einer von uns den anderen aus Fontanes Stechlin-Roman vor. Reisen pur, das heißt ohne Auftrag, waren 1990 schon die zu Ivan Illich nach Cuernavaca und zu Eva Meinerts nach Mbandaka im Kongo gewesen – beide in »Fahrten und Gefährten« wiedergegeben.

Ernsteren Einsatz forderte die Darstellung von »›Weltethos‹ aus der Sicht des Pädagogen« für Hans Küng; sie fiel, weil kritisch, auch umständlich aus. Mit voller Kraft und großer Leidenschaft warf ich mich in die Rettung von Hermann Francks »Tagebuch für Hugo«. Der Hanser Verlag bat mich um mein Urteil des schon von ihm auf die Hälfte gekürzten Manuskripts. Ich las das ungekürzte und schrie auf: Hiervon dürfe nicht eine einzige Zeile gestrichen werden. Man folgte meinen Argumenten – unter der Bedingung, dass ich aus ihnen eine Einführung in das Buch mache. Daraus wurde die längste unter den vielen, die ich geschrieben habe: über 50 große Druckseiten. Auf den ihr folgenden 550 Seiten schreibt ein Berliner Bürger in der Mitte des 19. Jahrhunderts täglich nieder, was sein zunächst siebenjähriger Sohn Hugo, ein liebenswerter und hochbegabter Junge, sagt und tut – in ebenso intelligenter wie verzweifelter Reaktion auf die erdrückende pädagogische Fürsorge des Vaters. (Nebenbei stellt er dem Joachimsthalschen Gymnasium schon damals ein ebenso schlechtes Zeugnis aus, wie das mein Vater fünfzig Jahre später tat.)

Ich zögere nicht zu sagen: Hermann Francks Buch ist nicht nur das erschütterndste *document humain* meiner alten Tage, sondern auch das heilsamste. Das tragische Ende, das Vater und Sohn finden und das so rätselhaft bleibt wie der Tod von Kaspar Hauser, darf diese Wirkung nicht überdecken. In meiner Zunft ist nichts nötiger als der Zweifel an unseren pädagogischen Wohltaten, den dieser Bericht uns einpflanzt.

Im gleichen Jahr, in dem ich mich ihm widmete, habe ich dem anderen Verleger Erhard Friedrich »Meine deutschen Gedichte« als Geburtstagsgabe dargebracht. Hierin liegt mehr Hilfe für junge Menschen bereit als in hundert Lehrbüchern, Ratgebern und pädagogischen Traktaten.

Im gleichen Jahrzehnt habe ich fünf größere politische Einsätze geleistet:

Am 12. Dezember des Jahres 1991 haben sich in Dortmund auf Einladung des Innenministers des Landes, Herbert Schnoor, etwa zwanzig Personen – überwiegend Vorsitzende, Präsidenten, Geschäftsführer wichtiger gesellschaftlicher Organisationen – versammelt, um zu beraten, wie sich das öffentliche Bewusstsein zum Schutz der unter uns lebenden ausländischen Gäste und Mitbürger mobilisieren lasse und wie gleichzeitig Fremdenhass und Bereitschaft zu Gewalttätigkeit »in the minds of men« bekämpft werden könnten. Als abzusehen war, dass dabei wieder nur ein Appell herauskommen würde, setzte ich dafür einen Text auf, der die Schwäche dieses Mittels wenigstens ehrlich bekannte, so dass die Sache damit nicht ihr Bewenden haben konnte. Auf den dreizehn Seiten standen Sätze wie

– Aufrufe sind Bitten um *Mit*hilfe durch Bürgerinnen und Bürger und beginnen also mit einer Selbstverpflichtung.
– Eine Selbstverpflichtung bewährt sich in Handlung; ihre Tauglichkeit zeigt sich daran, dass sie angibt, welchen Weg man zu gehen bereit ist.
– Mangel an Handlungsmöglichkeit scheint für die Mehrzahl der Menschen in unserer Gesellschaft ein größeres Problem zu sein als der Mangel an Mitteln und *good will.*
– Die verständnisvolle Aufnahme von ausländischen Gästen und Mitbürgern ist eine uns allen unmittelbar zugängliche Aufgabe.

Mit dem zwölf Seiten langen Text hatte ich auch eine Stärkung der Kirchengemeinden im Sinn, die Asylanten Schutz vor Abschiebung gewährten. Herbert Schnoor gab sich große Mühe nicht nur mit der Prüfung der Einzelfälle, sondern auch mit der Beantwortung von kritischen Eingaben und Forderungen. Ich war einer von denen, die ihm zusetzten. Da ich selber mehrfach bei einer solchen Gemeinde in Lendringsen zu Gast war und »genaue Kenntnis der Lage von XY« beanspruchte, machte ich es dem gewissenhaften Innenminister schwer. Seine kluge Antwort hierauf war die Einrichtung eben dieses »runden Tischs« zur »Ausländerfeindlichkeit und Gewaltbereitschaft«. Das mäßigte meine Formulierungen:

– Die Gewährung von Asyl zeichnet eine zivilisierte Gesellschaft aus. Das Asylrecht ehrt diese. Der Weg ins Asylantentum ist bei uns klar geregelt. Darum wird er auch von vielen beschritten, die aus anderen Gründen als den dafür geltenden zu uns kommen.
– Nur wer für die anderen Zuwanderer auch Möglichkeiten bereithält, wird einem Missbrauch des Asylrechts durch diese vorbeugen.
– Die Bundesrepublik Deutschland ist ein Einwandererland …

- Wir bejahen und fördern Freizügigkeit in der ganzen Welt, insbesondere in den angrenzenden Staaten Europas und des ehemaligen Sowjetimperiums; wir werden die Folgen davon zu spüren bekommen; wir werden, wenn wir vernünftig sind, sagen: Dies ist der Preis dafür, dass wir nicht ständig in der Angst vor einem vierten – atomaren – Weltkrieg leben müssen. Wir werden den Preis also willig zahlen.
- Deutschland ist selber in früheren Jahrhunderten ein Einwandererland gewesen. Die Integration war auch damals ein Problem; dieses aber hat man jeweils nach zwei Generationen schon fast vollkommen vergessen.
- Dass Deutschland umgekehrt meist ein Land war, aus dem die Menschen in Zorn und Unglück ausgewandert oder verjagt worden sind, sollte uns stolz darauf machen, dass es heute eine Zufluchtsstätte für Verfolgte geworden ist. Allen, die mühevolle Folgen hiervon auf sich nehmen, ist Wohlwollen und Unterstützung zu gewähren.

Am Ende bekräftigte ich noch einmal, was die Politik tun könne und müsse und was den Bürgern möglich sei: freundlicher Umgang, persönliche Zuwendung, Schutz- und Hilfeleistung, wo das nötig ist, und teilen, teilen, nochmals teilen.

Nicht weniger wichtig war mir meine notwendig bescheidene Rolle in den Expertenanhörungen zum Holocaust-Denkmal im Berliner Staatsratsgebäude. Ich setzte mehr auf das Wort als auf gestaltete Steinmassen und habe das 1999 auch in einem Artikel in der ZEIT begründet. Richard Schröders Wort-Vorschlag »Du sollst nicht töten« sah von all den Grausamkeiten ab, die diesseits der Tötung geschehen waren, überzeugte mich also nicht, setzte aber einen Maßstab für die hier geforderte Einfachheit und Prägnanz. Mein »Dies konnte geschehen, weil Menschen Menschen nicht zu Hilfe gekommen sind« versagte in einem entscheidenden Punkt: »Dies« musste gewusst werden, darzustellen oder auch nur zu bezeichnen war es nicht. Ich hatte mir ausgemalt: Ein Stein, auf dem die Namen der KZs und Vernichtungslager eingemeißelt seien, könne »Dies« wenigstens symbolisieren. Die Lösung von Peter Eisenman habe ich nachdrücklich unterstützt, nachdem die Entscheidung für die allgemeine Richtung gefallen war; die Beschränkung auf die Juden habe ich ebenso nachdrücklich bedauert.

Als die Entschädigung der Zwangsarbeiter nach 45 Jahren immer noch ausstand und die Unternehmen, die die Zwangsarbeiter beschäftigt hatten, sich hinter juristischen Argumenten verschanzten oder einfach schwiegen, habe ich einen »Aufruf an alle Deutschen« aufgesetzt, der mit dem Satz endete:

> Dass wir die Zwangsarbeiter überhaupt für ihr Leid entschädigen können, lässt sich bezweifeln. Dass man ihr Leid als Leid anerkennt, dass man das ihnen zugefügte Unrecht Unrecht nennt und dass man dafür um Vergebung bittet, wie das der Bundespräsident in unser aller Namen getan hat, ist notwendig und gut. Wir folgen ihm hierin.
> Wir Unterzeichner aus der alten Generation bitten alle Deutschen:
> - Beteiligen Sie sich an dieser Geste der Anerkennung des Leidens, das den Zwangsarbeitern im Namen des deutschen Volkes angetan worden ist.
> - Zahlen Sie dazu einen Betrag an die Stiftung »Erinnerung, Verantwortung und Zukunft« [Bundeskasse Bonn, ...], der nicht von der Steuer abgesetzt werden sollte.
> - Fordern Sie auf dem Überweisungsformular, dass Ihr Beitrag innerhalb der nächsten sechs Monate an die Opfer ausgezahlt wird.
>
> Wenn jeder erwachsene Deutsche 20 DM zahlte, ergäbe das 1 Milliarde Mark. Er opferte nicht mehr als zwei Kinobesuche.

Es gelang mir, Günter Grass und Carola Stern zu gewinnen, den Aufruf mit zu unterzeichnen, und die Frankfurter Rundschau hat ihn abgedruckt. Nach einem halben Jahr konnten wir zwei Millionen, die so zusammengekommen war, der Stiftung »Erinnerung, Verantwortung und Zukunft« überweisen – weit entfernt von der 1 Milliarde, die an der Gesamtsumme fehlte. Einem deutsch-amerikanischen Abkommen zufolge sollte die deutsche Wirtschaft 5 Milliarden aufbringen, die deutsche Bundesregierung weitere 5 Milliarden dazulegen. Bei dem »deal« ging es – beschämend genug – vornehmlich darum, in den USA weitere gerichtliche Klagen gegen deutsche Firmen abzuwehren. Im STERN durfte ein Redaktionsmitglied »gegen« den Aufruf schreiben: Er sei »romantisch, um nicht einfach zu sagen: dumm«, denn der einzelne deutsche Bürger zahle ja mit den 5 Milliarden des Regierungsanteils schon sehr viel mehr als 20 DM; alles, was darüber hinausgehe, entlaste nur die säumige Wirtschaft. Andere beschimpften uns als Schlappschwänze. Oder sie hielten uns vor: Solche »Reparationen« könne nur ein Friedensvertrag festlegen. Oder: Folge man dem Prinzip des Aufrufs, hätten die USA ungeheure Summen an Schwarzafrika zu zahlen – und so fort. Also bitte: »Endlich Schluss mit der deutschen Selbstbezichtigung!«

Mein strapaziösester Einsatz in einer Angelegenheit der Polis galt der Rechtschreibreform. 1996 legte die Zwischenstaatliche Kommission für die Rechtschreibreform – sie war 1990 von den deutschen Kultusministern und ihren Kollegen in Österreich, der Schweiz und Luxemburg eingesetzt worden – ihr neues Regelwerk vor, das die deutsche Geisteswelt zu einem Aufschrei der Empörung veranlasste (nicht die Schulen, um die es eigentlich ging, die aber sich zu fügen gewohnt sind). Die Reformer schlugen einige gleichsam »flächendeckende« Lichtungen im Gestrüpp der nunmehr »herkömmlich« genannten Rechtschreibung und verordneten aufgrund eines falschen Prinzips viel groben Unfug. Das falsche Prinzip hieß »vereinfachen«, wo allein »stimmig machen« dem Auftrag entsprochen hätte. Die Reaktion auf die schädliche staatliche Verschlimmbesserung unserer Rechtschreibung war zunächst so irrational, dass ich ihr mit gleicher Heftigkeit entgegentrat wie den Reformern. Statt über die einzelnen Regelungen zu streiten, legte ich Prinzipien vor, denen jede – auch die künftige – Regulierung der Rechtschreibung zu folgen habe. Die Druckfassung meiner »14 Punkte zur Beendigung des Rechtschreib-Kriegs« kam »zu spät«, wie eine zupackend berichtende Zeitung schrieb, weil die Kultusministerkonferenz inzwischen eingelenkt und einen Rat für Rechtschreibung eingerichtet hatte. »Durchaus nicht zu spät«, meine ich, wenn diese Einrichtung fortbesteht, die Relikte des Reformirrtums weiter beseitigen hilft und insbesondere in Zukunft die notwendigen Anpassungen sorgfältig und behutsam vornimmt. Glaubten mit mir viele (auch meine Deutsche Akademie für Sprache und Dichtung, in deren Sprachkommission sich mein Eifer austobte), man werde »einstweilen« mit einem Kompromiss leben müssen, so werden sie lernen, dass die Rechtschreibung selbst ein permanenter Kompromiss ist – ein heikler Ausgleich zwischen Gebrauch und Gesetz, zwischen Plastizität, die die Ausdrucksmöglichkeiten erweitert, und Festigkeit, die die Verständigung sichert. Ja, ich behaupte, mein Encheiridion vom Herbst 2004 habe eigentlich erst durch die Schaffung des Rechtschreib-Rats den richtigen Adressaten bekommen.

Im Frühsommer 2001 rief mich Annette Schavan, damals Kultusministerin von Baden-Württemberg, an und bat mich um ein Gespräch – sie sei gerade in Berlin. Wir verabredeten uns zum Frühstück in ihrem Hotel, redeten lebhaft und einträchtig, vergaßen dabei Tee und Kaffee – und ich wenigstens vergaß auch, dass es doch sicher um Politik ging. Am Ende bekannte Frau Schavan den Zweck der Zusammenkunft. Ihr Ministerpräsident habe ihr ein Geschenk gemacht: einen eigenen Bildungsrat. In diesen wolle sie mich berufen, nicht jedoch ohne mich vorher persönlich kennen gelernt und gefragt zu haben. Ich: Meine Beteiligung hänge vom Auftrag und von der Zusammensetzung dieses Gremiums ab. Sie: Ihr gehe es darum, zwei- bis dreimal im Jahr an einem angenehmen Ort mit kundigen Menschen über die in der Bildungspolitik anstehenden Fragen offen, und das heißt ohne Öffentlichkeit, zu reden. Sie stelle sich vor, dass sich die Runde aus drei Persönlichkeiten der älteren Generation, drei aus der jüngeren zusammensetze. Die Letzteren, die sie mir nannte, kannte ich alle nicht. Es waren immerhin zwei Frauen darunter. Die Älteren sollten Ralf Dahrendorf, Hartmut von Hentig und Ministerpräsident Teufel sein, der sich selber um diese Stelle beworben habe. Allein schon der letztgenannte Umstand hätte mich zu einer Zusage bewegen können: Es steht gut um ein Ressort, in dessen Dienst sich der Chef der Regierung selber stellt. Auch Annette Schavan wird mit dem Gebilde nicht glücklich gewesen sein, das am Ende als »Bildungsrat Baden-Württemberg« herauskam: 27 ordentliche Mitglieder, dazu der Staatssekretär, mehrere Ministerialbeamte, ein Protokollant und jeweils Fachleute, die das zu besprechende Problem darlegten. Meine Vorstellung, der Bildungsrat diene dazu, die Ministerin gegenüber ihrem eigenen Haus zu stärken, mag auch die ihre gewesen sein. Nun war zunächst ein Paradefeld für den Aufmarsch der verschiedenen Interessengruppen und Institutionen entstanden, und erst nach einem Jahr etwa waren wir das, was der interessierte Bürger sich unter dem Namen Bildungsrat vorstellen mochte: ein Dutzend erfahrene und engagierte Menschen streiten um die beste, jedenfalls um eine bessere Lösung eines bestimmten pädagogischen Problems. Die »Großkopfeten« kamen schon nach der zweiten Sitzung nicht mehr, und die wackeren

Arbeiter im Weinberg der Bildung trugen der Weinbergsbesitzerin gerne zu, was sie in der Kiepe hatten: weil sie diese Ministerin und ihre Arbeit zu schätzen wussten. In meiner Kiepe war die fast 50 Seiten lange Einführung in den vierteiligen »Bildungsplan 2004«. Diesen Dienst im Lager der CDU hat mir niemand verargt. Auch ich selbst nicht, obwohl er mich von meiner Memoiren-Arbeit abhielt und mehr meinem Pflichtgefühl als meinen Gaben und Neigungen entsprach.

Die Rede zum 70. Geburtstag von Anne Frank in der Paulskirche, die erste Marbacher Schiller-Rede, die »26 Briefe an Tobias« waren jedenfalls gemessen daran die reine Lustbarkeit – und die Aufräumarbeiten (ich denke an die Bilanz meiner Schulprojekte nach 25 Jahren mit dem Titel »Rückblick nach vorn« und die Zusammenstellung meiner Reiseberichte »Fahrten und Gefährten«) sind ja laut FAZ-Fragebogen ohnehin meine Lieblingsbeschäftigung.

Fragte mich einer: »Wie lebt es sich jetzt?«, ich antwortete ihm ohne Pathos: »Auf's Ende zu.« Oder auch: »Das Alter ist eine unverhofft schöne Lebenszeit – jedoch ohne Erwartung.« Den Wunsch, ich müsse nicht noch mehr meiner Freunde vor mir gehen sehen, äußere ich nur gehemmt. Er klingt selbstlos und ist doch egoistisch. Von 1990 an starb jedes Jahr mindestens ein mir besonders wichtiger Mensch: Hans Paeschke, Johanna Harder, Axel von dem Bussche, Hellmut Becker, Golo Mann, Hannes Willisch, Ernst Klett, Ivan Illich, meine leibliche Mutter – wie um mich im Abschiednehmen zu härten. In fast all den Fällen habe ich einen Nekrolog gesprochen oder geschrieben und mir dabei gezürnt, dass ich die bezeugte Dankbarkeit und Liebe nicht schon vorher, zu Lebzeiten des Toten, ausgebracht habe, wie ich es nun tat, da dies ihn nicht mehr erreicht und erfreut.

Als Carl Friedrich von Weizsäcker 90 Jahre alt wurde und man mich bat, in der Bayerischen Akademie der Künste eine Festrede auf ihn zu halten, habe ich mich gefreut, dass mir diese Aufgabe zuteil wurde, obwohl es Menschen gibt, die sein Werk besser würdigen können als ich. Ich nahm mir vor, eine Rede zu halten, die vornehmlich ihm wohltut, nicht die, die die Welt erwartet. Sie hat ihm wohlgetan – ich konnte es sehen. Er saß keine fünf Meter von mir entfernt, und ich musste, weil die Lautsprechanlage versagte, sehr laut und sehr langsam sprechen, ich hatte also Zeit aufzusehen und mich meinerseits an seiner Freude zu freuen. Das war im Sommer 2002. Er war nicht nur ganz präsent, er hat selber eine kleine Ansprache gehalten, die die Tugend aller seiner Äußerungen hatte: Deutlichkeit, Anschaulichkeit und Maß.

Ich habe ihn fortan alle sechs Monate etwa einmal besucht. Nach drei Jahren war er plötzlich nicht mehr »präsent«. Als ich mein Kommen ansagte, war eine Pflegerin am Apparat. Ich fragte, welche Zeit hierfür am günstigsten sei. Sie sagte: »Es ist ganz gleich – Sie werden es selber sehen.« Es war ein sehr heißer Sommertag. Genute Lipnickiene, die Litauerin, die Carl Friedrich von Weizsäckers Haushalt und ihn selber versorgt, öffnete die Tür. Ja, sie sei es, mit der ich telefoniert hätte. Ich stellte meine Reisetasche ab. Die Frau – etwa 45 Jahre alt, ein gutes Gesicht, forschende Augen – ging mir voran in Carl Friedrichs Schlafzimmer. Er lag dort in einem Krankenhausbett mit Kran und elektrischer Hebevorrichtung und ganz aus Holz – lag in der Haltung eines aufgebahrten Toten, die Hände auf der Brust übereinandergelegt, das seidige weiße Haar kurz geschoren, die Augen geschlossen. Die Gesichtszüge waren scharf und geglättet – so als hätte der Verfertiger dieser Skulptur alle Falten und alles Fett herausgestrichen. Er atmete regelmäßig.

Die Frau wischte ihm Stirn und Augen, wohl in der Hoffnung, er werde erwachen. »Papa, es ist ein Freund gekommen!« Nach einer Weile wiederholte sie den Satz mit größerem Nachdruck. Nun trat die osteuropäische Aussprache deutlich zutage. »Es ist sehr heiß,« sagte sie, als müsse sie seine Reglosigkeit entschuldigen. An anderen Tagen sei er um diese Zeit meistens wach. Dann ging sie hinaus, um mir einen Kaffee zu bereiten. Ich war stehen geblieben, weil ich Carl Friedrich so besser ins Gesicht schauen konnte, ja auch, weil sein Blick mich so eher treffen würde, wenn er die Augen aufmachte. Ich brauchte ein Taschentuch und wäre gerne in die Garderobe zu meiner Jacke gegangen, aber ich fürchtete diesen entscheidenden Moment zu versäumen.

Als die Frau nach zehn Minuten mit einem kleinen, liebevoll bestellten Tablett zurückkehrte, waren die ersten Tränen schon verlaufen. Mein Blick hatte sich auf seinem Gesicht auszuruhen begonnen; ich nahm die Kaffeetasse in die Hand, dankte für die umsichtige Bedienung und fragte nach Carl Friedrichs Gewohnheiten. Er liege die meiste Zeit so wie jetzt; man könne die Rückenlehne mühelos verstellen; stünde sie steiler, könne er hinaussehen; sie frage ihn, ob er dies wolle, und er antworte mit ja oder nein; eigene Wünsche äußere er nicht; aber er verstehe alles, wenn er wach sei. Dreimal in der Woche komme die Krankenschwester; zu zweit höben sie ihn auf den Rollstuhl und führen ihn in den Garten. Da sitze er dann zwei oder drei Stunden. Dann wolle er wieder ins Bett. Ob er viel Besuch erhalte? Sie zählte auf, wer in den letzten Wochen alles dagewesen sei – fast an jedem Tag ein anderer; nur der Herr B., der in der Nähe wohne, erscheine täglich.

Ich betrachtete Carl Friedrichs Gesicht systematisch – die eingefallenen, leicht umrandeten Augen, die so schmal gewordene Nase, den etwas geöffneten Mund –, als könne ich, ohne die Frau zu fragen, herausfinden, ob ihm Besuch angenehm sei. Er blieb unverändert in sich gekehrt, fern. Als ich wieder aufschaute, hatte uns die Frau taktvoll und leise verlassen. Ich setzte mich auf den bereitgestellten Stuhl und begann nach einer Weile mit ihm zu reden. So hatte ich es mit Martin Bonhoeffer getan, der in einem nicht endenden Wachkoma lag. Ich sei wieder in München bei der Mitgliederversammlung des Goethe-Instituts – wie vor einem halben Jahr. Da hätten wir noch im Wohnzimmer gesessen und die eigentlich verbotenen Asbach-Pralinen gegessen. Es sei kalt gewesen. Weit draußen auf der Wiese hätten zwei Rehe im ersten Vorabendnebel gestanden. Auch heute und von diesem Zimmer aus sei der Ausblick wunderschön, vorn der sanft abfallende Rasen mit dem kleinen steinernen Vogelbecken, dahinter die Wiese, wie es sie nur im Alpenvorland gebe, begrenzt durch den sattgrünen Wald vor den hohen Bergen im blauen Dunst. Er kennt das Bild ja, aber er soll wissen, dass auch ich es sehe, dass es mich freut. Ich sage: »Wie schön, dass du hier sein kannst in deinem Haus und in dieser verwunschenen Stille.« Die Kinderstimmen, die man gelegentlich hört, machen sie vernehmbar.

Eine Amsel flog mehrfach vom Holunderstrauch herüber zum Haus. Ob sie wohl über der halb heruntergelassenen Jalousie nistet? Ich erzählte Carl Friedrich von der Amsel, die in diesem Frühjahr ihr Nest auf meinem Berliner Balkon gebaut hat.

Ich habe eine gute Stunde so vor mich hin geplaudert. Die Frau kam wieder. Sie lobte mich. »Die meisten sitzen nur still da und gehen dann bald wieder weg.« Sie stellte die Lehne hoch, um ihm Wasser einzuflößen. »Zehn Becher am Tag,« sagte sie mit einem Anflug von Unmut in der Stimme. Carl Friedrich, die Augen noch immer fest geschlossen, presste nun auch die Lippen und die Zähne zusammen. Um die Augen verzog sich die glatte Haut. Aus der Maske wurde für Augenblicke ein belebtes Gesicht. »Bitte, Papa, trinken!« Die Frau versuchte sanft, aber beständig den Becher-Schnabel in seinen Mund zu drücken. Carl Friedrich widerstand. Verständnis heischend wandte sich die Frau zu mir: »Ich *muss* versuchen.« Die Schwester habe das angeordnet; sie zeigte mir die Liste, die sie darüber führte. Ich versuchte sie zu trösten: »Später wird er von allein etwas trinken wollen. Lassen Sie ihn doch jetzt ...« und hatte Erfolg. Vielleicht hat sie ihn nur für mich wecken wollen. Aber er war ja wach! Man sah es an der Abwehr. Man konnte es auch wahrnehmen, wenn er mit der rechten Hand im linken Ärmel einen Juckreiz beantwortete. Dieses Wachsein bedient den Körper. Eines Bewusstseins bedarf es dazu nicht. Die Frau ging wieder.

Ich habe nach einer Weile meine Hand auf Carl Friedrichs Schulter gelegt. Dabei kam mir die Erinnerung an einen Spaziergang in Elizabettown, USA. Ich war unglücklich und er legte seine Hand auf meine Schulter – wortlos, weil da nichts zu sagen war. Wie jetzt.

Die Frau kam nach einer halben Stunde wieder. »Sie reden nicht mehr? Dann kann er Sie auch nicht hören.«

Als wir allein waren, fing ich wieder an: Es müsse ihm wohltun, dass er jetzt zu Füßen des Aristoteles liege – der vierzehnbändigen, rot eingebundenen Ausgabe von W. D. Ross. Und daneben gleich die dicken grauen Bände von Georg Picht! Meine Augen suchten nach Platon, trafen aber nur auf Kant, Leibniz, Hegel ... Unsere gemeinsame Lektüre der »Politeia« und des »Timaios« im Jahre 1962 kam mir in den Sinn, unser Gespräch über die auserwählten Seelen, über die gespaltene Seele, über die Unsterblichkeit der Seele. Immer hätte ich dieses so stark vom Christentum geprägte Wort in die Aufklärung hinübergerettet, aus der Seele »Bewusstsein« gemacht. Carl Friedrich habe widerstanden. Keine vorschnelle Begrifflichkeit! – Wie und wo sich seine Seele jetzt befände – wie gern würde ich das jetzt mit ihm besprechen. Ich sagte es auch, aber was ich sagte, schien ihn ebenso wenig zu erreichen wie meine Erinnerungen an unsere damaligen gänzlich unphilosophischen Seelenerlebnisse: die Achterbahn-Fahrt auf einem Vergnügungspark bei Boston, das Mörderspiel in der Bunsenstraßen-Wohnung, das wunderbare Fest in diesem Haus aus Anlass seiner und Gundis diamantenen Hochzeit.

Dann kam eine plötzliche Unruhe über ihn. Eine Sekunde – nicht länger! – riss er seine Augen auf, sah mich und schloss sie wieder. Er legte seinen Kopf auf dem Kissen zurecht und blieb bis zu meinem Aufbruch in unveränderter Ruhe.

Wenige Minuten bevor ich fort musste, kündigte ich ihm dies an: »Carl Friedrich, meine Besuchszeit ist um. Dies aber möchte ich noch sagen: Sechzig Jahre lang kennen wir uns. In all dieser Zeit habe ich deine großen Gedanken bewundert, bin von deinen Urteilen, Fragen und Zweifeln geformt worden, habe für die Maßstäbe gedankt, die du mir gesetzt, die Aufmerksamkeit, die du mir geschenkt hast. Jetzt zieht sich dein Geist zurück. Es bleibt mir nur dies – dich zu umarmen.« Ich habe es getan und bin gegangen, wissend, dass ich ihn vielleicht noch einmal wiedersehen und dann auch wohl wieder *zu* ihm sprechen werde, wie an diesem Tag, nie wieder jedoch *mit* ihm sprechen. Mein Taschenkalender sagt, ich sei am 27. Juni bei ihm gewesen: Der 28. Juni war sein Geburtstag.

»Fast« von allen genannten Freunden habe ich mich mit einer Rede verabschiedet – nicht von Ivan Illich. Die Trauerfeier fand in einer Kirche im Norden Bremens statt. Wenigstens die Hälfte des Jahres hatte Ivan bei Barbara Duden gelebt und aus ihrem Haus ein Muster der *convivial society* gemacht, die er der *industrial*, aber auch der *political society* entgegenhielt – geistig und materiell. Seine und Barbara Dudens Freunde gingen dort aus und ein, ob gerade »geladen« oder nicht; zu bestimmten Zeiten wurde eine große Tafel gedeckt, es gab Brot und Wein und Käse; gelegentlich brachte einer einen Eintopf mit. Wer übernachten musste, fand ein Kämmerlein und eine Koje für sich hergerichtet. Die Stunden, in denen Ivan für ein Gespräch bereitstand, waren genau ausgemacht, und auch, wann er seinen Gast am Lesen des Breviers oder an der Einnahme des Opiums beteiligte, mit dem er seit Jahren die Schmerzen seiner Krebsgeschwulst unterdrückte. Jeden dritten Abend versammelte er seine Studenten, um mit ihnen an seinen großen Themen weiterzuarbeiten. Da er hier und nicht in seiner eigentlichen Heimat, in Cuernavaca, gestorben war, wurde er hier begraben. Die Kirche war mit Freunden aus aller Welt gut gefüllt und der Programmzettel mit der Abfolge ihrer Reden auch. Was ich zu sagen hatte, musste ich – das war mir klar – draußen am Grab und kurz sagen. Der Friedhof war von erhabener Trostlosigkeit, eine Gräberkolonie für protestantische Kleinbürger, die Wege schmal, nur die Spitze der »Trauergemeinde« erreichte das ausgehobene Loch, an dem sich seine beiden Frauen, Valentina Borremans und Barbara Duden, gegenüberstanden. Die erste war aus Cuernavaca herbeigeeilt und hatte verzweifelt und vergeblich darum gekämpft, dass Ivans Leiche nach Mexiko überführt werde. Zornig und einsam überstand sie die Zeremonie. Als ich spät an das Grab herantrat, fielen wir uns in die Arme. »Il n'est pas bien ici!« war alles, was sie mir ins Ohr sagte. »Il faut l'enlever – dans nos cœurs«; – in der Hilflosigkeit dieser Worte ertrank meine kleine Rede, in der ich wenigstens mit ihr meine Trauer hätte heilen können.

Dass ich mit dem eigenen Leben zufrieden bin, erkläre ich zu einem großen Teil aus der Bewusstheit, mit der ich die Verluste hinnehme (also nicht nur »erleide«), zu einem nicht geringeren aus der Tatsache, die ich die natürliche Schrumpfung des Menschen im Alter nenne. Meine Schwerhörigkeit, die ich stets für eine kränkende Menschenrechtsverletzung gehalten habe, beginnt Teil von mir zu werden: Sie ist meine nunmehr gültige Grenze. Sie bewahrt mich vor dem Besuch geräuschvoller Versammlungen und Partys, die ja auch für den gut Hörenden kein wirklicher Gewinn sind. Auch mit meinem ständig versagenden Gedächtnis für eben noch Wahrgenommenes, eben Beschlossenes, eben Gedachtes hadere ich immer weniger. Ich verlange nicht mehr von mir, dass ich alles plangerecht, schnell und effizient erledige.

Vielleicht hängt meine Vorliebe für Filme damit zusammen. Ich muss nicht sonderlich aktiv sein, um sie aufzunehmen; sie fordern nicht die Mitarbeit eines (guten) Buches. Im Fernsehen sehe ich die Filme noch lieber, weil mir ein besonderes Gerät den Ton direkt ins Ohr leitet. Im Kino verstehe ich von diesem weniger als die Hälfte. Dass Gerold und ich uns morgens beim Frühstück vorlesen lassen – ursprünglich eine halbe Stunde vom Radio, jetzt fast ebenso lang von CDs –, hängt mit der dritten Altersbeschränkung zusammen: Das Lesen fällt dem Auge schwer und dauert sehr lang; ich vergesse darüber den Zusammenhang und muss eine Passage oft zweimal lesen, weil die Aufmerksamkeit so oft kippt. Der Vorleser geht über diese Schwäche einfach hinweg.

Ich muss zugeben, dass diese Umstände mein Urteil über die Kunstgattungen beeinträchtigten. In unserer Couche muss man sich zum

Buch »bekennen«. Wer dem Film gleichen Rang zuspricht, kann nicht mehr ganz ernst genommen werden, wird allenfalls – wie ich von meiner Schwester Helga – bedauert. Ich wage gleichwohl den Satz: Der Film bringt Kunstwerke allerhöchsten Ranges hervor, nicht zuletzt weil er – selbst bei *low budget* – einen gewaltigen Aufwand verlangt, der die Filmemacher, wenn auch nicht vor schlechtem Geschmack, so doch vor Leichtsinn und Pfusch bewahrt. Mühelos schüttele ich für die dreizehn Jahre, die ich nun in Berlin lebe, dreizehn Titel von Filmen aus dem Ärmel, die in dieser Zeit entstanden sind und die jedem Erzeugnis der in der gleichen Zeit mit dem Büchner-Preis ausgezeichneten Dichter an Bedeutung und Wirkung gleichkommen: Seit Otar fort ist / Hejar / Zeit der trunkenen Pferde / Perfect World / The Royal Tenenbaums / Die Invasion der Barbaren / Schultze Gets the Blues / Brassed off / The Straight Story / Road to Perdition / Jenseits der Stille / Aus der Mitte entspringt ein Fluss / Die Rückkehr / Was vom Tage bleibt / Nobody knows … Ich nehme außerdem wahr, dass es allen Mäklern und Zweiflern zum Trotz gelungene Verfilmungen von großen Romanen gibt: Der Stechlin / Slaughterhouse 5 / Von Mäusen und Menschen / Felix Krull (gleich zweimal!) / Tadellöser & Wolff / Radetzkymarsch … Von jener neuen Gattung zu schweigen, die Dokumente und Spielfilmszenen mischt: Die Manns / Die Wannseekonferenz / Das Himmler Projekt / 11'09"01 – September 11 … In dieser Frage habe ich »gut reden«. Da die guten Filme meist sehr spät gesendet werden, nehme ich sie auf Video auf. Ich verfüge inzwischen über eine stattliche Sammlung von annähernd 400 Filmen – die Auslese aus über dreißig Jahren.

Aller Defizienz meines Gehörs zum Trotz bleibt die Musik mein beglückendstes Erlebnis. Mit Gerold höre ich Schütz, mit Frank höre ich Schubert, mit beiden Mozart – und allein die späten Klaviersonaten von Beethoven, deren überwältigende Dringlichkeit der unvergleichliche Artur Schnabel für mich mildert, indem er sie meistert.

Auch die Nachrichten und die Kommentare kluger Leute zum Weltgeschehen »höre« ich, bevor ich in meiner sympathischen »Süddeutschen« am folgenden Tag dem Wichtigsten lesend nachgehe. (Ich höre den Deutschlandfunk von 18 bis 19 Uhr, während ich meine Küchenarbeit verrichte, die ich auf diese Stunde zusammendränge.)

Hier herrscht die Passivität gleich dreifach: Man vernimmt die schlimme Nachricht (die irgendjemand ausgewählt und »gemacht« hat), man kann in der Sache nichts mehr tun und man weiß, dass die Politik die falschen Antworten darauf gibt: auffällige, schnelle, gewaltsame. Russland, Israel, Amerika, der Sudan und ... sind nicht um ihr Tschetschenien, ihr Palästina, ihren Irak, ihr Darfur und ... zu beneiden. Ihre Maßnahmen zur »Säuberung« von Terroristen erzeugen und vermehren den schmutzigen Hass bei denen, die ihn vergessen oder gar nicht haben sollten. Das Werk meines Berufs – die Pädagogik – müsste allem vorangehen und allem folgen, was die Politik meint tun zu müssen. »In the minds of men« könnte sich allmähliche Befriedung vollziehen, wenn man es wirklich wollte und früh damit anfinge. Dazu hat keiner den Mut, niemand will in meiner Zunft als Träumer gelten. Wäre ich noch einmal 40, ich würde da beginnen wollen, wo ich auf dem Kirchentag 1967 war – unterstützt von Betty Reardon und Saul Mendlovitz und Donald Oliver, lauter kernfesten Pragmatikern – bei der Überzeugung, dass die Erziehung zum Frieden wohl das wichtigste Pensum des Menschen ist neben der Aufklärung durch Geschichte, Grammatik und Mathematik. Filme wie »Hass und Hoffnung / Kinder im Nahostkonflikt« von Justine Shapiro, B. Z. Coldberg und Carlos Bolad, »Sein und Haben« von Nicolas Philibert, »Korczak« von Andrzej Wajda oder »Pestalozzis Berg« von Peter von Gunten können uns den Mut wiedergeben.

Freilich – die Freude an all diesen Möglichkeiten wird verschwinden, wenn man sie nicht mehr mit jemandem teilt. Noch gelingt mir dies – mit einigen jungen Freunden und vor allem mit Gerold, mit dem ich außer dem Schreiben und Schlafen so gut wie alles teile, zum Beispiel die viel zu vielen Veranstaltungen in Berlins Akademien, Stiftungen und anderen Einrichtungen des geistigen und politischen Lebens; wir treffen eine Auswahl und füllen zusammen mit anderen Pensionären einmal in der Woche irgendeinen Vortragssaal mit dem nötigen Publikum. Wir lieben das GRIPS-Theater und versäumen keine seiner Neuaufführungen. Auch die Vaganten-Bühne hat uns nie enttäuscht, ja mit einer »Antigone« nach Anouilh geradezu begeistert. Wir besuchen die Sammlungen und Ausstellungen unserer darin so reichen Stadt – zum Beispiel die großartige zum Thema »Melancholie« oder Botticellis Illustrationen zur Divina Commedia Dantes oder zur Erziehung der preußischen Prinzen, das Deutsche Historische Museum oder (dauerhaft) das Deutschrussische Museum in Karlshorst wobei der eine den anderen auf seine besonderen Fundstücke aufmerksam macht; wir erkunden einen uns noch unbekannten Stadtteil, wir gehen zum Beispiel auf den Türkenmarkt in Kreuzberg oder suchen Liebermanns Haus am Wannsee auf; wir machen an Sonntagen oft einen gutbürgerlichen Spaziergang, mal im Park von Britz, wenn die Tulpen blühen, mal in einem der beiden so verschiedenen und so wunderbaren zoologischen Gärten, mal einfach in »unserem« Tiergarten. Das kann etwa so aussehen:

Wir betreten ihn diesmal nicht wie sonst an der uns zunächst gelegenen Stelle, nämlich von der Schleuse am Landwehrkanal her, wo uns das Gaslaternenensemble aus aller Welt erwartet. Der verdienstvolle Herr Wall hat es gerade aufgefrischt und, wo die Lichtanlage defekt war, repariert; wir gehen an der Nordflanke des Zoologischen Gartens entlang, das anrührende Denkmal für Rosa Luxemburg mit einer leichten Krümmung im Herzen grüßend hinüber zum Neuen See und von dort in der Fasanenallee (mit Hasenhetze, Fuchsjagd, Kampf mit Büffel und Eber) Richtung Schloss Bellevue – dann heim auf meinem alten Schulweg durch die Händelallee. Nein, diesmal von der anderen Seite her: Wir fahren mit dem Bus zur Stauffenbergstraße, sehen mit Freude, dass sich auch hier die Lücken schließen – mit einem dem Shellhaus unaufdringlich angepassten neuen Hotel Maritim (Hut ab! vor dem Architekten), mit der neuen Ägyptischen Botschaft und einem würdigen Haupteingang zum Bendlerblock. Erstes Ziel ist das Denkmal für die Königin Luise auf einer kleinen Insel, deren gepflegte großzügige Beete »gegen die Kaninchenplage« durch selbst schließende Gartentore geschützt sind. Freundlich blickt die schöne Frau, deren Mildtätigkeit in einem Relief auf dem Grundsockel liebevoll illustriert ist, zu ihrem ebenso schönen Gemahl hinüber – über einen Arm des sie umschließenden Teiches hinweg. Auch ihm wird gehuldigt – durch die Darstellung der traurigen Folgen des Krieges und durch einen sanften Triumph über Napoleon. Nach dem jungen Prinzen Wilhelm, dem späteren Kaiser Wilhelm I., in der schmucken Uniform der Jäger aus den Freiheitskriegen, muss man ein wenig suchen; er schaut nach Süden auf die Tiergartenstraße durch dichtes Gehölz. Im Gezweig unmittelbar über ihm hockt ein großer Raubvogel. Als wir näher treten, schwingt er sich ab und verschwindet mit sicherem Flügelschlag in ferneren Baumkronen.

Von dort begleitet uns ein stilles Wasser, über dessen Ufern gewaltige Rhododendren zu verblühen beginnen. Sie streuen ihre ersten lila Flocken auf die Wasseroberfläche, in der sie und die schon ganz erwachsenen Nachkriegsbäume sich spiegeln. Hier und da eine gewaltige Eiche oder Buche, ein alter Recke von den etwa 700, die die Winter 1945 und 1946 überlebt haben – aus einem Bestand von insgesamt 200 000! (Wer hat sie wohl wann gezählt?) Sie lassen das Sonnenlicht einfallen und geben den Blick auf die großen Wiesen frei, auf denen man liegen darf, aber nicht Fußball spielen. Dieses Vergnügen hat man ganz verbannt; die Gelage hingegen – die »Idrillen«, eine Mischung aus Idyllen und Grillen – sind dem Nordostrand des Tiergartens vorbehalten.

Auf dem Promontorium der Rousseau-Insel steht ein Reiher, den wir schon vorher gesehen und durch zu intensives Hinsehen beunruhigt haben. Nun fliegt er nicht mehr auf, erwidert den Blick mit starrer Aufmerksamkeit – ein Naturmonument, das die offensichtlich geraubte Marmorurne würdig ersetzt. Ach ja, der Lortzing! – auch er ein Kindheitsfreund, wie der freilich noch nicht erblühte Rosengarten der Kaiserin Viktoria. Wieder ein Stück meines Schulwegs südlich des Bellevue-Parks – wir gelangen zum Großen Stern und begeben uns durch die – absichtlich vernachlässigten? – Tunnel des Albert Speer in das Rondell der Siegessäule. Die Schwalben haben ihre Nester unbekümmert um die Touristen in den engen Zugängen und über den spärlichen Lampen gebaut. Die Reliefs am Säulensockel von Drake sind handwerklich exquisit; die historischen Persönlichkeiten lassen sich gut erkennen; die Kriegsschäden erhöhen die Bedeutung des Dargestellten: Kriegsieg/Siegkrieg. Es ist schon recht, dass die Franzosen sie nach dem Zweiten Weltkrieg wieder hergegeben haben. Beim Weitergehen ein letzter Gruß zu Fontane, dann nimmt uns der 100er an den Nordischen Botschaften auf und bringt uns zum Bahnhof Zoo zurück.

Wenn wir Gäste haben, die zum ersten Mal bei uns oder gar zum ersten Mal in Berlin sind, zeigen wir ihnen zwar auch gern – mit verhohlenem Stolz – die Schönheiten und Eigenarten meiner Wohnung (»die von Gerold ist ganz genauso zugeschnitten«, heißt es nebenbei), drängen uns in die als Esszimmer dienende Küche, sitzen auf dem Balkon und lassen uns etwas von unserer besonders begabten Amsel vorsingen (nicht ohne auf das kunstvolle Nest hinzuweisen, das sie mir unter den Ranken der Blauen Mauritius hinterlassen hat), wir führen sie aber auch durch unseren »Kiez« – mit unverhohlenem Stolz. »So heiter, so lauschig, so urban ist diese Stadt«, lautet die unausgesprochene Botschaft. Wir machen den »kleinen« Rundgang, gehen die Carstennsche Figur ab, die uns Gerold erklärt. Wir beginnen in der Fasanenstraße, in deren vorderem Teil mein Patenonkel Ulrich von Hassell von 1940 bis 1944, also bis zu seiner Verhaftung und Hinrichtung, gewohnt hat und an deren südlichem Ende die Weizsäckers ihre Wohnung hatten; wir tun so, als sei die formenstrenge Kirche am Hohenzollernplatz aus den ersten dreißiger Jahren in Berlin die Regel; »Und so hat man hier vor dem Ersten Weltkrieg Grundschulen gebaut«, scheinen wir zu sagen, als wir an der Cäcilien-Schule vorbeikommen – einem liebevoll nachempfundenen Renaissanceschloss am üppig blühenden, von großen Bäumen umstandenen Nikolsburger Platz; auf dem Prager Platz setzen wir uns zu einem Bier nieder – es ist ein warmer Sommerabend, ein schwarzer Hund steigt bedächtig und genussvoll in das große Becken, aus dem vier Fontänen aufsteigen – eben wird die Unterwasserbeleuchtung angestellt; Kinder tollen sich auf dem weiten Rasenrund, sprechen englisch, französisch, arabisch, und die Erwachsenen sitzen im Kreis auf den bequemen Holzbänken, sehen ihnen zu und plaudern. Noch schöner ist der Viktoria-Luise-Platz, aber das wäre schon der große Rundgang; den machen wir das nächste Mal. Der Nürnberger Platz – einer der vier Eckpunkte der Carstennschen Figur – ist von der Spicherstraße verschluckt worden; die filmreife Schaperstraße (hier ließe sich »Frau Jenny Treibel« von Fontane drehen) entschädigt dafür: Die Vorgärten, die Fassaden, die Balkone sind erhalten wie einst und lassen sich vom Koloss des Joachimsthalschen Gymnasiums und dem kühnen Modernismus der Volksbühne nicht einschüchtern. Hier haben wir einst »Die Ermittlung« von Peter Weiss gesehen. Am Fasanenplatz schließt sich der Kreis. Hier noch eine übriggebliebene Gründerzeit-Villa, dort ein fantasievoller Neubau, dazwischen eine Kuriosität: das Privathaus des Architekten Sehring oder ein von Knöterich vollständig (bis zum 5. Stock) überwucherter Treppenturm – sie haben unser Gespräch stumm begleitet, das über die vollständig verschiedenen Folgen der beiden Weltkriege für die Seele der Deutschen ging. Nicht wahr – hier kann man gut seine letzten Jahre verbringen, man braucht weder die Toscana noch Paris noch Badenweiler! – Ja, der Wunsch, Berlin von den Schäden des Krieges, des übereilten Wiederaufbaus, der Teilung »geheilt« zu sehen, erweist sich als Kraft- und Lustquelle: Ich möchte nun doch 90 Jahre alt werden, um das noch zu erleben. Dass Berlin nie »fertig« sein wird, ist mir dabei voll bewusst – das widerspräche seiner Lebensart, seiner Geschichte, seiner »Wat-wolln-Se-eijentlich-von-mir«-Mentalität.

*

So sieht das »geteilte« Leben aus. Die oben gestellte Frage, wie mein Leben jetzt sei, müsste ich stets zunächst mit einer Korrektur der Frage beantworten. Es ist, wie der Leser nun weiß, nicht mehr »mein Leben«, sondern »unser Leben« – ein Leben mit dem kranken, geschwächten, seine Leiden tapfer verdeckenden und ungemein gedanken- und kenntnisreichen Freund Gerold. Zu meinem 80. Geburtstag, dem schönsten Fest meines Lebens, das er für mich in der Akademie der Künste ausgerichtet hat, schenkte er mir einen großen Aufsatz in der Neuen Sammlung mit dem Titel »So Sehnsucht nach dem Kurfürstendamm«. Mehr, als mir und anderen Lesern hier über meine neue Heimat, ihre Geschichte, ihren unheimlichen Wandel und ihre liebenswürdige Beharrlichkeit mitgeteilt wird, ist niemandem vonnöten. Fast ein Jahr hat er daran gearbeitet, *pour le partager avec moi.*

»Unser Leben« also – es ist geregelt, unkompliziert, *a delicate balance* zwischen gegenseitigem Anspruch und gegenseitiger Rücksicht. Teilbares teilen wir, Unteilbares machen wir getrennt ab. Wir helfen einander diskret: Drei Mahlzeiten am Tag werden bei mir eingenommen; Faxe und Internetauskünfte werden von Gerold oben erledigt; zweimal in der Woche kocht er – wahre Meisterwerke; der Gang zum Postkasten zwischen 18.15 und 18.30 Uhr ist eher meine Sache, weil mir die Treppen und die Eile nichts ausmachen. Oft aber sagt Gerold: »Ich muss sowieso noch etwas einkaufen …« und übernimmt meine Briefe. Er benutzt den Fahrstuhl. Alles Steigen überanstrengt ihn. Für die sehr steile »Schiffsleiter« zwischen unseren Wohnungen braucht er manchmal drei bis vier volle Minuten. Die Atemnot, die das Lungenemphysem bereitet, schlägt auf sein Herz; die Mittel, die er hiergegen einnimmt, machen ihn müde – schon nach dem Frühstück geht er meist wieder ins Bett. Wenn ich ihn nach dem Abendessen frage, wie der

Abend bei ihm weitergehen werde, macht er eine Schlafgeste. Was er sonst tut, weiß ich nicht. Komme ich nach oben, sitzt er entweder in seinem Eames-Chair und liest DIE ZEIT oder den SPIEGEL oder Aufsätze für den Friedrich-Verlag – oder er beugt sich über seinen Computer. Wenn er abends um 19 Uhr pünktlich zu den Abendnachrichten erscheint, trinken wir gemeinsam den bereitgestellten Mariacron, wobei Gerold mich mit meinen feigen drei Becherlein bald hinter sich lässt. Einsprüche (meine kleine »Tapferkeit vor dem Freund«) überhört er souverän. Alles, was über Höflichkeit hinausgeht und wie Hilfe oder Interesse für seinen Zustand aussieht, wehrt er mit ironischen oder stereotypen Sätzen ab: »Was soll man dazu sagen!«, »Ja, der bin ich auch«, »Wenn Sie mal wieder wollen, bitte sehr«, »So it goes« und endet bei einem kauzigen »Soll sein vierzig«. Haben wir Gäste, blüht er auf, redet lebhaft und gescheit wie eh und je. Sind wir hingegen allein, kommen wir mit einem Minimum an Mitteilung aus; wir haben einander schon alles gesagt; die Anwesenheit des anderen, die gegenseitige Hilfe, die sich auf alle Lebensbereiche erstreckende Vertrautheit, das vollständige, keiner Versicherung bedürftige Vertrauen machen das Gespräch wenn nicht unwichtig, so doch meistens überflüssig.

Die Unordnung in Gerolds Wohnung ist gigantisch – das normalste Angebot, ihn bei der Entsorgung von Überflüssigem zu unterstützen, trifft auf so entschiedenen Widerstand, dass ich weiß: Dies musst du respektieren. Will ich ihm Gutes tun, dann anders – durch maßvolle gemeinsame Unternehmungen, wie ich sie eben geschildert habe.

So ist mein Leben jetzt. Es wird weiterhin geprüft – und noch immer bejaht.

Den Dank, den ich anderen für ihre Hilfe beim Aufzeichnen dieser Erinnerungen schulde, habe ich im ersten Band ausgebracht. Hier sei er wörtlich wiederholt: Dieses Buch wäre nicht ohne die hartnäckige, aber nicht drängeliche Erwartung von Michael Krüger zustande gekommen. Die große Last der Niederschrift von krächzenden Diktierbändern, der Einarbeitung immer neuer Korrekturen, der Rekonstruktion elektronischer Verluste hat Angela Beck drei Jahre lang mit Langmut und Freundlichkeit getragen. Die Aufdeckung von Flüchtigkeits-, Erinnerungs- und Ausdrucksfehlern und freundschaftlichen Beistand bei den notwendig gewordenen Kürzungen haben Gerold Becker, Annemarie von der Groeben, Tobias Heyl und für die ersten 300 Seiten des ersten Bandes auch Egon Schwarz geleistet. Ihnen allen danke ich – reich beschenkt und maßvoll beschämt.

Hartmut von Hentig Berlin, im Herbst 2006

Personenregister

Hartmut von Hentig

Mein Leben – bedacht und bejaht

Kindheit und Jugend
2007. 416 Seiten
Carl Hanser Verlag

»Hartmut von Hentig erzählt seine ›Kindheit und Jugend‹ und man erfährt beglückt, dass es kein pädagogischer Traktat geworden ist, sondern, mag die Gattung auch überholt sein, ein Bildungsroman, die Geschichte eines glücklichen und geglückten Bildungsprozesses.«
Heinz-Elmar Tenorth, *Süddeutsche Zeitung*, 14.03.2007

»Hentig verbindet in seinen minutiösen Erinnerungen die schlafwandlerische Selbstverständlichkeit seines NS-fernen Milieus mit einer sensiblen Introspektion. Er schildert eine abenteuerliche Kindheit als Diplomatensohn zwischen Südamerika, Kalifornien, Berlin und Holland, später die Gefährdungen im Nationalsozialismus und Krieg, nach 1945 dann der intellektuelle Aufbruch und die prägende Studienerfahrung in Amerika ...«
Alexander Cammann, *Die Welt*, 25.04.2007

»Hentig nimmt für sich ein als uneitler, unsentimentaler Erzähler, der anderen immer mehr Gerechtigkeit widerfahren lässt als sich selbst – und dabei erfüllt ist von einem Enthusiasmus für alles und jeden und begabt mit einer lebensfreundlichen Kritiklosigkeit, um die man ihn nur beneiden kann.«
Katharina Rutschky, *Berliner Zeitung*, 08.05.2007

»Und immer steckt in Hentigs Betrachtungen Liebe, auch die zu dem kleinen Hartmut, der er war und in gewisser Weise geblieben ist. ... Sein Rückblick offenbart den nicht so häufigen Fall einer im Verlauf des Erwachsenwerdens nicht abgetriebenen Kindheit. Das macht den Charme dieses Menschen aus und auch seinen Erfolg.«
Reinhard Kahl, *Die Zeit*, 22.03.2007

Hartmut von Hentig

Bewährung

Von der nützlichen Erfahrung, nützlich zu sein
2006, 3. Aufl. 2007. 112 Seiten
Carl Hanser Verlag

»In einem kurzen, gedankenreichen Manifest wirbt Hartmut von Hentig dafür, pubertierende Jugendliche aus den Schulen zu holen. Sie sollen erfahren dürfen, was eine Gemeinschaft ist – ›eine weniger künstliche und zufällige als die Schulklasse, in die man sie hineinverwaltet hat‹.«

Tanjev Schultz, *Süddeutsche Zeitung*, 11.09.2006

»Hentig bringt seine Vorbehalte gegen die Schule und seine Passionen für sie auf den Punkt: Zumeist werden Kinder bloß zu Schülern gemacht und infantilisiert.

Seine Hoffnung ist nicht kleinzukriegen. Die Schule sollte eine Polis werden, in der Kinder Lust darauf bekommen, erwachsen zu werden. Sie sollten ›die nützliche Erfahrung, nützlich zu sein‹, machen.«

Reinhard Kahl, *Die Zeit* (Literatur-Beilage), 28.09.2006

»Hentigs pädagogisches Ideal ist eine moderne Polis-Kompetenz für alle. Pädagogik bedeutet für ihn die ›Anleitung der jungen Menschen zum Leben in der Gesellschaft‹ – so steht es auch in seinem neuen Buch.«

Eberhard Rathgeb, *F. A. Z.*, 14.08.2006

Hartmut von Hentig / Aljoscha Blau

Paff, der Kater

oder Wenn wir lieben

2007. 48 Seiten. Farbig illustriert

Sanssouci

Es gibt sie, die Liebe, die sofort greifbar ist. Aber manchmal entsteht Liebe auch erst auf den zweiten Blick, langsam und so verhalten, dass man sie zunächst nicht bemerkt. So wie bei Paff, dem Kater, und seinem neuen Herrchen. Paff interessiert sich eigentlich nicht dafür, wer ihm sein Essen hinstellt und wer ihn zur Tür hereinlässt – Hauptsache, diese Dinge funktionieren, ohne dass er seine Gewohnheiten ändern muss. Und Paffs neues Herrchen? Der fühlt sich verantwortlich, den ihm auf Zeit überlassenen Kater mit dem Notwendigen zu versorgen – nicht mehr, aber auch nicht weniger.

Doch nach und nach entwickeln sich aus dieser anfänglichen Unverbindlichkeit Zuneigung und: Liebe. Eine Liebe, die sich in kleinen Dingen äußert und von der Hartmut von Hentig wunderbar eindringlich erzählt.

Aljoscha Blau ist es mit seinen klaren, behutsamen Strichen gelungen, die besondere Atmosphäre dieser Erzählung einzufangen.

Eine Geschichte, die ans Herz geht!

€ 5